MW01223639

Ruralidades latinoamericanas

Norma Giarracca y Bettina Levy
[compiladoras]

La Colección Becas de Investigación es el resultado de una iniciativa dirigida a la promoción y difusión de los trabajos de los/as investigadores/as de América Latina y el Caribe que CLACSO impulsa a través del *Programa Regional de Becas.*

Este libro presenta la investigación que los autores realizaron en el marco del Concurso de Proyectos para Investigadores Jóvenes *Globalización, transformaciones en la economía rural y movimientos sociales agrarios* del *Programa de Becas CLACSO-Asdi de Promoción de la Investigación Social* que se viene desarrollando gracias al patrocinio de la Agencia Sueca de Desarrollo Internacional, Asdi.

Ruralidades latinoamericanas : identidades y luchas sociales / compilado por Bettina Levy y Norma Giarracca. – 1° ed. – Buenos Aires : Consejo Latinoamericano de Ciencias Sociales Clacso, 2004.
560 p. ; 22x15 cm.

ISBN 987-1183-06-2

1. Comunidades Rurales-Latinoamericanos. I. Levy, Bettina, comp. II. Giarracca, Norma, comp.
CDD 307.728

Otros descriptores asignados por la Biblioteca Virtual de CLACSO:
Propiedad de la tierra / Identidad indígena / Migración internacional / Trabajadores rurales / Sociología rural / Comunidades rurales / Movimientos campesinos / Economía rural / Juventud rural / Modernización agraria

COLECCIÓN BECAS DE INVESTIGACIÓN

RURALIDADES LATINOAMERICANAS
IDENTIDADES Y LUCHAS SOCIALES

NORMA GIARRACCA Y BETTINA LEVY
[COMPILADORAS]

BLANCA LAURA CORDERO DÍAZ
LUIS ÁNGEL LÓPEZ RUIZ
SIMONE REZENDE DA SILVA
JUAN IGNACIO ROMERO CABRERA
JUAN CARLOS GUERRERO BRAVO
DANIELA LAURA MARIOTTI
PABLO BARBETTA Y PABLO LAPEGNA
KARINA ANDREA BIDASECA
VÍCTOR HORACIO RAU
LORGIO ORELLANA AILLÓN

Consejo Latinoamericano de Ciencias Sociales CLACSO **Conselho Latino-americano de Ciências Sociais**

Editor responsable: Atilio A. Boron - Secretario Ejecutivo de CLACSO

Colección Becas de Investigación

Directora de la colección: Bettina Levy - Coordinadora del Programa Regional de Becas
Asistentes: Natalia Gianatelli / Luciana Lartigue

Producción gráfica editorial: Área de Difusión de CLACSO

Coordinador: Jorge Fraga
Edición: Florencia Enghel
Diseño editorial: Miguel A. Santángelo / Lorena Taibo
Revisión de pruebas: Mariana Enghel
Logística y Distribución: Marcelo F. Rodriguez
Sebastián Amenta / Daniel Aranda

Arte de tapa: Diseño de Lorena Taibo basado en una fotografía de Javier Amadeo: Waldemar Tolentino, del asentamiento Gleba XV, Porto Primavera, en la región del Pontal do Paranapanema, São Paulo.

Impresión: Gráficas y Servicios SRL

Primera edición:

Ruralidades latinoamericanas. Identidades y luchas sociales
(Buenos Aires: CLACSO, noviembre de 2004)

Patrocinado por

Agencia Sueca de
Desarrollo Internacional

ISBN 987-1183-06-2
© *Consejo Latinoamericano de Ciencias Sociales*
Queda hecho el depósito que establece la ley 11.723.
No se permite la reproducción total o parcial de este libro, ni su almacenamiento en un sistema informático, ni su transmisión en cualquier forma o por cualquier medio electrónico, mecánico, fotocopia u otros métodos, sin el permiso previo del editor.

CLACSO
Consejo Latinoamericano de Ciencias Sociales
Conselho Latino-americano de Ciências Sociais
Av. Callao 875, piso 3° C1023AAB Ciudad de Buenos Aires, Argentina
Tel: (54-11) 4811-6588 / 4814-2301 - Fax: (54-11) 4812-8459
e-mail: clacso@clacso.edu.ar - http://www.clacso.org

La responsabilidad por las opiniones expresadas en los libros, artículos, estudios y otras colaboraciones incumbe exclusivamente a los autores firmantes, y su publicación no necesariamente refleja los puntos de vista de la Secretaría Ejecutiva de CLACSO.

Índice

PRÓLOGO

ESTE NUEVO LIBRO de la Colección Becas de Investigación reúne un conjunto de ensayos producidos por jóvenes investigadores latinoamericanos ganadores del concurso *Globalización, transformaciones en la economía rural y movimientos sociales agrarios*. Esta iniciativa fue organizada por el Programa Regional de Becas del Consejo Latinoamericano de Ciencias Sociales (CLACSO) en el marco de un conjunto amplio de actividades dirigidas a promover la formación de los científicos sociales, fomentar la investigación social, asegurar la difusión de sus resultados, incentivar el intercambio académico entre los/as investigadores/as de los diversos países de la región y profundizar los debates y los espacios de reflexión sobre los problemas y desafíos que enfrentan las sociedades latinoamericanas y caribeñas.

El concurso buscó estimular la investigación sobre los cambios producidos en las estructuras rurales latinoamericanas durante las últimas décadas, las formas de organización y movilización social y las respuestas de los movimientos sociales agrarios ante las renovadas tensiones que ocasiona el proceso de globalización. Los trabajos reunidos en este libro arrojan luz sobre las transformaciones que están experimentando los modos de vida, las relaciones y las identidades culturales prevalecientes en las ruralidades latinoamericanas, los nuevos formatos organizativos y políticos aparecidos en las luchas de los actores involucrados y las reivindicaciones y propuestas alternativas a las formas actuales de organización del poder político y social.

Las investigaciones fueron realizadas durante el año 2001. Un Seminario Virtual realizado en el Campus Virtual de CLACSO entre el 25 de marzo y el 3 de julio de 2002 permitió discutir los artículos elaborados por los becarios. Los trabajos presentados y los debates generados mostraron la variedad de los enfoques teóricos y metodológicos seleccionados y la riqueza de los hallazgos producidos. Asimismo, los resultados de las investigaciones también fueron compartidos en la mesa redonda titulada *Conflictos rurales y movimientos sociales agrarios en América Latina*, organizada en el marco de la III Conferencia Latinoamericana y Caribeña de Ciencias Sociales *Nueva hegemonía mundial. Alternativas de cambio y movimientos sociales* que tuvo lugar entre el 27 y el 31 de octubre de 2003 en la ciudad de La Habana, Cuba. A principios de 2004 los artículos fueron actualizados para su publicación.

Quisiera agradecer a los investigadores ganadores del concurso, y muy especialmente a los/as autores/as de este libro, por el compromiso y la seriedad con que encararon su labor. Agradezco profundamente a Norma Giarracca (Instituto de Investigaciones Sociales Gino Germani, Facultad de Ciencias Sociales de la Universidad de Buenos Aires, Argentina), quien aceptó gustosa la invitación a introducir y contextualizar los ensayos compilados y en la realización de esta tarea aportó su agudeza y profundo conocimiento de la materia. Vaya un reconocimiento especial a los tutores de CLACSO, quienes orientaron con dedicación y seriedad la labor de los becarios mientras duraron sus investigaciones: Ernesto Calvo, Patricia Davolos, Gabriel Fajn y Ricardo Spaltenberg. Asimismo quiero destacar el valioso aporte realizado por los académicos que formaron parte de los jurados que asumieron la tarea de evaluar y seleccionar los trabajos presentados en el llamado a concurso: Edelmira Pérez Correa (Universidad Javeriana, Bogotá, Colombia), Horacio Giberti (Universidad de Buenos Aires, Argentina) y Jacques Chonchol (Universidad ARCIS, Santiago, Chile). Agradezco también a los/as directores/as de los Centros Miembros de CLACSO que avalaron las presentaciones recibidas y colaboraron activamente para el cumplimiento de los programas de trabajo acordados.

Esta iniciativa no hubiera sido posible sin la confianza y el apoyo brindado por la Agencia Sueca para el Desarrollo

Internacional (Asdi). Tampoco sin el esfuerzo y la dedicación de los compañeros de la Secretaría Ejecutiva que participaron en la misma. Quiero expresar un muy especial reconocimiento al trabajo y la dedicación de Natalia Gianatelli, con quien compartí muchísimas actividades en la gestión del concurso y en la organización de esta compilación. Extiendo este agradecimiento al equipo del Área de Difusión coordinado por Jorge Fraga por el compromiso y el entusiasmo que dedicó a la publicación de este libro. A Gabriela Amenta, Gustavo Navarro y sus colaboradores, porque hicieron y hacen posible el teletrabajo y la comunicación con los becarios a través del Campus Virtual y la Red Académica Electrónica. A Andrea Vlahusic, por su colaboración en los asuntos institucionales y a Dominique Babini y al equipo encargado de colocar las publicaciones de la Colección en la Biblioteca Virtual y asegurar su presencia en Internet. Por último, un especial agradecimiento a Atilio A. Boron, Secretario Ejecutivo de CLACSO, por su confianza y apoyo en esta iniciativa que es, como hemos dicho, un esfuerzo colectivo.

Bettina Levy
Buenos Aires, noviembre de 2004

Introducción
América Latina, nuevas ruralidades, viejas y nuevas acciones colectivas

Norma Giarracca*

LA CEPAL CARACTERIZA el sexenio que va de 1998 a 2003 como "el sexenio perdido" para la región. De este modo, hace referencia al pobre desempeño de las principales variables económicas y rememora lo que a fines de los años ochenta caracterizó como "la década perdida". El discurso neoliberal sostenía que, después de las reformas estructurales de los ochenta y noventa, las economías crecerían y los sectores populares recibirían el derrame (el famoso *trickling down*) de tal crecimiento. No fue así: sólo la variación del Producto Bruto Interno (PBI) para la región muestra una caída sostenida desde 1998, que llega a su punto culminante en el año 2002 por las repercusiones de la crisis argentina. Pero este país no fue el único que mostró las consecuencias de las "políticas de mercado" impuestas por los organismos multilaterales y aceptadas por las dirigencias políticas locales; Uruguay, Venezuela, Haití y varios países del Caribe registran tasas anuales negativas en la variación de su PBI, y las que crecen lo hacen en muy pequeñas magnitudes (CEPAL, 2003).

* Socióloga, Coordinadora del Grupo de Estudios Rurales del Instituto Gino Germani, UBA. Ex-coordinadora del Grupo de Trabajo de Desarrollo Rural de CLACSO (1997-2001).

Desde la década de 1980, las políticas públicas de América Latina tendieron a reorientar la intervención estatal, liberalizar la economía y la apertura al comercio internacional, tomando como variable de ajuste el salario. De este modo, crecieron las tasas de desocupación y se precarizaron las condiciones laborales de los que aún conservaban sus puestos de trabajo. Las políticas públicas ortodoxas –como el Plan Austral (1985) y el Plan de Convertibilidad (1991) de la Argentina, la megaestabilización de Bolivia (1985) y una serie de programas de estabilización como los de Collor de Melo y Cardoso en Brasil entre 1986 y 1999, y en México entre 1987 y 1994– pusieron en marcha los mecanismos institucionales para llevar a cabo una transformación sin precedentes en el siglo XX. Las agriculturas y las poblaciones afectadas sufrieron las consecuencias de tales cambios macroinstitucionales.

Reca y Echeverría (citado por Spoor, 2002) sostienen que la participación del sector agrario de América Latina en su conjunto pasó de representar un 15% del PBI en 1970 a un 10% en la década de 1990. Al parecer, en términos puramente productivos, el desempeño de las agriculturas no fue mejor después de la desregulación y la apertura externa. Según los especialistas, no existen diferencias sustanciales en las tendencias de producción y exportación con respecto a períodos previos en los que hubo una fuerte intervención estatal, como en las décadas de los sesenta y los setenta, pero hay otras fuentes de vulnerabilidad que parecen emerger como consecuencia de la apertura, tales como las derivadas de la volatilidad internacional y de la distribución interna (Spoor, 2002: 382-383).

En otras palabras el desempeño de las variables macroeconómicas no mejoró y las consecuencias en el nivel social fueron atroces. En efecto, el retroceso de las amplias mayorías en la participación de las riquezas nacionales fue sistemático durante dos décadas: "la década perdida" –la de 1980– y la de los noventa. Pero, en esta última, los índices que miden la pobreza y la indigencia subieron en tal magnitud que los constructores del modelo idearon y lanzaron los famosos programas de "alivio" que lograron bajarlos en términos relativos en los últimos años.

Un informe de la CEPAL sobre el Panorama Social de América Latina 2002-2003 muestra que, si bien los porcentajes de población pobre bajaron del 48,3% al 43,9% entre 1990 y 2002, en el volumen absoluto de personas se registró un aumento de 20 millones de pobres y la cifra pasó de 200 a 220 millones. Lo mismo ocurre en el nivel de indigencia. Tal vez el caso más dramático sea el de la Argentina, cuyos gobernantes siguieron al pie de la letra los dictados del Fondo Monetario Internacional endeudando al país, entregando sus recursos naturales a las empresas trasnacionales, flexibilizando el mercado laboral y desregulando la economía. Como consecuencia de ello, provocaron una de las crisis más profundas de la historia nacional: entre 1999 y 2002, el índice de pobres llegó prácticamente al doble (pasó del 23,7% al 45,4%), mientras que los indigentes se multiplicaron por tres. En realidad, América Latina no fue la única que sufrió las consecuencias del modelo neoliberal; el crecimiento de la economía mundial fue más bajo entre 1980-2000 –época de oro del liberalismo y de la desregulación que se hacía en nombre del crecimiento– que en los años 1960-1980, período de regulación y proteccionismo (Cassen, 2003).

En este escenario, se llevan a cabo las acciones colectivas y surgen nuevos actores sociales. Muchas de estas nuevas experiencias tienen que ver con el mundo social rural y agrario. Según el *Report on Rural Movements* de NACLA (2000), en muchas partes de América Latina los movimientos sociales rurales han tomado el centro del escenario político de su nación. Y nosotros agregamos que este fenómeno no es exclusivo de países con una fuerte tradición de luchas campesinas, como Brasil o México, sino que se da también en países con una historia significativa de luchas obreras urbanas, como la Argentina, donde aparecen nuevos actores, no necesariamente articulados al mundo industrial o urbano.

Al finalizar la década de 1990, la protesta se hizo global y se enfocó contra los organismos internacionales que promovieron estas transformaciones (la Organización Mundial del Comercio, el Fondo Monetario Internacional, el Banco Mundial, etcétera). Asimismo, entre fines de 1993 y 1994 en muchos países de América Latina aparecieron novedosas y significativas resistencias que recuperaron las experiencias y luchas que se venían desplegando desde el comienzo de la mencionada década.

A mi juicio, en ese momento pueden contabilizarse tres acontecimientos que atravesaron el continente de Norte a Sur (o de Sur a Norte). Primero, la aparición del movimiento zapatista en México, en el mismo instante en que el país ingresaba al TLCAN (Tratado de Libre Comercio con América del Norte). Este colocó en el espacio de las resistencias un nuevo pensamiento político, por primera vez a distancia del Estado, centrado en la autonomía y con una lógica discursiva más cercana a la estética "expresiva" que a la "científica" de los viejos discursos de izquierda. Como dice Alain Badiou, "la irrupción de

Chiapas fija una medida –una distancia– al Estado mexicano; muestra que tal Estado puede ser identificado y limitado por una nueva forma de acción política" (Badiou, 2003: 13)

El desarrollo de la tecnología informativa y comunicacional habilitó nuevas formas de circulación del capital financiero, que fue uno de los pilares del nuevo modelo, pero también permitió la acción a distancia de los grupos en resistencia. Y tal vez el ejemplo paradigmático de esta situación haya sido la propagación de las ideas del zapatismo y su tremendo impacto en una población mundial que vivía con cierto malestar el avance "deshumanizante" del capitalismo neoliberal. Hoy, muchas de las ideas del zapatismo circulan por espacios académicos, culturales y artísticos y encuentran numerosos aliados en el mundo social urbano europeo. De hecho, el primer Encuentro Intercontinental por la Humanidad y contra el Neoliberalismo –llevado a cabo en Chiapas a fines de julio de 1996 por iniciativa del Ejército Zapatista de Liberación Nacional (EZLN) y con la presencia de casi medio centenar de organizaciones de la resistencia de todo el mundo– es considerado el antecedente más importante de la serie de protestas que se conoce como movimiento social de la antiglobalización neoliberal.

El segundo acontecimiento ocurre en la Argentina y es casi simultáneo al levantamiento zapatista. Fue en una de las provincias más pobres, Santiago del Estero, que tiene una alta proporción de población rural. La rebelión se desató en su ciudad capital, donde la gente vive de la administración pública o de los servicios hacia la agricultura. La "pueblada" se produjo contra las autoridades del estado provincial y se manifestó a través de la quema de edificios y la persecución de los políticos corruptos. Ese episodio, en pleno gobierno de Carlos Menem, se recuerda como el "santiagueñazo" y es un importante antecedente de la crisis de 2001. A partir de entonces, los índices de abstención electoral de la provincia treparon al 50% y comenzó un período de politización de la sociedad civil que llevó a una persecución política y social feroz por parte del poder provincial. Esta situación hizo crisis en 2003 con el asesinato de dos jóvenes, que el gobierno intentó ocultar por estar involucrado. Nuevamente la gente ganó las calles, aunque esta vez lo hizo en forma pacífica, buscando justicia y un cambio político. Esta irreconciliable relación entre la sociedad civil y los representantes del gobierno impregnó los avatares de la política argentina desde esos primeros momentos de 1994. Los hechos del 19 y 20 de diciembre marcaron el momento culminante de este ciclo en el nivel nacional. A pesar del proceso abierto desde el nuevo gobierno de Néstor Kirchner –que despertó grandes expectativas–, la tensión entre "representantes-representados" y el cuestionamiento a la idea de "representación" –clave de la democracia liberal– son centrales en el pensamiento de muchas de las nuevas formas políticas surgidas desde entonces[1].

El tercer acontecimiento ocurre en Ecuador. En efecto, en junio de 1994, pocos meses después de los sucesos de México y de la Argentina, los indígenas de todo el territorio convocaron a una movilización que paralizó el país durante dos semanas. Como sostiene Nina Pacari (1996), abogada y líder de la Confederación de Nacionalidades Indígenas del Ecuador (CONAIE), la protesta se orientó en contra de la Ley de Desarrollo Agrario, pieza clave del plan de ajuste estructural del programa implementado por Sixto Durán Ballén. "La ley aprobada por el Congreso apelaba por la eliminación de las tierras comunales a favor de la agricultura empresarial, además de otras medidas que favorecían los intereses de los grandes terratenientes. Se ignoraba todo lo concerniente a los indígenas, campesinos y pequeños agricultores del Ecuador" (Pacari, 1996: 23, traducción propia). En los años posteriores, el movimiento indígena convergió con otros, no indígenas y urbanos, y dio lugar a la formación del Movimiento Pachakutik, que durante los noventa incursionó en el campo de la política partidaria. Le siguió luego 1997 con la destitución del presidente Abdalá Bucará, la Asamblea Constituyente de 1998 y la destitución del presidente Jamil Mahuad en el año 2000 (Dávalos, 2003). Finalmente, a fines del año 2002, el Movimiento Pachakutik fue protagonista de la alianza electoral que llevó al triunfo electoral del Coronel Lucio Gutiérrez, pero, a los pocos meses de gobierno, sus miembros se retiraron. Este proceso dinámico transcurrido en una década transformó el destino que históricamente se deparó a los indígenas de América Latina y, una vez más, marcó un hito en el pensamiento político de la región. A pesar de ser mayoría en varios de nuestros países, los pueblos originarios nunca antes se habían propuesto gobernar. Ecuador y luego Bolivia ponen esta cuestión en la agenda política regional.

Podríamos sumar a este listado de protestas, resistencias de campesinos e indígenas, "puebladas", fortalecimiento de organizaciones, otros tantos hechos ocurridos en el período: el Movimento dos

1 La abstención electoral en un país con voto obligatorio trepó de una cifra histórica inferior al 20% al 32% en el conjunto de las varias elecciones del último año, con excepción de la elección presidencial.

Trabalhadores Rurais Sem Terra de Brasil –así como los numerosos sindicatos campesinos de este país, como la Confederação Nacional de Trabalhadores na Agricultura (CONTAG)–, la Federación Nacional Campesina de Paraguay, los movimientos campesinos e indígenas de Bolivia, Colombia, Perú, Chile y la Argentina. La mayoría de ellos se integran en la organización que los agrupa –Coordinadora Latinoamericana de Organizaciones del Campo (CLOC)– y, a través de ella, en la organización internacional Vía Campesina.

Del mismo modo, se va desplegando a lo largo del continente una lucha por la preservación de recursos naturales en encuentros de poblaciones campesinas y pequeños centros urbanos, como los casos de Cochabamba y de la protesta por la privatización del agua en el Sur de Tucumán en Argentina (Giarracca y Del Pozo, 2004). Las poblaciones mapuches del Sur argentino reclamaron por la instalación de una empresa minera, aduciendo lo que significaría en términos de gasto de agua; los campesinos y comunidades de pueblos originarios de Bolivia se opusieron a la exportación del gas boliviano a EE.UU. a través de Chile y protagonizaron una rebelión que terminó con el gobierno de Gonzalo Sánchez de Losada. En esta misma dirección, el sociólogo Bernard Duterme advierte que en Chiapas la privatización de los bienes públicos transformará la tensión entre pueblos indígenas y Estado en una confrontación entre los últimos y las empresas trasnacionales, por la disputa por las riquezas naturales de la región (Duterme, 2004).

Nuevos reclamos y nuevas estéticas comienzan a circular de manera significativa de un lado al otro del continente sin que sus protagonistas, que coinciden en sumar al reclamo histórico de la tierra el de otros recursos naturales, sepan necesariamente unos de otros. Con el correr de los primeros años del siglo XXI, la lucha por los recursos naturales se instala como central y el concepto de "territorio" remplaza al de "tierra", pues la incluye y suma las riquezas del subsuelo.

El encuentro entre las organizaciones campesinas e indígenas en federaciones continentales e internacionales, la movilidad territorial de algunos de los dirigentes y los principios universalizables de orden político –como pueden ser la "soberanía alimentaria", el respeto a la biodiversidad, la bioseguridad, así como el respeto a la igualdad de género, a la diversidad cultural, a los derechos humanos– marcan las novedades, producen nuevos sentidos y nos desafían a pensar desde nuevos paradigmas (véase *Vía Campesina*).

Un párrafo aparte amerita el proceso que se generó durante los últimos años en el campo mexicano. "El Campo No Aguanta Más", junto con muchas otras organizaciones campesinas e indígenas, reaccionó ante la devastación agraria prevista por el TLCAN. Asimismo, se sumaron luchas campesinas como la de Atenco, estado de México, contra la destrucción del aeropuerto en Texcoco; la de las comunidades de Montes Azules, Chiapas, contra los desalojos; la de Tepoztlán, Morelos, contra un campo de golf, y la de los campesinos ecologistas de Guerrero contra los talamontes trasnacionales y por la libertad de sus presos (Bartra, 2003).

Lo que el libro presenta

Lo que este libro viene a proponer se relaciona justamente con los cambios económicos y macroinstitucionales que se han dado en América Latina en las últimas décadas, y también con las protestas, los movimientos sociales y las acciones colectivas que los actores han desplegado en nuestro subcontinente, de Norte a Sur. Encontraremos en sus páginas diferentes miradas, modos diversos que incluyen desde el análisis de datos estadísticos hasta etnografías, historias de vida que nos acercan a hombres y mujeres en situaciones complejas y frecuentemente dramáticas.

Todos estos trabajos fueron realizados por jóvenes investigadores de las Ciencias Sociales de América Latina. Algunas veces enfocan problemas de regiones específicas o realizan interesantes comparaciones entre la situación de dos países distintos, pero situando siempre al lector en un contexto más amplio.

Por razones de organización, dividimos el texto en dos partes: en la primera, se presentan los trabajos referentes a cambios en el mundo social agrario, donde se incluye a los jóvenes, a los migrantes o a las comunidades como sujetos sociales. En todos ellos, se muestran los sujetos enfrentados y buscando una salida a esta situación de exclusión y arrinconamiento. Es decir, estos primeros trabajos nos hablan de los sujetos como constructores activos de su mundo social, que generan sus propias estrategias frente al desamparo de los estados nacionales.

Los investigadores mexicanos nos acercan el fenómeno de la migración con todos sus matices y complejidades. Los reconocidos psicoanalistas Raquel y León Grinberg (1984) –ellos mismos migrantes– sostienen que la migración implica incursionar en lo desconocido, comprometerse con hechos futuros que no son previsibles y, además, afrontar sus consecuencias. El migrante altera las imágenes construidas en la experiencia de vida del lugar de origen y, desde el momento de la partida, "lugar y presente" pasan a ser desconocidos. Asimismo, las migraciones modifican y resignifican los acopios culturales, los conocimientos adquiridos y las prácticas sociales. La migración puede ser vista como una necesidad pero también como una estrategia social de sujetos que se oponen y no se resignan a una situación de arrinconamiento y exclusión.

"Nueva York es como Puebla" es parte del título del trabajo de Blanca Laura Cordero Díaz, en el que analiza cómo los habitantes de Huaquechula, en el Valle de Atlixco, Puebla, se incorporan a un flujo migratorio masivo, sostenido y creciente hacia los Estados Unidos. Desde los años setenta, Nueva York es la ciudad elegida por muchos, imaginada –justificadamente– como centro financiero internacional donde no falta el empleo y de donde, tras unos años de trabajo duro, se regresa con dinero, o se lo acumula para mejorar las condiciones de existencia de los que quedaron. Si bien la autora enmarca el fenómeno poblano dentro de un proceso migratorio de larga data que involucra a las economías campesinas, se encarga de demostrar que el fenómeno de las últimas décadas presenta ciertas características singulares. Las migraciones recientes están signadas por los cambios macroinstitucionales que producen el "carácter trasnacional" de la organización de la supervivencia. Carácter este que, como demuestra la autora, no se expresa de igual modo en hombres y mujeres: ellos son los que emprenden la partida y toman la iniciativa; ellas suelen alcanzarlos y, una vez allá, legitiman su incorporación al mercado laboral –algo impensable en las comunidades de origen– con el argumento "para salir adelante". En Nueva York, todos cooperan en los gastos de comida y mantenimiento de la casa, y esta "mercantilización de la vida", según la autora, "contrasta mucho con sus formas de vivir en la localidad rural".

Nueva York está plagada de migrantes latinoamericanos, por lo general mexicanos, pero también ecuatorianos, colombianos y, en los últimos años, muchos provenientes del Cono Sur. El cruce de las fronteras, el paso por México –para los que hacen la travesía desde Sudamérica– son experiencias que los latinos en Nueva York rememoran con dolor. La cercanía de la muerte al cruzar el desierto, la dependencia de los "coyotes" que los transportan en condiciones infrahumanas, la llegada a una ciudad de dimensiones y complejidades inimaginables, las peripecias de su situación de ilegalidad frecuente, etc., son aspectos que aparecen como componentes de este nuevo modo trasnacional de organizar la vida huyendo de "algo" que se consideró más amenazante que los riesgos tomados. En esa comparación entre la amenaza que se deja atrás y el riesgo de la travesía migratoria, se juega, básicamente, la posibilidad de conseguir un ingreso que, en la experiencia de la vida diaria, implica que los hijos no pasen hambre ni mueran por falta de atención médica, o poder regresar con dinero ahorrado para encarar "la vida" en el país de origen. Pero, en la opción migratoria, también aparece un dispositivo muy importante: las remesas.

El segundo trabajo sobre este tema es el de Luis A. López Ruiz, en el que se relacionan los cambios en la estructura ocupacional de las zonas rurales mexicanas con el fenómeno de la migración trasnacional hacia los EE.UU. Y es el autor quien discute la función de las remesas, tanto para los grupos familiares como para las economías locales.

Las remesas tienen un efecto positivo y reconocido como tal en el nivel macroeconómico, especialmente en lo referente a la balanza de pagos de México. Nos dice el autor que, para 1997, "el valor de las remesas familiares equivalía a poco menos de la mitad de los ingresos por exportaciones petroleras. De igual manera, ese mismo año, ingresaron cerca de cinco mil millones de dólares en concepto de remesas, cifra que representó casi el 85% del ingreso del turismo, el 40% de la inversión extranjera directa y el 11% del valor de las exportaciones en la industria maquiladora, superando prácticamente en un 30% a las exportaciones agropecuarias. No obstante, no existe consenso acerca de la función que tienen las remesas, tanto en el nivel de las economías locales como en el interior de las economías domésticas".

López Ruiz, siguiendo a Canales, sostiene que las remesas constituyen un importante componente de la economía local y doméstica. Sin embargo, los límites de estos recursos, que funcionan como un ingreso o salario, los impone el mismo ambiente socioeconómico que conduce a las personas a emigrar. Los datos detallados que presenta el autor acerca de la frecuencia y los montos de las remesas demuestran que la importancia de esta entrada de dinero radica en el significativo número de mexicanos que está afuera más que en la cantidad de dinero que recibe cada familia.

Las migraciones crecieron en todo el mundo en las últimas décadas, sobre todo las del Sur hacia el Norte. Este fenómeno ha tenido implicancias en los países expulsores y en los receptores. La posibilidad de migrar siempre estuvo presente para el mundo rural de América Latina. Se migraba internamente siguiendo la estacionalidad de las cosechas y entre países limítrofes en los momentos pico de la temporada agrícola (Colombia-Venezuela; Paraguay-Argentina, etcétera). En México, el fenómeno de la migración de braceros, y luego de sus familias, hacia su vecino del Norte tiene larga data. No obstante, la migración que Cordero Díaz y López Ruiz presentan y conceptualizan como "trasnacional" tiene las marcas de una época, que para México comienza a mediados de los ochenta y tiene, a mi juicio, dos momentos posteriores significativos: la Reforma del Artículo 27 de la Constitución y la incorporación al TLCAN. Como en el resto de los países, estas medidas macroinstitucionales –tomadas por los estados nacionales bajo los lineamientos de los organismos multilaterales de crédito– destruyeron el andamiaje institucional que se había construido en distintos momentos del siglo XX y que sostenía la posibilidad, siempre precaria y conflictiva, de una integración de los sectores subalternos a la lógica de los capitalismos nacionales. A partir de las transformaciones neoliberales, esta posibilidad desaparece y son los propios sujetos los que deben generar su propia estrategia de supervivencia. Esta situación resignifica todo, y también las distintas migraciones.

Las transformaciones en el mundo social que rodea el campo, así como los cambios en el nivel de la producción agraria, pivoteados por poderosos actores económicos, resultan en nuevas configuraciones que los sociólogos latinoamericanos conceptualizamos como "nueva ruralidad" (Giarracca, 2001). En el libro que resultó de la investigación del Grupo de Trabajo de Desarrollo Rural de CLACSO, Edelmira Pérez entendía que la nueva ruralidad hace referencia a un "territorio" –fuentes de recursos materiales, naturales y materias primas–, cuya población lleva a cabo actividades en distintos sectores, como la agricultura, la artesanía, las pequeñas industrias, el comercio, la pesca, la minería, la extracción de recursos naturales y el turismo, entre otros (Pérez, 2001: 17). A esta aproximación al fenómeno de la "nueva ruralidad", le podemos agregar el incremento de las migraciones, la pluriactividad familiar y la multiocupación de las personas, el crecimiento de la densidad poblacional en las comunidades y pueblos (el fenómeno de la "rururbanización"), y la importancia de los territorios y lugares en la articulación de las estrategias familiares, de las nuevas protestas y movimientos sociales.

Los otros dos trabajos de esta parte del libro nos acercan cuestiones relacionadas con estas transformaciones en los territorios y presentan dos sujetos sociales de distintos países: el destino de una comunidad de Brasil al tomar contacto con la "modernización" y los jóvenes del Uruguay rural.

Simone Rezende Da Silva, en su estudio sobre Camburi, se centra en una población campesina de la zona rural del municipio de Ubatuba (San Pablo, Brasil), y analiza su modo de vida y reproducción. La autora describe la intervención que sufrió por parte de un proyecto estatal de Unidades de Conservación Ambiental y las complicaciones que esta le trajo en relación con la vida y la reproducción. Rezende nos propone comprender a Camburi –considerado como un barrio rural– y a los problemas de sus habitantes campesinos a la luz de una serie de acontecimientos de la sociedad dominante. Primero, los discursos de la "modernización" atravesaron la comunidad y, en la medida en que consideraron la naturaleza como recurso disponible, la separaron de la sociedad y de los hombres. Pero cuando esta situación desplegó todas sus consecuencias negativas y se tornó intolerable, los mismos depredadores crearon las unidades de conservación ambiental, ignorando de manera autoritaria a sus habitantes.

No obstante, la comunidad respondió con diversas acciones colectivas que pusieron al descubierto la hipocresía del discurso ecologista oficial (representado por el Banco Mundial, el Banco Interamericano de Desarrollo, etcétera). En ese discurso, la naturaleza aparece como "intocada", aislada de los hombres y mujeres, que pasan a convertirse en puros espectadores. Las nuevas acciones –que van desde la recuperación de la identidad afrobrasileña hasta un nuevo ecologismo– se analizan en el trabajo de Rezende con un importante despliegue de recursos metodológicos. En efecto, a través de los relatos y de las historias de vida de los pobladores, se va indagando acerca de la cultura, la religión, los trabajos y las penurias de los pobladores de Camburi. Seguir esta saga comunitaria permite visualizar sus derroteros y las consecuencias de las decisiones de las políticas públicas. En nombre de "la modernización" y luego de la protección ambiental, quienes toman medidas son incapaces de registrar las consecuencias en el nivel de la vida cotidiana, la construcción social, el aprendizaje, el trabajo y la cultura de las poblaciones.

El último trabajo de esta parte del libro se centra en los jóvenes rurales de la República del Uruguay y lo primero que se pregunta

Juan Romero es, precisamente, qué es ser joven y qué es ser rural. El autor se basa en datos estadísticos que permiten mostrar que hay más hogares rurales que urbanos con necesidades básicas insatisfechas. Podemos inferir entonces que ser joven rural implica mayor probabilidad de tener carencias materiales para atravesar las primeras etapas de la vida, en las que aspectos tales como la alimentación, la educación, la salud y la recreación marcan diferencias entre los seres humanos. Otros datos que otorga el trabajo muestran el alto porcentaje de unidades agrarias que desaparecen, sobre todo, en los estratos de menor tamaño. Esta tendencia permitiría inferir que la inestabilidad económica y el empobrecimiento de estos hogares afectan también de manera diferencial a los jóvenes rurales uruguayos. La pérdida de los patrimonios –la mayoría de las veces familiares– genera una gran incertidumbre ontológica en las generaciones que la sufren. Y se puede deducir de la información otorgada por Romero que una parte importante de la población rural en Uruguay sufrió, como en el resto de América Latina, la pérdida de pequeños patrimonios y, por lo tanto, se empobreció. Los jóvenes y los niños pertenecientes a grupos familiares que habían logrado heredar o adquirir propiedades y acceder a la educación y a la salud, debieron enfrentar un presente signado por el despojo de sus bienes y derechos. El trabajo muestra que los jóvenes tienden a dejar los poblados pequeños (de menos de 5 mil habitantes) y que prefieren las ciudades más grandes para lograr sortear estas situaciones por sus propios medios.

Los jóvenes de toda América Latina están en condiciones de vulnerabilidad, y más aún los que nacieron y se criaron en las zonas rurales, pues se hipotecó su presente sin tomarlos en consideración. La migración hacia el "Norte" apareció en el horizonte de la salvación personal o familiar, pero configuró un fenómeno social denso y extendido. Mientras tanto, en nombre del discurso modernizador, en Brasil y en todos lados, se siguen desarmando viejos espacios que las poblaciones campesinas ocuparon durante mucho tiempo y que sólo necesitan de un apoyo sensato: políticas públicas de carácter universal en la educación, la salud, la infraestructura y la vivienda. Por eso, la idea de la organización con autonomía comienza a rondar a las comunidades indígenas y campesinas de América Latina.

Viejas y nuevas acciones colectivas

En este apartado presentaré los trabajos cuyo centro de análisis ya no es el registro de los problemas agrarios o de las estrategias de los sujetos de ese mundo, sino *las resistencias, las acciones colectivas*. Con estos amplios conceptos, hago referencia a las acciones sociales que no se generan en los dominios de la producción o de la vida cotidiana sino que se despliegan en las arenas del espacio público. Ese espacio de aparición donde la presencia se juega ante los otros en la posibilidad de modificar los lazos; espacio donde se enuncian discursos, se irrumpe, se demanda y, básicamente, en el decir de Tilly, se confronta. Espacio público, entonces, donde se despliegan las disputas hegemónicas y alternativas de discursos y sentidos. Mientras que las estrategias sociales se manifiestan en los límites de la familia, de las explotaciones, las acciones colectivas se generan en la politización de la calle, de la ruta, de la plaza; en la marcha, en la toma de un predio, etcétera.

A partir de los años noventa, las acciones colectivas llevadas a cabo en el mundo agrario de América Latina contienen gran parte de los sentidos presentados en el párrafo anterior. En todas estas nuevas acciones no se incluyen expresiones de violencia física, pues, hasta el Ejército Zapatista de Liberación Nacional de Chiapas, que comenzó presagiando una guerrilla, a muy poco de andar transformó sus armas en un puro símbolo de defensa y sus acciones se fueron convirtiendo en modos civiles de resistencia que despertaron entusiasmo y apoyo de "todos los mundos"[2].

En las luchas surgidas en la década de los noventa, la acción directa –con posibles daños a propiedades, muebles e inmuebles– se complementa con acciones "no violentas", deliberativas y autónomas. Estas son disruptivas, como toda acción colectiva, pero han evitado el enfrentamiento armado y la violencia física hacia las personas, contra los cuerpos. La violencia pasó a ser monopolio de los aparatos represivos (estatales y privados), mientras que los códigos y sentidos de las luchas populares se mostraron menos ambiguos en ese aspecto.

---

2 A raíz de la celebración de los diez años del levantamiento de Chiapas, Gianfranco Betin, actual vicealcalde de Venecia, Italia, sostiene: "Con las armas en las manos, los indígenas de Chiapas se mostraron, en realidad, inermes dentro del sistema –exhibir en un acto extremo las armas, pero no a la manera del terrorismo ni de las guerrillas precedentes, sino en un lineal y limpio levantamiento popular que sin fecha ni lugar podría, sin embargo, pertenecer a todos los lugares del mundo donde los derechos fundamentales son pisoteados y a todas las épocas donde esto se consiente– y, en tal ostentación de lo inerme que ya no es soportado, y que así arma pobremente la mano de quien se rebela, los zapatistas mostraron una especie de candor que desarma" (*Página 12*, 31 de diciembre de 2003).

Varios movimientos sociales latinoamericanos se han convertido en espejo de quienes sienten un malestar general que deriva de decisiones que se toman en el nivel de la economía o del aparato militar, pero que contaminan la cultura y los mundos de vida.

Esta situación de no violencia hacia las personas es una de las grandes diferencias con las viejas resistencias políticas que incluían la guerra de guerrillas, la lucha armada, el ataque directo a personas, etc., y que predominaron en gran parte del siglo XX. Por sus múltiples y dramáticas consecuencias, la violencia como recurso de la acción política fue muy discutida desde fines de los años ochenta. Y tal vez el caso más trágico sea la experiencia de la guerrilla peruana Sendero Luminoso. Por eso, el trabajo de Juan Carlos Guerrero Bravo, "Pasado, presente y futuro de las rondas campesinas antisubversivas en Junín, Perú", se convierte en el caso testigo que nos permite comparar esas viejas formas de resistencia con los nuevos movimientos sociales que recorren el continente.

El autor reconstruye el proceso por el cual algunas comunidades campesinas que no registraban antecedentes de violencia llegan a constituirse en una especie de ejército civil para defenderse del proyecto autoritario del Partido Comunista Peruano y Sendero Luminoso (PCP-SL). Dice Guerrero Bravo que la demolición casi literal de lo viejo que proponían el PCP y SL se llevaba adelante con amenazas, asesinatos a las autoridades de las comunas campesinas, destrucción de la infraestructura de la región, etc.; y, sobre la base de tal destrucción, se ideaba la creación de una organización de nuevo tipo. Esta intervención guerrillera en Junín, como antes en Ayacucho, desató el accionar de las fuerzas represivas que, como en el resto de América Latina en los años previos, violaron los derechos humanos más elementales.

El autor describe la militarización de la vida cotidiana a la que se vieron forzadas estas comunidades, la necesidad de la autodefensa, la relación tensional con el ejército (único indicio del Estado ausente), así como las historias locales de la guerra. De este modo, nos remonta a uno de los períodos más confusos y dramáticos del siglo XX peruano y del resto de América Latina. El trabajo llega hasta nuestros días y, mediante información primaria, nos permite apreciar el esfuerzo de reconstrucción y las marcas dramáticas que dejó este proceso.

El resto de los textos da cuenta de los nuevos movimientos y las nuevas expresiones de protesta, donde los repertorios de acción, las estéticas y los sentidos que construyen, las disputas en las que se inscriben, los diferencian radicalmente de la experiencia de la guerrilla peruana[3].

Los trabajos presentados en este apartado registran las acciones de sujetos diferentes en sus múltiples demandas, con formas variadas de *aparecer* en el espacio público. Son indígenas, campesinos, trabajadores rurales, chacareras. Uno de los artículos enfoca a las mujeres en su lucha por la tierra y por la preservación del trabajo. Todos registran los procesos socioeconómicos que enmarcaron estas luchas y las modificaciones en la agricultura y el mundo agrario de cada uno de los países.

Como decía en los primeros párrafos de esta introducción, los indígenas fueron actores primordiales en este proceso de movilización y lucha de los años noventa. Tanto Chiapas como Ecuador, y más tarde Bolivia, dan cuenta de que estos movimientos indígenas presentan aspectos que se resisten a ser analizados con las viejas categorías de las Ciencias Sociales convencionales y los antiguos enunciados generales. Chiapas, Ecuador y Bolivia nos desafían a pensar estas nuevas configuraciones donde las poblaciones indígenas reivindican su identidad, pero se incluyen a la vez en demandas y propuestas que nos abarcan a todos y mantienen el carácter universal de la política emancipadora.

Chiapas, la Confederación de Nacionalidades Indígenas del Ecuador (CONAIE), los movimientos indígenas que protagonizaron "la guerra del gas" en Bolivia, han encontrado gran repercusión internacional, pues han puesto en jaque a sus respectivos estados (dos de ellos han logrado destituir a la máxima autoridad del Poder Ejecutivo). No obstante, en este período se llevaron a cabo otros movimientos, más localizados, pero que marcaron problemas tales como la depredación de los recursos naturales, la falta de respeto a la diversidad biológica y cultural, las ciudadanizaciones laceradas, etc., y que se sumaron a las luchas indígenas del continente.

El trabajo de Daniela Mariotti nos acerca dos casos del Sur del continente: "El conflicto por la tierra de las comunidades aborígenes Kollas de Argentina y Mapuche-Pehuenche de Chile". En él demuestra cómo estos actores son capaces de conectarse a ese entramado de dis-

---

3 Dejo de lado, intencionalmente, las guerrillas colombianas ya que, a diferencia de algunos autores (Petras y Veltmeyer, 2001), no las considero dentro de la lucha de los movimientos campesinos latinoamericanos ni dentro de los nuevos fenómenos que ameritan reflexión. Las considero parte del viejo problema de "las violencias" de Colombia.

cursos de la globalización para lograr insertar en la agenda pública nacional e internacional sus derechos históricos, su visión acerca de la relación entre naturaleza y sociedad, y su lugar en el mundo contemporáneo. Para ello, generan alianzas; entre las cuales, las más fructíferas se dan con las organizaciones ecologistas y las orientadas a respetar los derechos humanos.

El discurso de los "derechos" ligado a la noción de ciudadanía atraviesa el trabajo de Mariotti. La autora sostiene que "el tema indígena –a diferencia de otros reclamos que también están inmersos en la misma tensión (universalidad de los derechos individuales y particularidades comunitarias), como el de las mujeres– plantea el problema de la relación entre los derechos individuales y colectivos". A través de los densos estudios de casos, se muestra cómo la presencia de estos actores fue invisibilizada durante muchas décadas bajo categorías homogeneizadoras ("chilenos", "argentinos") o referidas a una ubicación en los espacios sociales y productivos ("campesinos"). Con sus luchas actuales, los aborígenes adquieren una presencia social y política que los articula a una red de movimientos indígenas que recorre el continente.

La lucha por los recursos se hace presente en todos los casos estudiados; el reclamo por la tierra tiene larga data en América Latina. Esta aparece como problema no sólo por su singularidad en el proceso de producción capitalista (se comporta como una mercancía sin ser producto del trabajo humano), sino por la génesis histórica colonial de nuestros territorios, convertidos luego en naciones. Según Miguel Teubal, "no es de extrañar si consideramos que [América Latina] fue una de las más antiguas y vastas regiones de colonización que hubo en el mundo. Los cinco siglos de colonización y dominio, fundamentalmente español y portugués, hicieron estragos en las culturas indígenas preexistentes, tergiversaron sus instituciones, sus relaciones productivas, sus culturas e hicieron peligrar su existencia misma. América Latina fue un vasto continente con una historia compleja y multifacética. La forma en que los conquistadores ocuparon y se adueñaron de la tierra, sometiendo a la población indígena, apropiándose de mano de obra africana para transformarla en esclava, tuvo una influencia decisiva sobre los desarrollos posteriores" (Teubal, 2004: 6). Los grandes latifundios, las haciendas, las plantaciones se constituyeron como la base del modelo agrario latinoamericano legalizado por las cartas fundacionales de las naciones que se fueron formando durante el siglo XIX. El siglo XX estuvo marcado por las luchas de las comunidades indígenas y campesinas para recuperar o acceder a las tierras. Desde la Revolución Mexicana en adelante, la lucha campesina por la tierra en el continente pasó por diferentes ciclos, de acuerdo con las diversas relaciones entre el movimiento social y el Estado, pero no cesó

En el siglo XX, a partir de la década de los noventa, esta lucha expresa una mayor autonomía del movimiento social. En los procesos que conducen a la distribución de tierras, se inicia generalmente una movilización y se producen los asentamientos de las familias. Luego, se entablan las negociaciones con los gobiernos y los terratenientes, pero ya no es el Estado el que plasma programas agrarios para los campesinos asentados sino que, en la mayoría de los casos, son ellos los que despliegan sus propios modelos productivos, que, con frecuencia, son opuestos y alternativos al modelo hegemónico. Estas prácticas son usuales dentro de los *sem terra*, pero también en muchos otros movimientos del continente.

En la Argentina, donde se aniquiló a gran parte de las poblaciones indígenas, no hubo un proceso de reforma agraria, pero tanto la población criolla como la inmigrante fue accediendo a la tierra a través de complejos procesos de ocupación de terrenos fiscales, colonización y arreglos contractuales con los terratenientes (arrendamientos, aparcerías, medierías). Las luchas de las primeras nueve décadas del siglo XX las llevaron a cabo colonos que demandaban mejores condiciones del contrato de arrendamiento (1912) y, unas décadas después, campesinos medios integrados a los mercados agroindustriales, que demandaban precios y mejoras en las condiciones de producción (en los años setenta). La tierra no se incluyó como demanda significativa hasta la década siguiente.

En este libro se presentan tres trabajos referidos al caso argentino. Sus protagonistas son diferentes actores sociales, pero todos ellos tienen que ver con reclamos sobre la tierra. El caso ya comentado de Daniela Mariotti sobre los Kollas de Salta permite reconstruir la saga de los indígenas que durante varias décadas del siglo XX reclamaron sus tierras comunitarias al ingenio San Martín del Tabacal, alternando, en dicho proceso, los conflictos y las negociaciones. Pero a partir de los años ochenta estas demandas –sumadas a las de carácter ecológico que comentamos anteriormente– lograron nuevas alianzas hasta conseguir la promulgación de una ley. Si bien la lucha continúa, el sentido indígena de la tierra se difunde en una sociedad que, tradicionalmente, fue indiferente a las poblaciones originarias.

Otro de los artículos referidos a la Argentina es el de Pablo Barbetta y Pablo Lapegna, "No hay hombres sin tierra ni tierra sin hombres: luchas campesinas, ciudadanía y globalización". En él, comparan el Movimiento Campesino Santiagueño con la Federación de Campesinos de Paraguay. El caso argentino muestra la lucha campesina en una de las provincias más rurales del país, donde el avance de la frontera agraria pone en peligro a comunidades enteras que durante el siglo XX produjeron y vivieron en esas zonas. Una vez más, la tierra está en peligro de ser expropiada por los nuevos inversores (actualmente sojeros), y las poblaciones han logrado frenar el proceso por medio de una organización que generó varios sentidos acerca de la tierra y pudo hacerlos comprensibles a las poblaciones urbanas. La tierra como herramienta de trabajo y de vida, como herencia de los padres campesinos, como soporte de una historia y cultura provinciales, no sólo son enunciados entendibles para muchos sectores urbanos, sino que también los toman los más vulnerables, y se generan alianzas rurales-urbanas impensables unas décadas atrás.

El tercer actor en lucha por la tierra son las mujeres "chacareras" que presenta Karina Bidaseca en "El Movimiento de Mujeres Agropecuarias en Lucha y el Movimento Interestadual das Quebradeiras de Coco Babaçu". El estudio está atravesado por la problemática de género en comparación con otras luchadoras brasileñas.

El Movimiento de Mujeres Agropecuarias en Lucha (MNL) hace su aparición en 1995 frente al peligro de que, por la morosidad de sus propietarios, se remataran tierras con hipoteca bancaria. En esta ocasión, lucharon por no perder esos patrimonios familiares que conectaban a estas franjas de chacareros (*farmers* en la bibliografía anglosajona) con las historias de colonización y agriculturización del país. Este movimiento –que logra parar desde su nacimiento más de quinientos remates (Giarracca y Teubal, 2001)– anticipa la lucha de amplios sectores medios de la Argentina (ahorristas, pequeños deudores, etc.) contra las expropiaciones del capital financiero bancario. El sentido de la lucha por la tierra fue cabalmente comprendido por estos sectores medios urbanos antes de la crisis de 2001, pues se sentían expresados en estas historias de expropiación de pequeños patrimonios familiares.

Mientras que el trabajo de Barbetta y Lapegna compara la lucha campesina del MOCASE con la que desarrollan los paraguayos en la Federación Nacional Campesina de Paraguay (ambas organizaciones son miembros del CLOC y Vía Campesina), el estudio de Bidaseca compara a las chacareras con las trabajadoras del Nordeste brasileño en su lucha por mantener su trabajo: las quebradeiras de coco babaçu.

Las quebradeiras basan su lucha en la necesidad de garantizar formas de acceso y uso común de los palmares de babaçu, pues en el transcurso del tiempo esas áreas fueron cercadas y apropiadas por hacendados y empresas agropecuarias. En tal sentido, en el caso de las quebradeiras también se lucha por la tierra, ya que cuando se producían estos cercamientos se ponía en riesgo la subsistencia de tales trabajadoras.

Como evidencian todos estos casos, la tierra en América Latina sigue constituyendo un recurso fundamental y, al mismo tiempo, se presenta como un recurso polisémico: si bien casi todos los actores luchan por él, lo hacen desde diferentes sentidos. Del mismo modo, estas luchas adquieren diversos significados dentro de los movimientos sociales que las integran. Es importante diferenciar los movimientos cuyas demandas por la tierra están conectadas a otras y a otros actores, de las de carácter puramente sectorial, que se relacionan más con la acción corporativa.

En los casos presentados, esto se puede observar con claridad: los pueblos originarios articulan la reparación histórica de su tierra con otras demandas, como las del medio ambiente, la defensa de otros recursos naturales, la expansión de derechos ciudadanos; el MOCASE articula la lucha por la tierra con la lucha por la soberanía alimentaria y la biodiversidad; las quebradeiras, con el trabajo y la ciudadanización laboral. Y en el ejemplo paraguayo, como demuestran Barbetta y Lapegna, la lucha por la tierra está enmarcada en la disputa por llegar al Estado.

Las Mujeres Agropecuarias en Lucha, que tuvieron gran significación en sus comienzos, no pudieron articular la defensa de su patrimonio con otras demandas que las acercaran a las luchas campesinas o a otros movimientos de mujeres. A mi juicio, no se logró comprender que el endeudamiento formaba parte de un modelo agrario que se estaba pergeñando y cuyo eje era la producción sojera, con las semillas transgénicas y la siembra directa, orientada a la exportación. Aunque este modelo trae fuertes consecuencias en el nivel de la alimentación de la población y de la estructura social agraria, no se lo cuestionó. Esta posición diferenció al MAL de la mayoría de las organizaciones campesinas ligadas a Vía Campesina, que plantean una fuerte crítica a la producción sojera para la exportación y mantienen el principio de la soberanía alimentaria. Del mismo modo, a pesar de ser una organización de mujeres, también se mostraron bastante indiferentes a los problemas del género, y esa situación las ubicó siempre en una relación tensional con las luchas de esos otros movimientos. Con las candidaturas políticas de varias de sus dirigentes pioneras, el movimiento de chacareras terminó incluido en la lógica de la representación partidaria. Cuando falló también esta estrategia y se retiraron del partido político con una declaración pública, el movimiento ya estaba fragmentado y debilitado. De todos modos, habían logrado algunas medidas en relación con sus deudas bancarias que beneficiaban a muchas de ellas.

En un cuarto trabajo sobre la lucha del mundo rural de la Argentina, se aborda a los trabajadores rurales, que fueron quienes sufrieron con mayor rigor el modelo neoliberal. El Registro Nacional de Trabajadores Rurales y Empleadores (RENATRE) estima que en el campo argentino trabajan más de un millón de asalariados, pero figura formalmente menos de una cuarta parte. El discurso neoliberal de la "flexibilización laboral" nominó lo que desde hace décadas acontecía en el campo argentino y lo agravó aún más. La falta de fiscalización oficial y el debilitamiento del movimiento sindical durante y después de la dictadura empeoraron la situación existente: al problema de la disminución de puestos de trabajo por los procesos de mecanización se le sumó una mayor precarización e informalidad en las condiciones laborales.

Durante el ciclo de protestas iniciado en 1991, los trabajadores rurales y agroindustriales figuran protagonizando menos conflictos que otros actores (véase Giarracca, 2003). No obstante, hubo algunas excepciones relevantes, como la huelga de los trabajadores explotados del sector citrícola de Tucumán (véase Alfaro, 2001) o la que nos presenta Victor Rau en su texto, "Transformaciones en el mercado de fuerza de trabajo y nuevas condiciones para la protesta de los asalariados agrícolas".

El autor describe un paro de los colonos misioneros, productores de yerba mate, en el año 2000. Se trató de un *paro agrario con boicot a la industria* que llevó el nombre de "Paro Verde", se extendió a toda la provincia de Misiones, ubicada en el Noreste del país, y duró treinta y cinco días. Las formas de protesta no fueron muy distintas de las que se venían desarrollando en todo el interior del país: interrupción del trabajo, cortes de ruta, instalación de "carpas de protesta", intercepción de la circulación de productos por tiempo indeterminado. Pero la novedad fue que a esta protesta se le sumó el conflicto de los trabajadores cosecheros de la yerba mate, los *tareferos*, que hicieron públicos sus propios reclamos. Afirma el autor que "la protesta de los colonos instala la problemática yerbatera en la escena pública, incluso a nivel político, y suscita el apoyo de las clases medias urbanas que la reconocen como legítima. Los obreros agrícolas, que constituyen un sector étnicamente diferenciado respecto a los productores y culturalmente oprimido al interior de la sociedad misionera, se ven afectados por el paro, se vuelcan a las rutas y hacen uso, al igual que los colonos, de las 'carpas de protesta'. La comunidad en su conjunto los reconoce como *tareferos* con sus reclamos específicos".

Lo interesante de este caso es que muestra cómo, en un ciclo de protestas, pueden incorporarse incluso sectores sin tradición de movilizaciones. En esta oportunidad, los trabajadores rurales se vieron estimulados por el paro de los colonos y, seguramente, por muchas otras luchas de campesinos, de pueblos originarios, de desocupados, etc., que se estaban llevando a cabo en todo el país.

Tenemos, finalmente, el trabajo de Lorgio Orellana Aillón: "El proceso insurreccional de abril. Estructuras materiales y superestructuras organizativas de los campesinos regantes en el Valle Central cochabambino". La guerra del agua boliviana del año 2000 se actualizó en muchos de sus sentidos en octubre de 2003, cuando todo un pueblo se opuso y resistió al despojo de otro recurso natural: el gas. Estas luchas por los recursos naturales, por la preservación de las riquezas del territorio, atraviesan el presente latinoamericano y se proyectan como uno de los ejes de conflicto de las próximas décadas. La confrontación se da contra las empresas trasnacionales que, por medio de las privatizaciones, se hacen cargo del recurso, pero también contra los estados nacionales, que asumen una actitud complaciente y cómplice frente a esta transferencia de riquezas.

El trabajo de Orellana Aillón organiza históricamente los procesos de privatización de los recursos hídricos frente a las construcciones sociales que la población cochabambina había creado para abastecerse del agua. Con muchos detalles, nos acerca la rebelión, la formación de la Coordinadora de Defensa del Agua y la Vida, así como también los motivos de su desactivación. El análisis político de la organización muestra las dificultades que existen para que las acciones disruptivas –que aseguran la rebelión y muchas veces permiten alcanzar el objetivo– se cristalicen en organizaciones que mantengan en su interior los sentidos básicos de la lucha.

La "guerra del agua" –como se denomina el conflicto del año 2000 en Cochabamba– presagió un problema que hoy se muestra cabalmente en Bolivia: la ausencia de un Estado capaz de organizar las riquezas nacionales en función de las necesidades de su población[4]. Como sostiene Mirko Orgaz (2003), el proceso de privatización como expresión de la globalización colocó a Bolivia como polo de transferencia de excedente económico y fuente de aprovisionamiento energético. "Esta situación ha provocado un empobrecimiento generalizado en Bolivia y la casi extinción de lo que llamamos Estado nacional y nación boliviana" (Orgaz, 2003: 17).

Los recursos naturales, como el agua, el gas, el petróleo, las minas y la tierra, están en disputa en América Latina, y los actores sociales generados al calor de luchas y rebeliones son protagonistas de primer nivel. Las trasnacionales y sus aparatos legales –como el CIADE del Banco Mundial (Centro internacional para el arreglo de diferendos relativos a inversiones)–, los estados –con su voluntad política y margen relativo de negociación– y los movimientos sociales, disputan en las arenas donde la política parece reinventarse. Una sociedad civil que lucha no sólo por una vida digna, sino por las riquezas de su territorio, por el posicionamiento regional y por la fraternidad con otros movimientos del mundo.

La cantidad de actores movilizados que muestran los diferentes trabajos permite visualizar las múltiples demandas que están en juego y cómo estas se inscriben de modo diferencial en los espacios de una lucha de mayor alcance a lo largo del continente. Como veremos a lo largo de este libro, algunas acciones son puntuales, se hacen por reivindicaciones sectoriales que, una vez conquistadas, provocan la disolución o debilitamiento del movimiento. Otras, como la del agua en Bolivia, sostienen luchas difíciles, pasan, entran en latencia y luego reaparecen con otras formas pero con los mismos sentidos, como sucedió con el caso del gas en octubre de 2003. Y también hay acciones que se inscriben en un espacio de resistencia general y permanente, con articulaciones en el orden global, como son las que llevan a cabo las organizaciones, movimientos y federaciones que integran Vía Campesina.

4 Mirko Orgaz estima en 68 mil millones de dólares el negocio del gas boliviano (exposición pública en el seminario "Conflicto y colaboración en el manejo de los recursos naturales", Tarija, noviembre de 2003).

Cabe interrogarse, a modo de cierre, si la expansión de la conflictividad social de nuestros días y las nuevas construcciones sociales bastan para lograr desarmar esa gramática de poder que los neoliberales generaron durante los últimos veintiocho años en América Latina. Si constituyen la base para reinventar una política emancipatoria, como nos dice Boaventura de Sousa Santos (2000).

La llamada corriente italiana (Negri, Virno) sostiene que el poder imperial ha atravesado todas las esferas de la vida, todos los espacios sociales y, por tanto, en cualquiera de ellos es posible y necesaria la resistencia. Según Hardt y Negri, "[el imperio] no sólo regula las interacciones humanas; además procura gobernar directamente toda la naturaleza humana" (Hardt y Negri, 2002: 14). Pero, unos párrafos más adelante, agregan: "Las fuerzas creativas de la multitud que sostienen el imperio son capaces de construir autónomamente un contraimperio, una organización política alternativa de los flujos e intercambios globales" (Hardt y Negri, 2002: 17). Es decir, la resistencia se despliega en el propio imperio, en los propios meandros sociales de la dominación, y allí se gesta lo nuevo. Frente a una concepción tal, una dominación sin límites, sin espacios y tiempos definidos, le contraponen un social expandido a través de las resistencias, las luchas y los deseos de la multitud. Dentro de las numerosas críticas recibidas por el polémico trabajo, importan aquellas que muestran cómo los autores no pueden salir de la concepción ontológica de "totalidad" que, aunque en contradicción, se expresa siempre a sí misma (Cerdeiras, 2003).

Para otras concepciones teóricas, más ligadas a los paradigmas liberales, las protestas y movimientos sociales son parte de las formas democráticas de gobierno y, a partir de ellas, pueden ampliarse los márgenes de los derechos individuales y sociales con total independencia de los modos de control económico (Schuster y Pereyra, 2001; Pérez, 2002). Laclau y Mouffe (1987) piensan la transformación, la no-reproducción, desde una política que no es otra cosa que una de las formas de presentación de lo social. La política opera en una situación que es anterior a ella –una situación social sedimentada–, pero la subvierte y crea una situación nueva, imposible de predecir desde la vieja estructura. Todos estos autores recuperan la posibilidad de una democracia radicalizada sin cuestionar la "representación" y los partidos políticos.

Para el francés Alain Badiou (2003), la política puede aparecer, en efecto, en cualquier espacio de la vida social, pero no todo espacio social es político. Por el contrario, la política es la excepcionalidad de lo social, marca una diferencia con el espacio de luchas meramente sectoriales, con sus propios intereses. La política es lo que aún permanece impensado, lo no acontecido; es desinteresada y necesita de una intervención subjetiva. Tanto para Badiou como para Raúl Cerdeiras (2002), director de la revista *Acontecimiento* de Buenos Aires, "la política que viene" (que reinventamos) está a distancia del Estado, se debe plantear fuera de los partidos políticos y requiere de formas inéditas de organización.

Entre la posición que enuncia que todo lo social es político y la que sostiene la excepcionalidad de la política, podemos incluir el pensamiento de Boaventura de Sousa Santos (2000), que propone pensar estos movimientos sociales, con sus ricos procesos, como "campos de experimentación" donde es posible vencer "lo imposible". Esta propuesta nos permite recuperar y actualizar otras experiencias que resistieron en el tiempo al discurso modernizador y que rescatan otros saberes, otros modos de relación con la naturaleza. Como vimos en este capítulo, las experiencias de las comunidades aborígenes o campesinas, en las que los conocimientos y las organizaciones ancestrales se entraman con un pensamiento nuevo, son los mejores ejemplos de la propuesta del autor.

Hoy, la esperanza reside en la posibilidad de crear campos de experimentación social donde sea posible resistir localmente las evidencias de la "inevitabilidad", promoviendo con éxito alternativas que parecen utópicas en todos los tiempos y lugares, excepto en aquellos en que efectivamente ocurren. "Es este 'realismo utópico' que preside las iniciativas de los grupos oprimidos que, en un mundo donde parecen haber desaparecido las alternativas, se van construyendo, un poco por todas partes, alternativas que tornan posible una vida digna y decente" (De Sousa Santos, 2000: 36).

La creación de nuevos pensamientos políticos (una decisión ligada a una ruptura, como dice Badiou) atraviesa el continente. Las discusiones acerca de la política a distancia del Estado, el cuestionamiento a la "representación" como idea del liberalismo, el problema indígena como cuestión política, la autonomía, la democracia radicalizada, directa, participativa, etc., aparecen y reaparecen en cada nueva rebelión, en cada nueva resistencia. Si aceptamos que la teoría crítica lo es porque no se reduce a la "realidad" de lo que existe, que deja espacio a las posibilidades que aún no existen (De Sousa Santos, 2000: 23), nuestro lugar está donde se apuesta a estas invenciones[5].

Nuestro desafío como científicos sociales de América Latina es acompañar con un pensamiento activo estas experiencias, estar atentos a las nuevas prácticas e ideas políticas, buscar los modos más abiertos de acompañar las resistencias, seguirlas en sus derroteros, sentirnos parte de una red que las incluye y nos incluye como investigadores, universitarios y académicos, y que nos brinda la posibilidad de intervenir en el proceso de generación de conocimientos, reflexión y crítica. Y también como veremos con los primeros cuatro trabajos de este libro, las transformaciones en los niveles económicos y sociales ameritan conocimientos sólidos y profundos. Por eso, a modo de cierre, querría manifestar la satisfacción que siento por haber cumplido la función de Coordinadora del Grupo de Trabajo de Desarrollo Rural de CLACSO (1997-2001) cuando estos jóvenes llevaron a cabo estos trabajos, y por acompañarlos en esta publicación. Entre todos –instituciones y sujetos– estamos reproduciendo un área de estudios rurales de alta calidad, enmarcados en la mejor tradición del pensamiento social crítico, que es uno de los grandes patrimonios culturales de América Latina.

Bibliografía

Alfaro, María Inés 2001 "Los trabajadores citrícolas en Tucumán: las condiciones para la construcción de la protesta social" en Giarracca, N. *La protesta social en la Argentina. Transformaciones económicas y crisis social en el interior del país* (Buenos Aires: Alianza Editorial).

Badiou, Alain 1990 *Se puede pensar la política* (Buenos Aires: Nueva Visión).

Badiou, Alain 2003, "Conferencia en Buenos Aires" en *Acontecimiento* (Buenos Aires), N° 26.

Bartra, Armando 2003 "El campo no aguanta más, a báscula" en *La jornada* (México, DF), 23 de abril.

Cassen, Bernard 2003 "Los efectos de la liberalización del comercio mundial" en *Le Monde diplomatique*, año V, N° 51, septiembre.

---

5 Dice un documento del subcomandante Marcos: "Los zapatistas son muy otros, no sé si ya te lo dije, así que imaginan cosas antes de que esas cosas estén y piensan que nombrándolas esas cosas empiezan a tener vida, a caminar y así a dar problemas... habrán imaginado algo y va a ser como si ese algo ya existiera y nadie va a entender nada hasta que pase un tiempo porque, en efecto, ya nombradas, las cosas empiezan a tener cuerpo, vida, mañana" (Chiapas: la treceava estela, agosto de 2003).

CEPAL 2003 *Situación y Perspectivas. Estudio económico de América Latina y el Caribe* (Naciones Unidas, CEPAL).

CEPAL <http://www.eclac.cl/>

Cerdeiras, Raúl 2002 "La política que viene" en *Acontecimiento* (Buenos Aires: Ediciones la escuela porteña), Nº 23.

Cerdeiras, Raúl 2003 "Las desventuras de la ontología. Biopolítica del imperio" en *Acontecimiento* (Buenos Aires), Nº 24-25, mayo.

Ejército Zapatista de Liberación Nacional 2003 "Chiapas: la treceava estela" en <http://www.fzln.org.mx/modules.php?op=modload&name=News&file=article&sid=725>

Dávalos, Pablo 2003 "Plurinacionalidad y poder político en el movimiento indígena ecuatoriano" en *Observatorio Social de América Latina* (Buenos Aires: OSAL/CLACSO).

De Sousa Santos, Boaventura 2000 *A crítica da razao indolente. Contra o desperdicio da experiencia* (Brasil: Cortez Editora).

Duterme, Bernard 2004 "Diez años de zapatismo en Chiapas" en *Le Monde diplomatique* (Buenos Aires), año V, Nº 55, enero.

Giarracca, N. y Del Pozo, N. 2004 "To make water... Water privatization and social protest in Tucuman, Argentina" in Barnnett, Viviene et al. *Swimming Against The Current: Integrated water resource management and gender in Latin America* (EE.UU.: University of Pittsburgh Press), en prensa.

Giarracca, N. y Teubal, M. 2001 "Crisis and agrarian protest in Argentina. The Movimiento de Mujeres Agropecuarias en Lucha in Argentina" en *Latin American Perspectives,* Vol. 28, N° 6, Issue 121, noviembre.

Giarracca, Norma (comp.) 2001 *¿Una nueva ruralidad en América Latina?* (Buenos Aires: CLACSO/ASDI).

Giarracca, Norma 2003 "La protesta agrorrural en la Argentina" en Seoane, J. (comp.) *Movimientos sociales y conflicto en América Latina* (Buenos Aires: OSAL/CLACSO).

Grinberg, L. y Grinberg, R. 1984 *Psicoanálisis de la migración y del exilio* (Madrid: Alianza Editorial).

Hardt, M. y Negri, A. 2002 *Imperio* (Buenos Aires: Paidós).

Laclau, E. y Mouffe, Ch. 1987 *Hegemonía y estrategia socialista. Hacia una radicalización de la democracia* (España: Siglo XXI).

NACLA *Report on the Americas* 2000, Vol. XXXIII, Nº 5, marzo/abril.

Orgáz García, Mirko 2003 *La guerra del gas* (La Paz, Bolivia).

Pacari, Nina 1996 "Taking on the neoliberal agenda" en *NACLA. Report on the Americas,* Vol. XXIX, Nº 5, marzo/abril.

Página 12 2003 *La guerra no ha terminado*, 31 de diciembre.

Pérez, Edelmira 2001 "Hacia una nueva visión de lo rural" en Giarracca, Norma (comp.) *¿Una nueva ruralidad en América Latina?* (Buenos Aires: CLACSO/ASDI).

Pérez, Germán 2002 "Modelo para armar: complejidad y perspectiva de la protesta social en la Argentina reciente" en *Argumentos* (Buenos Aires: Revista del IIGG), N° 1, diciembre.

Petras, J. y Veltmeyer, H. 2001 "Are Latin American peasant movements still a force for changes? Some new paradigms revisited" en *Journal of Peasant Studies* (Gran Bretaña: Frank Cass Journal), Vol. 28, N° 2, enero.

Schuster, F. y Pereyra, S. 2001 "La protesta social en la Argentina democrática. Balance y perspectivas de una forma de acción política" en Giarracca y colaboradores *La Protesta social en la Argentina. Transformaciones económicas y crisis social en el interior del país* (Buenos Aires: Alianza).

Schuster, Federico 2002 "La trama de la protesta" en *Cuadernos de coyuntura* (Instituto Gino Germani, Universidad de Buenos Aires), N° 4.

Spoor, Max 2002 "Policy Regimes and Performance of Agricultural Sector in Latin America and the Caribbean during the last three decades" en *Jornal of Agrarian Change* (Inglaterra: Blackwell Publishing), Vol. 2, N° 2, julio.

Teubal, Miguel 2004 "Perspectiva sobre la tierra y la reforma agraria en América Latina" en *Realidad Económica* (Buenos Aires), N° 200.

Teubal, Miguel y Rodríguez, Javier 2002 *Agro y alimentos en la globalización. Una perspectiva crítica* (Buenos Aires: La Colmena).

Vía Campesina <http://www.viacampesina.org>

Primera parte

Transformaciones y nuevas ruralidades

"Nueva York es como Puebla" Sobreviviendo en el México rural en un nuevo contexto global

Blanca Laura Cordero Díaz*

LA PRESUNCIÓN de que el mundo y la vida social en él están cambiando substancialmente desde hace algunas décadas domina con certeza las discusiones teóricas actuales de las ciencias sociales. Existe al parecer cierto consenso sobre cómo se ha desarrollado la economía política mundial en el lapso de las últimas dos o tres décadas, pero no pasa lo mismo con respecto a los modos de vida locales y micro-regionales. Nos encontramos con el reto de precisar hasta dónde se están produciendo nuevas formas de acción social a partir de los grandes cambios sociales y económicos estructurales.

En el contexto de las transformaciones sociales que están implicadas en los procesos de una nueva economía política global, existe una preocupación justificada entre los científicos sociales en torno a la posición de los pobladores rurales, su situación y su futuro; sobre todo en países como los de América Latina, en los que hace apenas unas cuantas décadas estos representaban una proporción significativa del total de la población. Los procesos económico-políticos con-

* Maestra en Antropología Social por El Colegio de Michoacán, AC. Estudiante de Doctorado en Sociología en el ICSYH de la Benemérita Universidad Autónoma de Puebla, Puebla, México.

temporáneos los han colocado entre los más pobres del mundo y los más excluidos (Teubal, 1998: 34); los modelos de desarrollo neoliberales han agudizado su posición desventajosa en las estructuras económico-políticas, poniendo aún más en entredicho sus formas de vida.

En este ensayo exploro la especificidad de fuerzas globales actuales en un ámbito local rural mexicano. El trabajo se inscribe en la problemática de la relación entre transformaciones asociadas al capitalismo tardío y las formas en que los pobladores rurales organizan y luchan diariamente por ganarse la vida. Retomo centralmente las dimensiones del género[1], la generación y la diferenciación social, para explorar cambios y continuidades en la organización de la sobrevivencia en una localidad rural del centro de México llamada Huaquechula[2].

Parto del reconocimiento de una nueva economía política global, marcada por la acumulación flexible de capital (Harvey, 1990), que afecta de manera desigual a los diferentes países, regiones y pobladores del mundo[3]. Considero que la aplicación de políticas de

---

1 Siguiendo a Hondagneu-Sotelo, la palabra "género" en este trabajo no es para implicar que "la mujer está puesta en escena", sino para explicitar la dimensión de las relaciones sociales que producen diferenciaciones y atribuyen roles distintos a los hombres y mujeres (Hondagneu-Sotelo, 1994: 2).

2 Presento los resultados de una investigación de campo que llevé a cabo entre los meses de enero y julio de 2001 en Huaquechula, Puebla, sobre los cambios en las prácticas de sobrevivencia en cinco familias extensas de distinto estrato social. Diseñé una investigación de campo en la localidad para captar las transformaciones en las prácticas de sobrevivencia tomando en cuenta la relación entre el estrato social, el género y la generación. Elegí como unidades de análisis familias extensas que fueran representativas en la estratificación social local. Después de un período de observación participante y entrevistas preliminares a "informantes" clave, seleccioné cinco familias. Los criterios de selección fueron: accesos diferentes a la tierra, tipo de tenencia de la tierra (ejido o propiedad privada), riego, participación en migración hacia Estados Unidos y status social local. Esto último, determinado a partir de las propias categorizaciones de diferenciación social de los pobladores. Realicé entrevistas en profundidad y pláticas constantes con un miembro de la familia, hombre o mujer, de cada generación, que seleccioné previamente. Cuidé seleccionar en igual número a entrevistados de ambos sexos y representativos de las tres generaciones objeto principal de estudio. En total realicé dieciocho relatos de vida y trayectorias de trabajo (diez mujeres y ocho hombres). Por un lado diseñé un instrumento de investigación que recogió información sobre los trabajos o actividades en pos de la sobrevivencia a lo largo de la vida del entrevistado, la reconstrucción de la organización familiar, y los eventos biológicos o sociales que marcan sus trayectorias laborales. Además realicé observación participante, que incluyó pláticas con otros integrantes, no entrevistados formalmente, de las familias seleccionadas. Es necesario decir que el instrumento que diseñé no sólo capta información sobre trayectorias individuales de los entrevistados, sino sobre su grupo doméstico de referencia en el momento en que es entrevistado y los cambios que ha tenido, así como información de los grupos domésticos de los cuales formó parte en años anteriores, lo que aporta a su vez conocimiento sobre una generación anterior. Aunque la muestra es no probabilística, buscó ser representativa de los distintos estratos sociales, y entre las cinco familias extensas conforman un grupo de aproximadamente ciento cincuenta personas.

3 Es necesario anotar que, como el propio Harvey (1990) reconoce, la tendencia hacia formas de acumulación flexible de capital no significa que el fordismo haya desaparecido.

ajuste económico de corte neoliberal a escala mundial en las últimas dos décadas, que abogan por la primacía del mercado y la desregulación estatal, ha contribuido a configurar cómo las nuevas formas de acumulación de capital se concretan de maneras específicas en diferentes lugares y forman parte del nuevo contexto global en el que se insertan los pobladores rurales.

Ubicación de Huaquechula en la región, el estado de Puebla y la República Mexicana

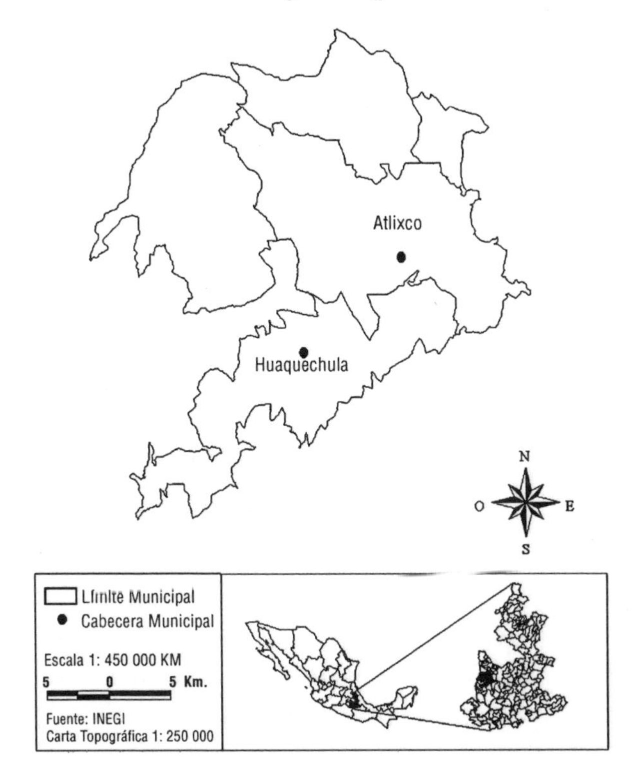

Huaquechula, ubicada en el estado de Puebla al Sur de la ciudad de Atlixco, es cabecera de municipio y cuenta con alrededor de 3 mil habitantes. Posee una serie de características, que comparte con otras muchas localidades rurales del Centro-Sur del país y en particular del Valle de Atlixco, las cuales son muy importantes para formular un argumento sobre los cambios en la posición de este tipo de localidades en la geografía social que crea la economía política global y los efectos de estos cambios en la organización y prácticas de sobrevivencia de sus pobladores. Se ubica en una región preponderantemente agrícola y además muy fértil. La diferenciación social intralocal se sustentó a partir de la segunda mitad del siglo pasado en el acceso diferencial a recursos como tierra, agua, insumos e inserción al mercado agrícola[4].

En Huaquechula, como en general en el Valle de Atlixco, donde esta se encuentra enclavada, ha predominado la agricultura de subsistencia y la combinación de esta actividad con el trabajo asalariado agrícola, el comercio itinerante y la migración laboral de tipo circular a ciudades cercanas. A diferencia de localidades del Occidente de México, y en coincidencia con otras del Centro de Veracruz, Huaquechula y localidades del Valle de Atlixco se incorporan a un flujo de migración masivo, sostenido y creciente hacia Estados Unidos, desde hace treinta años. Aunque con experiencia migratoria previa hacia Estados Unidos durante los años cincuenta, en el marco del programa bracero, no es hasta principios de los setenta que comienza un nuevo flujo, ininterrumpido hasta hoy, con dirección a la ciudad de Nueva York (NY) y estados aledaños. En términos de organización de la sobrevivencia observamos desde la segunda mitad del siglo XX una diversificación de las actividades de los grupos domésticos, que se mantiene hasta hoy, con un importante papel de las actividades agrícolas dentro del sustento de las familias.

Aquí propongo entender el carácter de los cambios en las prácticas de sobrevivencia como resultado de una conjunción entre las fuerzas estructurales de carácter global que modifican la posición de las localidades en la geografía del capitalismo y de los pobladores rurales dentro de un campo social jerárquico y multidimensional, que es al mismo tiempo local y global, y las acciones de la gente que con sus recursos e imaginación moldean estas fuerzas y dotan de historicidad a los procesos.

---

4 Marroni (2000) destaca como características actuales de la región Puebla-Atlixco, a la cual considera un ejemplo destacado de sociedades campesinas en el territorio nacional: la actividad agrícola como muy importante en la reproducción social de los grupos rurales; la preponderancia de la propiedad ejidal y sobre todo del control de este tipo de tenencia de la tierra en la superficie laborable; la presencia importante del cultivo y consumo de maíz; el marcado minifundismo tanto del sector ejidal como privado y la dispersión de las unidades productivas; una estructura social y patrones de cultivo altamente heterogéneos, que se expresan en la diversificación y combinación de las actividades productivas, sumados a grandes contingentes de familias sin tierra y desempleadas; así como la presencia de migración nacional e internacional como una estrategia de sobrevivencia predominante.

Desde este punto de vista planteo el carácter transnacional que adquiere la sobrevivencia en Huaquechula a partir de finales de los años ochenta y principios de los noventa. Sugiero que podemos suponer que con el número creciente de regiones y localidades rurales mexicanas que como Huaquechula se han insertado en una migración internacional reciente, estamos en realidad observando movimientos del mundo rural propios de un nuevo contexto global. Estos movimientos están asociados a procesos macroestructurales como lo son los ajustes neoliberales aplicados por el gobierno mexicano, que han afectado las bases de la subsistencia rural, y a los modelos de capital flexible que estructuran nuevos mercados laborales en ciudades como Nueva York. Pero también las dinámicas de cambio están ligadas a las prácticas que la gente rural desarrolla en el proceso de su lucha por vivir de acuerdo a sus deseos y posibilidades construidos y constreñidos en este contexto. Afirmo que en el marco de la migración de tipo transnacional las ideas y acciones que organizan la sobrevivencia adquieren sesgos claramente distintivos con respecto a los de formas anteriores.

En la primera parte de este artículo proveo los elementos necesarios para pensar, observar y analizar posteriormente los cambios en la sobrevivencia rural local; para ello, observo un período de tiempo que va desde los años cuarenta hasta los ochenta. Expongo en términos generales cuál era el contexto de la segunda posguerra de la agricultura en México y la inserción de la región donde se ubica la localidad de estudio en el modelo de desarrollo agrícola; las formas de sobrevivencia rural que fueron documentadas por los estudiosos del tema, y, finalmente, los resultados de mi investigación sobre las bases y la organización de la sobrevivencia en el lugar de estudio en esos mismos años.

En la segunda parte del artículo proporciono los elementos teóricos para analizar las transformaciones recientes de las prácticas de sobrevivencia bajo un nuevo contexto global, y desarrollo un argumento para entender el carácter transnacional de la organización de la sobrevivencia. Analizo los hallazgos más destacados de otros estudios que demuestran la creciente importancia de la migración internacional en el medio rural mexicano. Luego de esto, describo las formas en que la gente de Huaquechula ha organizado su vida en el marco de su inserción a procesos de migración hacia los Estados Unidos. Muestro cómo las ideas y prácticas cambiantes sobre los roles asignados a hombres y mujeres en la sobrevivencia conllevan contradicciones propias de la cualidad transnacional de esta misma. De igual modo, observo las alteraciones en las prácticas de hombres y mujeres que se dan en una misma generación, particularmente aquella que nació entre 1940 y 1960; pero también comparo sus experiencias, especialmente la de las mujeres, con las de la generación anterior (1920 y 1940) y la posterior (1960-1980). Concluyo el trabajo con unas reflexiones finales.

La sobrevivencia rural en México en la segunda posguerra

El mundo rural y su movimiento y cambio continuo siempre han estado conectados a una economía política global. Huaquechula, al igual que cualquier otra localidad rural, siempre ha estado inserta en un contexto global y ocupa un lugar dentro del espacio social jerarquizado que producen los procesos capitalistas mundiales de producción y reproducción social. Pero ese lugar no es inamovible, y aunque este sitio pueden compartirlo otras localidades rurales, siempre cada una de ellas guardará sus especificidades históricas de acuerdo a sus recursos, ubicación geográfica y la manera en que se insertan sus pobladores en relaciones sociales más amplias que interconectan escalas regionales, nacionales y globales en un solo espacio social.

De acuerdo con David Harvey, "el capitalismo crea su propia geografía histórica específica" (Harvey, 1990: 375). En términos metodológicos, no es cuestión sencilla trazar las conexiones concretas entre lo local y lo global. Más difícil todavía es señalar con precisión y abstraer el lugar preciso de Huaquechula en la geografía del capitalismo hace treinta años y ahora. Aquí me limito a describir el lugar de la localidad y de la población, en términos de las relaciones sociales concretas y cambiantes que los pobladores han entablado y que los han conectado con procesos "extralocales", todo ello en un tiempo específico.

Para estos fines es útil el concepto de campo social que formula la antropología para entender a la localidad en su conexión a lo global, pues nos sirve para comprender lo local como parte de redes de relaciones sociales más amplias y de esta manera no considerar los procesos en diferentes escalas espaciales de manera separada. Pero no sólo se trata de colocar lo local dentro de redes más amplias, sino de entender que estas redes encuentran su especificación en lo local, puesto que tienen "una configuración de poder única, social e históricamente, en lugares específicos y épocas particulares" (Roseberry, 1998: 89). El campo está configurado por las relaciones entre actores que ocupan posiciones desiguales y jerárquicamente diferenciadas. El campo conceptúa un contexto y es también una manera de ver "la sociedad", como un terreno de oposición y lucha; está definido por las relaciones particulares entabladas por los múltiples actores que forman parte de ella. En tanto los sujetos forman parte de redes de relaciones más amplias, la localidad es una terminal específica de estas redes (Roseberry, 1994; Gómez Carpinteiro, 2001).

Una vez hechas estas especificaciones teórico-metodológicas, delinearé a continuación las relaciones sociales en las que se ha insertado la localidad y en las que se han empotrado las prácticas y formas de organización de sobrevivencia de los pobladores de Huaquechula.

El modelo de desarrollo en el cual se configuró la economía rural mexicana desde los años treinta se forjó al calor de la construcción de la sociedad y el Estado posrevolucionario[5]. Este modelo de desarrollo se basó en la sustitución de la importación de bienes de consumo no durables por bienes de capital, y encontró en el contexto global coyunturas favorables, particularmente los años de la segunda posguerra mundial. El Estado cumplió un papel importante en el proceso acelerado de industrialización a través del proteccionismo y el subsidio a los industriales por varias vías. Una de ellas fue precisamente fomentar una relación desigual y subordinada de la agricultura con respecto a la industria. Por otro lado, el Estado mismo se convirtió en empresario, asumiendo ramas estratégicas en la economía (petróleo, energía eléctrica, siderurgia, agroindustria) (Prud'homme, 1995).

Dentro de este modelo la agricultura cumplió un papel importante. Uno de los aspectos más relevantes fue el proveer de alimentos baratos, sobre todo granos básicos, como maíz y fríjol, así como otros alimentos clave en la dieta de la creciente clase obrera de las ciudades, tales como el azúcar. De esta manera el abasto al consumo nacional de bienes agrícolas a bajos precios se complementaba con una política de nulo crecimiento del salario real de las clases trabajadoras para subsi-

---

5 La economía, la política y las relaciones sociales de clase se fundieron en el establecimiento de un modelo de Estado al cual correspondió una forma de organización de la sociedad. En palabras de Proud'homme "se podría hablar de un modelo de desarrollo y un sistema de representación de intereses propios del México posrevolucionario. Ambos modelos se complementaban y se reforzaban: el buen funcionamiento del modelo de desarrollo permitía la estabilidad del sistema de representación de intereses mientras que la estabilidad política constituía una garantía para el crecimiento económico" (Proud'homme, 1995: 10).

diar a los industriales, y de ese modo los campesinos productores de granos básicos proveyeron de lo que se conoce como bienes-salario. Por otro lado, un amplio sector de productores rurales proporcionó también a bajo costo materias para la agroindustria y divisas al país (Marroni, 1996: 21; Prud'homme, 1995: 14)[6].

La política de modernización de la agricultura en el país implementada después de los años cuarenta produjo una polarización entre dos tipos de productores rurales que representaron en realidad dos extremos opuestos en la heterogeneidad de la estructura social agraria. Los agricultores modernos se concentraron en el Norte del país, y los campesinos en el Centro-Sur. Los primeros contaron con apoyo del gobierno para crear una infraestructura de riego, y producían en medianas y grandes extensiones de tierra, mayormente cultivos comerciales; los segundos cultivaban en mayor cantidad en tierras de temporal[7] , con extensiones de tierra características de los minifundistas y con una producción primordialmente de granos básicos (Hewitt de Alcántara, 1978).

Las políticas agrarias hacia el campo desde mediados de la década de los cincuenta hasta los setenta desembocaron en lo que se conoce como ganaderización y un cambio en los patrones de cultivo que sustituyó la producción de granos básicos por cultivos forrajeros, frutas, legumbres y materias primas para la agroindustria en buena medida transnacional (Appendini, 1995; Marroni, 1997). A partir de los años setenta, y como resultado de este modelo bimodal del campo mexicano, se hizo patente una crisis de la agricultura campesina, concretamente de los pequeños productores ejidales[8] y de temporal, quie-

---

6 Los resultados de esta relación subordinada de la agricultura a la industria dentro de lo que se conoce como el modelo de desarrollo estabilizador han sido ampliamente estudiados. Para uno de los estudios pioneros y brillantes sobre el tema véase Hewitt de Alcántara (1978).

7 Es decir, tierras regadas con agua de lluvia, por lo que dependen de la estación de lluvias, que normalmente inicia en mayo y termina en octubre.

8 "Ejidatario" es una categoría jurídica de tenencia de la tierra en México. El ejido es una forma de posesión de la tierra individual o colectiva, que el Estado posrevolucionario otorgó en usufructo a los campesinos sin tierra a partir de la reforma agraria, que comenzó a llevarse a cabo de forma masiva a fines de la década del veinte y toda la década del treinta. Pero también el ejido se convirtió en una forma de organización social y en una estructura local de poder fundamental en el medio rural, al ser una terminal de las redes de poder estatal y principal vía de acceso a recursos del Estado. Una de las reformas neoliberales más críticas ha sido precisamente la reformulación en 1992 del artículo 27 constitucional, el cual frenaba legalmente la posibilidad de la venta de la tierra ejidal. Para un análisis de las implicaciones ideológicas, políticas y económicas de las reformas a tal artículo véase Zendejas y De Vries (1995), Gómez (1998) y Núñez (2000).

nes constituían y siguen constituyendo en México la gran mayoría de los productores[9].

La resistencia del campesinado a esta crisis de décadas fue documentada por los estudiosos del mundo rural mexicano en los setenta. Inspirados en las ideas de Chayanov sobre la particularidad de la economía campesina y la centralidad en ésta de la familia y sus ciclos de reproducción biológica, resaltaron la efectividad de las formas de organización de la "unidad doméstica" –unidad de producción y consumo ligada al control y uso de la tierra– para sobrevivir frente al deterioro de sus condiciones. Si bien el concepto de unidad doméstica de Chayanov giraba en torno a cómo la familia distribuía el trabajo y daba uso a la tierra de acuerdo a la edad y sexo de sus miembros, antropólogos como Arturo Warman retomaban y ampliaban las ideas de Chayanov para dar cuenta de las estrategias diversificadas[10] de las familias para subsistir bajo nuevas condiciones. Warman escribía sobre esto en 1976: "Además de cuidar la milpa, ahora hay que atender uno o varios cultivos comerciales al mismo tiempo que hay que ocuparse más frecuentemente como jornalero sin dejar de cumplir con las faenas gratuitas y los cargos religiosos. Las nuevas actividades demandan más trabajo y nuevos recursos que se organizan de manera diferente, que al sumarse a la actividad tradicional y sus formas de organización, que en buena medida se conservan, aumentan el grado de variación y complejidad de la actividad campesina" (Warman, 1988: 305).

Al mismo tiempo otros autores documentaron los procesos de proletarización creciente, el éxodo rural hacia la ciudad y la importancia del trabajo asalariado en la subsistencia de los campesinos (Kemper, 1977; Arizpe, 1980). La migración interna e internacional demostró tener un importante papel en los procesos de proletarización y recampesinización simultáneamente[11]. El propio Warman reconocía: "Es posible que el campesino siembre cebolla, jitomate o

---

9 Estos procesos a nivel nacional se correspondieron, en una perspectiva global, con el crecimiento de la dependencia cerealera del Tercer Mundo, incluyendo la mayoría de los países latinoamericanos, lo cual, dice Teubal, se vincula con la descampesinización del agro latinoamericano, al tiempo que se reafirma la agroindustria transnacional, comandada por empresas transnacionales (Teubal, 1998: 43).

10 Para Warman, "La diversificación se origina en un primer nivel en la familia, la unidad mínima para el ejercicio del control territorial y para la especialización del trabajo por sexo y por edades, ligada además porque obtiene su subsistencia como conjunto" (Warman, 1976: 306).

11 Véase por ejemplo Gledhill (1993), quien documenta el papel de la migración interna e internacional en la reproducción campesina en un ejido del estado de Michoacán en México durante varias décadas después de la reforma agraria. Su análisis incluye hasta los noventa.

sorgo para el mercado, emigre como bracero o se haga tranquilamente protestante, actividades poco 'tradicionales', ciertamente, sin dejar de ser campesinos" (Warman, 1972: 15, citado por Hewitt de Alcántara, 1988: 235).

Huaquechula se insertó dentro de este panorama nacional como una localidad dentro de una región campesina, proveedora de granos básicos, frutas y legumbres a las ciudades importantes del Centro del país. Por su cercanía con la ciudad de México y otras dos ciudades estratégicas en el comercio agrícola del estado de Puebla, Puebla y Atlixco, Huaquechula, en su carácter de cabecera de municipio y centro micro-regional, consolida un importante desarrollo de las actividades comerciales en varias escalas.

Así, Marroni nos dice que la región del Valle de Atlixco, donde se encuentra Huaquechula, mostró durante los años treinta y hasta los sesenta la "consolidación de una sociedad rural y agrícola en su esencia" (Marroni, 1996: 133). Esta ruralidad, como la llama la autora, fue matizada por el carácter mercantil creciente de la producción agrícola y la ubicación estratégica de la región, que la hizo objeto de políticas de integración regional y nacional.

El sector agrícola se expandió sobre la base de una importante agricultura familiar sustentada en una reforma agraria temprana y la disposición de riego a pequeña escala y tierras fértiles. En los sesenta, la región fue alcanzada por el proyecto modernizador más importante de la agricultura a pequeña escala, el Plan Puebla, que buscó garantizar la agricultura familiar en los setenta y ochenta (Marroni, 1996).

Trayectorias de familias rurales y sobrevivencia en Huaquechula entre 1940 y 1975

La reconstrucción de las trayectorias de miembros de cinco familias de distinto estrato social nos permite observar en torno de qué actividades giraban las prácticas de sobrevivencia de hombres y mujeres de Huaquechula en este período, después de los años treinta y hasta mediados de los setenta. En primer lugar, es notable que la primera generación, que nace entre 1920 y 1940, combine en su mayoría la actividad agrícola con el comercio de productos hortícolas, agrícolas y artesanales. También tenemos una importante presencia de la ganadería y el comercio de la carne. Las trayectorias de los varones de la generación de los entrevistados de mayor edad que nacieron entre

1920 y 1940 demuestran que en los años en que ellos eran niños con edad de trabajar, entre 1930 y 1950, el acceso a actividades comerciales podía hacer una diferencia importante con aquellos que solamente poseían tierra de tipo ejidal y sin muchas manos ni recursos para trabajarlas. El peonaje agrícola en tiempo de lluvias (abril/octubre) era una buena opción para allegarse o complementar ingresos por parte de aquellos que no tenían acceso a la tierra o a otras actividades más remuneradas.

La posición de centro microrregional de Huaquechula ofrecía a sus habitantes la posibilidad de comerciar de los ranchos hacia la cabecera y, al revés, intercambiando animales, semillas y productos artesanales. Empero, la actividad comercial presentaba también sus jerarquías: aquel que podía tener animales de carga y un pequeño capital para comprar y vender tenía más ganancias que quien comerciaba al menudeo por los ranchos productos artesanales, los cuales siguen siendo productos de un valor monetario menor que aquellos de origen animal o industrializados. Las mujeres que nacen entre 1920 y 1940 tienen experiencias en la venta de productos animales, frutícolas y agrícolas, sea en las plazas locales, en sus casas los domingos o en los ranchos, amén de las actividades domésticas no remuneradas que realizaban en sus casas y la asistencia en las labores agrícolas propias del tiempo de cosecha. Las labores comerciales son de suma importancia en esta generación de mujeres, pues son ellas quienes abren brecha en el comercio itinerante en los ranchos y la cercana ciudad de Atlixco. Son las mujeres que se sientan con su tina a vender productos de recolección y de la cosecha a orillas de las banquetas. El estrato social sin duda afecta la incorporación de las mujeres en este tipo de actividades. Las que tienen una posición acomodada realizan actividades de comercio en sus casas o ayudan a sus maridos en las mismas. Sin embargo, las de menos recursos se incorporan de lleno al comercio fuera de la localidad, usualmente complementando los ingresos provenientes del cultivo de la tierra ejidal. Por ejemplo: aquellas cuyos maridos tenían un pequeño hato de ganado y mataban reses, no necesitaban salir a comerciar a los ranchos aledaños ni a la ciudad de Atlixco, sino que podían hacerlo desde sus casas; no así las mujeres de estrato social medio y bajo, cuyos maridos vivían casi exclusivamente del cultivo de la tierra ejidal o el peonaje agrícola o una combinación de ambas cosas.

Dentro de la familia de mayor estrato social entrevistada, es interesante observar procesos de acumulación local desde una generación anterior (1890-1910) a través del comercio de semillas y el ahorro[12], el cual sirvió para consolidar años más tarde, en la segunda generación, el intermediarismo y las prácticas agiotistas dentro de la localidad, que financiaron el cultivo de agricultores pobres que necesitaban dinero para sembrar productos comerciales como el cacahuate y el sorgo desde los años sesenta y hasta los noventa –año en que quiebra el agiotista principal. Encontramos también en la trayectoria de dos varones de familias pobres de esta primera generación entrevistada casos de endeudamiento para la siembra del cacahuate.

En cuanto a los patrones de cultivo, las personas de la primera generación durante todos estos años han sembrado maíz y fríjol, sobre todo el primero, en combinación con un cultivo comercial; con predominio del cacahuate, pero también de jitomate, de jícama, de sorgo, el cual tuvo un importante auge gracias a la presencia de granjas porcícolas en localidades cercanas en la región. Algunas familias también tuvieron hasta los años sesenta una importante fuente de sustento en las huertas. En ellas se sembraban frutos que más tarde las mujeres vendían en los ranchos o en tinas en las banquetas de la ciudad de Atlixco en los días de mercado.

Entre los varones entrevistados de esta generación encontramos sólo un caso que presenta tanto migración para trabajo agrícola al interior del país como migración por contrato bajo el Programa Bracero (1942-1964) a los campos de cultivo del Sur de California, en Estados Unidos, durante los años cincuenta. El primer tipo de migración se da, según las razones del entrevistado, "por ir a la aventura", "por conocer otros lugares" y no por necesidad. La segunda migración ya tiene una connotación más económica, pero sin embargo se anima a ir porque otros amigos de él también van. Fue solamente por un mes, y no le quedaron ganas de volver por las condiciones de trabajo y las arduas jornadas. Es destacable que este hombre representa dentro

---

12 La persona a la que me refiero, de sexo masculino, nació a principios del siglo XX. En 1940 compraba y vendía semillas en animales de carga de los ranchos y de Huaquechula. Había formado el capital suficiente para almacenar semilla y prestarla a los agricultores a cambio de comprometer la venta de su siembra y proporcionar un extra. Este señor heredó a su hijo, a finales de los años cincuenta, vehículos de carga y capital para prestar dinero y semillas con una lógica semejante a la de su papá. Pero el negocio había crecido, y ahora él acaparaba el cacahuate de la localidad y pueblos aledaños, que procesaba en una maquinaria de su propiedad y luego transportaba y vendía a la ciudad de México. Uno de los mecanismos que utilizó para asegurar la materia prima suficiente para procesar y vender era prestar semilla o dinero para la siembra del cacahuate, pactando de antemano el precio congelado de su venta. De este modo, aunque el cacahuate estuviera a un precio más alto en el mercado, él tenía ya un precio barato asegurado.

de los entrevistados de la primera generación el estrato social más alto, por lo que se nota que la migración interna o internacional en estos años tiene que ser financiada con los ahorros de las familias, y por lo tanto fue selectiva.

Las personas que nacieron entre 1940 y 1960 comparten en general, aun cuando pertenezcan a distintos estratos sociales, el haber iniciado sus trayectorias laborales en actividades agrícolas, sea como mano de obra familiar en la parcela del papá, los abuelos o los tíos, o como peones ocasionales, permanentes o alternos. Tanto hombres como mujeres ayudan en el trabajo familiar, aunque las mujeres declaran hacer labores aparentemente menos pesadas, como desyerbar el cacahuate o pizcarlo. Coinciden en el grupo de entrevistados hombres y mujeres que tenían acceso al trabajo asalariado en la localidad en una procesadora de cacahuate a mediados de los sesenta y en la década de los setenta. Esta procesadora de cacahuate era la única en Huaquechula pero no la única en la región; formaba parte del empuje en la producción regional del cacahuate y su posibilidad de comercialización en la ciudad de México y otros centros receptores de este producto en la república por parte de aquellos que tenían capital para comprar la producción local y poseían medios de transporte propios y adecuados para su venta.

El cultivo de la tierra en los varones de esta segunda generación aparece asociado a la renta de tierra a medias, que es un trato donde ellos ponen el trabajo y el otro la tierra, y al final se reparten las ganancias entre los dos socios. Este tipo de trato favorece a aquel que tiene tierra y que ya no tiene brazos para sembrarla, y dedica su tiempo a otras actividades que le remuneran más. Y por otro lado, el que no posee tierra tiene la posibilidad de tener un ingreso sin necesidad de migrar a un trabajo asalariado a la ciudad. Los varones de esta generación salen a sus veinte años ya casados, generalmente con destino a Nueva York en los setenta.

Migración transnacional, sobrevivencia rural y acumulación flexible

Para entender las continuidades y las rupturas en las prácticas que organizan la sobrevivencia en Huaquechula a partir de un nuevo contexto global, reconozco la generación de patrones de vida y trabajo transnacionales en el lugar. El adjetivo "transnacional" está asociado a la creciente importancia de la migración internacional como base de la subsistencia rural, pero esto no es únicamente lo que le da contenido. El término "transnacional" obedece a la creación de nuevos modos de vida por parte de las personas involucradas en un tipo de migración intensivo y continuo[13]. Tales maneras de vivir tienen la virtud de conectar espacios sociales más allá de las fronteras nacionales, mostrándonos tal vez la existencia de campos, comunidades o circuitos transnacionales (Basch et al., 1995; Goldring, 1992; Rouse, 1989; Smith, 1998).

Las prácticas transnacionales de sobrevivencia están moldeadas y conducidas por procesos en los que se aúnan lo global y lo local, la estructura y la acción social, los cuales sintetizo de la siguiente manera: las políticas de ajuste estructural a nivel nacional que minan aún más las bases de la subsistencia rural; la reconfiguración de los mercados de trabajo en el contexto de una nueva división del trabajo asociado al capitalismo flexible, la cual a su vez implica el renacimiento de formas de producción a destajo en ciudades como Nueva York, la feminización de la mano de obra y la terciarización de las economías metropolitanas; la creación de redes sociales familiares y de amistad que facilitan la inserción a los mercados de trabajo y la reproducción social en un contexto urbano; y una organización familiar de acuerdo a valores y patrones culturales de relaciones de género, que implican lo mismo solidaridad que subordinación, conflicto, soledad y sufrimientos diferenciados, y su adecuación en nuevos contextos de vida y trabajo.

A continuación apunto teóricamente cuáles son las características del nuevo contexto global y cómo se relacionarían estas con la generación de formas transnacionales de sobrevivencia en el medio

13 Este supuesto inscribe a mi trabajo en un enfoque transnacional para comprender los procesos sociales, las prácticas y significados que traen aparejados los flujos migratorios internacionales. Tal perspectiva teórica se ha generado sobre todo para entender la cualidad más distintiva de los procesos y relaciones sociales que crean hoy en día los flujos migratorios intensos de las personas que construyen sus vidas entre dos o más naciones, difuminando y subsumiendo así las fronteras. Pero también el transnacionalismo se reconoce como un proceso económico, político y cultural del capitalismo tardío y de una era postcolonial, en la que los estados-naciones y la integración de la economía global afectan radicalmente los modos de reproducción social. La literatura de la corriente de estudios transnacionales se ha ocupado hasta ahora fundamentalmente de las modificaciones que los procesos transnacionales traen en las identidades políticas, a través de estudios que analizan el resurgimiento de identidades étnicas y nacionalistas o los efectos en las prácticas y conceptos de ciudadanía (Basch et al., 1995; Kerneay, 1996; Goldring, 1992; Smith, 1999). También se ha puesto atención a la importancia de las relaciones de género en la construcción de la vida transnacional y los cambios en normas, prácticas y significados en estas relaciones (George, 2000; Mummert, 1999; D'Aubeterre, 2000a y 2000b).

rural mexicano. Analizo las evidencias empíricas que proporcionan otros autores sobre los cambios en la sobrevivencia rural en México y la región, la creciente importancia de la migración internacional en esta, y el nuevo carácter de esta migración frente a patrones de migración anteriores.

La migración internacional como pilar de la subsistencia en el México rural en una nueva economía política global

El nuevo contexto global que significan los cambios en la cualidad de la organización de la sobrevivencia rural está relacionado con lo que Harvey llama un régimen de acumulación flexible, la cual apela, según el autor, a la flexibilidad "con relación a los procesos laborales, los mercados de mano de obra, los productos y las pautas de consumo. Se caracteriza por la emergencia de sectores totalmente nuevos de la producción, nuevas formas de proporcionar servicios financieros, nuevos mercados, sobre todo, niveles sumamente intensos de innovación comercial, tecnológica y organizativa" (Harvey, 1990: 170).

Harvey también argumenta que el paso de un modo de acumulación a otro se acompaña de un sistema de reglamentación política y social diferente. Las políticas de ajuste estructural de los gobiernos neoliberales en todo el mundo a partir de los setenta constituyen en gran parte esta nueva forma de reglamentación. Si en el régimen de acumulación fordista el Estado benefactor y sus instituciones fueron el centro de la regulación social y política del capitalismo de la segunda posguerra, la desregulación estatal y la vuelta a una política de "libre mercado" impulsada por los gobiernos y organismos internacionales de financiamiento representan el marco político institucional del régimen de acumulación flexible[14].

Miguel Teubal sintetiza muy bien la relación entre las políticas neoliberales aplicadas en América Latina y el mundo con una nueva etapa del capitalismo, basada en un nuevo régimen de acumulación: "En esta etapa del capitalismo se han potenciado como nunca los grandes movimientos de capitales, conformando uno de los aspectos

14 Harvey sostiene que "Las décadas de 1970 y 1980 han sido un período complicado de reestructuración económica y reajuste social y político. En el espacio social creado por todo este flujo e incertidumbre, han comenzado a despuntar una serie de nuevos experimentos en la vida social y política. Estos experimentos pueden representar las primeras conmociones del pasaje de un régimen de acumulación completamente nuevo, unido a un sistema diferente de regulación política y social" (Harvey, 1990: 170).

quizá más notorios de la globalización. Las aperturas, ajustes estructurales y desregulaciones aplicadas a lo largo y ancho del globo terráqueo –las políticas de liberalización plena de las economías– contribuyen a impulsar este proceso comandado, en gran medida por grandes empresas transnacionales, incluyendo enormes bancos y entidades financieras internacionales" (Teubal, 1998: 35).

En México las políticas de ajuste estructural sin duda han formulado las maneras en que el mundo rural y sus pobladores se insertan a la nueva economía política global[15]. Las políticas neoliberales se han traducido en el retiro de los subsidios por parte del Estado a los pequeños productores, la cancelación de precios de garantía, la drástica reducción de créditos, la privatización de la asistencia técnica y el financiamiento, y la apertura comercial, que apoya el desarrollo de cultivos de exportación en detrimento de los cultivos básicos.

Los efectos de una agudización de la crisis a partir de los reajustes neoliberales y la instauración de un nuevo marco de regulación estatal para la economía rural se sienten a nivel local en la falta de apoyo técnico y financiero por parte del Estado a los productores, pero sobre todo en los altos costos de la producción agrícola en contraste con los bajos precios de sus productos y los elevados precios de los bienes y alimentos de consumo básico en el mercado[16]. Todo esto sin duda ha minado las bases de la subsistencia rural.

---

15 En México, las políticas estatales de corte neoliberal para transformar la economía rural han tenido como objetivo insertar la agricultura al mercado global bajo nuevas premisas. Estas consisten en fortalecer las relaciones capitalistas dentro del sector y la integración por completo de la agricultura en el mercado internacional a través de: a) la desincorporación de las instituciones estatales y sociales que estructuraron, y sobre las cuales se sustentaba en gran medida, la economía rural; b) la apertura comercial hacia el exterior y el impulso de una agricultura de exportación sobre la base de "las ventajas comparativas"; c) la ruptura de los pactos políticos preexistentes entre el Estado y el sector social agrícola, que aseguraban un lugar protagónico, aunque subordinado, a los grupos de campesinos pobres, medios y "sin tierra" en los proyectos de desarrollo del sector agropecuario y del país (Marroni, 1997; Prud' homme, 1995; Appendini, 1995).

16 En el terreno productivo, las políticas agrícolas y el nuevo marco regulador estatal de la economía rural han agudizado una crisis crónica de la agricultura que empezó en los años sesenta y se hizo más evidente en los setenta (Marroni, 2000; Appendini, 1995; Fritscher, 1999). La crisis del sector agrícola se manifiesta con mayor fuerza en la producción de granos básicos y del maíz (Marroni, 1997). Los impactos de las nuevas políticas agrícolas han sido diferenciales para el universo de productores; sin embargo, se observa una caída de la superficie cosechada y la productividad en casi todos los cultivos (Appendini, 1995: 71-74). Así, entre 1987 y 1994 el volumen producido de arroz declinó en un 37%; el trigo 19%; el cártamo 71%; el algodón 38%; la soya 37%; la cebada 50%; y el sorgo 41,4% (Fritscher, 1999: 240). Contradictoriamente, en apariencia, los cultivos del maíz y fríjol vieron un ascenso en los volúmenes producidos en el mismo período. El fríjol ascendió en un 30%, mientras que el maíz en un 57% (Fritscher, 1999: 240). La razón por la cual estos cultivos experimentaron un ascenso tiene que ver con una política más gradual de liberalización, pues en el caso de estos dos cultivos los precios de garantía se han mantenido.

Ahora bien, ¿qué han hecho las personas del mundo rural para lidiar con esta merma en las bases de su subsistencia? ¿Cómo se diferencian sus acciones del pasado reciente? ¿Han cambiado las formas en que enfrentan estas situaciones?

David Barkin (1998), en un artículo donde aborda directamente el problema de la sobrevivencia en el contexto de los ajustes estructurales neoliberales al campo mexicano, sostiene que los pobladores rurales no han visto desmejorada su dieta con la crisis del campo agudizada con las políticas neoliberales, como él y otros colegas suponían. Atribuye esto a una resistencia campesina basada en el papel de la agricultura de granos básicos para la subsistencia y a la diversificación de las actividades laborales de los miembros de las familias. Barkin proporciona datos de la última década sobre la aportación increíblemente creciente y sustancial de las remesas de trabajadores mexicanos en Estados Unidos a la economía rural[17].

Davis por su parte afirma: "el predominio de la economía agrícola de 1930 ha dado paso a una economía tremendamente diversificada con una distribución de las estrategias de generación de ingresos de los grupos domésticos" (Davis, 2000: 1). Además, Davis agrega que más de la mitad de los ingresos de los grupos domésticos ejidales[18] derivan sus ingresos de otras fuentes y no de la agricultura, y que más del 60 % tiene miembros de sus familias trabajando fuera de ellas. Con base en una encuesta aplicada a hogares ejidales, afirma también

17 Barkin (1998: 3) menciona que el valor de los bienes y el dinero inyectado a las comunidades rurales es de alrededor de 10 mil millones de dólares, y por lo menos, conservadoramente, el 40% del producto rural, lo que representa más que "cualquier otra fuente de ayuda externa". Es necesario decir que tengo algunas dificultades con una parte del argumento de Barkin en este artículo suyo sobre cómo observa las estrategias rurales, pues él afirma que los pobladores rurales han resistido la migración internacional e inyectado a sus comunidades del fruto de su trabajo en vez de quedarse allá, y de esta manera sostener "un estilo de vida diferente", a causa de lo que él considera "un programa de auto-defensa sólido y concertado". Creo que efectivamente asistimos a la migración internacional como una fuente de ingresos de primer orden para el mundo rural; sin embargo, este proceso conlleva sus contradicciones. No podemos decir que ellos deciden inyectar dinero a México porque quieren mantener sus formas de vida sin una consideración de cómo viven y sobreviven y se sienten en los lugares donde llegan a vivir y a trabajar en Estados Unidos; es decir, sin una observación de las relaciones en las que se insertan allá, por lo cual hay que reconsiderar esta afirmación. Por otro lado, como muestro en este mismo artículo, en el apartado sobre la organización de la sobrevivencia transnacional, esta descansa en buena parte en relaciones de subordinación entre hombres y mujeres, en costos emocionales para hijos y madres, etcétera. Por lo que no podemos hablar de un programa concertado como si no hubiera conflicto entre ellos mismos y contradicciones internas incluso dentro de las propias familias en este proceso de migrar. Preibisch, por ejemplo, habla de la migración como una estrategia masculina (Preibisch, 1996).

18 Grupos domésticos ejidales son aquellos que cuentan con tierra de tipo ejidal.

que entre 1994 y 1997 los agricultores modernizados no muestran una expansión de los cultivos de valor comercial; por el contrario, mantienen el cultivo del maíz e incrementan la superficie del mismo. Al mismo tiempo, esto se acompaña de una diversificación de las fuentes del salario no agrícola, las actividades de autoempleo, y particularmente de migración hacia los Estados Unidos, así como del incremento de los hatos de ganado. Entre los agricultores pequeños y medianos las actividades extra-agrícolas son la principal fuente de ingresos.

Rello (2000) parece darle la razón a Barkin (1998) y coincide con Davis (2000) en varios puntos al analizar las estrategias campesinas frente al ajuste y la globalización en México observando un período de siete años, de 1990 a 1997. Encuentra una tendencia hacia la seguridad alimentaria, que se expresa en la creciente importancia de los cultivos tradicionales[19]. Señala también el incremento de la participación en los mercados laborales de los miembros de las familias campesinas. Durante el período que estudia, se incrementó en un 33% el porcentaje de hogares que participó en actividades extra-agrícolas. Así, las familias minifundistas vivían en un 90% de actividades fuera de la agricultura, y en aquellas familias con más tierra cultivable de todas maneras dependían de este tipo de ingresos hasta en un 50%. Con respecto a las remesas de Estados Unidos, Rello dice que el 45% de las familias de ejidatarios tenía un miembro que había emigrado o bien hijos o familiares que se encontraban trabajando en Estados Unidos. Entre 1994 y 1997 el porcentaje de las familias que tenían un miembro trabajando en la unión americana subió un 5%.

Los datos que ofrecen los autores citados apuntan en términos resumidos a la pérdida paulatina de la importancia de los ingresos y actividades agrícolas dentro de las familias campesinas en los noventa

---

19 Estos datos deben tomarse con cautela. No podemos pensar que el aumento de cultivos tradicionales implique necesariamente un reforzamiento de una "lógica campesina", pues el incremento en cultivos como maíz y fríjol a partir de 1990, como ya hemos dicho antes aquí, se debió a que para ese entonces constituían los únicos en tener precio de garantía, por lo que el aumento considerable de estos cultivos después de los noventa obedece más a una intención de minimización del riesgo por parte de empresarios agricultores que a una de seguridad alimentaria de productores de subsistencia. Appendini (1995: 86) señala que, mientras los campesinos maiceros han tenido problemas por la falta de créditos e insumos para mejorar su productividad, los productores empresariales han preferido cultivar maíz y fríjol que afrontar los altos costos de una reconversión productiva moderna. Cito: "el maíz ha sido el eje del debate sobre la liberalización de la agricultura mexicana y la mayor cautela con respecto a la liberación comercial del grano se explica por las consecuencias que tendrá sobre el mercado de trabajo y la migración, con la desprotección de casi tres millones de campesinos. Irónicamente, estos argumentos han favorecido en los últimos años más a los agricultores capitalistas maiceros que a los campesinos productores de maíz".

y a una importancia mayor de las remesas y el trabajo en los Estados Unidos[20]. Estas tendencias pueden confirmarse en la zona Puebla-Atlixco a través de los estudios realizados en los últimos años (Marroni, 2000; Preibisch, 1996)[21].

Las formas de organización económica y social predominantes de los habitantes rurales, por sus patrones de tenencia de la tierra (ejidal y minifundista en su mayoría) y acceso limitado a recursos productivos (riego, tierra, crédito), tienen a las actividades agrícolas de granos básicos como importantes para la reproducción de las familias. Sin embargo, todo apunta a que en sectores importantes de estas poblaciones la actividad agrícola no sea la principal generadora de ingresos: más bien se ha vuelto complementaria. Esto vale para todas las localidades estudiadas aun cuando haya patrones y sistemas agrícolas diferenciados entre ellas y al interior de estas. Esta generalidad se presenta como una tendencia que se ha agudizado por la crisis neoliberal, y que se ha manifestado con mayor fuerza a partir de 1994.

El aumento de la migración internacional en todos los casos a partir de los ochenta, y sobre todo en la última década, refuerza la idea de que son los ingresos derivados de la proletarización de las familias los que se han vuelto cada vez más importantes para la sobrevivencia de las mismas.

Al analizar todos estos hallazgos sobre las acciones que los pobladores rurales han emprendido para sortear la disminución de sus posibilidades de vivir dignamente del trabajo en México en tiempos de neoliberalismo económico, podríamos argumentar, como lo hace Appendini, que las prácticas rurales de sobrevivencia han cambiado muy poco y que son en realidad más las continuidades. La autora afirma textualmente: "El abandono de tierras marginales y de

---

20 Aunque es cierto que los datos que presentan tanto Davis como Rello están acotados a familias que en el momento de la encuesta tenían tierra ejidal y por tanto no nos ofrecen elementos suficientes para comprender los efectos diferenciados de la crisis neoliberal (en términos de los que no tienen tierra por ejemplo) y las respuestas de los pobladores rurales, también es verdad que nos están marcando tendencias generales que son muy valiosas para el análisis de los cambios en las prácticas de sobrevivencia rural en el nuevo contexto global al que aquí me he referido.

21 Marroni (2000) aborda las características de las bases de la sobrevivencia en la región Puebla-Atlixco al tratar la feminización de los mercados de trabajo en contextos de producción agrícola campesina. Preibisch (1996) estudia dos ejidos, Acuexcomac y Nexatengo, en el contexto de la "modernización" de la agricultura y las reformas neoliberales en el campo mexicano. Su propósito es describir la experiencia de mujeres de estos dos ejidos en el marco de los procesos mencionados. Acuexcomac y Nexatengo, el primero ubicado al Sureste de Puebla y el segundo en las inmediaciones de Atlixco, fueron escogidos por representar los dos tipos opuestos de productores rurales que las políticas neoliberales consideran en sus programas y discursos: aquellos productores con potencial y sin potencial productivo.

prácticas de cultivo tradicionales está estrechamente relacionado con la semiproletarización y pauperización de la población rural. La migración permanente, temporal, regional, nacional y transnacional son procesos en marcha desde hace décadas. La complejidad de las estrategias de las unidades domésticas rurales, desarticuladas y rearticuladas por las múltiples vinculaciones con los mercados de bienes y de trabajo, también ha estado presente por varias décadas" (Appendini, 1995: 34).

Appendini tiene mucha razón en cuanto a que la migración temporal, regional, nacional e internacional ha jugado un papel clave desde hace décadas en las complejas y diversificadas estrategias de las unidades domésticas rurales, pero también considero que sí se han intensificado dinámicas de cambio cualitativo en las formas de organización cotidiana de la vida en muchas localidades, asociadas a los procesos por los cuales la migración internacional se ha vuelto la principal base material para muchas localidades rurales en México.

Los estudios confirman que en el período posterior a los ajustes estructurales la migración internacional se ha convertido en un pilar de la subsistencia rural para comunidades que antes no migraban a Estados Unidos, y se ha intensificado el flujo migratorio en comunidades que ya tenían tradición migratoria. Si bien es cierto que la migración internacional ha estado en marcha en el mundo rural en otras partes del país mucho antes del neoliberalismo[22], la que acontece en los años ochenta es intensiva, predominantemente indocumentada, y hacia destinos laborales y geográficos también muy diferentes a los

---

22 La importancia histórica de la migración de los mexicanos a los Estados Unidos no puede verse de ninguna manera unívoca. En el largo trayecto histórico que ha tenido este fenómeno social en nuestro país, desde sus inicios –que se ubicarían, según algunos autores, desde 1848 (Binford, 1998)– hasta la fecha, la procedencia geográfica y composición social de los grupos de mexicanos que han migrado, así como sus patrones migratorios a lo largo del tiempo, los lugares a los que van, las actividades en las que se emplean y su status migratorio, han cambiado según las circunstancias histórico-contextuales en las que se crean las condiciones económicas, políticas, sociales y culturales para desplazarse de sus lugares de residencia hacia el país del Norte. Dichas circunstancias abarcan aspectos estructurales y coyunturales tanto como el desarrollo de procesos sociales en diversas escalas geográficas, que se interrelacionan para producir ciertos resultados en los patrones migratorios. Respecto de los procesos estructurales y coyunturales, la mayoría de los autores coinciden en la importancia de las crisis económicas nacionales y el comportamiento de la demanda de la mano de obra mexicana en Estados Unidos (Durand, 1994). Sin embargo, autores como Durand han argumentado que estas explicaciones de tipo estructural, que enfatizan lo económico y lo político como determinantes en el impulso de las migraciones, son insuficientes pues "Además de las razones económicas y políticas cambiantes que de uno y otro lado de la frontera atraen o repelen población, factores como la antigüedad, las características y relaciones de ambos países han creado situaciones y condiciones que rebasan las razones y explicaciones centradas en argumentos puramente estructurales y coyunturales" (Durand, 1994: 29).

del programa bracero y la migración indocumentada en las décadas del cincuenta y sesenta. Podemos constatar también con otros estudios que muchas localidades se incorporaron a la migración internacional recientemente. Binford (2002: 15) afirma, en una discusión que sostiene con autores que desestiman el papel de los factores económicos en los patrones sociales de migración internacional: "Estos factores (los económicos) siguen siendo cruciales, como evidencia la rápida expansión de la migración en regiones, previamente no incorporadas a ésta, del centro-sur de México en los años siguientes a la crisis económica de los ochenta". Y demuestra, con base en un estudio propio, cómo en algunas comunidades rurales de Puebla la migración hacia Estados Unidos "se ha incrementado de una base 0 a un 30 y 50% de población adulta en un período corto de quince a veinte años" (Binford, 1988).

Así como Huaquechula y otras localidades del Valle de Atlixco presentan un reinicio de migración internacional hacia Nueva York, en otros estados, las localidades que han tenido un flujo ininterrumpido en su experiencia migratoria, los destinos, los nichos del mercado laboral en los que trabajan, las edades y los grupos sociales de los que se van, también han cambiado. Y aunque algunas de estas cosas pueden atribuirse a la fase en la que esté la migración, lo cierto es que los movimientos migratorios característicos de los ochenta y noventa se relacionan con una nueva economía política mundial. Gledhill, quien hace una etnografía histórica detallada de un pueblo en el estado de Michoacán, uno de los estados con mayor tradición migratoria hacia los Estados Unidos en el país, argumenta: "A medida que los años sesenta desembocaron en los setenta, los procesos de migración laboral internacional, ya analizados, se convirtieron sólo en una faceta más de un proceso amplio de internacionalización del capital que se hallaba en vías de transformar profundamente los sistemas de producción rural... la nueva división global del trabajo creada en los setenta era fundamentalmente diferente de los imperialismos militares y de las economías basadas en el comercio exportador de épocas anteriores... La mano de obra y el capital se volvieron cada vez más móviles y el proceso capitalista de producción, tanto en la agricultura como en la industria, *se hizo global en el sentido en que la acumulación y valorización de capital se volvieron dependientes de la integración de procesos laborales distribuidos en diferentes unidades nacionales*" (Gledhill, 1993: 517) (las cursivas son mías).

En este sentido, en la medida en que la división global del trabajo cambia y los capitales y mano de obra se vuelven más móviles dentro de un régimen de acumulación flexible, las ciudades como Nueva York se tornan, en la geografía del capitalismo, lugares centrales en el manejo de las finanzas y los negocios internacionales, lo que crea por un lado un sector de profesionales de altos ingresos y por otro una demanda laboral en el sector servicios (Hondagneu-Sotelo, 1994: 29). Esta demanda laboral, además de otros aspectos, es la que hizo a Nueva York un destino viable para los poblanos y otros inmigrantes en los años setenta. La gran mayoría de ellos se emplearon en el sector de servicios, restaurantes, tiendas de autoservicio, supermercados y el trabajo doméstico.

Por otro lado, en el marco del agotamiento de la producción en masa, la diversificación del consumo y la necesidad de mano de obra flexible en la pequeña producción de manufacturas, también muchos de los hombres, y sobre todo las mujeres, que migraron en los ochenta a Nueva York, encontraron trabajo en maquiladoras de ropa y empaque de artículos de diversa índole. La ventaja para los empleadores es que esta mano de obra indocumentada puede ser disminuida o aumentada cuando la demanda del producto así lo requiera; del mismo modo se puede acortar o alargar la jornada de trabajo conforme a sus requerimientos. Las formas de pago a destajo permiten esto como una forma de valorizar aún más a esta mano de obra indocumentada. Los migrantes ubicados en estos trabajos están satisfechos porque "pueden ganar lo que quieren", es decir, tienen la posibilidad de autoexplotarse. La feminización de mano de obra, característica de esta era del capitalismo (Teubal, 1998; Hondagneu-Sotelo ,1994; Harvey, 1990), se refleja claramente en la cabida más amplia de las mujeres rurales que migran en los ochenta y noventa a Nueva York para trabajar en las maquiladoras y la pequeña manufactura.

Hasta aquí he tratado de argumentar el sentido en que el flujo de migración internacional en el que se inserta Huaquechula es parte de un nuevo contexto global. Ahora expondré la forma en que los pobladores de Huaquechula se insertan en este, y los efectos que produce la conjunción de lo global y lo local en la organización diaria de la sobrevivencia. Describiré los cambios en las maneras de ganarse la vida, y presentaré los rasgos más importantes de la sobrevivencia transnacional en términos de las relaciones de género y el papel diferenciado de hombres y mujeres a través de un enfoque generacional, tomando en cuenta también la dimensión del estrato social.

La organización transnacional de la sobrevivencia

Los hombres de la segunda generación de entrevistados (1940-1960) son los que empiezan a abrir brecha en la oleada migratoria hacia Nueva York a mediados de los setenta. El estrato social es importante en la posibilidad de migrar. Los primeros varones en hacerlo fueron aquellos que tenían ahorros o podían acceder a un préstamo familiar. En 1974, Honorio[23], hombre de 50 años de edad que se considera uno de los primeros migrantes de esta oleada migratoria y es ahora un microempresario local, prestó el dinero de sus ahorros, obtenidos en el trabajo en una empacadora y la siembra de la tierra, a su mejor amigo del pueblo. Acordaron que cuando este último hubiera encontrado trabajo en Nueva York, empresa para la cual este necesitaba el dinero, le devolvería el préstamo y Honorio lo alcanzaría. Ese trato se cumplió, y así fue como Honorio llegó a Nueva York, en 1975, a laborar en un restaurante donde su propio amigo le consiguió trabajo. Esto sucedió en un momento en el cual las redes sociales que facilitan hoy el tránsito continuo de los Huaquechulenses estaban apenas empezándose a tejer. Una vez que habían comenzado a establecerse, estos primeros migrantes tendieron un puente para los varones de menos recursos. El propio Honorio relata fragmentos de su vida en los que nos ilustra cómo operaron las redes de ayuda entre los migrantes, y compara situaciones en el tiempo: "Cuando yo estuve allá (NY), cuando llegué, habíamos cinco de acá de Huaquechula, pero de ahí llegaban y llegaban y llegaban y hasta ahora no paran de llegar. Por eso es que tengo muchos amigos porque cuando yo llegué a conseguir mis papeles (documentos de residencia legal en 1980) iba yo a traer gente al aeropuerto. Me pedían de favor 'mira, vete a esperar a mi familia'. Cuando yo venía acá (Huaquechula) casi no estaba en mi casa, todos los días nos íbamos de pachanga (de fiesta), porque gente que ayudaba yo allá (NY), que me hacía encargos de allá para acá, de aquí para allá. Ahora ya hay mucha gente que se dedica a eso, a llevar y a traer cosas (y cobra dinero por hacerlo). Pero cuando yo estuve allá no. Entonces había que hacer encargos con las amistades" (entrevista abril de 2001).

Aquellos varones de esta generación que cuentan con tierra propia y tienen otras maneras de ganarse la vida en la localidad no migra-

23 Para proteger la identidad de los informantes, y por respeto a su vida privada, los nombres que utilizo para referirme a ellos son seudónimos.

ron, pero sus hijos sí lo hicieron, y ayudaron a construir sus casas de materiales modernos[24] y a mejorar el nivel de vida de la familia extensa. Don Roque, de 56 años, que tenía una extensión de tierra aceptable (5 ha), un oficio que explotar en tiempos de no lluvia, una inserción favorable en la política local, además de los brazos de sus hijos e hijas para sembrar la tierra, nunca se vio urgido a migrar; sin embargo, dos de sus hijos sí lo hicieron, y reconoce que sin esa ayuda él no tendría una casa como la que tiene, de paredes y loza de concreto. "Es muy caro alzar una casa desde los cimientos, con lo que se gana en el campo no alcanza para alzarla. Yo, gracias a Dios y a que tengo a un hijo en Nueva York" (entrevista septiembre de 2001). Don Roque representa el caso de aquellos que no migraron porque tenían una buena cantidad de tierra y posición para sembrarla, además de contar con la diversificación de actividades de los miembros de la familia.

Los hombres y mujeres que migraron de la segunda generación de las familias tienen en común haber fundado hogares transnacionales casi desde el momento mismo de su casamiento (Mummert, 1999). Esto implicó para los hombres incorporarse a relaciones domésticas diferentes. Los varones, por primera vez en sus vidas, y quizá como nunca lo hubieran imaginado, tenían que hacerse cargo de la limpieza de su casa, de llevar la ropa a la lavandería y en general del cuidado de su persona. En lugar de vivir con una esposa encargada de las labores domésticas de reproducción social, llegaron a vivir los primeros años con hermanos, tíos, primos y conocidos varones en Nueva York. Alfredo (45 años) y Matilda (43 años) vivieron su matrimonio separados desde que su primogénito tenía quince días de nacido. Al año de haberse casado, en 1979, Alfredo decidió probar suerte en Estados Unidos y seguir los pasos de sus hermanos, vecinos y amigos de Huaquechula.

---

24 Es casi un lugar común en Huaquechula oír decir a sus pobladores que gracias a la migración hacia los Estados Unidos ahora "hay casas bonitas". Haciendo un recorrido por una de las calles principales de "Huaque", como le llaman los oriundos de ahí, un integrante masculino de segunda generación de las familias objeto de estudio de mi investigación me narraba cómo "esta casa era de palma", "todo esto no existía", "aquí donde ve esa casa tan bonita, había siembras de frutas y todo eso es de que esas personas trabajan en la Unión Americana". Cuentan las personas que antes de que la gente empezara a construir casas de cemento, ladrillos y varillas, las casas estaban hechas de palma y adobe. Algunas casas de adobe, incluso, han sido remozadas para darles una fachada más moderna. Esta misma persona que he mencionado arriba tiene ahora una casa de más de cinco habitaciones (aproximadamente 25m^2), y las ha construido con los dólares que su hija todavía soltera que trabaja en Nueva York les manda periódicamente.

Cuando Matilda se fue a trabajar a Nueva York por primera vez en 1990, llegó a vivir en la casa donde su marido residía con otros parientes y conocidos. Se dio cuenta entonces de que su marido estaba habituado a realizar labores domésticas que le correspondían, como lavar el baño, limpiar la casa y cocinar una vez a la semana la cena.

Las redes sociales que se fueron tejiendo en el proceso de llegada de un número cada vez más creciente de lugareños en Nueva York fueron muy importantes para la organización de la sobrevivencia allá, por la posibilidad de compartir la vivienda y las responsabilidades y gastos que esto conllevaba. Sin el tipo de arreglos por los cuales doce y más personas vivían en una sola casa o apartamento, la vida allá hubiera sido más costosa, y la posibilidad de ahorrar para mandar a la familia que se queda en Huaquechula se tornaría más difícil. Al mismo tiempo que los primeros migrantes se incorporaron al trabajo en la urbe, se adaptaron a la comida de "las marketas", consumiendo básicamente pan y jamón. En la medida en que fueron vendiendo productos mexicanos al cabo de algunos años, también aprendieron a cocinar. Leonardo (56 años) dice sobre esto: "Nueva York es como Puebla. Ahora ya venden productos mexicanos por todos lados, en las tiendas hay personas que por ley hablan español, no como antes que sólo había una tienda de productos mexicanos en Manhattan". Para ilustrar que tanto estar en Nueva York es como estar en Puebla, Leonardo cuenta también que se pueden hallar los más exóticos alimentos mexicanos, como variedades muy conocidas de hormigas y gusanos comestibles, propios de cocinas rurales (entrevista septiembre de 2001).

Las mujeres, por su parte, estaban casadas, pero a diferencia de sus mamás no tenían marido en casa a quien preparar y servir comida, lavarle su ropa, etc., lo cual para algunas representaba una carga menos. Pero mientras tanto igualmente vivían momentos de tristeza y de angustia por no tener un compañero y un padre presente para sus hijos, y de vez en cuando algunas se preocupaban por los rumores que llegaban de que sus maridos andaban con otras mujeres. El temor de una mujer que ha sido educada para tener un marido como padre de sus hijos y sostén de su hogar a que su cónyuge nunca regrese de Nueva York y ella tenga que mantener a sus hijos, en un contexto en que las oportunidades de trabajo tanto para hombres como para mujeres son escasas, es grande. Así me contó una señora de esta generación que sentía miedo al enterarse de chismes sobre su esposo infiel. Esta situación de dependencia y desamparo económico, sin embargo, cambió para ella y para otras mujeres en el momento en que empezaron a tener experiencia migratoria y Nueva York se convirtió también en una opción de sobrevivencia para ellas como mujeres solas o casadas.

Con las remesas, cuya periodicidad de llegada variaba en función del trabajo y los gastos del marido en Nueva York, ellas se ocupaban de cubrir las necesidades básicas de alimentación, salud, educación y vestido de sus hijos. Por lo menos hasta mediados de los ochenta, la mayoría de los varones migrantes no regresaban a visitar a sus familias por dos o más años, y pasaban entonces estancias de tan sólo uno o dos meses. Muchos de ellos ni conocieron a sus hijos recién nacidos. Leonardo, con más de veinticinco años de haberse ido por primera vez a Nueva York, ahora radica con toda su familia en Nueva Jersey y dice: "no me di cuenta cómo estudiaron mis hijas, yo nada más les mandaba dinero para que estudiaran"[25]. La situación descrita, en la que los hombres tardaban largos años en regresar a visitar a sus familias, cambió para algunos hombres que consiguieron residencia legal en la segunda mitad de la década de los ochenta a través de la Ley Simpson-Rodino. La residencia les dio la posibilidad de regresar más fácilmente cada año para asistir a eventos religiosos o familiares, al evitar los onerosos gastos que conlleva pasar la frontera ilegalmente y hacer su viaje más expedito por avión.

La mayoría de las mujeres de las familias seleccionadas de la segunda generación migraron en calidad de esposas a finales de los ochenta y principios de los noventa. Las entrevistadas no van siguiendo a sus maridos, van persiguiendo una meta que el marido no ha podido cumplir del todo: fundamentalmente "poner bien su casa" y mejorar las condiciones de vida en Huaquechula. Matilda me narró muy bien esta historia que comparte con otras mujeres cuando le pregunté por qué había decidido irse a trabajar a NY: "Cómo le diría, pues así hicimos un poquito más porque él solito sí compuso la casa pero como que no. Le quitó el techo (de teja), le quitó esa pared, hizo los cuartos y el piso. No teníamos refrigerador ni nada de eso, ya cuando me fui pues ya como éramos los dos ya compramos más muebles, luego juntamos para la camioneta, entre dos hicimos más; ahora, desde que yo me vine (1994) y él está allá, seguimos en lo mismo".

---

25 La entrevista se realizó en un momento en que Leonardo regresó al pueblo por una estancia definida y por motivos familiares en septiembre de 2001.

La incorporación de las mujeres casadas de la segunda generación al trabajo remunerado y la aportación de ingresos a sus familias se dan en el marco de una migración hacia Estados Unidos en la que se han labrado los caminos sociales para poder ir y regresar de un lado a otro. Las mujeres de la segunda generación, a diferencia de sus abuelas, recurren al trabajo asalariado para lograr objetivos comunes de la pareja, asociados a cuestiones de consumo material, simbólico e ideas de progreso, que han cambiado fundamentalmente a partir de la migración a EE.UU. Se incorporan al trabajo remunerado, y ello se ve como una ayuda legítima y hasta necesaria al varón "para salir adelante". Estas mujeres, al igual que sus madres, ayudaban al trabajo familiar en la tierra o realizaban actividades que se veían como complementarias al ingreso familiar cuando eran jóvenes y antes de que sus maridos migraran. La mayoría de estas tareas estaban ligadas a actividades de manufactura artesanal y al comercio en sus casas, en la localidad o en la región.

Estas mujeres representan una transición entre este tipo de trabajo femenino que era familiar, y que se veía como complementario, y la incorporación plena a actividades remuneradas como una forma de vida que vemos en las generaciones más jóvenes de mujeres solteras; pues si bien ellas de solteras también tuvieron trabajos asalariados, de casadas dejaron toda actividad remunerada para dedicarse a las labores domésticas no remuneradas de la casa propia y a realizar actividades que eran vistas por ellas mismas y sus familias como complementarias.

Como Matilda, otras mujeres de su generación presentan una migración laboral a NY por un período de dos o tres años en el que dejan a sus hijos al cuidado de los abuelos paternos y finalmente retornan. Tenemos también el caso de quien se fue junto con todos sus hijos a trabajar cuando ya estos estaban grandes. Este patrón migratorio beneficia ampliamente a la economía de Estados Unidos, porque los hijos y la mujer migran completamente cuando el costo de la fuerza de trabajo ya no es cargado a su sistema de seguro social, escuelas, hospitales y guarderías de allá. Al mismo tiempo a las personas les conviene hacer esto, ya que de esta manera se aseguran que los costos de manutención no van a ser más altos. La posibilidad de hacer esto viene del apoyo dentro de las familias para quedarse con los niños mientras las mujeres se van a trabajar por períodos largos cuando todavía estos son pequeños, y es facilitada también por el hecho de que los costos de alimentación, salud y educación en el pueblo son más baratos. La fundación de estos hogares transnacionales y las prácticas que los envuelven dan contenido a lo que Gledhill llama la separación de los sitios de producción y reproducción que resulta de la migración laboral transnacional (Gledhill, 1995: 84).

La realidad de las mujeres que trabajan y contribuyen de manera importante al sustento del hogar es sin duda más aceptada entre las mujeres y varones de la segunda generación que en la anterior. Aunque en el plano de las ideas es más común que los hombres acepten que las mujeres trabajen y que ellos pueden hacer labores que antes eran consideradas como propias de mujeres, ello no implica que las relaciones de hombres y mujeres sean igualitarias. Tanto hombres como mujeres retienen concepciones sobre lo que son labores propias de mujeres y hombres cuando conviven juntos. Una mujer de esta generación expresaba su condición de desventaja frente al marido cuando me platicaba que trabajando ella allá su marido tenía todo; además de una mujer, dinero (porque ella también trabajaba) y quien hiciera las labores domésticas que a él le tocaban dentro de las reglas establecidas por los compañeros de casa, pues ella lo hacía por él, además de los quehaceres que le correspondían a ella.

Es interesante encontrar que los maridos migrantes a distancia y los suegros cuidaran celosamente que las mujeres no buscaran abiertamente tener ingresos en el pueblo, porque con ello cuestionarían el carácter de proveedor del hombre. Ernestina (45 años) comparte con Matilda el haberse quedado desde el inicio de su matrimonio sin marido en casa y haber migrado para trabajar y ayudar a su marido a "salir adelante", aunque las dos reconocen que era necesario allegarse de recursos mientras sus maridos trabajaban en NY, y de hecho lo hacían, bordando servilletas, trabajando en la cosecha, lavando ropa ajena o vendiendo tortillas. Ambas me platicaron que se cuidaban de que sus esposos no se enteraran de que hacían algo para ganar dinero porque explícitamente ellos mostraban inconformidad ante ello. Estas ideas sobre la deshonra que representa para un varón que su esposa trabaje, podemos decir, surgen con los propios significados sobre las relaciones de género y el prestigio social que se crean y recrean en el proceso de migrar, puesto que se conecta con el significado mismo de la migración masculina a Nueva York y el éxito obtenido allá. Aquel hombre que no pueda mantener a su mujer acá en Huaquechula mientras trabaja en Nueva York, es signo de que ha fracasado. Es notable que Ernestina me haya contado sobre cómo su marido no quería con insistencia que trabajara, al mismo tiempo que me enteraba por otras personas que a su marido no se le consideraba entre los familiares y amigos como un migrante exitoso. Estas ideas sobre el deshonor y el trabajo de la mujer entran en contradicción en la práctica, en la medida en que estas mismas mujeres han ido a trabajar a Estados Unidos para "ayudar" a sus maridos a "salir adelante", y ni los maridos se sienten deshonrados ni la familia ni los conocidos critican al hombre por no ser el único proveedor de su casa en estos casos.

Sugiero que estas ideas y significados cambiantes de un lugar a otro, sobre el papel de los hombres y mujeres en la sobrevivencia, se asientan en contextos sociales diferentes. En Nueva York, la frase que resume la forma en que las personas leen este contexto es "allá el que no trabaja no come", es decir, se trata de un marco para la sobrevivencia radicalmente distinto al de Huaquechula. En Nueva York la mamá, el papá y los hijos que no estudian cooperan por igual para los gastos de la comida y el mantenimiento de la casa; todos los servicios cuestan dinero. La mercantilización de toda la vida todavía contrasta mucho con sus formas de vivir en la localidad rural. En Huaquechula, una esposa o un hijo que no estudia pueden no tener un salario y de todos modos subsistir, porque su aportación a la casa tiene que ver con actividades no remuneradas: cortar leña, lavar la ropa, limpiar el patio, etcétera. Una parte importantísima de los modos de sobrevivencia rural y su resistencia a la crisis eterna del campo se ha sustentado precisamente en la familia extensa. La familia extensa no opera en esta lógica en Nueva York. Los padres no reciben a sus hijos casados y aún solteros sin pagar la renta de la casa donde viven. Acaso la única posibilidad de solidaridad en ese plano, si es que así se le puede llamar, es hacinarse para que los gastos sean menores para todos. Esto nos habla de que las relaciones de género que envuelven a la sobrevivencia deben ser analizadas no solamente "aquí" y "allá", sino en el espacio social transnacional que conecta Huaquechula y Nueva York; pero no como un espacio homogéneo y estático, sino como uno que tiene contextos diversos que significan las prácticas de diferente manera. Estos contextos, a su vez, deben verse también como producto de las cambiantes prácticas de hombres y mujeres en el proceso migratorio.

Todas estas formas de organizar la vida diaria de matrimonios, hombres y mujeres de la segunda generación son independientes del estrato social. Lo que acaso cambia por estrato social son los ahorros, las condiciones de vida en Huaquechula y las propiedades que cada núcleo familiar puede adquirir con el trabajo en Estados

Unidos. En las cinco familias extensas tenemos experiencia migratoria en la tercera generación (1960-1980) en los años ochenta y noventa. Los hijos varones, en cuanto acaban la preparatoria, y algunos antes de eso, se van siguiendo a sus papás, tíos, primos y hermanos. En el caso de familias grandes en que la mamá y el papá se encuentran viviendo allá, existen casos de niños que se van a terminar de estudiar a EE.UU., aun no siendo legales. Las mujeres jóvenes migran siguiendo a sus familiares también. Muchos matrimonios de las mujeres de esta tercera generación se hacen allá. Y cuando o la mujer o ninguno de los dos ha migrado antes de casarse, ella sigue al marido una vez que aquel ha obtenido un trabajo estable después de un año o dos en EE.UU.

También encontramos que la generación más joven de hombres en edad de trabajar, al igual que la de mujeres, tiene mayor escolaridad que la generación anterior. Unos estudian y trabajan en Estados Unidos, otros estudiaron en Huaquechula, y esa experiencia les sirve para moverse más fácilmente. En esta generación tenemos mayor variedad de situaciones y arreglos para la sobrevivencia que en las dos anteriores. Algunos matrimonios optan por vivir separados y las esposas se quedan con sus padres o suegros, como lo hicieron los primeros migrantes; otros lo hacen solamente mientras prueban suerte, pero están dispuestos a vivir y trabajar allá juntos; otros se conocen, viven y tienen hijos en Estados Unidos.

Un factor que sí es importante para esto último es que la familia extensa tenga mucha presencia en EE.UU., porque motiva más a los nuevos matrimonios a hacer su vida allá. Pero por otro lado esta generación es más proclive a quedarse allá porque las expectativas de progreso y los estilos de vida han cambiado generacionalmente y Huaquechula no satisface dichas expectativas. Los varones de esta generación no conocen, como sus padres lo hicieron de jóvenes, lo que es trabajar la tierra de la familia y vivir de ella. Pero saben que en México, y en particular en Huaquechula, hay muy poco que puedan hacer para tener un nivel de vida digno.

Analizando las experiencias de las cinco familias extensas podemos decir que la migración transnacional cumple un papel importante en la estratificación local. Por ejemplo, aquellos que cuentan con tierra y la pueden seguir cultivando en combinación con la diversificación de las actividades de todos los miembros de la familia, con un miembro o más en Nueva York, tienen una posición más acomodada que aquellos que tienen tierra pero no obtienen ingresos de la migración internacional. Por último, las familias que han dependido totalmente de la migración han cambiado radicalmente la forma de organización de la familia extensa y han prescindido del cultivo de la tierra, bien porque desde antes de migrar no tenían tierra, o porque dejaron de cultivarla y la vendieron en la medida en que fueron dependiendo más de los ingresos del trabajo en Estados Unidos.

Reflexiones finales

En este trabajo he ofrecido una interpretación sobre las contradicciones y transformaciones que han sufrido las ideas y prácticas que organizan la sobrevivencia de los pobladores que construyen sus vidas entre una metrópoli y una localidad rural mexicana. He trazado conexiones entre las experiencias de hombres y mujeres de distintas generaciones y procesos de orden global que han sido fundamentales en las acciones que ellos han emprendido en la lucha por ganarse la vida. He querido mostrar que las continuidades en las formas de organización de la sobrevivencia rural en México, diversificación de las actividades, proletarización de los miembros de los grupos domésticos en combinación con el cultivo de la tierra, son más aparentes que reales. Muchas localidades han tomado, en los últimos treinta años, un lugar que antes no tenían en la configuración del capital como fuente de mano de obra flexible para las grandes metrópolis, en este caso Nueva York.

Un supuesto importante de trabajo fue que la expansión del carácter transnacional de la organización de la sobrevivencia es un proceso paradigmático del cambio rural en un nuevo contexto global. Y en este sentido, coincido con Gledhill cuando advierte que una simple distinción entre factores "locales" y "globales" en el análisis del cambio social y las estrategias campesinas para responder a él reproduce la peligrosa suposición de que las transformaciones pueden analizarse de manera adecuada en términos de una jerarquía de unidades espaciales (pueblo, región, país), dentro de las unidades nacionales que son los elementos constitutivos del sistema "global". Aún más cuando el análisis de la migración internacional ya ha sugerido cómo tal suposición es problemática, en el sentido de que "la experiencia migrante no es simplemente estar allá o acá, sino estar 'entre los dos', en una entidad diferente y problemática. Las redes sociales y económicas de los migrantes tienen una cualidad específicamente transnacional" (Gledhill, 1993: 524).

En suma, he mostrado que las transformaciones en las maneras de ganarse la vida se plantean como producto de la conjunción de procesos globales y locales. He querido contribuir a empezar a plantearnos preguntas tales como ¿qué es lo qué representa (y cómo lo podemos conceptuar, aprehender) para los pobladores rurales en su vida social y en su experiencia personal cotidiana la generación de nuevas formas de acumulación de capital? ¿Cómo se empatan la participación de hombres y mujeres y su sufrimiento diferenciado en la organización transnacional de sobrevivencia con las necesidades del capitalismo actual? En cierto sentido este artículo ha querido ayudar a pensar las prácticas de sobrevivencia no como respuestas a un contexto, sino insertas en este mismo y como expresiones sociales y culturales específicas de una nueva economía política mundial.

Bibliografía

Appendini, Kirsten 1995 "La transformación de la vida económica del campo mexicano" en Prud'homme, J. F. (coord.) *El impacto social de las políticas de ajuste en el campo mexicano* (México: Plaza y Valdez).

Arizpe, Lourdes 1980 *La migración por relevos y la reproducción social del campesinado* (México: El Colegio de México), Cuadernos del CES Nº 28.

Barkin, David 1998 *Estrategias de los campesinos mexicanos: Alternativas frente a la globalización* (Documento Inédito). Ponencia presentada en el XXI Congreso Internacional de la Asociación Latinoamericana de Ciencias Sociales.

Basch, Linda et al. 1995 *Nations Unbound. Transnational Projects, Postcolonial Predicaments and Deterritorialized Nation States* (New York: Gordon and Breach).

Binford, A. Leigh 1998 *Accelerated Migration between Puebla, Mexico and New York* (Documento Inédito). Ponencia presentada en el Congreso Mexican Migration to New York, Bernard College, Columbia y the New School for Social Research, octubre 16-17.

Binford, A. Leigh 2002 "Remesas y Subdesarrollo en México" en Revista *Relaciones de Historia y Sociedad* (México: El Colegio de Michoacán), Vol. 23.

Binford, Leigh y D'Aubeterre, M. Eugenia (eds.) 2000 *Conflictos Migratorios Trasnacionales y Respuestas Comunitarias* (México: BUAP).

Carton de Grammont, Hubert 1995 "Nuevos actores y formas de representación social en el campo" en Prud'homme, J. F. (coord.) *El impacto social de las políticas de ajuste en el campo mexicano* (México: Plaza y Valdez).

D'Aubeterre, María Eugenia 2000 *El pago de la novia* (México: El Colegio de Michoacán, Benemérita Universidad Autónoma de Puebla).

Davis, Benjamin 2000 *The adjustment strategies of Mexican ejidatarios in the face of neoliberalism reform* (documento inédito).

Durand, Jorge 1994 *Más allá de la línea. Procesos migratorios entre México y Estados Unidos* (México: CONACULTA).

Fritscher, Magda 1999 "Reforma y Crisis en el México Rural" en Espinoza Cortéz *Sector agropecuario y alternativas de seguridad alimentaria y nutrición en México* (México: Plaza y Valdez-UNAM-INMZ).

George, Sheba 2000 "'Dirty Nurses' and 'Men who Play'. Gender and Class in Transnational Migration" en Burawoy, Michael *Global Ethnography: forces, connections and imaginations in a postmodern world* (Berkeley: University of California Press).

Gledhill, John 1993 *Casi nada. Capitalismo, estado y los campesinos de Guaracha* (México: El Colegio de Michoacán).

Gledhill, John 1995 *Neoliberalism, Transnationalism and Rural Poverty. A case study of Michoacán, Mexico* (EE.UU.: Westview).

Goldring, Luin 1992 "La migración México-Estados Unidos y la transnacionalización del espacio político y social: perspectivas desde el México rural" en *Estudios Sociológicos,* N° X (29).

Gómez Carpinteiro, Francisco J. 1998 *"Tanto que costó". Clase, Cultura y Nueva Ley Agraria* (México: INAH).

Gómez Carpinteiro, Francisco J. 2001 "Estado y Comunidad en un Campo de Poder: Campesinos y Azúcar en el Suroeste de Puebla" en Maldonado, Salvador (editor) *Dilemas del Estado Nacional. Una Visión desde la Cultura y el Espacio Regional* (México: El Colegio de Michoacán-CIESAS).

Harvey, David 1998 (1990) *La condición de la posmodernidad: investigación sobre los orígenes del cambio cultural* (Argentina: Amorrortu Editores).

Hewitt de Alcántara, C. 1978 *La modernización de la agricultura mexicana 1940-1970* (México: Siglo XXI).

Hewitt de Alcántara, C. 1988 *Imágenes del campo mexicano. La interpretación antropológica del México rural* (México: El Colegio de México).

Hondagneu-Sotelo, Pierrette 1994 *Gendered transitions. Mexican experience of immigration* (EE.UU.: University of California Press).

Kemper, V. Robert 1977 *Migration and adaptation: tzintzuntzan peasants in Mexico city* (Berverly Hills: Sage Publications).

Kearney, Michael 1996 *Reconceptualizing the peasantry. Anthropology in Global Perspective* (Boulder, CO: Westview).

Marroni, Gloria 1996 *Trabajo rural femenino en México. Un estudio de una región campesina del centro del país* (México: Facultad de Ciencias Políticas y Sociales-UNAM). Tesis Doctoral.

Marroni, Gloria 1997 "Los granos básicos en México: Una historia de modernizaciones recurrentes y crisis permanente" en Sánchez Daza, A. (coord.) *La crisis productiva y financiera mexicana* (México: UNAM).

Marroni, Gloria 2000 *Las campesinas y el trabajo rural de México a fin de siglo* (Puebla, México: BUAP).

Mummert, Gail 1999 "'Juntos o desapartados': Migración transnacional y la refundación del hogar" en Mummert, G. *Fronteras Fragmentadas* (México: El Colegio de Michoacán).

Núñez M., M. Cristina 2000 "Reforma ejidal y procesos locales de apropiación de la tierra en el centro de Veracruz" en *Estudios Agrarios* (México: Revista de la Procuraduría Agraria), N° 15.

Preibisch, Kerry 1996 *Rural women-Mexico's 'comparative advantage'? Lived experiences of economic restructuring in two Puebla ejidos* (Canadá: Simon Fraser University). Tesis de Maestría Inédita.

Prud'homme, Jean François 1995 "Introducción: El contexto de ajuste" en Prud'homme, J. F. (coord.) *El impacto social de las políticas de ajuste en el campo mexicano* (México: Plaza y Valdez).

Rello, Fernando 2000 "Estrategias de campesinas frente al ajuste y la globalización en México" en *Investigación económica,* Vol. 60, julio/septiembre.

Rouse, Roger 1989 *Mexican Migration to the US: Family Relations in a Transnational Migrant Circuit* (EE.UU.: Departamento de Antropología, Stanford University). Tesis Doctoral Inédita.

Roseberry, William 1994 "Hegemony and the Language of Contention" en Gil, Joseph and Daniel, Nugent (eds.) *Everyday Forms of State Formation* (Durkham: Duke University Press).

Roseberry, William 1998 "Cuestiones Agrarias y Campos Sociales" en Zendejas, S. y De Vries, P. *Las Disputas por el México Rural* (México: El Colegio de Michoacán), Vol. I.

Smith, Robert 1998 "Los Ausentes Siempre Presentes. Comunidad Transnacional, Tecnología y Las Políticas de Membresía en el Contexto de la Migración México-Estados Unidos" en *Las Disputas por el México Rural* (México: El Colegio de Michoacán), Vol. I.

Smith, Robert 1999 "Reflexiones sobre Migración, El Estado y la Construcción, Durabilidad y Novedad de la Vida Trasnacional" en Gail, Mummert *Fronteras Fragmentadas* (México: El Colegio de Michoacán).

Teubal, Miguel 1998 "La Globalización y sus efectos en las sociedades rurales" en Valdivia de Ortega, Martha Eloisa (coord.) *Memorias de Sesiones plenarias del V Congreso Latinoamericano de sociología rural* (México: Colegio de Postgraduados, Universidad Autónoma de Chapingo).

Warman, Arturo 1988 (1976) *Y venimos a contradecir. Los campesinos de Morelos y el Estado nacional* (México: SEP-CIESAS).

Wolf, L. Diane 1990 "Daughters, Decisions and Domination: An empirical and conceptual critique of household strategies" in *Development and change* (London-Newbury Park-New Delhi: SAGE), Vol. 21.

Zendejas, Sergio and De Vries, Peter (editors) 1995 "Rural transformation seen from below. Regional and local perspectives from western Mexico" in *Transformations of rural Mexico* (San Diego: Center for US-Mexican Studies, University of California), Nº 8. Ejido Reform Research Project.

CAMBIOS DE LA ESTRUCTURA OCUPACIONAL EN LAS ZONAS RURALES MEXICANAS VINCULADAS AL FENÓMENO DE LA MIGRACIÓN TRANSNACIONAL HACIA EE.UU.

LUIS ÁNGEL LÓPEZ RUIZ*

LA MIGRACIÓN entre México y Estados Unidos es un fenómeno esencialmente laboral, impulsado por la interacción de factores que tienen sus raíces en ambos lados de la frontera.

Aunque con cambios en su intensidad y modalidades, el movimiento migratorio ha sido una constante en las relaciones entre los dos países desde el siglo pasado. En las últimas dos décadas, este fenómeno ha sobresalido como uno de los asuntos más difíciles, preocupantes y conflictivos de la agenda bilateral entre ambos países.

Según datos del Estudio Binacional México-Estados Unidos (1997), el total de la población nacida en México que en marzo de 1996 residía en Estados Unidos (enumerada y no enumerada por los censos, autorizada o no autorizada) se sitúa en un rango entre 7 y 7,3 millones de personas. Los residentes autorizados representaron aproximadamente 4,7 a 4,9 millones, de los cuales alrededor de medio millón son naturalizados estadounidenses. Los migrantes no autoriza-

* Sociólogo con Maestría en Población por la Facultad Latinoamericana de Ciencias Sociales (FLACSO), México. Investigador del Instituto de Investigaciones Sociales de la Universidad Nacional Autónoma de México (UNAM). Las líneas de investigación son migración, remesas monetarias y capital social.

dos representaron entre 2,3 y 2,4 millones de personas. El número total de personas nacidas en México residentes en Estados Unidos representó aproximadamente 3% de la población total de Estados Unidos y alrededor de 8% de la población de México. Asimismo, el flujo circular que tiene lugar entre ambos países coexiste con un movimiento de carácter permanente, cuyo saldo neto anual es del orden de 300 mil personas. Como consecuencia de esta dinámica, el Consejo Nacional de Población (CONAPO) estima que en la actualidad residen en Estados Unidos poco más de 8,2 millones de personas nacidas en México, principalmente jóvenes y adultos de entre 15 y 44 años de edad que se concentran en unos cuantos estados y condados de la unión americana. De este total, más de la tercera parte son migrantes indocumentados (CONAPO, 2000a).

De acuerdo con la información disponible, en la actualidad se está produciendo una mayor dispersión del fenómeno migratorio: las antiguas áreas de procedencia y destino de las corrientes migratorias coexisten ahora con un número creciente de zonas y localidades emergentes, incluida la evidente multiplicación de los orígenes e inserciones ocupacionales y sectoriales de los migrantes en ambos países. Asimismo, es cada vez más notoria la presencia de migrantes procedentes de las zonas urbanas, el desgaste de los mecanismos de circularidad del fenómeno, y la identificación de nuevas y cada vez más complejas consecuencias de la migración en ambos países.

En el presente trabajo se revisan las características generales de los migrantes originarios de localidades rurales, sus trayectorias laborales y futuros proyectos de reinserción laboral de algunos de ellos en sus lugares de origen, con miras a entrever varios de sus posibles impactos en las economías locales. Para ello se utilizará información obtenida en una encuesta sobre la migración internacional (denominada EMIF IV[1]), diseñada y aplicada por el Consejo Nacional de

---

1 La Encuesta sobre Migración en la Frontera Norte (EMIF) surge en 1993 a raíz de un esfuerzo de cooperación entre la Secretaría del Trabajo y Previsión Social (STPS), el Consejo Nacional de Población (CONAPO) y El Colegio de la Frontera Norte (COLEF). A partir del cuarto levantamiento (1998/1999), la EMIF cuenta con la colaboración del Instituto Nacional de Migración. Cada levantamiento consta de cuatro cuestionarios relacionados entre sí, que corresponden a un mismo marco teórico conceptual y que cuantifican y caracterizan cuatro flujos migratorios de acuerdo con su procedencia: del sur, de la frontera norte de México, de Estados Unidos y el que resulta de las devoluciones de la patrulla fronteriza. La EMIF utiliza técnicas empleadas en otras disciplinas, cuyo objetivo es medir los desplazamientos periódicos, estacionales o cíclicos. Mediante esta metodología se aprovecha la analogía que puede establecerse entre los flujos migratorios que comunican regiones de ambos países y las unidades que se desplazan a través de ríos de un lugar a otro, lo cual la caracteriza como una encuesta de origen y

Población mexicano (CONAPO), el Colegio de la Frontera Norte (COLEF) y el Instituto Nacional de Migración (INM). Asimismo, los datos obtenidos luego del procesamiento estadístico se complementarán con un estudio de caso en la comunidad denominada "Nuevo Zoquiapan", ubicada en el Estado de Oaxaca, en México.

Perspectivas en torno al desarrollo regional y el fenómeno migratorio

Un tema difícil de abordar y sobre el cual no existe aún consenso en torno a al fenómeno migratorio tiene que ver con su impacto a nivel local y regional en las comunidades de origen de los migrantes. Las interacciones entre la migración y el desarrollo han sido un tema controversial entre los investigadores y los encargados de tomar decisiones políticas.

Los efectos que ejerce la experiencia migratoria a nivel de la economía nacional son diferentes a los efectos a nivel local en las comunidades expulsoras de migrantes.

A nivel general existe consenso acerca de los efectos positivos que ejercen las remesas a nivel macroeconómico, fundamentalmente en lo que respecta a la balanza de pagos. Por ejemplo, al establecer una comparación del monto absoluto de remesas con respecto a otros indicadores macroeconómicos para el caso mexicano, puede observarse que para 1997 el valor de las remesas familiares equivalía a poco menos de la mitad de los ingresos por exportaciones petroleras. De igual manera, en ese mismo año, los aproximadamente cinco mil millones de dólares por concepto de remesas representaron casi el 85% del ingreso del turismo, el 40% de la inversión extranjera directa, y el 11% del valor de las exportaciones en la industria maqui-

---

destino. De esta manera, las ciudades fronterizas se convierten en un observatorio natural de los desplazamientos migratorios internacionales. Entre las características metodológicas de la EMIF que la hacen apta para el desarrollo de los objetivos propuestos para esta investigación, sobresale el hecho de que mide individualmente el monto de los envíos en relación con los migrantes, los cuales tienen factores de expansión conocidos y para los cuales se cuenta con sus rasgos sociodemográficos. Al utilizar esta fuente de datos disminuyen los problemas ocasionados por la utilización de otro tipo de fuentes (hogares, registros administrativos creados por las autoridades estadounidenses, muestras de giros bancarios, etc.), referidos básicamente a un sinnúmero de dificultades conceptuales y de muestreo para identificar a los migrantes y sus transferencias. El sustento empírico de la presente investigación lo constituye el cuestionario denominado "Migrantes de retorno voluntario o procedentes del norte", y que regresaron de ese país durante el transcurso de la cuarta fase de la encuesta, la cual se extendió a lo largo de un año entre 1998 y 1999.

ladora, superando casi en 30% las exportaciones agropecuarias en ese mismo año (Canales, 2000a).

En contraposición, no existe mayor consenso en cuanto a los efectos de la migración y las remesas al interior de las economías domésticas y su vinculación con el desarrollo local (Russell, 1996). Taylor (1999) ubica los resultados sobre la investigación acerca de los impactos de la migración y remesas en dos extremos, cada uno con sus propios supuestos acerca de lo que determina a la migración y la manera en que estos procesos afectan a las comunidades. El primero puede ser caracterizado como el extremo "desarrollista", asociado con la nueva economía de la migración laboral o *new economics of labor migration* (NELM). Se argumenta que las decisiones de migrar son parte de las estrategias familiares para incrementar su ingreso, obtener fondos para invertir en nuevas actividades, y tener un seguro contra los riesgos de producción e ingresos; las remesas, o en algunos casos simplemente el potencial para generarlas, ponen en marcha un desarrollo dinámico que de otra forma no podría surgir en los países poco desarrollados con grandes limitaciones para la producción y la inversión.

El segundo extremo puede ser llamado, desde la perspectiva de Reichter, como el "síndrome migrante" (Taylor, 1999). Se argumenta que las actividades lucrativas generadas a raíz de la migración despojan a las localidades expulsoras de migrantes de su fuerza de trabajo y capital, saturando a dichas localidades de bienes importados. Al dedicar una gran parte del ingreso derivado de las remesas a la subsistencia familiar, construcción o mejoras en el hogar y bienes de consumo, queda una porción relativamente escasa de dinero para realizar inversiones productivas, particularmente las que generan desarrollo local que pudiera disminuir la presión de emigrar. Dado que la migración es un proceso que se perpetúa a sí mismo (Massey et al, 1992), a través del tiempo, villas, regiones, y en algunos casos países, se especializan en la migración (exportación de mano de obra), sirviendo como guarderías o almacenes de grandes contingentes de mano de obra.

Más recientemente, Canales (2000a) sostiene que la mayor parte de la discusión en torno a las remesas y sus efectos sobre el desarrollo se basa en apreciaciones que encierran confusiones conceptuales acerca del fenómeno de las remesas y su uso por parte de las familias migrantes, principalmente por parte de aquellos que mantienen actitudes muy optimistas acerca del potencial de dicha fuente de ingresos para generar desarrollo: "Desde nuestra perspectiva en cambio, creemos que este optimismo está fundado en apreciaciones que encierran confusiones conceptuales así como la carencia de información precisa, adecuada y veraz sobre la complejidad del fenómeno de las remesas y su uso por parte de las familias migrantes. El plantear las remesas como una forma de *ahorro*, por ejemplo, tiende más a confundir que a aclarar aspectos básicos de dicho fenómeno. Las remesas son un componente del ingreso familiar, que aunque nominalmente pudieran adquirir la forma de ahorro, no tienen el mismo significado ni sentido económico que otras formas de ahorro privado. Ello dependerá directamente del uso de dichas remesas en las comunidades de origen. Esto es, qué tipo de gasto o consumo es financiado con dichos recursos. Sin duda, las remesas conforman un importante componente de la dinámica económica local. Pero ello se vincula más con el hecho de que las remesas expresan un indicador de necesidades sociales y familiares insatisfechas, que un indicador de potencial crecimiento de la inversión productiva local y regional. En tal sentido, nuestra hipótesis es que el grueso de las remesas aunque toman la forma de un ahorro, en realidad tienen el papel de cualquier salario, asumiendo por tanto, el mismo efecto que puede atribuírsele a los salarios de la población no migrante del resto del país" (Canales, 2000 a: pp. 3).

De esta manera, la hipótesis, a los efectos del presente artículo, radica en que el ambiente económico que impulsa a los individuos a migrar también limita tanto el potencial de las remesas como las potencialidades inherentes a la adquisición de capital humano en Estados Unidos por parte de los migrantes para estimular el desarrollo en las localidades de origen.

Una pobre infraestructura de mercados, particularmente en áreas rurales, de las cuales provienen muchos migrantes, desestimula la producción de bienes de mercado y la utilización del nuevo capital humano proveniente de la experiencia migrante.

El nuevo período de crecimiento mexicano

México ha tenido un período de crecimiento ininterrumpido de su economía y del empleo desde 1996. Por lo que toca al empleo, este nuevo período se distingue del previo (1981-1995) en tres sentidos: se ha basado en la expansión del empleo manufacturero, formal y de tipo "básico" y manual (es decir, obrero). El período anterior, por el contrario, se caracterizó por un aumento de las tasas de participación laboral a partir de empleos terciarios e informales: sólo en 1987-1993 se perdió el 20% de los empleos formales en las manufacturas.

El nuevo período de crecimiento del empleo ha tenido un impacto en la expansión relativa del empleo formal en el total, y en la disminución relativa de: los trabajadores sin pago (del 5,9% en julio de 1995 al 3,7% en junio del 2000); los trabajadores por su cuenta (18,3% al 17,1%); de los trabajadores de menos de 35 horas (11,2% al 7,7%) y de los trabajadores de menos de 15 horas (5,1% al 3,6%); y de los asalariados sin prestaciones (29,8% al 23,4%) (CONAPO, 2000b). Sin embargo, dada la enorme reserva de trabajadores informales, las políticas salariales apenas compensatorias de la inflación, y la baja productividad de una buena parte de las empresas mexicanas, esta mejoría de la estructura del empleo sólo ha repercutido en mejoras salariales para unos cuantos grupos ocupacionales, en especial para los profesionales técnicos jóvenes, los cuales se encontraban en serios aprietos a principios de los años noventa.

No todas las condiciones están dadas para que las familias mexicanas salgan de la pobreza a través del mercado de trabajo. Los nuevos empleos formales son en muchos sentidos precarios. No sólo es leve la mejoría de los salarios, sino que además algunos centros de crecimiento exportador, como por ejemplo Guadalajara, han mostrado una evolución desigual de los salarios, con un estrato de profesionales y funcionarios con salarios al alza, y un manejo altamente restrictivo de los salarios operarios y generales (Escobar y González de la Rocha, 2000). Esto refuerza la desigualdad interna y la brecha salarial operaria entre ambos países, y sugiere que, para los flujos establecidos, la opción de permanecer en México es poco atrayente. Si la "maquilización" del empleo cunde en México, es posible que estas condiciones se extiendan. La situación, para los trabajadores, es una de más empleos posibles, lo cual es positivo, pero de remuneraciones prácticamente estancadas.

Por otra parte, la recuperación del empleo ha sido desigual. Se inició con los empleos maquiladores y de exportación, continuó dos años después con los empleos ligados al consumo interno en los centros económicamente dinámicos, y ha llegado al campo en mucho menor medida que a las ciudades (CONAPO, 2000a).

La situación de los campesinos y de los trabajadores del campo es en términos generales de empeoramiento, pero dentro de este empeoramiento existe un conjunto de complejidades importantes: En primer lugar está el desmantelamiento de una añeja estructura de subsidios, dentro de la cual hay que ubicar al crédito de BANRURAL hasta 1990. Los subsidios operaban básicamente a través del control de los precios de los insumos y de los productos y la comercialización subsidiada de estos a través del Estado. La recuperación del crédito era escasa, y los campesinos con crédito usaban los avances del crédito para su subsistencia, aunque en el momento de la cosecha sus ingresos estuvieran muy mermados. Las estimaciones indican que el PIB del campo estaba subsidiado en un 20% en 1980 (Confederación Nacional Campesina, 1998).

La subsistencia campesina atravesó, de 1940 a 1980, una gradual urbanización de sus sistemas laborales (Escobar, Bean y Weintraub, 1999). Por una parte hubo transformaciones en las estructuras económicas de los pueblos y las ciudades pequeñas que diversificaron sus mercados de trabajo, y por otro la migración estacional o temporal rural-urbana proveyó de recursos crecientemente importantes a los hogares campesinos y jornaleros. La pérdida de dinamismo de la economía urbana excluyó a los trabajadores migrantes temporales de los empleos urbanos.

Así, a partir de 1980 los campesinos pobres y jornaleros perdieron una fuente de subsistencia en las ciudades, y a partir de 1989-1990 sufrieron otro empeoramiento producido por el retiro de los subsidios de precios y de crédito (Escobar, 2000). Sí hay un modesto crecimiento en la agricultura y en las exportaciones agrícolas, pero apenas beneficia a la mayoría de campesinos y jornaleros pobres. El dinamismo agrícola, aunque existe, es menor que el del resto de la economía. De 1996 a 1998 el peso de los sujetos agropecuarios en el conjunto del empleo nacional disminuyó del 26% al 25,4%. La tasa de crecimiento del empleo de sujetos agropecuarios es de 3,7 anual contra 4,8 del total nacional. La principal fuente de dinamismo del empleo agrícola reside, como en las ciudades en 1981-1990, en la expansión de los trabajadores sin pago, que crecen al 6,2% anual, mientras que los jornaleros crecen al 4,1%, los productores al 1,9% y los empleados decrecen al -9,7%. Si se restringe el cálculo al empleo remunerado agrícola, se observa que éste crece al 2,37% anual, poco menos de la mitad de la tasa de crecimiento de la PEA nacional (Instituto Nacional de Estadística Geografía e Informática, 1998).
La expansión del empleo urbano en los últimos anos todavía enfrenta serios rezagos propiamente urbanos (la gran población urbana en empleos informales y no pagados generada en los últimos quince años previos), razón por la cual no ha reincorporado a los migrantes estacionales urbanos en grandes cantidades. Por eso, los campesinos tampoco han participado de este resurgimiento del empleo urbano, y tie-

nen hoy así tres factores en contra: la falta de acceso a empleos temporales urbanos, la reestructuración de la economía rural, y el escaso dinamismo de la agricultura.

Por lo pronto, la situación en el campo es parecida a la de 1984, cuando los analistas de la pobreza en México coincidieron en que la pobreza está más extendida en el campo que en las ciudades, la pobreza del campo es más intensa y extrema, este nivel de pobreza está relacionado con un mayor tamaño de las familias rurales, y la conjunción de los anteriores fenómenos produce una intensificación del uso de los recursos laborales disponibles a costa de su preparación y escolaridad, lo que resulta en un ciclo de reproducción de la pobreza (Hernández Laos, 1992).

En este contexto se explica que, según las fuentes disponibles, la emigración rural haya experimentado un fuerte crecimiento en la década del noventa. Los estudios del Consejo Nacional de Población, basados en la Encuesta Nacional de Ingresos y Gastos de los Hogares (ENIGH), encuentran que mientras que sólo el 6% de los hogares rurales recibía remesas en 1989. En 1996 esta cifra aumentó al 10%, o sea un aumento de más del 60% (CONAPO, 2000c).

Caracterización sociodemográfica elemental de los migrantes de retorno voluntario procedentes de EE.UU.

En el Cuadro 1 se muestran las características elementales de los migrantes de retorno voluntario, provenientes de Estados Unidos, y originarios de localidades rurales en México según datos de la Encuesta sobre Migración en la Frontera Norte de México IV[2]. En primer lugar se observa que la gran mayoría del flujo migratorio captado por la EMIF se compone de hombres (92,4%), situación que concuerda con el consenso existente entre los investigadores con respecto a que la emigración de mujeres hacia Estados Unidos es menos frecuente (Massey et al, 1991; Gelbard y Carter, 1997). De hecho, datos del Estudio Binacional México-Estados Unidos (1997) indican que aproxi-

2 La población objeto de estudio se constituye por los informantes que afirmaron residir en México al momento de la entrevista y provenir de localidades rurales en dicho país. De esta forma, la población objeto de análisis para efectos del presente trabajo asciende a 706 individuos (203705 con ponderadores incluidos) de un total de 3184 que engloba el cuestionario Nº 1 de la EMIF IV (Encuesta sobre Migración en la Frontera Norte de México), denominado "Migrantes de Retorno Voluntario Procedentes de Estados Unidos".

madamente entre el 73% y el 94% de los migrantes temporales son hombres, mientras que en el caso de los migrantes permanentes alrededor del 55% son varones. La hipótesis más comúnmente aceptada al respecto subraya la importancia del carácter indocumentado de la migración, principalmente para el caso de los migrantes temporales. A pesar de que la falta de documentos expone a los migrantes a todo tipo de formas de explotación, las mujeres han resultado ser más vulnerables a una serie de riesgos y abusos personales que no enfrentan los hombres, tanto por parte de coyotes como de agentes fronterizos. Lo anterior origina una gran resistencia por parte de los hombres a permitir que sus esposas e hijas enfrenten los peligros del cruce ilegal. Dada esta situación, cuando la mayor parte de las mujeres deciden intentar el cruce, usualmente lo realizan después de que un pariente hombre se haya ido y garantice los medios más seguros para el viaje.

Por otra parte, puede apreciarse que la mayoría de la población se agrupa en los tramos intermedios de edad (25-39 años), con un promedio de 35,1 años, hecho ampliamente documentado por la mayoría de investigadores de la migración internacional. Los datos del Estudio Binacional muestran que para la subpoblación de migrantes temporales el promedio se encuentra entre 28 y 32 años (en función de las fuentes utilizadas para construir dicho estudio). La predominancia de individuos ubicados en las edades más productivas tiene su origen en el carácter laboral del fenómeno migratorio.

La estructura por edades descrita anteriormente propicia a su vez la existencia de un mayor número de migrantes casados o unidos en el flujo analizado (71,2%). Los datos del Estudio Binacional indican que, entre la subpoblación de migrantes temporales, el porcentaje de individuos casados se ubica en un rango que va del 56 al 85% si son hombres, y del 43% al 66% si son mujeres.

El patrón que presenta la población de migrantes en términos de la escolaridad reafirma lo que regularmente suele encontrarse en este tipo de estudios: la mayor parte de la población migrante posee bajos niveles de escolaridad. El patrón general que presenta la población indica que el 71,2% de los migrantes posee niveles inferiores a la secundaria. Para el total de la población de migrantes se observa que la mayoría (73,5%) son individuos jefes de familia, provenientes de hogares que poseen índices de dependencia promedio de 3,4[3].

---

3 El índice de dependencia se obtuvo de dividir el número de personas que viven en el hogar del migrante entre el número de personas que trabajan (información extraída de las preguntas 5 y 5.1 del

El perfil general que presenta esta población en términos de la estructura del hogar es resultado del efecto de la etapa del ciclo de vida familiar por la que atraviesan los migrantes y de la estructura por edades en ambos grupos. La mayor parte de los migrantes se encuentran ubicados en los tramos de edad intermedios (25-39 años), en los cuales se presume que los individuos se encuentran en proceso de formación y expansión de los núcleos familiares, etapa en la cual el rasgo predominante es la existencia de hijos menores dependientes de los padres.

Diversas investigaciones (Passel, 1997; Gelbard et al, 1997) realizadas con base en datos del *Current Population Survey* en los Estados Unidos constatan que los hogares de los nacidos en México tienen un número considerablemente mayor de personas que los de cualquiera de los demás grupos de migrantes, pues los mexicanos tienen mayores tasas de fecundidad y es más probable que varias generaciones vivan en el mismo hogar o que acepten huéspedes. Las mayores tasas de fecundidad encontradas entre las poblaciones de origen mexicano y de los nacidos en México están relacionadas con una variedad de factores entre los que se cuentan el matrimonio a una edad más temprana y los niveles de educación y las normas culturales tradicionales; además de ser congruentes con las tasas de fecundidad existentes en México (Gelbard et al, 1997).

Factores asociados con la dinámica migratoria y el capital social

En el Cuadro 2 se presentan las variables asociadas con la dinámica migratoria y el capital social[4] de los migrantes de retorno voluntario procedentes de Estados Unidos y originarios de zonas rurales en México. Se advierte que en general la mayoría de los migrantes de retorno voluntario no poseen documentos legales para trabajar en el

---

cuestionario), y nos indica el número de personas que en promedio tiene que mantener cada individuo activo (incluyéndose a el mismo) en cada hogar.

4 La categoría analítica de capital social se refiere al valor productivo inherente en la estructura de relaciones entre los individuos. Una clase de capital social que es particularmente relevante en las decisiones de migrar, ahorrar, remitir e invertir se basa en sus relaciones con los individuos y en las sociedades de destino. La cantidad e intensidad de los lazos que posee un migrante en las comunidades de destino harán menos probable invertir con fines productivos en las localidades de origen.. La presencia en el país de destino de parientes y amigos cercanos así como la afiliación de los individuos a organizaciones de carácter voluntario se constituyen en indicadores a tomar en cuenta con respecto al capital social (Massey y Bassem, 1992).

mercado laboral estadounidense (62,4%). La posesión de documentación legal potencializa una mejor inserción en el mercado laboral estadounidense en términos principalmente del tipo de relaciones laborales establecidas con los patronos (una menor explotación). Asimismo, disminuyen los riesgos de una deportación legal a la vez que aumentan las posibilidades de obtener beneficios derivados de prestaciones de carácter legal a los que podrían acceder los migrantes en ambas subpoblaciones. Lógicamente, este tipo de beneficios los cubriría contra futuras eventualidades ligadas a enfermedades o accidentes que disminuirían notablemente las posibilidades de remitir dinero a sus localidades de origen. De hecho, no se descarta que esta última cifra se encuentre subestimada, dada la presión natural que sufre el entrevistado indocumentado al tener que contestar esta pregunta. El patrón presentado por la población de migrantes temporales reafirma lo que la mayoría de estudios realizados han encontrado con respecto al tema: el flujo migratorio de carácter temporal se caracteriza por su carácter indocumentado (Passel, 1997; Gelbart y Carter, 1997; CONAPO, 2000b).

Al preguntársele al total de la población de migrantes si tienen amigos o familiares en Estados Unidos, la gran mayoría (74,6%) contestó afirmativamente. Sin embargo, existe un porcentaje significativo de individuos entre esta población que declaran no tener amigos o familiares en Estados Unidos (25,4%), lo cual podría relacionarse con la poca o inexistente experiencia migratoria de un gran número de migrantes dentro de este grupo, pues el 36,2% del total ha cruzado sólo una vez o nunca ha cruzado con el propósito de buscar o conseguir trabajo en Estados Unidos. Entre los que afirman tener familiares o amigos en Estados Unidos, un alto porcentaje (81,6%) reportan haber recibido algún tipo de ayuda (préstamos monetarios, alojamiento y/o alimentos, ayuda para conseguir trabajo, contrato laboral y otros). Las redes de migrantes son importantes teóricamente por dos razones fundamentales. Por un lado, por su relevancia en la reducción de los costos económicos y no económicos de la migración, al convertirse en los órganos reguladores del acceso a la información y a las oportunidades de empleo. Por otro lado, porque en el largo plazo constituyen el motor principal para perpetuar el proceso de la migración de forma cada vez menos dependiente de las causas económicas que le dieron origen (Massey et al, 1991). La información y las oportunidades de empleo se canalizan por medio de las redes, y el acceso a ellas condiciona de forma determinante las perspectivas de empleo, la movilización de recursos y la difusión de ideas y políticas en el mercado de trabajo. Este papel de las estructuras sociales es sumamente crítico en el mercado internacional de la mano de obra mexicana, dado que su contratación es primordialmente de naturaleza clandestina. Es decir, la mayoría de oportunidades de empleo en el mercado laboral estadounidense no se canalizan públicamente.

Las redes constituyen la estructura social más importante para hacer coincidir la demanda de mano de obra norteamericana con la oferta de mano de obra mexicana. Por lo tanto, el acceso a las redes de migración es un factor determinante para la materialización eficaz de la decisión de emigrar por motivos laborales a Estados Unidos. Al mismo nivel de condiciones económicas y características individuales, la probabilidad de cruzar a Estados Unidos y conseguir un buen empleo es mayor entre familias que cuentan con relaciones de parentesco y amistad en dicho país, o tienen los recursos necesario para contratar los servicios ofrecidos por las redes de coyotes y subcontratistas.

En relación con la dinámica migratoria, en el Cuadro 2 se advierte que el flujo migratorio constituido por la población de migrantes de retorno voluntario originaria de localidades rurales se caracteriza por su *carácter temporal*[5]. De esta forma, se tiene que casi el 75% de los migrantes permanecieron menos de un año durante su última estadía en Estados Unidos, tiempo durante el cual los migrantes esperan haber trabajado en dicho país para posteriormente reunirse con sus familiares en México (fenómeno ampliamente reconocido a través de los años entre los que migran para trabajar en ocupaciones ligadas a la agricultura). Asimismo, es de hacer notar que casi la tercera parte de individuos reportan más de once cruces fronterizos a lo largo de su vida para buscar trabajo (31,3%). El hecho de que prácticamente la mitad de la población reporte haber tenido menos de cinco cruces denota los procesos de regeneración del flujo migratorio, pues como es lógico, a medida que las cohortes de migrantes más antiguas

5 El migrante "temporal" se encuentra inscrito en un flujo migratorio de carácter circular, en donde lo característico no es lo temporal de sus estancias, sino la recurrencia de los desplazamientos, lo que a su vez define estancias temporales. Por otra parte, su condición migratoria queda definida en términos de su incorporación y participación en el mercado internacional de la mano de obra, pasando a constituir una categoría económico-social específica: la de *trabajador internacional* (Canales, 1999). A diferencia de este grupo, además de adoptar la decisión de establecer su residencia en el extranjero, los migrantes permanentes también se caracterizan por una menor recurrencia en los desplazamientos, originados en la mayoría de los casos por circunstancias ajenas a su restablecimiento en la localidad de origen y que obedecen entre otros muchos motivos a visitas familiares, participación en las festividades organizadas en las comunidades de origen, o con fines turísticos.

se van retirando del mismo, van ingresando cohortes de individuos más jóvenes. Se esperaría que los migrantes con un mayor número de cruces a lo largo de su vida, y con mayores tiempos de estancia en territorio norteamericano, sean a su vez los que posean un mayor conocimiento del mercado laboral estadounidense y en general de esa sociedad, lo cual en determinados momentos podría facilitar su acceso a las redes migratorias y a dicho mercado.

En términos generales, se concluye que el flujo migratorio constituido por los migrantes de retorno voluntario procedentes de Estados Unidos y originarios de localidades rurales en México se caracteriza por ubicarse en los tramos de edad intermedios (edades productivas), en los cuales predominan los hombres casados y/o unidos con puestos de jefaturas de hogar al interior de las familias, con bajos niveles de escolaridad y con altos índices de dependencia de los hogares (3,4). Su dinámica migratoria se caracteriza por su carácter temporal, indocumentado, y por el constante proceso de regeneración del flujo. Asimismo, los datos reafirman la importancia del capital social durante el proceso.

Trayectorias laborales y proyectos de reinserción en la estructura ocupacional de las localidades de origen

En el Cuadro 3 se presenta la situación de la población migrante de retorno voluntario, tanto durante los últimos treinta días anteriores al momento de iniciar el viaje a Estados Unidos como durante su última estadía en dicho país.

Puede advertirse que casi la mitad de los migrantes originarios de localidades rurales no contaba con trabajo durante los últimos treinta días anteriores al viaje, situación que varía a partir de la experiencia migratoria en Estados Unidos, pues en dicho país la gran mayoría (casi el 82%) logró conseguir algún tipo de trabajo. Lógicamente, estos datos no hacen sino enfatizar el carácter laboral del fenómeno migratorio.

Trayectoria laboral de los migrantes de retorno voluntario en el mercado laboral mexicano y estadounidense

Para analizar la trayectoria laboral de los migrantes de retorno voluntario, en el Cuadro 4 se presentan las características de inserción laboral en el mercado laboral mexicano y estadounidense. El período incluye el trabajo que tenían los migrantes durante los últimos treinta días anteriores al viaje en México, así como durante su última estadía en Estados Unidos.

Del total de migrantes que reportó haber trabajado en territorio mexicano, la mayoría laboraba en actividades relacionadas con los sectores de la agricultura (62%) y la industria (20,3%). Sin embargo, durante su estadía en territorio estadounidense puede advertirse que existe un cambio en la distribución de la población según sectores de actividad. De esta forma, se tiene que la población migrante dedicada a actividades relacionadas con la agricultura decrece casi en 25 puntos porcentuales a partir de su estancia en EE.UU. (pasa de 62 a 37,1%). Esta transferencia de mano de obra del sector agrícola en territorio mexicano hacia otros sectores de actividad en el mercado estadounidense parece haber tenido como destino principal los sectores servicios e industria en este último mercado, cuya representación al interior de esta población asciende al 24,5 y al 33,4% respectivamente en territorio estadounidense.

En relación con las ocupaciones[6], en territorio mexicano predominan los trabajadores empleados como jornaleros (casi el 62%), y en actividades manuales (casi el 29%). En comparación con su situación en el mercado laboral mexicano, en el mercado estadounidense disminuye notablemente la proporción de individuos que labora como jornalero (la disminución es prácticamente de 25 puntos porcentuales). Al mismo tiempo, la importancia de las ocupaciones manuales y no manuales bajo las que se insertan los migrantes en dicho mercado aumenta considerablemente, si se les compara con su situación en

6 Vale la pena mencionar que, al construir la clasificación ocupacional expuesta, se pretende un acercamiento con respecto a la escala laboral y social que genera la dinámica actual de los mercados de trabajo, que en el caso estadounidense se caracteriza por los procesos de segmentación y flexibilización. De esta forma, los procesos de modernización en el mercado laboral conforman una estructura ocupacional en la cual coexisten, en los distintos sectores de la economía, empleos de alta calificación, ingresos elevados, estabilidad laboral, incorporación a procesos de decisiones, etc., junto a empleos precarizados, expuestos a formas extremas de flexibilidad laboral y desregulación contractual (Canales, 2000c). En realidad, las ocupaciones aquí expuestas se refieren a una determinada posición en el trabajo. La ocupación denominada como "Trabajadores de mandos altos y profesionales" agrupan principalmente a profesionales, técnicos e individuos situados en puestos directivos al interior de las empresas. Algunos ejemplos de ocupaciones englobadas bajo la categoría de "Trabajadores no manuales" serían: supervisores, choferes, secretarias, mensajeros, etc. Entre las ocupaciones manuales se ubican todos aquellos individuos que se insertan al mercado laboral como trabajadores de la construcción, madera, papel, operadores de maquinaria, etc. Finalmente, al interior de la categoría "jornaleros agrícolas", se incluyen principalmente a individuos ligados al trabajo en agricultura, pesca, ganadería y silvicultura entre otros.

territorio mexicano (el número de individuos que se dedican a actividades no manuales es tres veces superior en territorio estadounidense si se le compara con la situación existente en México al momento de migrar, mientras que para el caso de las actividades manuales, el aumento es del 45%).

En cuanto a las formas de contratación, para el caso del mercado laboral de los migrantes en territorio mexicano sobresalen los trabajadores a sueldo fijo (40,7%), seguidos por los trabajadores por cuenta propia y a destajo o por obra (23,5 y 20,1% respectivamente). Sin embargo, en el mercado laboral estadounidense la situación varía notablemente, pues el 96% de los migrantes se emplea ya sea como trabajador a sueldo fijo o como trabajador a destajo o por obra (63,9 y 32,3% respectivamente).

La disminución más notable se encuentra entre los trabajadores por cuenta propia, los cuales sufren una disminución de casi diez veces en el mercado estadounidense.

Por otro lado, en cuanto al ingreso mensual obtenido en ambos mercados, existe una diferencia sumamente acentuada. Tal y como puede apreciarse en el Cuadro 4, la mayor parte de los migrantes en territorio mexicano (88%) obtenían ingresos inferiores a los 250 dólares mensuales, mientras que, una vez en territorio estadounidense, el 65 % obtiene ingresos superiores a los mil dólares mensuales. La mayor parte de los migrantes obtiene ingresos de entre mil y mil quinientos dólares mensuales en Estados Unidos, con una importante proporción tanto en los grupos de entre quinientos y mil (31,6%) y de mil quinientos y más (23,5%). De hecho, el promedio de los ingresos obtenidos en Estados Unidos es casi seis veces mayor si se le compara con el obtenido en territorio mexicano (169,4 versus 994,4). En cuanto a la jornada laboral también se observan cambios significativos, sobre todo en cuanto a la disminución del número de trabajadores que labora menos de 35 horas semanales (jornada de tiempo parcial). En este sentido, aproximadamente la mitad de los mexicanos que laboraba a tiempo parcial en sus comunidades de origen en México obtuvieron la posibilidad de laborar a tiempo completo en territorio estadounidense (jornada laboral de 35 a menos de 55 horas semanales).

Otro de los aspectos relevantes en la experiencia migratoria de los individuos tiene que ver con el capital humano[7] adquirido en

7 El capital humano se refiere a las capacidades y aptitudes que posibilitan a las personas actuar de varias maneras productivas. Los migrantes que poseen características que tienden a ser más recom-

Estados Unidos. A este respecto, en el Cuadro 5 se advierte que solamente una quinta parte (20,2%) desempeñó algún oficio diferente al que usualmente había desempeñado. De igual manera, sólo una décima parte de los individuos que laboraron en territorio estadounidense recibió algún curso de capacitación en el lugar en donde trabajó. De esta décima parte, en la mayoría de los casos (98%) el curso tenía relación con el oficio desempeñado.

En términos generales, se concluye que el ciclo migratorio transfiere mano de obra que antes de la migración laboraba en el sector primario en México hacia los sectores secundario y terciario en el mercado laboral estadounidense (particularmente a la industria y los servicios). Lo anterior lógicamente se refleja en las ocupaciones, pues existe un aumento de los individuos que laboran en actividades manuales y no manuales en el mercado laboral estadounidense a costa de los que laboraban como jornaleros en territorio mexicano.

Asimismo, no hay duda de que las condiciones en términos de formas de contratación, jornada laboral y, principalmente, salarios, parecen ser más favorables en el mercado laboral estadounidense en comparación con el mercado laboral mexicano.

Monto y uso de las remesas

En el Cuadro 6 se aprecian los montos promedio de remesas enviados por los migrantes hacia sus localidades de origen en México, así como el destino de las mismas en estas localidades. En primer lugar se puede advertir que cerca de la cuarta parte (24,5%) no envió dinero a sus localidades de origen durante el último cruce a territorio estadounidense. Entre los que sí enviaron, se observa que la gran mayoría envió montos menores a los quinientos dólares (53,7%), seguidos en importancia por montos de entre quinientos y mil dólares mensuales (14,9%). De hecho, el monto promedio mensual total de 334,4 dólares equivale aproximadamente a 2,5 salarios mínimos en 1999.

---

pensadas en sus comunidades de origen que en las de destino invertirán más de sus ingresos en dichas comunidades, intentando mejorar su situación a través de grandes ahorros, remesas y patrones de gasto más productivos. Al mismo tiempo, sin embargo, la migración crea otra forma de capital humano que atrae al migrante fuera de su comunidad de origen: en la medida en que los migrantes acumulan experiencia en un entorno extranjero, es muy probable que adquieran capacidades y aptitudes de gran demanda por los empleadores estadounidenses al mismo tiempo que desarrollan actitudes de consumo orientadas a disminuir el monto invertido en fines productivos (Massey y Bassem, 1992).

Por otro lado, en el Cuadro 6 también se advierte que el destino que tuvieron las remesas en su gran mayoría (75,3%) en las localidades de origen fue para sufragar los gastos cotidianos de subsistencia (comer, pagar renta, etc.), y en menor medida (19,5%) para comprar o reparar la vivienda. La utilización de las remesas como medio para obtener un negocio o comprar tierras fue prácticamente inexistente.

En síntesis, se concluye que, lejos de cumplir el mismo papel de un ahorro en las localidades de origen, las remesas monetarias más bien cumplen el papel de cualquier salario, en términos de que su uso se encuentra circunscrito a sufragar las necesidades de reproducción cotidiana de los núcleos familiares, en forma tal que la creación de empresas o microempresas constituidas en las localidades de origen a través de las remesas es poco significativa. Más bien, lo que sí parece estar ocurriendo es la financiación de la demanda de bienes de consumo y servicios a través de las mismas, lo cual permite la creación o conservación de puestos de trabajos en dichas localidades siempre y cuando esos recursos no sean filtrados hacia otras comunidades urbanas mayores.

Características del retorno y futuros proyectos de reinserción

El Cuadro 7 reúne un conjunto de variables que denotan aspectos relacionados con las condiciones bajo las cuales los migrantes retornan a territorio mexicano, así como futuros planes de reinserción en sus localidades de origen.

Con respecto a los motivos que originan su retorno a México, la mayor parte de los migrantes aduce ya sea cuestiones personales (55%), o que se acabó el trabajo o lo regresó la migra (15,4 y 13,8% respectivamente). La proporción de migrantes que retorna por motivos estrictamente laborales a México es baja (4,2%).

Por otra parte, del total de migrantes que constituye el flujo de retorno voluntario, casi un 59% se dirige hacia localidades rurales. Asimismo, del total de la población migrante, casi un 60% afirma que buscará trabajo en la localidad a la que se dirige, mientras que poco más de las tres cuartas partes tiene intención de volver a Estados Unidos a buscar trabajo.

En relación con futuros proyectos de reinserción al mercado laboral, tanto en el Cuadro 7 como en el Gráfico 1 se aprecia que la gran mayoría de los entrevistados que tienen intenciones de trabajar en las localidades hacia las que se dirigen lo harán en el sector agropecuario (casi un 70%), mientras que un 15% lo hará en el sector servicios y un 11 y 5% lo harán en la industria y el comercio respectivamente. En realidad, no puede afirmarse que estos planes de reinserción varíen radicalmente en relación con la situación imperante al momento de realizar el viaje hacia Estados Unidos (al menos entre los que decidieron quedarse a trabajar en México). De hecho, tanto antes como después de la experiencia migratoria la actividad principal es la agropecuaria, mientras que la del comercio es la menos importante. Sin embargo, se advierte un cambio importante en relación con los sectores de la industria y los servicios. Este cambio consiste en que antes de la experiencia migratoria (Cuadro 2) el sector de la industria era el segundo en importancia, mientras que después de la experiencia migratoria este sector cede su lugar al de servicios, el cual queda de esta forma como el segundo en importancia después de las actividades agropecuarias dentro de los planes de reinserción en México.

En síntesis, puede afirmarse que, en términos de los sectores de actividad en los cuales los migrantes piensan reinsertarse en el mercado laboral mexicano, no se constatan grandes diferencias en relación con su situación antes de iniciar la experiencia migratoria. Los planes giran predominantemente hacia el sector agropecuario, situación que obedece a la escasez de otras alternativas que los mercados de trabajo en sus comunidades de origen en México pueden ofrecer. Esta falta de opciones parece sustentar la decisión del 75,3% de los migrantes que piensa volver a Estados Unidos en busca de otras alternativas laborales. La falta de opciones en los mercados de trabajo rurales no sólo genera un flujo migratorio internacional hacia Estados Unidos, sino que también genera otros flujos hacia comunidades urbanas en México, tal y como parece advertirnos el hecho de que el 43,1% del total de migrantes de retorno tenga como destino una comunidad urbana en México.

Efectos de la migración internacional en la comunidad de Nuevo Zoquiapan: caso de estudio

La comunidad de Nuevo Zoquiapan, municipio de su mismo nombre, se localiza en la región conocida como Sierra Juárez o Sierra Norte de Oaxaca, dentro del distrito político de Ixtlan de Juárez situado en la parte norte del estado. Nuevo Zoquiapan es una comunidad indígena agraria en la cual los habitantes dependen significativamente de sus recursos naturales; sin embargo, debido a la situación de "inconformidad" con su nivel y estilo de vida, cada vez son más las personas que migran, especialmente hacia Estados Unidos, en busca de un empleo para satisfacer las necesidades básicas, lo que trae como consecuencias el abandono de sus familias, las tierras de cultivo y sus estudios, especialmente en telesecundaria. La migración es generalmente temporal, y las remesas de los migrantes son una fuente de ingreso cada vez más importante para las familias de la comunidad.

Empleos y fuentes de ingresos

De acuerdo a los datos del Instituto Nacional de Estadística, Geografía e Informática (INEGI), la población total en 1990 en Nuevo Zoquiapan era de 1.700 habitantes, de los cuales 854 eran mujeres y 846 hombres. Del total de la población, 1.400 se encontraban en la cabecera, que corresponden al 82,3%. En el municipio de Nuevo Zoquiapan la población económicamente activa en 1990 era de 448 habitantes, y la inactiva de 581. De la población ocupada, el 88,81% tenía ingresos monetarios menores a dos salarios mínimos. La distribución de la PEA ocupada por sectores era: 354 personas en el sector primario, 42 personas en el sector secundario, y 45 personas en el sector terciario.

En 1999 en la cabecera de Nuevo Zoquiapan se encontraban 1.419 habitantes, de los cuales 760 estaba en edad de trabajar, lo que significa que el 53,5% de la población total de hombres y mujeres de quince años de edad en adelante estaba en capacidad de trabajar. La población económicamente activa (PEA)[8] en la cabecera de Nuevo Zoquiapan en 1999 equivale a 658 habitantes, quienes se concentran básicamente en el campo y en el hogar con 46,7% y 47,6%, respectivamente (Cuadro 8). El 2,3% son empleados, los obreros ocupan el 1,7%, los artesanos ocupan el 0,3%, y los comerciantes corresponden al 1,5% de la población económicamente activa[9].

---

8 La población económicamente activa se refiere a la fuerza de trabajo, en la que se incluye a quienes tienen alguna ocupación remunerada, y a los ayudantes familiares sin remuneración que trabajan 15 o más horas semanales.

9 Cálculos realizados con la información obtenida del Diagnóstico de Salud, Jurisdicción Sanitaria No. 6 "Sierra" Comunidad: Nuevo Zoquiapan.

Según el censo realizado por el Centro de Salud de Nuevo Zoquiapan, los ingresos monetarios de los habitantes son sumamente bajos debido a que la gran mayoría siembra lo que consume y no percibe salario. De ahí que 329 personas, que corresponden al 50% de la PEA, ganen menos de un salario mínimo mensual, y 35%, que equivalen a 231 personas, ganan un salario mínimo. Sólo 4 personas (0,61%) ganan más de dos salarios mínimos (Cuadro 9).

La mayoría de las unidades familiares en Nuevo Zoquiapan recurren a la diversificación de actividades para lograr su subsistencia cotidiana. Los distintos recursos (naturales, financieros, físicos, fuerza de trabajo) de que disponen las unidades familiares se utilizan en diversas actividades, algunas orientadas a generar bienes para el autoconsumo y otras encaminadas a obtener ingresos. Existen diversas actividades orientadas a proteger el nivel de ingresos monetarios del hogar: la primera se refiere a los cultivos comerciales en las parcelas, especialmente de productos como el maíz, frijol, chícharos y algunas frutas, como la lima, el durazno y la pera. En algunos hogares también se comercializan productos no maderables como la leña, el carbón, horcones de los árboles debidamente marcados, brazuelo, orillo, postes, musgo, abono vegetal y diferentes variedades de hongos.

La segunda actividad generadora de ingresos monetarios es el empleo en las actividades forestales de la Unidad de Aprovechamiento Forestal (UAF). Todos los comuneros se emplean durante un período del año en la Unidad para cortar los metros cúbicos de madera en rollo que les corresponden conforme a la posibilidad de aprovechamiento. En la UAF existen dos formas de trabajar: como empleado, o cumpliendo un cargo. Los que trabajan cumpliendo un cargo deben hacerlo por un período de uno a tres años a tiempo completo. Los empleados son contratados por períodos cortos y se rotan según la cantidad de madera autorizada para el aprovechamiento. Tanto los que ocupan un cargo como los que ocupan un puesto de empleado reciben el salario mínimo definido en la Asamblea General. La UAF anualmente genera empleo temporal para aquellos comuneros que permanecen en la comunidad durante un período de seis a ocho meses, para un grupo de comuneros que oscila entre 18 y 30 al mes. Una persona que desee ingresar a la UAF como trabajador debe cumplir con los siguientes requisitos: ser varón, ser comunero[10], y tener

10 Para ser comunero se requiere que el individuo sea mexicano de nacimiento, originario y vecino de la comunidad, mayor de dieciséis años y solicitar su ingreso a través del Comisariado de Bienes Comunales.

por lo menos tres años de experiencia de trabajando en una empresa forestal. Cuando los comuneros del municipio no cumplen con este último requisito, se contrata gente de otras comunidades. Cabe apuntar que hay comunidades vecinas que también tienen su empresa y contratan individuos de la comunidad de Nuevo Zoquiapan.

La tercera fuente importante de ingresos monetarios es la venta de fuerza de trabajo fuera de la comunidad, ya sea como jornalero en una comunidad vecina o migrando hacia los Estados Unidos, especialmente en el caso de los jóvenes. Según las entrevistas realizadas, aproximadamente el 50% de los hogares en Nuevo Zoquiapan recibe remesas de algún familiar que trabaja en el exterior. Este dinero es utilizado básicamente en alimentación y en la compra de enseres para la casa. Sólo un porcentaje mínimo se destina al aumento de cultivos en alguna parcela.

Adicionalmente, otra de las fuentes de empleo que existe en Nuevo Zoquiapan es la que genera el invernadero. Este consta de cuatro naves hechas de madera de 10 x 90 metros.

La primera nave se construyó en 1998, y las tres restantes en el año 2000. La inversión realizada el año pasado en las tres naves del invernadero fue de 180 mil pesos, valor que fue recuperado en su totalidad con una ganancia de 30 mil pesos. En el invernadero se emplean de cinco a seis mujeres en la pista de tomate, y otras cinco o seis mujeres en la empacadora para un total de diez a doce personas por nave. Por lo tanto, el total de empleadas en épocas de cosecha es de 20 a 24, con un salario de 75 pesos diarios durante cuatro días a la semana: lunes, jueves, viernes y sábado. Según sus propietarios, los objetivos inmediatos de la empresa son generar empleo (especialmente para las mujeres), y lograr reconocimiento en el mercado regional. También se destaca como actividad generadora de empleo la piscicultura, donde se emplea a ocho personas con el salario mínimo. La inversión inicial fue de un millón pesos, y consiste en seis estanques de corriente rápida *"resway"* que tienen 17 metros de largo x 2 metros de ancho. En el estanque se cultiva trucha arco iris y carpa. Lo importante de ambos proyectos, el invernadero y la piscicultura, es que fueron financiados por socios migrantes que retornaron a la comunidad y cuentan con el permiso de las autoridades municipales y comunales de Nuevo Zoquiapan.

En lo referente a los beneficios particulares del bosque, hay que anotar que todos los comuneros tienen derecho a una parcela para uso agrícola, petición que debe hacerse formalmente ante el presidente del Comisariado de Bienes Comunales[11]. Aunque los comuneros no deben pagar por el valor de la parcela, hay quienes manifiestan que los beneficios que genera el cultivo agrícola en la parcela no alcanzan para tener una vida digna. Así lo expresó un comunero migrante que perdió los derechos y vive en Oaxaca desde hace seis años: "Los beneficios que le ofrece el bosque no alcanzan para vivir bien con la familia en Zoquiapan, se vive muy humilde, con muchos sacrificios, no alcanza para satisfacer sus necesidades, viven muy tristes. Muy olvidados... se conforman con lo que encuentran porque no hay recursos, ni apoyo del gobierno. Viven de su propio esfuerzo".

Normalmente en una parcela se produce para el consumo de la familia durante ocho meses, dado que la producción está asociada con los períodos de cosecha y las condiciones del tiempo que se tengan en la zona. El resto del tiempo hay que comprar los alimentos. De acuerdo con las entrevistas realizadas, una parcela agrícola trabajada eficientemente produce aproximadamente el 50% de la canasta familiar. Los productos básicos que se cultivan son maíz, fríjol, chícharos, habas, calabaza, chayote, ejote, col, coliflor, brócoli, hierbas silvestres, etcétera. Sin embargo, la compra de productos para el consumo familiar en el mercado local depende del monto de los ingresos monetarios que tenga cada familia, y estos a su vez dependen en gran medida de las remesas enviadas por los migrantes.

El fenómeno migratorio

El fenómeno de la migración se presenta en la comunidad debido a la necesidad de obtener nuevas fuentes de ingreso que permitan a sus habitantes mejorar sus condiciones de vida. La gente considera que continuar las actividades tradicionales no le permitirá progresar; de ahí que la gran mayoría de los estudiantes de tele-secundaria tenga planes de viajar a Estados Unidos aunque no hayan concluido sus estudios. Este deseo de irse de la comunidad comienza desde edades muy tempranas, pues es usual escuchar a los niños de primaria decir que desean ir al norte para ayudar sus familias. En este sentido es importante anotar que la migración se acentuó después de 1990.

---

11 Organización responsable ante la comunidad del control y el reparto de terrenos para el cultivo, de lotes para vivienda, y de autorizar el aprovechamiento de productos maderables y no maderables. Asimismo, participa como directivo en la Unidad de Aprovechamiento Forestal, encargada del control y aprovechamiento de los recursos forestales comunales.

En Nuevo Zoquiapan se observa con claridad el proceso migratorio en la estructura por edad y sexo según el censo realizado en 1999 por el personal de salud de la comunidad de Nuevo Zoquiapan. En la cabecera existen 1.419 habitantes, de los cuales el 56% se ubica en la franja de 0 a 19 años de edad (Cuadro 10).

En ese año el número de hombres era de 683, y el de mujeres 736, que corresponden al 48% y al 52%, respectivamente, del total de la población.

Como se puede observar (Figura 1), en el grupo de 15 a 19 años ya se vislumbra un desequilibrio entre el número de hombres y de mujeres, el cual obedece a que en la comunidad los procesos de migración comienzan a partir de los 13 o 14 años, según lo manifestaron varios migrantes entrevistados. Este proceso se refleja en la pirámide poblacional en el grupo de edad de 15 a 24 años.

En una encuesta realizada a adolescentes de tele-secundaria –78 estudiantes de la escuela "México creo en tí"– se identificó que el 80% de los encuestados quiere viajar al norte para conocer otros lugares y trabajar para ganar dinero, pues muchos consideran que esto es *disfrutar la vida*. Asimismo, algunos manifiestan que aprovecharían esa oportunidad para visitar a sus familiares, ya que más del 90% de los 78 adolescentes encuestados tiene familia en Estados Unidos, especialmente primos, tíos, hermanos, y, en menor proporción, padres de familia.

Aquellos jóvenes que expresaron no estar interesados en viajar a Estados Unidos (20 jóvenes) argumentan que no dejarán solos a sus padres, y que sienten temor de ser maltratados y explotados en el vecino país. En muchos casos, para realizar el primer viaje a Estados se requiere un monto de entre 18 mil y 20 mil pesos mexicanos (entre 1.800 y 2.000 dólares aproximadamente), dinero que usualmente se consigue prestado de los familiares o amigos y tiene como destino el pago a los coyotes o polleros[12].

Del total de adolescentes encuestados, aproximadamente el 60% piensa que vivirá siempre en Nuevo Zoquiapan porque es el lugar donde nacieron, donde se encuentra su familia, y además porque les gustan sus tradiciones y costumbres, especialmente en relación con las fiestas y el carnaval. El 40% restante cree que se irá del pueblo por-

12 Personas que facilitan el paso de la frontera entre México y los Estados Unidos previa realización del pago. El coyotaje constituye una de las actividades delictivas de mayor crecimiento en los últimos años.

que desea continuar sus estudios y conseguir un trabajo, ya que en el pueblo no hay oferta de educación superior ni fuentes de empleo que les permitan mejorar su situación económica. Asimismo, manifiestan su interés por conocer otros lugares. Sin embargo, no obstante el interés por migrar, expresan su deseo de regresar de visita al pueblo.

La población emigra estacionalmente. Nuevo Zoquiapan es una comunidad esencialmente expulsora de mano de obra hacia los Ángeles, México D.F. y Oaxaca. Hasta el momento no existen organizaciones de migrantes que hagan aportaciones económicas para construir infraestructura, escuelas, caminos, centros de salud, canchas, etcétera. En este sentido cabe apuntar que los beneficios generados como producto de la migración son sentidos más a nivel familiar que a nivel comunitario.

En la comunidad de Nuevo Zoquiapan aproximadamente el 50% de los hombres comuneros son migrantes. De hecho, esto se evidencia en las asambleas comunitarias, a las cuales generalmente asiste sólo la mitad de sus miembros. De la gente que migra, el 90% son hombres y el 10% son mujeres. Para ambos casos la población migrante se concentra especialmente en edades jóvenes. Según las entrevistas realizadas, la motivación para migrar se suele transmitir de padres a hijos, entre familiares y entre los vecinos de la comunidad.

Es importante resaltar que la migración en este municipio no sólo es realizada por individuos pertenecientes a núcleos familiares que soportan grandes carencias económicas, sino que también se ha convertido en una tradición: algunos jóvenes que viven en condiciones económicas no tan extremas realizan el viaje para conocer, dado que sus familiares ya han visitado el vecino país. Uno de los migrantes entrevistados así lo expreso: "tantito así no me daba cuenta mucho de la necesidad, eso sí, pero yo me iba por curioso, por igualado, por querer conocer Estados Unidos, y estar en Estados Unidos, y decir: yo también puedo estar allá. Yo también voy a llegar como llegan los que han llegado". De acuerdo con la información suministrada por algunos migrantes entrevistados, aproximadamente una quinta parte de los que viajan a Estados Unidos no lo hace por necesidad sino por conocer.

Las personas que no asisten periódicamente a las asambleas son sancionadas con multas de 50 pesos por ausencia (aproximadamente 5 dólares). El pago se realiza en efectivo o cumpliendo con un tequio[13]

13 Tequio: cooperación que hacen todos los ciudadanos de Nuevo Zoquiapan con un día de trabajo sin recibir un sueldo cuando se emprende una obra.

cuando no dispone de dinero. En el caso de los migrantes, su familia debe hacerse responsable de cumplir los cargos, pagar las cooperaciones y realizar los tequios por obras que se adelanten en el municipio, e incluso en algunos casos deben contratar un jornalero o peón que cumpla sus veces. Por el momento, la mayor parte de las familias no tiene ningún problema en este sentido. Sin embargo, actualmente existen habitantes en la comunidad que se han mostrado un poco rebeldes por los derechos que tienen estos comuneros. Ellos argumentan que los migrantes no viven en la comunidad y que por lo tanto no deben tener los mismos derechos que los que permanecen en la comunidad.

En general, la gente que migra a Estados Unidos lo hace de manera temporal, pues consideran que la comunidad es un lugar tranquilo y seguro para visitar periódicamente.

Pero su deseo es establecerse en Oaxaca, especialmente en el caso de jóvenes migrantes. Hasta el momento, de los que han migrado aproximadamente el 10% se ha llevado su familia a Estados Unidos de manera definitiva.

Según el personal entrevistado en el Centro de Salud de la comunidad, las remesas enviadas por migrantes constituyen el 50% de los ingresos de una familia. No obstante, hay casos en que las remesas pueden representar más del 50%. Los ingresos monetarios enviados por migrantes generalmente se utilizan básicamente para la alimentación y el mejoramiento de vivienda. En algunos casos, una vez satisfechas las necesidades básicas, en los hogares en donde hay migrantes se compra vehículo y se cambia la casa de adobe por una casa de concreto.

El monto de las remesas que recibe un hogar de la comunidad depende del número de miembros de la familia que se encuentren en Estados Unidos. Por lo general, la familia recibe mil pesos mensuales (aproximadamente 105 dólares) por cada miembro que se encuentre en ese país. Dependiendo del monto que reciba la familia, el dinero se destina al consumo de alimentos, la compra de bienes de consumo para el hogar, o al ahorro para la mejora de la casa.

La comunidad en general ha disminuido los cultivos en su parcela. Esta disminución se podría explicar por dos razones: la primera es que en las casas no se dispone de mano de obra masculina para el cultivo de la tierra (aunque algunas mujeres sí lo hacen), y la segunda es que la familia cuenta con los ingresos suficientes para comprar productos elaborados para el consumo propio. Algunas de las mujeres entrevistadas expresaron que sólo se siembra en la parcela durante el período en que el esposo se encuentra en la casa, ya que contratar peones o mozos, como ellas le llaman, sale demasiado costoso, porque hay que pagar un jornal diario entre 60 o 70 pesos (entre 6 y 7 dólares) y la parcela sólo produce para el consumo de la familia durante ocho meses. Otras expresan abiertamente "nos atenemos al dinero no más, se nos hace más fácil comprar que cultivar, a veces dan ganas de cultivar y sembrar, pero no llegamos a hacerlo".

Cuando un joven migra y comienza a percibir nuevos ingresos monetarios, generalmente envía dinero a su familia. Sin embargo, durante los primeros años de la migración (aproximadamente cuatro o cinco años)[14], los jóvenes consumen gran parte de su dinero en Estados Unidos. Como algunos manifiestan: "nos damos gusto con lo que nunca hemos tenido". Posteriormente los jóvenes se preocupan más por comprar algunos bienes para el hogar, un automóvil, y mejorar la vivienda de su familia. Pasado un tiempo los jóvenes migrantes piensan en hacer alguna inversión, aunque no necesariamente en su comunidad. De hecho muchos prefieren hacerlo en Oaxaca. Uno de los ancianos del pueblo comentó en una entrevista lo siguiente acerca de los migrantes: "muchos van con la intención de hacerse algo, hacer su dinerito, y llegar a poner su casita; pero muchos van nada más al baile, o a disfrutar con las mujeres, o a dedicarse al paseo, y al rato pues no llegan con nada, y nunca se superan".

No obstante, hay excepciones valiosas, como el caso de las instalaciones para el cultivo de peces establecidas por un migrante y el trabajo realizado por un grupo de migrantes (quince personas) que decidieron asociarse para poner un invernadero que genera empleo para algunos comuneros de la comunidad. De este modo se observa que la migración también ha promovido el aprendizaje de nuevos oficios entre la gente que migra, pues la mayoría de los migrantes se dedican a nuevos cultivos comerciales (jitomate, hortalizas) introduciendo nuevas tecnologías agrícolas.

En Estados Unidos los migrantes viven en condiciones de hacinamiento y deben cumplir duras jornadas de trabajo en el campo. Generalmente la gente se ocupa en los invernaderos, cultivando hortalizas y cortando verdura y legumbres. Sin embargo, algunos afirman que "la vida es más peligrosa que dura" porque no tienen ningún seguro médico y están expuestos a todo tipo de adversidades (accidentes sin contar con acceso a seguridad social).

---

14 Testimonio de siete migrantes entrevistados.

En los sitios de trabajo las labores se realizan por tareas, lo que generalmente conduce a competencias entre los mismos migrantes, quienes para obtener mayor rendimiento en el trabajo y ganar un poco más de salario muchas veces prefieren no almorzar o comer a deshoras, lo que termina por enfermarlos de gastritis o hernias. El salario que percibe un migrante oscila entre 5 y 6 dólares por hora. Usualmente trabajan una jornada de doce horas diarias, es decir que durante un día de trabajo se puede ganar un salario que varía entre 564 y 677 pesos mexicanos (59 y 71 dólares aproximadamente). Por lo tanto, trabajando un mes incluyendo sábados y domingos, un migrante puede ganarse de 16.920 a 20.304 pesos mexicanos (1.700 a 2.000 dólares). De ahí que los migrantes argumenten que deciden viajar a Estados Unidos porque la diferencia entre trabajar en Estados Unidos y la comunidad es "que se ve lo que se hace".

Conclusiones

En términos generales se concluye que el perfil presentado por la población de migrantes de retorno voluntario, en términos de sus características sociodemográficas elementales, se caracteriza por la predominancia de individuos en los tramos de edad intermedios (edades productivas), en los cuales prevalecen los hombres casados y/o unidos con puestos de jefaturas de hogar al interior de las familias, con bajos niveles de escolaridad y con altos índices de dependencia de los hogares (3,4). Su dinámica migratoria se caracteriza por su carácter temporal, indocumentado, y por el constante proceso de regeneración del flujo.

Asimismo, los datos reafirman la importancia del capital social durante el proceso, pues la mayoría cuenta con familiares o amigos en Estados Unidos.

En términos de sus trayectorias laborales, el ciclo migratorio transfiere en alguna medida mano de obra que antes de la migración laboraba en el sector primario de la economía en territorio mexicano hacia el sector secundario y terciario, particularmente a la industria y los servicios en el mercado laboral estadounidense. Sin embargo, parece existir una diferencia importante entre las aspiraciones de numerosos migrantes (entre quienes el trabajo migratorio tiene como objetivo la movilidad social al fin del movimiento migratorio) y las modalidades reales de su inserción una vez que retornan a México.

Por otra parte, la adquisición de nuevos conocimientos y habilidades que aumentan el capital humano de los individuos parece estar más relacionada con el desempeño del trabajo en sí durante la experiencia migratoria que con otras fuentes de adquisición del capital.

Como se pudo observar luego de analizar tanto los datos de la encuesta para el total de la población mexicana como la información derivada del caso de estudio realizado en la comunidad de Nuevo Zoquiapan; el número de empleos directos generados por las microempresas creadas por los migrantes que regresan no parece muy elevado. Lo que sí ocurre es el sostenimiento de la demanda a través del gasto de las remesas. Sin embargo, probablemente buena parte de los que migraron hacia Estados Unidos en años pasados se quedarán en dicho país durante un tiempo indefinido, o nunca se reinstalarán en sus comunidades de origen una vez establecidos nuevamente en territorio mexicano, tal y como se advierte en el porcentaje de migrantes que desean regresar a Estados Unidos a buscar trabajo o en el de los migrantes que tienen como destino comunidades urbanas una vez que regresan a México.

Como conclusión general puede decirse que la migración internacional por sí sola no es suficiente para incrementar el nivel de vida y disminuir los altos índices de marginación que caracterizan a la mayoría de comunidades rurales en México. Actualmente el reto es cómo financiar, mediante el uso de las remesas internacionales y el capital humano adquirido, la creación de una base productiva local capaz de reducir substancialmente la migración característica en las comunidades rurales mexicanas. Cualquier propuesta al respecto requerirá necesariamente de un cambio en la política económica nacional que considere a los productores rurales campesinos como actores capaces de cambiar su propio destino, en función de lo cual ellos puedan recibir créditos a bajos intereses para incrementar su producción o incursionar en nuevas actividades, así como asesoría y subsidios temporales para integrar sus excedentes a la economía mexicana.

Cuadro 1

Población de migrantes de retorno voluntario originarios de localidades rurales según características demográficas elementales (EMIF IV, 1998/1999)

Variable	Absolutos	Relativos	% acumulado
Sexo			
Masculino	206.666	92,4	92,4
Femenino	17.040	7,6	100,0
Edad			
15-19 años	8.986	4,0	4,0
20-24 años	30.896	13,8	17,8
25-29 años	40.703	18,2	36,0
30-34 años	39.196	17,5	53,5
35-39 años	43.677	19,5	73,1
40-44 años	26.147	11,7	84,8
45-49 años	9.762	4,4	89,1
50 y más años	24.339	10,9	100,0
Promedio	35,1		
Estado civil			
Soltero	60.147	26,9	26,9
Casado/unido	159.341	71,2	98,1
Otro (viudo/separado/divorciado)	4.218	1,9	100,0
Escolaridad			
Ninguno	24.608	11,0	11,0
Primaria	134.670	60,2	71,2
Secundaria	41.609	18,6	89,8
Preparatoria y más	22.818	10,2	100,0
Jefatura de hogar			
Sí	164.423	73,5	73,5
No	59.282	26,5	100
Índice de dependencia			
Una persona	19.967	8,8	8,8
Dos personas	55.853	25,0	33,8
Tres personas	47.670	21,3	55,1
Cuatro personas	44.193	19,8	74,9
Cinco personas	25.423	11,4	86,3
Más de cinco	30.598	13,7	100,0
Promedio	3,4		
POBLACIÓN TOTAL	223.705	100,0	

Fuente: elaboración propia con base en la EMIF IV.

Cuadro 2

Población de migrantes de retorno voluntario originarios de zonas rurales según capital social y dinámica migratoria (EMIF IV, 1998/1999)

Variable	Absolutos	Relativos	% acumulado
Capital Social			
Posesión de documentos migratorios para trabajar en Estados Unidos			
Si	84.113	37,6	37,6
No	139.592	62,4	100,0
Tiene familiares o amigos en EE.UU			
Si	166.884	74,6	74,6
No	56.821	25,4	100,0
Recibió ayuda por parte de familiares y amigos en EE.UU			
No recibió	30.707	18,4	18,4
Si recibió	136.177	81,6	100
Dinámica migratoria			
Tiempo de permanencia en EE.UU. durante el último cruce			
Menos de 6 meses	114.537	51,2	51,2
De 6 a menos de 12 meses	51.900	23,2	74,4
De 12 a menos de 18 meses	18.568	8,3	82,7
De 18 a menos de 24 meses	2.237	1,0	83,7
24 y más	36.464	16,3	100,0
Promedio	24,7		
Cruces a EE.UU. para buscar trabajo			
No ha cruzado con ese propósito	22.371	10,0	10,0
Una vez	58.611	26,2	36,2
Entre 2 y 5	56.821	25,4	61,6
Entre 6 y 10	15.883	7,1	68,7
Más de 11	70.020	31,3	100,0
Promedio	5,3		
POBLACIÓN TOTAL	223.705	100,0	

Fuente: Elaboración propia con base en la EMIF IV.

Cuadro 3

Población de migrantes de retorno voluntario que laboró o no laboró, tanto en sus localidades de origen durante los 30 días anteriores al momento de iniciar el viaje hacia EE.UU. como durante su última estadía en EE.UU. (EMIF IV, 1998/1999)

Trabajó	México		Estados Unidos	
	Absolutos	Relativos	Absolutos	Relativos
Si	114.313	51,1	182.991	81,8
No	109.392	48,9	40.714	18,2
Total	223.705	100,0	223.705	100,0

Fuente: elaboración propia con base en la EMIF IV.

Cuadro 4

Población de migrantes de retorno voluntario según las características de su inserción laboral, tanto en México como en EE.UU. (EMIF IV, 1998/1999)

Variable	México			Estados Unidos		
	Absolutos	Relativos	%acumulado	Absolutos	Relativos	% acumulado
Sector de actividad						
Actividades Agropecuarias	70.874	62,0	62,0	67.890	37,1	37,1
Industria	23.206	20,3	82,3	61.119	33,4	70,5
Comercio	5.944	5,2	87,5	9.150	5,0	75,5
Servicios	14.289	12,5	100,0	44.833	24,5	100,0
Ocupación						
Mandos medios y superiores	3.429	3,0	3,0	1.647	0,9	0,9
Actividades no manuales	7.430	6,5	9,6	36.964	20,2	21,1
Actividades manuales	32.922	28,8	38,3	76.490	41,8	62,9
Jornaleros	70.531	61,7	100,0	67.890	37,1	100,0
Forma de contratación						
T. Sueldo fijo	46.525	40,7	40,7	116.931	63,9	63,9
T. Destajo/obra	22.977	20,1	60,8	59.106	32,3	96,1
T. Familiar sin pago	11.088	9,7	70,5	183	0,1	96,3
Patrón	6.516	5,7	76,2	1.647	0,9	97,2
T. por su cuenta	26.864	23,5	99,7	4.209	2,3	99,5
Otro	343	0,3	100,0	915	0,5	100,0
Ingreso mensual (dólares)						
Menos de 250	100.481	87,9	87,9	1.281	0,7	0,7
Entre 250 y menos de 500	8.116	7,1	95,0	3.843	2,1	2,8
Entre 500 y menos de 1.000	4.687	4,1	99,1	59.655	32,6	35,4
Entre 1.000 y menos de 1.500	114	0,1	99,2	75.209	41,1	76,5
1.500 y mas	915	0,8	100,0	43.003	23,5	100,0
Promedio	169,4			994,4		
Jornada laboral						
Menos de 35	22.177	19,4	19,4	16.469	9,0	9,0
De 35 a menos de 55	66.759	58,4	77,8	129.008	70,5	79,5
55 y más	25.377	22,2	100,0	37.513	20,5	100,0
Total de la población que trabajó	114.313	51,1		182.991		81,8
Población total	223.705	48,9			223.705	18,2

Fuente: elaboración propia con base en la EMIF IV.

Cuadro 5

Población de migrantes de retorno voluntario según capital humano adquirido en EE.UU. (EMIF IV, 1998/1999)

Variable	Absolutos	Relativos
Desempeñó el mismo oficio que regularmente ha desempeñado		
Si	146.027	79,8
No	36.964	20,2
Recibió algún curso de capacitación en el lugar donde trabajó		
Si	17.750	9,7
No	165.241	90,3
Ese curso tenía relación con el oficio desempeñado		
Si	17.395	98,0
No	355	2,0
Total de la población que trabajó	182.991	81,8
Población total	223.705	100,0

Fuente: elaboración propia con base en la EMIF IV.

Cuadro 6

Población de migrantes de retorno voluntario según monto promedio mensual de remesas y destino de las mismas (EMIF IV, 1998/1999)

Variable	Absolutos	Relativos	Totales
Monto mensual promedio			
Nada	44.833	24,5	24,5
Menos de 500	98.266	53,7	78,2
Entre 500 y menos de 1.000	27.266	14,9	93,1
Entre 1.000 y menos de 1.500	8.601	4,7	97,8
Más de 1.500	4.026	2,2	100,0
Promedio	334,4		
Destino			
Comprar tierras	1.243	0,9	0,9
Comprar negocio	276	0,2	1,1
Para vivienda	26.941	19,5	20,6
Comprar carros	553	0,4	21,0
Pagar deudas	3.178	2,3	23,3
Comer, renta, etcétera	104.033	75,3	98,6
Otra cosa	1.934	1,4	100,0
Total de la población que trabajó	182.991	81,8	
Total de la población que remitió	138.158	61,8	
Población total	**223.705**	**100,0**	

Fuente: elaboración propia con base en la EMIF IV.

Cuadro 7

Población de migrantes de retorno voluntario según características del retorno a México (EMIF IV, 1998/1999)

Variable	Absolutos	Relativos	% acumulado
Motivo del regreso			
Se acabó el trabajo	34.451	15,4	15,4
Cuestiones personales / visitar familiares	123.038	55,0	70,4
De paseo	8.277	3,7	74,1
Lo regresó la migra	30.871	13,8	87,9
Trabajar	9.396	4,2	92,1
No encontró trabajo	11.185	5,0	97,1
Otra razón	6.487	2,9	100,0
Localidad a la que se dirige			
Rural	131.091	58,6	58,6
Urbano	92.614	41,4	100,0
Va a buscar trabajo en esa localidad			
Si	127.288	56,9	56,9
No	96.417	43,1	100,0
En qué sector de la economía piensa trabajar			
Actividades Agropecuarias	88.790	69,8	69,8
Industria	13.691	10,8	80,5
Servicios	18.571	14,6	95,1
Comercio	6.236	4,9	100,0
Piensa volver a EE.UU. a buscar trabajo			
Si	168.450	75,3	
No	55.255	24,7	
Población total	**223.705**	**100,0**	

Fuente: elaboración propia con base en la EMIF IV.

Cuadro 8

Población Económicamente Activa Cabecera de Nuevo Zoquiapan (1999)

Actividad	Absolutos	Relativos	% acumulado
Hogar	313	47,5	47,5
Campesinos	307	46,7	94,2
Empleados	15	2,3	96,5
Obreros	11	1,7	98,2
Artesanos	2	0,3	98,5
Comerciantes	10	1,5	100
Total	**658**	**100.0**	

Fuente: diagnóstico de salud, Jurisdicción Sanitaria No. 6 "Sierra", Comunidad: Nuevo Zoquiapan.

Cuadro 9

Ingresos Monetarios de la Población Económicamente Activa
Nuevo Zoquiapan (1999)

INGRESOS MONETARIOS	Absolutos	Relativos	% acumulado
Menos de un salario mínimo	329	50,0	50,0
Un salario mínimo	231	35,1	85,1
Dos salarios mínimos	94	14,3	99,4
Más de dos salarios mínimos	4	0,6	100,0
Total	**658**	**100,0**	

Fuente: diagnóstico de salud, Jurisdicción Sanitaria No. 6 "Sierra". Comunidad Nuevo Zoquiapan.

Cuadro 10

Distribución de la población por sexo y edad
Cabecera de Nuevo Zoquiapan, Ixtlán, Oaxaca
(1999)

	Hombres			Mujeres		
Grupos de edad	**Absolutos**	**Porcentajes**	**% acumulado**	**Absolutos**	**Porcentajes**	**% acumulado**
0 – 4	96	14,1	14,1	70	9,5	9,5
5 – 9	148	21,7	35,7	127	17,3	26,8
10 –14	104	15,2	51,0	114	15,5	42,3
15-19	51	7,5	58,4	82	11,1	53,4
20-24	27	4,0	62,4	65	8,8	62,2
25-29	43	6,3	68,7	41	5,6	67,8
30-34	39	5,7	74,4	43	5,8	73,6
35-39	23	3,4	77,7	30	4,1	77,7
40-44	26	3,8	81,6	29	3,9	81,7
45-49	29	4,2	85,8	30	4,1	85,7
50 –54	20	2,9	88,7	14	1,9	87,6
55-69	15	2,2	90,9	20	2,7	90,4
60-64	14	2,0	93,0	22	3,0	93,3
65 y más	48	7,0	100,0	49	6,7	100,0
Total	683			736		

Fuente: diagnóstico de salud 1999 Jurisdicción Sanitaria No. 6 "Sierra" Comunidad: Nuevo Zoquiapan

Gráfico 1

Población de migrantes de retorno voluntario según sector de actividad al que piensan reinsertarse al mercado laboral mexicano (EMIF IV, 1998/99)

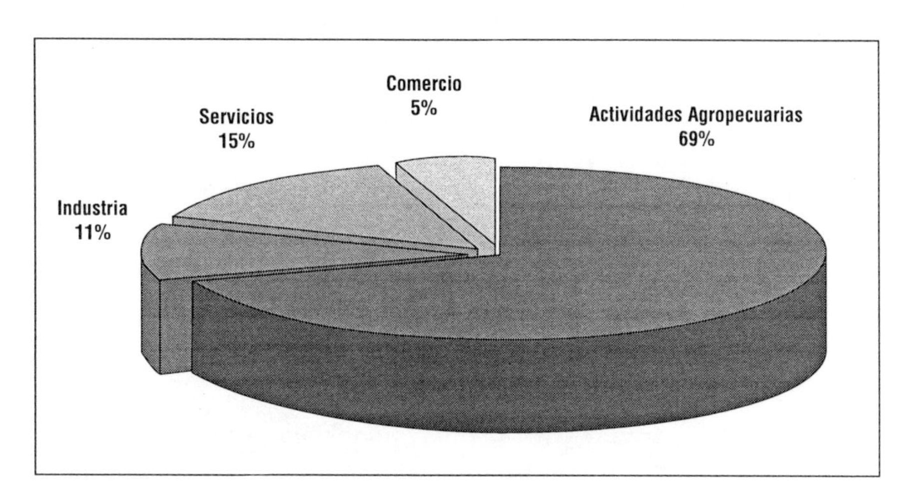

Gráfico 2

Población de migrantes de retorno voluntario según sector de actividad en el mercado laboral mexicano antes de viajar a EE.UU. (EMIF IV, 1998/99)

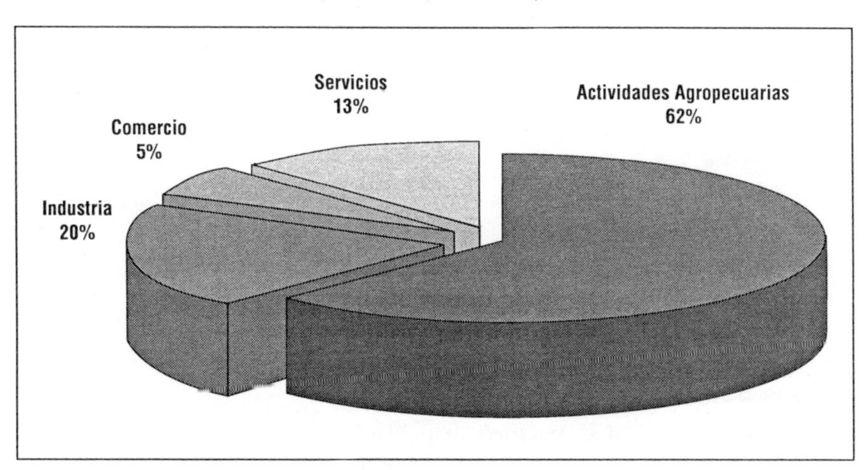

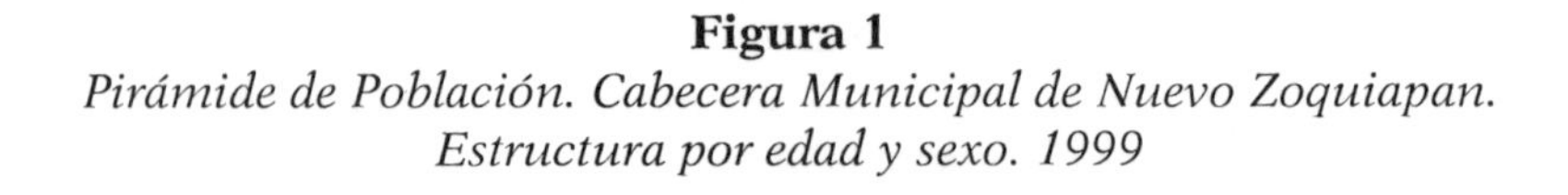

Figura 1

Pirámide de Población. Cabecera Municipal de Nuevo Zoquiapan. Estructura por edad y sexo. 1999

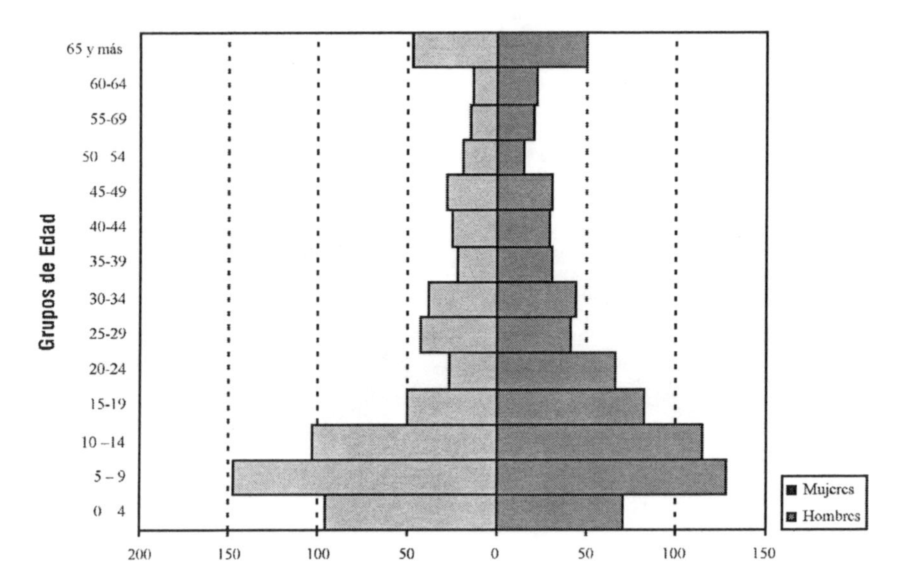

Bibliografía

Cabrales Barajas, Luis Felipe 1997 "El refugio silencioso del ahorro migrante" en *Ciudades* (Puebla, México), Nº 35.

Canales, Alejandro 1999 "Periodicidad, estacionalidad, duración y retorno. Los distintos tiempos en la migración México-Estados Unidos" en: *Papeles de Población* (México, D.F.), Año 5, Nº 22.

Canales, Alejandro 2000a "El papel de las remesas en el balance ingreso-gasto de los hogares. El caso del occidente de México, 1996". Ponencia presentada en el Seminario Internacional: La Mundialización Económica de las Regiones. Competitividad, Descentralización y Cambios Poblacionales. Universidad de Guadalajara, PROFMEX-Consorcio Mundial para Investigación sobre México, UCLA-Program on México. Puerto Vallarta, 1-3 de junio de 2000.

Canales, Alejandro 2000b "Factores demográficos del asentamiento y la circularidad en la migración México-Estados Unidos". Ponencia presentada en el Seminario Permanente de la Migración Internacional, organizado por la Universidad de Guadalajara, el Centro de Investigaciones y

Estudios Superiores en Antropología Social, sede Occidente, y el Instituto Tecnológico de Estudios Superiores de Monterrey, sede Guadalajara.

Canales, Alejandro 2000c "La inserción laboral de los migrantes mexicanos en Estados Unidos". Ponencia presentada en el marco del XXII International Congress of Latin American Studies Association, LASA 2000, Miami. Florida. USA. Marzo, 15-19 de 2000.

Centro de Salud de la Comunidad de Nuevo Zoquiapan 1999 *Diagnóstico de Salud Nº6* (Distrito de Ixtlán, Estado de Oaxaca, México).

Consejo Nacional de Población 1992 *Migración internacional en las fronteras norte y sur de México* (México, D.F.).

Consejo Nacional de Población 2000a *Migración México-Estados Unidos Opciones de política* (México D.F.)

Consejo Nacional de Población 2000b *Migración México-Estados Unidos Presente y Futuro* (México D.F.)

Consejo Nacional de Población 2000c *Migración México-Estados Unidos Continuidad y cambio* (México. D.F.)

Durand, Jorge y Arias, Patricia 1997 "Las remesas, ¿continuidad o cambio?" en *Ciudades* (Puebla, México), Nº 35.

Escobar Latapí, Agustín y Mercedes González de la Rocha 1999 "La pobreza urbana en Jalisco: un intento de diálogo con la política social" (Guadalajara, México: Grupo Interdisciplinario sobre Estudios de Política Social en Jalisco).

Escobar Latapí, Agustín; Bean, Frank; y Sydney Weintraub 1999 *La dinámica de la emigración mexicana.* (México: Miguel Ángel Porrúa-CIESAS).

Escobar Latapí, Agustín 2000 "El mercado de trabajo de Guadalajara: género, edad y desigualdad social. 1987-1996" en *Jalisco. Diagnósticos y Perspectivas* (Guadalajara, México).

Gelbard, Alene H y Carter Marion 1997. "Características de la población de origen mexicano en los Estados Unidos" en: *La contribución de los migrantes mexicanos a la sociedad de los Estados Unidos de América* (México, D.F.: Centro de Estudios Migratorios del Instituto Nacional de Migración).

Hernández Laos, Enrique 1992 "La pobreza en México" en *Comercio exterior* (México), Nº 42.

Instituto Nacional de Estadística, Geografía e Informática 1997 *Conteo de Población y vivienda 1995 (México).*

Instituto Nacional de Estadística, Geografía e Informática 1998 *Encuesta Nacional de Empleo 1996* (Aguascalientes, México)

Instituto Nacional de Estadística, Geografía e Informática 2000 *Encuesta Nacional de Empleo 1998* (Aguascalientes, México)

Massey, Douglas S y Parrado, Emilio 1997 "Migración y pequeña empresa" en *Ciudades* (Puebla, México), Nº 35.

Massey, Douglas S. y Bassem, Lawrence C. 1992 "Determinants of savings, remittances, and spending patterns among U.S migrants in four mexican comunities" en: *Sociological Inquiry* (Estados Unidos) Nº 62.

Massey, Douglas S; Durand Jorge y González, Humberto 1991 *Los Ausentes. El proceso internacional de la migración en el occidente de México* (México D.F.: Editorial Alianza - CONACULTA).

Morales Tirado, Arturo, 1997. "Creación de vínculos o redes de migrantes y capacitación de las familias de emigrantes de Allende y el norte de Guanajuato" en: *Gente* (Guanajuato, México), Año VII, Nº 2.

Papail, Jean y Cota Yañez, Rosario 1996 "La reinserción de los migrantes internacionales en sus ciudades de origen" en: *Carta económica regional* (Guadalajara, México), Año VIII, Nº 46.

Passel, Jeffrey S 1997 "Tendencias recientes de la migración mexicana a los Estados Unidos" en: *La contribución de los migrantes mexicanos a la sociedad de los Estados Unidos de América* (México, D.F.: Centro de Estudios Migratorios del Instituto Nacional de Migración).

Ramírez Martínez, Marco A y González Rodríguez, Sergio 1999 "Migración, remesas y negocios. Su aporte al desarrollo local: el caso de Teocaltiche, Jalisco" en: *Papeles de Población* (México, D.F.), Año 5, Nº 22

Secretaría de Relaciones Exteriores 1997 *Estudio Binacional México-Estados Unidos sobre Migración* (México, D.F. S.R.E).

Secretaría del Trabajo y Previsión Social; Consejo Nacional de Población y El Colegio de la Frontera Norte 1999 *Encuesta sobre Migración en la Frontera Norte de México, 1996-1997* (México D.F).

Taylor, J. Edward 1999 "The new economics of Labour Migration and the Role of Remittances in the Migration Process" en: *International Migration Quarterly Review* (Estados Unidos), Vol 37 Nº 1.

Unidad de Aprovechamiento Forestal 1997 *El Estatuto Comunal de la Comunidad de Nuevo Zoquiapan (aprobado el 22 de junio"* (Distrito de Ixtlán, Estado de Oaxaca, México).

Questão agrária em Camburi: território, modo de vida e problemas fundiários

Simone Rezende Da Silva*

Apresentação da temática

ESTE TRABALHO é um exercício de compreensão da realidade que envolve o homem, a natureza e a sociedade. Este exercício não traz solução pronta, mas espera-se que contribua de alguma forma para o avanço das discussões acerca do conflito enfrentado pelas *Populações Tradicionais Camponesas*, em cujos territórios foram criadas Unidades de Conservação Ambiental[1], e que por isso sofrem um processo de expropriação de suas terras, território, modo de vida e conseqüentemente de sua cultura.

* Aluna do Programa de Pós Graduação em Geografia Humana da Universidade de São Paulo. Área de atuação em Geografia Agrária com ênfase em Populações Tradicionais. Avalizada para o Programa de Becas CLACSO-ASDI para investigadores jovenes pelo Centro de Estudos de Cultura Contemporânea (CEDEC).

---

1 As Unidades de Conservação Ambiental fora do Brasil são denominadas de Áreas Naturais Protegidas, sendo este termo definido pela União Internacional para Conservação da Natureza e dos Recursos Naturais (IUCN) como "uma área terrestre e/ou marinha dedicada especificamente a proteção e conservação da diversidade biológica e dos recursos naturais e culturais associados, e a qual é manejada por disposições legais e outros meios efetivos" (IUCN, 1994).

Camburi, um pequeno bairro rural do município de Ubatuba no Estado de São Paulo, é apenas um exemplo de uma situação que acontece com freqüência no Brasil e em muitas outras partes do mundo, que é a expropriação das terras camponesas por especuladores imobiliários ou pelo próprio Estado em processos que acontecem de diversas formas, sutis ou explícitas. Muitos exemplos deste processo podem ser mencionados: a expulsão de posseiros[2] de suas terras devido ao incentivo estatal às frentes de expansão de grandes projetos agropecuários na Amazônia brasileira; o deslocamento de populações para construção de grandes obras públicas, como hidrelétricas ou rodovias; ou como no caso de Camburi, populações que tiveram seus territórios transformados em Unidades de Conservação Ambiental, o que as deixa sempre na iminência da expulsão de suas terras e impedidas de manterem seu modo de vida tradicional, levando-as assim, a condenação ao desaparecimento cultural em longo prazo.

Este processo de expropriação devido a sua complexidade e extensão de suas conseqüências é o eixo desta pesquisa. A investigação abordou os fatores e agentes que levaram Camburi a atual situação de miséria e abandono, assim como as formas com as quais seus moradores se articulam para reverter tal situação.

Desta forma, o entendimento de como ações e agentes externos ao bairro, passaram a interferir no modo de vida[3] de seus moradores, enfocando principalmente os problemas fundiários decorrentes destas interferências e conseqüentes transformações foi um percurso necessário. Pois, mesmo tendo sofrido expropriação material e simbólica de suas terras, ainda há no imaginário dessa população, no fato de sentirem-se daquele lugar, uma intrínseca relação com a terra e com o território[4] que o bairro ocupa para além dos limites físicos.

Embora a população de Camburi tenha um modo de vida diferenciado em relação à sociedade urbana industrial, revelado em seu modo de relacionarem-se socialmente, comercialmente, de relacionarem-se com a natureza e de produzirem, esta população

---

2 Diz-se posseiro o indivíduo que ocupa uma área, mas não tem título de propriedade, ou seja, ele tem a posse de fato, mas não a posse jurídica.

3 Segundo Diegues (1996) trata-se da maneira como determinada sociedade reproduz-se socialmente, como se relaciona interna e externamente, como produz seu sustento, como festeja e cria e mantém mitos e rituais, tudo dentro de sua cultura.

4 O conceito de território adotado neste trabalho é apresentado por Claude Raffestin "Por uma geografia do Poder", São Paulo: Ática,1993.

mesmo marginalmente é parte integrante desta sociedade mais ampla, denominada por Diegues (1994) como sociedade dominante urbana-industrial. Por esta razão, nesta pesquisa, Camburi foi visto como um bairro rural e seu habitante, o caiçara[5] como um camponês, e que como tal deve ser entendido à luz dos acontecimentos da sociedade dominante, pois é a partir das demandas desta sociedade que os problemas passam a ocorrer em suas áreas marginais, como Camburi.

Desta forma, para entender os problemas enfrentados por esta população tradicional camponesa é necessário partir do processo histórico, no qual a sociedade (a sociedade urbano-industrial) vê-se separada da natureza, ela a usa indiscriminadamente, pois esta nada mais é do que recurso natural disponível para seu bem estar.

Entretanto, num segundo momento, esta mesma sociedade, na iminência da escassez dos recursos naturais e sob a tensão de um modo de vida estressante, por ela mesma adotado, cria para seu usufruto "áreas de natureza intocada", as chamadas Unidades de Conservação ambiental. Muitas vezes ignorando que essas áreas já eram habitadas por outras populações, as quais em nenhum momento foram informadas, muito menos consultadas acerca do que aconteceria em seus territórios.

No Brasil a maioria das Unidades de Conservação Ambiental foram criadas de modo autoritário, ou seja, sem os devidos estudos físico-naturais e principalmente sem estudos sociais e humanos, acarretando assim problemas de sobreposição de territórios. Este é o caso de Camburi, onde foi imposto o território de uma Unidade de Conservação sobre o território de uma comunidade tradicional.

O trecho no qual encontra-se o bairro de Camburi foi incorporado ao Parque Estadual da Serra do Mar[6] em 1979 sob a designação de "Núcleo Picinguaba". Este Núcleo deveria ter sido uma exceção a regra, pois seus propositores sabiam da existência das populações tradicionais que ali habitavam e inclusive as usaram como argumento para criação da Unidade de Conservação. Eles acreditavam que as chamadas *comunidades caiçaras* deveriam ser "preservadas" devido ao seu relacionamento harmônico com a natureza. Além disso,

5 Caiçara é uma expressão regional de campesinato. Designa o morador tradicional do litoral paulista.
6 O Parque Estadual da Serra do Mar é uma grande Unidade de Conservação Ambiental que recobre os remanescentes de Mata Atlântica do Estado de São Paulo. Ele foi criado em 1977 e hoje tem cerca de 310.000 ha divididos em 14 Núcleos administrativos, Picinguaba é uma desses núcleos que o compõem.

acreditava-se que a criação de uma Unidade de Conservação poria um freio à especulação imobiliária que ocorria na região.

Estas comunidades não foram consultadas acerca desta "preservação", que na verdade foi um congelamento da paisagem no tempo, mas sem garantias de permanência na terra. Por esta razão os moradores de Camburi vivem com medo de que de repente sejam obrigados a saírem de suas terras. Embora realmente a especulação imobiliária tenha sido freada os problemas fundiários já existentes não foram resolvidos até hoje.

Assim, ações como a do ITESP (Instituto de Terras do Estado de São Paulo), que realizou um levantamento fundiário no bairro, causou a princípio, verdadeiro pânico e indignação nos moradores de Camburi. Na ocasião, eles tiveram que provar legalmente que as terras ocupadas por suas famílias há 200 anos eram realmente suas.

Esta situação propiciou um início de reorganização comunitária em torno da "Associação de Moradores de Camburi". Propiciou também que uma parte dos moradores, principalmente descendentes de negros, requeressem o reconhecimento das terras do bairro como "remanescente de quilombo"[7], o que segundo a Constituição do Brasil, garante o direito de permanência nas terras com seu pleno usufruto. Trata-se então de um importante movimento, o qual foi monitorado ao longo desta pesquisa, pois representa a tentativa dos caiçaras de Camburi de fazerem com que o Estado que outrora lhes impôs uma instituição restritiva e destruidora de seu modo de vida, agora autorize a implantação de uma outra que os libere para o desenvolvimento de sua cultura.

Populações tradicionais

A expressão populações tradicionais passou a ser difundida, principalmente durante a década de 90. Ela inspira-se em uma outra, *indigenous people*, forjada durante os anos 60 e 70 nos Encontros internacionais para discussões ambientais promovidos pela IUCN (União Internacional para Conservação da Natureza e dos Recursos

7 Quilombos são as áreas nas quais escravos fugidos instalavam-se, geralmente em regiões isoladas de difícil acesso, onde estavam a salvo dos castigos do cativeiro e onde formavam aglomerados humanos, verdadeiras vilas. Hoje ainda existem comunidades que permanecem nestas áreas chamadas de remanescentes de quilombos, cujos habitantes são descendentes dos primeiros escravos e são chamados de quilombolas.

Naturais), designando populações etnicamente distintas, desde então passou a ser amplamente usado pelo senso comum, designando várias populações genericamente e de forma ambígua no discurso ambientalista. Até mesmo a Justiça/Poder Público tem usado esta expressão sem o devido rigor.

No caso brasileiro, pode-se afirmar que as populações tradicionais não se constituem apenas de grupos étnicos (indígenas por exemplo). No Brasil, populações tradicionais, como categoria da antropologia, são incluídas entre as chamadas sociedades rústicas, fazendo parte da sociedade dominante, embora muitas vezes de forma marginalizada. Designa, portanto, populações de pequenos pescadores, pequenos agricultores, ribeirinhos, pantaneiros, extrativistas, caipiras, caiçaras, que utilizam em suas atividades de reprodução de seu modo vida, recursos da natureza, sem impacto destrutivo por deterem um conhecimento etnoecológico desta e por dependerem da continuidade dos recursos, seja prática ou simbolicamente para a manutenção de suas vidas.

As populações caiçaras são populações tradicionais, pode-se dizer inclusive que são camponeses, uma expressão regional de campesinato, pois a cultura tradicional não indígena, a das sociedades camponesas não é autônoma, é um aspecto da dimensão da civilização da qual faz parte. Para se manter como tal, a cultura camponesa requer uma contínua comunicação com outra cultura (a nacional, urbana, industrial). Vista como um sistema sincrônico, a cultura camponesa não pode ser inteiramente compreendida a partir do que existe na mentalidade dos camponeses. Neste sentido, a cultura tradicional camponesa é uma expressão local de uma civilização mais ampla (Diegues, 1972).

E, por entendê-las como populações camponesas, é que nesta pesquisa elas são denominadas de Populações Tradicionais Camponesas. Pois, embora tenham suas especificidades regionais, elas pertencem à mesma classe social e sofrem os mesmos problemas, cujo principal deles é a expropriação de suas terras.

O conflito entre as populações tradicionais e as unidades de conservação ambiental

A partir do final do século XIX, devido ao grande avanço tecnológico e à Revolução Industrial, a sociedade, passa a apropriar-se dos recursos naturais de forma cada vez mais acelerada e ampla, podendo ser denominada de "sociedade dominante urbana industrial". Diante deste modelo de desenvolvimento adotado por esta sociedade, ela própria dá-se conta da esgotabilidade dos recursos naturais, o que poderia comprometer a manutenção deste "desenvolvimento", dá-se conta também da necessidade de refugiar-se periodicamente dela mesma, do modo de vida por ela adotado e das paisagens por ela mesma transformadas.

É desta forma que se inicia o processo de criação de "Áreas Naturais Protegidas", no Brasil chamadas de Unidades de Conservação. E tanto dentro, como fora do Brasil, muitas destas áreas já eram ou são ainda, ocupadas pelas assim chamadas *populações tradicionais camponesas*, que por desenvolverem-se baseadas em outros modelos preservaram, do ponto de vista ambiental, seus territórios. Estas populações foram ignoradas neste processo de criação de Unidades de Conservação, o que acarretou conflitos que se estendem até hoje, pois o Estado não as indenizou para que saíssem destas áreas, tampouco permitiu a continuidade de suas atividades tradicionais, legando a estas populações a ilegalidade e o desaparecimento cultural.

Discussões relevantes, acerca das populações tradicionais surgem a partir das décadas de 60 e 70, ganhando muita força numa perspectiva ecológica. Obtendo maior visibilidade quando um novo ecologismo passou a contrapor-se à antiga, mas não superada, forma de proteção da natureza, que é exatamente a de reservação de áreas de natureza intocada, isoladas, onde o homem deve figurar apenas como visitante.

Estas discussões foram plasmadas em encontros e documentos internacionais nos quais ficaram demonstradas as preocupações com a conservação da natureza ou dos recursos naturais e com as populações tradicionais.

Por diferentes motivos há a defesa das populações tradicionais, alguns por acreditarem na unicidade destas com a natureza; outros por acreditarem que o modo de vida destas populações colabora com a manutenção da biodiversidade[8] (fazem bem à natureza).

---

8 "Biodiversidade ou diversidade biológica é definida como a variabilidade de organismos vivos de todas as origens compreendendo a totalidade de gens, espécies, ecossistemas e complexos ecológicos. A biodiversidade refere-se ao número de espécies vegetais e animais que compõem a vida numa dada região, e a variabilidade inter-espécies que é disponível graças ao arsenal matricial existente" (Vianna: 1996).

Contudo, o centro das preocupações é sempre a natureza e não as pessoas, em momento algum há o questionamento do modo de vida que degrada a natureza e a própria sociedade, da qual os ambientalistas fazem parte.

No Brasil, entre as décadas de 70 e 80, muitas Unidades de Conservação foram criadas ou implantadas. As mesmas foram criadas com objetivo de respeitar clausulas de conservação do meio ambiente que era uma das condições impostas por organizações como o Banco Mundial e o Banco Interamericano de Desenvolvimento para a concessão de financiamentos para grandes obras públicas. Além disso, o país vivia sob regime militar, cujo autoritarismo repercutiu também na forma de estabelecimento destas Unidades de Conservação. Elas foram criadas "de cima para baixo", sem que se fizesse as consultas e estudos necessários, nem se levasse em consideração os interesses das populações moradoras encontradas na maioria destas Unidades[9].

A discussão no Brasil da problemática da relação entre a terra e as populações tradicionais devem ser entendidas segundo Vianna, (1996) sob duas perspectivas históricas.

Numa primeira perspectiva, essas discussões ocorrem no meio de uma perspectiva predominantemente conservacionista, tanto na sociedade civil quanto no poder público, sob a perspectiva da possibilidade de populações ocuparem o território de unidades de conservação restritivas, como parques, estações ecológicas e reservas ecológicas.

Na segunda perspectiva, são os movimentos sociais rurais que aliam essas discussões a questões sociais mais amplas, como a luta pela sobrevivência, concretizada na garantia de acesso aos recursos e à terra, meio de produção.

Entre estas duas perspectivas há uma distinção clara: a primeira engloba as populações tradicionais no discurso ambientalista, e a segunda faz exatamente o inverso, as populações tradicionais se apropriam do discurso ambientalista; nesta segunda perspectiva resulta uma aliança entre populações tradicionais e ambientalistas.

---

9 Segundo dados da Secretaria do Meio Ambiente do Estado de São Paulo, só neste estado 80% das Unidades de Conservação têm populações moradoras.

Independentemente das origens históricas, as duas perspectivas acabam por convergir numa tentativa de organização das populações que moram no interior de Unidades de Conservação do Estado de São Paulo, realizando dois Encontros entre 1994 e 1995. Destes Encontros resultaram dois documentos, nos quais são apontados direitos e deveres dos moradores das Unidades, além de reivindicações e sugestões a serem incorporadas pelo Projeto de Lei que regulamenta o sistema Nacional de Unidades de Conservação SNUC - n.º 2.892/92. Contudo, a versão do referido projeto de Lei, que foi aprovada em 2000, não trouxe avanços nesta discussão, visto que os moradores continuam em situação irregular do ponto de vista fundiário e impedidos de manterem seu modo de vida.

Apesar da mobilização alcançada durante os Encontros, pode-se dizer que muito pouco foi realmente conseguido em favor das populações tradicionais. Pois, tratava-se de populações pequenas, distantes e distintas do ponto de vista cultural. Além disso, a falta de consenso acerca de quem eram as populações tradicionais, permitiu que parte da população local, mesmo os veranistas (pessoas com segunda residência nas Unidades de Conservação), reivindicassem para si, as poucas concessões feitas às populações tradicionais. A utilização desta expressão passou a ser uma brecha para aqueles que queriam permanecer nas Unidades de Conservação.

O principal obstáculo para a continuidade do movimento de organização destas populações, hoje bastante desarticuladas, foi a dificuldade de estruturar uma luta coletiva, o que permitiu a absorção, desta problemática pelo discurso ambientalista.

Este problema não foi enfrentado pelos movimentos sociais rurais, que também incorporaram a expressão *populações tradicionais* e estabeleceram alianças com movimentos ambientalistas. Um exemplo desta situação, é o movimento dos seringueiros amazônicos que a partir da década de 70, dá início a organizações sindicais para garantir seus direitos de acesso à terra e aos recursos da floresta. Em 1985, eles unificaram a luta no Conselho Nacional dos Seringueiros, e apenas fazendo uso do que lhes era apropriado dentro do discurso e das práticas do movimento ambiental, conseguiram criar uma modalidade de Unidade de Conservação a Reserva Extrativista, na qual seu modo de vida estava totalmente adequado.

Cultura caiçara, cultura de uma população tradicional camponesa

Para o entendimento da cultura caiçara se necessita em primeiro lugar que se defina o "caiçara". Há controvérsias entre vários autores acerca de quem é o caiçara. Pode-se partir de alguns aspectos para a sua definição. Segundo Sampaio (1987) etimologicamente o vocábulo caiçara é de origem Tupi guarani, caá-içara, que se refere aos tocos para prender as canoas próximas às tabas (casa indígena). Outro aspecto pode ser o da localização, por vezes chamado de geográfico, o qual é mais vago, pois este aspecto converteria em caiçaras a todos os indivíduos que nascem e moram no litoral paulista, paranaense e em parte do litoral fluminense. Uma terceira possibilidade é levar em consideração a etnia, quer dizer, partir da descendência vinda da miscigenação entre os brancos (colonizadores), os índios (nativos) e os negros (escravos), o que num sentido mais amplo, corresponde à formação da maioria do povo brasileiro. O último aspecto é o "cultural", o mais complexo, baseia-se no campo simbólico e material dos habitantes do litoral.

Neste trabalho o caiçara é concebido, tal qual foi visto e sentido durante o contato estabelecido em campo, isto é, como o morador do litoral paulista, fruto da miscigenação de brancos, índios e negros, que herdou destes, costumes, conhecimentos, mitos, tecnologias, técnicas, que num contexto ímpar de contato com o mar e a Mata Atlântica, desenvolveu características próprias. Contudo, essas características não fazem dele um ser totalmente diferenciado ou muito menos isolado. Sua cultura, chamada de tradicional, o coloca, segundo categoria antropológica, como membro das *populações tradicionais camponesas* e estas dentro das *sociedades rústicas,* fazendo parte, ainda que marginalmente, da sociedade dominante.

Raymond Firth no livro *Elementos de organização social* (1974) expressa a necessidade de ampliar o sentido do termo camponês, a fim de abarcar outros tipos de pequenos produtores tais como o pescador ou o artesão rural, os quais participam do mesmo tipo de organização econômica simples e de vida em comunidade. Desta forma então, o caiçara é um camponês, pois se trata de um agricultor e/ou pescador cujo modo de produzir, visa em primeiro lugar o provimento da unidade familiar, utilizando totalmente ou parcialmente o trabalho desta unidade[10],

---

10 Podem coexistir outras formas de trabalho como a parceria e a troca de dias, e ainda, membros da unidade podem ter trabalho assalariado fora do sítio, complementando a renda familiar.

e cujo excedente da produção é comercializado, para a obtenção dos bens ou serviços que não possa produzir ou realizar e para manter ou ainda aumentar seus meios de produção.

Estudos acerca do modo de vida caiçara em Ubatuba ao analisar sua economia os identificam como camponeses. A economia camponesa dos caiçaras, caracteriza-se pela oposição à economia primitiva das tribos selvagens de um lado e à economia industrial do outro. Em contraste àquelas duas, ela deve responder a lógica do autoconsumo da família e fornecer de alguma forma, uma contribuição à economia global (Marcílio, 1986).

Sendo o caiçara um tipo de camponês, ainda que com suas especificidades de imaginário, costumes e relações sociais, calcados de forma quase simbiótica com a natureza, é necessário entendê-lo enquanto tal: É necessário enxergá-lo de forma mais ampla, "Enfim, é preciso entender o camponês enquanto classe, ou seja, compreende-lo no contexto da sociedade brasileira em geral", (Oliveira, 1996: p. 49).

"Cultivador que trabalha a terra, opondo-o àquele que dirige o empreendimento rural. Aqui o conceito é estendido a todos os cultivadores que, através do seu trabalho e do de sua família, se dedicam a plantar e transferir seus excedentes de suas colheitas aos que não trabalham a terra. Ao mesmo tempo em que integra um grupo de trabalho familiar, que produz para sobreviver, algum tipo de engrenagem política e econômica encarrega-se de extrair-lhe compulsoriamente os excedentes gerados por sua produção, que garantem a existência de outros grupos sociais não-produtores" (Moura, 1986: p. 13).

No entanto, é necessário analisá-lo não só do ponto de vista de sua produção, mas também sob o ponto de vista de sua cultura. A cultura caiçara, definindo como cultura "modos de viver, sentir, pensar e expressar a vida com uma lógica própria, cognitiva e valorativa de significar o real" (Brandão, 1986 em Calvente, 1993: p. 17). A cultura caiçara, assim como qualquer outra cultura, é dinâmica, tem movimento, transforma-se ou se adequa de acordo com as mudanças ocorridas em seu modo de reproduzir-se socialmente.

Mesmo diante da expropriação, das mudanças que lhe foram impostas, o caiçara, pelo menos o caiçara de Camburi, que é o sujeito deste trabalho, ainda assume-se, identifica-se como caiçara, assim como identifica outros caiçaras, demonstrando um sentimento de cumplicidade, de pertencer ao mesmo bairro e partilhar códigos, saberes, um modo semelhante de enxergar a vida e também os problemas, como conta este caiçara de Camburi: "Nós somo caiçara, caiçara nascido e criado na terra. Tem que nasce na terra pra entendê dela. Nós conhece tudo aqui. Um caiçara legítimo tem que nascê aqui no litoral, tem que entendê a vida daqui, os costume do seu lugá. Não adianta nasce na praia e se dizê caiçara, tem que entendê das planta, dos bicho, da roça, da pesca, das nossa comida. É que nem assim, vamo dizê, se você pedi pra um caiçara daqui, pra fazê um azul marinho e ele dissé que não sabe ou num fizé direito, não é caiçara. Esse povo que vem morá aqui, nunca vai ser caiçara, porque é que nem se eu ia morar em qualquer lugar, eu nunca vô deixá de ser caiçara, meu mundo é esse aqui e vai comigo pra onde eu for. Mas, eu não vou saí não. É por isso que esses turista faz essa bagunça aqui, porque eles são assim, o mundo deles é assim e nós é que paga o pato" (Moisés, caiçara de Camburi)[11].

É principalmente no choque entre culturas, que há a afirmação delas. O auto-reconhecimento, no caso de Camburi, como relata Moisés, é fruto do contato conflitivo entre modos de vida completamente distintos, ou seja, da população caiçara e da população urbana industrial. Trata-se de um processo dialético, pois ao mesmo tempo em que o caiçara de Camburi distancia-se, compulsoriamente ou não, de elementos de sua cultura, devido às intervenções do poder público e ao contato mais intenso com a sociedade urbana industrial, devido ao turismo, ao mesmo tempo ele passa enxergar as diferenças e auto afirmar-se diante delas.

Os caiçaras de Camburi e sua origem

A formação do dos bairros rurais[12] de Ubatuba, inclusive o Camburi, está direta ou indiretamente ligada às oscilações econômicas sofridas por todo o Litoral Norte paulista, durante os ciclos econômicos do ouro, café e cana do açúcar[13]. No século XVIII, como tentativa de

11 As falas de caiçaras de Camburi utilizadas nesta pesquisa, são fragmentos de depoimentos recolhidos, utilizando-se a técnica de história de vida, estes foram transcritos tais quais foram falados e ouvidos, mantiveram-se eventuais erros gramaticais, pois estes constituem-se marcas de fala destas pessoas.

12 A definição de bairro rural encontra-se amplamente discutida em Candido, (1971) *Os parceiros do rio bonito*. E é esta concepção de Bairro Rural adotada neste trabalho.

13 Apesar da grande importância do entendimento dos ciclos econômicos e de sua influência no estabelecimento de relações sociais, esta questão não será aprofundada, pois neste trabalho não se

racionalização da agricultura, e na tentativa de integrar a periférica Capitania Paulista ao circuito mercantilista, foram introduzidas ou intensificada em Ubatuba, culturas de interesse do sistema colonial. "O que determinou a partir de então, uma estrutura fundiária diversificada, onde pequenas e grandes propriedades justapunham-se, marcando uma diferenciação social mais nítida numa sociedade ainda sem classes" (Marcílio, 1986: p. 20). Pode-se dizer também que os pequenos sítios eram a retaguarda econômica das zonas de engenho, portanto, muito importantes na manutenção da estrutura vigente.

No início do século XIX na área hoje ocupada pelo bairro de Camburi, havia a Fazenda Cambory, onde funcionava um engenho de cana, que usava mão de obra escrava. O dono da fazenda era Manuel de Oliveira Santos, migrante português, que devido à crise da indústria açucareira no início do século XIX, teria abandonado suas terras e escravos, estes escravos teriam dado origem às famílias do bairro de Camburi. Contudo, nos relatos orais acerca da origem do bairro, nunca foi mencionada tal fazenda ou confirmados tais acontecimentos. Os caiçaras de Camburi têm seu próprio mito de formação do bairro.

"Os mitos são narrativas que descrevem a origem do mundo, a origem do homem, o seu estatuto e a sua sorte na natureza, as suas relações com os deuses e os espíritos. Mas os mitos não falam só da cosmogénese, não falam só da passagem da natureza à cultura, mas também de tudo o que concerne a identidade, o passado, o futuro, o possível, o impossível, e de tudo o que suscita a interrogação, a curiosidade, a necessidade, a aspiração. Transformam a história de uma comunidade, cidade, povo, tornam-na lendária, e mais geralmente, tendem a desdobrar tudo que acontece no nosso mundo real e no nosso mundo imaginário para os ligar e os projetar juntos no mundo mitológico" (Morin, 1986 em Diegues, 1994: p. 47).

Os relatos orais sobre a história da formação do bairro, apontam que o bairro teria sido formado a partir de três famílias Ego[14], sendo que a primeira teria sido de escravos fugidos de uma fazenda em Paraty. Estes relatos são feitos com grande emoção e orgulho, pois falam das dificuldades que os ancestrais tiveram para

---

deseja relatar a história passada de Camburi e sim fazer uso dela para entender a história atual do bairro. Para melhor entendimento dos ciclos econômicos em Ubatuba ver Marcílio (1986).

14 Famílias Ego, são àquelas das quais descendem todas as outras numa comunidade ou população.

referência constante por parte dos moradores de Camburi a "Josefa", que segundo os relatos dos moradores do bairro é, *"uma negra valente"*, escrava fugida de alguma fazenda de Paraty. Ela teria morado com seu bando, também de escravos fugidos, em uma gruta no morro, "a toca da Josefa"[15], como é conhecida por todos até hoje, como relata este morador do bairro: "Aqui tem uma toca que trata da Josefa, é aqui mesmo em cima do morro. Ainda tem carvão lá do tempo da escravidão. A Josefa foi uma escrava saída da tribo de Paraty, que saiu fugida com seu bando. Eles vinham pescá aqui na praia, tirá marisco das pedra. Foi na época da escravidão" (Fernando, caiçara de Camburi).

A partir de Josefa e seus descendentes teria surgido a família dos Basílio, uma das famílias Ego do bairro, que estariam ali a pelo menos 190 anos. Logo em seguida vieram os Bento, no bairro a pelo menos 140 anos, também descendentes de negros, porém, já com uma mistura com brancos na segunda geração que nasceu no bairro. Manuel Bento era um escravo em Paraty, seu filho também Manuel Bento, nasceu livre (no Camburi); este teve vários filhos entre os quais José Bento. A família trabalhava em um engenho de cana próximo a Ubatuba (Vila), mas morava no Camburi. José Bento conheceu Maria Abreu, filha do dono do engenho e casou-se com ela. Segundo o "Inglês" (morador do bairro, hoje com cerca de 70 anos), que é filho de José Bento e Maria Abreu, "meu pai era nego e minha mãe branca de olho azul", o que explica seu fenótipo: branco de olhos azuis e de cabelo crespo. Tempos depois chegam os Firmino, descendentes de índios vindos de Trindade; segundo os relatos destes descendentes os Firmino estão no bairro a pelo menos 90 anos.

A análise dos relatos dos moradores de Camburi e diante do fato destes nunca terem mencionado a tal Fazenda Cambory, revela que "A memória do grupo parece estar construída no patamar da liberdade e não da opressão" (Mansano, 1998: p. 33). Suas referências são sempre aos antepassados valentes e desbravadores, que conheciam os segredos das matas e do mar. Também é provável que os escravos que por ventura foram abandonados por Manuel de Oliveira Santos, tenham ido para outro lugar. Pois, fato é que, não há registros documentais ou relatos sobre estes escravos. Assim, uma versão não anula a outra.

---

15 A toca da Josefa é um abrigo encaixado entre grandes rochas em um morro bastante íngreme do Bairro, que serviu de moradia para Josefa, a primeira moradora do bairro de Camburi.

documentais ou relatos sobre estes escravos. Assim, uma versão não anula a outra.

De qualquer forma, de acordo com os relatos orais dos moradores de Camburi e por seus fenótipos, encontramos na gênese do bairro negros, índios e brancos. A intensa miscigenação ocorrida em quase 200 anos de permanência naquela área produziu uma cultura e um modo de vida particular. A herança dessa mistura pode ser percebida até hoje, na fala coloquial dos caiçaras de Camburi, principalmente dos mais velhos, que usam expressões antigas como braça[16], Réis[17], litro para farinha, o uso freqüente da 1ª e da 2ª pessoa do plural, a troca da letra "V" pela "B", as quais denotam as influências portuguesa e negra.

Assim como a confecção de utensílios como cestos, tipitis[18], esteiras, colheres, fruteiras, gamelas, utilizando madeiras, cípós, fibras e outros materiais, a confecção das canoas em madeira, o modo de cultivar a terra, praticando a coivara e o pousio florestal[19], o modo de produzir a farinha de mandioca, são heranças indígenas, com influências negras e portuguesas.

Tanto a herança dos antepassados, quanto seu aprimoramento pelo constante aprendizado dia a dia, construíram um modo de vida próprio, caracterizado por suas relações sociais, por seus hábitos alimentares, por seu trabalho, etc.

Formação territorial de Camburi

Nesta pesquisa Camburi foi analisado como um bairro rural, pois segundo os relatos orais dos caiçaras, desde quando escravos fugidos fixaram-se ali, e posteriormente com a chegada de outras famílias, eles passaram a cultivar a terra e a pescar, dando início a um aglomerado, solidário e com fortes vínculos familiares. Portanto, um bairro rural, consiste no "agrupamento de algumas ou muitas famílias, mais ou menos vinculadas pelo sentimento de localidade, pela convivência, pelas práticas de auxílio mútuo e pelas atividades

16 Braça é uma unidade de medida, uma braça equivale aproximadamente a um metro e oitenta centímetros.

17 Réis refere-se a uma moeda vigente no Brasil no início do século passado.

18 Tipitis são cestos, onde é colocada a farinha de mandioca ainda em caldo, para eliminar ao excesso de água.

19 Coivara e pousio florestal são a queima de um trecho de mata para o plantio e o posterior descanso da terra antes de um novo cultivo.

lúdico-religiosas. As habitações podem estar próximas umas das outras, sugerindo por vezes um esboço de povoado ralo; e podem estar a tal modo afastadas que o observador muitas vezes não discerne, nas casas isoladas que topa a certos intervalos, a unidade que as congrega" (Candido, 1964: p. 62).

A formação do bairro acontece por meio do uso libertário da terra, de espaços dos quais seus antepassados, agricultores/pescadores iam se apropriando em uma relação dialética com a natureza, que ora era a amiga, mãe provedora das necessidades, ora a entidade que não devia ser desafiada, pois podia tornar-se inimiga (muitas chuvas, mar agitado, pragas). Contudo, sua relação com a terra era quase simbiótica, seu modo de vida incorpora a dimensão de respeito à natureza, e isto não quer dizer, que eles não a usassem, muito pelo contrário, é por meio do uso concreto ou abstrato de um espaço, que este se territorializa.

"Assim, é essencial compreender que o espaço é anterior ao território. O território se forma a partir do espaço, é o resultado de uma ação conduzida por um ator sintagmático (ator que realiza um programa) em qualquer nível. Ao se apropriar de um espaço, concreta ou abstratamente (por exemplo, pela representação), o ator 'territorializa' o espaço. (...) o território nesta perspectiva, é um espaço onde se projetou um trabalho, seja energia e informação, e que, por conseqüência, revela relações marcadas pelo poder. O espaço é a prisão original, o território é a prisão que os homens constroem para si" (Raffestin, 1993: pp. 143-144).

E nesse processo de territorialização, a luta para continuar a existir, para exercer plenamente seu modo de vida, cuja produção está calcada na unidade familiar e prioritariamente para seu provimento, esses pequenos agricultores/pescadores que se fixaram em Camburi, tiveram que se confrontarem com os grandes fazendeiros de café e de cana da região, que produziam para exportação, usando mão de obra escrava. Segundo a memória do "tempo dos antigo", que é como eles se referem aos tempos passados e saudosos, o importante era manter a liberdade do trabalho e da vida.

A configuração dos limites físicos do bairro, aconteceu pela diferença entre modos de vida de grandes fazendeiros e caiçaras. A apropriação dos espaços não se deu apenas pelo uso direto e contínuo destes espaços, por meio de moradias e roças[20] etc. Mas também pelos usos esporádicos, quando da caça e extração de produtos da mata; pelo uso indireto, pois as nascentes dos rios que eram utilizados na

20 Roça é o termo usado pelo caiçara para referir-se a área de plantio.

baixada, foram incorporadas ao território, e pela dimensão simbólica e mítica destes espaços, que habitam o imaginário dos caiçaras de Camburi. Portanto, de uma forma ou de outra, este caiçara territorializou esses espaços.

A ordenação territorial do bairro de Camburi, em virtude das muitas interferências que este sofreu nos últimos 40 anos, mudou enormemente. Primeiro existiam os fazendeiros, depois vieram os especuladores imobiliários atraídos pela construção da Rodovia BR 101, a qual dividiu o bairro ao meio e posteriormente vieram as proibições impostas pela implantação de uma Unidade de Conservação Ambiental, o Núcleo Picinguaba do Parque Estadual da Serra do Mar, e contra todos esses agentes e ações o modo de vida caiçara ainda tenta se impor, em usos secretos de seu território, que foi fragmentado e normatizado.

Principalmente a proibição da agricultura, tem papel fundamental nestas mudanças, visto que era em torno desta atividade que a vida no bairro desenvolvia-se. Uma caiçara de Camburi conta um pouco de como era essa ordenação do bairro no "tempo dos antigo": "A casa era que nem tem muitas ainda, de pau a pique só que o telhado era sapê, ficava perto do rio, a minha inda tá, e a cozinha era virada pro rio, que era mais fácil de lavá, de pegá água, tomá banho essas coisa. Em volta da casa tinha terreno sempre limpo para evitá as cobra, vira e mexe aparece. Tinha mais planta perto de casa, as vezes umas rocinha de banana, uns pé de café, planta de remédio, todo mundo sabia usá. Tinha também criação de animais, ficava no quintal mesmo, só que mais afastado da casa, devido ao mau cheiro dos animais. A gente criava geralmente, porco em chiqueiro feito de madeira do lugá ou bambu e galinha nuns galinheiro era cercado com rede de pesca que não servia mais e uma casinha de pau a pique pras galinha botá seus ovo, tem muita gente que inda faz assim. As vezes as roça era perto, no sítio ou na encosta. Naquele tempo num tinha cerca nenhuma por aí, agora não dá .Cada um sabia onde era suas roça e respeitava o plantio do outro" (D. Justina, caiçara de Camburi).

Em geral, depois de casados os filhos moravam próximos aos pais, formando assim, um pequeno aglomerado familiar. Os sítios de quase todos no bairro ligavam-se por trilhas e caminhos, um verdadeiro emaranhado, que os moradores conheciam bem. Então, passar em um sítio "amigo" no caminho de casa, para um "dedo de prosa", era um hábito. Ainda hoje muitos caminhos existem, e há, é claro, sociabilidade entre os moradores, contudo, em proporções reduzidas.

A praia era o lugar da máxima sociabilidade, o lugar do encontro, pois era dela que saiam as canoas que transportavam os moradores e seus excedentes de produção até a Vila de Ubatuba ou Paraty, como conta este caiçara: "Naquele tempo na praia só tinha uns rancho de pesca[21], mais a turma era unida, se encontrava aqui, que era daqui que ia pra Ubatuba, se não ia de pé por trilha e ia junto também. Esse matinho perto do mar, bem ali, onde agora o povo põe as tal barraca, era viçoso, num tinha casa aí na beira, modo de que a moça sabe, no inverno o mar fica uma brabeza só e avança té ali em cima. As casas ficava mais ali pra trás, quem morava ali, tinha roça ali mesmo. Do lado de lá da barra só tinha o sítio do pai do Genésio (lado esquerdo de quem está de frente para o mar), olha só... o pai do Genésio que hoje é um velho igual eu, faz tempo mesmo!" (S. Zé Lúcio)

Com a construção da BR 101, em meados da década de 70, o bairro foi cortado ao meio, o que sem dúvida interferiu no uso de determinados espaços do bairro, e a sociabilidade entre os moradores também foi alterada. A rodovia é uma linha demarcatória, com sua construção se produz uma divisão do território, o que implicou um paulatino abandono de uma importante porção de terra, pois já naquela época havia poucos moradores ali. Mas, é a partir da criação do Parque Estadual da Serra do Mar, que as relações dos moradores com seu território são realmente alteradas, pois quase todas as suas atividades foram proibidas.

A proibição da agricultura muda drasticamente a paisagem do bairro: "antes, até uns 10, 15 anos atrás pra qualquer lugá que você olhasse tinha roça, agora só tem esses morro sem nada, essa capoerinha, mas num pode plantá" (Moisés, caiçara de Camburi).

Ao utilizar menos "o lado de cima da estrada", que é como os moradores referem-se à parte superior do bairro, cortada pela Rodovia BR 101, este espaço está deixando de fazer parte do território do bairro, pois mesmo havendo ainda no morador de Camburi uma identidade muito forte com o bairro, com suas origens, com a terra e continuando a fazer usos secretos, por meio de rocinhas clandestinas, extração de palmito, cipós etc, quando muitas vezes são multados "por crimes ambientais"[22], o caiçara de Camburi está disposto a abrir mão deste espaço estrada acima.

---

21 Rancho de pesca é uma pequena casa (de um cômodo) na beira do mar, na qual o pescador guarda sua canoa e demais utensílios de pesca.

22 A legislação ambiental brasileira criminaliza as ditas ações contra o meio ambiente.

Esta intenção, a de abrir mão do território "estrada acima", foi incorporada em um zoneamento preliminar feito pelo Núcleo Picinguaba em 1992, no qual a proposta dos moradores era que da estrada para cima fosse considerada área de preservação permanente e que para baixo fosse área de ocupação tradicional, como relata este caiçara: "Eu acho que Parque devia de ser do lado de cima da estrada, da BR, na verdade lá sempre foi mata, de certo que nós usávamos, quer dizer, vez em quando sobe, pega uns palmito, coisa pouca. Mas é difícil andá nesses lugares, é uma pirambera só e os novo não tão interessados em aprendê essas coisa. Aqui sim, aqui é um bairro, tem que tê moradia, banheiro, roça. Se os florestal deixasse nós sossegado aqui tava tudo bem. Mais veja que sendo parque, algumas das nossas nascentes, que estão do lado de cima da estrada, não ia ser mexida e a água não ia faltá aqui" (Celso, caiçara de Camburi).

Contudo, os cenários, os espaços do bairro povoam o imaginário e as recordações dos moradores, como quando contam sobre sua antepassada "Josefa", que viveu numa toca no alto do morro. No momento em que o caiçara se reporta a estas dimensões do imaginário e das recordações, os espaços que ele está proibido de usar continuam fazendo parte de sua vida. E há também a preocupação em continuar tendo acesso à água provinda de nascentes no alto do morro. Inclusive, o acesso às nascentes foi um dos motivos para a incorporação destas áreas tão íngremes ao território do bairro pelos antepassados dos moradores de Camburi.

A vida do bairro hoje está concentrada abaixo da rodovia (entre o mar e a rodovia) e há um uso intenso desta parte do território com roças hoje clandestinas devido às proibições ambientais impostas pela criação da Unidade de Conservação. Nos quintais há cultivo de várias plantas medicinais, ornamentais e frutíferas, além ainda das vegetação de mata de encosta e restinga, de onde os caiçaras coletam variados materiais clandestinamente e há também as capoeiras, que em geral são antigas roças abandonadas. Na impossibilidade de uso pleno de seu território, o caiçara de Camburi prefere abrir mão de parte dele "estrada acima", para garantir, ao menos, algum uso "estrada abaixo". Trata-se de um processo contraditório, mas fato é que, o caiçara de Camburi procederia desta maneira se pudesse ter de fato, seu território "estrada abaixo".

Contudo, o zoneamento proposto pela população de Camburi foi reelaborado pela administração do Núcleo Picinguaba, mas esta foi apenas uma proposta do poder público que criou expectativas e posteriores frustrações aos moradores de Camburi, pois nada foi realizado. A administração do Núcleo Picinguaba engavetou o projeto, por não assumir uma postura firme e definida diante dos problemas que as populações tradicionais camponesas moradoras desta Unidade de Conservação enfrentam cotidianamente.

Um outro aspecto da ordenação do território de Camburi é a sua fragmentação indireta, também conseqüência de construção da Rodovia. Esta indiretamente causou outros problemas, pois o acesso facilitado, a vinda dos especuladores imobiliários e dos turistas, mudou a configuração dos sítios[23]. Pois quando os caiçaras vendiam seus sítios, logo formavam outro cada vez mais distante da praia, cada vez em áreas mais íngremes. Hoje os sítios estão muito próximos uns dos outros, pois a opção de áreas novas foi ficando cada vez mais restrita e agora eles resumem-se na casa e uma pequena área ao seu redor.

Ao longo do curso do rio da Barra, concentraram-se várias casas e sítios, formando assim, o que se conhece hoje como "a favela", uma nítida incorporação de um termo urbano, trazida pelos que vieram de fora. Na verdade ela não se parece em quase nada com a favela urbana, fora o fato de parte dela estar em uma área bastante íngreme. Entretanto, assim como o morador da favela urbana é discriminado pelo restante da cidade, o morador da favela de Camburi, é discriminado em relação ao morador da praia. Mas, este, assim como tantos outros, não são fatos explícitos, eles só tornam-se visíveis depois de um longo tempo de convívio e entendimento do histórico de desagregação dos moradores de Camburi.

O modo de vida, cotidiano de Camburi e posteriores transformações

Os relatos apontam que, desde a origem do bairro, a atividade principal dos moradores de Camburi era a agricultura e secundariamente a pesca, ainda que existissem outras atividades como a extração e a caça, todas estas voltadas para o próprio provimento e desempenhadas pelo

23 Sítio refere-se ao terreno em volta da casa, no qual eram realizadas as atividades cotidianas como a roça e a criação de animais.

grupo familiar. O trabalho nestas atividades era distribuído segundo as habilidades e possibilidades de cada um, e divididas ao longo do ano, num calendário que grosseiramente tinha duas partes, como chamam os caiçaras "o tempo frio e o tempo quente".

O tempo frio que ocupava os meses de abril, maio, junho, julho, agosto e setembro, era o tempo de preparar a terra, fazer a coivara e plantar, ainda muitas vezes o plantio da mandioca e do milho estender-se nos meses de outubro e novembro. Era um trabalho pesado, praticado principalmente pelos homens, mas que contava é claro com a ajuda feminina, com exceção da coivara, considerada a fase mais insalubre do processo.

O tempo quente que ocupava os meses de outubro, novembro, dezembro, janeiro, fevereiro e março, era o tempo de pescar e colher. A pesca era a única atividade essencialmente masculina, pois às vezes ela exige uma ausência prolongada de casa (para aqueles que trabalham embarcados nesta época), e também por acreditarem em superstições e lendas que dizem que mulher no mar atrai mau agouro. Entretanto, enquanto os homens pescam, as mulheres cuidam praticamente sozinhas dos sítios.

Apesar de não haver uma divisão muito rígida do trabalho, havia momentos nos quais esta separação ocorria. As atividades de produção da farinha, as atividades domésticas (lavar, cozinhar, cuidar das crianças) cabiam em geral às mulheres, assim como cuidar das criações e das plantas do quintal (geralmente medicinais e pequenas roças).

Começava-se a trabalhar cedo, em geral aos 10 anos de idade, as crianças já acompanhavam seus pais na roça ou em outras atividades, onde iam aprendendo o trabalho e a enxergar a vida como um caiçara. Quando a mãe estava na roça, sempre um dos filhos ou filhas mais velhos ficava em casa para cuidar dos irmãos pequenos e do restante das atividades. Havia casos também, de um ou mais filhos saírem do sítio para trabalhar em outra atividade nas cidades, garantindo assim, outras formas de renda familiar.

Quando um filho ou filha casava-se, sua casa[24] era construída próxima a de seus pais, portanto ele ou ela recebia a área de moradia, diferentemente da área de roça que não era recebida dos pais, e sim, era aberta uma nova área para a nova família. Contudo, muitas vezes

---

24 A casa era, até bem pouco tempo, de pau a pique (esteios de madeira revestidos com barro) e cobertura de sapê (capim longo e resistente, seco era colocado em tufos). Hoje quando há permissão para reformas ou construções, ou mesmo quando estas são clandestinas, são feitas em alvenaria.

algumas atividades eram comuns, como a das criações de animais ou as de produção da farinha.

Além das relações de produção serem centradas na unidade familiar, num conjunto mais amplo as relações entre as famílias eram marcadas pela amizade e solidariedade, o que gerava um sentimento de pertencimento àquele lugar, àquele bairro. Desta maneira, a forma de produção em Camburi podia ser denominada *camponesa*, pois o trabalho não era uma mercadoria e dependia de conhecimentos acerca dos ciclos da natureza. Porém, os caiçaras estabeleciam relações com os centros próximos (Ubatuba e Paraty), para negociarem seus excedentes e comprar o que não podiam produzir, como o querosene, tecidos, sal, etc., e além é claro das relações de amizade que mantinham com moradores de outras praias e sertões[25].

"Essas sociedades desenvolveram formas particulares de manejo dos recursos naturais que não visam diretamente o lucro, mas a reprodução social e cultural, como também percepções e representações em relação ao mundo natural marcadas pela idéia de associação com a natureza e dependência de seus ciclos. Culturas tradicionais, dentro desta perspectiva, são aquelas que se desenvolveram dentro de modo de produção mercantil. Essas culturas se distinguem daquelas associadas ao modo de produção capitalista em que não só a força de trabalho como a própria natureza se transformam em objeto de compra e venda (mercadoria)" (Diegues, 1994: pp. 73-74).

O tempo de plantar, a agricultura e a produção de farinha de mandioca

A agricultura que era praticada em Camburi caracterizava-se principalmente pela rotação de terras, que consistia na derrubada de um trecho de mata próxima às casas ou nas encostas dos morros, geralmente de 1/4 a 2 hectares, em seguida era realizada a coivara, que é a queima controlada por asseiros (montes de areia) deste trecho de mata, e posterior cultivo de produtos como a batata doce, inhame, banana, abóbora e principalmente a mandioca. Quando a produtividade

25 Sertão é como o caiçara refere-se às áreas mais distantes do mar, mas que fazem parte dos bairros. Tratava-se de uma divisão bastante subjetiva, contudo, após a construção da Rodovia BR101 os sertões passaram a ser a parte do bairro que se localiza para além da Rodovia.

caía, produto do esgotamento do solo, a área era abandonada, era o pousio, que durava cerca de 15 anos.

Este sistema de cultivo, que em princípio parece rudimentar e agressivo ao meio ambiente, adequava-se perfeitamente às condições físicas do bairro, pois como a planície é estreita, as encostas sempre foram utilizadas para cultivo. A alta declividade (de 25 a 45 graus) aliada às freqüentes chuvas, ocasionavam um rápido lixiviamento do solo. Além do mais, o solo arenoso e pouco fértil, para ser cultivado com sucesso, necessitava da nutrição conseguida pela queima de matéria orgânica (a coivara). Hoje se sabe que a agricultura de rotação de terras em áreas florestais, nas proporções adequadas, favorece a biodiversidade destas áreas, quando estas passam para a fase do pousio. O que os caiçaras, assim como outras populações tradicionais, já sabiam empiricamente.

A agricultura praticada em Camburi, assim como muitas outras de suas atividades, estava intrinsecamente relacionada com as condições e ciclos da natureza, como conta este caiçara: "Nós plantava de acordo com a lua, tem lua certa para tudo. É anssim, na Nova, é bom plantá o que dá debaixo da terra, se plantá no quarto crescente dá rápido, cresce num instante, na cheia e na minguante não é época de plantá. Para colhê depende, no quarto crescente é bom tirá mandioca mansa que cozinha rápido, tá cheia de água, na minguante é bom tirá mandioca brava para fazê farinha, que ela tá seca" (S. Carmo).

Ao cultivo da mandioca associava-se a um outro costume tipicamente caiçara: a produção artesanal de farinha de mandioca, uma herança indígena, com influências portuguesas[26], que é realizada quase sempre pelas mulheres. O lugar de produção da farinha é chamado de "casa de farinha", em geral, um pequeno cômodo ligado ou não à casa. Os instrumentos utilizados na casa de farinha são feitos também artesanalmente. A mandioca (a raiz) é lavada e ralada, depois é colocada em tipitis, que são cestos feitos de cipó timumpeva, onde a farinha é colocada para que o excesso de caldo seja retirado (ácido cianídrico) nas prensas esculpidas em madeira e finalmente é colocada no tacho de cobre do forno de barro, que segundo as caiçaras, é a etapa mais desgastante do processo, pois elas ficam num calor intenso, as vezes com muita fumaça.

---

26 Alguns equipamentos foram introduzidos pelos portugueses no processo de produção da farinha, como o fuso e o tacho de cobre.

A mandioca utilizada na produção de farinha é a *Manihot utilissima*, ou *"mandioca brava"*, como é conhecida popularmente no bairro. Todo o processo de produção da farinha, do cultivo da mandioca até o forneio[27] da farinha, era realizado pelo grupo familiar. Sendo a farinha um dos produtos básicos na alimentação caiçara, essa atividade sempre foi tida como prioritária para o grupo. Além do mais era um importante marco de sociabilidade entre os caiçaras. Quando devido a uma boa colheita havia a possibilidade de produzir farinha em grande quantidade, requeria-se o auxílio dos amigos e parentes dos sítios vizinhos, estas ocasiões eram conhecidas como *"farinhadas"*, pois a ajuda resultava sempre em festa, principalmente quando a farinhada ocorria com objetivo de vender a farinha para comprar enxovais e para custear a festa de um casamento.

Com a implantação do Núcleo Picinguaba, estas atividades tornaram-se menos freqüentes. A princípio os caiçaras poderiam continuar cultivando as áreas que já eram de roças quando da implantação do Núcleo, contudo, não puderam mais rotacionar os solos, o que inviabilizou sua agricultura, pois com um solo desgastado a produtividade caía vertiginosamente, não compensando o trabalho.

Essas proibições levaram ou aceleraram transformações nos costumes. A impossibilidade do cultivo da terra e a não produção da mandioca por exemplo, praticamente extinguiu a produção de farinha no bairro e junto com ela todas as atividades e festejos a ela associados. Existe apenas uma casa de farinha em atividade em Camburi, pois a mandioca cultivada clandestinamente é insuficiente para produção de farinha, a qual agora é comprada fora do bairro.

O caiçara de Camburi que foi proibido de continuar praticando a agricultura tradicional (dentro de sua cultura), não foi auxiliado a desenvolver outras formas de cultivo, compatíveis com a manutenção dos ecossistemas.

Ainda hoje, quando pesquisas acerca de agriculturas alternativas, de manejo biológico, estão bastante avançadas, e portanto se poderia tentar formas de compatibilizar a conservação dos ecossistemas e o desenvolvimento desta, assim como de outras populações, as propostas que envolvem agricultura e outras formas de manejo de florestas, não são bem vistas dentro das Unidades de Conservação, como o Núcleo Picinguaba, que prefere incentivar

27 Forneio é quando a farinha é torrada em um tacho de cobre.

atividades ligadas ao turismo para amenizar os problemas das populações moradoras

Mesmo diante deste quadro desfavorável para agricultura, alguns moradores mantêm pequenas roças "clandestinas", insuficientes para o próprio provimento familiar. Estas roças são conhecidas pela administração e por funcionários do Núcleo Picinguaba, que não tem uma postura definida a respeito do assunto, ora fingindo não saber das roças e de outras atividades dos caiçaras, ora atuando em conjunto com a polícia militar florestal em represálias aos moradores.

O tempo da pesca

A pesca em Camburi era, para a maioria dos moradores, uma atividade complementar às atividades ligadas à agricultura, que ocorriam o ano todo.

Contudo, na agricultura as atividades que exigiam maior dedicação concentravam-se nos meses de abril, maio, junho, julho, agosto e setembro, que era chamado pelos caiçaras de *"o tempo frio"*. Nos meses de outubro, novembro, dezembro, janeiro, fevereiro e março, chamados de *"o tempo quente"*, era realizada a pesca, que assim como a agricultura, era realizada pelo grupo familiar, e para o provimento deste, somente os excedentes sendo comercializados.

No *"tempo dos antigo"* como costumam dizer os caiçaras de Camburi, os excedentes eram conservados em sal, num processo chamado de *"salga"*, transportados em canoas para o porto de Ubatuba ou Paraty (centros comerciais mais próximos). Nesta época (até as décadas de 60 e 70 do séc. XX) eram os próprios pescadores que levavam os peixes para o comércio, por esta razão e porque não era possível congelá-los, a salga era realizada. As idas ao comércio eram semanais ou quinzenais, dependendo da quantidade de peixe. Nestas ocasiões, aproveitava-se para comprar os produtos que não podiam ser produzidos nos sítios. Pode-se então, afirmar que os caiçaras de Camburi eram "agricultores pescadores", já que combinavam as duas atividades num complexo calendário anual, intrinsecamente ligado aos ciclos da natureza.

Diegues (1983), analisando a produção das populações caiçara do litoral norte de São Paulo, faz uma inversão de ordem, referindo-se a estas populações como de "pescadores lavradores": "Os pescadores lavradores exploram um ambiente ecológico extremamente limitado, constituído, no litoral norte de São Paulo, de enseadas e baías fechadas. São pescadores de praia, onde utilizam pequenas redes, como tresmalho, pequenos arrastos, a tarrafa e também a linha de mão. A canoa a remo não lhes permite ir muito longe. Os camaradas se reúnem para pescar em sociedade, uma unidade doméstica que pode reunir seja membros de uma mesma família (pais e filhos), seja membros de família diferente, mas pertencentes a uma mesma praia ou povoado".

A produção do caiçara, tem também essas características. Entretanto, de maneira geral, quando este fala de suas atividades, prioriza a terra, a agricultura. Por esta razão mantém-se neste trabalho a denominação de "agricultores pescadores".

Camburi já foi um dos melhores pesqueiros[28] da região, juntamente com a Vila de Picinguaba e a Almada, praias vizinhas, havendo entre estes bairros grande solidariedade no desenvolvimento da atividade, principalmente devido ao tipo de pesca praticado, a pesca da *"espia"* como era localmente chamada. Tratava-se de um tipo de pesca que se baseava no companheirismo, quer dizer na confiança, assim como nos conhecimentos acerca do meio natural. Esta pesca foi abandonada e substituída por outras, como relatado nesta conversa com S. Zé Lúcio, na qual ele desvenda parte do mundo da pesca: "No tempo dos antigo as rede era de algodão ou de fibra de planta da mata que a gente conhece, depois tingia em caldo de casca de pau abóbora, pra enganá os peixe que não via a rede, nós pescava mais na espia, os pessoal mais velho, eu era rapaizinho novo. A espia é ali naquele ponta, cê sabe né?, Quele ponto mais alto donde nós avistava Um companheiro ficava ali espiando, tinha vez de passá tempão, e avisava quando o peixe vinha, tinha que entendê do assunto, vinha sempre do sul pro norte, a gente em duas canoa, cercava o peixe, espremia ele nas pedra, aí tirava com a rede por dentro, era carapau, xeréu, tirava 3, 4 canoada 15, 20 mil por mês, a cavala era a mesma coisa, 15 mil cavala, isso foi indo, indo, até enfraquecê. No tempo dos antigo, o peixe era farto e as pessoa se respeitava, tá tudo assim virado, é por isso que Deus prendeu o peixe. A moça vê que inverno danado é esse.

28 Pesqueiro segundo os moradores de Camburi é um lugar no mar propício à pesca, com grande fartura de peixe e que em alguns casos pode pertencer a uma ou mais pessoas, segundo acordos estabelecidos ou pelo simples costume. Os pesqueiros são identificados, isto é, têm nomes de pessoas ou acidentes naturais.

Consegui tirá 60 conto.E tem o problema das canoa, agora é uma complicação, a moça sabe, os florestal diz que vai tudo se acabá se nós tirá um pau da mata, a moça acha? Se nós depende disso! Antes a gente escolhia a madeira e mesmo fazia a canoa, que nem essa ali agora tem que comprá, e comprá com que dinheiro?" (S. Zé Lúcio, caiçara de Camburi).

Atualmente em Camburi, poucas pessoas dedicam-se à pesca. Ocorre ainda a pesca de linha e canoa, e a pesca no cerco, atualmente o único cerco existente pertence a uma pessoa que não é do bairro. Portanto, com exceção de algumas safras[29], como a safra da lula que S. Zé Lúcio relata, a pesca tem contribuído pouco para a economia do bairro.

O grande motivo do abandono gradativo da pesca, não é desinteresse dos jovens, pois eles ainda encantam-se com a pesca e com o mar. O desânimo, como conta S. Zé Lúcio, é o resultado da escassez de peixes e das dificuldades em ser proprietário dos equipamentos de pesca, como por exemplo possuir uma canoa, a qual antes era feita pelo próprio pescador, com madeiras do próprio bairro, mas que hoje são proibidas de serem derrubadas[30]. Por esta razão a marisqueira torna-se uma idéia tão atraente, que vem ganhando força no bairro, pois o Projeto Tamar[31] e o Instituto de Pesca de Ubatuba vêm colaborando para a instalação destas marisqueiras.

Ainda não há estudos acerca das causas da escassez de peixes nesta região, contudo, há vários indícios de que ela esteja associada à construção da BR 101, que pode haver provocado danos ambientais ao bairro, sendo o principal deles o assoreamento do Rio da Barra, que deságua no mar. Essa hipótese é apontada por alguns dos moradores mais antigos do bairro, que conheceram o rio quando seu estuário era um importante criadouro de peixes: "...o Rio da barra, era um rio rico, era peixe que ia do rio para o mar e do mar para o rio, quando a onda do mar esta muito forte, que não dava para pescadô saí para pescá de canoa, os caiçaras fazia pesca no Rio da

29 Safra é a época de pesca de determinado peixe, em Camburi a safra mais esperada devido à fartura era a da tainha.

30 Devido ao Código Florestal - Lei nº4.771/95; Lei de Crimes ambientais n.º 9.605/98 e ao Regulamento dos Parques Estaduais Paulistas Decreto n.º 25.341/86.

31 O Projeto Tamar - IBAMA, visa a preservação de espécies de tartarugas marinhas que ocorrem no litoral brasileiro, contando com a colaboração dos pequenos pescadores. Com o sucesso e crescimento do projeto, este passou a atuar em outros setores, auxiliando os pequenos pescadores e seus bairros.

Barra, e não era peixinho pequeno, era peixe grande, todo tipo de peixe, o Rio da Barra era rico para toda espécie de peixe. Agora a moça vê, hoje não tem mais nesse rio, por que? Porque veio a Rio Santos, foi cortando a Serra e todo esse areião desceu para os rio e foi fazendo um aterro onde era a criação dos peixes. Hoje nem canoa entra, entrava barco a motor para tirá ostra do rio, hoje a moça passa de sapato e meia no pé, que é aqui na boca da barra e naquele tempo nós para passá, tirava a roupa, arrumava na cinta, punha na cabeça e atravessava de anado e vestia a roupa do outro lado. É o progresso!" (S. Genésio, caiçara de Camburi).

Uma outra hipótese colocada pelos caiçaras é que a diminuição dos peixes deve ter sido causada por um desequilíbrio provocado pela pesca imprópria, praticada por grandes embarcações, que entravam na baía de Camburi para fazer arrasto[32] em qualquer época, não respeitando o defeso[33].

O mar está absolutamente presente na vida, e no imaginário do morador de Camburi, mesmo daqueles que não pescam. O mar diferentemente da terra, não é uma extensão de seu corpo, de sua vida, ele é um "Ser", uma entidade de muito poder, com a qual não se deve brincar. O caiçara tem um grande respeito pelo mar, encarando-o muitas vezes como o limite, como uma barreira quase intransponível.

Inclusive as crianças, desde cedo têm uma relação de medo e de respeito para com o mar, muitas mães proíbem seus filhos de ficarem na praia sozinhos. Esta relação com o mar se reflete nos desenhos das crianças feitos na areia, que demonstram sua impressão: elas representam o mundo achatado, rodeado de mar; um abismo e o mar; um mar forte e bravio como do Camburi. Existe um imbricamento conflitivo entre o imaginário construído ao longo de anos de observações, o usufruto do lugar, e o imaginário instituído pela religião. Seus saberes entram em choque com o caráter resignado da religião, que lhes diz que as coisas estão assim porque Deus quis. Entre resignado, indignado e esperançoso o caiçara de Camburi, mantém um modo próprio de viver essas situações, por isso ainda autodefine caiçara de Camburi.

---

32 Arrasto é um tipo de pesca, em geral, realizada por grandes embarcações, que com uma grande rede de malha fina, arrastam todos os peixes que estiverem no caminho.

33 Defeso é o período de reprodução de determinada espécie de peixe, quando a pesca é legalmente proibida.

A religião, as festas, e o entretenimento

Para os moradores de Camburi a religião, católica, estava ligada os ciclos naturais e as atividades do bairro, que se manifestava nos festejos religiosos celebrando, ao mesmo tempo, boas colheitas e os dias dos santos. A festa do Divino Espírito Santo, por exemplo, ocorria em julho, quando as roças estavam quase prontas, quando o trabalho diminuía, e era o momento de pedir uma boa safra de tainha.

Com o estabelecimento no bairro da igreja "Assembléia de Deus", que é protestante e da linha Pentecostal, se intensifica a mudança de religião entre os moradores de Camburi. Este é um processo complexo, o qual este trabalho não tem pretensão de desvendar, contudo, ele entra no bojo das profundas mudanças que ocorreram nos últimos 40 anos, e mais intensamente nos últimos 20 anos.

Segundo relato dos moradores, eles sentiram-se abandonados pela igreja católica, pois o padre quase nunca ia celebrar missas no bairro, a capela (Capela Nossa Senhora Aparecida) deixou de ser um lugar do conforto, do alívio e do encontro.

Hoje pouquíssimas pessoas se dizem católicas no bairro, e apenas uma família cuida da capela. Quase todas as famílias hoje freqüentam a igreja evangélica "Assembléia de Deus" ou a "Adventista" (esta, no bairro de Ubatumirim).

Diante de tantas transformações, é preciso recorrer a alguém, e por que não a Deus?

Diferentemente do *"tempo dos antigos"*, quando a religião era um meio de agradecer e celebrar a fartura, agora ela é um subterfúgio para o desespero. O caiçara de Camburi entrou naquela igreja que tinha os braços estendidos, pelo menos para lhe dizer que *"Deus proverá"*. E se por um lado ela lhe dá conforto e abrigo, por outro lhe tira o momento da festa, do mito e das lendas. Apesar da eliminação das festas, com seu conteúdo mítico, a "Assembléia de Deus" tem também um importante papel na sociabilidade do bairro. Contudo as antigas tradições no se perderam totalmente, os antigos ritos de sociabilidade e os mitos de explicações da natureza foram reinventados por boa parte dos caiçaras de Camburi.

A conseqüência final deste processo de transformação religiosa de comunidade foi uma maior conformidade com os próprios infortúnios; Deus passa a governar sua vida e quase tudo acaba resumindo-se em *"Deus quis assim"*, mesmo quando se trata de questões que ele domina. Por exemplo, as que se referem a seu conhecimento empírico natureza, como no caso da escassez de peixes, que o caiçara "sabe" que se relaciona à pesca das grandes embarcações e ao assoreamento dos rios depois da construção da BR 101, mas na igreja lhe dizem que Deus prendeu o peixe no fundo do mar por descontentamento.

A igreja Assembléia de Deus, no bairro há mais de 20 anos, conseguiu na última década absorver uma quantidade maior de fiéis, justamente o período no qual as proibições impostas pela legislação ambiental desestruturaram as relações entre os moradores e a natureza; o que gerou um estado de miséria, pois agricultores passaram a ser desempregados, e o desemprego provocou o aumento vertiginoso do alcoolismo. Desta forma uma das saídas foi a religião, o que gerou um estado de conformismo, pois quando se coloca a responsabilidade pelos problemas vividos cotidianamente nas mãos de Deus, retira-a das mãos da sociedade, das autoridades responsáveis.

Além da igreja, um dos poucos lugares e momentos de sociabilidade e entretenimento no bairro é o campo de futebol nos dias de jogo. Há no bairro uma grande empolgação com este esporte, inclusive as mulheres jogam. Os troféus das conquistas em jogos dentro do município de Ubatuba ficam expostos em um dos bares da praia e são motivos de grande orgulho da população. Pode-se dizer que os dias de jogos são dias de festa no bairro.

O tempo do turismo

Especificamente em Camburi sempre houve um turismo diferenciado do restante do município de Ubatuba devido à dificuldade de acesso ao bairro; para chegar ao bairro é necessário realizar trilhas ou descer por uma estrada de chão batido (a partir da BR 101), sempre em precárias condições, pois o bairro situa-se entre uma estreita planície litorânea e uma encosta íngreme, trata-se na verdade de uma pirambeira[34] que se estende por 3Km.

A aventura de chegar ao Camburi, acampar na praia, fazer sua própria comida, ficar sem energia elétrica, sem água encanada (por alguns dias), atrai jovens aventureiros.Além dos aventureiros dispostos a integrarem-se de certa forma à vida do bairro ou a interferirem menos possível na vida de seus moradores, há também o

34 Pirambeira é uma estrada de terra, muito íngreme.

turista disposto a adquirir uma casa no bairro, transferindo para lá seu modo de viver, ou ainda o turista baderneiro, que passa longos períodos acampado no bairro e que quase o tempo todo está alcoolizado ou sob efeito de algum entorpecente e perturbando os moradores.

Na medida em que as atividades costumeiras e o modo de vida ali desenvolvido foram sendo proibidos, e conseqüente aumento do desemprego, o número de famílias que vivem do turismo ou que o enxergam como alternativa para sobrevivência cresceu. Devido ao abandono do Poder Público, no que se refere à infra-estrutura, como transporte coletivo, postos de saúde, melhorias na estrada de acesso ao bairro, etc., o turista passou a ser um apoio com o qual conta-se nos momentos emergenciais, como quando é necessário transportar para a cidade (centro de Ubatuba ou Paraty), um doente, uma grávida, ou mesmo uma simples carona para um morador que caminha na estrada com as compras do mês. Inclusive, muitos moradores permitem que turistas acampem em seus quintais, pagando quantias irrisórias, geralmente 1 ou 2 reais. Muitos transformaram seus antigos ranchos de pesca em bares na praia como aconteceu com o Inglês, que inclusive recolheu seu cerco e hoje se dedica apenas a cuidar de seu bar e a esperar o tempo do turismo.

Uma questão polêmica no bairro sempre a possibilidade de acampar na praia. Camburi é a única praia de Ubatuba na qual o "camping selvagem", ou seja, feito sem infraestrutura básica como banheiro ou cozinha, é permitido. Apesar de legalmente proibido pelo Decreto 52.388 de 13 de fevereiro de 1970, nem a prefeitura, nem a administração do Núcleo Picinguaba, tomaram providências a respeito do assunto. Até pouco tempo (menos de um ano) as opiniões dos moradores dividiam-se; alguns eram favoráveis a proibição deste tipo de camping no bairro, em geral, os que não trabalhavam com o turismo e por isso eram acusados, de quererem a proibição porque não tinham interesse nos turistas.

Praticamente em todas as reuniões de moradores dos últimos dois anos esta questão causou conflitos e desentendimentos entre os moradores do bairro. Porém, a despeito das controvérsias sobre o assunto, os moradores sempre foram unânimes quanto à degradação do bairro causada pelo turismo, a diferença era que alguns estavam dispostos a pagar este preço e outros não.

Da forma como vem sendo realizado o turismo, sem qualquer infra-estrutura, sem apoio da prefeitura de Ubatuba ou do Parque Estadual da Serra do Mar, sem policiamento, contribui pouquíssimo com a economia do bairro, pois os turistas trazem quase toda comida e bebida de suas casas. Esse turismo degrada não só fisicamente o bairro, com a imensa quantidade de lixo que gera, com a destruição da vegetação de praia (o jundu), e com a poluição dos rios (com produtos químicos e excrementos), mas principalmente, degrada o modo de vida e a cultura do bairro.

Entretanto, foi elaborada uma proposta capaz de agregar as opiniões divergentes, isto é, o fechamento da praia ao camping selvagem e a implantação de um camping administrado pela associação de moradores. Após conseguirem a área para a implantação do camping, o que gerou um estímulo à união do grupo, foi pedido autorização informal para o estabelecimento do camping, depois da qual as obras começaram.

Contudo, os moradores foram multados pela polícia florestal, por infringir o artigo 5º da Lei 4.771 - Código Florestal. O fato de não terem conseguido implantar o camping indignou profundamente os moradores de Camburi. O episódio revela mais uma vez a relação conflituosa entre a população e a administração do Núcleo Picinguaba e com a polícia florestal. Revelando, assim, a incoerência dos órgãos ambientais, pois o camping da associação ajudaria sanar sérios problemas ambientais no bairro, que acontecem devido ao atual camping desordenado, que polui as águas dos rios, destrói vegetação, etc., contudo, devido aos entraves jurídicos e burocráticos nada é feito como assume o próprio diretor do Núcleo: "Deveríamos apoiar, porque vem de encontro a tudo que nós já discutimos, é uma iniciativa da comunidade, é uma obra coletiva, da Associação de Moradores, que visa resolver um problema grave ambiental, que gera renda pra população, que gera sustentabilidade sem degradação da área, é uma obra que fixa a comunidade no seu território. Todavia eu não posso, não tenho instrumentos para autorizar aquela obra. Até posso dar um parecer favorável, encaminhar pra o IF (Instituto Florestal). Eles ainda não solicitaram formalmente, o que já deveriam ter feito, mas eu não posso autorizar e caso eu faça algum tipo de vista grossa, vou estar sujeito a ser enquadrado em crime também" (Bepo-Luiz Roberto Numa de Oliveira).

Nesse jogo de "empurra empurra" entre prefeitura e órgãos ambientais, problemas como este, do tráfico de drogas ou de ausência de melhorias nas infraestrutura básica do bairro são relegados. E o turismo, atividade que consta tanto dos objetivos do Parque, quanto dos da prefeitura do município, ao invés de ser um instrumento de desenvolvimento, pelo menos econômico, torna-se um instrumento de degradação física e humana para população de Camburi.

Contudo, fato é que, apesar de todos os problemas gerados pelo turismo, grande parte dos caiçaras acredita que ele é um mau necessário à sua sobrevivência e cada vez mais incorporam o tempo do turismo ao seu calendário de atividades já tão alterado.

Principalmente os mais jovens, que não conheceram o tempo de fartura, aderem às atividades turísticas, sem no entanto renegar suas raízes ou deixar de ser um caiçara, como acontece com Wellington: "Eu gosto daqui, queria que muitas coisa fosse diferente, mas a gente é daqui, sabe. A gente tem que aproveitar essa época pra trabalhá um pouco, e eu tô de férias da escola, mas eu sou daqui, eu conheço isso daqui, sei nadá, tirá palmito, pescá peixe, pitu, minha mãe me ensinou a pegá pitu, dá pra pegá com cofre, que é isso aqui, a gente corta a garrafa, coloca arroz ou farinha, vira a tampa e põe n'água, facinho" (Wellington, uma criança, um caiçara de Camburi).

Interferências num modo de vida: ações governamentais

O bairro de Camburi, desde sua origem (há quase 200 anos), inserido na estrutura política e econômica da sociedade dominante, ainda que de forma marginal e guardando características próprias, sofreu influências desta sociedade.

A análise pretendida neste trabalho caminha na direção de analisar as relações conflitivas entre uma população tradicional campesina e a sociedade dominante. O caiçara de Camburi é parte deste contexto, pois é preciso entender "o camponês enquanto classe, ou seja compreendê-lo no contexto da sociedade brasileira em geral" (Oliveira, 1996: p. 49). Neste sentido, a partir da década de 60, o bairro passa não apenas a sofrer influências indiretas deste contexto geral, como também a sofrer interferências diretas do Poder Público Federal e Estadual.

Ora estas interferências tiveram caráter desenvolvimentista, ora conservacionista, todas estas iniciativas foram realizadas sem estudos e planejamento adequados em seus aspectos físicos, biológicos, econômicos e sociais. Exemplos desta postura ora desenvolvimentista ora conservacionista são as ações promovidas pelo Instituto Brasileiro de Reforma Agrária (IBRA), a construção da rodovia BR 101, e a implantação do Parque Estadual da Serra do Mar e Parque Nacional da Serra da Bocaina[35].

A ação do Instituto Brasileiro de Reforma Agrária (IBRA)

Durante o período de governo militar a reforma agrária, que de fato era apenas uma regularização fundiária, foi considerada uma das prioridades do regime. Para tanto, foi criado em 1964 o Instituto Brasileiro de Reforma Agrária (IBRA), hoje Instituto Nacional de Colonização e Reforma Agrária (INCRA), que era subordinado diretamente à presidência da República. O IBRA não realizou nenhum projeto de reforma agrária, apenas iniciou seus trabalhos fazendo levantamentos de dados, principalmente através de cadastramento dos imóveis e sua análise. Montou-se, inclusive, um aparato dos mais avançados da época para processamento das informações. Contudo, em meio a este processo, perdeu-se o objetivo real, que era a regularização fundiária, e nada mais foi feito neste sentido.

Neste contexto, em 1965 o IBRA, promoveu no bairro de Camburi a primeira grande interferência na vida de seus moradores, pois até então, para estas pessoas a terra não tinha valor de troca e sim de uso. O sistema agrícola utilizado era de rotação de solos, ou seja, as roças eram itinerantes. A terra não pertencia a ninguém, mas sim o produto do trabalho nela conseguido, por isso, se respeitavam as roças alheias; para os moradores os limites eram bastante claros, apesar de não ser delimitadas por cercas. Porém este tipo de uso do solo era incompatível com as imposições técnicas do IBRA, que não entendiam como podia haver tanta flexibilidade nas posses.

A relação do caiçara com o fruto de seu trabalho pode ser observado neste relato: "(...) minha terra, nós nem chamava assim, a moça sabe, meu, era onde eu fazia minha roça, quando a terra enfraquecia, mudava, a mata logo cobria tudo e se depois outro fazia roça lá, eu não ligava não (...)" (Inglês, caiçara de Camburi).

Contudo, os moradores tiveram mesmo que delimitar suas posses e a partir de então começaram a pagar os impostos: "(...) Nós não

35 Este último não foi abarcado neste trabalho, pois uma parte pequena deste parque sobrepõe-se ao PESM em Camburi e também porque este afeta muito pouco a vida dos moradores do bairro, sendo que alguns nem sabem de sua existência, pois se trata de uma Unidade de Conservação pouco implementada.

entendia (...) do dia pra noite nós tinha que pagá pelo que era nosso... mas lei é lei, nós não desobedece (...)" (Inglês, caiçara de Camburi).

Esta interferência não teve apenas cunho material e prático, pois atingiu também o campo simbólico e perceptivo dos moradores. Além da nova situação de propriedade a qual não estavam habituados, somou-se a falta de uma explicação adequada sobre as conseqüências da mudança no regimento de terras, o que gerou um grande medo e muitas dúvidas na população do bairro, criando posteriormente atritos internos.

Além do mais, como não tinham, em geral, dinheiro para pagar os impostos, tinham grande medo de perderem seus sítios e não terem o que fazer, nem para onde ir. Esse medo acabou abrindo um espaço para os especuladores imobiliários, que usavam o artifício de propor a "compra" das terras e pagar os impostos e ainda permitir que os caiçaras continuassem morando nelas, muitos caíram nesta armadilha que deu início do processo de expropriação das terras e do território caiçara, pois além de começarem a vender por quantias irrisórias as suas terras, dá-se inicio também à grilagem destas terras. Os moradores pensavam que estavam vendendo um pedaço pequeno de seu sítio, mas nos documentos o "comprador" ampliava as medidas do terreno abarcando assim terras de vizinhos e terras de uso comum.

Esse processo de grilagem, compra e venda de terras é intensificado na década seguinte ao levantamento do Ibra com o advento da construção da Rodovia BR 101.

A construção da BR 101

A construção desta rodovia aparece no bojo das ações desenvolvimentistas, das décadas de 60 e 70. Dentre as mudanças que aconteciam em todo o país um dos fatos mais importantes foi a consolidação do predomínio da população urbana sobre a rural; grandes obras foram realizadas para produção de energia elétrica, se acentuou a industrialização do país, implantaram-se projetos de "colonização" de áreas "despovoadas", e foi implantado um amplo plano rodoviário.

Dentro deste plano foi construída rodovia BR 101, a Rio-Santos como ficou mais conhecida, autorizada no ano de 1967, foi concluída em 1975. A mesma foi concebida para atender as necessidades de escoamento da produção e das relações estabelecidas entre dois grandes pólos econômicos do país, São Paulo e Rio de Janeiro (passando por alguns portos) e com um efeito secundário de facilitar o turismo na região.

O trecho da rodovia que passa pelo bairro de Camburi só foi concluído por volta de 1975. Entretanto, antes mesmo de iniciadas as obras, ela atraiu o interesse de especuladores imobiliários em explorar a bela e "isolada" região do litoral norte paulista (e sul fluminense). Para tanto, era necessário garantir a posse das terras que logo seriam valorizadas para fins turísticos, ou seja, era necessário adquira-las das populações que as habitavam, em geral, há séculos.

No Camburi, assim como em quase todos os bairros da região, efetivamente, boa parte das terras foram vendidas a estes grandes especuladores ou a turistas que queriam montar suas casas de veraneio. Muitos venderam enganados, ou seja, não sabiam que estavam vendendo porque não sabiam ler e escrever, outros sabiam que vendiam, mas não tinham noção de quanto suas terras valiam, outros ainda, foram coagidos e não são poucos os relatos de coação, de violência contados pelos moradores de Camburi.

Portanto, após a ação do Ibra e da construção da BR 101 a estrutura fundiária da região e especificamente de Camburi sofre grande modificação. Se antes existiam grandes posses ou sítios como chamavam os caiçaras, hoje a planta fundiária do bairro mostra um quadriculado de pequenos e grandes terrenos. Embora ninguém tenha documentos que comprovem propriedade da terra (nem morador tradicional, nem os que vieram de fora), o que legalmente quer dizer que as terras pertencem ao Estado, há uma situação de fato estabelecida e para a qual existe um processo correndo na justiça brasileira acerca da situação das terras neste bairro, contudo, trata-se de um processo lento que pode arrastar-se por décadas.

Além dos problemas fundiários a construção da rodovia foi feita sem estudos e planejamento adequados o que provocou a divisão do bairro de Camburi, assim como quase todos os outros do município de Ubatuba, separando-os em duas partes, interferindo,assim, em sua territorialidade e sociabilidade.

No Camburi a rodovia se transformou em uma linha demarcatória. O bairro foi fragmentado direta e indiretamente, houve alterações na relação que os moradores desenvolviam em seu território.

A construção da Rio-Santos permitiu que as relações passassem a estabelecerem-se por meio dela. Abandonaram-se as trilhas e também o encontro na praia para o comércio e transporte por canoa até outras praias ou até Ubatuba. A praia foi deixando de ser um lugar de encontro. A BR torna-se um referencial tão marcante, que é lembrada em qualquer conversa. O ponto de ônibus ou o terminal da empresa que realiza o transporte no município, passam a ser pontos de encontro ocasional, o que fica claro na fala deste morador: "(...) a gente chega na BR e pronto, vai pra cidade, vai pra Paraty, trindade e volta (...) sempre a gente encontra alguém no ponto da BR ou no terminal de ônibus, troca uma prosa, sabe como é, né?" (Moisés, caiçara de Camburi).

Além dos impactos sócio-culturais causados pela Rodovia, houve também impactos ambientais. As obras feitas apressadamente, sem realizar estudos de impacto sobre o meio ambiente. A conseqüência das obras foi a destruição da vegetação, a implosão de rochas, a morte de animais, cortes nos morros, e alteração das drenagens.

No caso de Camburi, que se localiza numa encosta íngreme, o corte para instalação da estrada, causou vários problemas de instabilidade dos terrenos, com alta probabilidade de deslizamentos, e também houve alteração no padrão local de drenagem, causando problemas de assoreamento, inclusive no principal curso do lugar, o rio Camburi, que dá seu nome ao bairro, mais conhecido pelos caiçaras como Rio da Barra. Segundo os moradores mais antigos este rio era, antes da BR, navegável (por pequenas embarcações), hoje seu fundo raso e cheio de areia não permite navegação nem por canoas. Apesar dos problemas gerados pelas mudanças em relação às drenagens interrompidas, estes só não são maiores, porque há água em abundância; por outro lado mesmo que não existindo estudos técnicos que o comprovem os moradores assinalam que a diminuição do fluxo d'água no rio principal, que desemboca no mar, contribuiu para a escassez de peixes na baía de Camburi.

Criação do PESM-Núcleo Picinguaba

Depois do período no qual as ações do Poder Público tiveram cunho eminentemente "desenvolvimentista", seguiu-se uma nova tendência, imposta pelas instituições internacionais para liberação de financiamentos e empréstimos. Uma das exigências era a intensificação da criação de Unidades de Conservação, que visassem a proteção da natureza, antes destruída sem maiores problemas em nome do progresso. Essa atitude que em princípio parece estar em oposição ao desenvolvimentismo, pois se trata de uma postura "conservacionista", não o era de fato, a origem das duas posturas é quase a mesma. A sociedade urbano-industrial vê a natureza apartada de si, como "recurso natural", desenvolvendo um uso intenso e abrangente dos recursos naturais devido principalmente ao industrialismo. A partir de certo momento, diante da esgotabilidade destes recursos e da necessidade de áreas de "natureza intocada", onde possa aliviar as tensões da vida moderna, do modo de vida por ela mesma constituído, passa a reservar áreas, verdadeiras "ilhas" de natureza, onde o homem deve figurar apenas como visitante.

Novamente é a sociedade dominante, com sua visão de homem e natureza separados, que predomina na reservação destas áreas para seu próprio usufruto. Ignorando, como na época desenvolvimentista, a existência de populações humanas que mantinham outro tipo de relação com a natureza e entre eles próprios. Dentro deste contexto e com o objetivo específico de preservar os remanescentes de Mata Atlântica e ecossistemas associados, e com objetivos suplementares de fornecer à população do Estado de São Paulo uma grande área de lazer, educação ambiental e pesquisa científica, foi criado pelo Decreto 10.251, em 1977,o Parque Estadual da Serra do Mar, cujos limites foram alterados pelo Decreto 13.313, em 1979, devido a incorporação da área de 8.000 hectares, denominada Núcleo Picinguaba. Os núcleos são regiões administrativas dentro do parque, autônomos entre si, submetidos ao Instituto Florestal, órgão que controla os parques do Estado.

A criação desta Unidade de Conservação (hoje com 310.000 ha), não contou com estudos adequados dos aspectos físicos, biológicos, e muito menos socioculturais, para determinação de seus limites e funções. Em momento algum foi levada em consideração a especificidade do Brasil e das regiões que o Parque abrangeria. Os Parques Estaduais, assim como os Nacionais e outras modalidades de Unidades de Conservação no país, seguiram os moldes dos Parques Nacionais Norte-americanos, cujo exemplo mais conhecido e considerado um marco na história ambientalista, é o Parque Nacional Yellowstone, crido em 1872, refletindo o ideal "wilderness", "vida selvagem intocada", onde homem e natureza eram vistos como elementos separados.

A incorporação do Núcleo Picinguaba ao Parque Estadual da Serra do Mar, foi um assunto controverso, pois um dos argumentos utilizados foi a existência de *populações tradicionais*, de uma "cultura caiçara" que deveria ser incentivada e preservada. A incorporação aconteceu devido à pressão realizada por um grupo de técnicos da Superintendência de Desenvolvimento do Litoral Paulista (SUDELPA), que durante a década de 70 atuou na região (Litoral Norte Paulista), ficando conhecido como o "grupo da terra". A intenção destes técnicos, que trabalhavam com a questão fundiária, era conter a especulação imobiliária, já acentuada naquela época, e garantir a permanência das populações em suas terras.

Entretanto, as coisas não aconteceram como o "grupo da terra" esperava. A especulação imobiliária de fato diminuiu, mas, estas populações tiveram suas vidas alteradas, pois foram incorporadas numa Unidade de Conservação do tipo Parque Estadual, uma categoria de Unidade de Conservação de uso indireto e restritivo, o que implicou a impossibilidade do uso produtivo da terra.

O regulamento dos Parques Estaduais paulistas é bastante restritivo, nele se proíbe a coleta de qualquer produto ou espécime vegetal da mata (frutos, sementes, raízes, plantas, madeiras), a caça, bem como ao plantio de qualquer espécie vegetal, principalmente exótica ao ecossistema, impede-se também a prática de queimadas, e a realização de quaisquer obras de construção civil, bem como a existência de moradias ou criação de animais. A imposição deste regulamento significou uma drástica mudança na reprodução do modo de vida tradicional, os moradores caiçaras, mesmo vivendo na área antes da criação do Parque, viram suas atividades cotidianas transformadas em ilegais. A população de Camburi, com um modo de vida diferenciado daqueles que estabeleceram o regulamento dos Parques Estaduais Paulistas, foram surpreendidos com proibições de práticas comuns no seu dia a dia.

As atividades agrícolas, as mais importantes para o bairro, foram as mais afetadas. O tipo de agricultura realizado em Camburi, há quase 200 anos, infringia vários artigos do referido regulamento. Outras atividades, por exemplo a extração de produtos da floresta, como cipós, frutas, madeiras, plantas em geral e a caça de animais silvestres, também foram terminantemente proibidos, contudo, estas proibições são facilmente burladas. Enquanto outras proibições são impossíveis de serem realizadas sem punição, como é o caso da permanência das roças, pois estas são formas de territorialização, são demonstrações concretas da cultura no espaço, bem como sua casa, que também é ilegal.

No Núcleo Picinguaba as construções já existentes, como as tradicionais casas de pau-a-pique caiçara, deveriam permanecer inalteradas, pois passaram a fazer parte do patrimônio cultural. Quaisquer reformas, como por exemplo a construção de um banheiro (que ainda hoje, boa parte das casas não possui), devem ter autorização expressa da administração do Núcleo, que em geral não é dada.

As proibições do parque, praticamente extinguiram costumes como a da abertura de um novo sítio próximo a casa dos pais, após o casamento. Afinal um sítio implica na construção de uma nova casa e área de roça, esta é uma das situações que mais indignam os moradores do bairro, promovendo a desagregação familiar, pois não tendo a possibilidade de estruturar suas vidas no bairro, muitos jovens casais migram em busca de oportunidades.

Os caiçaras, em momento algum foram consultados acerca destas mudanças e também não foram indenizados para que saíssem. Posteriormente, quando o Núcleo já estava implantado efetivamente, inclusive com seus funcionários já atuando, muitos discursos foram realizados, reuniões com os moradores, contudo, há uma grande diferença entre os modos como estas duas partes enxergam a situação. A relação entre os caiçaras de Camburi e as sucessivas administrações segue-se tensa até hoje. Muitos projetos foram elaborados, como a capacitação de moradores tradicionais do Núcleo para serem monitores de ecoturismo ou a contratação destes moradores como funcionários do Parque, além ainda de reuniões, workshops, encontros, para discussão dos conflitos entre a população moradora e o Parque.

Mas fato é que, o único documento legal a respeito de normatizações e usos em um Parque Estadual, continua a ser o regulamento dos Parques Estaduais Paulistas de 1986 e este não prevê concessões a estas populações. A Secretaria do Meio Ambiente do Estado de São Paulo, assim com seus órgãos e institutos subordinados, não têm uma postura definida acerca de como avançar para a resolução destes conflitos. Falta portanto, suporte jurídico para qualquer mudança deste quadro, o que é um processo longo e burocrático, que só avançará por meio de pressões destas populações junto com a sociedade civil. Esta situação conflitiva fica clara na resposta dada pelo então diretor do Núcleo Picinguaba, questionado acerca da posição do Núcleo, do Instituto Florestal em relação as populações que vivem na Unidade de Conservação: É difícil falar da posição do Núcleo porque institucionalmente isto nunca foi oficializado e isso cria dois problemas: o primeiro é a diferença entre o discurso e a prática do órgão gestor e o outro problema que é conseqüência deste é justamente o descrédito e as frustrações que este tipo de discurso dúbio gera. Então, por tudo isso, é difícil dizer qual é a posição do Parque, porque ela não existe, isso é um problema" (Luiz Roberto Numa de Oliveira).

Portanto, a relação entre a administração do Núcleo Picinguaba e as populações moradoras segue-se conflituosa. A cada tentativa de conciliação de interesses frustrada aumenta o caminho para se chegar a resolução dos conflitos.

Uma das recentes tentativas frustradas foi a elaboração do Plano de Gestão Ambiental do Núcleo Picinguaba, um documento que deveria resultar em um Plano de Manejo, que é o diploma legal que determina as atividades dentro de uma Unidade de Conservação Ambiental. O Plano de Gestão foi elaborado em 1998, inclusive com a participação das populações moradoras e sinalizava para o atendimento de várias reivindicações destas, contudo, até agora o Plano não saiu do papel, nem ao menos tornou-se Plano de Manejo, e as quase conquistas dos moradores voltam a ser meras esperanças que dependem da burocracia do Estado.

Da expropriação das terras às alternativas de permanência

Do *"tempo dos antigo"*, que era o tempo da fartura e do bem estar coletivo do qual os caiçaras de Camburi falam com tanta saudade aos *"tempos de hoje"* que é da escassez e da desagregação comunitária muito se passou e sem dúvida o processo de expropriação das terras destes camponeses iniciada com a ação do Ibra e continuada com a construção da BR e a implantação da Unidade de Conservação Ambiental neste bairro foi fundamental.

A expropriação deu-se prática e simbolicamente e mesmo que estes camponeses não tenham sido expulsos efetivamente de suas terras seu modo de vida sofreu abalos profundos, há aspectos de suas tradições que provavelmente perderam-se definitivamente, contudo, há em muitos destes camponeses uma determinação em permanecer em sua terra, uma determinação, talvez apenas uma esperança que os fizeram reinventarem-se e buscarem alternativas para sua existência, o que aconteceu após um levantamento fundiário realizado pela Fundação Itesp (Instituto de terras do Estado de São Paulo), no qual moradores tradicionais e pessoas de fora que compraram posses no bairro tiveram que provar legalmente serem donas das áreas que declararam. Este processo causou muito medo e indignação nos moradores tradicionais, pois era mais uma ação do Estado sobre suas vidas, contudo este levantamento teve dois aspectos importantes: primeiro motivou a reorganização comunitária e em segundo este levantamento deu início a um processo de Ação Discriminatória que corre hoje na justiça e deve resultar na regularização fundiária do bairro.

Duas das alternativas levantadas com a reorganização comunitária foi a reivindicação de parte dos moradores de Camburi de reconhecimento do território do bairro como remanescente de quilombo e a outra foi a pressão realização para a reclassificação da área da Unidade de Conservação que coincide com o território do bairro.

Mudança para terra de quilombo

Uma proposta que vem ganhando corpo e força no sentido de promover a resolução dos conflitos entre a população e a legislação ambiental, é retirar a área do bairro do perímetro da Unidade de Conservação na qual está inserido, e transformá-la em *Terra de Quilombo*. A proposta baseia-se na Constituição brasileira, promulgada em1988, e que no artigo 68 do Ato das Disposições Constitucionais Transitórias, reconhece a propriedade das terras ocupadas por comunidades quilombolas, sendo o Estado obrigado a emitir-lhes títulos pertinentes:

> Artigo 68 - Aos remanescentes das comunidades dos quilombos que estejam ocupando suas terras é reconhecida a propriedade definitiva, devendo o Estado emitir-lhes títulos respectivos.

Conforme o relatório técnico[36] já realizado no bairro, a origem dos moradores tradicionais de Camburi, encontra-se ligada aos antepassados negros - escravos fugidos que ali se fixaram, pois mesmo após quase 200 anos de miscigenações e de desenvolvimento de seu

36 Este relatório é o documento que atesta que uma dada comunidade é remanescente de quilombo.

próprio modo de vida, a população de Camburi enquadrar-se-ia no perfil de comunidade remanescente de quilombo.

Entretanto uma parte da população de Camburi não é favorável a proposta de tornar o bairro uma área quilombola. Apesar da profunda mistura entre as famílias que deram origem ao bairro, muitos moradores fazem questão de frisar que são descendentes de índios, e os que têm origem negra, referem-se aos antepassados com orgulho, pois tratam-se sempre de negros fugidos, desbravadores e valentes, suas memórias estão calcadas no patamar da liberdade e não da escravidão, que a todo custo tentam esquecer. Contudo, não se trata simplesmente de um preconceito dessa parcela da população que não aceita ser quilombola, há que se analisar essa recusa em assumir uma identidade que lhes garantiria maior autonomia dentro do contexto da sociedade brasileira, ou seja, há que se perguntar qual foi o papel do negro nesta sociedade desde a abolição da escravatura. Na resposta se encontrará muita discriminação e marginalidade.

A população de Camburi ao assumir uma identidade caiçara, construiu sua história dentro da liberdade e da igualdade entre negros, índios e brancos que naquele território misturaram-se.

Além do mais há uma desconfiança, fruto das expectativas frustradas, das injustiças dos últimos anos, provocadas pelo Poder Público. Eles temem que a condição de quilombola não mude a atual situação, temem continuar proibidos de realizar suas atividades tradicionais.

Apesar desta ser a saída que teoricamente melhor se encaixaria às condições do bairro, esta não é uma solução mágica que resolverá os problemas dos moradores, principalmente porque eles não estão unidos entorno desta solução e enquanto isto acontecer o processo de reconhecimento das terras permanecerá parado.

Reclassificação da área

Uma outra proposta é a reclassificação da área ocupada pelo bairro dentro da Unidade de Conservação Ambiental –Parque Estadual Núcleo Picinguaba. Nesta proposta o perímetro do bairro seria retirado do Núcleo e re-classificado como uma modalidade de Unidade menos restritiva para os moradores.

Isto é o que defendem os moradores que não querem assumir uma identidade quilombola. Contudo, é uma solução burocraticamente, legalmente mais difícil e bem mais demorada e que depende de união do grupo e força política. Contudo, devido à pressão exercida neste sentido já houve conquistas para a população do bairro, pois foi formulado pela direção do Núcleo Picinguaba um Plano de Manejo Emergencial para o Camburi, o qual, de acordo com sua redação abre caminho para a reclassificação da área do bairro.

Considerações finais

Neste período de pesquisa, de convívio em Camburi, variadas problemáticas foram observadas e ao longo do processo investigativo foi se percebendo como todos, de uma forma ou de outra, estavam interligados.

Mais do que uma população tradicional em uma Unidade de Conservação, Camburi é um exemplo do descaso da sociedade urbana industrial, do Poder Público, que ainda não aprenderam a lidar com as diferenças. Esta população, assim como tantas outras no Brasil, foi marginalizada no processo de "desenvolvimento" do país, porém, ela teima em existir, recriando, reinventando seu modo de vida que ao longo dos últimos 40 anos sofreu tantas interferências e conseqüentes transformações.

O conflito dos caiçaras com a Unidade de Conservação, na qual foram inseridos, está longe de terminar. Seria necessário que mudanças mais amplas acontecessem, como a de categoria de Parque Estadual para uma outra mais adequada à situação existente, ou o reconhecimento do bairro como "Terra de Quilombo", ou simplesmente a retirada do bairro do perímetro do Parque. Entretanto, essas medidas exigem vontade política, e esta só existe diante de pressão. Então, pode-se perguntar: por que eles não se organizam e lutam? E a resposta é bastante simples, a luta pela sobrevivência diária, desagregou esta população, que ainda, a passos lentos, está redescobrindo a união. O Poder Público de uma forma ou de outra, criou um grande problema que prejudica a sobrevivência destas pessoas e abstém-se de resolvê-lo, não assumindo postura alguma a respeito do assunto.

O problema fundiário, apesar de encaminhado, visto que está em andamento a Ação Discriminatória, é uma questão fundamental na vida dos caiçaras, afinal, seu modo de vida está calcado na família e na terra, e para ele a perda de uma leva conseqüentemente à perda da outra, pois a família é quem faz a terra produzir e a terra só é necessária se a família existir. Assim, a terra é um elemento essencial em sua cultura, por esta razão a possibilidade de perde-la desgasta ainda mais a já difícil vida desta população e gera o medo de que as futuras gerações não saibam lidar com a terra e que a cultura perca-se.

Assim, tanto a questão do conflito com a Unidade de Conservação, quanto a da regularização de suas terras acabam por misturarem-se, pois envolvem a posse e o uso da terra, da qual o caiçara vem sendo expropriado material e simbolicamente. Quando o caiçara é tolhido no uso de sua terra, seu modo de vida sofre sérios abalos, pois tanto quanto a família a terra é um alicerce fundamental neste modo de vida.

Portanto, pode-se dizer que se tratam de questões centradas em "modos de vida" distintos. O caiçara de Camburi, membro de uma população tradicional, tem valores fortemente ligados à natureza, à terra e à família, entrando em choque com os valores da sociedade dominante e como tal, esta impõe-se em ações hora de cunho desenvolvimentista, hora de cunho conservacionista, visando sempre seu próprio bem estar, a despeito do que aconteça com outras populações.

Principalmente no que diz respeito às ações conservacionistas, nas quais entra em jogo a forma como as duas partes enxergam a natureza, as diferenças tornam-se claras. Pois a sociedade dominante, vê-se apartada da natureza e historicamente apropriou-se dela de forma intensa e abrangente, como seu modo de vida exigia e autoritariamente passa a reservar áreas para sua recreação e lazer, ignorando que outras populações já usavam de uma outra forma essas mesmas áreas.

E a essência desses modos distintos, reside na relação entre homem e natureza, pois o homem não se relaciona com a natureza em si, mas sim com a natureza por ele construída e a partir daí com os outros homens.

O caiçara de Camburi, ao longo de sua permanência no bairro desenvolveu técnicas e saberes, observando a natureza e recebendo a herança do conhecimento familiar, que o levaram a manter uma vida harmônica com a natureza da qual ele via-se como parte integrante. Assim, este caiçara não entende a postura contraditória da sociedade dominante que de uma hora para outra o proíbe de continuar mantendo o modo de vida que preservou durante gerações aquelas áreas, hoje consideradas tão importantes para a biodiversidade global.

O caiçara de Camburi membro de uma *população tradicional camponesa*, apesar de seu modo de vida diferenciado, nunca esteve isolado do restante da sociedade brasileira, contudo ele foi marginalizado dentro desta sociedade mais ampla, não só no que diz respeito à criação de uma Unidade de Conservação em suas terras, mas também nos que se refere à infra-estrutura básica, a qual todo cidadão tem direito. Até hoje o bairro não conta com energia elétrica, água encanada ou tratamento do esgoto; não há nenhum telefone no bairro; também não há transporte coletivo e a estrada de acesso ao bairro está em péssimas condições; a única escola é multiseriada e só atende alunos até 4ª série primária e o posto de saúde funciona precariamente.

Contudo, apesar da difícil situação enfrentada por esta população, ela não quer abrir mão de seu lugar, de seu território e por esta razão ela reinventa seu modo de vida e mesmo com a desagregação comunitária promovida pelos conflitos enfrentados nos últimos 40 anos, ela está sempre em busca de alternativas que garantam sua permanência, bem como sua sobrevivência enquanto caiçaras que são, como por exemplo a tentativa de instalação do camping da Associação de Moradores, que é também um exemplo do descompasso existente entre discurso e prática dos órgãos ambientais em relação às populações tradicionais. Bem como outras iniciativas, como o "Projeto Marisqueira", que alguns pescadores estão iniciando com o apoio do Instituto de pesca de Ubatuba e do Projeto TAMAR-IBAMA, que é uma tentativa de reestruturar a pesca no bairro, assim como os laços de camaradagem entre os pescadores, pois com a implantação da marisqueira, alguns tipos de peixes voltarão à baía de Camburi, atraídos pelos mariscos, o que pode propiciar uma nova intensificação da pesca, que hoje ocorre apenas no cerco e de forma reduzida; a "escolinha do Jambeiro" é uma iniciativa que envolve as crianças e que visa a melhoria da vida no bairro, trata-se de um projeto educacional que pretende a valorização da identidade caiçara e de sua cultura; e por fim, "as costureiras do Camburi", que confeccionam, tartarugas de pano e areia, pesos de porta, vendidos com grande sucesso nas lojas do Projeto TAMAR, uma pequena idéia que rendeu frutos, já que este trabalho, assim como de outros artesãos passou a ser valorizado, acontecendo um início de resgate dessas atividades, que ainda podem gerar renda aos moradores.

Todas essas iniciativas simbolizam o esforço desta população para continuar a existir dignamente. É o morador reivindicando para si o seu lugar, descobrindo novas formas de territorialização. Contudo, há muito mais por acontecer, principalmente no que se refere à organização coletiva, à motivação e à mobilização destas pessoas que ainda se assumem caiçaras, mas que em muitos momentos param diante de obstáculos ainda sem saberem se olham para o passado ou para o futuro.

Bibliografia

Brandão, Carlos Rodrigues 1984 *Pesquisa participante* (Brasil: Editora Brasiliense).

Calvente, Maria Del Carmen M. H. 1993 *No território do azul marinho, a busca do espaço caiçara.* Dissertação de Mestrado, Departamento de Geografia, Faculdade de Filosofia Letras e Ciências Humanas da Universidade de São Paulo (Brasil).

Candido, Antonio 1971 *Os parceiros do rio bonito* (Brasil: Livraria Duas Cidades), 2º edição.

Diegues, Antonio Carlos Sant'ana 1994 *Mito Moderno da Natureza Intocada* (Brasil: NUPAUB/USP).

Diegues, Antonio Carlos Sant'ana y Nogara, José Paulo 1994 *Nosso Lugar Virou Parque: estudo sócio-ambiental do Saco de Mamanguá parati-RJ* (Brasil: NUPAUB/USP).

Firth, Raymond 1974 *Elementos de Organização Social* (Brasil: Zahar).

Mançano, Candice Filipak 1998 *Quem matou esse rio, hoje proíbe a gente de plantá* (Brasil: Relatório de Qualificação, Unicamp).

Marcílio, Maria Luiza 1986 *Caiçara, terra e população: estudo de demografia histórica e da historia social de Ubatuba* (Brasil: Edições Paulinas/CEDHAL).

Oliveira, Ariovaldo Umbelino 1996 *A Agricultura Camponesa no Brasil* (Brasil: Contexto).

Raffestin, Claude 1993 *Por uma geografia do poder* (Brasil: Ática).

Sampaio, T. 1987 *O Tupi na geografia nacional* (Brasil: Editora Brasiliana).

Vianna, Lucila Pinsard 1996 *Considerações críticas sobre a constituição da idéia de população tradicional no contexto das Unidades de Conservação.* Dissertação de Mestrado, Departamento de Antropologia, Faculdade de Filosofia Letras e Ciências Humanas da Universidade de São Paulo (Brasil).

WCED 1986 *Nosso futuro comum* (Brasil: Fundação Getúlio Vargas).

La modernización agraria en el Uruguay: los jóvenes rurales, una asignatura pendiente

Juan Ignacio Romero Cabrera*

Introducción

EL PRESENTE ARTÍCULO es resultado del proyecto de investigación "Las Transformaciones Productivas entre 1970-2000 en el Uruguay y su Impacto en la Estructura Sociodemográfica Juvenil Rural" en el marco del Programa de Becas CLACSO-Asdi para investigadores jóvenes.

En el mismo se analizan los cambios operados por las transformaciones productivas y sus relaciones con la estructura sociodemográfica juvenil rural del país. Por otra parte, se integra en el cuerpo analítico el debate que últimamente ha despertado interés en las ciencias sociales: las transformaciones territoriales. Por lo tanto, se integran dos perspectivas de análisis: la perspectiva generacional y la territorial, innovando en este sentido en lo que ha sido la línea de investigación sobre las transformaciones agrarias en el país y colocando en debate la temática de la juventud rural. Una primera parte del artículo hace referencia a las principales definiciones conceptuales

* Profesor por la Universidad de la República, Facultad de Ciencias Sociales. Sociólogo. Master en Sociología por la Universidad de San Pablo, Facultad de Filosofía, Letras y Ciencias Humanas.

acerca de modernización agraria y juventud. La segunda parte informa sobre la situación del problema en un período de tiempo de treinta años, haciendo énfasis en las características territoriales y productivas del proceso de modernización, el mercado laboral de los jóvenes rurales y la distribución territorial de las condiciones de vida de los hogares, y por último los comentarios finales.

Es de señalar el agradecimiento al Programa de Becas CLACSO-Asdi por la oportunidad brindada para el desarrollo de esta investigación y la atención y dedicación de la institución y su personal para el cumplimiento de la misma.

Definiciones conceptuales

En América Latina en las últimas décadas los cambios producidos en el escenario agropecuario han tenido como vector principal la modernización de su estructura productiva. Ahora, ¿de qué hablamos cuando hacemos referencia a modernización o procesos de modernización? En este sentido citamos a Piñeiro, quien nos dice lo siguiente: "procesos que provocan el desarrollo de las fuerzas productivas y la expansión y penetración del capitalismo agrario desplazando a otras formas de producción (como la agricultura familiar) o a formas de capitalismo poco intensivo como el de la estancia ganadera" (Piñeiro, 1991: 11). Entendemos a dichos procesos como la disminución de los tiempos muertos en la producción agropecuaria vía incorporación tecnológica de capital que intensifica el tiempo de utilización de la fuerza de trabajo, acelerando de esta manera el desarrollo de las fuerzas productivas y alterando las relaciones sociales de producción en el espacio social rural. Por otra parte, dichos cambios se expresan en los nuevos patrones o perfiles de producción agropecuaria con un acento marcado en la agroexportación, la liberalización del mercado de tierras, el aumento de la asalarización de la mano de obra, el surgimiento de nuevos actores sociales como lo son las asociaciones empresariales de los nuevos rubros exportables, la articulación entre el capital agrario y el capital industrial en las agroindustrias.

Este proceso se puede observar a través del tiempo en nuestra América Latina en dos grandes momentos, uno de ellos por medio de la llamada Revolución Verde, la cual se desarrolló durante la posguerra y consistió en la incorporación de fertilizantes, semillas de alta productividad, agroquímicos, tractores, cosechadoras, etc., encadenados en forma de "paquete", o sea, que equivale a formas integradas y controladas de aplicación de estos insumos con el fin de aumentar la productividad.

La Revolución Verde, en una primera instancia, representa una de las principales direcciones de los capitales, destinados a transplantar productos de otras regiones, a climas tropicales y subtropicales, "a través de la difusión internacional de las técnicas de investigación agrícola, marca una mayor homogeneización del proceso de producción agrícola en torno de un conjunto compartido de prácticas agronómicas y de insumos industriales genéricos" (Goodman, Sorj y Wilkinson, 1990: 34).

En una etapa más actual se desarrolló la combinación entre el capital agrario y el capital industrial lo que originó los complejos agroindustriales, por medio de los cuales se consolida la modernización e industrialización de la agricultura, como un espacio donde se configura el avance de las relaciones capitalistas en la agricultura, y por ende situación donde se materializa la subordinación definitiva del trabajo al capital (Tubío, 1998).

En definitiva, nos encontramos a fin de siglo con un nuevo escenario agrario latinoamericano en el cual Uruguay no escapa de las generalidades, las cuales se podrían resumir en: agroindustrialización de la producción que vincula a los países con el mercado externo y a la problemática que esto atañe; transnacionalización del capital a diferencia de la aplicación de capitales nacionales en el proceso substitutivo de importaciones; aceleración en el ritmo de los cambios tecnológicos y de las herramientas difusoras de los mismos. El actor emergente que llevó adelante estos cambios es el empresario agrario vinculado a los complejos agroindustriales. Y por otro lado, la contracara de estas transformaciones se expresa en la exclusión de los agricultores familiares y la constitución de los trabajadores asalariados rurales en un sector empobrecido (Piñeiro, 1998; Gómez y Klein, 1993; Kay, 1997; Tubío, 1998).

Por último, pensamos que Kay resume de manera concisa los fenómenos desarrollados anteriormente, señalando que los mismos, más allá de caracterizar al agro latinoamericano, no significan que se hubieren desarrollado homogéneamente sino que han presentado sus matices en los diferentes países. Kay agrega lo siguiente: "El incremento del paso de las transformaciones capitalistas en el medio rural, junto a los cambios en la estructura de tenencia de la tierra, seguidas por las reformas y las contrarreformas agrarias, han reestructurado las relaciones técnicas y las relaciones sociales de producción. Sumándosele a lo anterior, la influencia que ha tenido la expansión y dominio de las agroindustrias seguidas del crecimiento de la agricultura de exportación, en la reconfiguración de los mercados de trabajos rurales y en las relaciones de producción en varios de los países latinoamericanos" (Kay, 1997: 8).

Modernización agraria

Existe un amplio consenso técnico y académico en que el agro uruguayo ha sufrido en las últimas tres décadas una profunda transformación productiva a raíz de la introducción de nuevos rubros de producción y de una creciente integración agroindustrial, lo que derivó en una acelerada incorporación de cambios tecnológicos. Este proceso ha sido designado por varios investigadores como un proceso de modernización agraria[1]. Sin embargo, este fenómeno presenta la característica particular de haberse desarrollado fuera del sector tradicional de producción de carne y lana, el cual ha mantenido esencialmente las mismas formas de producción desde mediados de siglo, lo que ha generado, salvo algunas variaciones estacionales, su estancamiento de largo plazo (Riella et al., 1999).

Este doble movimiento del sector ha sido caracterizado como una situación de estancamiento dinámico, donde los sectores agroindustriales aportan el dinamismo al sector mientras la ganadería de carne y lana mantiene su producción global estancada. Sin embargo, este contexto de estancamiento dinámico no ha significado un freno para la modernización agraria en el medio rural, la cual ha generado severas transformaciones en la estructura agraria, en el mercado de empleo, en los grupos sociales, en facciones y clases sociales vinculadas al sector. Estos cambios han producido una rearticulación de las interrelaciones entre la sociedad rural y la sociedad urbana, que ha dado lugar a lo que muchos analistas designan como una nueva ruralidad.

La profundidad de estos cambios ha puesto de manifiesto las relaciones existentes entre el desarrollo social y económico de las distintas regiones del país con la forma y magnitud en que se desarrollan en ellas los procesos de modernización agraria. A pesar de ello, son

---

1 Se define la modernización agraria según Piñeiro (1991).

muy escasos los estudios que se han preocupado por esta temática, y los que se han realizado han tenido un énfasis sectorial, por lo que no alcanzan a dar cuenta en forma exhaustiva de las relaciones entre la modernización agraria y el desarrollo social de las distintas regiones del país donde se dan estos procesos (Riella et al., 1999).

Estos procesos de transformaciones agrarias se inician en la década del setenta cuando los rubros ligados a las cadenas agroindustriales comenzaron a recibir un fuerte apoyo estatal en el marco de una política destinada a fomentar las exportaciones no tradicionales. En estas circunstancias, los rubros como el arroz, la soja, la cebada cervecera, el citrus, la lechería, y recientemente la forestación, recibieron fuertes inversiones en materia agroindustrial, en bienes agrícolas, en sistemas de investigación y transferencia tecnológica, logrando incrementar en forma sostenida la productividad del suelo y del trabajo.

Este apoyo de parte del Estado por medio de la dictadura iniciada en 1973 promueve con mayor énfasis un nuevo modelo socioeconómico que buscaba crear las condiciones para restaurar la acumulación del capital, la cual sufrió serias dificultades en los años anteriores. Astori (1981) señala que durante el período 1974-1981 se caracterizó por el reajuste de las condiciones de producción y distribución de los lucros obtenidos y por la reinserción del país en el mercado mundial. El modelo neoliberal tuvo éxito en sus primeros seis años al dinamizar la economía del país, la cual estuvo estancada durante la década anterior. El desarrollo económico medido a través del producto bruto interno creció durante ese período un 5%, porcentaje mayor al 0,3% del período 1961-1968 y al 1,9% del período 1968-1973 (Macadar, 1981).

Este crecimiento no se apoyó en la agricultura, sino en la construcción, la industria y el comercio. Como se mencionó, también ocurrieron cambios en la forma de inserción del Uruguay en el mercado mundial. Las exportaciones aumentaron durante este período, de 382 millones de dólares en 1974 a 1.058 millones de dólares en 1980, superándose así la tradicional barrera de los 200 millones de dólares de exportaciones de los años anteriores, que se apoyaban en la carne y la lana.

El crecimiento de las exportaciones se sustentó en los productos no tradicionales[2], que representaron el 38% del total de las exportacio-

2 Los ítems tradicionales son considerados la carne y la lana; los no tradicionales serían todos los demás.

nes de 1974, y pasaron a representar el 60% seis años después (Macadar, 1981: 291). Las importaciones también crecieron entre 1974 y 1980: para 1974 el valor aproximado fue de 400 millones de dólares y para 1980 el valor fue de 1.027 millones de dólares, lo que provocó un déficit considerable en la balanza comercial (Macadar, 1981: 294).

El aumento de las importaciones se generó en la disminución de las barreras aduaneras, en la disparidad cambiaria entre el peso y el dólar (el valor del peso era mayor que el del dólar), y la dependencia en la compra del petróleo (Piñeiro, 1985). En este sentido afirma Piñeiro: "El déficit en la balanza comercial se incrementó por el pago de 'royalties' e intereses, y especialmente debido al pago de intereses y amortizaciones de la deuda externa, haciendo que la balanza de pagos fuese fuertemente negativa. Este déficit se compensó con nuevos créditos de bancos privados, del Fondo Monetario Internacional y del Banco Mundial. La deuda externa medida en dólares corrientes aumentó tres veces entre 1973 y 1980, llegando en este último año a un récord de 2 mil millones de dólares" (Macadar, 1981 citado en Piñeiro, 1985: 68).

Otra de las características durante este período es el aumento de la importancia del sistema bancario y financiero. Los bancos e instituciones similares crecieron favorecidos por los lucros obtenidos gracias a la diferencia entre las tasas pasivas y activas de los intereses aplicados sobre el capital. Entre los instrumentos de la política macroeconómica utilizados, el mecanismo de sobrevalorizar el peso nacional con relación al dólar vía el control del tipo de cambio fue uno de ellos. Desde 1978 hasta 1982 fue utilizada esta herramienta administrativa cambiaria, lo que provocó la sobrevalorización del dólar. En un inicio la diferencia era pequeña pero llegó a ser importante en 1982, lo que ocasionó importantes consecuencias en la economía nacional, con especial énfasis en la agropecuaria.

Astori (1981) indica que posiblemente se podría haber conseguido uno de los principales objetivos del nuevo modelo: la tasa de retorno del capital invertido, el cual creció durante este período. La tasa media de retorno creció de 5,4% en 1973 a 8,7% en 1979 (Piñeiro, 1985). El retorno del capital fue favorecido por la pérdida de los salarios medido en términos constantes. Tomando los salarios de 1970 como base 100, diez años después el valor real de estos era del 57% (Melgar, 1981). De forma semejante, Faroppa (1982) estimó que el aumento de la tasa de retorno sobre el capital invertido se favoreció gracias al empobrecimiento de los trabajadores asalariados.

En definitiva, el proceso de modernización agraria se intensifica y se ve promovido desde el Estado al consolidarse y desarrollarse un nuevo modelo de acumulación basado en la política neoliberal. Este nuevo contexto genera fuertes impactos a los actores que crecieron y se consolidaron en el anterior modelo social y económico, y también plantea un nuevo marco en el agro uruguayo, con nuevos actores y consecuencias sociales y económicas.

¿Qué es ser joven? ¿Y rural?

Con frecuencia el término "juventud" se utiliza genéricamente, asociándose a grupos de edad particulares o a una etapa específica del ciclo vital, que presenta características comunes en todas las poblaciones. En realidad, la juventud de un territorio, un país o una región, se compone de sectores y grupos heterogéneos, con condiciones de vida desiguales y con diversas formas de apropiación del medio natural, cultural y social.

Hay condiciones estructurales para que esto ocurra, como la distribución asimétrica del gasto público al interior de las sociedades, que hace que las oportunidades de educación, empleo y salud sean desiguales entre jóvenes de distintos territorios. Pero en la naturaleza heterogénea de la juventud entran en juego otros factores como la subjetividad, el sustrato étnico-cultural, el género, la pertenencia a un estrato socioeconómico dado y el contexto histórico generacional e intergeneracional de cada joven. Así, por ejemplo, ser joven, y ser un joven del medio rural, es una condición particular, que no viven igual jóvenes rurales inclusive de un mismo país.

Cuando hablamos de juventud queremos hacer referencia a la etapa de la vida que empieza con la pubertad y termina con la asunción plena de las responsabilidades y la autoridad del adulto, es decir, cuando asumen la jefatura de un hogar económicamente independiente tanto por el hombre como por la mujer (Durston, 1998). Por ello decimos que la juventud se define por las oportunidades de participación en la sociedad. La existencia o ausencia de oportunidades para los/as jóvenes define la manera en que desempeñan roles, así como sus posibilidades de adquirir, reforzar o ampliar habilidades básicas para la inserción laboral y el desenvolvimiento en el contexto cultural, social y político. En este sentido, la juventud constituye un cultural, social y político. En este sentido, la juventud constituye un proceso de transición hacia la edad adulta, donde las personas se insertan a las actividades productivas adquiriendo paulatinamente más responsabilidades (IICA, 2000).

Una etapa en la cual aumenta progresivamente el trabajo en la jornada cotidiana, y disminuye el juego, mientras que el aprendizaje llega a su auge para posteriormente comenzar a decrecer (Durston, 1998).

Las normas, valores, prácticas relacionales, y en general la visión de mundo de los jóvenes, parten de los referentes culturales particulares del grupo social donde estos viven el proceso de socialización. El ser joven se da en espacios institucionales centrales como la familia, la escuela, el colegio y/o lugar de trabajo, y en núcleos más informales pero muy influyentes, como el grupo de amistades. A manera de múltiples espejos, la visión que el joven construye de sí mismo tiene relación con la forma en que mira la sociedad, y esta, a la vez, se refleja en sus jóvenes con toda su fuerza contradictoria.

En este sentido, y apoyándonos en la conceptualización de Durston, entendemos que se deberían tomar tres procesos distintos y simultáneos que influyen unos a otros en la conformación del joven: el ciclo de vida de la persona; la evolución cíclica del hogar en que la persona vive; y las relaciones intergeneracionales e intrageneracionales, que surgen en gran medida de la interacción entre el ciclo de vida del hijo/a y el de la evolución de su hogar de socialización.

Cabe señalar que estas dimensiones conceptuales son presentadas a manera de esbozo teórico del concepto, y nos permitirán guiar e interpretar los resultados empíricos. En particular, nuestra investigación dará cuenta en especial de las relaciones intergeneracionales en lo que respecta a la transferencia de la propiedad de la tierra y la conformación de la nueva generación de productores impactados por el proceso de modernización agraria impulsado en la década del setenta.

En este sentido, se ha señalado al conflicto intergeneracional como una de las causas de la invisibilización del aporte de la población joven al funcionamiento de la sociedad. La subordinación del joven se relaciona al esquema patriarcal-autoritario en el cual el ejercicio del poder, por parte de las generaciones adultas, invisibiliza sus aportes y su potencial. Si bien el sistema patriarcal es un factor que incide directamente en la invisibilización de los jóvenes, esta se revela como multicausal. La desigualdad estructural de las sociedades y la inequidad en la distribución de la riqueza social crea condiciones para la exclusión sistemática de sectores sociales que se realiza por uno u otro medio (IICA, 2000).

El joven rural presenta condiciones objetivas y subjetivas, características socioculturales que lo distinguen de otro joven. En este sentido, los jóvenes rurales se plantean estrategias de vida en el presente y para el futuro que estarán orientadas por el contexto socioeconómico-productivo y cultural del espacio social del cual forman parte. Pero también el hogar juega su papel. Es por ello que entendemos al mismo como la unidad doméstica, de residencia y consumo, que cuenta con un solo presupuesto familiar y donde se suele cocinar y comer juntos, el cual posee un proceso de creación, ampliación, escisión y declinación (Durston, 1998).

En este sentido, se conceptualiza a la familia como: "el sistema social más propicio para la actualización, cuidado, impulso y tratamiento comunicativo de la individualidad emocional a través de las relaciones cálidas, íntimas, privadas y amorosas que caracterizan su operatoria" (Rodríguez, 1997). Al continuar reflexionando por esta línea, pensamos que la conformación de la familia rural conlleva a la estratificación de los roles a desarrollar por sus integrantes, en donde las funciones económicas continúan siendo motor funcional en la estructuración de la familia como sistema social base.

En el hogar rural, la determinación de una estrategia común es el resultado de una interacción y una transacción entre los intereses divergentes de sus miembros. Ante las características de la unidad productiva, ya sea de perfil empresarial familiar, productor familiar o campesino, estarían asociadas al ciclo de desarrollo del hogar y en especial con el ciclo de vida del jefe del hogar/unidad productiva. Por lo cual, a medida que avanza la evolución cíclica del hogar, el jefe del hogar/unidad productiva controla cada vez más recursos, lo que es legitimado socialmente y culturalmente por los miembros del hogar, incluidos los hijos jóvenes, aunque sus intereses presionan en la toma de decisiones sobre la distribución de los factores productivos, siendo uno de ellos la tierra (Durston, 1998).

Durston agrega al respecto: "predomina la tendencia a que a medida que avanza el ciclo de vida del jefe, en el ciclo de desarrollo del hogar aumenta paulatinamente tanto el número de miembros como la relación entre trabajadores activos y dependientes; en consecuencia, también tiende a incrementarse la cantidad de tierra poseída" (Durston, 1998: 11).

En definitiva, podemos resumir que el objetivo prioritario del jefe de hogar/unidad productiva joven es el de la subsistencia/consumo; el de mediana edad se centra en la acumulación/capitalización; y finalmente, el jefe mayor da prioridad al objetivo de maximizar su prestigio, sobre la base de una combinación de riqueza, poder, generosidad y servicio, mientras que entre aquellos jóvenes que no poseen tierra la presión intergeneracional es la de poder acceder a la misma y conformar su hogar o aumentar sus activos educativos (en especial las mujeres) y emigrar a los espacios urbanos.

La etapa de la juventud es una etapa de especial tensión intergeneracional, en donde los intereses del jefe del hogar/unidad productiva (mayor de 30 años) presentan la posibilidad de iniciar un ciclo de posible acumulación y alejamiento de la pobreza al contar con la fuerza de trabajo de sus hijos/as mayores, nueras y yernos. Coincide en el tiempo con el de máximo interés de los hijos/as en concretar y adelantar la ruptura de esa relación de dependencia y control, a lo que se suma el interés de los jóvenes por el cambio cultural y por las nuevas posibilidades de poder económico independiente que abren la educación y el trabajo asalariado.

Durston en este sentido agrega: "La creciente tensión entre las nuevas oportunidades y el predominio tradicional de la estrategia de vida del jefe masculino también explica el hecho de que la mujer joven campesina opte ahora cada vez más por buscar trabajo remunerado o educarse e ir a la ciudad a desempeñar funciones, preferentemente no manuales" (1998: 12).

Estas situaciones de conflicto presentan en la tierra uno de sus principales activos, por los cuales la generación nueva confronta sus intereses con la anterior, pero también denotan el tipo de desarrollo en el medio rural que posibilite la sustentabilidad del mismo. Con ello queremos decir que muchos jóvenes se encuentran dispuestos a desarrollar sus estrategias de vida en el medio rural y que no pueden formar su hogar, y por lo tanto se les vuelve imposible materializar tales estrategias. En muchos de los casos por la escasa renovación generacional en la propiedad de la tierra; por la falta de acceso a líneas de créditos destinadas a los jóvenes rurales y políticas públicas destinadas a su promoción social; y, por último, se agrega la emigración juvenil al medio urbano, en especial de las mujeres.

Una mirada treinta años después

Los datos que se presentan a continuación son producto de la información recabada y organizada en bases de datos, tomando como principales fuentes los censos agropecuarios de 1970, 1980 y 1990. Lamentablemente no se pudieron integrar al análisis los resultados del censo agropecuario del año 2000, dado que no estaba finalizado el procesamiento de los mismos. Por otra parte, se tomó en cuenta el último Censo de Población, Vivienda y Hogares de 1996 y de 1985 para el análisis de la Población Económicamente Activa, en especial de la situación de los jóvenes rurales, y nos encontramos con la imposibilidad de comparar dichas fuentes dado los disímiles criterios de clasificación entre 1985 y 1996, por lo que se optó por describir la situación más reciente. Posteriormente sí se pudo acceder e incluir en el análisis la primera Encuesta de Hogares Rurales efectuada a la población que habita en localidades con menos de 5 mil habitantes en el año 2000, encuesta esta que integra a la población no tenida en cuenta en la Encuesta Continua de Hogares. Esta información fue muy útil para observar y analizar las condiciones sociales en las regiones rurales y rural-urbanas.

De todas maneras, el diseño de la investigación se planteó comparar dos momentos del problema y de sus efectos en las unidades territoriales. El primer momento nos indicará la situación al inicio del proceso de las transformaciones productivas, que se construirá con los datos estadísticos disponibles para la década del setenta. El segundo momento nos indicará la situación al final del proceso. La medición se construirá con los datos estadísticos disponibles para la década del noventa. En este sentido se pudo analizar la evolución de la distribución estructural del factor productivo "tierra", y posteriormente caracterizar el mercado laboral y las condiciones sociales por regiones del país. La utilización de estas fuentes de información, aunque variadas, nos posibilitó tener una visión a lo largo de los últimos treinta años del proceso de modernización agraria promovido fuertemente a principios de la década del setenta, y sus impactos en la sociedad rural uruguaya en especial entre los jóvenes.

Tendencias en la estructura agraria

La información que se presenta a continuación en el cuadro de evolución de la estructura agraria confirma que los cambios productivos y económicos provocaron severas modificaciones en la estructura de distribución social de la tierra. Estas transformaciones han sido objeto de investigaciones sociológicas que muestran que el proceso de modernización imprime una lógica de concentración de los recursos productivos generando una fuerte diferenciación entre los pequeños y medianos productores, castigando en especial a la producción familiar, derivando en la exclusión de la mayoría de estos productores del proceso de modernización.

Como resultado la estructura agraria se modificó considerablemente, reduciéndose el número de establecimientos en casi un 30% (28,96%) entre 1970 y 1990. En términos absolutos desaparecieron en el período 22.729 predios, en su totalidad productores con menos de 200 ha, pero sin embargo no se produjo un cambio importante en la distribución de la tierra por estratos.

Cuadro 1

Número de explotaciones agropecuarias por tamaño de la explotación y superficie explotada

Tamaño de la explotación (en ha)	Nº explotaciones			N° explotaciones en %			Superficie explotada%		
	1970	1980	1990	1970	1980	1990	1970	1980	1990
- 200	62.842	53.893	40.113	81,4	78,8	73,1	13,1	13,1	11,4
200 a 999	10.360	10.574	10.673	13,4	15,4	19,4	28,5	30,3	31,1
1000 y +	3.961	3.895	4.030	5,1	5,6	7,3	58,4	56,6	57,5
TOTAL	77.163	68.362	54.816	100	100	100	100	100	100

Fuente: Censo General Agropecuario 1970, 1980 y 1990.

Concomitantemente con estos cambios y como parte del mismo movimiento, se producen alteraciones importantes en el empleo rural y en el mercado de trabajo de este sector. Los estudios sobre las transformaciones en el empleo rural son muy escasos y no profundizan sobre la magnitud y características de sus transformaciones. Pero en general coinciden en que el empleo rural ha sufrido importantes cambios en las últimas décadas, relacionados con un aumento de la asalarización, de la zafralidad, de la precarización; una creciente urbanización y feminización de la fuerza de trabajo; una disminución de los trabajadores familiares; y una creciente *farmerización* de un sector de los productores familiares (Buxedas, 1988; Latorre, 1993; Riella y Tubío, 1997; Piñeiro, 1998; Kay, 1997).

Ahora, entendemos a la estructura agraria como la composición entre productores y propiedad de superficie de hectáreas de tierras para la producción agropecuaria. Dichos productores son ordenados en diferentes estratos, lo que nos facilitará conocer la evolución y comportamiento de los productores en los estratos que se presentan. Lo que se observa a continuación es la representación gráfica desde la década del setenta a la del noventa del proceso en la composición de la misma.

Gráfico 1

Evolución de la estructura agraria del Uruguay 1990-1970

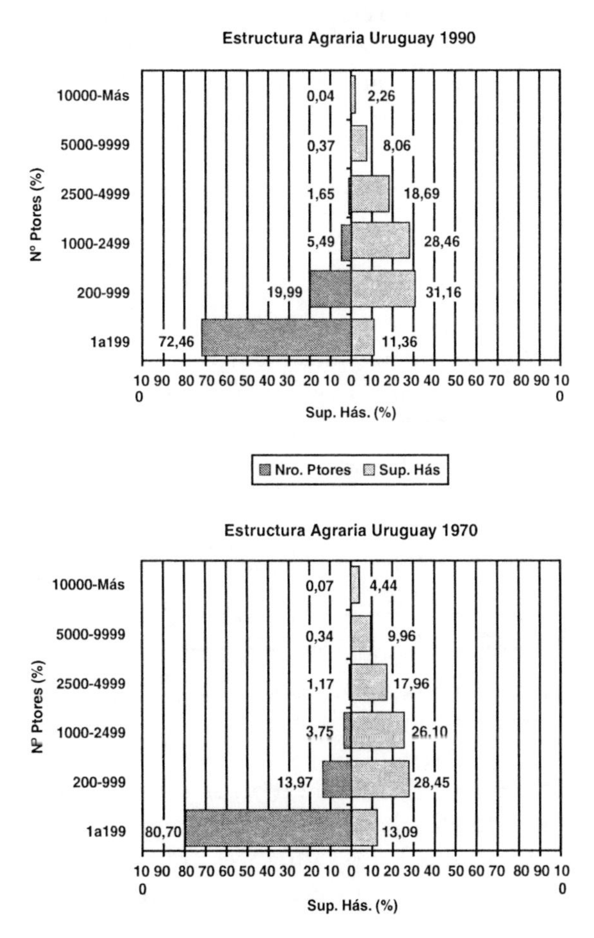

Estos gráficos nos presentan el proceso de transformación en la estructura agraria uruguaya. Por un lado la pérdida de productores de los estratos con menores superficies para las actividades agropecuarias, y por otro el aumento en número de productores y cantidad de superficie de tierras del estrato entre las 200 y 999 ha, el cual denominaremos estrato mediano. Es decir, se desarrolló una medianización en la propiedad de la tierra por los productores.

Ahora, también se aprecia que en veinte años el estrato que posee las mayores superficies de tierra (de 5 mil ha y más) se ha mantenido prácticamente inalterado, lo que también habla del impacto del proceso modernizador.

Se ha podido observar la situación de la estructura agraria en el Uruguay desde 1970 a 1990 según los últimos censos agropecuarios. Ahora observemos los datos referentes a 1997 según las declaraciones juradas de los productores al momento de informar su situación productiva al Ministerio de Ganadería, Agricultura y Pesca. Cabe señalar que esta información permite estimar la tendencia de la situación lo más actualizada posible mientras se esperan los datos finales del Censo Agropecuario 2000, pero no cubre a todos los productores agropecuarios del país.

Cuadro 2

Número de explotaciones agropecuarias por tamaño de la explotación y superficie explotada para 1997

Tamaño de la explotación (en ha)	N° explotaciones en absolutos	N° explotaciones en %	Superficie explotada %
	1997	1997	1997
- 200	30674	67,5	11
200 a 999	11028	24,2	38
1000 y +	3765	8,3	51
TOTAL	45467	100	100%

Nota: no han sido incluidos los productores lecheros en el universo del estudio.
Fuente: DIES, con base en DICOSE 1997.

En líneas generales se mantiene la tendencia observada para 1990, pérdida acentuada de los productores con menores superficies de tierra, mantenimiento de los productores con las mayores superficies de tierra, y aumento de los productores medianos, es decir, la estructura agraria tiende a "medianizarse" sobre la pérdida de los "pequeños" productores.

Este panorama de la estructura agraria ilustra acerca de los impactos generados por el proceso modernizador sobre los cuales se articulan los diferentes actores sociales productivos, como por ejemplo en el mercado de empleo.

En este sentido, el mercado de empleo rural presenta situaciones complejas debido a su creciente heterogeneidad y segmentación, producto de la combinación de un mercado de empleo vinculado a la ganadería de corte tradicional y otro asociado a los cultivos agroindustriales de características modernas. Las condiciones del primero no han variado sustancialmente en este siglo, representando claramente el segmento tradicional del mercado de empleo, mientras que los rubros agroindustriales representarían el segmento moderno, introduciendo nuevas pautas en las formas de relación entre empleado y empleador, en las formas de contratación, en la deslocalización de los trabajadores y en la introducción de relaciones más universalistas, las cuales permiten, entre otras cosas, una mayor propensión asociativa de estos.

En resumen, la estructura agraria uruguaya ha sido impactada por el proceso modernizador en el sentido de haberse producido una pérdida significativa (casi 33% en treinta años) de los productores con menos superficie de tierra, un aumento de los productores con superficies medianas, y mantenimiento de los productores con las mayores superficies de tierras en su propiedad, lo que plantea un escenario de base sobre el cual se han producido transformaciones que se han vinculado a cambios en otros escenarios, como el mercado laboral.

La distribución territorial del proceso de modernización agraria

El análisis de esta información no busca describir en forma minuciosa y en detalle las transformaciones agrarias que se han dado en cada uno de los departamentos en los veinte años que abarca el estudio. Más bien trata de bosquejar las grandes tendencias para establecer relaciones con la variación de algunas de las variables centrales de la estructura social agraria e intentar realizar proyecciones sobre el presente. Para esta aproximación se seleccionó un grupo de rubros indiscutidamente vinculados a los procesos de modernización, analizándose las variaciones en la superficie dedicada a los cultivos y la de su productividad por hectárea en cada uno de los departamentos. Con esta información se construyó un índice que señala el grado de avance de los procesos de modernización en cada departamento. Este índice no tiene la pretensión de exhaustividad y precisión de un análisis agronómico, sino que busca aprehender las tendencias generales que, como señalan los estudios sociológicos, pueden estar asociadas a cambios sociales en las regiones rurales (Riella et al., 1999).

Se puede constatar que lo que designamos como procesos de modernización, medidos a través de indicadores indirectos de productividad y superficie de los cultivos no tradicionales vinculados a los nuevos CAI dinámicos, son en términos territoriales poco extendidos, ya que ocuparían aproximadamente un 15% de la superficie total del país. Este peso relativamente escaso en términos espaciales se combina además con una dispersión departamental importante que puede llevar a "disolver" sus impactos en la explotación ganadera de tipo extensiva dominante en casi la totalidad de los departamentos. Es de señalar que se considera en el análisis una de las dimensiones de la modernización agraria, en este caso lo que refiere a la productividad agrícola como uno de los "ejes" más expresivos de la implementación organizacional de la producción capitalista para el agro.

En segundo lugar analizamos las variaciones de la productividad de productos seleccionados en cada uno de los departamentos. Para la construcción de un índice de estas características la suba de la productividad es determinante, ya que el aumento de la misma está asociado indisolublemente al concepto de modernización que buscamos medir. Por esta razón realizamos un indicador que nos muestra el porcentaje que cada departamento representa de la variación de la productividad total de cada uno de los cultivos dinámicos seleccionados.

Como se puede observar en el Cuadro 3, encontramos para la variación de productividad la misma situación de heterogeneidad que para la variación de la superficie. Hay departamentos donde aumentó la productividad de todos los productos en que participa y otros donde la situación es a la inversa, descendiendo la productividad de todos los productos incluidos en el índice de los cuales participa, mientras otros departamentos se encuentran en distintas situaciones intermedias. En función de ellos construimos también tres grupos, uno con aquellos cuya productividad global aumentó en el período, aquellos cuya productividad global se mantuvo, y un tercer grupo en el que la productividad de estos rubros disminuyó.

Si ahora combinamos los dos criterios utilizados hasta el momento, superficie y productividad, logramos una buena aproximación a los avances del proceso de modernización de cada uno de los departamentos. En base a estos dos criterios podemos realizar una tipología en la cual podemos ubicar los departamentos que han tenido un alto nivel de proceso de modernización en relación a la media nacional. Los que se han comportado en relación semejante a ella se considerarán como moderadamente modernizados; y los que están por debajo del promedio, como de bajos niveles de modernización en estos veinte años analizados.

Cuadro 3

Índice resumen de variación de la productividad de los rubros seleccionados	Matriz resumen de la variación de productividad y superficie de los rubros seleccionados		
	Aumento	Sin mayor variación	Reducción
Aumento de la productividad	T. Tres	Colonia San José Rocha	Soriano Río Negro Salto Paysandú
Manutención de la productividad	Rivera C. Largo Artigas		Flores Florida
Reducción de la productividad		Tacuarembó Canelones Lavalleja Maldonado	Durazno

Como vemos, no existe una gran coincidencia entre aquellos departamentos que aumentaron la superficie de los cultivos y además registraron en esos veinte años un aumento significativo de la producción. La modernización parece estar asociada a un aumento de la productividad y en menor medida al aumento de la superficie, aunque ambos procesos no parecen darse de manera conjunta.

Este cuadro nos permite observar la combinación de los dos criterios que hemos seleccionado para intentar medir el grado de modernización del sector agrario de cada uno de los departamentos del país. Como se puede observar, si bien encontramos un aumento de la productividad en ocho departamentos, tan sólo en uno de ellos esto se dio con aumento de la superficie para los veinte años estudiados. En general se observa que la modernización operó aumentando la productividad y sustituyendo la superficie de unos cultivos por otros, lo que llevó a una reducción total del área dedicada a la agricultura y mejoras forrajeras, como ya se destacó en la información a escala nacional.

El grupo de departamentos que mantuvo la productividad promedio en los últimos veinte años se caracteriza por dos tipos de modalidades internas respecto al uso del suelo: un grupo aumentó la superficie dedicada a los cultivos, mientras que el otro grupo mantuvo la productividad y redujo el área. Es claro que el movimiento de cada uno de los departamentos depende de las características de los rubros que explican su comportamiento. Mientras el grupo que aumentó la superficie está vinculado al arroz o la forestación, el otro grupo está dedicado principalmente a la producción de granos y de leche.

El último grupo representa claramente a los departamentos más estancados sectorialmente, donde lo que predomina es el mantenimiento del área con una reducción del índice de la productividad. Esto da la imagen de que este conjunto de departamentos ha caído en una situación de letargo durante los años que abarcan estos indicadores

Aunque no es el objetivo a desarrollar en este trabajo, aparece como muy obvio que esta tipología refleja indirectamente dinámicas regionales. Los departamentos con aumento de la productividad y reducción de la superficie representan la región Litoral del país, mientras que los que han reducido su productividad y mantenido o reducido su superficie se ubican cercanos al Centro-Sur del país. El grupo que aumentó la superficie de los cultivos dinámicos es el de los departamentos fronterizos con el Brasil. Podemos considerar que los "recortes" territoriales mencionados de acuerdo al perfil productivo indicarían que el territorio forma parte de un proceso de construcción social, y la dimensión económica de la producción sería un primer acercamiento a dicho proceso.

Por último, esta tipología tiene la limitante de tratar en forma simultánea un conjunto de procesos socio-económicos que pueden indicar tendencias diferentes, llevando a neutralizar sus efectos. Sin embargo, nos da la posibilidad de avanzar, al menos parcialmente, en nuestro intento de analizar los impactos de la modernización en el territorio, de poder evaluar si realmente los cambios producidos en la estructura agraria y en el empleo rural a nivel departamental pueden ser explicados por su grado de modernización (Riella et al., 1999).

Principales características de la PEA juvenil rural

A continuación se observan los últimos datos acerca de la Población Económicamente Activa según el Censo de Población, Hogares y Vivienda de 1996. La construcción de intervalos de edad diferentes impidió la comparación de los datos para poder observar la evolución de los jóvenes rurales y su relación con el mercado de empleo en estos últimos diez años. Más allá de esta situación, consideramos de importancia describir esta última "fotografía general" de la realidad social del mercado de empleo rural para dimensionar el problema al cual hacemos referencia.

Cuadro 4

Los jóvenes rurales en la PEA
Censo de Población, Hogares y Vivienda 1996[3]

	Jóvenes de 12 a 30 años	Más de 30 años	TOTAL
PEA AGROPECUARIA	56.861 (12%)	99.993 (11%)	156.854 (11%)
Resto de la PEA	381.440 (78%)	728.196 (79%)	11.096.636 (79%)
TOTAL	486.837 (100%)	927.168 (100%)	1.414.005 (100%)

Como se puede apreciar de acuerdo al último Censo de Población, Vivienda y Hogares de 1996, la PEA agropecuaria representa el 11% de la PEA total. Mientras que los jóvenes en total representan el 34,4% de la PEA total, los jóvenes rurales representan el 12% al interior de la PEA total de jóvenes. En tanto que los mayores de 30 años representan el restante 65,6% de la PEA total, al interior de dicho tramo etario los que provienen de la PEA agropecuaria representan el 11%. En resumen, tanto los jóvenes como los mayores representan porcentajes similares al interior de sus respectivos tramos etarios de la PEA. Cuando se observa al interior de la PEA agropecuaria, los jóvenes representan el 36% (56.861) de la misma mientras que los mayores de 30 años el restante 64% (99.993).

---

3 Excepto quienes buscan trabajo por primera vez.

Cuadro 5

Los jóvenes rurales en la PEA[4] agropecuaria según rama de actividad

Censo de Población, Hogares y Vivienda 1996

Rama de Actividad	Jóvenes de 12 a 30 años	Más de 30 años	TOTAL
Agricultura, caza, silvicultura y pesca	0,001%	0,001%	2 (0,001%)
Agricultura y caza	0,001%	0,001%	11 (0,001%)
Producción agropecuaria	16,0%	21,0%	29.850 (19,0%)
Cultivo árboles frutales-hortalizas	27,0%	28,0%	43.330 (28,0%)
Cría ganado, aves y otros	32,5%	42,0%	60.805 (29,0%)
Servicios agrícolas	2,5%	2,4%	3.928 (2,5%)
Caza (no deportiva) y repoblación de animales	0,001%	0,001%	23 (0,001%)
Silvicultura y extracción de madera	0,001%	0,001%	4 (0,001%)
Silvicultura y recolección de madera cultivada	3,9%	2,2%	4.557 (2,9%)
Extracción y talado de madera	2,4%	1,4%	2.829 (1,8%)
Pesca	0,001%		1 (0,001%)
Pesca de altura y costera	1,1%	1,3%	2.016 (1,2%)
Pesca N.E.P. (criadero)	0,001%	0,001%	159 (0,1%)
TOTAL	56861 (100,0%)	99993 (100,0%)	156.854 (100,0%)

Se pueden apreciar del cuadro anterior tres principales ramas de actividad en las cuales se concentra aproximadamente el 75% de PEA agropecuaria. En este sentido, dichas ramas serían según el orden del peso porcentual de mayor a menor: cría de ganado, aves y otros; cultivo de árboles frutales y hortalizas; y por último, producción agropecuaria.

Los jóvenes rurales trabajan mayoritariamente en la rama de actividad de cría de ganado, aves y otros (32%). Le sigue la rama de cultivo de árboles frutales y hortalizas (27%) y, en tercer lugar, la rama de producción agropecuaria (16%). Mientras que los mayores de 30 años trabajan en el mismo orden de importancia pero con distintos pesos porcentuales en cada rama de actividad, en cría de ganado, aves y otros un 42%; en cultivo de árboles frutales y hortalizas un 28%; y en producción agropecuaria un 21%, totalizando un 91% de la actividad de los mayores en estas tres ramas de actividad.

En resumen, existen tres ramas de la actividad que concentran el trabajo en el medio rural uruguayo pero con una distribución etaria diferente: mientras que en los mayores de 30 años se concentra homo-

4 Excepto quienes buscan trabajo por primera vez.

géneamente el trabajo en dichas tres ramas, entre los jóvenes existe una mayor diversificación laboral y búsqueda de trabajo por primera vez, la cual es posible estimar en aproximadamente un 15%.

Cuadro 6
Los jóvenes rurales de 12 a 30 años
en la PEA según tipo de localidad
Censo de Población, Hogares y Vivienda 1996

	Localidades menores de 5.000 habitantes	Localidades mayores de 5.000 habitantes	TOTAL
PEA AGROPECUARIA	6418 (14,0%)	50443 (11,0%)	56861 (12,0%)
Resto de la PEA	31875 (66,0%)	349565 (89,0%)	381440 (78,0%)
TOTAL	45843 (100,0%)	440994 (100,0%)	486837 (100,0%)

En el presente cuadro se podrá apreciar la distribución territorial de los jóvenes rurales en el Uruguay según la PEA total.

En las localidades menores de 5 mil habitantes (lo cual también incluye el área rural o población rural dispersa) la PEA agropecuaria la componen jóvenes en un 14%, mientras que el restante 66% de los jóvenes desarrollan actividades fuera de esta. En las localidades mayores de 5 mil habitantes, los jóvenes en un 11% desarrollan actividades en la PEA agropecuaria, y el restante 89% de los jóvenes realiza actividades fuera de la PEA agropecuaria.

En definitiva, aunque podemos observar una leve tendencia al desarrollo de actividades agropecuarias entre los jóvenes pertenecientes a localidades menores de 5 mil habitantes, también se aprecia que en las localidades mayores de 5 mil habitantes los jóvenes desarrollan actividades agropecuarias pero en una tendencia decreciente, lo que coloca al concepto de lo rural no asociado exclusivamente a la actividad agropecuaria, sino que involucra los aspectos territoriales productivos y culturales.

Ahora, cuando se aprecia al interior de la PEA agropecuaria la distribución de los jóvenes de acuerdo a la distribución territorial, se observa que en las localidades menores de 5 mil habitantes el 11% (6.418) de los mismos realiza actividades agropecuarias, mientras que en las localidades mayores de 5 mil habitantes el 89% (50.443) desarrolla actividades de tipo agropecuario.

En resumen, en las localidades menores de 5 mil habitantes los jóvenes rurales participan en forma menos preponderante en la PEA agropecuaria, mientras que en las localidades mayores de 5 mil habitantes los jóvenes comienzan a tener un mayor peso. Al interior del grupo etario de los jóvenes, su mayor peso en la PEA agropecuaria se visualiza en las localidades mayores de 5 mil habitantes.

Cuadro 7

Los jóvenes rurales de 12 a 30 años en la PEA agropecuaria según rama de actividad y tipo de localidad Censo de Población, Hogares y Vivienda 1996

Rama de actividad	Localidades menores de 5.000 habitantes	Localidades mayores de 5.000 habitantes	Total
Agricultura, caza, silvicultura y pesca		0,001%	1 (0,001%)
Agricultura y caza		0,001%	6 (0,001%)
Producción agropecuaria	19,0%	15,5%	9.052 (16,0%)
Cultivo árboles frutales-hortalizas	38,0%	25,0%	15.138 (27,0%)
Cría ganado, aves y otros	39,0%	32,0%	18.508 (32,5%)
Servicios agrícolas	3,0%	2,0%	1.457 (2,5%)
Caza (no deportiva) y repoblación de animales	0,001%	0,001%	8 (0,001%)
Silvicultura y extracción de madera		0,001%	1 (0,001%)
Silvicultura y recolección de madera cultivada	10,0%	3,0%	2.268 (4,0%)
Extracción y talado de madera	5,0%	2,0%	1.392 (2,4%)
Pesca		0,001%	1 (0,001%)
Pesca de altura y costera	3,0%	0,1%	650 (1,1%)
Pesca N.E.P. (criadero)	0,001%	0,001%	54 (0,1%)
TOTAL	6.418 (100,0%)	50.443 (100,0%)	56.861 (100,0%)

Al momento de observar la distribución de la PEA agropecuaria de los jóvenes rurales se pueden apreciar tres principales ramas de actividad (cría de ganado, aves y otros; cultivo de árboles frutales y hortalizas; y producción agropecuaria) que concentran la mayoría de la actividad en las localidades menores de 5 mil habitantes, en tanto que entre las localidades mayores de 5 mil habitantes se presenta igual situación.

Se aprecia que las mayores diferencias entre las ramas de actividad se presentan en el cultivo de árboles frutales y hortalizas y la cría de ganado, aves y otros entre los tipos de localidades, y no es tan marcada la diferencia en la producción agropecuaria. Ante ello nos quedan señaladas ciertas especificaciones productivas de acuerdo a la distribución territorial de los jóvenes rurales, como así también la presencia llamativa de jóvenes rurales en localidades menores de 5 mil habitantes en la silvicultura y la extracción y talado de madera. Sobre esta última rama de actividad podemos observar la clara presencia de una actividad productiva del proceso modernizador del agro uruguayo como lo es la producción forestal, la cual estaría empleando fuerza de trabajo juvenil y asentando este tipo de producción en localidades menores de 5 mil habitantes.

En resumen, la distribución territorial de las actividades productivas de los jóvenes rurales parecería presentar ciertas especificidades en particular en lo que hace a la cría de ganado, aves y otros; producción de árboles frutales y de hortalizas, y la actividad forestal en localidades con menos de 5 mil habitantes, en tanto que en las localidades con más de 5 mil habitantes se presentan en menor porcentaje las ramas de actividad mencionadas, mientras que la producción agropecuaria no presentaría sustanciales diferencias en cuanto al espacio poblacional en donde se realice. Se podría considerar que la fuerza de trabajo juvenil se presentaría con mayor peso proporcional en aquellos territorios en donde ha sido mayor el proceso de modernización, como ser aquellos departamentos que producen árboles frutales y hortalizas.

Cuadro 8

Hogares particulares por presencia de carencias en las condiciones de vivienda según tamaño de la localidad Censo de Población, Hogares y Vivienda 1996

	Hogares particulares				Porcentaje de hogares con carencias
Tamaño de la localidad	**Total**	Sin carencias	Con carencias	Sin especificar	
Montevideo	397.574	350.190	46.291	1.093	11,7%
Interior	465.388	306.583	157.404	1.401	33,9%
Localidades > 10.000 hab.	268.117	205.678	61.530	909	23,0%
Localidades de 2.001 a 10.000 hab.	75.000	52.855	21.592	193	29,3%
Localidades < 2.000 hab.	40.417	21.702	18.175	04	45,0%
Área Rural	81.854	26.107	55.747	205	68,1%
TOTAL	**862.962**	**656.773**	**203.695**	**2.494**	**23,7%**

En el presente cuadro se observa la situación de hogares con carencias estructurales (Necesidades Básicas Insatisfechas, NBI) de acuerdo a su distribución territorial, lo que nos permitirá apreciar el contexto socioeconómico en donde se desarrolla el joven rural.

Para 1985 las regiones urbanas integradas por Montevideo e interior urbano (localidades con más de 10 mil habitantes) presentan los menores porcentajes de hogares con carencias estructurales, en tanto que en las localidades de entre 2.001 y 10 mil habitantes se observa aproximadamente el 30% de hogares con carencias, y lo que denominaremos regiones rurales comprendidas por localidades con menos de 2 mil habitantes y el área rural (población dispersa) presentan los mayores porcentajes de hogares con carencias con respectivos 45% y 68,1%.

En resumen, en la medida en que nos alejamos de las regiones urbanas tiende a aumentar el porcentaje de los hogares con carencias estructurales, con mayor énfasis en las áreas rurales de población dispersa donde más de las dos terceras partes de los hogares presentaban carencias estructurales.

Cuadro 9

Hogares particulares por presencia de carencias en las condiciones de vivienda según tamaño de la localidad Censo de Población, Hogares y Vivienda 1996

	Hogares particulares				Porcentaje de hogares con carencias
Tamaño de la localidad	**Total**	**Sin carencias**	**Con carencias**	**Sin especificar**	
Montevideo	425.280	383.950	36.630	1.700	9,4%
Interior	544.757	431.188	112.090	1.479	20,6%
Localidades > 10.000 hab.	325.600	277.772	46.934	894	14,5%
Localidades de 2.001 a 10.000 hab.	96.024	80.502	15.259	263	15,9%
Localidades < 2.000 hab.	47.871	36.875	10.877	119	22,8%
Área Rural	75.262	36.039	39.020	203	52,0%
TOTAL	**970.037**	**815.138**	**151.720**	**3.179**	**15,7%**

Para 1996, las regiones urbanas continúan presentando los menores porcentajes de hogares con carencias estructurales inclusive con un leve descenso de los mismos, en tanto que las regiones rurales continúan presentando los mayores porcentajes de hogares con carencias, pero a su vez sustancial descenso en el porcentaje de dichos hogares en especial en lo que hace referencia a las localidades con menos de 2 mil habitantes, las cuales logran descender 22,3% de hogares en dicha situación, mientras que los hogares del área rural logran descender aproximadamente un 16%. Por otra parte, los hogares de las localidades entre 2.001 y 10 mil habitantes logran descender un 13,4% de los hogares en la situación mencionada.

En definitiva, se mantiene la tendencia a lo largo de los diez años transcurridos entre censos de mejores condiciones estructurales en las regiones urbanas con relación a las regiones rurales, pero en las mismas se presentan sustanciales mejoras, en particular en aquellas localidades menores de 2 mil habitantes. Podríamos decir que la urbanización de dichas localidades ha redundado en una mejora estructural de sus condiciones de vida y del contexto socioeconómico para el desarrollo de los jóvenes rurales.

La distribución territorial de las condiciones sociales de los jóvenes rurales

Cuadro 10

Grupos de edades según NBI-al menos 1

Grupos de edades	NBI-al menos 1	NBS	Total
Niños	24,0%	26,3%	25,2%
Jóvenes	19,7%	20,8%	20,3%
Adultos	36,8%	37,3%	37,1%
Ancianos	19,6%	15,6%	17,4%
Total	**45,6%**	**54,4%**	**100,0%**

En el presente cuadro se puede observar en primer lugar que aproximadamente el 46% de los hogares en localidades con menos de 5 mil habitantes posee NBI. Entre los grupos con NBI se aprecia que los adultos y los niños serían los que presentan los mayores porcentajes. Ahora, al observar las diferencias entre los grupos etáreos con NBI y Necesidades Básicas Satisfechas (NBS), se presentan los ancianos como el grupo de edad con mayores diferencias entre las NBI y las NBS, lo que estaría indicando la "fragilidad" social de dicho grupo.

En resumen, la población que habita en localidades menores de 5 mil habitantes (lo que incluye población de área rural) se encuentra en alto porcentaje con NBI. Al observar los grupos de edades se presentan los ancianos como los de mayor "fragilidad" social, es decir, los que exhiben mayores porcentajes de NBI.

Cuadro 11

Regiones del Uruguay según NBI – al menos 1

Regiones	NBI-al menos 1	NBS	Total
Sur	30,6%	47,5%	39,82%
Centro-Sur	21,7%	22,5%	22,1%
Centro-Norte	26,6%	16,4%	21,0%
Norte	21,1%	13,7%	17,1%
Total	45,6%	54,4%	100,0%

Este cuadro exhibe la distribución de las NBI por regiones[5] y con al menos una NBI se presenta con mayor porcentaje la región sur, seguida de la centro-norte. Cuando se analiza por región, la situación es diferente.

Creemos necesario dejar señalado qué entendemos por NBI. Las definimos como aquellos requerimientos psicofísicos y culturales cuya satisfacción constituye una condición mínima necesaria para el funcionamiento y desarrollo de los seres humanos en una sociedad específica. Estos requerimientos se encuentran vinculados fundamentalmente a la nutrición, al abrigo y a la salud, aspectos para los cuales los umbrales de satisfacción presentan menores variaciones entre las distintas sociedades. Sin embargo, se consideran también como básicas otras necesidades que tienen que ver con la imagen colectiva de una sociedad en particular y lo que esta considera como formas de vida dignas[6].

En este sentido, el Método de las Necesidades Básicas Insatisfechas (MNBI) tal como se aplica en América Latina identifica concretamente la pobreza con no tener una vivienda de mínima calidad, vivir en condiciones de hacinamiento, no tener agua, servicios de drenaje, que los niños no puedan asistir a la escuela. Considera por lo tanto las políticas sociales que el Estado instrumenta para mitigar la pobreza y mediatizar contradicciones. Con esta finalidad el Estado

---

5 Regiones definidas por cercanía geográfica. Norte: Departamentos de Artigas, Rivera, Cerro Largo y Salto; Centro-Norte: Departamentos de Paysandú, Río Negro, Tacuarembó, Durazno y Treinta y Tres; Centro-Sur: Departamentos de Soriano, Flores, Florida, Lavalleja y Rocha; y por último, Sur: Departamentos de Colonia, San José, Canelones y Maldonado.

6 *Encuesta sobre el empleo, los ingresos y las condiciones de vida de los hogares rurales* (OPYPA-MGAP) septiembre de 2001.

imparte servicios como agua, drenaje, educación, vivienda. Esto significa dimensionar la presencia del Estado en un contexto latinoamericano de prescindencia del mismo en las políticas sociales. Entonces el MNBI considera el consumo real y la capacidad de satisfacer las necesidades básicas; permite llegar a un diagnóstico de la magnitud que tienen distintas carencias en los hogares, y en una sociedad; permite conocer las privaciones en vivienda, en servicios, en educación; se pueden elaborar mapas de pobreza con una disgregación geográfica muy detallada; y permite trazar con base en el cálculo de las NBI comparaciones nacionales, regionales y mundiales.

Ante lo mencionado se aprecia que en la región Sur el 35,1% de los hogares se encuentra con NBI; en la región Centro-Sur aproximadamente el 45%; en la región Centro-Norte aproximadamente el 58%; y en la región Norte, el 56%. Con problemas de NBI se señalan especialmente dos regiones, la Sur y la Centro-Norte, pero al tener en cuenta la situación de cada región serían la Centro-Norte y la Norte las que presentan mayores porcentajes de hogares con NBI.

En resumen, la opción por considerar al MNBI como indicador resumen de las condiciones sociales, en especial de los jóvenes, hace referencia al hecho de que dicha metodología indica las condiciones de vida desde un punto de vista de proceso y no de coyuntura, como podría ser el de la Metodología de Línea de Pobreza (MLP). Por otra parte, expresa las políticas sociales llevadas adelante por el Estado y el compromiso asumido socialmente ante el problema de la pobreza. Ante ello se aprecia que los problemas de NBI en el Uruguay tienen un impacto territorial diferenciado, en donde se observa a la región Centro-Norte y Norte como aquellas con mayores porcentajes de NBI al analizar cada región.

Cuadro 12

Tipo de localidades y área rural[7] del Uruguay según NBI-al menos 1

Estrato poblacional	NBI-al menos 1	NBS	Total
Localidades de 900 a 5.000 habitantes	19,5%	40,0%	30,6%
Localidades menores de 900 habitantes	11,8%	13,3%	12,6%
Área rural	68,7%	46,7%	56,8%
Total	**45,6%**	**54,4%**	**100,0%**

7 Se entiende por 'localidades' y 'área rural' lo que sigue a continuación. Localidad (urbana): es toda entidad de población de carácter urbano. A los efectos del censo de 1996 se consideraron como localidades urbanas aquellas que correspondían a centros poblados amanzanados que ocupaban la superfi-

En tanto que en este cuadro se presenta la distribución de NBI por tipos de localidades y área rural, el criterio geográfico que utilizó la Encuesta de Hogares Rurales efectuada por el Ministerio de Ganadería, Agricultura y Pesca (MGAP) tomó en cuenta los puntos muestrales que no alcanza la Encuesta Continua de Hogares, que son las localidades con más de 5 mil habitantes. El acceso a esta información nos posibilitó desarrollar el análisis de la distribución de las NBI en estas zonas. Con al menos 1 NBI se indica con mayor porcentaje al área rural, la cual supera los dos tercios; le siguen las localidades entre 900 y 5 mil habitantes con el 19,5% de NBI; y por último, las localidades con menos de 900 habitantes, con aproximadamente el 12% de NBI.

Al analizar cada tipo de localidad y el área rural, se aprecia que más de la mitad de los hogares del área rural se encuentran con NBI. Le siguen las localidades menores de 900 habitantes con aproximadamente el 43% de hogares con NBI y, por último, con el menor porcentaje de hogares con NBI (29 %), las localidades entre 900 y 5 mil habitantes.

Entonces, tanto al ser analizada con al menos 1 NBI o al interior de cada tipo de localidad la situación de NBI, se aprecia que el área rural sería aquella con mayores porcentajes, lo que estaría indicando las principales características del medio social en el cual se encuentran los jóvenes. En particular, para aquellos del área rural estaría marcando las posibilidades de desarrollo social e individual de los mismos y, por otra parte, la prioridad al momento de las estrategias de desarrollo de las políticas sociales promovidas tanto desde el Estado como desde las organizaciones no gubernamentales (ONGs).

---

cie de al menos un segmento censal. La definición utilizada por el INE en cuanto a la delimitación de áreas urbanas-rurales se basa en criterios prácticos y de tipo operativo, y parcialmente en las disposiciones de la Ley N° 10.723 del 21 de abril de 1946 llamada "Ley de Centros Poblados" y sus modificaciones posteriores. En ella se declara de competencia exclusiva de los gobiernos departamentales la autorización de subdividir predios rurales con destino a la formación de centros poblados, así como para aprobar el trazado y apertura de calles, caminos o cualquier otra vía de tránsito que indique o no amanzanamiento o formación de dichos centros. También se establecen las superficies de los predios dentro de las zonas urbanas, suburbanas y rurales, y se fijan los requisitos que la ley califica como mínimos: la existencia de agua potable, las condiciones del terreno y área contigua, y otros servicios indispensables. Sin embargo, los cambios introducidos periódicamente con el fin de perfeccionar las definiciones censales de referencia dificultan las comparaciones directas para los diversos fines con que es requerida la información censal. Área rural: es el conjunto de segmentos censales, y zonas comprendidas en ellos, que contienen viviendas dispersas o al menos no organizadas en disposiciones amanzanadas. Con relación a los urbanos, los segmentos y zonas censales rurales presentan mayor superficie y menor regularidad. Sus límites son muy variados: rutas nacionales, caminos, ríos, arroyos o cañadas, y alambrados permanentes (que fijan límites de predios).

En resumen, se aprecia una distribución socio-territorial diferencial de las condiciones de vida medidas por las NBI. En este caso el área rural sería la que registra los mayores porcentajes de hogares con NBI, seguida de las localidades con menos de 900 habitantes. Esta situación estaría denotando el contexto social del cual los jóvenes forman parte. No sería el grupo que exhibe los mayores porcentajes de NBI, pero no deja de ser estratégico para un desarrollo rural sostenible en el tiempo dejar de lado a los jóvenes en el diseño y promoción de las políticas sociales y productivas para el medio rural.

Los cuadros que siguen son el resultado de analizar los grupos de edad según la variable 'al menos una NBI' pero "controlados" por la variable 'regiones', para de esta manera poder observar por región los grupos de edades y la distribución de las NBI en cada uno de ellos.

Cuadro 13

Grupos de edad según NBI-al menos 1 por regiones

Región Sur

Grupos de edades	NBI-al menos 1	NBS	Total
Niños	26,4%	26,3%	26,3%
Jóvenes	18,2%	20,8%	19,9%
Adultos	35,0%	37,1%	36,3%
Ancianos	20,4%	15,8%	17,4%
Total	**35,1%**	**64,9%**	**100,0%**

Comenzaremos por la región Sur. Se aprecia en primer lugar que el total de hogares con NBI es del 35,1% lo que indica estar por debajo del total nacional para localidades menores de 5 mil habitantes en aproximadamente 10%. Al observar por grupos de edades en esta región, nos encontramos con que los adultos y los niños respectivamente serían los grupos con mayores porcentajes de NBI, lo que mantendría similar situación a la observada a escala nacional. Por otra parte, se advierte que en la región Sur la población en las localidades menores a los 5 mil habitantes se compone en un 26,3% por niños, en aproximadamente un 20% por los jóvenes, en un 36,3% por adultos y en un 17,4% por ancianos.

Cuando se observa la distribución por grupos de edades de la composición poblacional de la región Sur, se aprecia que el 26,3% se integra por niños, aproximadamente el 20% por jóvenes, el 36,3% por adultos, y el 17,4% por ancianos.

En resumen, en la región Sur más de un tercio de los hogares se encuentran con NBI, pero se encuentran 10% por debajo de los hogares con NBI a escala nacional, y por otra parte los adultos y los niños serían los grupos etáreos con mayores dificultades para satisfacer sus necesidades básicas.

Cuadro 14

Grupos de edad según NBI-al menos 1 por regiones
Región Centro-Sur

Grupos de edades	NBI-al menos 1	NBS	Total
Niños	21,7%	19,6%	20,5%
Jóvenes	19,2%	23,7%	21,7%
Adultos	35,9%	36,7%	36,3%
Ancianos	23,2%	20,0%	21,4%
Total	**44,7%**	**55,3%**	**100,0%**

Cuando pasamos a la región Centro-Sur, se advierte que aproximadamente el 45% de los hogares se encuentran con NBI, es decir, muy semejante al porcentaje a escala nacional. Por otra parte, al observar por grupos de edades nos encontramos en este caso que serían los adultos (nuevamente) y ancianos aquellos grupos con mayores dificultades para satisfacer sus necesidades básicas. De todas maneras, no deja de ser importante el porcentaje de niños y jóvenes con NBI, aunque disminuye el porcentaje de niños y se mantiene estable el porcentaje de jóvenes con relación a la región Sur.

Al apreciar la composición etárea de la población en esta región, nos encontramos con que el 20,5% se integra por niños, aproximadamente el 22% por jóvenes, el 36,3% por adultos, y el 21,4% por ancianos. Al comparar con la región Sur, se observa una disminución porcentual en el grupo etáreo de los niños y un aumento en el de los ancianos.

En resumen, en la región Centro-Sur aproximadamente el 45% de los hogares se encuentra con NBI en un porcentaje muy semejante al apreciado a escala nacional, y los grupos etáreos más afectados por esta situación serían los adultos y los ancianos.

Cuadro 15

Grupos de edad según NBI-al menos 1 por regiones
Región Centro-Norte

Grupos de edades	NBI-al menos 1	NBS	Total
Niños	21,4%	37,4%	28,2%
Jóvenes	20,6%	17,9%	19,4%
Adultos	41,6%	34,6%	38,6%
Ancianos	16,5%	10,1%	13,7%
Total	**57,6%**	**42,4%**	**100,0%**

Nos encontramos ahora con la situación de NBI de la región Centro-Norte. Se observa en primer lugar que aproximadamente el 58% de los hogares poseen NBI, porcentaje este por encima del apreciado a escala nacional en prácticamente 12%. Cuando pasamos a analizar la situación de los hogares con NBI y su distribución por grupos etáreos observamos que presenta mayores dificultades para satisfacer sus necesidades el grupo de los adultos, seguido en porcentajes similares por el de los niños y jóvenes. En este caso la situación cambia con relación a las anteriores regiones, en el sentido de que aunque se mantiene el grupo de los adultos como el de mayores dificultades para acceder a la satisfacción de las necesidades básicas, se incorporan los niños y los jóvenes. Esto estaría indicando un cambio en la composición demográfica de los hogares con NBI.

En esta región se observa que aquellos hogares con NBI comienzan a ser integrados en su mayoría por niños y jóvenes en porcentajes prácticamente iguales a los de los adultos, es decir, que la distribución de las NBI comienza a presentar una característica generacional en su composición al interior de la región y de las regiones.

Cuando observamos la composición poblacional de esta región se aprecia que en un 28,2% se integra por niños, en un 19,4% por jóvenes, en aproximadamente un 39% por adultos, y en aproximadamente un 14% por ancianos, es decir, que es una pirámide poblacional relativamente joven con relación a las anteriores regiones.

En resumen, se presenta una región con un porcentaje de hogares con NBI por encima del indicador nacional en un 12%, y se presentan nuevamente los adultos como el grupo con mayores dificultades de acceso a la satisfacción de las NBI, seguido de los niños y jóvenes, situación esta diferente con relación a las anteriores regiones.

Cuadro 16

Grupos de edad según NBI-al menos 1 por regiones

Región Norte

Grupos de edades	NBI-al menos 1	NBS	Total
Niños	25,9%	24,2%	25,1%
Jóvenes	21,2%	19,5%	20,5%
Adultos	34,2%	42,3%	37,7%
Ancianos	18,7%	14,1%	16,7%
Total	**56,4%**	**43,6%**	**100,0%**

Por último, se aprecian los datos referentes a la región Norte, la cual presenta un 56,4% de hogares con NBI, porcentaje este por encima del observado a escala nacional en casi 10% y en una situación semejante a la exhibida por la región Centro-Norte, lo que estaría indicando una distribución territorial de las NBI.

Cuando analizamos la composición de estos hogares con NBI de acuerdo a los grupos etáreos, encontramos que los adultos y los niños serían aquellos grupos con mayores dificultades de acceder a la satisfacción de sus necesidades básicas. Es de señalar el porcentaje observado en los jóvenes, que prácticamente se mantuvo con relación a la región Centro-Norte, y que a escala general estuvo en una media del 20% de hogares con NBI. En este sentido, en líneas generales se aprecia que tanto en la región Norte como Centro-Norte los hogares con NBI se caracterizan por una distribución generacional con mas énfasis en niños y jóvenes que en relación a las regiones Sur y Centro-Sur, siendo el factor común el recaer en el grupo de los adultos las mayores dificultades para satisfacer dichas necesidades.

Por otra parte, al apreciar la composición poblacional de esta región tenemos que en un 25,1% se integra por niños, en un 20,5% por jóvenes, en aproximadamente 38% por adultos y en aproximadamente 17% por ancianos, manteniendo la tendencia de ser una región relativamente más joven que las regiones Sur y Centro-Sur.

En resumen, la región Norte presenta un 56,4% de sus hogares con NBI, lo que significa estar por encima en aproximadamente un 10% del porcentaje nacional. En cuanto a su impacto en la distribución generacional, impactaría con mayor énfasis en adultos y niños.

En definitiva, al observar la distribución de las NBI por las regiones del territorio nacional se aprecia que las regiones Sur y Centro-Sur se encuentran por debajo o en igual porcentaje de hogares con NBI con relación al indicador nacional. En cambio, las regiones Norte y Centro- Norte se encuentran por encima de tal indicador en una media del 11%. Esta situación estaría denotando las características diferenciales en la calidad de vida de dichas regiones y del contexto social en el cual se encuentran insertos los jóvenes rurales, y por otra parte, la necesidad de políticas sociales diferenciales con énfasis en las regiones norte y centro-norte del país tanto en el ámbito público como no gubernamental.

Con referencia a los grupos etáreos se aprecia al de los adultos como aquel con mayores dificultades de satisfacción de sus necesidades básicas más allá de la región en la que se encuentre, aunque es notoria la diferencia entre estar en el Norte y el Sur del país. Los jóvenes, en tanto, mantienen un porcentaje más estable entre las regiones; entre la región Sur y Norte, por ejemplo, no existe una diferencia mayor del 3,5%, por lo que la media se encuentra aproximadamente en el 20%, volviéndolo un estimador confiable. Se presentarían como grupos más variables con relación a los porcentajes de NBI los niños y ancianos y, en este sentido, las regiones Norte y Centro-Norte poseen una pirámide poblacional más joven con relación al Sur y Centro-Sur, por lo que los niños serán los más afectados, mientras que los ancianos lo serán en el Sur y Centro-Sur, al tener un peso mayor en dicha pirámide.

Por último, al comparar la evolución de los hogares con NBI[8] en el período intercensal 1985-1996, se observa que se mantiene la ten-

---

8 Criterios para la definición de NBI según la *Encuesta sobre el empleo, los ingresos y las condiciones de vida de los hogares rurales* (septiembre de 2001) (OPYPA-MGAP).
"A. Alojamiento y equipamiento doméstico mínimo
A.A Tipo de vivienda
- material predominante en el techo igual a lata o material de desecho u otro;
- material predominante en las paredes igual a barro, lata o material de desecho u otro;
- material predominante en los pisos igual a tierra u otro;
- material predominante en el techo es chapa de fibrocemento o zinc sin cielo raso o paja y el estado de conservación de la vivienda necesita importantes reparaciones;
- material predominante en las paredes es madera o chapa de fibrocemento o zinc sin revestimiento y el estado de conservación de la vivienda necesita importantes reparaciones.
A.B Hacinamiento
- hogares con más de dos personas por habitación (excluyendo el baño y la cocina).
B Infraestructura que garantice estándares sanitarios mínimos
B.A Disponibilidad de agua potable
Hogares que utilizan para beber y cocinar agua:
- cuyo origen es arroyo, río u otro;
- el agua no llega a la vivienda por cañería.
B.B Tipo de sistema de eliminación de excretas
Hogares:
- sin servicio sanitario;
- con sistema de evacuación igual a otro;

dencia, a lo largo de los diez años transcurridos, de mejores condiciones estructurales en las regiones urbanas con relación a las regiones rurales, y de acuerdo a esta encuesta de hogares rurales que justamente toma localidades con menos de 5 mil habitantes, la cual no es relevada por la Encuesta Continua de Hogares, se presenta al área en su conjunto con un porcentaje de aproximadamente el 46%, pero a la región rural con aproximadamente el 69% de hogares con NBI. Es decir, que ha sido en las localidades de 900 a 5 mil habitantes y con menos de 900 habitantes en donde se han mejorado las condiciones de vida de sus habitantes, mientras que en la región rural se han acentuado las NBI. Entonces podríamos decir que la urbanización de dichas localidades de acuerdo a los criterios establecidos por la Ley 10.723 ha redundado en la focalización de políticas sociales por parte del Estado (como lo ha sido el Plan MEDIR, plan de viviendas para erradicar el rancherío rural), que han promovido la mejora de las condiciones estructurales de vida de dichos habitantes. La región rural no presenta tal situación, lo que estaría indicando que a la hora del diseño de políticas sociales para el medio rural sea priorizada tanto por el Estado como por ONGs, y se tengan en consideración las diferencias regionales en el territorio nacional como así también la composición generacional de la población en tales regiones.

Comentarios finales

Al llegar a este momento de la investigación hemos de sintetizar la información analizada, teniendo presente que no se concluye con el abordaje del problema sino que se trata de un aporte más a la aproximación de su comprensión. Cuando analizamos la situación de la estructura agraria uruguaya en estos últimos treinta años en que la

---

- con servicio sanitario sin descarga de agua, compartido con otros hogares.
C Acceso a servicios de educación
- jóvenes entre 7 y 14 años que no asisten a establecimientos de enseñanza;
- jóvenes entre 15 y 24 años que nunca asistieron a establecimientos de enseñanza;
- jóvenes entre 15 y 24 años que no asisten a establecimientos de enseñanza y no hayan asistido a algún año del primer ciclo en enseñanza secundaria.
D Otras carencias del hogar
- disponibilidad de refrigerador.
E Acceso a la vivienda (para el área rural)
- no existe pavimento frente al predio;
- no existe camino entre el pavimento frente al predio y la vivienda;
- existe camino entre el pavimento frente al predio y la vivienda pero este es frecuentemente inundable".

misma ha sido impactada por el proceso modernizador en el sentido de haberse producido una pérdida significativa (casi 33% en treinta años) de los productores con menos superficie de tierra, un aumento de los productores con superficies medianas y mantenimiento de los productores con las mayores superficies de tierras en su propiedad, lo que plantea es un escenario de base sobre el cual se han producido transformaciones que se han vinculado a transformaciones en otros escenarios, como el mercado laboral.

Ahora bien, podemos decir también que la distribución territorial de las actividades productivas de los jóvenes rurales parecería presentar ciertas especificidades, en particular en lo que hace a la cría de ganado, aves y otros, como la producción de árboles frutales y de hortalizas, y la actividad forestal en localidades con menos de 5 mil habitantes, en tanto que las localidades con más de 5 mil habitantes presentan en menor porcentaje las mismas ramas de actividad productiva, mientras que la producción agropecuaria no presentaría sustanciales diferencias en cuanto al espacio geográfico. Esta situación nos indica que los jóvenes rurales se insertan en el mercado laboral, en las actividades tradicionales, como la cría de ganado, aves y otros, pero con especial énfasis en las actividades agro-exportadoras como la producción frutícola, de hortalizas y forestal. Se presentan no sólo como reposición de la mano de obra existente, sino también como mano de obra flexible ante los cambios productivos, que han ocurrido en el agro uruguayo en los últimos treinta años.

Se observa que la modernización operó aumentando la productividad y sustituyendo la superficie de unos cultivos por otros, lo que llevó a una reducción total del área dedicada a la agricultura y mejoras forrajeras. El grupo de departamentos que mantuvo la productividad promedio en los últimos veinte años se caracteriza por dos tipos de modalidades internas respecto al uso del suelo: un grupo aumentó la superficie dedicada a los cultivos, mientras que el otro mantuvo la productividad y redujo el área. Es claro que el movimiento de cada uno de los departamentos depende de las características de los rubros que explican su comportamiento. Mientras el grupo que aumentó la superficie está vinculado al arroz o la forestación, el otro grupo está dedicado principalmente a la producción de granos y de leche.

El último grupo representa claramente los departamentos más estancados sectorialmente, donde lo que predomina es el mantenimiento del área con una reducción del índice de la productividad. Esto da la imagen de que este conjunto de departamentos ha caído en una situación de letargo durante los años que abarcan estos indicadores. Esta situación estaría reflejando indirectamente dinámicas regionales. Los departamentos con aumento de la productividad y reducción de la superficie representan la región litoral del país, mientras los que han reducido su productividad y mantenido o reducido su superficie se ubican cercanos al Centro-Sur del país, y el grupo que aumentó la superficie de los cultivos dinámicos está integrado por los departamentos fronterizos con el Brasil.

Cuando se observa la tendencia de los diez años transcurridos entre los dos Censos de Población, Hogares y Vivienda (1985–1996) conjuntamente con la Encuesta de Hogares Rurales del año 2000 sobre las condiciones sociales estructurales de las regiones urbanas con relación a las rurales, se presentan sustanciales mejoras en las localidades con menos de 2 mil habitantes. Podríamos decir que la urbanización de dichas localidades ha redundado en una mejora estructural de sus condiciones de vida y del contexto socioeconómico para el desarrollo de los jóvenes rurales, en tanto que en la región rural, según los criterios de la Ley 10.723, la situación se mantiene en los últimos quince años en porcentajes elevados de hogares con NBI. En este sentido se nos presenta la situación de una distribución territorial diferencial del desarrollo social rural, observándose que en las regiones Centro-Norte y Norte del país es donde se estarían presentando las situaciones más graves. Por otra parte, no serían estas las regiones en donde se ha impulsado con mayor énfasis el desarrollo modernizador de la producción agraria. A pesar de observarse regiones que introdujeron cambios en sus formas de producir, estos cambios no significaron necesariamente cambios en el desarrollo social de los territorios implicados.

Este escenario abriría las posibilidades y expectativas de poder promover políticas específicas hacia tales sectores y regiones que consoliden y generen un desarrollo social sustentable, en el cual los jóvenes se presentan como un actor estratégico para el mismo.

Por último, cabe destacar que los jóvenes rurales no se asocian específicamente a los criterios establecidos por la norma jurídica (Ley 10.723) en lo que respecta a lo rural. La misma establece que lo rural es igual a población dispersa en el campo. La misma data de 1946 y rige como criterio a la hora de la elaboración de los datos estadísticos oficiales (Censos Agropecuarios, de Población, Encuesta Continua de Hogares) con relación a lo rural, e indudablemente deja escapar información valiosa. Estos jóvenes se encuentran en poblaciones con menos de 5 mil habitantes, es decir, en poblaciones entre 900 y 5 mil habitantes según la información analizada, por lo que sería en estas poblaciones donde los jóvenes desarrollan sus actividades y presentarían potencialidades diferenciadas con relación a los jóvenes de mayores conglomerados humanos o de aquellos en poblaciones dispersas. Esta situación nos estaría planteando que se volverían "visibles" otras formas de producción no necesariamente relacionadas con la agropecuaria, es decir, una reorganización social de las fronteras entre los espacios rurales y urbanos. En definitiva, se estarían poniendo en cuestión los criterios que el propio estado uruguayo utiliza para discernir entre lo rural y lo urbano, señalando la necesidad de rever tales criterios y demandando de la academia nacional el debate y producción de conocimiento que sitúe los términos de ambos conceptos y oriente las políticas públicas y no públicas al respecto.

Bibliografía

Abramovay, Ricardo 2000 "Novas oportunidades de acesso à terra" en *Gazeta Mercantil* (São Paulo, Brasil), noviembre.

Allembeck, K. y Rosenmayer, L. 1979 *Introducción a la Sociología de la Juventud* (Buenos Aires: Ed. Kapeluz).

Astori, D. 1981 *Tendencias recientes de la economía uruguaya* (Montevideo: F.C.U).

Buxedas, Martín 1988 *Las transformaciones agrarias y su incidencia en la asalarización* (CIEDUR, Serie Dates Rural), N° 28.

CELADE-CEPAL 2000 "Juventud, Población y Desarrollo: problemas, posibilidades y desafíos" en *Serie Población y Desarrollo* (Chile, Santiago), N° 6, septiembre.

Dirven, Martine 2000 *La Contribución de lo Rural al Desarrollo y el Potencial de la Juventud* (IICA). Ponencia para el Foro Electrónico Jóvenes en la Nueva Ruralidad, noviembre.

Dirven, Martine 2001 "El Mercado de Tierras y la Necesidad de Rejuvenecimiento del Campo en América Latina: un primer esbozo de propuestas" en *Opciones de Políticas para el Fomento del Desarrollo del Mercado de Tierras Agrícolas, con el Fin de Facilitar la Transferencia de Tierras a Pequeños Productores* (Chile: CEPAL-GTZ).

Durston, John 1998 "Juventud y Desarrollo Rural: marco conceptual y contextual" en *Serie Políticas Sociales* (Chile: CEPAL-Naciones Unidas), N° 28.

Farropa, L. 1982 *Políticas para una economía desequilibrada* (Montevideo: Ediciones de la Banda Oriental).

Gómez, Sergio y Klein, Emilio (ed.) 1993 *Los pobres del Campo: el trabajador eventual* (Santiago de Chile: FLACSO-OIT-PREALC).

Goodman, D, Sorj, B. e Wilkinson, J. 1990 *Da lavoura às biotecnologias* (Rio de Janeiro: Ed.Campus).

Hernández, José Miguel 2000 *Las Plataformas Juveniles y la Juventud Rural en América Latina* (IICA). Ponencia para el Foro Electrónico Jóvenes en la Nueva Ruralidad, noviembre.

IICA 2000 "Jóvenes y Nueva Ruralidad: protagonistas actuales y potenciales del cambio" en *Serie Documentos Conceptuales 2000-02*, julio.

Instituto Nacional de Estadística *Censo de Población, Vivienda y Hogares de 1996* (Montevideo, Uruguay).

Instituto Nacional de Estadística *Censo de Población, Vivienda y Hogares de 1985* (Montevideo, Uruguay).

Kay, Cristóbal 1997 *Latin America's exclusionary rural development in a neoliberal world* (Guadalajara, México). Ponencia presentada al XX Congreso del LASA.

Kmaid, Gonzalo 1990 *La Juventud Rural en el Uruguay: elementos para su discusión* (Montevideo: Ed. Banda Oriental).

Latorre, Raúl 1993 *Los trabajadores rurales del Uruguay* (mimeo).

Laurnaga, María Elena (coord.), Bango, Julio y Martínez Franzoni, Juliana 1992 *En Tránsito... Realidades y actitudes de los jóvenes uruguayos* (Montevideo).

Macadar, L. 1982 *Uruguay 1974-1980: ¿Un nuevo ensayo de reajuste económico?* (Montevideo: Ediciones de la Banda Oriental).

Melgar, A. 1981 *Distribución del ingreso en el Uruguay* (Montevideo: CLAEH), Serie de Investigaciones Nº 8.

Michelena, Alejandro 2000 *Desafiando la Crisis* (IICA). Ponencia para el Foro Electrónico Jóvenes en la Nueva Ruralidad, noviembre.

Ministerio de Ganadería, Agricultura y Pesca *Censo Agropecuario de 1970* (Montevideo, Uruguay).

Ministerio de Ganadería, Agricultura y Pesca *Censo Agropecuario de 1980* (Montevideo, Uruguay).

Ministerio de Ganadería, Agricultura y Pesca *Censo Agropecuario de 1990* (Montevideo, Uruguay).

Ministerio de Ganadería, Agricultura y Pesca 2001 *Encuesta sobre el empleo, los ingresos y las condiciones de vida de los hogares rurales* (Montevideo, Uruguay: OPYPA-MGAP).

Ministerio de Ganadería Agricultura y Pesca 1997 DIES, con base en DICOSE (Montevideo, Uruguay).

Piñeiro, D. 1985 *Formas de Resistencia de la Agricultura Familiar: El caso del noreste de Canelones* (Montevideo: Ediciones de la Banda Oriental).

Piñeiro, Diego (org.) 1991 *Nuevos y No Tanto. Los Actores Sociales Para la Modernización del Agro Uruguayo* (Montevideo: Ediciones de la Banda Oriental-CIESU).

Piñeiro, Diego 1998 *El empleo rural en el Uruguay*. Ponencia presentada al X Congreso de ALASRU en Chapingo, México.

Riella, A., Romero, J. y Tubío, M. 1999 *Modernización agraria y empleo rural: Un análisis de sus interrelaciones territoriales entre 1970-1990* (Concepción, Chile). Ponencia presentada en el XXII Congreso de la Asociación Latinoamericana de Sociología (ALAS), octubre.

Riella, A. y Tubío, M. 1997 *Los trabajadores zafrales del citrus del Uruguay* (Salto, Uruguay: Universidad de la República). Informe de Encuesta, Serie Documentos de Trabajo N° 31.

Rodríguez, D. y Arnold, M. 1997 *Sociedad y Teoría de Sistemas* (Santiago de Chile: Editorial Universitaria).

Rodríguez, E. 1990 *Políticas de Juventud en el Uruguay de los ´90* (Montevideo). Foro Juvenil.

Schneider, Sergio 1999 *Agricultura Familiar e Pluriatividade* (Porto Alegre, Brasil: Universidade Federal Rio Grande do Sul). Tesis Doctoral.

Solís-Araya, Clara 2000 *Juventud y Desarrollo Rural en América Latina y el Caribe* (IICA). Ponencia para el Foro Electrónico Jóvenes en la Nueva Ruralidad.

Tubío, M. 1998 *El caso de los cosechadores de citrus del Uruguay* (Porto Alegre, Brasil). Tesis de Maestría, Universidad Federal de Río Grande del Sur-IFCH.

Veiga, Danilo 1991 *Desarrollo Regional en el Uruguay: Características y Evolución Reciente* (Montevideo: CIESU).

Zapata, D. Sonia 2000 *Al Encuentro del Joven Rural* (Santiago, Chile: IICA), julio.

Segunda Parte

Viejas y nuevas acciones colectivas

Pasado, presente y futuro de las rondas campesinas antisubversivas en Junín, Perú (1990-2001)

Juan Carlos Guerrero Bravo*

Introducción

EN POCO MÁS DE TRES DÉCADAS, el orden social y político en la zona andina peruana fue modificado una y otra vez, buscando edificar, sobre los escombros del orden anterior, otro cualitativamente distinto. La primera vez fue de la mano de los militares encabezados por el General Juan Velasco Alvarado (1968-1975), realizando una reforma agraria que distribuyó entre los campesinos grandes extensiones de terrenos de los latifundistas. La segunda vez, la dinámica en la serranía buscó modificarse a través de la construcción de un nuevo orden nacido de la "guerra popular" desarrollada por el Partido Comunista del Perú-Sendero Luminoso[1] (1980-1993). Tanto los militares como el PCP-SL fracasaron en sus intentos. Sin embargo, sus esfuerzos desataron inéditos procesos sociales. En el primer caso, pro-

* Antropólogo por la Universidad Nacional Mayor de San Marcos (Perú), Maestro en Ciencias Sociales por la Facultad Latinoamericana de Ciencias Sociales-Sede México (México).

1 En adelante, PCP-SL.

vocaron la profunda democratización social en el campo, mientras que el segundo motivó el surgimiento de un nuevo e inesperado actor social y político: las rondas campesinas antisubversivas.

Con el accionar del PCP-SL se inicia en el Perú un período de conflicto armado interno, en el que los subversivos son vencidos en las zonas rurales gracias a la acción conjunta de las rondas campesinas y de las Fuerzas Armadas. Luego de esta victoria se inicia en el campo un lento proceso de reconstrucción del orden social y político, impulsado en muchos casos por las rondas, pero en un contexto de marcada práctica antipolítica del gobierno de Alberto Fujimori (1990-2000).

En ese sentido, es pertinente interrogarse por el nuevo escenario político que va emergiendo en la posguerra. ¿Cómo se organiza actualmente el poder en el campo? ¿Qué formas institucionales adquiere? ¿Sobre qué fuentes descansa su legitimidad? Asimismo, es necesario reflexionar sobre el papel que cumplen las rondas antisubversivas y el Estado en dicho proceso. De acuerdo a lo anterior, el presente estudio busca analizar el vacío de representación existente entre el Estado y la sociedad rural en el Perú durante los años noventa, al cesar la violencia política. Violencia que en la década del ochenta fue responsable de la desaparición de las representaciones políticas libremente elegidas, tanto por la acción del PCP-SL, que las eliminó o ahuyentó, como por la del fujimorismo, que las reemplazó por funcionarios serviles al gobierno pero que no tenían vínculo alguno con la sociedad rural.

Consideramos que conocer las formas en que se ha reconfigurado el poder político en tales condiciones ayudará a proponer alternativas que colaboren a subsanar el vacío de representación existente hoy. Partimos, en nuestra investigación, de las siguientes hipótesis relativas al comportamiento del campesinado y del Estado durante el período a tratar (1988-2000):

- El comportamiento de la población rural en el proceso de la violencia se explica por su adaptación a fuerzas externas (grupos subversivos y el Ejército) que la ha colocado en una situación límite. Esta adaptación también ha sido el recurso para solucionar ciertas necesidades y reivindicaciones por medio de la creación de un orden efectivo y el acceso a bienes y derechos.
- Con la guerra, y en las zonas afectadas por la misma, el Estado se relacionará con la población rural a través del Ejército. Este

se convertirá en el único referente estatal de la población, privilegiando una relación directa con ella.
- La organización de las rondas campesinas antisubversivas, como respuesta de la población rural contra el PCP-SL, será mediatizada por la presencia militar.

El presente estudio está organizado en cuatro partes. En la primera se describen de manera sucinta los principales acontecimientos de la violencia política en el departamento de Junín, importante escenario del conflicto armado interno en los Andes centrales del Perú. Además, se analiza la estrategia militar antisubversiva y la organización de la población rural para su autodefensa. En la segunda parte se narra la historia de la guerra y los avatares de sus contendientes: el PCP-SL, el Ejército y las rondas antisubversivas en tres regiones de Junín (Alto Canipaco, formado por los distritos de Chongos Altos, Chicche y Yanacancha; los distritos de Santo Domingo de Acobamba y Pariahuanca; y por último, el Tulumayo, integrado por los distritos de Comas, Cochas y Mariscal Castilla). En tercer término se da cuenta de manera extensa del rol y el impacto de las acciones de las rondas antisubversivas –y en menor medida del Ejército– en la sociedad local, su situación actual precisando sus roles reales y atribuidos, y su perspectiva en el futuro inmediato. Por último, en las conclusiones se presenta una interpretación global del proceso vivido y se precisan algunos límites y posibilidades de las rondas antisubversivas en el nuevo escenario democrático.

La guerra en Junín

A diferencia de lo que se conoce sobre el departamento de Ayacucho, los antecedentes históricos del conflicto interno en Junín son escasos y dispersos, no permitiendo establecer las raíces de la violencia reciente. Junín es un departamento ubicado al Este de Lima (capital del Perú) en los Andes centrales, que cuenta también con una zona de selva. Mientras que la sierra de Junín fue escenario de la última fase de la guerra con Chile (década de 1880), donde la población campesina llegó a tener un importante protagonismo, la selva en cambio fue, desde la época colonial, escenario de intentos de colonización de la población nativa, que la convirtieron en un importante foco de rebelión. Posteriormente, a principios del siglo XX, también sufrió por los embates de la industria extractiva del caucho. Estos hechos, vinculados a la presencia de elementos externos a la región y/o al país, motivaron la agudización de conflictos latentes, que tendrían ocasión de ser aprovechados para ser resueltos con violencia.

Sin embargo, durante este último siglo la zona no conoció conflictos de similar envergadura, y la lucha social campesina o la vinculada al trabajo en las minas, aun siendo importante, no llegó a tener nunca la magnitud ni el costo económico o en vidas humanas que tuvo en otras zonas rurales. Por otro lado, la minería, el mercado y la colonización, que fueron relativamente tempranos en la sierra Central, se extendieron cómoda y pacíficamente como puntales de la modernización, al punto que esta zona ha sido considerada siempre la más moderna y próspera, base de una economía mercantil de carácter andino y de una "nueva" cultura popular que enlaza las características rurales andinas con la impronta urbana moderna.

En tal sentido, la violencia tiende a considerarse un fenómeno relativamente extraño en la región, ya que sus propagadores son externos y aparecen relativamente tarde, como parte de la estrategia insurgente. Así, la presencia del PCP-SL y del Movimiento Revolucionario Túpac Amaru (MRTA) en Junín puede rastrearse desde los primeros años de la década del ochenta, cuando la guerra subversiva ya había cobrado gran notoriedad en Ayacucho. Sin embargo, durante estos primeros años la presencia subversiva no tuvo mayor trascendencia, limitándose a recorrer Junín arengando a los campesinos sobre su guerra y pidiéndoles alimentos ocasionalmente, sin realizar acciones destructivas. Incluso, en algunas localidades se dieron casos de convivencia y eventual simpatía con estos grupos subversivos, no por motivos ideológicos sino por las demostraciones de compromiso que tuvieron para con sus problemas.

Es recién hacia 1987 que la presencia de la subversión ataca profundamente la economía y política de la región. Con su agresividad característica, el PCP-SL desarrolló una importante acción en todos los frentes donde actuaba, con la intención de exacerbar y capitalizar las contradicciones sociales existentes. En la medida en que no había realizado un sólido trabajo político en "el seno de las masas" del campo y de la ciudad (adoctrinamiento en sus postulados ideológicos y políticos, a la vez que captación de militantes), trató de compensar esta carencia con un despliegue incesante de esfuerzos por reivindicar y resolver las demandas más sentidas por la población a fin de provocar su simpatía.

Su asentamiento en Junín, tanto en el área rural como en la urbana, siguió diferentes caminos y ritmos. En la ciudad, el trabajo político militar se focalizó en la Universidad Nacional del Centro y en los principales asentamientos humanos que rodean a Huancayo (capital del departamento). Así sucedió también en las más importantes organizaciones populares urbanas, donde captó o desplazó violentamente a las dirigencias existentes. En el campo realizó trabajo político partidario en las comunidades campesinas de los valles y de las alturas, con mayor o menor énfasis según su ubicación geopolítica y el momento de su "guerra popular". El PCP-SL también se "apropió" de los principales asientos mineros ubicados en las provincias de Yauli y Tarma. Allí intimidó, y en algunos casos asesinó, a dirigentes mineros, de manera constante entre 1987 y 1988, panorama que se agravó por la presencia de grupos paramilitares y de las propias Fuerzas Policiales y Armadas que también hostigaron a las organizaciones sindicales (Manrique, 1989).

Para el PCP-SL la destrucción del "Estado terrateniente-burocrático" era paralela a la construcción del "nuevo poder". Así, la casi literal "demolición de lo viejo" se llevaba a cabo en casi todas las provincias de Junín mediante una campaña de amenazas, ataques, hostigamiento y asesinatos contra la Policía y las autoridades de la región –prefecto, subprefectos, gobernadores y tenientes gobernadores; alcaldes, regidores y agentes municipales; jueces de paz y directivos de las comunidades campesinas– además del sabotaje y destrucción de infraestructura estatal, privada y comunal[2].

La consecuencia inmediata de estas acciones fue la desestructuración de la organización comunal y la destrucción de toda forma de autoridad política, circunstancias que permitieron al PCP–SL crear organizaciones de "nuevo tipo". Estas quedaban circunscriptas al ámbito territorial y administrativo de un Comité Popular, célula básica de su "nuevo poder". El conjunto de Comités Populares, a su vez, formaba una Base de Apoyo[3], la cual podía abarcar uno o más distritos o provincias de Junín. A fines de la década del ochenta, sendos Comités Populares se constituyeron en algunas localidades ubicadas a

---

2 El MRTA también estuvo presente, en algunas provincias y distritos de Junín, con mejor armamento, y sin destruir u hostigar con la misma violencia que el PCP-SL (Instituto de Defensa Legal, 1990; Espinosa, 1995).

3 Carlos Tapia, citando algunas cifras del propio Abimael Guzmán, líder máximo del PCP-SL, sostiene que dentro del ámbito del Comité Regional Centro (todo el departamento de Junín) se habían organizado, hasta los primeros meses de 1990, 138 Comités Populares y 5 Bases de Apoyo (Tapia, 1997: 85-105).

lo largo de los ríos Tulumayo, Canipaco, Cunas[4], Ene y Perené (Instituto de Defensa Legal, 1990, 1991, 1992).

Ante el constante incremento de víctimas y acciones subversivas del PCP-SL y el MRTA, el 6 de noviembre de 1988 el gobierno de Alan García (1985-1990) decretó el estado de emergencia en todos los distritos y provincias de Junín, designando al general del Ejército Manuel Delgado Rojas como jefe del Comando Político Militar de la zona.

Tras la declaración del estado de excepción y luego de que el Ejército asumiera el control político militar del departamento, las violaciones contra los derechos humanos, tales como amenazas, secuestros, torturas, ejecuciones extrajudiciales y detenciones-desapariciones, se convirtieron en parte de la vida cotidiana de los pobladores de Junín, como ya lo habían sido en Ayacucho. Así, el informe de la Defensoría del Pueblo consigna que el número de personas desaparecidas a manos de las Fuerzas Policiales y Armadas fue de ciento setenta y nueve durante el período 1988-1996 (2000: 117-120). En tal sentido, la represión militar no siguió la modalidad del arrasamiento indiscriminado de comunidades utilizado en Ayacucho, sino el de detenciones-desapariciones y asesinatos selectivos de personas presuntamente comprometidas con la subversión.

Un año después, en 1989, como parte de las modificaciones que se venían produciendo en la estrategia antisubversiva, las Fuerzas Armadas consideraron como un elemento central de la misma la participación de la población civil en la lucha contra la subversión[5]. De esta manera, se organizó a la población rural para su propia defensa, en rondas campesinas antisubversivas o, como se les llamó oficialmente después, Comités de Autodefensa (CADs).

En síntesis, la acción del PCP-SL, y secundariamente la del Ejército y el MRTA, contra la economía de la región y la sociedad rural, cobró varias víctimas y causó la destrucción brutal de la infraestructura de una región considerada como una de las más desarrolladas e integradas de la zona andina. En cuanto a la estrategia antisubversiva, a fines de los ochenta esta combinó la represión selectiva mayormente en la ciudad y en el campo, la formación com-

4 Los casos del Canipaco y de Cunas son documentados por Manrique (1989, 1999).

5 La organización de la población civil rural para su autodefensa era parte de la estrategia antisubversiva implementada por las Fuerzas Armadas desde 1983 en Ayacucho (Americas Watch, 1990: 96-97; Coronel, 1996; Del Pino, 1996).

pulsiva, o el reconocimiento por el Ejército de las organizaciones campesinas en rondas de autodefensa.

La estrategia militar antisubversiva y la organización de la población rural para su autodefensa en rondas campesinas (CADs)

El contexto general en el cual aparecen las organizaciones de autodefensa campesina armada, conocidas como rondas campesinas antisubversivas o Comités de Autodefensa (CADs), es la guerra declarada al Estado por el PCP-SL y el MRTA, así como la respuesta del Estado enmarcada en una concepción de lucha antisubversiva asumida como "defensa de la Nación" ante los "enemigos interiores" (los grupos subversivos). En consecuencia, el origen, evolución y actuación de las rondas o CADs se produjo en el estricto marco de la guerra interna y la respuesta estatal contrainsurgente durante las décadas del ochenta y noventa.

Como efecto inmediato de las primeras acciones subversivas durante 1980-1982[6], las instancias encargadas de administrar justicia y brindar seguridad pública a la población, el Poder Judicial y la Policía, abandonaron las zonas afectadas por la violencia política. En esas circunstancias, el gobierno constitucional de Fernando Belaunde (1980-1985) ordenó a las Fuerzas Armadas el restablecimiento de la seguridad y el orden interno en aquellos lugares golpeados por la subversión. En la mayoría de los casos esas zonas fueron declaradas como Zonas de Emergencia, quedando circunscriptas al control político militar de las FF.AA. durante el tiempo que se considerara necesario.

Tras los primeros años de acción policial y militar contra la insurgencia del PCP-SL, con un gran costo en vidas humanas y sin haber obtenido resultados contundentes, los altos mandos de las Fuerzas Armadas empezaron a contemplar la participación activa de la población civil en la lucha contra los subversivos, con especial énfasis en aquellas zonas rurales donde estos realizaban sus principales acciones políticas y militares. Según la concepción más difundida, las rondas campesinas tenían como fin último la autodefensa,

6 Un completo análisis de los dos primeros años de la guerra emprendida por el PCP-SL (1980-1982) y la respuesta estatal antisubversiva pueden verse en Gorriti (1990).

pero la impronta del Ejército las orienta a la lucha frontal contra el "enemigo terrorista".

De hecho, desde enero de 1983, en Ayacucho –el primer escenario de la violencia política y primera zona declarada en estado de emergencia– se llevaron a cabo algunas experiencias de autodefensa con la población rural, a través de la formación de las "montoneras". La manera compulsiva y violenta con que los militares pretendieron llevar a cabo esta estrategia impidió la organización de un número mayor de las mismas, aunque las "montoneras" existentes parecen haber sido bastante activas fuera de su territorio de origen (Del Pino, 1996; Coronel, 1996). En los años siguientes, aquellas organizaciones creadas bajo el auspicio y tutelaje militar serían conocidas en los medios periodísticos y académicos con el nombre de rondas campesinas, a pesar de que en la región no eran reconocidas como tales y su origen era muy distinto del de las "verdaderas" rondas campesinas de la sierra Norte (Márquez, 1994).

La actividad de estas primeras organizaciones no ha sido mayormente estudiada, pero significó la participación de la población como un actor más en el escenario del conflicto interno, así como el incremento de víctimas entre los pobladores rurales. Esta participación implicó también un aumento en los niveles de violencia y de violaciones a los derechos humanos –torturas, secuestros y desapariciones–, una parte de las cuales podría atribuirse a la población misma (Instituto de Defensa Legal, 1991: 138). Con altibajos y sin apoyo gubernamental, las montoneras terminaron abandonándose hacia 1984, con la defenestración de su gran impulsor, el general Adrián Huamán Centeno, de la zona de emergencia de Ayacucho[7], y el descenso del accionar subversivo luego de la primera fase represiva militar, debido no a una derrota de los dirigentes, cuadros y militantes del PCP-SL, sino a su repliegue temporal hacia otros departamentos (Tapia, 1997).

---

7 Paradójicamente, el mismo General Huamán que continuó con la política de arrasamiento de comunidades iniciada por su antecesor el general Clemente Noel, y que propició la participación de la población campesina en la guerra, fue quien planteó por primera vez de manera pública la necesidad de formular y ejecutar una estrategia integral antisubversiva que contemplara otras dimensiones más allá de la estrictamente militar, con miras a solucionar los problemas económicos y sociales más graves que aquejaban a la población de los departamentos de Ayacucho, Huancavelica y Apurímac. Este reclamo no sólo fue desestimado por los altos mandos de las Fuerzas Armadas y por el gobierno central, sino que significó su remoción como jefe militar de la zona de emergencia en agosto de 1984 (Tapia, 1997: 37-39).

Dos años después, en 1986, la experiencia de las "rondas campesinas" de carácter militar organizadas por Antonio Cárdenas Rojas y el muy popular "Huayhuaco", Javier Pompeyo Rivera, en la cuenca selvática del río Apurímac (Ayacucho), pone de nuevo en primera plana a estas organizaciones, que a partir de esta experiencia son consideradas como una primera condición de la derrota de los movimientos subversivos, además de significar un aval de la sociedad nacional para la militarización del campo (Instituto de Defensa Legal, 1989).

Hay que enfatizar que entre las rondas campesinas del Norte, ubicadas en los departamentos de Cajamarca y Piura, y las actuales rondas campesinas antisubversivas de la sierra Sur y Central (Ayacucho, Apurímac, Huancavelica, Pasco y Junín), conocidas actualmente como Comités de Autodefensa, existen enormes diferencias en las circunstancias que facilitaron su aparición, en su estructura organizativa y funcionamiento, en la naturaleza de la relación con el Estado, las fuerzas del orden –en particular las Fuerzas Armadas– y otros actores sociales y políticos, y por último en el marco legal que las ampara.

En realidad, el nombre de rondas campesinas es tomado de la experiencia organizativa autónoma de los campesinos de Cajamarca, nacida a fines de la década del setenta. El status legal de las rondas del Norte está dado por la Ley Nº 24.571, promulgada por Alan García el 7 de noviembre de 1986. Dicha ley reconoce a las rondas campesinas como "pacíficas, democráticas y autónomas, cuyos integrantes están debidamente acreditados ante la autoridad política competente, como organizaciones destinadas al servicio de la comunidad y que contribuyen al desarrollo y a la paz social, sin fines políticos partidarios" y precisa como sus objetivos: "la defensa de sus tierras, cuidado de su ganado y demás bienes cooperando con las autoridades en la eliminación de cualquier delito".

En cambio, las rondas del río Apurímac nacen en un contexto de guerra interna, en poblados colonos y bajo el mando de elementos venidos del Ejército o con experiencia en el servicio militar. Fue en estas "rondas" que apareció por primera vez de manera orgánica la impronta militar en la vida cotidiana de la población rural, manifestada en la disciplina, los valores de corrección sancionados coercitivamente, y el uso constante de símbolos y comportamientos de corte militar-nacionalista. Apoyados por la enorme publicidad que este ejemplo tuvo en un sector de la opinión pública, el gobierno de García dio todo el aval que la estrategia militar antisubversiva necesitaba, oficializando estas organizaciones en notables actos públicos (Instituto de Defensa Legal, 1990: 104-105; Tapia, 1997: 55-56).

El 15 de marzo de 1988 el gobierno promulgó el Decreto Supremo Nº 012-88-IN "Reglamento de Organización y Funciones de las Rondas Campesinas Pacíficas, Democráticas y Autónomas". En este nuevo reglamento se terminó de definir la orientación de las rondas como protagonistas de una política de orden interno, como parte de una política más general de Seguridad Nacional contra los grupos subversivos. El documento fue por entonces muy criticado como mecanismo para convertir a las rondas campesinas en meros brazos y apéndices de la Policía y el Ministerio del Interior, subordinándolas y sujetándolas al control policial (Ardito, 1993: 42-43; Márquez, 1994: 19).

Fue en este marco que el Ejército tuvo como política incentivar y auspiciar la organización de la población rural en rondas, apoyando a las ya constituidas (y de paso sometiéndolas a su control), reactivando a las que se encontraban inactivas, y creando nuevas en donde no existían. Tal apoyo significó también instrucción en la lógica militar –en disciplina y táctica–, aunque el acto más importante a los ojos de la población fue la entrega de armas. Esta entrega no fue masiva, sino selectiva y limitada, en cantidad y calidad, pues se trataba de modelos anticuados, generalmente escopetas más aptas para matar animales que para su uso en la guerra[8].

Usualmente la entrega de escopetas fue acompañada de una significativa ceremonia, presidida por el propio presidente García, como ocurrió en diciembre de 1989 con las rondas antisubversivas del valle del río Apurímac, autodenominadas Comités de Defensa Civil Antisubversivos (DECAS). En un acto simbólico García obsequió su pistola al ya famoso "Comandante Huayhuaco", jefe de las rondas del valle del río Apurímac.

En tanto, en Junín, además de organizar a la población rural en rondas, el Ejército se preocupó por lograr mayores niveles de organización y centralización de las mismas. A mediados de julio de 1990, en las postrimerías del gobierno de Alan García, el general Delgado Rojas, jefe político militar, organizó el I Congreso Regional de Rondas en Bellavista, distrito de Jarpa, provincia de Chupaca. En el encuentro

8 La entrega de armas provocó un encendido debate entre diversos sectores sociales: las Fuerzas Armadas, las ONGs de Derechos Humanos, los partidos políticos y los diarios de circulación nacional (Instituto de Defensa Legal, 1989; Instituto de Defensa Legal, 1990: 129-133).

participaron delegados ronderos de los valles del Cunas, del Tulumayo, del Pichis y del Palcazú (estos dos últimos ubicados en el departamento de Pasco). En el congreso se trataron temas relacionados con la estrategia antisubversiva y el papel asignado a las rondas campesinas en ella. La reunión fue propicia para que el Ejército ordenara a los ronderos que organizaran rondas antisubversivas en aquellas comunidades donde no las había, advirtiéndoles que si algunas comunidades se resistían serían consideradas por los militares como "zonas rojas" (zonas controladas por la subversión), debiendo atenerse a las consecuencias que ello implicaba.

Esta fue la primera coordinación del Ejército con las rondas a una escala mayor en Junín. A mediados de diciembre del mismo año, una vez más, el Ejército organizó otro evento en la provincia de Concepción. Uno de los acuerdos principales fue la formación de la Federación Regional de Rondas del Centro y la elección de su primera Junta Directiva. En esta ocasión los dirigentes de las rondas antisubversivas reafirmaron su lealtad y compromiso con el Ejército, a la vez que solicitaron más apoyo para su lucha contra el PCP-SL (Instituto de Defensa Legal, 1991).

El reconocimiento oficial de los Comités de Autodefensa (CADs) y el establecimiento de las normas para su organización y funcionamiento se produce durante el gobierno de Alberto Fujimori (1990-2000). El 8 de noviembre de 1991 fue promulgado el Decreto Ley Nº 741 "Ley de reconocimiento de los Comités de Autodefensa", marco legal que acepta la existencia de múltiples y diversas organizaciones de la población civil, sobre todo rural, cuya función principal era luchar contra la subversión. De acuerdo al decreto, los Comités de Autodefensa son "organizaciones de la población surgidas espontánea y libremente para desarrollar actividades de autodefensa de su comunidad, evitar la infiltración del terrorismo, defenderse de los ataques de éste y apoyar a las Fuerzas Armadas y Policía Nacional del Perú en las tareas de pacificación, cuya característica es la de ser transitorias".

Este Decreto había sido antecedido por el DL Nº 740, promulgado unos días antes, donde se señala que "las rondas campesinas reconocidas por la Ley Nº 24.571 ubicadas dentro del ámbito territorial de las zonas declaradas en Estado de Excepción en que las Fuerzas Armadas asumen el control del orden interno, podrán adquirir por compra, donación por parte del Estado, particulares, armas de caza (...) previa autorización del Comando Conjunto de las Fuerzas Armadas". En otras palabras, se autorizaba legalmente el empleo de armas de fuego para luchar contra los insurgentes, con el monitoreo y entrenamiento militar correspondientes. De esta manera se oficializaba y formalizaba lo que ya se daba en los últimos años en las zonas declaradas en emergencia.

Un año después de la promulgación de ambos decretos, el 11 de noviembre de 1992, el gobierno promulgó el Decreto Supremo Nº 077/DE-CCFFAA-92 "Reglamento de organización y funciones de los Comités de Autodefensa". En sus disposiciones generales se señala que "el presente reglamento tiene por objeto establecer las normas y procedimientos para la organización de los comités de autodefensa". En los ochenta y un artículos del decreto se precisa de manera general la forma de organización y las funciones que cumplirían desde entonces los CADs. Sin embargo, a pesar de lo estipulado en la normatividad legal, la acción de los CADs transitó por caminos diversos bajo el tutelaje y la impronta del Ejército durante la guerra y la posguerra.

En el apartado siguiente se describirá la presencia del PCP-SL, las respuestas de la población y el papel del Ejército en cada una de las regiones estudiadas.

Historias locales de la guerra: Alto Canipaco, Santo Domingo de Acobamba-Pariahuanca y el Tulumayo

La acción política y militar del PCP-SL en el Alto Canipaco (Chongos Alto, Chicche y Yanacancha), en Pariahuanca-Santo Domingo de Acobamba, y en el Tulumayo (Comas, Cochas y Mariscal Castilla), fue diferenciada. Ello se explica por la importancia geopolítica de cada región, el desigual nivel de formación política y militar de los militantes del PCP-SL, la experiencia de sus dirigentes locales y el momento que atravesaba su denominada "guerra popular", así como por la respuesta de la población rural y sus autoridades y la respuesta del Ejército.

El Alto Canipaco: Chongos Alto, Chicche y Yanacancha

En estos tres distritos, durante la década del ochenta, la organización comunal había ido perdiendo capacidad de convocatoria, gestión e intermediación con el Estado. Paralelamente, los gobernadores y tenientes gobernadores, los jueces, alcaldes y regidores, se encontraban muy deslegitimados, debido a que su actuación se había caracterizado por el desdén y la apatía en el cumplimiento de sus funciones y, según la población, se sospechaba de la comisión de actos contra la fe pública.

El Alto Canipaco, por sus extensas planicies y el escaso número de habitantes, no fue considerado por el PCP-SL como una de las áreas privilegiadas para su acción. Sin embargo, su presencia se dejó sentir en toda la región.

Aparición e impacto del PCP-SL

Los militantes del PCP-SL incursionaron en la zona por primera vez a fines de 1987, registrándose su presencia hasta fines de 1989. Al principio, algunos senderistas venidos de fuera tomaron contacto de manera esporádica con los pobladores de algunas localidades, entablando diálogos amistosos y siendo receptivos a sus reclamos y demandas. Este acercamiento cordial del PCP-SL a "las masas campesinas" le permitió detectar algunos de los problemas más sentidos de los lugareños y enarbolar una serie de reivindicaciones bajo su perspectiva. En ese sentido, la prédica en contra de la corrupción de las autoridades, de acabar con los "malos elementos" (adúlteros, mentirosos y ladrones de ganado) y poner fin a la secular marginación, olvido y pobreza de los campesinos, fue levantada de manera insistente por el PCP-SL, siendo escuchados con mucha expectativa.

Unos meses después, una columna del autodenominado Ejército Guerrillero Popular (EGP) senderista, integrada por doce personas, apareció en la región[9]. La fase inicial de acercamiento y convencimiento de la población, así como el trato amical de los primeros militantes, terminaron abruptamente, siendo reemplazados por las órdenes y maltratos de la columna armada. Hasta ese entonces ninguna autoridad local había renunciado, y las demostraciones de simpatía de los pobladores eran frecuentes. Pocas semanas después, todas las autoridades de la región habían renunciado a sus cargos. El temor a ser asesinados pudo más que su compromiso ante sus representados.

---

9 En comparación con la cantidad de integrantes de otras columnas que actuaban en la sierra Central, aquélla era pequeña; al igual que las otras, formaba parte de la Fuerza Principal del EGP.

El vacío de poder y autoridad creado no pudo ser reconstituido inmediatamente por los maoístas, al no ser capaces de nombrar y mantener en el cargo a sus propias autoridades. En muchos casos, aquellas personas designadas como representantes del "nuevo poder" no aceptaban, o bien huían del lugar. En otros casos, los pobladores desobedecían los mandatos e imposiciones de las autoridades senderistas. Además el PCP-SL no tuvo en cuenta que en algunas localidades, ciertas autoridades, sobre todo comunales, actuaban en la clandestinidad.

Un hecho que puso en evidencia la presencia de los subversivos en la región fue el ataque, saqueo y destrucción de la Sociedad Agraria de Interés Social (SAIS) Cahuide en enero de 1989. La SAIS administraba las tierras y el ganado de las comunidades campesinas; al destruirla, los mandos senderistas repartieron a cada poblador un número de cabezas de ganado proporcional a la cantidad de trabajo invertido en beneficio de la comunidad. Esta información fue proporcionada por las ex-autoridades locales presentes en el reparto. Esa acción acrecentó las simpatías de la población, en particular de los jóvenes, muchos de los cuales se enrolaron en las filas del PCP-SL por propia voluntad, mientras que otros fueron incorporados por la fuerza.

La aceptación que tuvo la prédica subversiva entre los campesinos se debió por un lado a los beneficios concretos que obtenían (por ejemplo, la repartición del ganado). Y por otro lado, a la promesa de sacarlos de la pobreza, del secular abandono y marginación a los que los habían condenado los gobiernos de turno. No obstante, la simpatía de los pobladores no se tradujo en un apoyo activo ni implicó su incorporación masiva en las filas subversivas.

Una vez que los militantes senderistas lograron un relativo asentamiento en la región, contando con muchos adherentes a su causa, sometieron a la población a un control estricto. Las tareas encomendadas a los lugareños se cumplieron sin mayor objeción bajo la recurrente amenaza de muerte. Los maltratos físicos, la exigencia creciente de alimentos para sus militantes, la incorporación forzada de muchos jóvenes a sus fuerzas militares, la destrucción de la escasa infraestructura local, y la prohibición de comerciar con otras localidades, fueron creando las condiciones para la oposición de los pobladores. Sin embargo, el terror impuesto contuvo la respuesta de la población.

En esas circunstancias, algunas autoridades que actuaban en la clandestinidad se reunieron para evaluar la situación y proponer una respuesta colectiva contra los subversivos. Los acuerdos tomados fueron de conocimiento del PCP–SL, por lo que el 12 de abril de 1989 "ajustició" en Chongos Alto a algunas de las personas que tomaran parte en aquella reunión, junto a otros pobladores y dos presuntos ladrones. La cruenta represalia subversiva no contuvo la decisión de los pobladores de enfrentarlos. Así, una comitiva integrada por unas cuantas autoridades y pobladores del lugar marchó al cuartel del Ejército en la ciudad de Huancayo para manifestar a los militares su decisión y voluntad de luchar contra los subversivos del PCP-SL.

Aparición del Ejército y formación de las rondas antisubversivas

En 1990, ante la solicitud de los pobladores y algunas de sus autoridades, el Ejército instaló una base en el anexo de Vista Alegre Potaca. La relación inicial entre los militares y los pobladores de la región era de desconfianza. De un lado, el Ejército consideraba al Alto Canipaco como una "zona roja" y por lo tanto dudaba de la intención de los pobladores de acabar con la subversión. Y por otro, los pobladores tenían justificadas sospechas del comportamiento militar reñido con el respeto irrestricto de sus derechos ciudadanos. Con el transcurrir del tiempo la desconfianza fue disipándose.

Luego de instalar la base contrasubversiva, el Ejército dispuso la inmediata conformación de las rondas antisubversivas. Sin embargo, los pobladores no acataron de inmediato esta orden por temor a las posibles represalias senderistas. Esta reticencia inicial fue vencida con relativa facilidad por el discurso del Ejército: la organización en rondas era la única manera de enfrentar y sobrevivir al PCP-SL y no ser considerados como presuntos subversivos. En tales circunstancias, los pobladores no tuvieron más alternativa que acatar y someterse al patrón de organización y control militar.

El Ejército puso particular atención en organizar a la población en cada una de las diecisiete comunidades campesinas del Alto Canipaco. Hacia 1992 el Ejército tuvo agrupados y registrados a 1.586 ronderos entre hombres y mujeres, jóvenes y adultos, quienes fueron entrenados en el manejo de armas y en elementales tácticas militares. Los niños y los ancianos quedaron al margen de la instrucción militar.

Las labores de patrullaje y vigilancia de la región fueron asumidas por las rondas tal como el Ejército lo dispuso, cumpliendo los ronderos muchas veces turnos de veinticuatro horas al día. A fin de tener un control más efectivo de la población rondera, los militares aparecían de manera imprevista en alguna comunidad para verificar si se llevaban a cabo las tareas encomendadas. El incumplimiento era sancionado con extenuantes ejercicios físicos. En pocos casos las rondas patrullaban la región junto a los efectivos militares; en la mayoría los ronderos patrullaban solos, previa autorización militar.

Una característica saliente de la relación entre la población y el Ejército fue la subordinación de la primera, así como el autoritarismo y el abuso constante de este último. Esta relación se fue modificando con el paso de los años, en tanto la amenaza de posibles incursiones subversivas desaparecía; así, del abuso abierto y el maltrato se pasó a un trato de cierto respeto y consideración con los pobladores del Alto Canipaco.

Finalmente, la presencia del Ejército –y así es reconocida por la población– trajo la paz en la región. La instalación de una base contrasubversiva y la organización de la población en rondas fueron las condiciones para que la columna senderista no apareciera nuevamente y se retirara sin ofrecer ningún enfrentamiento a los ronderos y militares. El orden social anterior se fue reestableciendo lentamente, y la mayoría de las autoridades locales reasumieron sus cargos, en un contexto en el cual la única presencia del Estado en el campo era la del Ejército. Otra en cambio fue la historia de Pariahuanca y Santo Domingo de Acobamba.

Pariahuanca y Santo Domingo de Acobamba

Aparición e impacto del PCP-SL

La presencia del PCP-SL en esta zona data de 1987, cuando grupos pequeños de militantes (entre tres y cinco) se reunían con algunos jóvenes y adultos de las localidades de ambos distritos. El proselitismo entre la población lugareña continuó hasta fines de aquel año, cuando el esfuerzo llevado a cabo por los subversivos rindió sus frutos, al lograr la incorporación de algunos pobladores en sus filas.

Posteriormente, en 1989, columnas armadas integrantes del PCP-SL hicieron su aparición en el valle de Pumabamba (Santo Domingo de Acobamba), siendo sus primeras acciones militares el hostigamiento, amedrentamiento y asesinato de algunos Policías acantonados en la zona. De inmediato se produjo el retiro de los Policías como medida para salvaguardar su integridad física. Del mismo modo, algunas autoridades locales fueron amenazadas de muerte para que renunciaran a sus cargos, en tanto otras fueron "ajusticiadas". Ante esta situación, el solo rumor de la presencia del PCP-SL hizo que otras autoridades optaran por abandonar sus cargos o huyeran a la ciudad de Huancayo. A la par de estas acciones, que buscaban acabar con todo vestigio de la presencia del Estado, las columnas senderistas destruyeron parte de la infraestructura local.

Sin la presencia de los representantes del "viejo Estado" o de sus fuerzas del orden, el PCP-SL se apresuró a edificar su "nuevo poder". En pocas semanas se crearon Comités Populares en las más importantes localidades de la región. La población que quedaba bajo la circunscripción de un Comité Popular era distribuida entre algunos de los "organismos generados" subversivos: Movimiento de Campesinos Pobres (MCP), Movimiento Juvenil Popular (MJP) y Movimiento Femenino Popular (MFP), o en alguna estructura (Fuerza Principal o Fuerza Local) del EGP. En cada Comité todas las actividades de los pobladores eran normadas por los "mandos". Entre las actividades más frecuentes se destacaban las de adoctrinamiento y entrenamiento militar, además de las tareas de vigilancia y control de cualquier persona extraña a la comunidad y la preparación de la alimentación para los integrantes de la columna cuando estos llegasen a los Comités.

La constitución de facto de la autoridad subversiva trajo consigo efectos inmediatos en la región. En primer lugar, muchos pobladores se desplazaron hacia las capitales de provincia o a la ciudad de Huancayo. La siembra se restringió a lo estrictamente necesario para el autoconsumo, y muchas de las actividades comerciales cesaron. Asimismo, la totalidad de las autoridades renunció a sus cargos, y el temor ante posibles ataques se instaló entre la población que se había quedado en el lugar.

En tanto, la relación de la población con los militantes del PCP-SL se fue modificando al compás del comportamiento de este. En un principio, el PCP-SL atacó a los "malos Policías", "ajustició" a unos cuantos ladrones de ganado, y obligó a renunciar a las "autoridades corruptas". Desde tiempo atrás, las denuncias contra Policías abusivos, autoridades ineficientes y ladrones de ganado ante las autoridades respectivas no habían sido tomadas en cuenta. En cambio, sin mayor dilación, el PCP-SL hizo suyas las denuncias y acabó con tales injusticias. Todas estas acciones despertaron las simpatías de los pobladores, cansados de tanto abuso, maltrato y marginación.

Meses después el comportamiento del PCP-SL cambió abruptamente. El maltrato físico contra la población se volvió cotidiano, al igual que los "ajusticiamientos" de presuntos infractores de sus reglas o de quienes pretendieron subvertir su orden. Así, en agosto de 1989 militantes del PCP-SL asesinaron a Humberto Calderón[10] en la plaza de armas de Lampa (capital de Pariahuanca), acusándolo de organizar a la población de algunas comunidades de Pariahuanca en rondas para su propia defensa.

La llegada e impacto del Ejército y la organización de las rondas campesinas

En 1990, las primeras patrullas del Ejército incursionaron en ambos distritos produciéndose algunos enfrentamientos con las fuerzas del PCP-SL. Un año después, los militares instalaron bases contrasubversivas en las localidades de Apuran, Rosas Pampa (Santo Domingo de Acobamba) y Santa Rosa de Ilá (Pariahuanca).

La directiva militar de organizar a la población en rondas antisubversivas se implementó rápidamente. Los militares fueron visitando las comunidades y persuadiendo a los pobladores para que se organizaran en rondas. Además de persuadirlos, les prometieron entregarles alimentos y la prestación de algunos servicios, como atención de salud o la reparación de infraestructura destruida por los subversivos. Esto último formaba parte de las "acciones cívicas" que se ejecutaban a la par de la organización de la población para su autodefensa. Aquellas promesas se fueron cumpliendo en el corto plazo.

Una vez que la población muestra cierta disposición para organizarse en rondas, el Ejército los apoya en forma decidida, aunque dicho apoyo se restringiera al entrenamiento militar, la entrega de escopetas y la esporádica entrega de alimentos. La población que se fue organizando es instada por los militares a replicar la organización en todas las comunidades. Para vencer la resistencia de aquellos pobladores y comunidades que se negaban a involucrarse en una guerra ajena, al igual que lo sucedido en el Alto Canipaco, el Ejército y las rondas lanzan un ultimátum: aquellos que no se organicen serán tratados como subversivos. Sólo así se formaron rondas en

10 Humberto Calderón militaba en Izquierda Unida (IU), frente político electoral de la izquierda legal peruana, y en el MRTA. Él tomó el modelo de las rondas campesinas del Norte y pretendió aplicarlo en Pariahuanca. Algunas rondas que alcanzó a organizar se mantuvieron inactivas durante la presencia del PCP-SL. Una vez que el Ejército apareció en la región, se reactivaron.

todas las comunidades de Santo Domingo de Acobamba, que establecieron un vínculo muy estrecho con los militares, sometiéndose a su tutelaje y control.

Aquel proceso marchaba en forma paralela a la organización de los pobladores en el vecino distrito de Pariahuanca. La primera ronda se formó el 26 de febrero de 1990 a insistencia de las rondas de Santo Domingo de Acobamba. Como se señaló anteriormente, los pobladores de Pariahuanca tuvieron una primera experiencia de organización para la autodefensa gracias al trabajo de Humberto Calderón. Ese conocimiento previo les sirvió para organizar las rondas en el distrito tiempo después. Esta labor se vio facilitada por el apoyo de las rondas de Santo Domingo de Acobamba y el respaldo del Ejército acantonado en la región. En unas pocas semanas cada comunidad conformó su ronda antisubversiva. Hacia 1995 el Ejército tenía registrados en Santo Domingo de Acobamba treinta y ocho CADs, integrados por 1.505 ronderos, mientras que en Pariahuanca se reportaba la existencia de treinta y dos CADs agrupando a 1.923 ronderos.

En ambos distritos las rondas se limitaron al cuidado del orden interno, la defensa de las comunidades ante posibles ataques subversivos y el patrullaje de la región. En este último caso, usualmente las rondas patrullaban solas; en las ocasiones en que patrullaron con el Ejército, sus efectivos marchaban en la retaguardia. Luego de las patrullas, de manera habitual, los ronderos informaban a los militares acerca de los incidentes ocurridos durante las patrullas. Finalmente, las rondas asumieron las funciones de las autoridades locales y administraron justicia.

A diferencia de lo ocurrido en el Alto Canipaco, las rondas antisubversivas de esta región sí tuvieron algunos enfrentamientos con las fuerzas del PCP-SL, con el saldo de pérdidas humanas en ambos bandos. Hacia fines de la década del ochenta los militantes del PCP-SL se replegaron a la selva de Junín y desde ahí incursionaron de manera esporádica en una que otra comunidad de Santo Domingo de Acobamba. En 1997 la actividad de los ronderos cesó al considerar la región como pacificada.

El Tulumayo: Comas, Cochas y Mariscal Castilla

La región conocida como Tulumayo comprende los distritos de Comas, Cochas y Mariscal Castilla, todos ubicados en la provincia de Concepción. Las fuerzas del PCP-SL tuvieron presencia en la zona desde fines de 1987 hasta los primeros meses de 1990, fecha en que fueron desalojadas por las rondas campesinas del lugar. El primer ataque de las columnas senderistas se produjo a mediados de 1987, y en los meses siguientes los ataques se incrementaron dramáticamente. En Comas una columna subversiva atacó el puesto policial, motivando que la Policía abandonara el lugar, dejando a la población sin protección.

En los dos años de su asentamiento el PCP-SL organizó a las comunidades en Comités Populares y nombró como sus autoridades (delegados o "comisarios") a los comuneros más jóvenes y con ascendencia entre la población y a algunas ex-autoridades comunales. Asimismo ejecutó acciones de propaganda, destrucción de infraestructura pública y privada, bloqueo de carreteras y "ajusticiamientos" de personas consideradas contrarias a su causa (autoridades municipales, judiciales y políticas o pobladores), muertos generalmente en ataques sorpresa o en ejecuciones públicas que llamaban "juicios populares".

La presencia del PCP-SL y la construcción del nuevo poder

El 15 de septiembre de 1987 una columna senderista tomó Cochas, la capital del distrito del mismo nombre. En pocos minutos incendiaron los locales del Municipio, la Gobernación y la comunidad campesina. En diciembre, tres meses después, regresaron a la localidad e invitaron a la población a incorporarse a sus filas. Desde ese momento, y durante los meses siguientes, la columna armada senderista recorrió en varias oportunidades los distritos de Comas, Cochas y Mariscal Castilla, apoyando la organización y consolidación del "nuevo poder" subversivo.

Los meses siguientes, de enero a marzo de 1988, fueron de intensa labor de concientización y construcción del poder subversivo por medio de la instalación de sus Comités Populares. Usualmente de noche, los militantes del PCP-SL bajaban al pueblo e invitaban a algunos comuneros a participar de las llamadas Escuelas Populares. Su prédica caló en algunos pobladores, quienes formaron parte de la organización subversiva local –algunos como autoridades del nuevo poder. Además formaron el Movimiento de Campesinos Pobres, el Movimiento Femenino Popular, el Movimiento Juvenil y el

Movimiento de Niños Pioneros. Cada uno de estos movimientos contaba con un mando militar, un mando político y un mando logístico. Los mandos locales se relacionaban con sus similares de la columna principal subversiva.

La vida comunal estaba perfectamente reglamentada y sujeta a la vigilancia y control de los mandos subversivos locales. La sanción de cualquier falta recaía en manos de los integrantes de la columna. La infracción más leve se castigaba con el corte de cabello; la más grave, como por ejemplo "hablar mal del Partido", con la muerte.

El paso de la columna principal por las comunidades del Tulumayo era frecuente. Unas veces transitaban ochenta hombres, otras treinta o cuarenta. La mayoría de los combatientes portaban armas de guerra, bien disciplinados y entusiastas ante la "inminente victoria de la guerra popular".

Este contingente fue el encargado de organizar militarmente a la población, lo cual se consolida a fines de 1988 con la formación de pelotones integrados por los pobladores del lugar. La instrucción militar iba acompañada de la formación política respectiva. Esta tarea era responsabilidad del mando político de la columna, quien enseñaba el "pensamiento Gonzalo", el marxismo-leninismo-maoísmo y los cantos e himnos del PCP-SL.

Desde mediados de 1989 los subversivos comenzaron a perder la fuerza y el empuje mostrados poco tiempo antes. La columna siguió recorriendo el Tulumayo, pero sin embargo eran visibles algunos cambios en su composición y el estado de ánimo de sus combatientes.

Las municiones escaseaban, la vestimenta ya no era la misma. Cuando llegaban a Cochas, por ejemplo, el comentario usual era que no habían comido en varios días. La disminución de sus integrantes era saltante, debido a que los enfrentamientos con las fuerzas del orden en otras zonas de Junín les ocasionaron la muerte de varios de sus militantes. Procuraron suplir la escasez de combatientes con noveles militantes, con ninguna o muy poca experiencia en combate, incorporados muchas veces contra su voluntad.

A ello se sumó la prohibición de sembrar más de lo necesario para la alimentación de la población y de sus columnas, y el cese de todo tipo de transacción comercial con otras comunidades y sobre todo con la ciudad de Huancayo, todo lo cual fue configurando un panorama desalentador para los campesinos.

Ante tal situación, la respuesta inicial fue la fuga de muchos pobladores de la región. Incluso, en muchos casos, los que eran considerados como los mejores mandos locales huyeron del lugar. El PCP-SL trató de evitar la huida, asesinando a cuanto poblador era encontrado en ese trance. A la vez, el bloqueo de la carretera, que los comunicaba con otros poblados y la ciudad capital, continuó en diversos tramos. En las noches, la columna marchaba junto a "las masas campesinas" al bloqueo y destrucción de algunos puentes.

Estos hechos comenzaron en julio y se prolongaron hasta noviembre de 1989. La simpatía y colaboración inicial de los pobladores fue perdiéndose con cada una de las acciones del PCP-SL contra la población.

La destrucción del "nuevo poder"

En diciembre de 1989, el hambre, la desesperación y el miedo a la muerte afectaban a cada uno de los pobladores, inclusive a los mismos mandos subversivos locales. La situación se volvió insoportable. A mediados de mes, algunos pobladores y ex-autoridades políticas y comunales se reunieron con la intención de organizar algún tipo de resistencia a las fuerzas del PCP-SL. Sin embargo, los subversivos estuvieron al tanto de los intentos de subvertir su "nuevo orden". Al igual que en otras regiones, ubicaron y ejecutaron a los animadores de tal oposición. La muerte, sin embargo, no amilanó a los que quedaron con vida. Estos, tomando mayores precauciones, decidieron levantarse contra el PCP-SL y solicitar el apoyo del Ejército. Hasta entonces, las patrullas militares habían ingresado a unos pocos lugares sin lograr mayor impacto.

En unos pocos días dieron forma a la primera organización para la autodefensa en la comunidad de Talhuis, en la que paradójicamente el entrenamiento militar recibido de los subversivos ayudó a preparar la defensa de su comunidad contra el PCP-SL.

Una comisión, integrada por algunas autoridades locales, acudió al cuartel de Huancayo para solicitar ayuda al Ejército. Los militares se negaron a brindar cualquier tipo de ayuda bajo la convicción de que los comisionados eran probables subversivos que intentaban tenderles una emboscada. La comisión regresó e informó de lo ocurrido con su solicitud. La negativa militar no los desanimó; por el contrario, ratificó su voluntad de enfrentar al PCP–SL, siendo conscientes de que lo harían sin contar con ninguna ayuda externa.

Armados de piedras, cuchillos y algunos instrumentos de labranza, los comuneros dispusieron la defensa de sus comunidades. Algunos vigías fueron dispuestos en lugares estratégicos de la localidad. A los pocos días se produjo el primer enfrentamiento con una columna de aproximadamente veinte hombres. Los subversivos ocasionaron la muerte de ocho comuneros.

En tanto, otras comunidades fueron apoyando el levantamiento. Una a una, las cuarenta y ocho comunidades del Tulumayo se fueron organizando para acabar con las columnas del PCP-SL. El enfrentamiento con la columna principal no tardó en producirse. Los pobladores ubicaron a una veintena de hombres, escasamente armados, en un paraje cercano a Cochas. Inmediatamente se lanzaron al ataque. El resultado fue nueve subversivos muertos. El resto huyó. Más tarde los campesinos les dieron alcance y acabaron con la vida de siete más. A dos de ellos se les perdonó la vida: un adolescente y una mujer embarazada. Así, de manera expeditiva se acabó con la columna principal del PCP-SL en la región.

La presencia del Ejército y la formación de las rondas campesinas

Una vez que los campesinos acabaron con los últimos hombres de la columna principal, en enero de 1990, fueron al encuentro de los militares en Huancayo. Los militares recibieron a los pobladores con cierta expectativa, enterados de los acontecimientos de los últimos días.

Los comisionados llevaban consigo algunas bolsas en las cuales guardaban nueve cabezas de los subversivos caídos. Cuando fueron recibidos en el despacho de los oficiales del Ejército, las dejaron caer sobre la mesa que los separaba. Los militares enmudecieron, presos de desconcierto y estupor. El silencio fue roto con el grito de un oficial: "¡Muy bien! ¡Ustedes sí que son peruanos y están luchando por la pacificación del país, por la democracia!". No sólo se les alabó, sino que se les instó a dar el ejemplo a otras comunidades aledañas. Del mismo modo, les ofrecieron el respaldo del Estado para su lucha contra la "subversión terrorista". Por último, manifestaron su interés en coordinar esfuerzos con el objetivo de la "pacificación del país" y les aseguraron que su presencia sería más constante en la región. La muerte de los subversivos y la prueba contundente de ello contribuyó a que el Ejército disminuyera su desconfianza de los pobladores de la "zona roja" del Tulumayo.

Los dirigentes regresaron a sus localidades y tomaron las medidas del caso para rechazar cualquier posible ofensiva de las fuerzas del PCP-SL. En alguna forma repitieron la organización militar subversiva. Cada comunidad campesina se organizaba en un Comité Local. Este podía estar integrado por un número variable de Grupos de Rondas, a la manera de los pelotones senderistas. Cada Grupo de Ronda estaba integrado por un número variable de comuneros. Así, en unos cuantos días, todas las comunidades campesinas de la región se organizaron en sendos Comités Locales sin mayor coordinación entre sí. Como existía la necesidad de centralizar las tareas de defensa, en marzo se reúnen los delegados de todas las comunidades de la región en una asamblea general. La asamblea acuerda la formación del Comité Central de las Rondas Campesinas del Alto y Bajo Tulumayo. Unos meses después, en julio, elaboran su primer Estatuto, en el cual se precisa la forma de organización, atribuciones y sanciones en treinta y un artículos.

Desde ese momento, la relación del Estado con la población rural local, mediante la presencia del Ejército, se hizo más estrecha, aunque ocupando la población el papel subordinado. En lo inmediato, los militares ordenaron a las rondas que se encargaran de la designación de las autoridades comunales, políticas y municipales. A pesar de la asunción de sus cargos, en la práctica las funciones de aquellas fueron asumidas plenamente por las rondas.

Desde los primeros meses de 1990, y en estrecha coordinación con el Ejército, las rondas campesinas recorrieron el Tulumayo sin armas de fuego. Tal tarea se organizó en torno al cumplimiento estricto de un cronograma elaborado de manera conjunta con los militares. Concluida la misión, los ronderos retornaban a sus comunidades e inmediatamente los jefes ronderos informaban al Ejército de lo ocurrido durante el patrullaje. Esta rutina continuó hasta 1998, a pesar de que los militares se retiraron de la zona en 1994, fecha en que se levanta el estado de emergencia en todo Junín y los militares ordenan el cese de las labores de patrullaje.

Presente y futuro de las rondas antisubversivas (CADs)

En esta tercera parte presentaremos los principales resultados de entrevistas realizadas a pobladores, autoridades locales y dirigentes ronderos en los ocho distritos estudiados –Pariahuanca y Santo Domingo de Acobamba; Chongos Alto, Chicche y Yanacancha; y Comas, Cochas y Mariscal Castilla– relacionadas al rol e impacto de las acciones de las rondas o CADs y el Ejército durante la lucha contra las fuerzas subversivas. Asimismo describiremos las percepciones que se tienen sobre las organizaciones existentes en estas zonas –fundamentalmente el CAD–, sus roles reales y atribuidos, sus mecanismos de acción, y las demandas presentadas a la sociedad en la coyuntura actual. Estas perspectivas son diferenciadas por región debido tanto a la realidad social y política particular como a las diferentes experiencias que se han tenido en cada zona.

El rol e impacto de las rondas antisubversivas (CADs) y el Ejército: una mirada general de la población local

Un grupo importante de los entrevistados (40%) señala que en realidad el Ejército no cumplió ningún papel, limitándose a estar presente en la zona para el patrullaje. De hecho, en una declaración de la comunidad de Pariahuanca se relata que el Ejército sólo salía a patrullar si las rondas –que debían patrullar primero– encontraban evidencia física de la presencia subversiva, ya que no era suficiente la información verbal.

Sin embargo, en varias localidades el Ejército asumió el control de la sociedad local y regional. Así, desempeñó roles en la administración de justicia –resolviendo básicamente asuntos de robo o abigeato (43%)– y en la organización de la población para las labores de infraestructura (30%). En cambio tuvo comparativamente poco interés en ofrecer ayuda a la población, como vocero de sus necesidades ante el Estado (16%), como proveedor de recursos para la población en estado de emergencia (15%), o como padrinos en los eventos públicos de la comunidad local (11%).

En muchas localidades se refiere que no fue el Ejército, sino el Estado en sus campañas antisubversivas, quien impulsó la construcción de locales para las comunidades campesinas, y es en este sentido que este, y no aquel, ha ganado credibilidad. La ayuda directa del Ejército incluyó algunas veces atención médica, la donación de medicinas, alimentos y ropa usada a diferentes comunidades y anexos, como parte de su campaña de organización de la lucha antisubversiva. Esto se repitió en la zona de Pariahuanca y Santo Domingo de

Acobamba, desde sus bases militares respectivas. En Chongos Alto, Chicche y Yanacancha, y Comas, Cochas y Mariscal Castilla, no hay mayor referencia a este tipo de ayuda asistencial.

La estrategia del Ejército de asumir una identidad subversiva para emboscar a la población más o menos proclive a los grupos levantados en armas es relativamente alta (31%), con los efectos colaterales de mayor desorientación e inseguridad de la población campesina. En menor proporción este rol se le atribuye a la Policía, muy deslegitimada en toda la región por su pobre papel contra la subversión y calificada unánimemente de abusiva y corrupta.

Lo ilustran casos como el ocurrido en el distrito de Chongos Alto, con la detención de un presunto ladrón de ganado por las autoridades locales entregado al puesto policial de la misma localidad, siendo liberado pocos días después; este elemento ha sido identificado por los pobladores como instigador de la matanza de autoridades de Chongos Alto y Chicche por el PCP–SL perpetrada el 12 de abril de 1989.

La importancia de la ronda campesina o CAD corre paralela a la presencia del Ejército. Este aspecto se debe no sólo a la importancia que el Ejército dio al CAD como patrulla que debía salir en primera línea a identificar a sospechosos, sino a que, por contraste, no hubo interés del Ejército en consolidar a la comunidad como organización, y este es un comentario unánime en entrevistas y encuestas.

La presencia del Ejército significó en todas las zonas la perturbación de su vida cotidiana, aunque no en el grado que se dio en la región Sur Central (en los departamentos de Ayacucho, Huancavelica y Apurímac). En Pariahuanca y Santo Domingo, así como en Chongos Alto, Chicche y Yanacancha, y Comas, Cochas y Mariscal Castilla, se relata que el Ejército tenía injerencia en asuntos de la vida pública y en la resolución de conflictos comunales. Además, debía ser mantenido con los recursos y servicios de la población, lo que implicó una carga adicional a la que suponía la manutención de la ronda campesina en funciones, para una economía arruinada por la acción destructora del PCP-SL.

Pese a la falta de atención de la población rural por parte del Ejército, la mayor parte de las opiniones recogidas (73%) le atribuye gran importancia en la eliminación de la subversión. Sin embargo, la casi totalidad de estas afirmaciones indican que esta labor se llevó a cabo mano a mano con las rondas o CADs, con la noción además de que el trabajo de estas era una parte del trabajo de aquel. Una cuarta parte de la población está en desacuerdo con darle mayor crédito al

Ejército, sobre todo en las zonas más alejadas, donde es más evidente que las propias organizaciones de autodefensa campesina fueron las protagonistas de esta historia. Para estas, el Ejército hizo más el papel de presencia que de combate a la subversión; el efecto de su presencia fue más bien lo que obligó a la solidaridad y facilitó directamente la unidad bajo una sola bandera.

El Ejército permaneció cumpliendo su papel de patrulla y control de la sociedad local por un tiempo prolongado. Iniciada su presencia hacia 1990 en la mayor parte de la zona de estudio, ha permanecido en más de un 60% hasta el año 2001 (actualmente ha disminuido significativamente), si bien un contingente importante –una cuarta parte de la región– se retiró ya en 1995. Sin embargo, desde 2001 la permanencia del Ejército se limitó a su presencia en los cuarteles, sin necesidad de patrullar la zona, labor que una vez más le es asignada a las rondas o CADs, las cuales periódicamente rinden cuentas de su acción y pertrechos militares a las localidades donde el Ejército sigue acuartelado. En la zona de Pariahuanca y Santo Domingo de Acobamba sólo permanece un batallón de ingeniería, mientras que el Ejército se ha retirado de toda la zona de Chongos Alto, Chicche y Yanacancha y Comas.

El rol tradicional de los CADs ha sido, por definición oficial, la defensa de la población campesina por sus propias manos. Los campesinos en muchos casos han definido a su organización como "rondas" a partir del ejemplo del departamento de Cajamarca; esto es, el reconocerse como resultado de la decisión autónoma campesina de defenderse. Pero ello se logró por vía de una organización de corte militar, no necesariamente aprendida del Ejército sino también del PCP-SL o del MRTA. Las rondas también se valieron de las relaciones comunales, en la obligatoriedad y rotación de las patrullas y en el papel asignado a los ronderos por edad y género.

El papel político y de seguridad de los CADs, la comunidad campesina y las autoridades políticas

Las condiciones diversas que acompañaron a la guerra –articuladas de manera diferente por región e incluso por localidad– han empujado a las poblaciones a refrendar o restarle importancia al poder de sus propias organizaciones (comunidades campesinas y CADs).

Algunas localidades, ante los cambios en los roles y relaciones de las nuevas generaciones, han preferido al CAD como la organización que mejor garantiza la participación y responsabilidad de la población joven en la vida de la comunidad antes que a la comunidad campesina, que puede tener convocatoria para la toma de decisiones pero no para su ejecución. Esta decisión se ha dado en comunidades con una organización tradicional bien establecida pero dañada por la historia reciente. Sin embargo, este aspecto tiene sentido en el nuevo marco institucional de la desmilitarización y el retorno –al menos formal– del Estado de Derecho y las instituciones civiles. En el nuevo escenario de posguerra encontramos que la pervivencia de una estructura política tradicional margina a la población rural y a las rondas o CADs como un nuevo actor y una nueva conciencia de las dimensiones de los problemas que aquejan a la población rural.

Los CAD y las autoridades políticas: roles y relaciones

El papel alcanzado por los CADs, aunque haya tendido a decrecer y sea desigual por región, es indiscutible, y para un buen sector de la población es el referente principal a la hora de hablar de "seguridad". Pero las relaciones entre la organización campesina y los poderes externos a ella distan de ser ideales. A ello contribuyen las tensiones producto de conflictos de intereses de los diversos sectores, la ausencia de mecanismos de fiscalización de las autoridades, la carencia de canales de comunicación entre las instancias, y una legislación inexacta sobre las funciones y roles atribuidos del CAD, a lo que sumamos la ausencia de su reconocimiento como institución representativa de los intereses de la población rural.

Los actores encargados de la seguridad al nivel local han sido tradicionalmente la Policía y el Poder Judicial, y desde 1993 se incluye al Municipio. Esto es, que autoridades como alcaldes, regidores y agentes municipales, junto a los jueces de paz letrados y no letrados, son los principales –y según la Constitución Política los únicos– encargados de la administración de la justicia en el campo. La realidad de la violencia ha ampliado de hecho las funciones vinculadas a la administración de seguridad a los CADs. Esta circunstancia ha significado la dispersión del rol de seguridad a diversos actores; se trata de una labor llevada a cabo por las "rondas" como parte de una política represiva de seguridad que acompaña la labor del Ejército y suple las deficiencias de la Policía y de las autoridades arriba mencionadas, cuya imagen dista de ser halagüeña.

Más del 80% de la población encuestada señala que las rondas deben permanecer en funciones, aunque sólo les atribuyen la labor de patrulla civil. Hoy en día, la presencia, autoridad y poder que los CADs tenían bajo el amparo de los militares no es igual en los ocho distritos pero, para la población, estos deberían seguir en actividad, cumpliendo las funciones de control interno y de resolución pacífica de conflictos. En muchas zonas el "rondero" se convirtió en la persona a la que se puede acudir para garantizar el orden y seguridad contra el pandillaje, el robo de ganado, el narcotráfico y la delincuencia común. Es así que un 63% considera que esta labor es la fundamental de la ronda, incluyendo un 22% que considera que esta función debe ir combinada con otras, entre las cuales está el apoyo organizando faenas comunales (53%), labor que en muchos sitios han asumido hasta hoy.

En la actualidad los CADs velan por el orden de la localidad como una de sus tareas principales y, cada cierto tiempo, llevan a cabo labores de patrullaje. En otras ocasiones, donde existen comunidades campesinas debilitadas, el CAD asume el control del orden local, incluyendo las labores ejecutivas de las comunidades campesinas, legitimado por sus exitosas acciones antisubversivas. En estos casos, el total de la población encuestada considera que los CADs deben mantenerse en actividad.

Actualmente, sólo un 10% considera que el CAD administra justicia, a pesar de que esta fue una de sus principales funciones desde su creación. Del mismo modo, no se le atribuye la función de gobierno local (2% le reconoce este rol), ya que su papel dirigente ha perdido sentido ante el retroceso de la subversión y el retorno de las instituciones del Estado y la comunidad campesina.

En tanto, el 42% de la población encuestada considera que las funciones que fueron propias de la ronda deben ser asumidas por la comunidad campesina. Es el caso de las comunidades donde las labores de coordinación para la faena –en su momento llevadas a cabo por el CAD– han vuelto a ser asumidas por la comunidad. En las zonas donde se recogió esta opinión –muy especialmente en Chongos Alto, Chicche y Yanacancha– los pobladores consideraron que las tareas antisubversivas, una vez retirado el Ejército, habían cesado y no existían razones suficientes para seguir con la organización rondera. Por lo tanto, de motu propio los CADs fueron disueltos. En el Tulumayo

(Comas, Cochas y Mariscal Castilla), en cambio, los CADs se mantienen como nuevos interlocutores ante los poderes locales y regionales y las instituciones públicas y privadas.

Ya sea por efecto de la doctrina y la formación militar, o por el rechazo a asumir la responsabilidad de una guerra, un 16% considera que el Ejército, como única garantía de orden en la región, debería ser quien asuma las funciones del CAD (un 21%, en combinación con otras instituciones).

Una cuarta parte de los encuestados considera que la acción de la autoridad comunal debería combinarse con la de otras autoridades políticas, estatales (Ejército incluido) y policiales. En comparación, la confianza en las autoridades políticas es realmente escasa: sólo el 9% de la población encuestada le da el papel de garante de la seguridad interna, y el 18% declara que esta actividad debería darse en combinación con otras organizaciones como el Ejército, el CAD y la comunidad campesina. Lo mismo ocurre con la Policía nacional (un 7% le reconoce el papel de seguridad interna, y un 9% piensa que debería hacerlo en combinación con los gobiernos comunal, municipal y político). El índice más bajo es dado al Municipio: el 6%, es decir, nueve encuestados del total de ciento cincuenta y tres, mencionaron al Municipio como institución dedicada a la seguridad; de ellos, sólo dos encuestados le dieron un papel protagónico.

Esta falta de confianza muestra la escasa legitimidad de los poderes políticos locales como gobernadores, tenientes gobernadores, alcaldes y regidores, por no cumplir sus funciones, coordinar acciones ni manifestar interés alguno por atender las demandas de la población rural. Más grave es el caso del teniente gobernador, cuya función es administrar justicia a nivel doméstico y familiar. Como parte de su función, los dirigentes entrevistados de algunos CADs han denunciado en ocasiones a estas autoridades; el problema de estas demandas es que las instancias a las que se dirigen tampoco toman iniciativa alguna al respecto. Esta consideración no es consecuencia del aislamiento de la población, ya que la relación con el Municipio y la Gobernación es constante.

El cuadro resultante indica que más de la mitad de la población confía en un gobierno de su propio origen, pero no se siente dispuesta a asumir todo el conjunto de funciones que le corresponden, tendiendo a delegar una parte de ellas a otras instituciones. También está la multiplicación de organizaciones como las Asociaciones de Padres de Familia en las escuelas primarias y los colegios secundarios y los

Comités de Vaso de Leche, creadas a partir del modelo de desarrollo de base urbano, y cuya dirección es asumida por elementos de las comunidades, lo cual tiende a descentralizar el control que en los momentos de guerra centralizaron los CADs y el Ejército. Pero más importante que esto es la nueva conciencia surgida por la necesidad de una coordinación administrativa ante nuevos peligros eventuales: "cuando empezó la subversión empezó la preocupación en muchos aspectos. Los gobiernos locales en aquel entonces eran muy centralizados", dice un rondero de Comas.

La guerra ha agudizado la necesidad de fiscalizar los gobiernos, así como de agilizar su comunicación con ellos; pero en la medida en que estos no han atendido las demandas de mayor participación o de gestión con el Estado u otras instituciones para alguna ayuda, existe desconfianza hacia los nuevos poderes instituidos por el gobierno de transición, tanto a nivel local como regional. La ausencia del Estado en la zona sigue siendo un hecho real que se constata cotidianamente. A la literal ausencia física de algunos representantes del Estado (jueces de paz y fuerzas policiales) en algunas zonas se suma la poca legitimidad con que cuentan algunas autoridades políticas locales (tenientes gobernadores). Estas circunstancias, que en tiempos de guerra hicieron que los CADs asumieran las funciones de administrar justicia y velar por el orden interno, continúan parcialmente hoy, pero dado que la situación ha cambiado, existe confusión acerca de las funciones reales y atribuidas de los actores políticos. Este panorama también resulta en nuevos conflictos latentes en el escenario de posguerra.

La restitución del poder de las autoridades civiles no ha significado en el marco político el reconocimiento de los CADs o de los gobiernos comunales. Como representantes de la población ante el Estado, los CADs nacieron o fueron reformados bajo la presencia del Ejército, que los utilizó como el mecanismo efectivo para lograr el orden interno en el campo; pero por ello mismo sus dirigentes aparecieron como los emisarios de la población ante esta, la única entidad del Estado presente en tiempos de guerra, cuando toda otra autoridad había sido desplazada.

En los años siguientes el Gobierno Central confirmó este papel de los CADs en los actos oficiales, lo que resultó más efectivo en un sentido simbólico que en resultados concretos de seguridad y mejora del nivel y calidad de vida. El retiro del Ejército ha significado el olvido parcial del CAD en el ámbito regional: las autoridades provinciales y distritales (Subprefecturas y Municipios) tienden, según los indicios encontrados, a quitarles a las rondas toda importancia como organizaciones campesinas, suponiendo que al terminar la guerra su papel ha terminado. Nunca han sido convocados en la toma de decisiones, ni siquiera para pedir en el contexto de una supuesta relación clientelista, marginación que reproduce la situación de las comunidades campesinas antes de la guerra subversiva.

Esta tendencia está confirmada por las recientes acusaciones judiciales a los CADs de la región de violaciones de derechos humanos –en hechos altamente probables, dado el escenario– sin tomar en cuenta argumento alguno de sus dirigentes, e incluso se ha valido para ello de testimonios anónimos no confirmados. Esta situación no solamente puede estropear las relaciones entre los CADs y las organizaciones del Estado presentes en la zona (particularmente la Comisión de la Verdad y de la Reconciliación, que ha sido señalada por los campesinos como la culpable de estas acusaciones, según ellos sin fundamento), y resucitar los conflictos internos producto de la lucha antisubversiva, sino que además tiende a deslegitimar a los CADs, con la consiguiente pérdida de poder y representación de la población campesina. Para evitar esta circunstancia se debe plantear no solamente el recurso judicial que permita la defensa de la organización campesina antisubversiva, y que sirva como mediador de los diversos conflictos internos latentes y profundizados por la guerra, sino también la participación de la representación campesina legitimada por su población como su vocero, sin orientación ni tendenciosidad partidaria, y que todo recurso legal contra algunos de sus miembros no implique el debilitamiento ni la deslegitimación del CAD como representante político de la población en él organizada.

En la medida en que el CAD no ha recobrado su antigua fuerza y sus funciones están en discusión, en favor de los organismos del Estado, estamos ante un retroceso de la organización de base campesina, y ante una escasa capacitación de la población para asumir su propio gobierno. Lo anterior desdice toda presunción de autonomía y empoderamiento atribuida a las rondas de la región. Sin embargo, ello no es consecuencia directa de la organización de los CADs o las comunidades, sino de la combinación del PCP-SL y las Fuerzas Armadas, donde el primero combatió la organización local y el segundo hizo caso omiso de su existencia. De otro lado, al considerar al CAD como la única organización existente, el Estado por medio del Ejército refrendó el debilitamiento de la organización local, sin proveer de mecanismos para su fortalecimiento.

Papel actual de los CADs y criterios de legitimidad

En Junín existen diferentes versiones sobre la formación de las rondas campesinas antisubversivas. En algunos casos se habla de su formación compulsiva a manos del Ejército, y en otros las organizaciones ronderas reivindican su formación autónoma. En comparación con lo sucedido en Ayacucho, este proceso es tardío y se produce cuando las Fuerzas Armadas estaban dejando la ejecución del primer frente de guerra a los campesinos y comuneros, más por incapacidad para luchar contra los movimientos subversivos que por interés en delegar poder y autoridad al campesinado organizado para su propia defensa. Pero existen muchos indicios de que este fue también el resultado parcial (y diversificado por zona) de tal política.

Actualmente, en las zonas de estudio, aparte de la destrucción de las economías locales, lenta y penosamente reiniciadas, se han producido alteraciones en las relaciones y roles en la organización social y política: por ejemplo, los criterios de elección de dirigentes, antes definidos por edad y género. Esto ha tenido efecto igualmente en algunas relaciones intra e interfamiliares, que a nivel más general ha contribuido, según los casos, a afianzar alianzas entre comunidades, o por el contrario, a agudizar sus conflictos. La nueva coyuntura política, que debía poner punto final al proceso de desmilitarización de la sociedad rural, ha dejado pendiente el problema de la ubicación de las nuevas relaciones y condiciones de su existencia. Estas circunstancias se inscriben en un nuevo contexto de posguerra, que puede ayudar a consolidar las relaciones democráticas en las organizaciones de base del campo, pero al mismo tiempo no se han superado los problemas que acompañaron la difusión de los movimientos subversivos en la zona, muy especialmente la tradicional marginación de la sociedad rural, lo que aparte de ayudar a mantener los problemas de violencia existentes quitaría a la larga todo poder a las organizaciones de base antisubversivas.

En este contexto, los CADs han resultado ser mucho más que una organización de base para la autodefensa antisubversiva. A continuación detallaremos las razones de su importancia, atribuidas por la población entrevistada.

En primer lugar, han sido el aglutinante de la sociedad campesina cuando la comunidad dejó eventualmente de funcionar en el escenario de la guerra. En segundo lugar, fueron o son en estos casos el representante de la población ante los organismos del Estado y los poderes locales; dado que lo han sido ante el Ejército, se considera que lo son ante otras entidades, dependientes directa o indirectamente del gobierno central. Por tanto, y en tercer lugar, como voceros de las demandas campesinas han sido en estas zonas el medio para ejecutar acciones de interés público, principalmente en lo relativo a la infraestructura, en la medida en que son una organización efectiva para conducir a la población.

Como aglutinante de la población campesina, los CADs asumieron esta función en la medida en que las comunidades campesinas la habían perdido –al ser asesinadas o desaparecidas sus autoridades– y se mantienen como el mecanismo más eficaz de toma de decisiones y su brazo ejecutor. Como el CAD no es una organización "natural" del campo sino el producto de una coyuntura ya superada, su destino ha dependido de la decisión de la sociedad local y ha sido por tanto diverso. Los casos se pueden diferenciar en dos tipos:

- zonas con una organización comunal tradicional establecida, donde el CAD apareció de manera autónoma (algunas localidades de Pariahuanca, Comas, Cochas y Mariscal Castilla). Se sabe que en algunos sitios de esta región la "ronda" fue creada por la organización campesina, contando con la referencia de Cajamarca y Ayacucho.
- zonas con una organización comunal tradicional establecida, donde el CAD fue impuesto por el Ejército (Chongos Alto, Chicche y Yanacancha; y Santo Domingo de Acobamba y Pariahuanca). En la mayor parte de estos casos el CAD ha sido una organización más bien espuria, como brazo del Ejército, y fue abandonado poco después de la partida de este. Pero ello sólo ha significado un retorno de la institución comunal en la medida en que esta haya sobrevivido a la violencia, y el CAD no habrá pasado de ser un episodio de la historia local. Sin embargo, existen casos en que la comunidad tampoco ha logrado recobrarse del todo por el efecto disgregador de la guerra que dispersó a la sociedad campesina en grupos familiares no necesariamente solidarios; en este caso, no tendrá capacidad de gestión ni podrá ser empoderada.

Es decir, el CAD existe en la medida en que: haya sido una creación al menos parcialmente autónoma; haya sido efectivo y útil en los roles que se le hayan asignado; y la población no tenga otro referente de organización, representación y mediación de conflictos. En estos casos puede seguir existiendo como mecanismo operativo para acciones concretas que requieran el concurso de la población, persista o no la comunidad como ente administrativo.

Es necesario analizar, sin embargo, en qué medida la parcelación y la migración atentan contra la posibilidad de concertación en la población campesina organizada en CADs, de manera similar en que han atentado contra la integridad de la organización comunal tradicional. En comparación, es muy probable que la organización del CAD sea comparativamente menos afectada, en la medida en que en lo fundamental no se ha regido por los vínculos sociales tradicionales de reciprocidad y parentesco ampliado que han sido propios de aquella, sino de competencia individual en la dirigencia y en la convocatoria para la acción, criterios con que se puede aglutinar también a familias de campesinos independientes.

Como representantes de la población campesina, los CADs, en la medida en que aglutinan efectivamente a la población, pueden ser un medio efectivo de participación como vocero de las demandas campesinas ante un mercado agrícola desventajoso, los abusos de autoridad o los problemas de linderos agrícolas entre poblaciones. Para los integrantes de los CADs aún en funciones, esta es una organización que representa a la sociedad campesina en tanto se considere producto de su decisión autónoma de defenderse de la agresión senderista y, en los tiempos actuales, un vocero y ejecutor de sus propias demandas de desarrollo y de acceso a bienes, servicios y derechos. En tanto sea así, es también un medio de representación política de la población campesina.

Como mecanismo de toma de decisiones y su brazo ejecutor, los entrevistados refieren que los CADs, dejando de lado el papel estrictamente militar de autodefensa, deben ser orientados al "desarrollo", entendido este como mejora infraestructural (sistemas de riego, construcciones públicas, carreteras). La asignación de este rol se debe a su capacidad probada para convocar a la población campesina en situaciones de emergencia orientándola a labores de interés público.

Sin embargo, hay que acotar que su labor predominante sigue siendo la defensa, ya que en opinión de muchos de los entrevistados la amenaza senderista sigue latente. En su mayor parte (casi un 70%) las rondas asumen hoy la labor de patrullaje, y esta se impone abrumadoramente sobre la de desarrollo comunal (casi un 20%), administración de justicia (6%), y construcción o reparación de infraestructura (4%). Esta función es llevada a cabo de manera mayormente irregular

(61%); una cuarta parte le atribuye hacerlo eficientemente, y para algo más de un 10% su labor es deficiente o nula.

Esto es variable según la región: en Pariahuanca, y en menor grado en Chongos Alto, Chicche y Yanacancha, sólo un 15% considera que los CADs funcionan eficientemente, en tanto que para el 80% los CADs sólo actúan esporádicamente en sus reuniones mensuales y en los informes que se mandan periódicamente a la base militar de Huancayo. En cambio, un 90% de la población encuestada sostiene que los CADs de Comas, Cochas y Mariscal Castilla funcionan de manera eficiente.

Varios CADs han llegado a ser desactivados por la misma decisión de la población, sustituida su labor por las comunidades o la autoridad política. Sin embargo, incluso en estos casos se declara que se recurrirá a ellos si los movimientos subversivos vuelven a tomar acciones.

Otro criterio para medir la eficiencia del CAD, o la falta de ella, es el apoyo exterior. Instituciones del gobierno central, como el Programa de Apoyo al Reploblamiento (PAR), han dispuesto de recursos para facilitar la organización del trabajo en la reconstrucción y desarrollo de la economía e infraestructura de servicios locales. Existe a este respecto mucha expectativa en varias localidades, pero la deficiencia en este rubro desprestigia la actividad del CAD y por tanto tiende a limitarla, y a afianzar la sensación de abandono de parte del Estado.

Luego de la partida del Ejército, el punto más álgido acerca de las organizaciones campesinas de autodefensa es la justificación de su permanencia. Siendo organizaciones nacidas en el escenario de la guerra antisubversiva, formadas o reformadas bajo la presencia militar, el fin de esta coyuntura obliga a un replanteamiento de su rol original de autodefensa, y en ciertas áreas ello ha llevado al debilitamiento de la organización, cuando no a su virtual desaparición. Casi sin excepción, los CADs, donde quiera que aparecieran, se han convertido en la principal referencia de la organización campesina, compartiendo funciones con las comunidades campesinas como un brazo ejecutor de las decisiones de estas, y en otros casos sustituyendo sus funciones y apareciendo como la única organización vigente. En la mayor parte de los casos relatados, la pérdida del poder de la ronda no ha redundado en un retorno a la comunidad: en general coincide con la disgregación de la organización campesina, y la pérdida por tanto de la capacidad de negociación y de respuesta frente a los hechos que requieran de una decisión conjunta. En este sentido, se requiere reforzar la organización campesina, sea o no CAD, para repotenciar tal capacidad.

Efectos del CAD en la sociedad campesina

Perfil de la dirigencia y participación ronderas

Las rondas o CADs han traído ciertas variaciones fundamentales a los criterios de elección y fiscalización de los dirigentes, así como a las modalidades de dirección de la población organizada.

La alteración más importante en la elección de dirigentes es el cambio generacional: en las comunidades campesinas las autoridades eran elegidas siguiendo el criterio tradicional de la edad madura, el estado civil de casado, y en ocasiones el haber pasado antes por una serie de cargos menores escalonados. Este criterio, bien establecido en las comunidades andinas para las autoridades tradicionales, se había proyectado también en las autoridades políticas.

En cambio, en vista de lo perentorio de la necesidad de autodefensa, la ronda permitió la entrada en la toma de decisiones de elementos jóvenes, solteros y muchas veces sin más experiencia que la migración temporal a la ciudad; estos se vieron en la oportunidad de imprimir una nueva dinámica en la organización de la población sobre un criterio de eficiencia más que de experiencia, y la extensión de la capacidad de decisión a un sector importante de la población que hasta entonces sólo había ocupado un papel secundario.

La nueva conciencia reconoce la necesidad de dar a la población joven una oportunidad en la toma de decisiones. Es así que el índice de población joven en la dirigencia es realmente alto (más de un 70% en los ocho distritos), y este criterio se está extendiendo al gobierno comunal y a los elementos que intentan participar en otros cargos políticos, como los municipios y la gobernación. Sin embargo, ciertos criterios se mantienen para la elección de los dirigentes: residencia en la zona (los dirigentes han de ser originarios o radicar en la localidad; un 80% lo son en Pariahuanca, por ejemplo), grado de educación formal (el mayor que se pueda tener, generalmente primaria completa y en menor proporción secundaria), experiencia exterior (migración, aunque con tendencia a decrecer) y, en mucha menor medida, experiencia en el Servicio Militar –que muchos consideran ha sido cumplido con la ronda. El criterio educativo muestra que la experiencia política es algo que se aprende con la práctica, y por ello la experiencia educativa es menor comparativamente.

En cambio, el criterio de experiencia militar supone otro elemento de importancia, y de origen externo: la militarización de la sociedad campesina. De acuerdo a los pocos testimonios recogidos sobre las modalidades de coordinación al interior del CAD, esta mantenía al iniciarse la formalidad propia de las reuniones comunales. La presencia del Ejército significó la adopción de modalidades del comportamiento castrense en la apertura de las reuniones, fiscalización de miembros, castigos por incumplimiento y símbolos utilizados por los miembros del CAD. También en el adiestramiento y formación de los contingentes de las rondas, lo que contribuía a confirmar la imagen de la ronda como un cuerpo más del Ejército, y además subordinado a su mandato. Esta misma formalidad también sirvió, en contraposición, para fiscalizar a los dirigentes sobre el criterio de la "labor cumplida".

Pero existe aquí una diferencia fundamental con la formalidad castrense: la calificación de la calidad de un dirigente se mide más por los resultados visibles obtenidos (obras, movilizaciones, capacidad de convocatoria y de negociación con las autoridades políticas superiores) que por el solo cumplimiento de la disciplina.

Costo económico de la ronda

La labor rondera supone un oneroso costo económico: así lo considera casi el 80% de la población consultada. En los momentos más álgidos de la violencia, la ronda era una labor de días enteros que podía llevar de dos semanas a un mes, sin posibilidad de ocuparse de la propiedad agrícola, dejada a los pocos parientes que podían cuidarla, o simplemente librada a su suerte. La labor rondera está hoy muy regulada, y en compensación una buena parte de ella se ha dedicado a la "faena", esto es, a organizar a la población en estos trabajos, tarea tradicionalmente llevada a cabo por la institución comunal.

Además, los ronderos han de ser mantenidos por la población, carga que se acrecentaba con la presencia del Ejército, que era alimentado por recursos donados (voluntariamente, según los testimonios). Este aspecto es señalado por el 65% de los encuestados en Pariahuanca y Santo Domingo de Acobamba y el 56% en Yanacancha. Otra carga importante para la población viene del mismo Ejército: el trabajo de cargar bultos y vituallas (70%), de características serviles, acompañado además de un reconocido trato discriminatorio del Ejército, pero que la población asume en la medida en que se considera necesario para acabar con la guerra. Resulta significativa la aceptación de la población de este papel subalterno frente a las Fuerzas Armadas.

Prestigio y participación en la ronda

Un buen sector de los ronderos encuestados (70%) declara que esta labor le ha dado cierto prestigio social. Según decía un presidente de comunidad y antiguo dirigente de rondas, "porque has combatido a Sendero, has dado seguridad a tu familia o tu comunidad", lo cual ayuda a consolidar una identidad que se sobrepone, en algunos casos casi totalmente, a la identidad local original. Sin embargo, esta importancia tiene su carga: en primer lugar, el costo económico anteriormente mencionado, que ciertamente atenta contra cualquier posibilidad de crecimiento; en segundo lugar, el riesgo de venganza que el ser rondero pueda generar de parte de elementos de PCP-SL aún en acción o de parientes o sospechosos de senderismo que fueran víctimas de los ronderos. Lo grave en esta identificación de enemigos reales es la tendencia a no hacer distinción entre los dos grupos, con la consiguiente ruptura de relaciones entre comunidades e incluso familias. Esto explica el reconocimiento que exigen del Estado: "el rondero se sacrifica, si le matan no pasó nada, no tiene apoyo del Estado".

Economía local

La economía de las tres regiones es en su casi totalidad agraria, con una ganadería que sirve más para compensar las escasas ganancias de una agricultura de subsistencia. La diferencia entre las regiones está dada por las características de su inserción en el mercado, la historia de la propiedad agropecuaria en los últimos treinta años y el grado de destrucción que la guerra operó en la estructura agraria.

Muy en general, las economías locales pueden diferenciarse por su organización y tenencia de recursos. Asimismo, la agricultura es predominantemente de subsistencia, dedicada parte de su producción al mercado y parcialmente al autoconsumo y con pocas probabilidades de crecimiento, limitadas por la ecología y la escasa tecnificación. Tratándose mayormente de comunidades campesinas que han pasado por un proceso de parcelación, las tierras están repartidas por familias básicas, obtenidas por herencia, compra-venta o rentas. Un sector minoritario pero creciente de la población no posee tierras propias.

La reforma sobre la propiedad de recursos en el gobierno militar del general Juan Velasco Alvarado (cooperativas y títulos de propiedad dados por el Sistema Nacional de Movilización Social) afectó también de manera muy diversa a cada economía regional. En las zonas andinas de la comunidad campesina, donde no existían haciendas que repartir, la minifundización ha sido una constante, no compensada por el establecimiento de unas pocas cooperativas que, para la época en que se hicieron presentes el PCP-SL y el MRTA, eran ya un recuerdo.

Es patente en toda el área de estudio la carencia de una red comercial y de una política de protección al productor. Los puestos comerciales son escasos, y el intercambio se hace fuera de las comunidades, mayormente en las capitales de distrito, dependiendo de intermediarios que subvalúan sus productos. Como resultado, los ingresos obtenidos no corresponden en absoluto a la proporción de trabajo y tiempo empleados en la producción.

Este es el problema que más aqueja a la población, por lo que más de una vez se ha propuesto una movilización de los CADs hacia la capital del departamento e incluso a Lima, para exigir una solución.

La guerra significó la devastación de buena parte de las economías locales, reducidas al mínimo de su subsistencia, en dos formas. La primera fue la destrucción operada por el PCP-SL y el MRTA, básicamente la destrucción de tecnología agraria y el reparto indiscriminado del ganado, que en general se perdió por incapacidad de mantenerlo en condiciones de guerra. Cuando el peligro se acrecentó, se dio en algunas comunidades la huida de las familias, dejando su propiedad al cuidado (raras veces al trabajo) de parientes o amigos. Esta circunstancia ha producido además conflictos por la recuperación de la propiedad por parte de las familias retornantes, que han encontrado su territorio ocupado por otras personas.

La segunda consecuencia es la manutención de los contingentes armados. Es sabido que el PCP-SL y el MRTA exigían cupos y recursos para mantener a sus columnas. La presencia del Ejército significó en las comunidades campesinas de las alturas una exacción a su magra economía. En Pariahuanca, por ejemplo, el sostenimiento de los efectivos militares fue parcialmente asumido por los habitantes del lugar. Los presidentes de rondas y algunas autoridades mensualmente llevaban víveres a las Bases Contrasubversivas del Ejército instaladas en la zona. En las encuestas aplicadas, el 88,2% de la población de Pariahuanca y Santo Domingo de Acobamba declaró que el Ejército les pedía recursos. Por último, los miembros de los CADs en patrullaje, que en tiempos de la guerra llegaron a ser muchos, debían ser mantenidos por la cooperación de sus paisanos, sin poder dedicarse a trabajar sus propios terrenos. Con este antecedente, no es extraño que haya tenido consenso el pedido de dar un sueldo, al menos simbólico, a los miembros dirigentes de los CADs como un incentivo a su labor, y una compensación por el tiempo que no se emplea en el trabajo agrario, o ayuda gratuita en salud o en educación para los hijos de los ronderos en funciones.

El crecimiento económico sostenido, haciendo énfasis en la población más pobre, establecida mayormente en las zonas rurales, es una parte fundamental para el desarrollo social. En la medida en que los CADs facilitan la organización del trabajo, pueden ser voceros de la población rural en la mediación de conflictos –muy especialmente los derivados de un intercambio mercantil injusto– y canalizar ayuda de otras instituciones; por el criterio de compensación del trabajo rondero, pueden articular soluciones diversas en el marco económico.

Vida social y lazos de solidaridad

La perturbación de la vida comunal por la violencia todavía no parece haber afectado ciertas manifestaciones de la sociedad local. Así ocurre con las fiestas tradicionales (patronales, aniversario del pueblo y calendario festivo local y nacional), de las que sólo un 7% ha declarado que no se celebran de la misma manera que antes. Igualmente, el ascenso de la generación joven que acompaña a la formación de rondas no ha perturbado las relaciones familiares esenciales, y sólo un 14% declara que se ha perdido el respeto a la generación de edad madura.

Pero en un sentido más general, un 70% siente que sí "han cambiado las costumbres", aunque no se da cuenta claramente de cuáles y en qué manera. En general parece tratarse de la incertidumbre y la desconfianza que se han generalizado en el trato social como consecuencia directa de la guerra en la sociedad local. Del mismo modo, los lazos de solidaridad se han erosionado, aunque sólo un 16% reconoce que es así. La guerra también es responsable de problemas a ser tratados en talleres de resiliencia, como la existencia de un importante número de huérfanos y la falta de control familiar sobre otros tantos, dado que los padres se han visto obligados a utilizar todas las horas de trabajo disponibles para reconstruir la economía agrícola destruida por la guerra. Unos y otros son integrantes de pandillas locales, básicamente en las zonas urbanas donde se concentran los escasos colegios secundarios en la región. En parte es por ello que se reclama en varios pueblos la creación de colegios secundarios (hay que acotar que la gran mayoría de entrevistados no pasa del nivel primario, si bien muchos lo han terminado).

Persistencia de la presencia senderista

El temor a la presencia del PCP-SL sigue vigente en la tercera parte de la población, que aún lo considera una amenaza. Las noticias a este respecto han sido mayormente surgidas de rumores (40%), pero un 20% de los encuestados menciona haber visto elementos senderistas en la región; la medianía de estos datos pone a la población en incertidumbre acerca de la necesidad de la ronda. Ante la eventual presencia de la subversión, las respuestas son en general bastante dispersas: un 60% declara que es importante en tal caso reorganizar la ronda, pero sólo la tercera parte de este grupo considera a la ronda en primer lugar; la mayoría (57%) considera que esta debe estar coordinada con el Ejército.

En contraste, la alternativa de armarse ellos mismos para combatir a la subversión solos o en combinación con el Ejército llega a un 27% de las repuestas, y se la considera combinada con la colaboración con el Ejército. Por otro lado, la legítima defensa de los ronderos se concentra en el área local: “internamente ahora damos seguridad”, declara un presidente del CAD de Cochas. La huida no es considerada una alternativa viable para la mayoría (alrededor de un 5%), más aún cuando han participado de la política llevada a cabo por el Programa de Apoyo al Repoblamiento.

Rol futuro de los CADs en el marco de las expectativas, demandas y necesidades de la población

En resumen, vemos una serie de demandas y necesidades no cubiertas, en la mayor parte de las cuales se está proponiendo la agencia del CAD como negociador, ejecutor de acciones u organizador de la población, papeles que facilitarían por medio de la gestión popular el solucionar al menos parte de los problemas. La mejora de servicios es una de las exigencias más generales: todos coinciden en pedir insumos para la educación y la creación de colegios secundarios y centros de salud. Se mencionan como necesidades no cubiertas la carencia en infraestructura y de servicios, la falta de medios de comunicación, la escasa tecnificación de la agricultura, los intercambios mercantiles injustos, y el abandono y falta de interés de las autoridades. A esto sumamos la inseguridad encarnada en la amenaza latente de un ataque senderista.

Partiendo de los intereses de la misma población, por tanto, el CAD como organización puede trascender su origen y ser un referente organizacional y político para la sociedad campesina futura, y es en este sentido que su futuro en la sociedad rural de esta región, al menos en el corto y mediano plazo, puede considerarse asegurado. Esta presencia es desigual y dependerá de la fuerza de los vínculos sociales existentes y de la capacidad de respuesta de la población frente a los diversos problemas que vayan a presentarse en coyunturas futuras.

En conclusión, los CADs pueden convertirse en la institución que organice a la sociedad local rural en la medida en que la población lo considere así, factor generalmente relacionado con la persistencia de la comunidad campesina como institución integral, esto es, como representante político, regulador de las relaciones sociales y actividades económicas, papeles que el CAD puede asumir si no se tiene otro referente. Al margen de este rol como institución, el CAD puede ser, como ha demostrado en muchos casos, el medio operativo más efectivo de organización de la población, y el espacio público para la presentación de demandas y la toma de decisiones. Por esto mismo, también puede ser el mecanismo para la participación de la población en la realización de las demandas infraestructurales, toda vez que aquella ha sido consultada y se considere el beneficio común de las acciones a tomar.

Las condiciones actuales, comenzadas con el gobierno de transición, y luego el gobierno democrático, dan lugar para la creación de un sistema de seguridad ciudadana sobre una noción de desarrollo integral y de respeto irrestricto a los derechos humanos que contribuya a superar los problemas derivados de la guerra antisubversiva y de las condiciones que permitieron la difusión de su práctica, aún vigentes.

El modelo de seguridad prevaleciente hasta este momento, dispuesto por la política antisubversiva de los años ochenta y noventa, se basaba en la doctrina de Seguridad Nacional, fundada en el uso de las armas y la disciplina castrense como base de las relaciones sociales y políticas. Esta perversión del significado real de la seguridad para la población civil fue la que presidió la militarización de la sociedad rural en las zonas declaradas en emergencia, con las Fuerzas Armadas como principal impulsor, y que conectó con la necesidad de la población rural marginada de entablar un nexo con el Estado que pudiera escuchar sus demandas. Acabada la amenaza subversiva y retirado el Ejército a sus cuarteles, la militarización ha permanecido en la imaginería y acción social de los CADs y ha venido a agregarse como elemento conflictivo de su difícil y aún no oficializada presencia en una situación de paz, entre una población que en muchos sitios la reclama como mecanismo ejecutor de sanciones y acciones sociales, y la serie de autoridades políticas que desestiman su misma existencia. Esto significa que la doctrina de Seguridad Nacional sólo consideró a la población como protagonista principal de la guerra contra un enemigo que sólo podía ser destruido, y así la influyó de una noción de seguridad armamentista, defensiva-ofensiva, centrada en lo militar y carente de controles democráticos, que creaba imágenes de un enemigo cuya amenaza siempre era sobrevalorada para justificar la disciplina militar; pero esta noción nunca consideró que la acción antisubversiva fuese una carta de ciudadanía. Ello ha sido una constante que justificaba la participación de la población, por lo que esta invocaba justamente los valores nacionalista-militares, sin importarle que para las Fuerzas Armadas los ronderos eran ante todo una especie de "fuerza del orden subalterna", y además fácilmente sacrificable.

Así, la mayor parte de la población de estas zonas propone la articulación de los CADs con planes de desarrollo, entendido este como mejora infraestructural y de condiciones de vida, incluyendo el reconocimiento y realización de los derechos ciudadanos de la población rural. Ello significa también el acceso a servicios de educación, salud, y el fin de la marginación en los rubros de la producción y el mercado, el sistema judicial, los canales de información y medios de comunicación, y sobre todo en la toma de decisiones y su ejecución. Articulando estas propuestas, se plantea entonces la necesidad de una organización de la misma población en instituciones representativas y competentes, políticamente reconocidas, con capacidad de gestión y coordinación con grupos y organizaciones del exterior. Esta necesidad de empoderar a la población por medio del reconocimiento y reorientación de sus organizaciones está planteada, aunque no de modo orgánico, en varias de las demandas de la población objeto, por la dimensión integral y participativa que suponen.

El problema más notable es que la política antisubversiva militar influenció profundamente en las percepciones de esta población, lo que queda patente en la noción que se tiene de las funciones de los CADs como una "Policía civil", o peor aún, como una rama del Ejército, necesitada de armas para conjurar la amenaza senderista aún latente, y sancionadora de los diversos delitos desde una perspectiva de considerarlos todos una forma de delincuencia, y que debe ser exterminada como "enemigos de la sociedad" (que en realidad son del Estado, confusión promovida por la política antisubversiva). Esta es consecuencia directa de la experiencia vivida con el Ejército, que redundó en una concepción militar de la Policía y en el imperio de su lógica sobre la población civil, considerada ciudadana sólo en la medida en que acabara con sus "enemigos", entre los cuales se encontraban tanto los subversivos como los delincuentes comunes. La población aceptó estas nociones y esta política, la única política de seguridad que se instauró en las zonas de emergencia, como la única garantía ante la corrupción e ineficiencia existentes, y la zozobra que supuso la acción subversiva.

La derrota de los movimientos subversivos apareció erróneamente como una confirmación y por tanto justeza de esta política, y por lo tanto llevaría a una recurrencia a ella cada vez que se haga patente la presencia senderista en estas zonas, como ha ocurrido recientemente en el río Tambo (agosto de 2001).

Una de las razones más importantes para esta participación es que la población la entendió como una forma de participación en una sociedad mayor –más aún, en un organismo del Estado como era el Ejército– que tradicionalmente los había marginado. Encontramos por esto la situación paradójica de que, junto a propuestas que fácilmente pueden ser asimilables a una política de seguridad ciudadana, existen conceptos de "control interno" de la sociedad de corte marcadamente militar.

En lo más básico de esta noción se ha entendido a la seguridad como sentimiento de confianza de no ser expuesto a hechos de violencia física que atenten contra sus bienes más importantes (la vida, la libertad, la propiedad). En las áreas rurales estudiadas, esta inseguridad está representada en un conjunto de delitos, que no sólo incluyen estos hechos físicos, sino también los que podrían incluirse como delitos contra la fe pública, los cuales en este caso redundan en el debilitamiento de la organización campesina, como es el incumplimiento con los grupos de base de parte de elementos de la población y la corrupción de parte de organismos del Estado, que por cierto ha de tomarse como el mecanismo más difundido de marginación de la población. En ambos casos se trataría, en la noción campesina, del incumplimiento de un "contrato" que por la constitución y por el derecho consuetudinario tienen personas e instituciones con la sociedad rural.

Conclusiones

El poder local que se instituye en el campo durante y después del fenómeno de la violencia política no es el simple resultado de la decisión autónoma de las poblaciones, sino de una correlación entre los actores locales y de estos con estructuras políticas regionales y el mismo Estado. Las historias descritas aquí han seguido recorridos inesperados por los que estas relaciones han pasado, del gobierno comunal y regional al de Sendero Luminoso, de este al de la ronda y las Fuerzas Armadas, para volver al relativo abandono del gobierno local rural a favor de los poderes políticos regionales.

En el caso que nos ocupa, una organización "originaria" como la comunidad campesina basa su efectividad en el cumplimiento de ciertas reglas sancionadas por la sociedad, y sobre todo en el logro de ciertos beneficios en la infraestructura a partir de la habilidad de sus autoridades para negociar con los poderes centrales. Obsérvese que las comunidades buscan una relación más directa con el Estado que con los poderes regionales, considerados intermediarios sin interés en las necesidades reales de la población, e infectados por intereses político-partidarios. El gobierno comunal afronta la tarea de la modernización económica, tarea en que las cooperativas agrarias fracasaron, y gana prestigio en la medida en que logre avances en este cometido. También, a los ojos de la población actual, convoca y coordina a la población a través de los mecanismos de concertación y acuerdo.

Sin embargo, a nivel de organización local, el gran perdedor en el proceso de violencia política es evidentemente la comunidad campesina, institución a la que se ha querido atribuir un origen más o menos antiguo, oficializada por el Estado –con todos los derechos y formalización que esto supone. La presencia del PCP-SL, que usualmente despreciaba y/o destruía esta organización, supone la crisis y aparente muerte de la comunidad. En los casos tratados, el PCP-SL no destruye a la comunidad, pero invita a las autoridades a formar parte de su "nuevo poder", es decir, impone su organización al campesinado, empujándolos a una dinámica que, como institución, simplemente no podían seguir.

El PCP-Sendero Luminoso termina desintegrando el gobierno comunal al quitarle toda autoridad, y destruye los poderes políticos locales y regionales por la eliminación física de sus autoridades, instituyéndose como el referente de la organización política local. Lo fue en la medida en que impuso un orden, administró justicia y difundió un discurso que parcialmente podía ser recogido por la población. Cuando la estrategia senderista termina rompiendo esta relación, produce una situación límite que obliga a la población a buscar el apoyo del Ejército, representante del Estado central, como única garantía de orden.

En este marco se forman las organizaciones de autodefensa. En la mayor parte de los casos, la disyuntiva de tal elección ni siquiera estuvo planteada: era el Ejército ahora presente el que ponía las condiciones a la organización campesina de autodefensa, logrando de la población rural una respuesta similar a la tenida inicialmente frente al PCP-SL, pero con la ventaja de su mayor legitimidad como institución del Estado. En este sentido, pertenecer a la ronda significaba ser parte del Estado, o en todo caso del Ejército. Si existía un grado de autonomía, este no podría ser decidido por la voluntad de la población, sino por el grado de incapacidad (durante la guerra) y de desinterés (en tiempos de paz) del Ejército para controlar sistemáticamente los movimientos de su organización. Y en todo caso, esta organización siempre dependió, a la hora de rendir cuentas, en su disciplina y el control de armas, del aval de las Fuerzas Armadas.

En el marco de la guerra, la carta de ciudadanía de la población rural sólo podía ser la destrucción física del enemigo. En estas condiciones es difícil hablar de "alianza" con el Ejército, que nunca hubiera permitido otra alternativa, pero tampoco se puede hablar de imposición unilateral, dado que la población necesitó luchar por sus vidas y su propiedad.

Hay otro elemento más, dado por el mismo enemigo. La organización senderista, autonombrada "máquina de guerra", muestra, como organización militar que es, una disciplina y capacidad de coordinación tan eficientes que, cuando los campesinos decidan expulsar a los senderistas, no tendrán necesidad alguna de cambiarla.

Simplemente utilizan esta organización para destruir a las columnas maoístas, sin necesidad de que las Fuerzas Armadas impongan su orden ni su entrenamiento militar. Esta experiencia explica parcialmente cómo es que, sin haber tenido la injerencia directa del Ejército en su conformación, las rondas del Tulumayo muestran un lenguaje y una disciplina fuertemente militarizadas.

Cuando el Ejército se retira, las rondas antisubversivas empiezan a asumir un conjunto de funciones ajenas a la guerra, y los dirigentes ronderos manifiestan mayor conciencia de su importancia en la región. La ronda aparece entonces y no antes como una organización de base autónoma, eficaz para solucionar problemas locales, y asume funciones que antes fueron privativas de la comunidad campesina. A tal grado, que la importancia de la comunidad ha decrecido al compás que ha aumentado el prestigio de la ronda, reconocida por un amplio sector de la población como un efectivo sistema de control y administración internos. Por este medio se postula la necesidad de utilizar esta organización para orientar el desarrollo local.

Cabe acotar que la legislación estatal vigente ha reforzado tal tendencia, al haber utilizado a las rondas campesinas antisubversivas como el medio para una relación directa con la población rural, pero al mismo tiempo se ha de restituir el poder a las autoridades políticas y civiles antes que a la autoridad comunal. El resultado actual es que las rondas parecen haber ganado más a nivel simbólico que político, porque estas autoridades políticas y civiles no reconocen oficialmente a la ronda como un poder legítimo. En consecuencia, si las anteriores formas de organización se han erosionado hasta casi desaparecer, la nueva organización nacida en la coyuntura de la guerra no ha logrado sustituirla completamente.

A poco tiempo de haber demostrado su papel en la lucha antisubversiva, las rondas campesinas todavía no adquieren, fuera del marco local, el papel de representantes de la población campesina que sus miembros reclaman.

El marco de la guerra demuestra la ambigüedad de la actitud campesina, sucesivamente organizada por el PCP-Sendero Luminoso, y luego rindiendo cuentas a las Fuerzas Armadas, en la medida que estos agentes no los presionen en exceso. Se ha hablado en estos casos de "adaptación en resistencia" de la población frente a actores tan impositivos.

En cambio, nosotros vemos también interés de la población en participar activamente en la sociedad mayor, aceptando en cierto grado los términos en que esta es formulada y realizada, con miras a superar la marginación y pobreza en que se encuentran sumidos, conquistando derechos largo tiempo negados. Este mismo interés es parte fundamental del prestigio de las autoridades locales (comunal, política, municipal y rondera) en la medida en que estas sepan mediar con mayor éxito ante los poderes regional y estatal.

Esto significaría que no hay una discusión aparente de los principios del gobierno supralocal al cual rinden cuentas. Pero dos razones pueden explicar esta ausencia: primero, el carácter autoritario del PCP-SL y de las Fuerzas Armadas, que impedirían cualquier cuestionamiento; segundo, porque algunos principios del discurso de ambos actores (reivindicación social en el PCP-SL, patriotismo en el caso de las Fuerzas Armadas) son compartidos por la población, aunque esta los interprete o los practique de manera muy distinta.

Las rondas antisubversivas son el medio que facilita la relación Fuerzas Armadas-población campesina, consustancial a su oficialización. El Estado les reservará el papel de fuerzas contrasubversivas destinadas a la lucha frontal contra los insurgentes y al control social, labores en que mostrarán efectividad. La dependencia del Ejército será una de las constantes de dicha relación, aunque esta condición irá modificándose en la medida en que la lucha contra el PCP-Sendero Luminoso va siendo ganada, y también variaría según la capacidad operativa de las Fuerzas Armadas.

Las rondas suponen un nuevo problema, en tanto organizaciones del campesinado con vínculos más directos con el aparato del Estado y sin mediación de autoridades locales o regionales. A la efectividad de las rondas para combatir al PCP-SL y para organizar y disciplinar a la población se sumó el reconocimiento del Estado por medio de su aparato militar, ayudando a reforzar la identidad de la población como "rondas campesinas". En cambio, las autoridades políticas regionales y locales no consideran a las rondas organizaciones equiparables a las comunidades, y no se les reconoce otro fin que no haya sido la lucha antisubversiva. Es más, cumplido su papel ya no son necesarias, y debían haber desaparecido.

La restitución de las autoridades políticas locales constituye un cambio significativo en la configuración del poder local. Se acentúa la pérdida de legitimidad de las autoridades comunales como intermediarios entre el Estado y la sociedad rural local, puesto que este papel queda en manos de las autoridades políticas regionales (prefectos y subprefectos), las cuales a su vez tratan con la población rural a través de los gobiernos locales distritales, obviamente que de orientación política "oficial". Durante el gobierno de Fujimori no se restablece relación alguna con las autoridades comunales. Entretanto, la organización rondera mantiene el poder que ha conquistado, limitado al nivel local.

En consecuencia, tenemos a una población cuya organización local anterior se ha erosionado hasta desaparecer de hecho, la comunidad campesina, pero cuya organización emergente, nacida en el marco de una guerra antisubversiva, no es reconocida más que como una patrulla civil. El Estado, incluyendo a sus representantes locales, reconoce a las rondas campesinas el papel de actores sociales, pero no el de actores políticos como la representación política de la población rural. De esta manera, al término del régimen fujimorista que los reformó se amplía la brecha entre ambos actores en el escenario rural.

Con la tutela o la presión del Ejército, los Comités de Autodefensa (CADs) tuvieron un margen muy amplio de actividades, dado que la legislación existente no hacía definiciones claras sobre las funciones concretas, aparte de la seguridad por medios coercitivos. En medio de una situación de destrucción o retracción de toda organización existente como efecto inmediato de la guerra, los CADs lograron legitimidad al haber cubierto el vacío dejado por el Estado. En el momento de su apogeo (los primeros años de su creación) asumían las funciones de la Policía, la Gobernación o el Poder Judicial, en vista de su mayor eficiencia para resolver asuntos locales: problemas familiares (desde resolución de conflictos hasta robo), comunales (incumplimientos y daños a propiedades y personas), e intercomunales (administración de recursos). Las quejas –generalmente de robo o maltrato y conflictos al interior de la familia– eran resueltas en el acto, mientras que los delitos graves (robo de ganado, adulterio o maltrato a los padres, considerado éste un delito muy grave) eran resueltos a través de la asamblea de la comunidad campesina respectiva.

Las sanciones tampoco fueron dispuestas por la legislación, dejando a los diversos CADs escoger la pena para los infractores de su disciplina. En general estas penas mantenían la impronta militar, mezclada con los castigos simbólicos característicos de la comunidad campesina: desde la multa y los trabajos forzados, a la vergüenza pública o los castigos físicos (látigo, especialmente). Se contemplaba el trabajo forzado fuera de la comunidad de origen o la expulsión definitiva, con pérdida de derechos sobre la tierra, aunque no haya pruebas de que hayan aplicado estas sanciones. Antes bien, la medida más corriente ante una infracción grave ha sido el capturar al infractor y llevarlo a la autoridad militar presente.

Todo este conjunto de funciones asumidas por el CAD, originalmente atribuidas a otras instituciones, se explicaba tanto por la destrucción de muchas de ellas por la acción senderista, como por la falta de eficiencia de las mismas; esta nueva circunstancia reveló a la población campesina la necesidad de contar con una forma de gobierno efectiva y representativa de su localidad, o al menos de tener representantes propios en estas instituciones civiles. Su reconstrucción ha supuesto un nuevo marco en que los CADs han tenido que desenvolverse, devolviéndoles parte de sus funciones administrativas, de justicia y seguridad, pero no han logrado hacer que las instituciones civiles reconozcan las demandas de la población, ni su papel en la toma de decisiones, que al menos sí fueron características del predominio de los CADs en el período de la guerra.

Bibliografía

Americas Watch 1990 *Una guerra desesperada: los Derechos Humanos en el Perú después de una década de democracia y violencia* (Lima: Comisión Andina de Juristas).

Ardito, Wilfredo 1993 "Rondas: reglamento que preocupa" en *Ideele* (Lima), Nº 48.

Coronel, José 1996 "Violencia política y respuestas campesinas en Huanta" en Degregori, Carlos Iván (ed.) *Las rondas campesinas y la derrota de Sendero Luminoso* (Lima: IEP).

Defensoría del Pueblo 2000 *Investigación sobre la desaparición forzada de personas en el Perú (1980-1996). Adjuntía para los Derechos Humanos y las Personas con Discapacidad* (Lima: mimeo).

Degregori, Carlos Iván 1996 *Las rondas campesinas y la derrota de Sendero Luminoso* (Lima: IEP).

Del Pino, Ponciano 1996 "Tiempos de guerra y de dioses: Ronderos, evangélicos y senderistas en el valle del río Apurímac" en Degregori, Carlos Iván (ed.) *Las rondas campesinas y la derrota de Sendero Luminoso* (Lima: IEP).

Espinosa, Oscar 1995 *Rondas campesinas y nativas de la Amazonía Peruana* (Lima: CAAAP).

Gorriti, Gustavo 1990 *Sendero, historia de la guerra milenaria en el Perú* (Lima: Apoyo).

Instituto de Defensa Legal 1989 *El papel de la organización social campesina en la estrategia antisubversiva. La propuesta de Expreso* (Lima: IDL).

Instituto de Defensa Legal 1990 *Perú 1989: en la espiral de la violencia* (Lima: IDL).

Instituto de Defensa Legal 1991 *Perú 1990: la oportunidad perdida* (Lima: IDL).

Instituto de Defensa Legal 1992 *Perú hoy: en el oscuro sendero de la guerra* (Lima: IDL).

Manrique, Nelson 1989 "La década de la violencia" en *Márgenes* (Lima), Nº 5-6.

Manrique, Nelson 1999 "La guerra en la región central" en Stern, Steve (ed.) *Los senderos insólitos del Perú* (Lima: IEP).

Márquez, Jaime 1994 *Ronderos: los ojos de la noche* (Lima: IDL).

Tapia, Carlos 1995 *Autodefensa armada del campesinado* (Lima: CEDEP).

Tapia, Carlos 1997 *Las Fuerzas Armadas y Sendero Luminoso: dos estrategias y un final* (Lima: IEP).

El conflicto por la tierra de las comunidades aborígenes Kollas (Argentina) y Mapuche-Pehuenche (Chile): discursos globales en escenarios locales

Daniela Mariotti*

"... ando con muchos sufrimientos en mi corazón, andan con engaños...
nosotros somos los que pisamos esta tierra,
antes que ellos aquí, nosotros somos Mapuche,
nosotros tenemos todo el derecho en esta tierra.
Por eso estamos luchando mucho...
la sangre de nosotros cubrirá esta tierra...
mi padre, mi madre, me dieron esta tierra
y no voy a permitir que me la quiten".

Bertita Quintremán Calpán, Mapuche-Pehuenche

Introducción

LAS SOCIEDADES CONTEMPORÁNEAS asisten a un proceso de transformación global que involucra tanto a la vida económica y política como a la comunicativa. Se trata de un proceso de reorgani-

* Licenciada en Sociología de la Facultad de Ciencias Sociales de la Universidad de Buenos Aires. Becaria del Grupo de Estudios Rurales del Instituto de Investigaciones Gino Germani. Facilitadora del Grupo de Desarrollo Rural de CLACSO.

zación del comercio mundial en el marco de la liberalización económico-financiera, por un lado, y de la consolidación de un orden político supranacional que intenta enfrentar los nuevos desafíos, en el cual la posición de los estados nacionales ha sido profundamente transformada.

Los procesos de regionalización y globalización –entendidos como eventos multi-articulados que penetran en los diversos mundos locales y culturas, y que son traducidos de diferentes modos por los agentes, reafirmando o transformando a las identidades sociales– han permitido la emergencia de "redes por las que circulan flujos culturales transnacionales que posibilitan el establecimiento de circuitos políticos transnacionales" (Peres, 1996). Y es este contexto habilitante para el surgimiento de nuevos movimientos y actores el que reivindica el respeto a la diversidad cultural, étnica, de géneros, etcétera.

Este trabajo se propone dar cuenta de la incidencia de los procesos mencionados en la complejización de los conflictos por las tierras que sostienen las comunidades Kolla del Noroeste de Argentina y Mapuche-Pehuenche del Sur de Chile, privilegiando el análisis en la constitución de alianzas estratégicas[1] y redes que han establecido con actores de los movimientos ambientalista, indigenista y de derechos humanos.

Hasta no hace más de una década, la lucha de las comunidades Kollas versaba por un lado en el despliegue de una resistencia cotidiana frente al enemigo, Patrón Costas, propietario del Ingenio San Martín del Tabacal, quien se había adjudicado la posesión de las tierras que habitan los Kollas en un remate, y por otro en esporádicas marchas para entrevistarse con autoridades provinciales y estatales. Los Mapuche-Pehuenches del Alto Bío-Bío se encontraban, hasta mediados de la década del ochenta, bastante aislados no sólo de la sociedad chilena en general sino incluso de otras comunidades mapuches, dada la ausencia de caminos y medios de comunicación. Sin embargo, el nuevo orden transnacional permitió la aparición de nuevos agentes sociales en dichos espacios locales, que transformaron las *yungas* salteñas, tierras que habitan los Kollas, y a la región del Alto Bío-Bío, tierra de los Mapuche-Pehuenches, en espacios de interés global.

1 Definimos las alianzas como las articulaciones provisorias entre los agentes que se proponen objetivos más o menos explícitos y concretos comunes.

La globalización de estos espacios emerge como un entramado de discursos diversos. Por un lado se articulan discursos preservacionistas y conservacionistas, sostenidos por organizaciones ambientalistas indigenistas y de derechos humanos tales como Greenpeace y Yaguareté, la Comuna de Lion de Luxemburgo, Servicio por la Paz y Justicia, Universidades de Salta y Buenos Aires, etc., para el caso argentino; y para el caso chileno GABB, International Rivers Network, Food First Information & Action Network, la Red Internacional de Apoyo al Pueblo Pehuenche y al Bío-Bío (RIAD), Asociación Pro Derechos Humanos, Servicio por la Paz y Justicia, Pastoral Indígena, y algunas organizaciones mapuches chilenas e internacionales (Mapuche International Link en Londres y Ñuke Mapu en Suecia). Todos los discursos reafirman el derecho de los pueblos indígenas a la posesión legal de las tierras que ocupan, además del derecho a controlar los recursos naturales existentes en sus territorios y de participar en la definición, formulación y ejecución de los proyectos de desarrollo en los que estén involucrados.

Por otro lado, se entretejen los discursos economicistas y utilitaristas propios de los estados y las empresas multinacionales (Seabord, TECHINT y ENDESA) involucradas en el conflicto, que coinciden en que tanto el trazado de un gasoducto en la tierra de los Kollas como la construcción de siete represas hidroeléctricas en el territorio de los Mapuche-Pehuenches son favorables al desarrollo regional y nacional y responden a la satisfacción de las necesidades de crecimiento industrial de estos países.

La articulación de estos discursos y visiones diferenciales compone campos de lucha en los cuales los agentes ponen en juego sus valores y creencias, y sus discursos propios, en la disputa por un objeto particular, que en estos casos puede sintetizarse como el derecho a habitar las tierras que les pertenecen a ambas comunidades y de este modo asegurar la pervivencia del proceso de configuración de la identidad Kolla y Mapuche-Pehuenche. La noción de campo tal como la define Bourdieu alude a un espacio social permeado por luchas, que posee sus propios objetos simbólicos, disputados por los "jugadores" participantes de ese determinado campo (Bourdieu, 1996).

Ahora bien, los campos de lucha no son espacios de puro antagonismo entre los actores. El conflicto entraña en sí mismo la posibilidad de la alianza y la negociación.

Los sistemas sociales conjugan dialécticamente la cooperación y el antagonismo. Es necesario por lo tanto dar cuenta de la emergencia de relaciones cooperativas, de integración, de alianzas, no sólo entre los miembros de las comunidades, sino también entre organismos no gubernamentales e instituciones, quienes comparten causas, intereses y formas de actuar comunes. Tanto las comunidades Kollas como las Mapuche-Pehuenches coincidieron con las organizaciones ya mencionadas en los argumentos esgrimidos para justificar la oposición a la construcción del gasoducto y las represas –el respeto a la diversidad cultural, al medio ambiente, al desarrollo sustentable– y en las formas de manifestación y protestas. En respuesta a las políticas discriminatorias y a los proyectos que en nombre del desarrollo nacional ponen en peligro la identidad y la pervivencia de las comunidades en sus tierras, se han constituido alrededor de estos casos alianzas y redes internacionales de defensa. Las mismas "pueden entenderse como espacios políticos, donde actores que parten de posiciones distintas negocian, formal o informalmente, el significado social, cultural y político de su empresa conjunta (...) se nutren de una variedad de recursos que utilizan para incidir en un mundo de estados y organizaciones internacionales creadas por los estados" (Keck y Sikkink, 1998).

Las redes transnacionales de defensa tienen como objetivo fundamental influir en las decisiones del Estado. Especialmente, y como ocurre en el caso de ambas comunidades, cuando el Estado corta sus vínculos con los actores nacionales, las ONGs nacionales recurren a los aliados internacionales para que estos ejerzan presiones sobre los propios gobiernos. En el ámbito de los actores, estas redes y alianzas constituyen recursos inteligibles para lograr inscribir sus reivindicaciones en la arena política internacional, de modo de transformar un asunto local en una problemática internacional.

Consideramos que estas alianzas y redes construyen nuevas arenas de interacción entre las comunidades aborígenes y los miembros de las organizaciones ambientalistas y de derechos humanos, emergiendo aquello que el historiador Richard White denominó los campos de negociación, es decir "la construcción de un mundo mutuamente comprensible caracterizado por nuevos sistemas de significado e intercambio" (Conklin y Graham, 1995).

Los campos de negociación contemporáneos no precisan de encuentros cara a cara ni espacios territoriales compartidos entre los actores. Son en cambio espacios políticos, de comunicación intercultural, de intercambio y de acción política común.

Por otra parte, es preciso destacar que en el contexto de integración de los países latinoamericanos, la globalización mundial, y la democratización, comienzan a desplegarse nuevas formas de acciones colectivas y a constituirse nuevos movimientos sociales que cuestionan y critican la dominación global del capital y el neoliberalismo como política hegemónica y homogeneizadora. Es esta nueva articulación internacional la que ha posibilitado, durante las últimas décadas, las alianzas entre los movimientos ecologistas internacionales y los pueblos indígenas latinoamericanos, donde la problemática ambiental y el respeto a la diversidad cultural se convierten en una problemática construida a través de la interacción entre actores rurales y urbanos.

En el primer apartado del trabajo presento a los actores y el escenario de conflicto, el proceso de organización de las comunidades con relación al problema. En el segundo apartado intento sintetizar el proceso histórico por el cual el Estado chileno y el Estado argentino otorgaron "ciudadanía" a los pueblos indígenas que habitan en esos países, a través de la configuración de una batería legal. Y por último analizo el proceso de constitución de alianzas con los ambientalistas, la configuración de nuevos discursos a partir de dichos encuentros, y las consecuencias de estas alianzas desde la perspectiva de las comunidades y del movimiento mapuche en general.

El caso de las comunidades Kollas

Entre los valles, quebradas y puna que componen el paisaje de la Alta Cuenca del río Bermejo, en el Norte de la provincia de Salta, Argentina, habitan las cuatro comunidades aborígenes Kollas que componen la Finca San Andrés. Sus relatos señalan tiempos inmemorables como principio del devenir del pueblo en dicho lugar.

La Finca presenta una variedad de pisos ecológicos que van desde bosques fríos, también conocidos como *yungas*, hasta la zona de estepa y pastizal altoandino. Esta característica asume la forma de una división de la Finca en dos grandes zonas para los habitantes: la parte alta y la parte baja. La parte baja o las *yungas* son ocupadas por los habitantes durante el invierno, ya que proveen de pasturas para el ganado, abundante agua para los cultivos y temperaturas benignas, a diferencia de la parte alta en donde las condiciones de vida durante esa época dificultan la subsistencia. Sin embargo, esta es habitada en los meses de verano, ya que las lluvias torrenciales en las partes bajas producen la crecida de los ríos que provocan cortes en los caminos, sepultan casas, animales, etcétera. De aquí se deduce que la trashumancia emerge como práctica constitutiva del modo de vida, como la forma que encontraron para producirse y reproducirse en ese ambiente natural determinado. La reproducción de este "método de la vida" (informe elaborado por los Kollas de San Andrés para El Encuentro Histórico de la Lucha por la Tierra en Salta) implica para las comunidades la necesidad de conservar la Finca en toda su extensión, dado que es un sistema, y cualquier elemento o situación que altere la continuidad del ciclo es percibido como una amenaza a la existencia de las comunidades. El territorio sobre el cual se asienta la Finca es por ende, para sus habitantes, un espacio indivisible. Para que este sistema de vida sea reproducible, los Kollas necesitan la posesión de las tierras de la Finca en su totalidad.

El hábitat, entendido como la suma de los pisos ecológicos presentes en la Finca San Andrés, condiciona la formación y continuación de los marcos de sentido de este grupo humano. Las comunidades Kollas y la Finca San Andrés constituyen un sistema simbiótico tal que la conservación de las características que hoy en día definen a cada una es una condición necesaria para que la otra exista como tal.

Los Kollas no pueden pensarse a sí mismos fuera de ese hábitat sin que esto signifique cambios en sus mundos de vida (Domínguez y Mariotti, 2000).

En la década del treinta, coincidentemente con la expansión de la producción azucarera, el Ingenio San Martín del Tabacal SA, propiedad de Patrón Costas, obtuvo el control sobre 930.236 ha comprendidas en siete fincas. Los habitantes de las comunidades instaladas en estas fincas fueron empujados, coacción mediante, a trabajar en la cosecha de caña como parte de pago del arriendo de las tierras que eran entonces propiedad de la firma. A partir de 1930 la Finca San Andrés quedó integrada, dada su compra por el ingenio, a un marco de desarrollo capitalista, y en este contexto debe entenderse el conflicto por la tierra y las estrategias de las mismas comunidades.

En 1946 las comunidades Kollas organizaron una movilización a la Capital Federal para hacer oír ante las autoridades nacionales sus reclamos por la propiedad de la tierra. Esta acción, o primer caravana[2], se conoció en los medios de comunicación de la época como "El malón de la paz por las rutas de la patria". Lograron reunirse con el presidente de la Nación, Juan Domingo Perón, sin obtener resultados satisfactorios. En 1948 la Cámara de Diputados de la Provincia de Salta sancionó un proyecto de ley (Ley Provincial N° 1012/48) en donde se declaraba de utilidad pública la expropiación de las tierras de Finca San Andrés (129.247 ha) de propiedad del Ingenio y Refinerías San Martín del Tabacal SA. Sin embargo esto nunca se llevó a cabo. Al año siguiente el Senado de la Nación aprobó un proyecto de ley que declaraba la expropiación de la Finca, lo que tampoco se concretó. Desde los años cincuenta hasta la década del ochenta los habitantes de las comunidades no realizaron nuevas acciones legales o de protesta tendientes a modificar su situación, y continuaron pagando al ingenio arriendo por el uso de la tierra, por cada animal, por el usufructo de los frutales, etcétera. Los Kollas pagaban en especias o vendiendo su fuerza de trabajo en la zafra durante una parte del año.

Bajo el último gobierno de facto, Patrón Costas intensificó las medidas tendientes a aumentar los arriendos e inclusive a expulsar a los habitantes de la Finca. El personal del ingenio colocó un portón en el acceso a la Finca y cortó los pasos internos que comunicaban la parte alta con la parte baja. Se produjo entonces la muerte de gran parte de la hacienda bovina de la Finca, pues no podían circular libremente en función de las condiciones climáticas. Este hecho conmocionó a los pobladores, pues ponía en jaque la misma reproducción material al eliminar el principal recurso económico. La colocación del portón en la entrada a FSA imposibilitaba además el ingreso de materiales de construcción y otros elementos que los Kollas traían de afuera. Sumado a ello, Patrón Costas amenazaba con iniciar los desalojos a los habitantes de la zona baja (Domínguez y Mariotti, 1999).

Ante estos hechos los Kollas reaccionaron primeramente en forma individual, iniciando acciones contra el ingenio ante el Juzgado Dependiente del Distrito Judicial del Norte, y luego comenzaron a desplegar una dinámica de otra naturaleza. Las cuatro comunidades comenzaron a reunirse para diseñar acciones conjuntas, demandando la propiedad de la tierra y poner fin a los maltratos de los administradores del ingenio.

---

2 Este término es utilizado por los propios Kollas al narrar las movilizaciones a la capital provincial, Salta ciudad, o nacional, Buenos Aires. La caravana es el nombre que los mismos Kollas usan para identificar sus acciones colectivas.

Los Kollas se lanzaron a discutir su condición de arrendatarios, además de pensar formas de superar el riesgo de ser expulsados: "Para que no nos saquen de ahí, nos juntamos para ver qué hacer, primero empezamos a hacer las casas una más cerca de la otra, antes no solíamos vivir así como ahora, pero como el ingenio se las agarraba con los más viejos, que les tenían miedo. Les pegaban una retada y los hacían firmar cualquier cosa como no sabían leer. Los hacían pagar por los naranjos y por el pastoreo. Los azotaban y los llevaban a trabajar. Después pusieron policía también, y sacaban fotos para decir que aquí no había nadie" (entrevista a la maestra de río Blanquito, 1999).

Para hacer frente a lo que pasaba "algunos fueron capaces de organizarse y pensar, y armar centros vecinales" (entrevista a miembro de la comunidad de río Blanquito, 1999). Así se inició la coordinación de acciones entre los cuatro asentamientos o comunidades de la Finca para lograr la propiedad de la tierra. Desde este primer núcleo de jóvenes, que luego se convertirían en los dirigentes de las comunidades agrupadas, partieron las consignas que se materializaron en un primer encuentro de ochocientos campesinos Kollas en la Finca en 1983. Al año siguiente, cien de ellos marcharon en caravana a la ciudad de Salta para manifestar al gobierno de la provincia la necesidad de resolver el conflicto desatado con el ingenio. A esta le siguió la caravana de 1987 también a Salta, que intentaba frustrar la estrategia de Patrón Costas de recluir a los Kollas en la parte alta de la Finca. La propuesta consistía en la donación al gobierno provincial de 80 mil ha de cerro (la zona menos fértil y climáticamente más hostil de FSA), que luego deberían ser entregadas a los Kollas.

Los miembros de las comunidades, organizados en centros vecinales por comunidad, decidieron seguir sus gestiones bajo la forma de una Asociación Civil que agrupaba a todos los integrantes de las distintas comunidades de FSA, obteniendo por ejemplo la promulgación de la ley 24.242/93 que expropia al ingenio 19 mil ha ubicadas en la parte baja de la Finca.

En 1993 realizaron una caravana a Buenos Aires, en la que se reunieron con el presidente Menem. Esta caravana fue bautizada como "El segundo Malón de la Paz", y perseguía concretar la expropiación de las 19 mil ha. En 1997 repitieron otra caravana a la Capital Federal, bajo la misma consigna de siempre: obtener la propiedad de las tierras y terminar con el ingreso a la Finca de empresas madereras, a la vez que cortaban una ruta interna de la Finca a la altura de Cuesta

Chica para no dejar pasar al personal del ingenio e impedir que se continuara con el desmonte de las yungas.

Para ese entonces el contexto político con relación a los derechos indígenas se había modificado. Mediante la ley 24.071 el Congreso de la Nación había aprobado el Convenio 169 de la OIT, reconociendo el derecho de los pueblos indígenas y tribales en la Argentina. Además el decreto 155/89 reglamentaba la Ley Nº 23.302/85 poniendo en funcionamiento el Instituto Nacional de Asuntos Indígenas (INAI), a lo que debemos agregar el artículo 75, incisos 17 y 22 de la Constitución Nacional reformada en 1994, que reconocían a la preexistencia de los pueblos indígenas argentinos y los tratados y leyes internacionales que beneficiaban a los aborígenes. De este modo, las demandas de los Kollas adquirían sustento en una batería legal significativa en la que se amparaban (Domínguez y Mariotti, 1999).

Ahora bien, durante la década de los noventa el campo de conflicto se complejizó debido a la aparición en la escena de nuevos actores y a la emergencia de nuevos contenidos en la disputa por la tierra: se produjo en primer lugar la venta del ingenio a una empresa multinacional, Seabord Corporation, con sede en California, EE.UU., que permitió a su vez la explotación de los recursos de las yungas a una empresa forestal nacional denominada Madenor y que avaló luego el ingreso de TECHINT al predio para la ejecución de un gasoducto que transporta gas desde Salta hasta Chile. Distintos actores sociales con particulares intereses aparecían en el ámbito de la Finca, y frente a los Kollas, que en plena lucha por la tierra trataban de bloquear toda intromisión externa en San Andrés: "Las comunidades esperan ansiadamente la recuperación definitiva de la integridad de su hábitat, que dignificará y devolverá la paz y la tranquilidad a los milenarios habitantes de estas tierras" (informe elaborado por los Kollas de San Andrés para El Encuentro Histórico de la Lucha por la Tierra en Salta).

Paralelamente las comunidades se encontraban en un proceso de reestructuración interna que culminó con la constitución de Tinkunaku, organización que hasta hoy nuclea a las cuatro comunidades y que recientemente ha conseguido la personería jurídica.

---

3 El 21 de junio de 1997 se produjo en Cuesta Chica, en Finca San Andrés, un enfrentamiento entre los Kollas, gendarmería y la policía, a la cual el ingenio había encomendado la apertura del camino que los Kollas habían cortado para evitar el paso de maquinaria y personal de Madenor y Seabord Corporation.

En 1997, coincidentemente con el conflicto que se había desatado[3] en función de la tala que estaban realizando en las *yungas* Madenor y Seabord Corporation, y con las actividades de TECHINT, los Kollas comienzan a establecer contactos con las agrupaciones ecologistas Greenpeace y Yaguareté. Ello implicó una difusión ampliada del conflicto de los Kollas, pues Greenpeace, defendiendo el medioambiente, se sumó al reclamo de los Kollas por la tierra, llevando la cuestión a la mayor cantidad de medios de comunicación posible e iniciando una campaña de desprestigio hacia el grupo TECHINT y en especial hacia su director, Agustino Rocca.

Este hecho no es un dato menor a la hora de comprender el desenlace de los acontecimientos en términos de los logros para los Kollas. El rol de los medios masivos ha sido central en el proceso de hacer visible el conflicto de los Kollas.

Los resultados consistieron en que se detuvo la tala de madera y el administrador del ingenio fue desplazado de su puesto en FSA. El gasoducto siguió su traza, trayendo los problemas que los científicos de Yaguareté y Greenpeace señalaban. No obstante, TECHINT SA, además de indemnizar a los Kollas con aproximadamente 500 mil dólares, asumió un rol de mucho cuidado en cuanto a la construcción del gasoducto y con los habitantes, atendiendo problemas particulares.

Entre tanto, la cuestión de la tierra, eje de la lucha de los Kollas, permanece aún sin resolverse. De las 129 mil ha que constituyen FSA, 19 mil ha que están en proceso de expropiación, por la Ley 24.242[4], no terminan de ser entregadas a los Kollas. Las otras 80 mil ha donadas por Robustiano Patrón Costas al gobierno provincial no han sido traspasadas a las comunidades, y las 30 mil ha restantes, denominadas "remanente", siguen en litigio con Seabord Corporation.

La situación presente es percibida por los Kollas de la siguiente manera: "En las épocas actuales se continúa con la explotación y la dominación, aunque ya no con el sacrificio humano, pero sí con la indiferencia y con el engaño" (informe elaborado por los Kollas de San Andrés para El Encuentro Histórico de la lucha por la Tierra en Salta).

---

4 Según el proyecto de resolución de la cámara de Diputados de la Nación de julio de 1997.

El caso de las comunidades Mapuche-Pehuenches del Alto Bío-Bío

El caso de las comunidades Mapuche-Pehuenches presenta algunas similitudes con el expuesto anteriormente. La zona aledaña al Alto Bío-Bío (río situado entre la VIII y XI regiones) es el territorio donde han habitado ancestralmente las comunidades Mapuche-Pehuenches. Los bosques de pehuenes o araucarias otorgan una identidad específica a este pueblo indígena poblador de la cordillera Centro-Sur de Los Andes chilenos y que forma parte del pueblo mapuche.

El hábitat y territorio actual de los pehuenches en el Alto Bío-Bío se caracteriza por una topografía cordillerana de profundas hondonadas, valles, cordones de cerros y altas cumbres de volcanes. La población pehuenche no pertenecía originalmente a la etnia mapuche, eran grupos nómades recolectores y cazadores de la cordillera, que tenían su propia lengua. Fue en el momento de la irrupción hispana, y como consecuencia de la guerra, que los mapuches se desplazaron también al área andina, internándose en las zonas de pinares de las cordilleras, mezclándose con los pehuenches. La mezcla con los mapuches provocó cambios significativos en la cultura pehuenche, en un proceso que se ha denominado *mapuchización pehuenche*, y ya a comienzos del siglo XIX los pehuenches no se diferenciaban casi de los mapuches del valle. Los pehuenches mantienen de aquella época la recolección del piñón y, en menor medida, la caza y la recolección como actividades de subsistencia, así como la trashumancia entre los valles cordilleranos y los bosques de araucaria, y también entre las dos vertientes andinas.

La historia de la expropiación de las tierras del Alto Bío-Bío, en las que habitan las comunidades Mapuche-Pehuenches, comenzó con la instauración de la República Chilena en siglo XIX. El ejército, los colonos, notarios y conservadores de bienes raíces fueron adquiriendo tierras o acciones y derechos sobre las tierras de los Pehuenches. A fines de ese siglo, tanto los militares chilenos como los argentinos programaron campañas para reducir a los indígenas, pero sobre todo para obtener la posesión de la tierra: "En menos de una década casi todo el territorio pehuenche (...) se convirtió en latifundio particular. Los traspasos ni siquiera cumplieron con el requisito de contar con la verificación del Intendente de la zona, como exigía la ley. Se consolidó así la 'pacificación de la Araucanía'" (Moraga, 2001: 14). A partir de la penetración latifundiaria, acompañada de la ocupación militar de la cordillera, se puso fin a la autonomía territorial pehuenche, así como mapuche, reduciendo severamente sus espacios. Los hacendados se apropiaron, con una combinación de oscuros contratos y despojos, de la mayor parte de las tierras pehuenches más productivas.

Sin embargo, las comunidades despojadas de su autonomía territorial permanecieron en sus tierras. Los esfuerzos de asimilación propiciados por el Estado chileno fueron sólo esporádicos y no lograron llevarse a cabo por completo. Las comunidades continuaron habitando el territorio del Alto Bío-Bío, aunque en precarias condiciones con relación a la posesión de sus tierras, sin reconocimiento legal de sus títulos, y sujetas a constantes presiones para que las abandonasen.

A inicios de 1990, a algunas de las siete comunidades pehuenches les fueron reconocidos títulos individuales de propiedad únicamente de la zona de invernada[5] aledaña al río Bío-Bío. Las tierras más altas, de bosque y pastoreo, quedaron indivisas, con títulos a favor de combinaciones de propietarios de predios en las tierras más bajas. Los terrenos de los pinares o *veranadas* fueron declarados Reserva Forestal.

El conflicto de las comunidades con la Empresa Nacional de Electricidad (ENDESA SA) tuvo su origen a fines de la década del ochenta, cuando esta presentó el plan de trabajo para la realización de una serie de represas hidroeléctricas. La consecuencia primera e inmediata de la ejecución de las obras sería la inundación de parte del territorio que habitan los Pehuenches. La empresa fue privatizada bajo el gobierno de Pinochet, y su propiedad quedó en manos de capitales españoles. Sin embargo, la proyección de represas en la zona era un viejo proyecto del gobierno y de ENDESA, cuando todavía esta era chilena, pues en la década de los cincuenta ya contaban con estudios en los que se habían detectado catorce puntos estratégicos para la construcción de las mismas. El plan de trabajo actual de la empresa española es construir una cadena de embalses de 135 km de largo que inundarán 22 mil ha de territorio pehuenche, debido a lo cual la empresa deberá "relocalizar a 600 familias indígenas y cerca de 900 campesinos chilenos, además del traslado de otros 400 pehuenches debido a obras anexas" (Moraga, 2001: 25).

Conjuntamente con la presentación de los proyectos, en los inicios de la década de los noventa ENDESA inició una serie de estudios de impacto ambiental para poder presentar tanto al gobierno

---

5 Es así como califican y distinguen a las tierras que habitan en el invierno de aquellas que habitan en el verano.

chileno como a los entes financiadores. Cada uno de los informes ambientales realizados a pedido de ENDESA tuvo problemas, ya sea respecto de las modalidades de trabajo que implementaron (estudios superficiales que no tomaron en cuenta a los habitantes de la zona y dejaron de lado indicadores culturales, sociales o económicos; escasa dedicación al trabajo de campo, etc.), o incluso malversación y tergiversación de la información por parte de la empresa o de los contratistas de la misma. De todos modos, en 1990 se autorizó la construcción de Pangue, la primera de las represas, y un año después se otorgó un permiso provisional para la realización de los estudios de la segunda represa, Ralco.

El primer estudio de impacto ambiental fue rechazado por la Corporación Financiera Internacional (CFI), organismo del Banco Mundial –el cual a su vez había otorgado en 1992 la suma de 175 millones de dólares para la construcción de Pangue– debido a las carencias y a las conclusiones a las que arribaba: proponía para facilitar la construcción de la obra que se organizara un sistema de vigilancia y protección con cercos y portones de acceso, pidiendo la colaboración de los carabineros y los agentes de seguridad de ENDESA, para de este modo establecer una normativa de relaciones con las comunidades aledañas. Hubo un segundo y un tercer informe a cargo de ENDESA. Este último en manos del director de la Escuela de Antropología de la Universidad de Chile, Manuel Dannemann, quien solicitó a un equipo de antropólogos la realización del estudio. Luego de ocho meses de trabajo de campo, durante 1991, concluyeron el informe en el cual se cuestionaba directamente la construcción de la represa pues produciría cambios sociales, culturales y económicos en las comunidades pehuenches que no las beneficiarían. El informe fue absolutamente manipulado por Dannemann, y los antropólogos que lo habían realizado iniciaron una querella en su contra (Moraga, 2001: 27-30).

En 1991 se conformó el Grupo de Acción por el Bío-Bío (GABB), integrado por personas pertenecientes a la Comisión Chilena de Derechos Humanos, el Instituto de Ecología Política, el Consejo Nacional de Pueblos Indígenas y otros profesionales. Una de las primeras acciones llevadas a cabo por el GABB y miembros de las comunidades fue viajar a Washington para entrevistarse con las autoridades del Banco Mundial y denunciar la manipulación de los informes ambientales. Durante ese mismo año, las comunidades Pehuenches se entrevistaron con el presidente Aylwin e interpusieron un recurso de protección contra la empresa eléctrica Pangue SA que un año después sería rechazado por la Corte de Apelaciones.

En 1992 la CFI impuso dos condiciones para realizar parte del préstamo monetario: que ENDESA efectuara nuevos estudios de impacto ambiental, y que se creara un procedimiento por el cual se contrarrestaran los efectos negativos de las represas en las comunidades. Para este fin se creó entonces la Fundación Pehuén, cuya actividad consistió básicamente en ofrecer un programa de compras colectivas con descuentos.

La promulgación de la Ley Indígena N° 19.253, y luego la Ley General de Medio Ambiente N° 19.300/94, se produjo en 1993 complejizando el campo de conflicto. La ley, como explica Aylwin, fue el resultado de la demanda de los pueblos indígenas, con el objetivo de contrarrestar sus derechos amenazados y restringidos bajo el gobierno de Pinochet. Los ejes de la demanda se pueden sintetizar en: "el reconocimiento de la diversidad étnica y cultural; la participación de sus representantes en la conducción de la política indígena del Estado; la protección legal de sus tierras y aguas; el otorgamiento de tierras fiscales o de tierras particulares adquiridas por el Estado y el apoyo al desarrollo económico y cultural de sus pueblos y comunidades" (Aylwin, 2000) La Comisión Especial de Pueblos Indígenas, creada en 1990 bajo el primer gobierno de la Concertación Democrática, elaboró un anteproyecto de ley basado en las reivindicaciones antes mencionadas. Sin embargo, el proyecto de ley fue aprobado en el Congreso con profundas modificaciones[6].

Paralelamente a la promulgación de la ley indígena y ambiental, ENDESA presentó el plan de trabajo para Ralco, la segunda represa, y adquirió unas tierras en los fundos "El Huachi" y "El Barco" para realizar las permutas de tierra de los miembros de las comunidades

6 Respecto de los derechos participatorios, la ley permite la constitución de tres comunidades indígenas legales en una comunidad territorial; eliminó el impedimento de trasladar a los indígenas de sus tierras, así como consultar a la comunidad cuando el traslado se verificase; se modificó la composición de la CONADI reduciéndose la cantidad de representantes indígenas. La participación resultó ser únicamente de carácter consultivo, ya que la CONADI es una entidad cuyo consejo controla el gobierno. Por último, se eliminó la figura de los jueces de paz indígenas encargados de impartir justicia menor, con lo cual la participación indígena quedó acotada. Respecto a los derechos de la tierra, se aumentó el plazo de duración de arrendamientos de tierras indígenas, se autorizó la permuta de tierras indígenas por tierras no indígenas, y se eliminó la obligación de la CONADI de escuchar a las comunidades antes de autorizar la enajenación de las tierras cuyos titulares sean personas naturales; se eliminó la disposición que establecía que los titulares de tierras indígenas, en iguales condiciones que otros interesados, tendrían derechos preferentes para la constitución de derechos de aguas, mineros y de aprovechamiento y manejo de recursos forestales, etcétera.

pehuenches que quedarían inundados una vez puesta en funcionamiento la segunda represa.

Ante la amenaza inminente de la segunda represa, durante el año 1995, el GABB y miembros de las comunidades realizaron una volanteada en el Congreso de la Asociación Americana de Antropología Aplicada celebrado en Nueva México, donde el director del departamento de estudios sociales del Banco Mundial habría de recibir el premio Malinowski. En los volantes repartidos, Juan Pablo Orrego, director del GABB, se burlaba del título de la ponencia del director, que decía "Poner a la gente primero". Como consecuencia de las manifestaciones se celebró una reunión en la que Orrego denunció, apoyado por ambientalistas americanos, que el Banco Mundial no había considerado seriamente los impactos de la represa. Los directivos del Banco Mundial decidieron entonces enviar a un experto, Theodore Downing, para la realización de un nuevo estudio (Moraga, 2001: 31-32). El informe Downing señaló todos los inconvenientes que habían surgido a raíz de las obras iniciadas para la represa Pangue, los incumplimientos por parte de ENDESA de cuatro de los cinco elementos del convenio, el funcionamiento meramente asistencialista de la Fundación Pehuén, los problemas internos en las comunidades, y las pérdidas para la economía pehuenche que ocasionaban las obras. Sólo un año después, por presiones de ENDESA, Theodore Downing pudo dar a conocer el resultado de su informe. En tanto, simultáneamente, la Corporación Nacional de Desarrollo Indígena (CONADI), organismo que comenzó a funcionar conjuntamente con la implementación de la ley indígena, presentaba su estudio, en el cual rechazaba los programas de ENDESA.

El rol de la CONADI, si bien fue en última instancia siempre acotado e intervenido por el gobierno, resultó sumamente importante para hacer pública la situación de los miembros de las comunidades y los procedimientos coactivos del personal de ENDESA para con ellos. CONADI llevó a cabo tres informes en los que siempre manifestó su rechazo a la construcción de la represa, y como consecuencia sus directores fueron sustituidos súbitamente por el presidente Frei hasta convertirla en una entidad absolutamente consecuente al gobierno.

Domingo Namuncurá, segundo director de la CONADI, expone en el libro que escribió a partir de su experiencia en el caso el punto nodal de la situación que venimos analizando: sobre el Alto Bío-Bío se ciernen dos visiones, por un lado el valor que le asignan a la tierra los Pehuenches, para quienes la tierra es prestada al hombre, y es el centro de la existencia y de la cultura, por lo que no pueden concebirla bajo la categoría de una propiedad comercial común. Por otro lado, la mirada de los empresarios e incluso de los gobernantes, para quienes la tierra es sólo un objeto de intercambio que puede quedar librado al libre juego de la oferta y la demanda. El problema es cómo conciliar estas dos miradas. El acertijo que propone Namuncurá es el siguiente: si los dueños de la tierra no fuesen indígenas "¿Cuánto le cobrarían a una empresa transnacional por la compra de esas tierras? Imagínese la cifra y tenga la absoluta seguridad que la empresa a como diera lugar, pagaría lo que usted le pida" (Namuncurá, 1999: 171). El problema de Ralco radica en la condición de indígenas de los propietarios. Seguramente la oferta de permutas de las tierras, más ciertas donaciones de animales junto a un plan de asistencia, representan un valor infinitamente más económico para ENDESA. El tercer informe de la CONADI presentado ante las autoridades consistió en un procedimiento institucional basado en un plan de audiencias con cada familia que había firmado las solicitudes de permutas de tierra. CONADI sospechaba acerca del grado de verosimilitud del consentimiento y voluntad real de los pehuenches de querer dejar sus tierras. El equipo de CONADI llevó a cabo sesenta y cuatro entrevistas, con cuestionarios estándar, grabadas en video y en presencia de un notario que atestiguara la legitimidad de las mismas. Se les preguntó si tenían pleno conocimiento de lo que habían firmado, los abogados iban leyendo lo firmado por los pehuenches, y cuando algún apartado no era comprendido se les explicaban los alcances legales del contenido. Sólo a través de ese procedimiento los pehuenches comprendieron qué era lo que habían firmado. Del análisis de las entrevistas emerge por un lado que no figuraban los montos de dinero que ENDESA había prometido entregarles, o figuraban montos menores; que en algunos casos los pehuenches no entendían el contenido de las cláusulas de la solicitud de permutas, y finalmente que nunca estuvo en los planes de los pehuenches dejar sus tierras: el hacerlo tenía que ver con no encontrar otro tipo de alternativa.

Desde 1997 hasta la fecha las situaciones hasta aquí descriptas se reiteraron y se intensificaron. Por un lado, las comunidades Mapuche-Pehuenches, conjuntamente con el GABB y otras organizaciones mapuches, llevaron a cabo diversas acciones de protesta con alcances internacionales, como marchas hasta Santiago, cortes de caminos para impedir el paso de las máquinas de las empresas, cartas vía Internet a los directores de ENDESA España, declaraciones públicas e incluso una serie de acciones judiciales, sin resultados concretos más que el retraso en las obras. Se conformaron como consecuencia de estas acciones nuevas organizaciones mapuches, algunas ligadas directamente al conflicto y otras que comenzaron a intervenir en pos de la problemática general del pueblo mapuche y a instaurar dentro del conjunto de sus demandas el derecho a la autodeterminación del pueblo mapuche.

Por otro lado, la CONADI, hasta donde le fue permitido, interpuso medidas legales ante las infracciones de ENDESA. Sin embargo, esta logró, apoyo del gobierno mediante, iniciar las obras en Ralco. La CFI no otorgó el préstamo monetario a ENDESA, pero de todos modos esta consiguió el financiamiento de países europeos.

Los derechos de los pueblos indígenas

La noción de ciudadanía no tiene un significado único, y en la década de los noventa se ha ubicado en el centro del debate teórico-político, a la vez que recibe la atención de quienes desde distintas posiciones vuelven a ella e intentan definirla, redefinirla, y aun construir una teoría de la ciudadanía. En cualquier caso, podríamos decir que el concepto está ligado, tanto en la teoría como en el sentido común de los ciudadanos, a la existencia de un conjunto de derechos establecidos y a la noción de pertenencia a una comunidad política en la cual ellos se hacen efectivos. Podemos agregar que, en función de lo anterior, la ciudadanía tiene un referente institucional en la autoridad que legitima ese conjunto de derechos y vela por su cumplimiento, cuyos límites a su vez están determinados por la extensión de la comunidad de referencia.

Ahora bien, la ciudadanía no es sólo un status determinado, definido por un conjunto de derechos y responsabilidades. Es también una identidad, una expresión de la propia pertenencia a una comunidad política. La ciudadanía concebida por Marshall (1998) supone una identidad compartida que integrase grupos previamente excluidos de la sociedad y proporcionase una fuente de unidad nacional. La ciudadanía cumpliría entonces con una función integradora. Sin embargo, muchos grupos, como los pueblos aborígenes, a pesar de haber obtenido recientemente, en algunos países de América Latina, derechos comunes de la ciudadanía, se sienten por fuera de esa identidad y cultura común. La exclusión es en estos casos debido a su identidad sociocultural. Young (1990) propone que la integración a una cultura común puede producirse si se adopta la noción de ciudadanía diferenciada, es decir, los miembros de estos grupos excluidos podrían ser integrados a la comunidad política no sólo como individuos sino a través de sus respectivos grupos, y los derechos dependerían entonces de su pertenencia a dichos grupos. Para esta autora, la concepción de la ciudadanía universal, que trasciende las diferencias, ha servido para mantener la opresión de los grupos excluidos. La igualdad genuina tiene como requisito fundamental reconocer las diferencias.

Stavenhagen (1996) indica que "por tratarse generalmente de los sectores más débiles de la sociedad, [los indígenas] son víctimas de las violaciones más flagrantes de sus derechos humanos individuales". Para el autor, sin embargo, "más allá de los derechos individuales, se trata de un problema de derechos colectivos (...) Por lo general, las legislaciones nacionales no reconocen los derechos colectivos de los grupos étnicos (...) Las Constituciones políticas adoptan el principio de igualdad ante la ley para todos y la no discriminación, y se manifiestan por el respeto absoluto de los derechos humanos individuales" (Stavenhagen, 1996: 153). La cuestión de los derechos indígenas, efectivamente, ha planteado en los últimos años una serie de debates que ponen de relieve las tensiones entre el nivel de universalidad de los derechos humanos básicos y la base igualitaria en la definición de los derechos individuales, por un lado, y el nivel de especificidad de grupos minoritarios o subordinados y el reclamo por el reconocimiento de la diferencia por el otro. Pero además, el tema indígena –a diferencia de otros reclamos de derechos que también están inmersos en dicha tensión, como el de las mujeres–[7] plantea el problema de la relación entre los derechos individuales y los derechos colectivos.

Pensar en la noción de derechos étnicos presupone un análisis de la noción original de los derechos humanos que hasta ahora han privilegiado la universalidad y los sujetos individuales. Como expresa Jelin, "si la idea original de los derechos humanos universales estaba orientada por una visión individualista de los derechos, ahora el eje pasa a las comunidades. Hablar de derechos culturales es hablar de grupos y comunidades colectivas: el derecho de sociedades y culturas

---

7 Jelin (1997) plantea que la cuestión de los derechos indígenas y la de los derechos de las mujeres coinciden en "la crítica a la definición individualista y universal de los derechos humanos y su identificación con los valores occidentales y masculinos", pero que a partir de allí, mientras que la cuestión étnica se centra en torno a la relación entre lo individual y lo colectivo, la cuestión de género reconceptualiza la relación entre lo público y lo privado.

(autodefinidas como tales) a vivir en su propio estilo de vida, a hablar su propio idioma, usar su ropa y perseguir sus objetivos, y su derecho a ser tratadas justamente por las leyes del Estado-Nación en el que les toca vivir (casi siempre como 'minorías')" (Jelin, 1996: 68). Una de las demandas centrales de las comunidades Kollas y Mapuche-Pehuenches es la propiedad colectiva de la tierra que habitan y que han habitado sus antepasados. Esta demanda apunta principalmente a la conservación de un "método de vida"[8] que se sustenta claramente en la propiedad colectiva de la tierra. Como sostiene Kymlicka, esta es una demanda que se corresponde con una forma de "ciudadanía diferenciada en función del grupo" (1996), y que se otorga en virtud de la pertenencia cultural. Este autor deslinda la noción de derechos diferenciados en función del grupo de la noción de derechos colectivos, pues esta conlleva directamente a una tensión irresoluble entre los derechos individuales y los colectivos. Stavenhagen propone como alternativa a esta oposición que "Los derechos grupales o colectivos deberán ser considerados como derechos humanos en la medida en que su reconocimiento y ejercicio promueva a su vez los derechos individuales de sus miembros (...) Existen situaciones en las que los derechos individuales no pueden ser realizados plenamente si no se reconocen los derechos colectivos" (Stavenhagen, 1990).

El problema de la tierra es y ha sido fundamental para los pueblos indígenas del continente. La singularidad que imprimen los pueblos aborígenes a la lucha se sustenta en parte en que uno de los elementos fundamentales de la identidad india en América es su territorialidad. Es decir, pertenecer a un grupo indígena significa tener la conciencia de poseer un territorio y mantener un vínculo especial con la tierra (Stavenhagen, 1996: 152).

Sin embargo, desde la época colonial han existido en algunos países regímenes especiales para las tierras indígenas, ya que desde entonces, a través del latifundio, la colonización de pequeños propietarios mestizos, y más recientemente las plantaciones comerciales y las empresas multinacionales, se ha presionado sobre la propiedad comunitaria indígena y se han reducido considerablemente los recursos naturales de los que las comunidades indígenas pueden disponer (Stavenhagen, 1996: 153).

Las situaciones históricas moldean, fijan límites, recortan o expanden el campo de derechos de lo que se considera en cada momen-

---

8 Término empleado por los Kollas.

to un ciudadano. Así es que, por ejemplo, tanto en el caso argentino como en el chileno hallamos que en el momento de conformación del Estado-Nación los indígenas no eran considerados ciudadanos.
Por el contrario, eran vistos a tal punto una *otredad* radical que legitimó el genocidio y exterminio de muchas poblaciones indígenas. La acción del Estado se dirigió exclusivamente a defender el espacio ya conquistado, por un lado, y por el otro a extenderlo y ocuparlo. Fue el período de la Guerra del Desierto (1833-1881) en Argentina, y de la Pacificación de la Araucanía (1862-1883) en Chile (Gutiérrez, 1998).

Durante 1813 se dictaron en la Nueva República de Chile las primeras leyes indígenas. Como sostiene Bengoa: "Son leyes que podríamos considerar liberales, ya que se orientaban a 'liberar a los indígenas de las condiciones oprobiosas a que los había sometido la Corona' (...) Principalmente se trataba de otorgar a los indígenas la libertad de comercio y constituirlos en ciudadanos de la Nueva República. En la práctica lo que hacían era poner en el mercado las tierras de los pueblos indios (...) la consecuencia fue simple: todos los pueblos indígenas de la zona central desaparecieron". Sin embargo, los mapuches situados al sur del Bío-Bío se mantuvieron independientes del nuevo Estado chileno, y por esta razón se llevó a cabo, armas mediante, la Pacificación de la Araucanía. El autor se pregunta cómo, habiendo sido declarados ciudadanos, pudo ser posible una guerra de quince años. Sin embargo, los mapuches no eran considerados ciudadanos; por el contrario, eran otra nación, la nación de los bárbaros, puesto que eran paganos, nómades y practicaban la poligamia. A pesar de las leyes liberales, la dicotomía "civilización y barbarie" estaba instalada en la mirada de la sociedad chilena (Bengoa, 1999: 28-31).

Una vez controlados los territorios mapuches, en 1883, el Estado decretó que el territorio ocupado, cercano a 90 mil km^2, fuesen tierras fiscales, por lo cual la Comisión Radicadora de Indígenas creada por medio de las leyes de 1813 se encargó de confinar en reservas indígenas a la población mapuche. En el período que va de 1884 a 1919, unos 80 mil mapuches fueron enviados a 3 mil reservas, mientras que más de 9 millones de ha les fueron adjudicadas a colonos extranjeros y chilenos. A los pocos años de terminado el proceso de confinamiento en reducciones a los pueblos indígenas, el número de comunidades comenzó a disminuir. Según los diferentes autores, este fenómeno se debió, entre otras cosas, a que muchas de las tierras indígenas asignadas según los títulos de Merced, fueron usurpadas, hasta mediados del siglo XX, por particulares. La transformación de las tierras de las comunidades indígenas en propiedad privada fue la causa fundamental de la desaparición de las reducciones indígenas. Esta transformación fue propulsada por el Estado chileno a través de una batería legal que abarcó un período de cincuenta y dos años[9]. Calbucura observa a partir de su análisis de las leyes que el Estado chileno se las ha arreglado para encontrar el procedimiento más expeditivo a fin de derogar el sistema de propiedad comunitaria de la tierra. En 1972, bajo el gobierno de Salvador Allende, hubo un intento de establecer un dispositivo para la manutención de la propiedad colectiva, pues se ordenó que la división de una comunidad indígena sólo fuera posible a pedido del 100% de los miembros (1994).

Sin embargo, pese al atropello de la última dictadura militar, se produjo un fortalecimiento de las organizaciones representativas de las comunidades indígenas, quienes comenzaron a abogar por sus

---

9 Calbucura realiza una síntesis de los dispositivos legales implementados para la conversión de las tierras en propiedades privadas:
- 927 agosto. Ley N° 4.169 de 1927, sobre División de las Comunidades Indígenas. La división de las Comunidades Indígenas puede ser solicitada por cualquiera de los comuneros.
- 930 enero. Ley N° 4.802 que suprime la “Comisión Radicadora de Indígenas” de 1866 y 1883. La ley crea los “Juzgados de Indios” cuyo objetivo es proceder a la división de las comunidades indígenas.
- 931 junio. Ley N° 4.111 que resume el Decreto-ley N° 4.802 de 1930 y el Decreto-ley N° 266 de 1931. La Ley N° 4.111 autoriza la división de las Comunidades de Indígenas. La división debe pedirla por lo menos la tercera parte de los miembros.
- 931 junio. Decreto-ley N° 4.111, Artículo 54. Una persona es indígena cuando pertenece a una familia cuyo jefe es miembro-copropietario de una Comunidad de Indígenas que tiene una Merced de Tierras. Quedan exceptuados de esta formalidad los indígenas que hayan cumplido con la ley de instrucción primaria obligatoria.
- 959 diciembre. Ley N° 14.511 que reemplaza la Ley N° 4.111. Se decreta que el Presidente de la República tiene facultades para expropiar los terrenos de propiedad de las Comunidades Indígenas.
- 960 enero. Ley N° 14.511 crea los “Juzgados de Letras de Indios” que modifica las funciones de los “Juzgados de Indios” creados en 1930, por la publicación de la ley N° 4.802.
- 960 enero. Ley N° 14.511, Artículo 29. Una persona es indígena cuando pertenece a una familia cuyo jefe es miembro-copropietario de una Comunidad de Indígenas que tiene una Merced de Tierras. Quedan exceptuados de esta formalidad 1) los indígenas que hayan rendido válidamente sexto año de Humanidades o hecho estudios equivalentes, calificados por la Dirección General de Educación Secundaria; 2) los indígenas que hubiesen obtenido título profesional conferido por la Universidad de Chile, o por Universidades reconocidas por el Estado.
- 967 julio. Ley de Reforma Agraria N° 16.640. La ley incorpora a los mapuches a los beneficios de la Reforma Agraria como un estrato más del campesinado.
- 972 septiembre. Ley N° 17.729 decreta la “comunidad indígena indivisa”. La división de la comunidad indígena es posible a pedido del 100% de los miembros de la comunidad.
- 979 marzo. Ley N° 2.568 de 1979, que modifica la Ley N° 17.729 de “Comunidad Indígena Indivisa”. La ley decreta sobre división de las Comunidades Indígenas. La ley establece que la división puede ser solicitada por cualquiera de los miembros. La ley argumenta que “a partir de la división las tierras dejarán de considerarse tierras indígenas e indígenas sus dueños” (Calbucura, 1994).

derechos como pueblo. Las demandas en ese entonces eran de carácter específico. A partir de la década del ochenta, como explica José Aylwin, "la demanda específica de cada pueblo se va sustituyendo por una demanda global de los pueblos indígenas del país y que se basa en el reconocimiento de su existencia e identidad propia así como su derecho a participar en la resolución de sus propios asuntos". En 1989 el Consejo Nacional de los Pueblos Indígenas reclamó a la Concertación de Partidos por la Democracia la elaboración de una ley indígena que reconociera las culturas, idiomas, los derechos consuetudinarios, sus tierras y territorios tradicionales, que regulase la relación con el Estado recogiendo los principios de autonomía y autodesarrollo reconocidos en el Convenio 169 de la OIT. A fines de ese mismo año se celebró el Acta de Nueva Imperial, entre representantes de las comunidades indígenas y Patricio Aylwin, candidato presidencial, por la cual se comprometían "a apoyar los esfuerzos del futuro gobierno a favor de la democratización del país (...) en tanto (el gobierno) se comprometía a instar por el reconocimiento constitucional de los pueblos indígenas, a la creación por ley de una Corporación Nacional de Desarrollo Indígena (CONADI) con la participación activa de estos pueblos" (Aylwin, 2000).

En 1990 se firmó un decreto por el cual se creó la Comisión Especial de Pueblos Indígenas[10] para que esta asumiera la coordinación de las políticas del Estado en el ámbito indígena y elaborase un proyecto de ley. Este proyecto, presentado al Congreso en 1991, proponía por primera vez en la historia de Chile el reconocimiento legal de los pueblos indígenas, y además establecía la obligación por parte del Estado de velar por su protección y de promover su desarrollo. Reconocía asimismo a las personas, comunidades y asociaciones indígenas, estableciendo derechos especiales sobre las tierras indígenas (protección jurídica, ampliación y desarrollo). Establecía un sistema de educación bilingüe y existencia y validez del derecho consuetudinario, y creaba un sistema de justicia especial para atender asuntos menores al interior de las comunidades; finalmente, disponía la creación de la CONADI como entidad encargada de la política del Estado para con los pueblos. Paralelamente, el gobierno envío al Congreso un proyecto de reforma constitucional que reconocía la existencia de los

10 La misma estaba integrada por representantes de los distintos pueblos indígenas, elegidos por sus organizaciones y por diez representantes de las distintas instancias gubernativas con competencia en el ámbito indígena. Además el presidente nombraba al Director y Subdirector.

pueblos indígenas y el deber del Estado de protegerlos. Asimismo envió el Convenio N° 169 de la OIT sobre Pueblos Indígenas y tribales para lograr su ratificación (que a la fecha continúa sin ser aprobado). Presentó por último el convenio para la creación del Fondo para el Desarrollo de los Pueblos Indígenas de América Latina y el Caribe. Sin embargo, pese a todos estos mecanismos legales de legitimación de los pueblos indígenas, el Parlamento chileno actuó con algunas reservas y ciertas contradicciones, ya que siguieron subdividiéndose tierras a través del Ministerio de Agricultura, se llevaron a cabo actos de violencia y represión contra manifestantes indígenas y en cuanto a mi caso compete, el gobierno aprobó la construcción de las represas en el Alto Bío Bío, siendo este territorio de pertenencia indígena. El Parlamento demoró casi tres años para aprobar la ley indígena, a la cual además introdujo una serie de modificaciones (Aylwin, 2000). Sin embargo, uno de los mayores problemas que no resolvió es que no dio protección a los derechos de los indígenas sobre los recursos naturales que se encuentran en sus tierras, fundamentales para el desarrollo material y cultural de las comunidades.

Es innegable que, a diferencia del período militar, el Gobierno de la Concertación Democrática ha realizado un importante cambio respecto de los pueblos indígenas de ese país. Las leyes han abierto "caminos de participación, posibilidades de acción, pero no garantizan por sí solas el término de la situación de marginación y de discriminación de la que históricamente han sido víctimas estos pueblos" (Aylwin, 2000).

Ahora bien, como ha quedado expuesto en la presentación de los casos, el gobierno de Frei revela una nueva situación en el escenario político chileno. En la inauguración de Pangue, el presidente expresó: "Chile nunca podrá renunciar al desarrollo de proyectos hidroeléctricos, por razones estratégicas (...) el desarrollo de Chile no puede detenerse, echando por tierra la oportunidad histórica de lograr un estado de desarrollo superior". La Concertación de Partidos por la Democracia nunca había manifestado tan abiertamente la alianza con los grupos económicos; si bien en un principio mostró una crisis de proyecto que la llevó finalmente a administrar el modelo económico que criticaba de la dictadura, ello no le había impedido desarrollar un discurso de crecimiento económico con justicia social (Marimán, 1997).

Como consecuencia de esta situación, las comunidades indígenas, y en particular las Mapuche-Pehuenches, resignifican esta nueva

actitud del gobierno como cómplice y aliado fundamental del "etnocidio" que los grupos económicos chilenos e internacionales llevarán a cabo en el caso que se completen las obras hidroeléctricas.
Las represas Pangue y Ralco no son sólo un conflicto entre intereses particulares, sino un conflicto que atañe directamente al Estado y la sociedad civil chilena. No se trata solamente de la propiedad y el control de unas hectáreas de tierra, se trata además de la pérdida del "mundo de vida" de los Mapuche-Pehuenches, que se sustenta sobre un vínculo especial con esa tierra.

La esperanza del movimiento mapuche de participar en el desarrollo democráticamente planeado, implementado y respetuoso de las diferencias etno-culturales se va desvaneciendo. Como ellos mismos declaran: "Ralco, qué duda cabe ya, es una de las peores vergüenzas del Chile de hoy. 'Ralco duele' han dicho por ahí. 'El primer exilio interno del gobierno democrático', han apuntado también. Ralco es un sitio en el corazón de muchos, un espacio desgarrado y en el que dramáticamente se cruzan casi todos los conflictos pertinentes de nuestra época, vida versus desarrollo, diversidad versus uniformidad, democracia versus autoritarismo-paternalismo, y espantosamente se cruzan también los complejos del subdesarrollo, el resentimiento social, la inmadurez y hasta la hipocresía en una lucha donde pocos finalmente comprenden que no se trata de conquista o poder personal o de juzgar a otros, sino más bien de ayudar a unas mujeres que quieren ser expulsadas violentamente de sus casas y a las que de paso se mata de pena. Todo un pueblo que está siendo obligado a abandonar su identidad cultural. Pero Ralco es en Chile sobre todo una lucha de ausentes. Toda la casta parlamentaria, ejecutiva y judicial sella con su silencio su complicidad con el capital extranjero: está clarísimo para cualquier observador objetivo, no velan por el pueblo de Chile, les da lo mismo la patria que permanentemente manosean en jugosos discursos hacia los cuales se llevan un buen porcentaje, en sueldos, de lo que todos producimos. Y corroen nocivamente nuestra vida espiritual porque les dejamos hacer y deshacer como si tal cosa. Ralco es una lucha de ausentes. Que los ingenieros chilenos (especialmente los comerciales, que han escurrido su podredumbre por toda nuestra aplastada sociedad de gatos traumados); repito, que los ingenieros chilenos estén corporativamente fuera de la lucha es en cierto modo comprensible y hasta esperable: ellos son justamente el otro lado de la lucha, ellos son nuestros contendientes. Sin embargo hay ausentes inexplicables, inadmisibles, como la iglesia católica o los cientistas sociales" (Declaraciones de la Red Bío-Bío)

La historia de la ciudadanía de los pueblos indígenas argentinos presenta similitudes respecto del caso anterior. La Guerra del Desierto trató de extender las fronteras del Estado. La defensa de la frontera estaba ligada a la necesidad de resguardar las explotaciones agropecuarias y los asentamientos poblacionales de las invasiones o malones que significaban grandes perjuicios al comercio y la industria ganadera. El desplazamiento de la frontera (el avance sobre las tierras aún indígenas) tenía el sentido, básicamente, de obtener más tierras para la explotación pastoril y para la colonización agraria (Gutiérrez, 1998). Sin embargo, todos aquellos que quedaban por fuera de las fronteras, como los pueblos indígenas, no eran considerados ciudadanos del Estado. Los indígenas eran bárbaros por paganos y nómades, y por tanto las misiones jesuíticas se encargaban de civilizarlos.

El éxito en la defensa y desplazamiento de las fronteras pasa a plantear dos cuestiones en torno a la tierra. La primera es la discusión acerca de la jurisdicción –nacional o provincial– de las tierras conquistadas. La segunda, que me interesa más aquí, es el inicio de un debate sobre los derechos de los indígenas sobre ellas. Las posiciones no fueron unánimes, pero en última instancia, aun para los que pensaban en la legitimidad de tales derechos, la condición para la obtención de tierras (sea como ocupación o como restitución) fue el sometimiento de los indígenas a la civilización (Gutiérrez, 1998). El sometimiento se producía a través de la firma de tratados entre los militares y las comunidades indígenas. Tratados que se veían obligados a firmar como consecuencia de las expediciones militares, y de las condiciones objetivas que dificultaban la vida nómade.

A partir de 1885 se inició una nueva etapa en la relación Estado-comunidades indígenas. En el trabajo de Gutiérrez se la denomina la etapa de la colocación. El Estado comenzó a incorporar a los indígenas y a considerarlos sujetos de derecho. Sin embargo, la incorporación posterior al sometimiento, a través de las formas de la colocación, no solamente supuso una subordinación cultural (abandono de la lengua y costumbres ancestrales), sino que, en la forma que asumió, se consideraba a los indígenas como ciudadanos de segunda clase. La colocación implicó la pérdida de las posesiones materiales (tierra), así como la disolución de las relaciones de parentesco y comunidad. La colocación se materializó a través de las reducciones para indígenas, las misiones, las colonias o el ingreso al ejército militar. La Comisión

Honoraria de Reducciones de Indios dirigía, administraba y fiscalizaba todas las actividades de las reducciones, incluyendo la intervención en todos los intercambios con el exterior (contratos de trabajo, comercialización, etcétera).
Fue a mediados del siglo XX que comenzaron a aparecer en los debates parlamentarios las primeras consideraciones sobre el respeto a las culturas indígenas, así como el reconocimiento del derecho a la tierra como fundamento de una legislación nacional. En la Ley 12.636, de colonización y creación del Consejo Agrario Nacional, se incorporó un capítulo sobre colonias indígenas. Un diputado declaraba que las tierras "en realidad les corresponden de derecho por haber sido los primeros pobladores" (Gutiérrez, 1998). El proceso de colocación devino entonces en un proceso de integración que se expresó por ejemplo en la necesidad de eliminar de la Constitución la alusión al trato pacífico con los indios y su conversión al catolicismo, anacrónica "por cuanto no se pueden establecer distinciones raciales, ni de ninguna clase entre los habitantes del país" (Reforma a la Constitución, 1949) (Gutiérrez, 1998). Incluso en el debate de una misma ley, como la 14.254, de creación de colonias-granjas para aborígenes, se encuentra el reconocimiento de los efectos devastadores de la civilización: "cuando se esperaba que los civilizadores les otorgasen buen trato y procurasen la salvación de sus almas, vemos que explotan al indio manso o lo ultiman en su propio reducto, por mostrarse rebelde al imperativo de la explotación" (Gutiérrez, 1998). No sin algunas contradicciones, en esa ley comienza a aparecer lo que más tarde se completará como la noción reparadora. Hasta ese entonces, sólo se daba el reconocimiento de la necesidad de restitución de derechos: "considerando que nuestros hermanos aborígenes hasta hace poco tiempo no eran contemplados como entes sociales... El pueblo argentino espera resultados positivos en el sentido de que al aborigen se le considere y se le restituyan todos los derechos sociales de los cuales se los había privado injustamente" (Gutiérrez, 1998). La idea de reparación alude a la compensación y revalorización de la relación de los indígenas con la tierra y los valores culturales. Comenzó un proceso de formulación de leyes que resultó en la aprobación, entre otros, de convenios como el de la Conferencia Internacional del Trabajo, que establece como principio general que los gobiernos deben desarrollar programas de protección e integración de las poblaciones indígenas. Los programas deberán equiparar a dichas poblaciones a los demás elementos de la población en cuanto a derechos y oportunidades; promo-

ver su desarrollo social, económico y cultural; y crear posibilidades de integración nacional, con exclusión de cualquier medio tendiente a la asimilación artificial de esas poblaciones: se reconoce asimismo el derecho de propiedad colectivo o individual a favor de los miembros de las poblaciones sobre las tierras tradicionalmente ocupadas por ellos. Finalmente, en 1985 se aprobó la Ley Nacional del Indígena N° 23.302, que trata de las comunidades indígenas, del Instituto Nacional de Asuntos Indígenas, de la adjudicación de las tierras, de los planes de educación y de vivienda y de los derechos previsionales. Por esta ley se les concedió por primera vez a las comunidades status jurídico. En cuanto a la tierra, que es el tema que nos compete, la ley dispuso que se adjudicarán en propiedad "tierras aptas y suficientes para la explotación agropecuaria, forestal, minera, industrial o artesanal según las modalidades propias de cada comunidad" (Art. 7). Se priorizará a las comunidades que tengan tierras insuficientes, se atenderá a la regularización de los títulos y se transferirán tierras fiscales para este efecto, o se dispondrá la expropiación de tierras privadas (Art. 8)[11] (Gutiérrez, 1998).

Respecto del caso de las comunidades Kollas de Finca San Andrés, señalaré algunas disposiciones legales que tendieron, aún sin resultados concretos, a resolver el problema de la posesión legal de la tierra. El hecho de que aún no se haya efectuado el proceso de restitución de la totalidad de la Finca se relaciona no tanto con el no reconocimiento por parte del Estado de las cuestiones indígenas, como en el caso de Chile, que como hemos visto no ha contemplado en su totalidad las demandas de los pueblos indígenas y ha cuestionado el derecho comunitario de la tierra, sino con cuestiones de intereses privados

---

11 La ley también regula cuestiones relacionadas con la educación, por la que se establece que se deberán intensificar los servicios de educación y cultura, "resguarda[ndo] y revaloriza[ndo] la identidad histórico-cultural de cada comunidad aborigen, asegurando al mismo tiempo su integración igualitaria en la sociedad nacional" (Art. 14). También se establece que la enseñanza primaria deberá ser impartida en la lengua indígena materna en los primeros años del ciclo, capacitándose a docentes bilingües (Art. 16). Asimismo, los planes educativos y culturales deberán "enseñar las técnicas modernas para el cultivo de la tierra y la industrialización de sus productos, promover huertas y granjas escolares o comunitarias, promover la organización de talleres-escuela para la preservación y difusión de técnicas artesanales, y enseñar la teoría y práctica del cooperativismo" (Art. 15). Con respecto a la salud, se promueve la intensificación de planes orientados a la "prevención y recuperación de la salud física y psíquica" de los miembros de las comunidades (Art. 18), el diagnóstico y tratamiento de enfermedades contagiosas y endémicas (Art. 19) y el saneamiento ambiental (Art. 20). El Art. 21 incluye un inciso sobre "el respeto por las pautas establecidas en las directivas de la Organización Mundial de la Salud, respecto de la medicina tradicional indígena, integrando a los programas nacionales de salud a las personas que a nivel empírico realizan acciones de salud en áreas indígenas".

de las empresas que extraen recursos, que son también los intereses del gobernador de Salta, e incluso del intendente de Orán, departamento donde se encuentra radicada la Finca.
En 1948, luego del Malón de la Paz por las rutas argentinas, por ley provincial N° 1.012, se expropió al Ingenio San Martín del Tabacal 129.248 ha. El depósito no fue realizado. En 1949 el Senado de la Nación aprobó por unanimidad un proyecto para que el Poder Ejecutivo Nacional expropiara por decreto la Finca. A raíz de un conflicto que se produjo entre el ingenio y los Kollas, en 1986 el gobernador de Salta aceptó la donación de 79.560 ha al estado de Salta, con la obligación de adjudicar dichas tierras a las comunidades mediante el decreto N° 2845/86. En 1992 la Cámara de Diputados de la Nación aprobó un proyecto de ley para la expropiación de la Finca. Después de una entrevista que las comunidades mantuvieron con el entonces presidente Menem en 1993, se sancionó por unanimidad el proyecto de expropiación, promulgándose de este modo la Ley 24.242, por la que de las 129.248 ha se expropian 19.000. Durante el mes de febrero de 1996 el fiscal federal de Salta procedió a desposeer al ingenio de las 19 mil ha, y en ese mismo año el ingenio pidió que la expropiación fuera con la inclusión de los remanentes de las 19.000 ha haciendo un total de 129.248 ha, con una valoración de 43 millones de pesos. El estado consideró que la misma era una valuación excesiva. A fines de 1996 se reanudaron los conflictos entre el personal del ingenio y las comunidades. Los trabajadores del ingenio ingresaban a las tierras sin previa comunicación civil, administrativa o judicial. En abril de 1997 Madenor SRL pretendió asentarse y extraer madera del bosque que forma parte de las tierras comunitarias. Finalmente, en 1997 las comunidades presentaron una medida cautelar para que se ordenara al ingenio abstenerse de turbar la posesión y propiedad comunitaria de la tierra (El Tribuno, 2 de mayo de 1998).

Las prácticas legislativas de los estados argentino y chileno, según he descrito en este apartado, han recorrido un continuo que va desde la explícita negación del otro indígena (expresada a través del etnocidio de las campañas militares) hasta la consideración de este como un legítimo otro (expresada en leyes, en la constitución y en convenios). De todos modos, cabe aclarar que en medio de ambos momentos se produjo una etapa de integración, asimilación y aculturación de los pueblos indígenas, a través de las instituciones estatales, que permitió luego una más fácil incorporación de los mismos a la ciudadanía. Sider señala, sin embargo, que la integración en sí misma entraña un proceso de diferenciación: la forma en que los pueblos nativos fueron usados se evidenció tanto en su modo de incorporación a la economía política colonial como, simultáneamente, en su modo de diferenciación dentro de esta economía (Sider, 1994: 111).

Ahora bien, lo que ambos casos evidencian es que las leyes indígenas emergidas en los contextos de democratización de ambos países han abierto efectivamente canales de acción y participación, y han constituido un marco más adecuado para que las comunidades indígenas sigan luchando por sus anhelos de justicia. Sin embargo, las leyes por sí solas no han podido garantizar la resolución de las tensiones evidentes respecto de los derechos civiles, políticos, sociales o de segunda generación, y los derechos colectivos. Como he señalado, se han producido ciertas contradicciones al interior de la política gubernamental, especialmente para el caso chileno, en lo que respecta a la represión de la que fueron objeto las organizaciones indígenas y sus integrantes, por parte de las fuerzas policiales, con motivo de las manifestaciones, acciones de protesta, demandas, etcétera. Es interesante pensar al respecto los efectos persistentes del régimen autoritario en las instituciones chilenas, y cómo aún no se han encontrado mediaciones que contribuyan a su disolución. Como es sabido, en el marco de las dictaduras militares, los derechos civiles y políticos, especialmente aquellos que tienen conexión con la libertad de expresión e información, el derecho de asociación, reunión y huelga, derecho de igualdad ante los tribunales, derecho a la libertad y seguridad personales, y derechos de participación política, entre otros, se han visto mediatizados por la concentración del poder en manos del Ejecutivo y la desinstitucionalización del país. Los dirigentes mapuches, habiendo ya transcurrido más de una década de democracia, continúan sufriendo persecuciones, con procesamientos judiciales en los cuales se los induce a contestar preguntas de interrogatorio por

---

12 En este artículo publicado en la página de la Red de Apoyo al Bío-Bío, se grafica el argumento que estoy exponiendo: el procesamiento judicial arbitrario de que son objeto y denunciar, a la vez, las irregularidades cometidas en su contra. Juan Trangol, lonko de la Comunidad Domingo Trangol, e Isaías Colihuinca, actuando como voceros, señalaron que se encuentran en absoluta indefensión ante la permanente persecución, estando su procesamiento judicial viciado, ya que además se está inculpando a personas que no tienen ninguna responsabilidad en los hechos que se les imputa. Juan Trangol, principal autoridad de su comunidad, acusado de asociación ilícita y usurpación de tierras, mantiene el origen de su lengua materna "mapuche" y ante todas las actuaciones judiciales del Fiscal que lleva el caso en su contra se le ha obligado a contestar en idioma castellano, sin que ni siquiera entienda el significado de muchas de ellas. Por otro lado, se sostuvo en el comunicado que integrantes de su comunida han sido motivo de constantes persecuciones, ya que se están encarcelando a mapuches sin que exista nin-

parte del Fiscal Judicial, bajo presión y sin que exista traductor alguno del *mapudungun* (lengua mapuche) al castellano[12].
Respecto a los derechos sociales, las poblaciones indígenas sobreviven relegadas geográfica, social, cultural y económicamente. Cierto es que esta es una situación que comparten con otros sectores de la población no indígena, pero debe tenerse en cuenta en este caso que esto resulta una consecuencia de la forma histórica en que se construyó el espacio político, la forma en que se definió la "comunidad". Y en cuanto a los derechos comunitarios, se entiende a las colectividades o grupos sociales como sujetos de ciertos derechos, particularmente en relación con la preservación de costumbres, lenguas y tradiciones, que no pueden ser ejercidos individualmente. La posesión de la tierra puede ser en verdad ejercida por una persona en forma individual (particularmente en el modo capitalista de la propiedad privada), pero en nuestro caso lo que está en discusión es el fundamento del derecho en cuestión, el origen de su legitimidad. Y esta proviene de ese "vínculo especial con la tierra" que, como decía Stavenhagen, define la identidad indígena. En este sentido, lo que ambas comunidades reclaman es la posibilidad de mantener, o reconstruir, una relación social identitaria anclada en la tierra. Si bien la ley argentina acepta el derecho comunitario a la tierra, la improvisación con la que se han manejado los legisladores ha demorado y obstaculizado el proceso de expropiación de las tierras, lo cual ha habilitado indirectamente el hecho de que TECHINT pudiese construir el gasoducto, ya que esta firma se manejó directamente con Seabord Corporation, a la que reconocieron como dueño legítimo de las tierras en litigio. El caso chileno es aún más complejo, ya que no sólo el debate acerca de la legitimidad de los

---

guna responsabilidad... "varios miembros de la comunidad han sido acusados y sentenciados por el fiscal, sin tener el derecho a defenderse. Otras personas han sido acusadas, sin haber participado en ningún hecho de los que se les acusa, varios de ellos se encontraban en otro lugar al momento que supuestamente ocurrieron los delitos y de igual manera fueron acusados y condenados". Los voceros agregaron que están presos y acusados "políticamente" por reclamar sus tierras usurpadas, tierras que les pertenecen y que a pesar de toda la represión en su contra, estas seguirán siendo mapuches. Cabe recordar que la situación procesal que enfrentan los presos políticos mapuches en la comuna de Victoria son consecuencia de las distintas movilizaciones de la Comunidad Domingo Trangol por la reivindicación de tierras que les fueron despojadas y que actualmente están en manos de la Empresa Forestal Mininco y por familias latifundistas Lichtenberg, Chiffele y, al parecer, esta última forma parte de la familia del propio Fiscal que lleva la causa. Justamente, en este último tiempo, en medio de las acciones de la Comunidad, han existido en su contra fuertes presiones organizadas por parte de latifundistas, empresas y políticos de derecha, quienes habrían conseguido el sometimiento del gobierno a sus demandas y de la propia justicia, provocando una fuerte represión policial y judicial en el lugar, junto al fomento de conductas racistas y terroristas.

derechos colectivos permanece abierto, sino que desde el mismo Estado se ha impulsado una nueva colonización de las tierras mapuche-pehuenches en pos del desarrollo económico. Por lo tanto retomo el argumento de Bobbio, quien sostiene que el problema actual de los derechos humanos y ciudadanos ya no reside en sus fundamentos sino en las garantías que los estados deben ofrecer para darles concreción y vigencia. Es dable pensar en que la construcción del "estado multicultural", tal como lo propone Kymlicka (1996), comporte en sí misma una teoría de la justicia omni-abarcadora en donde se incluirán tanto los derechos universales como determinados derechos diferenciados para las minorías.

Alianzas estratégicas

Los movimientos indigenistas, como los movimientos ambientalistas, comparten lo que Melucci denomina el conflicto antagonista, es decir, la capacidad de resistencia y la capacidad de subvertir los códigos dominantes. La lucha de los movimientos indigenistas, así como también la de los movimientos de mujeres, no es sólo por la igualdad de derechos, sino por el derecho a la diferencia: "Ser reconocido como distintos es quizá uno de los derechos fundamentales que van emergiendo en los sistemas postindustriales". La posibilidad de la diferencia, que plantean los nuevos movimientos sociales, irrumpe conflictivamente en los órdenes sociales que han tendido o bien a identificar, bajo la integración en códigos dominantes, negando la diversidad, o bien a separar, excluyendo lo diverso de la comunicación. Los movimientos ambientalistas también plantean una subversión en cuanto al modo de pensar la naturaleza más allá de la lógica que prevalece en las sociedades industriales. "En un mundo artificial que es fruto de la proliferación de instrumental para la intervención social, todavía quedan zonas de sombra (...) la práctica ecologista recuerda, sin embargo a la sociedad que el poder que le permite reproducirse es aquel también que puede destruirla" (Melucci, 1994). Estos movimientos sociales pueden ser concebidos como parte de un proceso de la politización de la cultura, en tanto manipulan los trazos culturales para legitimar las reivindicaciones grupales. Más importante aún, dada la ampliación de las redes y culturas transnacionales, es que también se amplían las oportunidades de contacto entre campos discursivos diferenciados (Peres, 1996).

Bengoa, en su libro *La emergencia indígena en América Latina*, marca el momento de contacto de los discursos ecologistas con el discurso naciente del nuevo indigenismo[13], a partir de una serie de reuniones internacionales preparatorias para la Cumbre de la Tierra de Río de Janeiro de 1992. En la misma "se consolidó el encuentro de dos discursos, el discurso indígena y el medio ambientalista. Los artífices de esta alianza, tan importante para el movimiento indígena, fueron los dirigentes de las áreas selváticas, de bosques tropicales y regiones aisladas no campesinas, que requerían para su sobrevivencia cultural de la existencia de un discurso común que combinara el cuidado del medio ambiente y de las culturas y sociedades que allí vivían" (Bengoa, 2000: 73). De este modo, la lucha que sostienen las comunidades indígenas de América Latina abandonó su impronta agrarista y adquirió un tinte ecologista.

Como sostienen Conklin y Graham, las nuevas políticas eco-indígenas son fundamentalmente simbólicas, no de intereses económicos o de identidades comunes, sino de creencias e imágenes que movilizan acciones políticas a través de brechas espaciales, lingüísticas y culturales (Conklin y Graham, 1995).

El "encuentro" entre los ambientalistas y las comunidades indígenas fue posible en tanto la concepción de la noción de desarrollo sustentable incluyó la interacción hombre-naturaleza y las posibilidades de gestar un tipo de desarrollo más igualitario y a la vez apropiado a cada ecosistema específico. En este contexto de búsqueda de modelos para la utilización sustentable de los recursos naturales, el movimiento ambientalista recogió el valor de los conocimientos y prácticas indígenas. Así se fue configurando la imagen del indígena como *conservacionista natural* (Domínguez y Mariotti, 2000).

Sostiene al respecto el encargado de Greenpeace de las comunidades Kollas en cuestión: "Si vos te ponés a hilar fino son de lo más ecologistas, ellos saben muy bien el valor del ambiente en el que viven ellos. Por ahí los más jóvenes empiezan a ser un problema al estar en otra cosa. Pero hay mucha receptividad. Está claro que ellos y su ambiente son una unidad y que para la conservación de la biodiversidad el conocimiento es fundamental. Y el conocimiento que ellos tienen a través de la experiencia directa es algo que todavía no

---

13 El autor diferencia el nuevo discurso indigenista de aquel sostenido durante los años cincuenta o sesenta que sostenía sobre todo la explotación del indígena pero no contenía propuestas claras; se reivindicaba una vuelta al pasado.

está registrado. Se mueren los viejos o desaparece la gente de allí, y hay que investigar más de cien años para saber lo que ellos saben" (entrevista a un directivo de Greenpeace de Argentina).

Un dirigente del GABB comenta que la mirada inicial de las ONGs sobre las comunidades Mapuche-Pehuenches fue una mirada "romántica, creíamos en la existencia de una comunidad utópica. Ese error inicial en nuestro diagnóstico de la estructura social fue el germen de muchos de los problemas que tuvimos más adelante" (Moraga, 2001: 95). Los campos de negociación se forjan en base a afirmaciones que se realizan sobre los otros y afirmaciones sobre las contribuciones que el otro puede procurar a metas específicas. Por lo general estas percepciones y representaciones son estratégicamente distorsionadas, creándose malentendidos creativos y a menudo ventajosos (Conklin y Graham, 1995).

En el caso de los Kollas y Greenpeace, es posible sostener que han enmarcado conjuntamente sus discursos políticos, articulando un campo ideológico y de intereses comunes. No fue esta la experiencia entre las comunidades Mapuche-Pehuenches. Las alianzas entre estos actores pueden ser también endebles. Para Conklin y Graham la inestabilidad de estos campos de negociación está enraizada en las contradicciones que subyacen entre las realidades de las comunidades indígenas y las ideas acerca de las mismas que poseen los otros actores que participan de los campos.

Un primer elemento a tener en cuenta para comprender las diferentes experiencias es que los Kollas, previo al encuentro con los ambientalistas, contaban con procesos incipientes de organización formal, como Tinkunaku, y de organización para las acciones colectivas de protesta. Contaban también con una red de relaciones nacionales e internacionales: "Sobre todo el contacto y comunicación con otras comunidades y otras organizaciones es la fortaleza, porque si nosotros nos encerramos y agotamos las relaciones, Tinkunaku no vive... Tinkunaku sobrevive gracias a las relaciones, a las posibilidades de apertura, que tiene esta institución a nivel nacional e internacional. Luxemburgo es una pata importante para Tinkunaku y ahora tenemos otro aliado más en Bélgica, Gastón Lion que está muy cercano al Parlamento Belga y el año pasado nos dio una mano importante con el tema del gasoducto. Te imaginás que la parte belga es el apoyo político, más que nada, que gestiona. Y esas relaciones no se las ha hecho de hoy para mañana. Tinkunaku tiene

una trayectoria que con toda suerte se ha afianzado" (entrevista a dirigente de Tinkunaku).
Una de las relaciones más sólidas y que se ha cristalizado en acciones concretas de apoyo económico y político es la que sostienen con la Comuna de Luxemburgo, la cual no sólo realiza una contribución financiera para poner en marcha proyectos comunitarios y de fortalecimiento institucional, sino que además efectúa acciones de presión para que el gobierno y los organismos internacionales pertinentes asuman el compromiso para que la recuperación de la totalidad de las tierras que habitan las comunidades sea un hecho (Domínguez y Mariotti, 1999)[14]. Fue a través de la Comuna de Luxemburgo que se produjo el contacto con Greenpeace: "Greenpeace Luxemburgo nos manda a nosotros [Greenpeace Argentina] en el '95, una carta y nos dice que parece que en Salta hay gente que está cortando árboles, hay una selva, etcétera. El sector ejecutivo de Greenpeace Argentina va a Salta, toma contactos con los indios y empieza todo. Greenpeace Luxemburgo tiene contactos con la Comuna de Luxemburgo. Esta comuna y la Finca San Andrés son comunidades hermanas. Esto es algo que se usa mucho, se usa mucho tener municipios hermanos, en distintos lugares del mundo, y te apadrinan. Después no volvimos a saber más nada de ellos. Después en la campaña de bosques, agarramos en la Argentina y nos fijamos, a ver ¿cuál es el bosque más jodido, a punto de extinguirse? Y saltan las Yungas... Me conecto con la gente de Yaguareté y a partir de ahí con la gente de Yaguareté hicimos el primer viaje y empezamos a ver el tema de la tala y documentamos el tema de la tala. Filmamos, sacamos fotos y después de la tala vino lo del gasoducto" (entrevista a un directivo de Greenpeace Argentina).

Mientras el personal de Greenpeace y las comunidades efectuaban tareas de recolección e identificación de especies, descubrieron el comienzo de obras para el gasoducto: "cuando nosotros estábamos con el tema de la tala, nosotros vemos que TECHINT había empezado a hacer tareas de relevamiento en la zona y ahí nos aviva-

---

14 Las redes que han estructurado los Kollas son mucho más vastas. Han establecido contactos, algunos esporádicos, con organizaciones de otros pueblos aborígenes, como el Parlamento del Pueblo Mapuche, o la Federación Indígena de Ecuador, también con otras organizaciones ambientalistas además de las ya mencionadas, como Bosques Tropicales de Londres y San Francisco, organizaciones campesinas, Movimiento Sin Tierra (MST) de Brasil, y con Universidades, UBA (Buenos Aires) y UNSA (Salta). Y por último con organismos gubernamentales como el Plan Social Agropecuario (PSA), Instituto Nacional de Asuntos Indígenas (INAI) o Fondo de Capital Social (FONCAP).

mos que pensaban hacer un gasoducto. Nosotros caminábamos por la selva buscando árboles y de repente veíamos una estaca de color blanco y rojo, y empezás a preguntar y no, los señores vinieron, pusieron eso y se fueron y no sabían quién era. Y les decíamos fueron contactados por una empresa por algo, y no, no. Nadie sabía nada. Los que sí estaban informados y ésta es la parte más roñosa de todas es que TECHINT nunca reconoció a las comunidades, porque la entrada, para poner estacas, le pidió permiso al ingenio, reconociendo que eso es del ingenio. Los mismos abogados que llevan la causa contra las comunidades por la tenencia de la tierra, fueron los que pusieron la prohibición de innovar como abogados del gasoducto. Hay una alianza entre TECHINT y el Tabacal obvia y lograron la prohibición de innovar contra Greenpeace y contra las comunidades, es decir que ni Greenpeace ni las comunidades podían acercarse hasta determinados metros del gasoducto" (entrevista a un directivo de Greenpeace Argentina).

El tejido de alianzas se muestra como una estrategia central para las comunidades y su capacidad de acción: "Bueno vos fijate que ellos siguen llevando adelante sus relaciones porque es lo único que tienen. O sea, imaginate, el gobierno local no los acepta, el gobierno provincial no los acepta (...) pero hay una brecha enorme entre lo que es Orán y lo que es San Andrés (...) Digo, eso es serio, porque vos no podés avanzar mucho con cosas de la comunidad si, bueno a ver... las comunidades necesitan mantener sus vínculos extra Orán, extra Salta, porque es lo único que tienen a nivel relaciones exteriores" (entrevista a directivo de Greenpeace Argentina).

El proceso de alianzas entre los ambientalistas y las comunidades que ha emergido en relación con los problemas específicos –la problemática de la tierra y la construcción del gasoducto– permitió poner en común orientaciones, elaborar expectativas, evaluar posibilidades y límites para la acción, así como contribuir a la reconstitución de antiguas identidades colectivas, con nuevos contenidos. Los Kollas manifiestan ante las autoridades nacionales, los sujetos con quienes sostienen los litigios, en encuentros internacionales, un discurso que intercala los niveles en los que se identifica el respeto y culto a la Pachamama –la madre tierra– relacionado a la preservación del medio ambiente. La homologación que hacen los Kollas entre su profunda y sagrada relación con la Pachamama, y una especie de respeto natural por el medioambiente, los instaura como los actores más aptos para la defensa de la biodiversidad. El discurso ambientalista es resignificado por las comunidades, así como todo el planteo en relación con los derechos de los pueblos originarios elaborado desde el Estado pasa a ser accesible a la población objetivo. En uno y otro caso conviven con prácticas discursivas que, al ser parte constitutiva del escenario del conflicto y estar disponibles, empiezan a formar parte de su propio repertorio argumental, o sea, manipuladas por ellos mismos a los fines de sus objetivos más prioritarios (Domínguez y Mariotti, 2000).

"Y bueno, nosotros podríamos ver desde dos aspectos, desde el punto de vista de la sociedad global, aspectos por ejemplo, la unidad ecológica de la zona, la unidad de las selvas de las yungas y la cuenca de San Andrés. Esa cuenca es una unidad geográfica que es también ecológica. La parte baja con los distintos pisos y la parte alta que para ella es la puna. El hecho de la preservación de la yunga es la razón que por el tipo de explotación que nosotros tenemos, mantener la unidad ecológica de la región como cuenca. Y después desde el punto de vista indígena la unidad de la cultura como único pueblo de la provincia de Salta que se ha mantenido hasta la fecha con rasgos muy diferenciales de cultura" (entrevista a dirigente de Tinkunaku).

"Hoy las comunidades enfrentan las más penosas de las resistencias por mantener las posesiones de las tierras y la preservación del hábitat ancestral e histórico, frente a nuevos poderosos patrones, que virtualmente desconocen los derechos preexistentes, en beneficio de los capitales multinacionales y con la intervención de una justicia lamentablemente parcializada" (documento de las comunidades Kollas, Breve Reseña Histórica).

El establecimiento de la alianza entre los ambientalistas de Chile y las comunidades Mapuche-Pehuenches, comenta uno de sus dirigentes, "se produce con las comunidades, cuando nosotros vemos el problema en el Alto Bío-Bío, en el noventa, que quieren hacer muchas represas. Y nos enteramos de una manera curiosa, entonces decidimos ir a mirar y era un lugar hermoso y dijimos no puede ser, que este lugar vaya a desaparecer, entonces nos juntamos un grupo de profesionales, Juan Pablo, antropólogos, ecólogos, abogados y ambientalistas que se empezaban a formar en ese momento... De pronto te encuentras con esta situación de que este río es hermoso, vale la pena hacer el esfuerzo de ver de qué se trata el proyecto. Indagan en el proyecto y el proyecto es un mega-proyecto, que son siete represas, y entonces decimos ¡salvemos al río! Así, personas naturales, no somos nada específicamente, yo en mi caso trabajo en industria, soy diseñador industrial, no tengo nada que ver con el tema, pero sí me conmueve, y el tema, por esa cosa de corazón, de ¿cómo puede ser que vaya a desaparecer esto? Veamos el proyecto. Y lo estudiamos, lo denunciamos, que esto no puede desaparecer, tratemos de salvarlo" (entrevista a un dirigente de GABB).

Sin embargo, a diferencia del caso anterior, los ambientalistas se enfrentaron con otra situación, ya que la organización interna de las comunidades Mapuche-Pehuenches, en palabras de José Aylwin[15], "no era muy fluida, digamos, a pesar de todos provenientes de un mismo mundo, en la rama de todos los mapuches, no tenían una relación muy fluida entre ellos. Eso determinó que al momento de plantearse los proyectos de centrales hidroeléctricas, ellos no tuviesen una voz única, y por tanto ENDESA empieza a penetrar de una manera más o menos fácil digamos, estableciendo acuerdos y negociaciones con las familias, ni siquiera a nivel de la comunidad. En ese contexto emerge el GABB, que es una coalición de personas y organizaciones[16], que vienen del mundo de los derechos humanos, del mundo ambiental, del mundo indígena, inicialmente había organizaciones indígenas urbanas, que forman esta coalición con el objeto de detener este proyecto y de generar y contribuir al proceso de fortalecimiento de la organización y desarrollo alternativo de esta comunidad. Una de las primeras acciones del GABB fue fortalecer la organización de las siete comunidades, y lo que se hizo fue visitar a algunos *lonkos*[17] y de alguna manera estimular la creación de una organización única, que derivó la creación en el año '92 creo, Centro Mapuche-Pehuenche del Alto Bío-Bío, era una organización que agrupaba distintos *lonkos* de las comunidades y apoyar con elementos, con antecedentes, para que esa organización llevara las negociaciones con ENDESA. De alguna manera esa organización ha seguido vigente por largo tiempo, sin embargo, esa organización no ha tenido... ENDESA ha insistido en su estrategia de negociar con las comunidades y de ignorar el Centro

---

15 José Aylwin trabajaba a inicios de la década del noventa en la Comisión Especial para los Pueblos Indígenas (CEPI) como abogado, junto a Pablo Orrego, actual director del GABB. Ambos fueron miembros fundadores de la organización. También participó, desde el Instituto de Estudios Indígenas, en el estudio de impacto ambiental, y posee una tesis de doctorado sobre las comunidades Mapuche-Pehuenches.

16 Comisión Chilena de Derechos Humanos; Comité de Defensa de Flora y Fauna (CODEF); Comisión Nacional de Indígenas Urbanos.

17 *Lonko* es la denominación que reciben los dirigentes de las comunidades mapuches.

Mapuche-Pehuenche. Y por lo tanto siempre las negociaciones se han llevado adelante familia por familia, sin reconocer, la unidad Comunidad" (entrevista a José Aylwin).

A diferencia de las comunidades Kollas que habían iniciado, desde antes del conflicto por el gasoducto y del encuentro con Greenpeace, la construcción de cierta solidaridad interna plasmada en Tinkunaku, las comunidades Mapuche-Pehuenches, en el momento de organizarse para emerger con sus demandas al espacio público, se encontraban bastante diseminadas, con conflictos en su interior y con la autoridad de los *lonkos* altamente erosionada (Moraga, 2001: 95). Los Mapuche-Pehuenches no contaban con experiencias previas de organización, lo cual sin duda no es condicionante para la emergencia de la acción colectiva, pero en este caso en particular ha sido un obstáculo, según los testimonios de miembros del GABB, para la continuidad de la alianza. Sobre todo porque la ausencia de una organización representativa de las comunidades Mapuche-Pehuenches permitió que ENDESA desarrollara una estrategia de cooptación y negociación de las familias, a través del pago de sueldos, ofertas de trabajo, entrega de bienes, etcétera. Sostiene Moraga que la "disminución en el dinero estatal (para la zona) curiosamente mantiene una relación directa con el alza de los gastos sociales de ENDESA en el sector. Según denuncia Rodrigo Valenzuela (GABB), eso debió ser el resultado de un acuerdo entre el Ejecutivo y la empresa. El Estado se retiró de la zona para favorecer la iniciativa privada. ENDESA, entonces, se posicionó como la principal fuente externa proveedora de empleo y recursos para la población (...) La empresa eléctrica ha ocupado sistemáticamente la zona y sus instituciones. Entre otros espacios, tomó a su cargo el consultorio médico y también costea gastos en la educación popular" (Moraga, 2001: 96). Por otro lado, otro elemento que los ambientalistas no tuvieron en cuenta fue la presencia del discurso radicalizado de organizaciones del movimiento mapuche, que comenzaron a radicalizar el discurso de los Mapuche-Pehuenches y promover el distanciamiento de los *huincas*, es decir, de todos aquellos actores que no fueran mapuches o descendientes de mapuches, obviamente el GABB y todas las demás organizaciones y agentes no vinculados al mundo mapuche.

"Pero como te digo ENDESA es exitoso para penetrar en las comunidades y en las familias, directamente afectadas por la segunda central Ralco y de esta voluntad inicial de las cien familias que se oponían a la construcción, se pasa a una situación en que hay noventa familias que acceden a las permutas y hay diez familias que resisten. En ese contexto yo te diría que la presencia del GABB se va debilitando, se va desgastando... va disminuyendo globalmente en el tiempo y el rol del GABB se concentra más en el ámbito de la solidaridad internacional, de las denuncias ante las instancias Banco Mundial o ante los gobiernos cuyas empresas están involucradas, Suecia, Canadá, en fin y empieza a emerger, a reaparecer en el área el Consejo de Todas las Tierras. Digo reaparece porque el Consejo había estado a comienzos de los noventa pero nunca había logrado obtener base, digamos y yo creo que a partir del '96, del '98 en realidad, empieza a emerger como un actor local el Consejo y el Consejo logra penetrar en dos valles, el valle del Bío-Bío afectado por las centrales y el valle Queuco, que es un valle lateral hacia la Argentina, donde logran establecer base, digamos. En el valle del Trapa Trapa crean una organización de jóvenes, algunos profesionales, y bastante bien organizada, muy anti-GABB, muy anti-huinca, y logran contar con la colaboración de José Antolín Curreao, que era *lonko* de Quepuca Ralco y además presidente del Centro Mapuche-Pehuenche, con lo cual el Centro se desmoviliza totalmente y además dividen el movimiento en la zona de inundaciones, en la zona de Ralco, porque las que siguen resistiendo con mayor intensidad, son las hermanas Quintremán y otras mujeres de distintas comunidades. Y Curreao tiene una mala relación con ellas. Estos son como temas de género, donde las mujeres son postergadas y por lo tanto no son parte de las tomas de decisiones. Y en este momento de acuerdo a mi entendimiento está el grupo de las mujeres que siguen resistiendo, con apoyo del GABB y de otros grupos... son grupos más inorgánicos, son una ONG, pequeños grupos solidarios, que mandan voluntarios al lugar, que acompañan a las hermanas Quintremán, porque ellas han sido objeto de amenazas por parte de ENDESA o por parte de los obreros *endesados,* los pehuenches que trabajan para ENDESA, han atentado físicamente contra las hermanas. El Consejo se ha convertido en un actor en la zona y aliados con Curreao yo creo que han incentivado la organización propia y han de alguna manera suplantado a la organización Pehuenche en la representación hacia la sociedad y hacia el Estado de los problemas pehuenches" (entrevista a José Aylwin).

Un dirigente de la Coordinadora mapuche Arauco Malleuco comenta al respecto: "Lo que pasa es que si tú hablas por ejemplo con el Consejo de Todas las Tierras, ellos van a tirar mucha basura contra el GABB, de que es gente infiltrada, de que incluso es gente que trabaja para el Estado y que ellos han hecho imposible un trabajo de los mapuches allí arriba. Pero el problema del discurso del Consejo de Todas las Tierras es que es un discurso que busca el chivo expiatorio para su culpa, si en el fondo es muy fácil acusar a los ambientalistas que son *huincas* de que están ahí haciendo algo que no debían hacer. Pero ¿qué hemos hecho nosotros para merecer estar ahí? No hemos hecho nada, eso es lo que tienen que pensar los del Consejo, lo único que hemos hecho es haber sacado provecho a este conflicto, y eso te lo digo, porque yo lo sé" (entrevista a un dirigente de la Coordinadora Arauco-Malleco).

De todos modos, hasta 1999, momento en el que se produce la ruptura de las relaciones entre los ambientalistas y las comunidades Mapuche-Pehuenches, llevaron a cabo un conjunto de acciones de protesta a nivel nacional e internacional que colocaron al conflicto en el espacio público, desde presentaciones a las autoridades nacionales hasta la organización en 1996 de un *Nguillatún*[18], al que asistieron cientos de personas e incluso delegaciones internacionales; la toma del puente de Ñiereco para impedir el paso de los vehículos de las empresas contratistas; y marchas a Santiago y Valparaíso. Si bien es dable cuestionar la existencia de un campo de negociación, tal como lo he definido anteriormente, entre los grupos ecologistas y las comunidades Mapuche-Pehuenches, el movimiento ambientalista ha procurado actuar en cada oportunidad con el consentimiento de las comunidades. Aylwin sostiene: "Yo te diría que por mucho tiempo estuvo el Grupo de Acción por Bío-Bío (GABB), ONG vinculada al Centro Mapuche-Pehuenche, por largo tiempo y fue como el interlocutor con la sociedad chilena, y de los sectores que se oponían a la construcción de la central. Había un par de ONGs locales, una que se llama FUNDEBB, Fundación del Desarrollo del Bío-Bío, vinculada a la iglesia católica. Después emergieron acciones de algunos grupos de Santiago fundamentalmente estudiantes, que intentaron desarrollar una acción en esa zona, y varias otras que siguen existiendo, hay una red, la RIAD y también el Instituto de Ecología Política, y otras que tienen una presencia muy permanente en el área. Te diría que el GABB y estos grupos han sido los que más han participado" (entrevista a José Aylwin).

18 Ceremonia religiosa mapuche.

A medida que el GABB se fue desvinculando de las acciones conjuntas con las comunidades Mapuche-Pehuenches, sus estrategias fueron centralizándose en el ámbito internacional.

"Lo que planteaba el GABB era otra cosa. Ellos dijeron, aquí en Chile no conseguimos nada, lo que tenemos que hacer es denunciar vía internacional esto y denunciarlo a través de los convenios que Chile ha ratificado de términos ambientales, a que no se altere el ecosistema, a que se tomen en cuenta a las comunidades indígenas cuando se producen los traslados de población, aunque eso en Chile no está ratificado que es el artículo 169 de la OIT. Entonces el GABB hizo una defensa de ese tipo, en términos de convenios, más que nada comercial, que regulan en Chile lo que es la inversión privada. Claro que el GABB tiene una visión muy europea de lo que es la cosa, claro porque si están en Europa y le ponen una represa en un pueblito cerca de Lion, la gente se moviliza y para la represa. Entonces el GABB tenía esa visión, de que se podía hacer así, esa visión la usaron un tiempo y después tampoco funcionó. Y entonces lo que hicieron después, y esto está ligado con el tema de Pinochet, con la detención de Londres. Cuando se detuvo Pinochet en Londres, es como que se dieron cuenta que había una sensibilidad internacional con el tema de los delitos contra la humanidad, el genocidio y entonces dijeron: ¿por qué no acusamos a ENDESA de genocidio? Y eso lo hacen entrar a España, pero ¿por qué pusieron la demanda en España? Porque ENDESA es una empresa española, y también porque ellos esperan que el juez Garzón se sume a la cosa y tome parte del asunto. De hecho Garzón es parte de una organización que apoya a los indígenas en Colombia, y entonces el GABB dijo, bueno, ahí está la cosa. Denunciaron de genocidas a ENDESA, denunciaron ante la comunidad internacional y hagamos que Garzón entre en el conflicto. Lo que yo sé es que Garzón recibió el documento, lo leyó y planteó que no podía intervenir en ese tema, entonces una gente del GABB empezó a hacer lobby con el Gobierno Autónomo en España, que tiene interés, más que nada porque ENDESA España, el consorcio ENDESA, que no es solamente eléctrico, tiene conflicto inter-España, en algunos departamentos autónomos. Entonces los departamentos autónomos que tienen conflicto, en Cataluña, especialmente, las Islas Canarias, como revancha, ya, apoyemos a los pehuenches en Chile. Así golpeamos al Directorio de ENDESA que está en España y en eso están ahora. Se han hecho manifestaciones en Cataluña, hay una acusación de un grupo de políticos en Canarias en contra de ENDESA España, que en términos reales no tiene mucho efecto porque en Chile la empresa sigue construyendo, sigue trabajando, la empresa avanzó mucho en lo que es la construcción de la obra" (entrevista a un dirigente de la Coordinadora Arauco- Malleco).

Probablemente haya sido un problema de diagnóstico, como sostienen los dirigentes del GABB, lo que debilitó la alianza entre los ambientalistas: las acciones de la comunidad Mapuche-Pehuenche fueron poco a poco contraponiéndose a la primera imagen que los ambientalistas habían construido sobre ellos, la idea de *la* comunidad utópica, los preservacionistas naturales. Aylwin señala que ese primer acuerdo semántico entre ambos grupos se correspondía mucho más a la estrategia de supervivencia histórica de los Mapuche-Pehuenches, que es la de la negociación con los agentes que se les presentan como más poderosos, que a una auténtica conciencia ambientalista. De todos modos, las diez familias que aún se resisten a la construcción de las represas y a la relocalización manifiestan en sus discursos un claro contenido ecologista. El otro elemento que no tuvieron en cuenta fue la heterogeneidad interna de las comunidades y el deterioro de la autoridad de los *lonkos*. Muchas veces los líderes indígenas ocupan posiciones precarias dentro de sus comunidades, y si bien son considerados por los agentes externos como verdaderos líderes, cuentan con apoyos inciertos en sus mismas comunidades. Y finalmente, las sospechas que otras organizaciones mapuches instalaron sobre el accionar del GABB, así como campañas publicitarias por parte de ENDESA, y las posturas de los actores más importantes de la sociedad civil chilena, terminaron de fracturar el endeble campo de negociaciones que se había constituido al inicio de las conflictos: antes de que el director del GABB recibiera el Premio Nobel Alternativo, una delegación del Consejo de Todas las Tierras viajó a Estocolmo, donde en una emisión radial en castellano dijeron que se oponían a la entrega del premio y acusaron a Orrego de usufructuar económicamente de los pehuenches. Afirmaban que el "GABB es un ejemplo de instrumentalización y atropello a la dignidad del pueblo mapuche" (Moraga, 2001: 101).

De todas maneras, y a pesar de los conflictos, en ambos casos las alianzas estratégicas entre las comunidades indígenas y los ambientalistas lograron convocar una audiencia internacional sensibilizada con la problemática indígena y ampliar la temática a sectores de la sociedad chilena y argentina por mucho tiempo desvinculados de estas cuestiones. A diferencia del quehacer estatal, otorgaron en la interacción la legitimidad al Otro indígena.

Conclusiones

Los conflictos expuestos no han obtenido las soluciones esperadas por las organizaciones ambientalistas y las comunidades indígenas. En el caso de los Kollas, pudo detenerse la tala de madera pero el gasoducto siguió su traza, trayendo como consecuencia todos los problemas ambientales que los científicos de Yaguareté y Greenpeace habían señalado en los informes de impacto ambiental. La estrategia de TECHINT SA fue la de indemnizar a los Kollas con aproximadamente 500 mil dólares, además de proveer algunos puestos de trabajo para los miembros de las comunidades y de asumir un rol de cuidado exhaustivo en la construcción del gasoducto y en los problemas particulares de los habitantes que se suscitasen debido a él. El problema de la propiedad de la tierra forma parte de un proceso aún inconcluso, en el cual a los Kollas no les resta más que esperar las sentencias de los jueces y abogados.

Por otra parte, la zona del Alto Bío-Bío se encuentra militarizada, las obras de Ralco continúan, y ENDESA planea inaugurarla en el año 2003. Continúa por otro lado el reasentamiento de la población que aceptó las permutas de tierras, las cuales dejarán sectores de los valles casi despoblados. La organización Mapuche-Pehuenche, internamente fracturada en dos grupos: a) las pocas familias que resisten y b) la mayoría de los Pehuenches que aun contra su voluntad "entraron en el camino de los beneficios que ofrece una supuesta opción campesinista" (Moraga, 2001: 107). Si bien todavía se siguen haciendo presentaciones judiciales, como me explicaba el dirigente de Arauco-Malleco, la construcción de la represa ha llegado a un punto en que su paralización resulta casi imposible.

Ahora bien, quiero resaltar un elemento presente tanto en el discurso del dirigente de Tinkunaku, como en el de la Coordinadora Arauco-Malleco que me lleva a pensar algunas cuestiones finales: "el tema de la tierra tiene dos caras. Una cara jurídica y una cara política. Nosotros hasta la fecha, lo que se ha logrado, las 19 mil ha es parte de las 76 mil ha del cerro, se logró bajo un impulso político de la comunidad, ¿Qué quiere decir esto? Tomar distancia de los gobiernos, protestar todo el gobierno, país nacional. Eso dio bastante impulso y movilización en Buenos Aires, eso estuvo bastante movilizada la gente y logró bastante discusión del tema y colocarse Tinkunaku en el Estado... Impacto político, la prensa... Después tuvo un bajón porque a partir de Cuesta Chica el tema de los juicios quedaba en manos del gobierno de la provincia. Hubo una variante importante porque la provincia pasaba a ser parte, incluso quedamos del lado de la provincia contra Patrón Costas, porque Patrón Costas había donado a la provincia y la provincia a nosotros, eran tres partes, no es cierto, la provincia, nosotros y Patrón Costas. Cuando Patrón Costas retira la donación obviamente se pone a la vereda del frente de la provincia, es decir simbólicamente (...) Pero por una cuestión de táctica y estrategia y demás no hemos presentado protesta a la gente del Gobierno provincial, para que se hagan más buenitos. Y bueno un poco fue también la idea del asesor. Pero eso no trajo mayores resultados porque en definitiva la justicia hace lo que tenga que hacer, pero está politizada. Entonces no había otro remedio, digamos que nosotros estábamos tratando de curar con el mismo veneno que tenía la provincia. Y no era así, al revés, nosotros dándonos cuenta que la justicia está politizada hace lo que dice la tendencia del gobierno de Salta, no es juez independiente, entonces ahora lo que hicimos nosotros es callarnos la boca en vez de darle mayor difusión, con la idea de que el juez cuando se hace protesta, se pone peor, se pone más malo, por decirlo así, en definitiva es así... Y entonces estuvimos por espacio de dos años, tres ya, de cerrar el pico y eso en definitiva lo que hemos hecho, dejar los papeles en tema de la justicia, amortiguar la cuestión política y resulta que no sale el juicio por varios años y nada hemos hecho nosotros en términos del proceso político" (entrevista a dirigente de Tinkunaku).

"El conflicto Ralco se presentó mal desde el principio. Se presentó como un conflicto jurídico y el conflicto de Ralco era un conflicto político. Y así debía ser tomado en cuenta. Y el conflicto político no se soluciona con marchas ni huelgas de hambre, se soluciona con otras formas de presión que pueden ir desde mínimas formas de desobediencia civil hasta formas más elaboradas de resistencia. Ahora, eso no se ha asumido porque la gente que está trabajando ahí tiene mucho compromiso con el Estado con su organismo de gestión ante el Estado, entonces, ellos pueden tener un discurso subversivo, en términos de subversión de que está establecido, pero no pueden tener una práctica subversiva, porque eso le implica cortar nexos con el Estado, y ellos reciben proyectos del Estado, productivo, agrícola, cultural, reciben beneficios del Estado de todo tipo, entonces ellos comienzan a practicar su discurso y el Estado le corta los beneficios, los recursos y entonces ellos dejan de existir como organizaciones porque no tienen mayores formas de vivir" (entrevista a un dirigente de la Coordinadora Arauco-Malleco).

Considero que la cara jurídica, como el espacio de los mecanismos legales, del puro Estado, donde este se instaura como el único interlocutor válido en la resolución de los conflictos con las comunidades indígenas, es el espacio que denota la profunda carencia de garantías para el cumplimento de las leyes indígenas formalmente enunciadas, que denota la pervivencia de una ideología asimilacionista e integracionista, pero sobre todo denota el funcionamiento de un tipo de racionalidad compleja que privilegia el modelo de desarrollo humano en el marco único del crecimiento económico.

Si bien la emergencia del nuevo indigenismo en América Latina se da en un contexto de ampliación y democratización de los estados, que permitió que algunas de las demandas de estos grupos fuesen tenidas en cuenta, y en un contexto político-legal internacional en el que los pueblos indígenas aparecen como sujeto de derechos humanos universales, se evidencia a través de estos acontecimientos que la relación entre los estados y las sociedades indígenas se viene deteriorando: las comunidades indígenas discrepan y formulan críticas directas a las leyes indígenas, a las instituciones que debían bregar por el cumplimiento de las mismas, pero sobre todo a los mecanismos más sutiles por los cuales se privilegian los intereses económicos en detrimento de sus mundos de vida.

La cara política del conflicto, es decir, las luchas de los habitantes indígenas del Alto Bío-Bío, de las yungas argentinas, de la selva lacandona en Chiapas, de la selva amazónica de Brasil, marcan hitos en los que se manifiestan las paradojas provenientes de los estados latinoamericanos, pero también la posibilidad de otra racionalidad surgida de la interacción y las alianzas con los eco-ambientalistas, organismos de derechos humanos, etc., que pregona por "un nuevo sistema de valores pos materialistas, sustentado en el equilibrio ecológico, en la justicia social, en la no violencia activa y en la solidaridad con las generaciones futuras" (Viola-Leis, citado en Peres, 1996).

Bibliografía

Aylwin, José 2000 "Los conflictos en el territorio Mapuche: Antecedentes y perspectivas" en Revista *Perspectivas* (Universidad de Chile), Vol 3, N°2, en Internet http://www.xs4all.nl/~rehue/art/ayl3.html

Aylwin, José 1998 *Indigenous peoples rights in Chile: progresses and contradictions in a context of economic globalization* (Vancouver: CALACAS).

Bengoa, José 1999 *Historia de un conflicto. El estado y los mapuches en el siglo XX* (Chile: Editorial Planeta).

Bengoa, José 2000 *La emergencia indígena en América Latina* (Chile: Fondo de Cultura Económica).

Bourdieu, Pierre 1996 (1987) *Cosas dichas* (Barcelona: Gedisa).

Calbucura, Jorge 1994 *El proceso legal de abolición de la propiedad colectiva: el caso mapuche* (Estocolmo: Uppsala). Ponencia presentada en el 48° Congreso Internacional de Americanistas (ICA) en el Simposio Fronteras y grupos indígenas en Sud América, siglos XVI-XIX.

Conklin, Beth y Graham, Laura 1995 "Un campo de negociación: indios amazónicos y políticas ecológicas" en *American Anthropologist* (USA: American Anthropological Association N° 97 (4).

Domínguez, Diego y Mariotti, Daniela 1999 *Alianzas estratégicas en el escenario del MERCOSUR: nuevas dinámicas de acción en el conflicto por la tierra*. Informe final del Programa de investigaciones socioculturales en el MERCOSUR-*II Concurso de Becas 1999* del Instituto de Desarrollo Económico y Social (Buenos Aires: IDES).

Domínguez, Diego y Mariotti, Daniela 2000 *El campo de negociación: la apropiación del discurso ambientalista por las comunidades campesino-indígenas en el noroeste argentino*. Ponencia presentada en el X Congreso Internacional de Sociología Rural de la International Rural Sociology Association (Río de Janeiro, Brasil).

Gutiérrez, Paula 1998 *Ciudadanía e identidad: los derechos de los indígenas* (mimeo).

Jelin, Elizabeth 1996 "¿Ciudadanía emergente o exclusión?" en Revista *Sociedad* (Buenos Aires: Facultad de Ciencias Sociales de la UBA) N° 8.

Jelin, Elizabeth 1997 "Igualdad y diferencia: dilemas de la ciudadanía de las mujeres en América Latina" en *Ágora* (Buenos Aires), N° 7.

Keck, M. y Sikkink, K. 1998 *Activists Beyond Borders: Advocay Networks in International Politics* (Cornell: Cornell University Press).

Kymlicka, Will 1996 *Ciudadanía multicultural. Una teoría liberal de los derechos de las minorías* (Barcelona: Paidós).

Kymlicka, Will y Norman, Wayne 1997 "El retorno del ciudadano. Una revisión de la producción reciente en teoría de la ciudadanía" en *Ágora* (Buenos Aires), N° 7.

Marimán, José 1997 *Centrales hidroeléctricas en el Río Bío Bío: etnocidio mapuche-pehuenche* (Denver, EE.UU.: Centro de Documentación Mapuche, Editorial Digital Ñuke Mapu)

Marshall, T.H. 1998 (1949) "Ciudadanía y clase social" en Marshall, T.H. y Bottomore, T. *Ciudadanía y clase social* (Madrid: Alianza Editorial).

Melucci, Alberto 1994 "Asumir un compromiso: identidad y movilización en los movimientos sociales" en *Zona Abierta* (Buenos Aires), Nº 64.

Moraga, Jorge 2001 *Aguas Turbias. La central hidroeléctrica Ralco en el Alto Bío Bío* (Chile: Observatorio Latinoamericano de Conflictos Ambientales).

Morales, Roberto (comp.) 1998 *Modernidad o Etnocidio en Territorio Mapuche* (Chile: Universidad de la Frontera).

Namuncurá, Domingo 1999 *Ralco: ¿represa o pobreza?* (Chile: LOM Ediciones).

Peres, Sidnei 1996 *Brasileiro, cidadao do mundo ou guardiao da biodiversidades? Consideraçoes preliminares sobre a indianidade no Brasil contemporaneo* (Brasil: mimeo)

Sider, Gerald 1994 "Identity as History. Ethnohistory, Ethnogenesis and Ethnocide in the Southern United States" en *Identities* Vol. 1.

Stavenhagen, Rodolfo 1996 "Los derechos indígenas: algunos problemas conceptuales" en Jelin y Hershberg (eds.) *Construir la democracia: derechos humanos, ciudadanía y sociedad en América Latina* (Caracas: Nueva Sociedad).

Tarrow, Sidney 1997 *El poder en movimiento. Los movimientos sociales, la acción colectiva y la política* (Madrid: Alianza Universidad).

Young, I. M. 1990 *Justice and the Politics of Difference* (Princeton: Princeton University Press).

Otras fuentes

Censo Nacional Agropecuario de Salta de 1988

Diario *Clarín* (1997)

Diario *El Tribuno de Salta* (1997-1998)

Diario *La Nación* (1997)

Entrevistas realizadas

Comunidades Kollas

Entrevistas a dirigentes de Tinkunaku.

Entrevista a la directora del Colegio de Río Blanquito.

Entrevista a los miembros de las comunidades.

Entrevista a Alfredo Pais de la Universidad Nacional de Salta.

Entrevista a dirigente de GREENPEACE.

Entrevista a miembro de la Comuna de Lion, Bruselas.

Entrevista a dirigente de YAGUARETÉ.

Comunidades Mapuche-Pehuenches

Entrevista a un dirigente de GABB

Entrevista al profesor Foester de la Universidad de Chile

Entrevista al profesor Francisco Vergara de la Universidad de la Academia de Humanismo Cristiano

Entrevista a José Aylwin del Instituto de Estudios Indígenas de la Universidad de la Frontera

Entrevista a Carlos del Valle, decano de la Carrera de Comunicación de la Universidad de la Frontera

Entrevista al profesor Aliro Contreras de la Universidad de la Frontera

Entrevista a vocero de la organización mapuche Coordinadora Arauco-Malleco

Entrevista a dirigente mapuche del Consejo de Todas las Tierras

Entrevista a dirigente mapuche de la organización Lonkoquillapam

Documentos de los Kollas

Documento de las comunidades Kollas: Breve Reseña Histórica; Carpeta Comunidad Kolla Tinkunaku.

Documento de las comunidades Kollas: Encuesta; Carpeta Comunidad Kolla Tinkunaku.

Documento de Personería Jurídica; Carpeta Comunidad Kolla Tinkunaku.

No hay hombres sin tierra ni tierra sin hombres: luchas campesinas, ciudadanía y globalización en Argentina y Paraguay

Pablo N. Barbetta*
Pablo Lapegna**

Introducción***

LOS ESTUDIOS SOBRE LOS EFECTOS de la globalización en las agriculturas ponen el acento en los procesos de exclusión de vastos sectores del campo latinoamericano. En términos generales, el enfoque de la globalización permite significar una serie de procesos socioeconómicos y de nuevas relaciones de poder. Uno de sus supuestos fundamentales radica en la unicidad de la reestructuración que de algún modo subyace a las particularidades que pueden observarse

* Licenciado en Sociología, Universidad de Buenos Aires (UBA). Maestrante en Ciencia Política del Instituto de Altos Estudios Sociales (IDAES), Universidad Nacional de General San Martín. Becario CONICET en el Grupo de Estudios Rurales, Instituto de Investigaciones Gino Germani, Facultad de Ciencias Sociales, UBA.
** Licenciado en Sociología, Universidad de Buenos Aires (UBA). Maestrante en Investigación Social (UBA). Becario UBACYT en el Grupo de Estudios Rurales, Instituto de Investigaciones Gino Germani, Facultad de Ciencias Sociales, UBA.
*** Los autores agradecen muy especialmente la amabilidad brindada durante el trabajo de campo a los integrantes de la Cooperativa Unión Campesina y a la comunidad de Los Juríes en general; a Liliana Santillán, a Rubén de Dios, a María Inés Alfaro, a Carla Gras, a Silvina Coronel, a los dirigentes nacionales de la Federación Nacional Campesina, a Carlos Bareiro, a Quintín Riquelme, a Luis Galeano y a Ramón Fogel.

en los niveles locales. Transmite una idea de homogeneidad sobre la naturaleza y dirección de los procesos en los distintos países. En este marco, la exclusión de sectores campesinos y pequeños productores se presenta como inevitable, y la naturaleza económica de tal proceso oscurece otras dimensiones, como las estrategias y acciones colectivas que los sujetos ponen en juego para persistir en contextos económicos y macro-institucionales transgredidos. Es por ello que nos preguntamos: ¿cómo se entrelaza la capacidad agencial[1] de estos sujetos con los procesos estructurales? En otras palabras, ¿de qué forma los procesos de exclusión impactan sobre los espacios rurales y cómo estas transformaciones son (re)construidas por los actores? Más específicamente, ¿cuáles son las estrategias y acciones que estos sujetos emprenden para enfrentar estos procesos? En otros términos, ¿cuál es el sentido que le otorgan estos sujetos a la frase "No hay hombres sin tierra ni tierra sin hombres"[2]?

En efecto, la profundización de las relaciones capitalistas en el agro latinoamericano supone procesos que amenazan la permanencia en el ámbito rural de pequeños productores familiares y campesinos. En este contexto, algunos de estos sectores llevan a cabo estrategias de diversa índole que buscan revertir esta situación de exclusión; otros tratan de adaptarse a las nuevas circunstancias con el objetivo de permanecer en sus explotaciones; pero sólo aquellos que pueden contar con cierta capacidad agencial buscan modificar el orden de los acontecimientos. A grandes rasgos, podríamos caracterizar a las mismas como estrategias productivas, gremiales y políticas, y si bien las separamos analíticamente, guardan fuertes vínculos entre sí. Por ejemplo, para que la estrategia política y gremial sea posible, es necesario en primera instancia el desarrollo de estrategias de permanencia y reproducción en el plano productivo. A su vez, para lograr el acceso a ciertos recursos que otorguen cierta viabilidad en un contexto de "modernización productiva" (créditos, asistencia técnica, tecnología, etc.), las organizaciones campesinas deben constituirse como actores capaces de posicionarse como interlocutores válidos frente a distintas instituciones (Estado, organismos de crédito, ONGs, etcétera).

---

1 Siguiendo a Giddens (1997), la "agencia" es la capacidad del hombre de intervenir en el mundo produciendo una diferencia en el curso de los acontecimientos.
2 Esta frase es una de las principales consignas del MOCASE, utilizada en sus documentos, movilizaciones, solicitadas, etcétera.

En este trabajo nos interrogamos acerca de la construcción de estos espacios de acción.

Para ello abordaremos el estudio de dos organizaciones campesinas –el Movimiento Campesino de Santiago del Estero (MOCASE) y la Federación Nacional Campesina de Paraguay (FNC)– centradas en torno del acceso y la permanencia en la tierra no sólo como garantías de reproducción material, sino también como la defensa de una identidad tanto social como individual, de un "estilo de vida propio" y un derecho a conservar las heterogeneidades culturales. En particular, nos interrogamos por el modo en que la demanda por la tierra es resignificada como un derecho de ciudadanía. La aparición de este tipo de discursos sólo fue posible en el marco del retorno de la democracia en los países de la región, ya que esta abre las posibilidades para la instauración de un "pluralismo agonístico" (Mouffe, 1999), es decir, la constitución de un espacio político común que permita a las diferentes posiciones de sujeto enfrentarse entre sí sin que ninguno de ellos aparezca en el "lugar del gran juez" (Lefort, 1987). La democracia nos permite así concebir al Estado y los derechos ciudadanos en un proceso de constante constitución y reconstitución, ya que la forma que estos adquieran dependerá de la participación ciudadana y de los resultados de la lucha política. Así, las acciones de estas organizaciones podrían considerarse como conflictos por la (re)definición y extensión de los derechos ciudadanos, cuyo resultado dependerá de la capacidad agencial de estos actores.

En síntesis, nos planteamos comprender, a partir del estudio comparativo de dos organizaciones, las condiciones de posibilidad que permitieron la emergencia discursiva del acceso a la tierra como un derecho de ciudadanía, buscando en el desarrollo de dichas organizaciones los hitos que favorecieron u obstaculizaron el proceso. El trabajo estará dividido en cinco apartados. El primero de ellos comprende el período de gobiernos autoritarios que pueden ser caracterizados por políticas que llevaron a una "modernización excluyente" tanto en Paraguay como en Argentina. En él se analizarán los principales procesos operados en el nivel de la unidad productiva campesina, las constricciones y oportunidades que dicho contexto político institucional brindó para el surgimiento del reclamo por la tierra, y su enunciación como un derecho de ciudadanía. El segundo de los apartados comprende el período de aperturas democráticas y globalización económica, donde se resaltan los cambios y continuidades con relación al período anterior. En el tercer apartado serán presentadas las organizaciones, y haremos hincapié en las acciones y estrategias adoptadas en relación con el reclamo por la tierra y sus relaciones con el Estado y otras organizaciones. El cuarto apartado es el central, ya que este trata, desde una perspectiva comparativa, de dar cuenta de las diferentes formas que adquiere el derecho a la tierra como un derecho ciudadano, y en qué medida el accionar de estas organizaciones puede llegar a democratizar las relaciones sociales. En el último apartado se presentan las conclusiones del trabajo.

La "modernización excluyente" y gobiernos autoritarios en los espacios rurales

En este apartado se delinearán las tendencias económicas y los procesos políticos que caracterizan a Paraguay y Argentina durante el período abarcado por regímenes autoritarios. Ello permitirá analizar y comprender los antecedentes del espacio social en el cual surgen las organizaciones campesinas del Paraguay y de Santiago del Estero y, de esa forma, observar las rupturas y continuidades en torno a las cuales se constituye su lucha por el acceso y permanencia en la tierra.

El período posterior a la instauración de gobiernos "populistas" en América Latina está signado por estados con perfiles autoritarios, dirigidos por cúpulas militares. La experiencia de golpes de Estado no es nueva en el continente, pero a mediados de los años cincuenta para el caso paraguayo y mediados de los sesenta para el argentino, los regímenes militares llegan al poder no como "solución transitoria", sino con el objetivo de imponer un "nuevo" Estado comandado por las Fuerzas Armadas. Es decir, "no se trata ahora de simples 'gobiernos de facto' que interrumpen con un interinato castrense la vida institucional del país a fin de poner 'orden en la cosa pública', sino de un nuevo modelo de intervención militar en América Latina, que busca configurar un nuevo sistema de dominación con la presencia activa, permanente e institucionalizada de las Fuerzas Armadas en el conjunto del aparato del Estado" (Quiroga, 1989: 100).

Estos regímenes se instauran en un marco económico caracterizado por el progresivo agotamiento del modelo populista centrado en la redistribución, pasándose a privilegiar una serie de reformas que buscan garantizar el crecimiento de la economía a través del aumento de las inversiones de capital extranjero. Estas recomposiciones económicas se entrelazan con las influencias de la política exterior de los

Estados Unidos, que impulsa durante los años sesenta la Alianza para el Progreso, y que a partir de mediados de los años setenta tiende a concentrarse en políticas enmarcadas dentro de la Doctrina de la Seguridad Nacional.

La dictadura stronista y la instauración del modelo agroexportador en el Paraguay

La posguerra en el Paraguay estuvo marcada por el papel cada vez más importante que juegan el ejército y el Partido Colorado en el esquema de poder. Luego de que la década del cuarenta y la primera mitad de la del cincuenta estuvieran signadas por los gobiernos de distintas fracciones del Partido Colorado, en 1954 el ejército protagonizó un golpe de Estado que colocó al general Stroessner en el gobierno (Halperín Donghi, 1996). Emergió así en el Paraguay un nuevo pacto de dominación, que consolidó en el poder a un fuerte grupo de ascendencia militar con apoyo externo. Los actores de este nuevo pacto representaban a los intereses de la oligarquía ganadera –ligados al capital comercial y financiero–, a los de la burguesía industrial –vinculada al capital internacional– y a los de un empresariado débil asentado en unidades artesanales. Quedaron fuera de este pacto, y por lo tanto sin representación, las diversas capas campesinas y las masas obreras de tipo urbano, cuya exclusión política fue reforzada por la debilidad de los partidos de oposición y los sindicatos (Fogel, 1984).

La estructura productiva paraguaya se distinguía, hacia comienzos de la década del sesenta, por un escaso dinamismo industrial y un rezago y estancamiento en la producción agropecuaria, aun cuando los rubros destinados al mercado extranjero estaban dominados por el capital internacional (Fogel, 1984). La consolidación del gobierno de Stroessner, a mediados de esta década, supuso el establecimiento de las condiciones materiales y políticas para el desarrollo agrario: se implementaron medidas de austeridad para desarrollar un programa de estabilidad monetaria, se mejoraron las condiciones para la radicación del capital internacional, y se intensificaron los proyectos de desarrollo financiados con el apoyo del Departamento de Estado americano en el marco de la Alianza para el Progreso (como por ejemplo el Plan de Desarrollo Ganadero, el Plan Nacional del Trigo, los programas de colonización de tierras y la construcción de infraestructura caminera).

Estos emprendimientos se desarrollaron en el marco de la redefinición de las políticas agrarias, las cuales persiguen el objetivo de viabilizar un modelo agroexportador orientado a la extensión y profundización de las relaciones capitalistas en el agro. Es así como la implementación de este modelo supuso una notable ampliación del área de siembra de cultivos de exportación (algodón, soja) y de la agricultura en general, como así también del área destinada a la ganadería.

El despliegue de estas reformas socioeconómicas transformó profundamente la estructura social paraguaya. Por un lado, la expansión agro-ganadera generó un colosal proceso de deforestación, en muchos casos a expensas de los campos comunales de pastoreo de las comunidades campesinas. Por otra parte, la expansión de los productos de exportación implicó el vuelco de las unidades campesinas hacia cultivos comerciales de exportación.

Esta reconversión profundizó el deterioro de la estructura productiva campesina, caracterizada hasta ese momento no por la producción en gran escala de un cultivo de renta, sino por su adecuación a un modelo de seguridad alimentaria en base a una diversificación productiva, que proporcionaba a las capas campesinas cierta estabilidad ante las contingencias climáticas y del mercado agrícola (Palau, 1998).

En relación a la problemática del acceso a la tierra, la política de colonización del Estado respondió a una lógica económica y política ambivalente. Según Carter y Galeano (1995), mientras que el Estado intentó crear las condiciones básicas para que la economía campesina se reprodujera, al mismo tiempo estimuló la expansión y afianzamiento del latifundio y de las formas productivas "modernas", situación que posibilitó, en algunos contextos regionales, la difusión de las unidades empresariales y la promoción del cambio tecnológico, acorde con las demandas de estas unidades. Dentro de las medidas que de cierta manera intentaron crear las condiciones de posibilidad para la reproducción y el acceso a la tierra de las capas campesinas, debemos citar la expansión del proceso colonizador durante los años 1954 y 1989. Carter y Galeano (1995) distinguen tres etapas en el proceso de colonización. La primera de ellas, comprendida entre 1954 y 1974, se caracterizó por estar administrada directamente por el Estado y por la habilitación de las tierras que correspondieron a parcelas invadidas por campesinos desarraigados. Estas políticas estatales, a pesar de que posibilitaron el acceso a la tierra, se caracterizaron por: el escaso apoyo técnico y crediticio; la carencia de capital y tecnología –necesarias para asegurar la sustentabilidad de la finca en un entorno cada vez más fuertemente articulado por el mercado–; y la insuficiente consolidación de los nuevos asentamientos –debido a la falta de apoyo del Estado y al inadecuado funcionamiento del Instituto de Bienestar Rural[3].

Este proceso de colonización estatal también se constituyó como una práctica utilizada por el gobierno autoritario y por el partido de gobierno para mantener y ampliar las bases de sustentación social y política del régimen a través de la conformación de una "clientela" campesina. En este esquema fue fundamental el rol jugado por el Partido Colorado, el cual le prestó su base legitimadora al gobierno, y que aun estando subordinado a las Fuerzas Armadas cumplía la función de regular el pacto de dominación y manejar la actividad estatal. En otras palabras, además de legitimar el ejercicio del poder, el Partido Colorado cumplía la labor de desmovilizar a las clases populares y grupos subalternos a través de la represión ideológica y la expansión de redes clientelares.

Esta situación se revelaba incompatible con el desarrollo de organizaciones campesinas autónomas, más aún cuando las mismas, con liderazgo independiente de los grupos dominantes, representaban un desafío al sistema político (Fogel, 1984). El aparato represivo del Estado, guiado por un fuerte "anticomunismo", se caracterizaba por considerar la existencia de toda organización fuera de su control como un atentado a la seguridad nacional, por lo que tendió a eliminar o a debilitar las bases de solidaridad de toda organización de grupos que no estuviera bajo su control. La experiencia más fuerte en este sentido fueron las Ligas Agrarias Campesinas que surgieron durante la década del sesenta y crecieron bajo el amparo de la estructura eclesial, desarrollando la idea de una sociedad igualitaria, con énfasis en el sistema comunitario. Sus principales demandas fueron la redistribución de la tierra y el pago justo por los productos agrícolas. Como sostiene Riquelme, "la tierra era concebida como un don de Dios para todos y la explotación resultante una ofensa al plan de Dios, pero detrás de estas percepciones subyace la idea de una sociedad igualita-

3 Este organismo, creado en marzo de 1963, intentaba "transformar la estructura agraria del país y la incorporación efectiva de la población campesina al desarrollo económico y social de la Nación, mediante soluciones legales que permitan eliminar progresivamente el latifundio y el minifundio, sustituyéndolos por un sistema justo de propiedad, tenencia y explotación de la tierra" (Palau, 1998: 172). A pesar de estas declaraciones de principios, la concentración de la tierra no dejó de aumentar y actualmente el IBR está lejos de cumplir sus metas iniciales.

ria cuya base es la solidaridad y para la cual deben ser modificadas las estructuras injustas" (Riquelme, 2001). En este sentido, el cambio debía operar en dos niveles: en el de la sociedad y en el del hombre. La construcción de una nueva sociedad sólo era posible a través de la formación de un hombre nuevo; de ahí el énfasis puesto por las Ligas en la educación. Esta reconfiguración ideológica también se correspondía con prácticas transformadoras concretas en el plano de la producción y de la distribución: las chacras comunitarias, la minga, los almacenes de consumo y la comercialización conjunta son algunos de los legados que luego serán reapropiados por muchas de las actuales organizaciones campesinas.

La ampliación geográfica, la profundización de sus demandas y la creciente autonomía de los sectores campesinos con respecto de los patronazgos políticos tradicionales, fueron produciendo una progresiva radicalización del campesinado, que derivó en un creciente distanciamiento entre este y la jerarquía eclesiástica, como así también en un mayor recelo por parte del gobierno. Este proceso desembocó en una brutal represión durante 1976, en lo que se dio en llamar "la Pascua Dolorosa", durante la cual fueron encarcelados cerca de 3 mil dirigentes, muchos de ellos asesinados o torturados y otros enviados al exilio, marcando el final de la experiencia de organización campesina bajo el gobierno de Stroessner.

Este recrudecimiento de la represión gubernamental coincidió con la denominada "segunda etapa de colonización", situada por Carter y Galeano (1995) entre 1975 y 1982. Durante estos años se produjo una disminución en la intensidad de la demanda campesina por la tierra, la cual puede entenderse en el contexto de un mayor control social, pero también por otros factores. Por un lado, la dinamización del mercado de trabajo por la expansión de algunos segmentos del sector industrial y el impulso dado a la construcción, fundamentalmente a través de los trabajadores demandados por la represa de Itaipú. Por otro lado, se produce un repunte en el sector agrícola merced a las condiciones favorables para los productos de exportación como la soja y el algodón. Por último, es en este mismo período durante el cual el país se configuró como "una suerte de ilegal puerta trasera tanto para Brasil como para Argentina", mecanismo que fue utilizado por el régimen como un medio de asegurarse la lealtad de dirigentes políticos y sectores militares, otorgándoles los lucros del contrabando (Halperín Donghi, 1996).

A principios de los ochenta se empezaron a manifestar en la sociedad paraguaya dos síntomas: por un lado, el agotamiento del modelo agroexportador, y por el otro la pérdida de legitimidad del Estado autoritario (expresada en las divisiones dentro del Partido Colorado y la creciente movilización popular y campesina). Ambas conllevaron a una crisis de gobernabilidad para el gobierno stronista, la cual precipitó el golpe de 1989.

Los problemas generados por el modelo agroexportador se expresaron en por lo menos tres dimensiones: la creciente concentración de la propiedad de la tierra, el agotamiento de mecanismos que permitían cierto nivel de reproducción y permanencia de las unidades agrarias familiares, y el deterioro de los términos de intercambio en la economía campesina.

Uno de los problemas generados por el modelo de exportación primaria fue que, si bien se produjeron grandes transformaciones en la estructura agraria paraguaya que impactaron sobre todos los estratos productivos, estos cambios no alteraron la principal característica de esta estructura: aquella que la define como un sistema dicotómico donde conviven el latifundio (ganadero/forestal) y el minifundio (agrícola). En efecto, según Carter y Galeano (1995), del análisis de la estructura agraria en base a los censos de 1981 y 1991, no se verifica en este período una variación en los altos niveles de concentración de la tierra, aunque sí cierto reacomodo de algunos de los estratos productivos[4]. En este sentido, los autores destacan dos tendencias. En primer lugar, cierta desintegración de las explotaciones campesinas y de pequeños productores *farmers*, lo que supone un proceso de minifundización[5] representado por el aumento de las explotaciones menores a 20 ha. En segundo lugar, la recomposición de la mediana y gran explotación agropecuaria, a través de una creciente reestructuración de la gran propiedad, que se manifiesta en la coexistencia de varios tipos de explotaciones: el latifundio ganadero y forestal, la mediana y gran empresa agrícola, la moderna explotación ganadera y la nueva modalidad de latifundio improductivo. Las transformaciones también alcanzaron a la pequeña empresa agrícola: el estrato de 20 a 100 ha

4 La agricultura familiar (menos de 20 ha) representa a más del 80% de los establecimientos rurales pero detenta apenas el 6,2% de la superficie cultivada; en el otro polo, encontramos que el 1,5% de los establecimientos de mayor tamaño concentran el 79% de dicha superficie (Palau, 1998).

5 Por minifundización "debe entenderse el proceso consistente en la pérdida progresiva de la capacidad de la actividad agraria como fuente de reproducción de la unidad económica campesina, concretado en un tiempo y espacio socio-históricos determinados" (Carter y Galeano, 1995: 28).

disminuyó alrededor de un 9% en cifras totales y absolutas entre 1981 y 1991, por lo que el proceso de transformación podría ser calificado como de "transformación negativa" (Carter y Galeano, 1995). En cambio, el estrato de 100 a 500 ha se expandió moderadamente (12%). Por último, la mediana empresa agropecuaria, que corresponde al estrato de 500 a menos de 1000 ha, no ha sufrido importantes cambios, ya que aun a pesar de la crisis de la agricultura (1981-1982) ha conseguido mantener los niveles de rentabilidad[6].

Además, debemos mencionar que este proceso de desintegración de las explotaciones campesinas se manifestó junto con el agotamiento de dos mecanismos que favorecían cierta perdurabilidad de las explotaciones familiares. Por un lado, se vio limitada la posibilidad de que la superpoblación campesina sea expulsada o atraída al mismo tiempo fuera de un determinado circuito de la economía campesina, ya sea mediante la migración hacia otro contexto rural o urbano del país o hacia el extranjero. Al romperse este mecanismo la presión por la tierra se intensificó dentro de la economía campesina, lo que llevó a un aumento del proceso de minifundización. De esta manera, la falta de una reforma agraria estimuló la invasión de latifundios (Carter y Galeano, 1995: 40). Por otro lado, el mecanismo de "complementación ocupacional" (mediante el cual la superpoblación no es expulsada ni atraída de forma definitiva de los circuitos de la economía campesina, sino que habilita la circulación desde la economía campesina hacia empleos urbanos informales y al sector industrial) se revelaba cada vez menos redituable. Este mecanismo, que mantenía a una gran proporción de la mano de obra excedentaria dentro de áreas rurales y que permitía que la presión sobre la tierra disminuyera, encontró ciertos límites de reproducción, ya que se registraban altos niveles de desocupación en las principales ciudades de Paraguay.

Por último, los dos problemas mencionados anteriormente se combinaban con una coyuntura en la que la disminución de los precios internacionales del algodón y de la soja, la caída de la producción en los años 1982 y 1983, y los altos índices de inflación determinaban un deterioro en las condiciones de intercambio de la economía campesina, la cual, impulsada por políticas públicas, se había volcado a cultivos comerciales a costa de la producción para autoconsumo (Fogel, 1986). La baja del precio internacional de los productos de

6 Debemos destacar junto a estos autores que entre 1976 y 1986, el precio promedio de la tierra se incrementó un 66%.

exportación se manifestó así en una crisis económica general, y particularmente en una crisis agrícola.

En este contexto de creciente exclusión social para los sectores campesinos se desplegó lo que Carter y Galeano (1995) denominan la tercera etapa de colonización, caracterizada por la crisis agraria mencionada y el concomitante resurgimiento de la demanda campesina por la tierra a partir de 1983. Las luchas por la tierra se volvieron masivas en un contexto de demandas múltiples que no sólo incluían el derecho a la tierra sino también el derecho a la organización, mejores condiciones de comercialización, etcétera. En este contexto –y considerando la tendencia decreciente de la colonización[7] programada desde el Estado a través del IBR o de otros organismos públicos– la respuesta más frecuente de los campesinos fue la invasión de tierras libres o latifundios improductivos[8]. También surgieron movimientos con orientación sociopolítica que, aunque fueron experiencias fragmentarias y aisladas entre sí, contribuyeron al fortalecimiento de identidades colectivas[9]. Por su parte, la división interna del Partido Colorado entre los "militantes", quienes defendían al régimen dictatorial, y los "transicionalistas", abiertos hacia la apertura democrática, supuso la pérdida de legitimidad del gobierno del general Stroessner.

De esta forma, la crisis del modelo exportador primario y la pérdida por parte del Estado de la capacidad de controlar los mecanismos habituales de inmovilización y desmovilización conllevaron a una crisis orgánica que afectó al sistema de dominación y que desembocó en 1989 en el derrocamiento de Stroessner (Fogel, 1986). Pese a ello, y aunque actores políticos opositores y actores sociales colaboraron con el desgaste y la pérdida de legitimidad del gobierno autoritario, fueron las Fuerzas Armadas y mayoritariamente los sectores del partido de gobierno los principales gestores e iniciadores del proceso de transición y, por lo tanto, quienes definieron sus características. Como sostiene Galeano, "tal hecho hizo que (...) haya arrancado con el sello de una *apertura política otorgada*" (cursivas propias) (Galeano,

---

7 Es importante destacar que el proceso de reconcentración fundaria continuó a pesar de la colonización.

8 Ya durante la década del setenta, las Ligas Agrarias que llegaron a constituirse a nivel nacional se identificaron con las aspiraciones campesinas en el objetivo de construir un orden social más justo y en clara oposición a los procesos de modernización. Pero en la medida en que estas representaron una fuerte amenaza a los intereses expresados en el pacto de dominación, fueron reprimidas y brutalmente desarticuladas por el gobierno autoritario (Fogel, 2000).

9 Fogel (1986) nos brinda dos buenos ejemplos: la Asamblea Permanente de Campesinos sin Tierra y la Coordinación de Mujeres Campesinas.

1993: 162). El proceso se definió así a partir de una agenda político-institucional que dejó de lado los aspectos sociales.

Expansión de las relaciones capitalistas en el agro santiagueño y primeras expulsiones campesinas

A mediados de la década del sesenta se produjo en Argentina un nuevo golpe de Estado, el cual marca una nueva tónica para los gobiernos militares. Esta vez la interrupción de un gobierno constitucional no se hace con un espíritu "transitorio", sino con el objetivo de instaurar un nuevo orden político y económico. La autodenominada Revolución Argentina, con el general Onganía a la cabeza, buscaba refundar el perfil del país y por ello "pretendió consolidar la hegemonía del sector industrial de la gran burguesía, liderados por el capital extranjero y las grandes firmas multinacionales, mediante un proceso de transformación económica y social que debía desembocar en la modernización del país" (Quiroga, 1989: 100). Este proyecto económico se presentaba así con un perfil similar al del gobierno paraguayo, aunque en este último caso el pacto de dominación política se tejía a través de una alianza entre sectores militares y el Partido Colorado, mientras que en el caso de la Argentina la cúpula militar prescindía e incluso renegaba del apoyo de los partidos políticos.

En el campo económico, el proyecto del gobierno del general Onganía se caracterizó por profundizar los lineamientos iniciados por el gobierno desarrollista de 1958-1962, el cual facilitó la incorporación masiva de capitales estadounidenses en la producción de bienes intermedios y de consumo durable y en la explotación petrolífera. Es así como se continúa y profundiza esta tendencia mediante la ampliación de los establecimientos ya instalados por capitales extranjeros y a través de la compra de firmas locales. En este escenario tomaron forma tres actores preponderantes: el Estado (como productor de bienes y servicios y asignador de recursos entre sectores), el capital extranjero industrial (de alto poder oligopólico en los mercados industriales más dinámicos), y los grandes productores agropecuarios (con una fuerte influencia sobre el sector debido a la alta concentración de la propiedad de la tierra) (Azpiazuet. Al., 1989). A diferencia de Paraguay, en donde la política agraria juega un papel preponderante dentro de la agenda pública y estatal debido a la importancia de la actividad agropecuaria, las políticas estatales en Argentina en referencia al sector en los espacios extra-pampeanos presentaron muchas veces un carácter marginal. A pesar de la diferencia de carácter y de escala de estas políticas, en ambos países se aplicaron bajo lineamientos gubernamentales similares, es decir, tendiendo a la concentración económica y al autoritarismo político.

En este sentido, Santiago del Estero no estuvo ajena a este proceso. Esta provincia del Noroeste argentino se caracterizaba –y en gran medida lo sigue haciendo actualmente– por su alta proporción de población rural, más del 30%. Entre 1914 y 1937 las explotaciones agropecuarias de la zona crecieron un 434%. Un tercio de ellas estaban compuestas por minifundios de menos de 25 ha, en donde la mano de obra utilizada era casi exclusivamente familiar (Benencia, 1988). Este proceso de "campesinización" sufrió a partir de allí un retroceso, reflejado en el censo de 1947, en el cual se registra un descenso del 42% entre las explotaciones de menos de 25 ha (Censo Nacional Agropecuario, 1947).

Posteriormente, durante la década del cincuenta, la provincia fue testigo de un proceso de "recampesinización", determinado en gran parte por la quiebra de las empresas productoras de tanino de quebracho, las cuales habían sido empleadoras de los antiguos hacheros. Esta "recampesinización" se ve reflejada en el Censo Agropecuario de 1960, el cual determina que el 63% de las explotaciones de la provincia tenían menos de 25 ha, con una gran proporción (71%) de mano de obra familiar (Dargoltz, 1997). Pero es a mediados de los sesenta donde comienzan a desplegarse transformaciones que tienden a profundizar y expandir las relaciones capitalistas en el agro santiagueño.

Por un lado, se pone en práctica en el área de riego, y con mayor énfasis en los departamentos de Banda y Robles (en el Oeste de la provincia), un proyecto de colonización llevado a cabo por el Estado a través de la Corporación del Río Dulce. Este proyecto apuntaba a desarrollar la cadena agroindustrial de tomate para conserva, financiándose con fondos del Banco Interamericano de Desarrollo y enmarcándose –al igual que el plan de colonización del gobierno paraguayo– en las políticas de la Alianza para el Progreso que impulsaba Washington en Latinoamérica. Nacido con la idea de lograr "la desaparición de las chacras de menos de 5 ha, de aumentar notablemente la superficie de poder de chacras medianas (10 a 20 ha) que se triplicarían y consecuentemente disminuir en términos absolutos y relativos la importancia de las mayores de 50 ha así como la desaparición de las chacras de más de 100 ha" (Aparicio, 1985), el proyecto del Río Dulce no pudo alcanzar satisfactoriamente ninguno de estos objetivos. Pese a estas metas iniciales, la reestructuración parcelaria no fue completada, e incluso se expandieron aquellos estratos que se buscaba erradicar: los predios mayores de 50 ha aumentaron, entre 1965 y 1982, del 47% al 49,2%; y aquellos menores de 5 ha pasaron en el mismo período de 6,8% a 11,1% (Aparicio, 1985).

Los conflictos entre los diferentes organismos encargados de poner en práctica el proyecto, las diferencias entre el financiador del mismo y algunas de las instancias del Estado nacional y provincial, la oposición de los grandes productores (que veían reducida la oferta de mano de obra y evaluaban con resquemor la posibilidad de agremiación de los colonos), y la prohibición para los colonos de destinar parte de la tierra al autoconsumo y realizar trabajos extraprediales, serían algunas de las causas que coadyuvaron a que el proyecto fracase (Aparicio, 1985). Contribuyeron en el mismo sentido las restricciones de un enfoque en el cual el Estado era la instancia centralizadora de las decisiones y las intervenciones y en donde se obviaba la participación de los pobladores y la sociedad civil locales dentro de los procesos decisorios. Es decir, "no se previeron mecanismos que garantizaran un eficiente traspaso de la experiencia a sus beneficiarios, ni canales que permitieran que los mismos se ejercitaran en la toma de decisiones a los efectos de apropiarse de las capacidades de gerenciamiento necesarias para llevar adelante las acciones de manera autónoma. Si todo dependía de la acción estatal, la sociedad civil no tenía rol alguno que jugar en los procesos de cambio" (Alfaro, 2000).

Simultáneamente al desarrollo de este proyecto colonizador por parte del Estado, comienzan a operar durante la década del setenta otras transformaciones que repercuten en la región y que tienden a valorizar las tierras. La expansión de la frontera agropecuaria, impulsada por el ciclo favorable que experimenta la ganadería pampeana entre 1960 y 1970, se realizó a través de la introducción de cultivos orientados a la exportación, cuya producción hasta ese momento había estado concentrada en la región pampeana y en las provincias periféricas a esta (Manzanal y Rofman, 1989). De esta manera, la producción de poroto y soja se hace atractiva para firmas de Salta y Tucumán, conocedoras de la actividad, que sufrían el deterioro de las tierras de estas provincias. La introducción de estos actores se apoyó en una expansión productiva en la cual el excedente generado correspondió a empresas no residentes en la zona y en donde la producción, basada en un uso intensivo del capital, no modificó la demanda de mano de obra ni tampoco implicó un aumento en los salarios. Además, el desmonte de tierras restó el recurso de la leña a los pobladores locales e impidió que el ganado caprino aprovechase el monte como abrigo (Aparicio, 1985). Asimismo, otro proceso que hizo más atractivas a las tierras de Santiago del Estero fue la sobrevaluación de estos inmuebles con el fin de obtener créditos hipotecarios, práctica ampliamente diseminada durante la liberalización financiera instrumentada durante la última dictadura (Dargoltz, 1997).

Operando al interior de estos cambios, se evidencia durante el período un rápido proceso de concentración de la propiedad de la tierra, sobre todo durante los años comprendidos entre 1970 y 1977, demarcando un fenómeno que presumiblemente se mantiene hasta la actualidad; y en un contexto en el que este fenómeno coexiste con una marcada importancia de los pequeños productores (en el Censo de 1988[10], las explotaciones de menos de 25 ha, sumadas a aquellas sin límites definidos, representaban el 69% de las explotaciones provinciales, que ocupan el 1,15% del total de la superficie).

En definitiva, a pesar de que la superficie cultivada pasa de más de 360.500 ha en 1969 a casi 415.500 en 1979, la demanda de mano de obra disminuye en el mismo período, pasándose de 20.122 hombres/año a 19.523. Es así como la demanda de empleo no se ha modificado en esos diez años y, a pesar de que el sector agropecuario se ha ampliado, no ha sido capaz de absorber siquiera el crecimiento vegetativo de la población. Se encierran de esta manera ciertos cambios en los que, a la par de un crecimiento económico, se da una mayor concentración de los recursos y una cada vez mayor desigualdad en la distribución del excedente generado.

La relación entre transformaciones de orden económico y concentración del poder de coacción se expresa también en que la valorización de las tierras y la concentración de la propiedad pueden verse como causa y efecto, respectivamente, de los desalojos compulsivos que se empiezan a realizar en la zona. Ya durante 1963 se producen en la localidad de Suncho Pozo, cerca de Añatuya, al Sudeste de la provincia, los primeros desalojos de tierras, que continúan en los

---

10 Los resultados parciales del Censo Nacional Agropecuario 2002 no nos proveen de datos en relación con la cantidad de explotaciones por estrato de superficie. En términos generales, los datos disponibles del Censo 2002 marcan una clara tendencia en casi todo el país hacia una disminución de explotaciones. Sin embargo, la variación inter-censal (1988-2002) para Santiago del Estero la erige en una de las provincias con menor desaparición de productores (-0,88%).

años siguientes. La década del setenta, en el marco de un Estado cada vez más proclive al autoritarismo, fue escenario de desplazamientos y desalojos de muchos campesinos, cuando empresas en su mayoría no radicadas en la provincia reclaman como propias las tierras ocupadas legítimamente por los pobladores[11]. Es de esta manera que, durante esta década y hasta mediados de los ochenta, se evidencia una situación de "exclusión silenciosa" en clara contraposición al caso del campesinado paraguayo, que ya desde la década del sesenta se agrupa en torno a las Ligas Agrarias Cristianas enarbolando un discurso que identifica a un antagonista (el gobierno y los terratenientes) en clave religiosa. En el caso de Santiago, en cambio, la violencia social no habilita el surgimiento de un conflicto ni la construcción de un antagonismo, porque una de las partes –los sectores campesinos– no reclama por sus derechos como legítimos ocupantes de las tierras (Alfaro, 2000).

Esta situación se veía facilitada por la relativa ausencia, durante los años sesenta y setenta, de organizaciones que agruparan a productores, lo que suponía una sociedad civil de muy escasa densidad asociativa: a pesar de la importancia del sector de pequeños productores, estos no tuvieron históricamente organizaciones o una presencia significativa de entidades nacionales como la Federación Agraria o Coninagro (Dargoltz, 1997), ni tampoco influencia en la zona las Ligas Agrarias (como en otras provincias como Chaco, Misiones, Corrientes o Formosa), ni se registra, con anterioridad a mediados de los ochenta, la influencia de un accionar gremial campesino (como en el sector cañero tucumano). Como sostiene Alfaro, "los sectores campesinos santiagueños no se presentaban como un actor dinámico y las intervenciones estatales que se dan por aquellos años contribuyeron a consolidar esta situación de 'pobreza' y escasa fortaleza de la sociedad civil ya que no proveyeron a la misma de capacidades 'sociales' o capitales que pudieran ser capitalizados por el conjunto de la sociedad" (Alfaro, 2000: 125).

---

11 Presentado de manera esquemática, el procedimiento es el siguiente: una empresa, generalmente no radicada en la provincia, se presenta como dueña de las tierras ocupadas por campesinos. Presentan escrituras avaladas en Buenos Aires o Santa Fe y, generalmente apelando a la fuerza pública y con el apoyo de topadoras para destruir ranchos y alambrados, desalojan a los habitantes, a los que –en el mejor de los casos– se los reubica en un casco urbano cercano o se les dan pequeñas parcelas de tierra. Estas situaciones se vienen sucediendo desde hace décadas, a pesar del derecho que tienen los pobladores a seguir ocupando esas tierras, en virtud de que la ley estipula que luego de veinte años, si una persona ocupa un inmueble y manifiesta "ánimo de dueño", la propiedad le corresponde.

Procesos autoritarios y ciudadanía

Si se intenta ensayar un análisis del apartado histórico precedente a partir de la noción de ciudadanía, podemos acordar que un texto que se revela insoslayable para este abordaje es *Ciudadanía y clase social*, de T. H. Marshall. En este trabajo se presenta la conceptualización de los derechos de ciudadanía como "un status concedido a todos aquellos que son miembros plenos de la comunidad. Todos aquellos que tienen el status son iguales respecto a los derechos y deberes que acompañan al status" (Marshall, 1964: 301). Esta concepción de la ciudadanía está compuesta por tres elementos: el civil, que consiste en los derechos necesarios para la libertad individual –libertad de la persona, libertad de expresión y pensamiento, derecho a la propiedad y derecho a la justicia–; el político, que supone el derecho de participar en el ejercicio del poder político; y el social, entendiendo por este los derechos que van desde el derecho de bienestar y a la seguridad hasta el derecho a compartir plenamente la herencia social y la vida civilizada de la sociedad.

Si bien este trabajo nos proporciona un marco conceptual desde el cual se puede abordar el desarrollo histórico del concepto de "ciudadanía", una de las críticas que se le han hecho a este esquema es la presentación lineal que se hace de tal concepto. En este sentido, Hirschman (1991) critica la presentación de Marshall sosteniendo que la visión de una evolución progresiva de los derechos civiles a los políticos y de estos a los sociales oscurece un derrotero en el que la conquista de estos derechos no estuvo exenta de concomitantes reacciones que buscaban restringirlos. Este mismo problema puede ser planteado para América Latina en general –y para Paraguay y Argentina en particular– con dos cuestiones que lo complejizan aún más: por un lado, la adquisición de los derechos no siguió la linealidad "por etapas" que se podría registrar en los países centrales (la adquisición de derechos políticos frecuentemente se hizo a la par de los derechos sociales, o bien se clausuraron los primeros manteniéndose los segundos). Por otro lado, la expansión de estos derechos no se centró en la figura del ciudadano, sino en la inserción en una relación asalariada (para el caso de Argentina) o en la participación en una relación político-partidaria (para el caso de Paraguay).

En el caso de la Argentina, durante la etapa estructurada por lo que podríamos llamar el Estado social, la participación en una relación salarial, si bien no dejaba de situar a los trabajadores en una situación subordinada, garantizaba la inserción dentro de un marco delimitado por los derechos sociales. En la Argentina, desde la segunda mitad del siglo XX, los derechos sociales se encontraban estrechamente ligados a la sindicalización y se construían en torno a la figura del trabajador más que a la del ciudadano, ya que el sistema de protecciones sociales respondía a un esquema "alemán", en el que "se sostenía que la relación laboral asalariada era el eje sobre el cual se debía construir la política social y, por lo tanto, los responsables –y beneficiarios– eran los propios trabajadores y sus empleadores, quienes debían aportar el grueso de los fondos para el financiamiento" (Barbeito y Lo Vuolo, 1992: 110). Es por esta razón que la expansión de los derechos sociales, al realizarse principalmente merced a la pertenencia al sector industrial sindicalizado, dejaba por fuera del sistema de seguridad social a los sectores campesinos y a la gran mayoría de los trabajadores rurales. En el caso de estos trabajadores, si bien durante el peronismo se sancionó el Estatuto del Peón, los derechos garantizados por esta normativa no llegaron a cumplirse efectivamente.

En el caso de Paraguay, la tímida expansión de los derechos sociales se realizó a través de una relación entre Estado y sociedad civil en la cual el Partido Colorado –y específicamente sus "caudillos" locales– demarcaba "un contexto social y político en el que el clientelismo constituye el principal mecanismo de participación del pueblo o de la 'ciudadanía'" (Galeano y Yore, 1994: 27).

De esta forma, a pesar de que los derechos civiles y políticos fueron cercenados por parte de la dictadura de Stroessner en Paraguay y por los sucesivos gobiernos autoritarios y la proscripción del peronismo en Argentina, las instituciones encargadas de implementar los derechos sociales siguieron funcionando a pesar de las restricciones planteadas a la participación política. Sin embargo, esta convivencia entre derechos civiles y políticos cercenados y sobrevida de los derechos sociales se hizo cada vez más conflictiva, ya que la implementación de estos últimos se vislumbraba cada vez menos como una manera de legitimar el orden social y cada vez más como un conflicto entre la noción de igualdad implícita en estos derechos y las desigualdades creadas por el mercado.

En este sentido, las Ligas Agrarias, tanto en Argentina como en Paraguay, si bien surgieron inicialmente como medios para evitar los abusos de los intermediarios y acopiadores, progresivamente fueron ganando espacio como actores políticos, y sus acciones pasaron a cuestionar a los caudillos locales, presentando un obstáculo para el desarrollo de relaciones clientelares. En el caso específico del Paraguay, el trabajo de las Ligas puede pensarse como una manera de hacer valer los derechos con el objetivo de garantizar la autonomía y un mínimo nivel de vida para los campesinos. Sin embargo, es interesante señalar que esta búsqueda de cierto nivel de bienestar y autonomía no se vehiculizó a través de una retórica de los derechos, como una garantía que debía ser asegurada por el Estado. El desarrollo de estos derechos se basó más bien en un discurso de carácter religioso en base a los preceptos de le Teología de la Liberación impulsada desde 1968 por la reunión de obispos en Medellín y la labor pastoral de los "sacerdotes del Tercer Mundo". De todas maneras, esta forma "religiosa" de expresar las reivindicaciones terminó desplegando un carácter altamente disruptivo: por un lado, al ponerse el acento en las prácticas comunalistas y al condenar la desigualdad material, se tendió a ver a las relaciones capitalistas como contrarias a las enseñanzas del Evangelio[12]. Por otra parte, el desarrollo de escuelas campesinas y la revitalización de antiguas prácticas comunitarias llevó a la revalorización de la identidad campesina, generando así tanto un sentido de cohesión interna y una identificación como también una oposición con respecto a los agentes gubernamentales y los comerciantes locales (muchas veces representados en la misma persona)[13].

Es en ese contexto en donde la lucha por los derechos tendió a hacer cada vez más insostenible la clausura de los derechos civiles y políticos que sufría la mayor parte de la ciudadanía. Es aquí donde

---

12 "Hicimos algunos folletitos. Por ejemplo, traducción en temas agrarios de los primeros santos de la Iglesia. Los primeros cristianos. Citas fuertes. Eso le gustaba a los campesinos: tierras comunales; el que tiene mucho es porque lo ha robado. Entonces eso les gustaba mucho. Se usaba la religión popular como elemento liberador" (entrevista a José Luis Caravias, clérigo impulsor de las Ligas Agrarias durante los sesenta y setenta).

13 "El líder político del Partido Colorado era el comerciante de la zona también. Y era el jefecillo político, el comisario de compañía, cosas de esas. Hubo zonas, como por aquí por Coronel Oviedo, en una zona que se llama Santa María, que declararon las Ligas liberados de comerciantes. O sea, fundieron a los comerciantes. Todas las tiendas que había eran comunitarias. Mucho más económicas que las demás. Eso no le perdonaron tampoco. Y luego, curiosamente, el choque más grande fue con las llamadas escuelitas campesinas. Los campesinos empezaron a sacar a sus hijos de las escuelas. En las que se daba educación bancaria... En nuestros cursillos se apoyaba mucho la metodología de Freire (...). Luego tenían vacaciones, no las oficiales sino según el trabajo de las chacras. En tiempo de verano, que no hay nada que hacer, había clase. Y cuando había cosecha o siembra, no había clase. Una actuación interesante. Y lo que primero persiguieron fue eso. Las escuelitas campesinas (...) Y luego la experiencia que se hizo, muy comunitaria, una tenencia de la tierra en común. Por ahí empezaron: las escuelas campesinas y las tenencias comunales. Diciendo que habían descubierto células comunistas. Porque se le violaba el derecho sagrado a la propiedad. Que estaban contra la Constitución, porque la Constitución ampara el derecho de propiedad, y las Ligas Agrarias iban contra el derecho de propiedad.

vemos que el conflicto no sólo se expresa entre ciudadanía y clase social, como lo planteaba Marshall, sino que también puede ser planteado al interior mismo de los derechos de ciudadanía. Esto incluso es más problemático para el caso de las sociedades latinoamericanas, en la medida en que probablemente no se pueda trasladar mecánicamente el esquema de clases propio de las sociedades europeas[14].

En definitiva, los conflictos planteados al interior de la ciudadanía, como así también entre el concepto igualitario de esta y las desigualdades generadas por las relaciones capitalistas, fueron demarcando un *crescendo* en la oposición entre los actores gubernamentales y los sectores organizados del campesinado. Fue así como en el marco de la Doctrina de Seguridad Nacional se llevó a cabo una coordinada represión en la Argentina y en Paraguay, a través del Proceso de Reorganización Nacional en el primer caso, y durante la llamada Pascua Dolorosa en el segundo, ambos hechos ocurridos durante 1976 y orquestados bajo el Plan Cóndor. Se buscaba, a través de la clausura de los derechos y el uso de la fuerza, que los sectores campesinos organizados dejaran de representar una oposición política organizada y un medio para lograr mejores condiciones materiales de vida.

Vuelta de la democracia, "globalización económica" y surgimiento de las organizaciones campesinas

La instauración democrática en Paraguay

La apertura del proceso democrático para la sociedad paraguaya a partir de 1989 no supuso modificaciones en las políticas agrarias que se venían aplicando durante la dictadura. El gobierno intervino lo mínimo posible en materia de reformas estructurales y en particular en las de carácter socioeconómico. Su acción estuvo restringida a medidas que afectaron la política monetaria y la financiera, como la adopción de un cambio único, libre y fluctuante –según lo sugerido

---

Se decían en las radios, en las prédicas oficiales. Luego fue la experiencia de la comercialización, pero curiosamente lo primero en perseguir fueron las experiencias comunales y las escuelas. Luego fue la comercialización. Fue muy sistemática, muy cruel (...) [Las Ligas] Atacaron la parte económica muy frontalmente. Por ejemplo, destruían a todos los dueños de almacenes en el campo. No echaron sólo a ellos, a los políticos también. Se hicieron notar demasiado. Políticamente, no solamente que se desafiliaron de los dos partidos clásicos, sino que se reían de ellos" (entrevista a José Luis Caravias, clérigo impulsor de las Ligas Agrarias durante los sesenta y setenta).

14 Los problemas relativos a la aplicación de un esquema de clases para América Latina pueden ser hallados en Fernando Henrique Cardoso (1977), Florestán Fernandes (1973) y Alain Touraine (1989).

por los organismos financieros internacionales–, la liberalización de las tasas de interés de los créditos, y la reducción del fondo total destinado al redescuento. Estas medidas no redundaron en una mejora en la economía campesina, ya que este sector se vio históricamente excluido del crédito institucional, teniendo que recurrir al comerciante-acopiador con el fin de atender sus necesidades de financiamiento (Galeano, 1993).

En el plano político-institucional, a pesar de que se buscaron mecanismos para democratizar las relaciones sociales, sigue existiendo un autoritarismo fuertemente enraizado en las estructuras institucionales y una débil separación entre los distintos poderes del Estado. Asimismo, a pesar de que formalmente los derechos políticos tienden a ser respetados, "el ejercicio democrático de estos derechos continúa experimentando violaciones y un tratamiento injusto y discriminatorio de parte de los tribunales y las fuerzas encargadas de resguardar el orden (la policía)" (Galeano y Yore, 1994: 17). En lo referido a la problemática de la tierra, existe un obstáculo fundamental para una distribución más equitativa de este recurso: muchos de los integrantes de la "clase política" –a quienes las organizaciones campesinas y las ONGs que los apoyan exigen la sanción de una reforma agraria– son dueños de gran parte de los latifundios improductivos que los campesinos ocupan o demandan que sean expropiados para su redistribución. Esto redunda en una imposibilidad para lograr la aprobación de ciertas leyes o medidas de gobierno que perjudiquen a los latifundistas.

"Acá hay dos cosas que no entran: impuesto a la renta personal e impuesto al latifundio. Que había, que iba a entrar, que faltan leyes, y no sé cuanto, pero nunca entran. Mientras tengamos a estos gobernantes..." (entrevista a José Luis Caravias, clérigo impulsor de las Ligas Agrarias durante los sesenta y setenta).

Estas dificultades para instalar los problemas campesinos en la agenda del Estado pueden comprenderse en un marco en el que, si bien el fin del régimen autoritario significó la clausura de un largo período de opresión política y una transición hacia la vigencia de las libertades públicas, la apertura democrática no significó la representación efectiva de los intereses campesinos en la esfera del Estado. Incluso se acrecentó el poder de grupos con orientación oligárquica y de segmentos del empresariado. De esta manera, el sistema democrático es visto como un régimen viciado de corrupción y clientelismo, lo que contribuyó a consolidar un proceso de pérdida de legitimidad y de credibilidad de los partidos políticos y los sucesivos gobiernos constitucionales.

En este contexto, participan múltiples organizaciones[15] que, si bien se diferencian en sus planteos ideológicos, tienen como reivindicaciones básicas y comunes el acceso a la tierra y la prosecución del apoyo a los asentamientos ya constituidos[16]. Estos son los objetivos a partir de los cuales las organizaciones lograron coordinar sus acciones a nivel nacional a pesar de sus diferencias ideológicas[17].

Una de estas organizaciones es la Federación Nacional Campesina que surge en julio de 1991 como consecuencia de la fusión con las once organizaciones regionales componentes de la anterior Coordinación Nacional de Productores Agrícolas (CONAPA) y de tres organizaciones distritales: la Coordinación de Agricultores Asociados (CODAA) de Yhú (Caaguazú), la Asociación Campesina de Desarrollo Integral (ACADEI) de San Pedro, y la Asociación de Cañicultores de Tebicuarymí.

La recuperación democrática en Argentina

La vuelta a la democracia en 1983 significó en Argentina la apertura de los mecanismos institucionales establecidos en el marco de un estado de derecho. La fuerte presencia del movimiento de derechos humanos, el juicio a los comandantes de la dictadura y el "clima de época" parecían abrir nuevos espacios de democratización.

A pesar de ello, al mismo tiempo que se restituyeron derechos políticos, en varios espacios regionales se recomponen los antiguos gobiernos populistas. Para el caso específico de Santiago del Estero, la reaparición de las elecciones significó que el justicialismo gobernara nuevamente, y con ello el retorno del "juarismo". Se trata de una provincia manejada directa o indirectamente por Carlos Arturo Juárez[18] junto a su esposa (actual gobernadora de la provincia y líder de la

15 Según Fogel (2000), a fines de 1992 había 70 mil campesinos afiliados a 753 organizaciones de base, reunidas en 53 organizaciones regionales, las cuales a su vez estaban integradas en diez organizaciones nacionales.

16 Los asentamientos se ven continuamente amenazados por desalojos frente a los cuales los campesinos han desarrollado diversas estrategias para permanecer en las tierras.

17 Cabe señalar que la historia del movimiento campesino paraguayo a partir de los años noventa está signada por divisiones y recomposiciones de las diversas organizaciones.

18 Carlos Arturo Juárez ha ocupado, desde la década del cincuenta y en forma continuada, diferentes puestos políticos tanto a nivel nacional como a nivel provincial.

rama femenina del Partido Justicialista provincial), y gobernada en base a la sistemática represión de las libertades civiles y políticas. Según un informe publicado en el diario *El Liberal* (19/05/2000), los servicios de inteligencia de la policía de la provincia se dedican a hacer investigar a todo opositor político del "juarismo"[19]. Seguimientos, escuchas telefónicas, informes confidenciales e informantes a sueldo son las técnicas más utilizadas. Estas prácticas se complementan con una red de clientelismo[20] (que en materia de política es común en una provincia donde el 58% de los ocupados trabaja para el Estado provincial) y con un férreo verticalismo en donde el "juarismo" no sólo tiene la primera y última palabra en los nombramientos y políticas de los organismos de gobierno, sino que también controla la mayoría de los juzgados y mantiene una relación de "alineación automática" entre la gobernación y la legislatura provincial.

Pese a esta restauración "semidemocrática" en lo que hace a los poderes del Estado provincial, se produce a partir de mediados de los ochenta un quiebre en cuanto al papel jugado por la sociedad civil, evidenciado en algunos hechos significativos. En primer lugar se produce lo que se dio en llamar el Grito de Los Juríes: el 29 de octubre de 1986 se realizó en esta localidad del departamento Taboada, en el Sudeste de la provincia, una movilización popular que reúne a mil quinientos campesinos de la zona y de otros lugares de la provincia. Las sucesivas peregrinaciones religiosas que se realizaron a Mailín, protagonizadas por los sectores campesinos, fueron favoreciendo un proceso de movilización, sentando un precedente que puede ser señalado como el disparador de la formación del MOCASE. En efecto, el 1° de diciembre de 1989, a tres años del Grito de Los Juríes, se reúnen en esta misma localidad los representantes de estas organizaciones, que luego de este primer encuentro organizan otros en Forre, Colonia

---

19 El informe sostiene además que el servicio de inteligencia de la provincia está compuesto por los mismos oficiales que actuaron durante la última dictadura militar y que figuran en el informe de la CONADEP. Otra noticia semejante apareció en el diario *Clarín* el 28 de junio de 2001.

20 Uno de nuestros entrevistados se refería al problema del clientelismo político en la provincia de la siguiente manera: "El gobierno de la provincia de Santiago del Estero... Juárez es el Poder Judicial, Juárez es el Poder Legislativo, Juárez es el Poder Ejecutivo. Él manda todo, es un dictador. Y tiene muchísimos empleados dentro de la provincia de Santiago del Estero que si tiene un empleado y no lleva... Por suponer, que acá en La Simona tenga un agente sanitario y ese agente sanitario no lleva diez personas para que voten, lo echan. El hermano, el primo, ya sea de qué partido fuera pero por ayudarle a la parienta o al pariente va a tener que ir a votar para que no pierda el cargo. Y después, bueno, existe el fraude electoral, aquí votan más muertos que vivos. Y lamentablemente, todos los muertos son juaristas" (entrevista a R. A., junio de 2001).

Dora y Añatuya. Finalmente, el 4 de agosto de 1990 se constituye formalmente en Quimilí el Movimiento Campesino de Santiago del Estero (MOCASE), con dos representantes por cada organización.

Pese a esta densificación de la sociedad civil implicada en la formación del MOCASE, las medidas económicas de profundización de la liberalización comercial y financiera realizadas durante los noventa, que reeditan algunos de los problemas provenientes de décadas anteriores dentro de la mayoría de las economías regionales argentinas, tienden a producir un debilitamiento del sector representado por esta organización. La ausencia de regulación para defender los precios internos, la carencia de crédito barato y la inexistencia de procesos de industrialización *in situ*, junto con la intermediación abusiva y expoliadora y la falta de asistencia técnica apropiada, delimitarán un escenario con serias dificultades, sobre todo para los pequeños productores. En el caso puntual de la economía minifundiaria santiagueña, la formación de cooperativas dentro del complejo algodonero durante mediados de los noventa en las localidades de Quimilí, Juríes y Figueroa, permitió en alguna medida aumentar el poder de negociación de los productores, como así también comprar sus producciones y gestionar créditos, disminuyendo los costes derivados de su atomización. Sin embargo, el derrumbe de los precios que tuvo lugar al final de esta década opacó estos beneficios, y actualmente los pequeños productores y sus cooperativas se encuentran en serios problemas financieros. Esto influye no sólo en el aspecto económico ya que, en la medida en que cooperativas y organizaciones campesinas se encuentran entrelazadas, la disminución de recursos en el plano productivo también repercute en el nivel gremial.

Algunas reflexiones preliminares

La definición de ciudadanía de Marshall establece un conjunto de derechos que se instituyen como la base política de la democracia y del Estado moderno, por lo que estos derechos deben ser garantizados constitucional e institucionalmente por el Estado. En este sentido, para que la ciudadanía pueda ser ejercida plenamente deben cumplirse ciertos requisitos: el sistema normativo debe estar guiado por criterios universales, debe imperar el estado de derecho, los poderes públicos deben proteger los derechos en forma universal y, por último, las personas deben poder gozar de ciertos prerrequisitos sociales y económicos. En este sentido, la apertura democrática –aunque fue una condición indispensable para el surgimiento de las organizaciones– tanto en Santiago del Estero como en Paraguay no supuso una auténtica democratización ni de las instituciones ni de la sociedad misma.

A su vez, el advenimiento de gobiernos neoliberales en los países de América Latina supuso la transferencia hacia el mercado de algunas empresas económicas y actividades sociales antes desarrolladas por los estados. Esto significó la explosión de los índices de desigualdad, pobreza y polarización social, que se convierten en los indicadores más visibles de la degradación de los derechos ciudadanos y de la pérdida de la legitimidad sustantiva de los estados. Dos ejemplos bastarán para reflejar estos fenómenos: el 42,5% de la población rural en Paraguay (DGEECP) se encuentra bajo la línea de pobreza, mientras que en Santiago del Estero más del 53% de la población rural tiene necesidades básicas insatisfechas (Murmis, 2001).

En este contexto, como sostiene Mangabeira Unger (citado por Nun, 2000: 167) "la alternativa a la catástrofe como condición del cambio es la reforma de las ideas y de las instituciones". En este sentido, nos preguntamos en qué medida la participación de las organizaciones campesinas en el espacio público puede contribuir a la democratización de las instituciones y de la sociedad.

Presentación de las organizaciones

Hemos intentado dar cuenta de los contextos económico-sociales y políticos en los cuales surge y se consolida el problema de la tierra tanto en Santiago del Estero como en Paraguay. Asimismo, especificamos el momento en el cual surgen ambas organizaciones y distinguimos sus antecedentes más influyentes, ya que los consideramos como fundamentales a la hora de analizar la forma en que el acceso a la tierra se redefine como un derecho ciudadano. Este apartado intenta profundizar tal caracterización a través del análisis de las estructuras organizativas y prácticas políticas de ambas organizaciones.

La Federación Nacional Campesina, como representante de pequeños productores y los sin tierra, es definida por su presidente como "una organización de clase, una herramienta de lucha, una herramienta de presión, autónoma, democrática, combativa y clasista" (entrevista a Eladio Flecha, junio de 2001). La FNC plantea una serie de medidas que abarcan no sólo al sector de campesinos pobres o sin tierra, sino al conjunto de las clases sociales oprimidas "por los imperialistas y terratenientes". Plantea una reactivación productiva con centro en la reforma agraria y el desarrollo industrial interno en el país. Actualmente la FNC dirige cincuenta asentamientos, que conservan una amplia autonomía[21], distribuidos en diferentes departamentos del país. Según datos del Censo de Organizaciones Campesinas de 1994, la FNC está compuesta por 322 organizaciones de base, que representan a 5.625 familias y/o 9.094 socios, y puede ser considerada la organización más grande del país (Dávalos y Rodríguez, citados por Galeano, 1995).

Por su parte, el Movimiento Campesino de Santiago del Estero asumió como estrategia central desde sus inicios la lucha por la tenencia de la tierra y el mejoramiento de las condiciones de vida de las familias campesinas. Entre sus objetivos más generales se encuentran "buscar soluciones a problemas comunes, (...) ser representante de los campesinos frente a las autoridades, (...) apoyar las peticiones de cada una de las organizaciones que lo integran respetando su autonomía, (...) promover la capacitación en cooperativismo y gremialismo, (...) [hacerse] escuchar en los espacios de poder y en los distintos organismos del gobierno provincial relacionados con la política agropecuaria" (extracto del acta fundacional). El MOCASE nuclea a trece organizaciones zonales situadas a lo largo y a lo ancho de todo el territorio provincial, representando a más de 5 mil familias. Si bien como organización posee alcance provincial, lo que la diferenciaría de la FNC, que posee alcance nacional, el MOCASE se ha convertido en símbolo de la lucha por la tierra en Argentina y en referente de otras organizaciones.

En cuanto a sus estructuras organizativas, la FNC es una organización de tercer grado: cada dos años se eligen los miembros del Comité Ejecutivo, de nivel nacional, que se suman a las estructuras departamentales y de distrito. El Comité Ejecutivo tiene su sede en Asunción, por lo cual los principales dirigentes se encuentran la

---

21 En cuanto a la estructura de los asentamientos, el presidente de la Federación, Eladio Flecha, sostenía "En un asentamiento de 5 mil hectáreas puede haber cuatro o cinco núcleos, todos cerca y un sistema de comunicación entre núcleos. El asentamiento se define por... es una metodología asamblearia en donde participan todos los miembros de la familia, el asentamiento se discute y se define por cuestión asamblearia. Hay una producción respetando la mentalidad de los compañeros, la posición ideológica, incluso hay posibilidad de producción individual y colectiva. Entonces para ir comparando cuál es el resultado de lo colectivo y de lo individual, entonces es una producción en forma mixta. Hay asentamientos donde todo es colectivo, depende del avance ideológico de los compañeros para que en un asentamiento pueda haber producción totalmente colectiva y producción mixta, colectiva e individual" (entrevista a Eladio Flecha, junio de 2001).

mayor parte del año fuera de sus comunidades. Según su presidente, toda la infraestructura de la Federación está direccionada a presionar al Estado: "las capacitaciones en el marco de la organización están destinadas a caracterizar al Estado, la dependencia de nuestro país, caracterizamos a la oligarquía y estudiamos por qué estamos en esta situación con los compañeros. Y uno debate y se va conformando una mentalidad más de clase" (entrevista a Eladio Flecha, junio de 2001). Por este motivo la organización no posee emprendimientos productivos propios que permitan vincular las acciones gremiales con estrategias productivas[22].

El MOCASE es una organización de tercer grado, es decir, nuclea a distintas organizaciones campesinas de varios departamentos provinciales, la mayoría de las cuales se encuentra fuertemente relacionada con una cooperativa campesina de producción y comercialización. Cada organización zonal, compuesta por varias comunidades de base, designa a dos representantes, los cuales se reúnen con el resto de los delegados de los otros departamentos y toman las decisiones que involucran al MOCASE. En definitiva, los dirigentes no son otros que los propios dirigentes de las organizaciones de base, las cuales combinan su papel gremial con su actividad productiva. Las reuniones del MOCASE se realizan una vez al mes en la capital de la provincia, donde en primer lugar se reúnen las distintas áreas (Tierra, Educación, Cultura y Jóvenes, Promoción y organización, Producción y comercialización, Salud y mujer, Ecología y Derechos Humanos) para luego, hacer una puesta en común y discutir las medidas a tomar.

En cuanto a la forma que adquieren el reclamo y la lucha por la tierra, la FNC combina dos formas de acción: por un lado, la ocupación de latifundios improductivos y el consecuente establecimiento de asentamientos; por el otro, la realización de cortes de ruta escalonados[23] con el objetivo de abrir la ronda de negociaciones con el

---

22 "Nuestra lucha es por defender un programa de desarrollo y no cuestiones asistenciales que es una política del gobierno para debilitar a las organizaciones campesinas que sólo sirven para corromper inocentes y comprar oportunistas que es lo que está sucediendo ahora con este proyecto de la Unidad Técnica Ejecutora de Proyectos (...) ¿Por qué decía que esta unidad técnica ejecutora se presta a algo asistencialista? Porque dan respuesta a proyectos puntuales y no dentro de un programa de desarrollo nacional. Por proyectos puntuales hablamos de cría de cerdos, gallinas, implementación de floricultura, que no tienen nada que ver con el desarrollo nacional, sólo para el sustento. En Paraguay, nosotros tenemos una cultura que todos somos... para criar cerdos y otros medios de subsistencia no necesitamos la asistencia del gobierno. Entendemos que el gobierno nacional debe enfocar todos los recursos dentro de un programa de desarrollo y no con asistencia" (entrevista a Eladio Flecha, junio de 2001).

23 El sistema de cortes escalonados puede ser descripto del siguiente modo: a lo largo de una misma

gobierno, para lograr ya sea la legalización de algún asentamiento, la entrega de tierras o la implementación de políticas económicas. Por otra parte, en cuanto al derecho a la tierra, existe la reapropiación por parte de los dirigentes de un pasado histórico anterior a la Guerra de la Triple Alianza donde había un "auténtico desarrollo nacional" en base a un Estado que tenía en propiedad la mayoría de las tierras. Por esta razón su discurso apela continuamente al Estado, en tanto agente encargado de implementar políticas públicas para alcanzar un progreso nacional.

Por su parte, la lucha por la tenencia de la tierra para el MOCASE se desarrolla en gran medida en el ámbito judicial, donde presenta demandas, recursos de amparo, etc., con el objetivo claro de que ningún campesino santiagueño más sea desalojado de sus tierras. Para ello cuenta con un equipo de abogados que no sólo presta asistencia a los integrantes del MOCASE sino también a cualquier productor que se acerque a la organización. Si bien las acciones de la organización pasan principalmente por el foro judicial, el MOCASE no descarta otro tipo de acciones ante la posibilidad de un desalojo. El caso emblemático de La Simona[24], y más recientemente los casos de Pinto y Vilelas[25], son sólo ejemplos de la capacidad del MOCASE para movili-

---

ruta existen varios cortes que son habilitados progresivamente. En el primer corte de ruta se interrumpe el tránsito durante una hora; cuando se "libera" al tránsito se corta la ruta en el segundo corte (unos kilómetros más adelante). Este segundo corte dura dos horas, cuando el tránsito se libera se inicia el tercer corte de ruta, unos kilómetros más adelante, el cual dura tres horas, así sucesivamente. Cuando la ruta no está cortada, los campesinos acampan al costado de la ruta y cada corte tiene su campamento.

24 Los acontecimientos ocurridos en 1998 en La Simona nos los brinda el comunicado de prensa que circuló vía e-mail y algunos medios gráficos: "En la Provincia de Santiago del Estero, en la comunidad de La Simona, próxima a la localidad de Los Juríes, donde han nacido y viven mas de sesenta familias campesinas, llegaron el 12 de octubre miembros de las firmas de Guillermo Masoni (Jungla S.A., Mimbres S.A. y Salónica S.A.) y sin orden judicial ni mediar palabra alguna entraron con dos topadoras arrasando árboles y destruyendo las posesiones y alambrados de los campesinos. Al resistirse pacíficamente estos, y hacerse presente el servicio jurídico del MOCASE (...) presentando escritos en el Juzgado de la ciudad de Añatuya, las topadoras se detuvieron. Sin embargo, el domingo 18 de octubre, intentaron reiniciar su acción violenta, pero familias enteras se pusieron delante de las topadoras resistiendo su paso, e invocando el derecho de posesión veinteñal que les asiste. El viernes 23 de octubre, llegaron a La Simona tres camionetas de las firmas, con policías y civiles armados, y pusieron nuevamente en marcha las topadoras, reiniciando su obra destructora. No traían, porque no existe, ninguna orden de juez competente. Por el contrario se sabe que hay una orden del juez de Añatuya para comenzar un sumario contra miembros de la firma" (comunicado de prensa del MOCASE). La instalación de una "carpa negra" en la zona del conflicto se convirtió en símbolo de la resistencia a los desalojos compulsivos de tierras.

25 El caso de Pinto puede ser considerado como un "caso típico", en la medida en que la acción del MOCASE imposibilitó el desalojo de un productor. El caso de Vilelas resulta tal vez más paradigmático, ya que el productor recuperó su tierra luego de haber sido desalojado por la fuerza pública, gracias a la acción de la organización y de sus abogados.

zar a una multiplicidad de organizaciones e instituciones solidarias y medios de comunicación para evitar los desalojos.

Por último, en cuanto a los vínculos con otros actores y la relación que se establece con el Estado, la FNC, aunque tiene algunos vínculos con ONGs, teje sus relaciones más estrechas con actores sindicales. Junto con la Confederación Nacional del Trabajo (CNT) y la Organización de Trabajadores de la Educación del Paraguay (OTEP) articulan una Coordinadora Obrero-Campesina (COC), que actúa sobre todo coyunturalmente, cuando se plantean planes de lucha y movilizaciones. Por otra parte, rechazan una relación con el Estado o con organismos internacionales que implique el apoyo para proyectos concretos de desarrollo, pues consideran que este tipo de políticas responde a estrategias "asistencialistas". A nivel internacional participan de la Coordinadora Latinoamericana de Organizaciones del Campo (CLOC) y tienen contactos con el Movimiento Sin Tierra de Brasil. Rechazan de plano toda integración del Paraguay a cualquier organismo regional, ya que "nuestra lucha es por la autonomía nuestra, defender nuestra soberanía y no depender de los mercados internacionales sea Mercosur o sea ALCA. (...) Como decía el Dr. Francia en la época de la independencia, no cambiar de amo, sino luchar por un país soberano, autónomo e independiente. Buscar relaciones de cooperación y no de competencia. Para nosotros ser del ALCA o del MERCOSUR es lo mismo porque son instrumentos imperialistas" (entrevista a Eladio Flecha, junio de 2001).

Por su parte, el MOCASE tiene una fuerte relación con ONGs de desarrollo, las cuales le proveen de asistencia técnica y legal. Entabla a su vez vínculos con el Estado a través de organismos de extensión rural –como el Programa Social Agropecuario (PSA) o el Instituto Nacional de Tecnología Agropecuaria (INTA) (ambos organismos de carácter nacional)– y con diversos programas de desarrollo social, logrando así el apoyo para actividades productivas y/o para el fortalecimiento de las capacidades organizativas de las comunidades. A nivel nacional participa de la Mesa Nacional de Pequeños Productores Familiares, a través de la cual también participa de la Coordinadora Latinoamericana de Organizaciones del Campo (CLOC). Tiene estrecho contacto con comunidades pastorales de la diócesis de Santiago, con universidades nacionales, con gremios como la Asociación de Trabajadores del Estado (ATE) y la Confederación de Trabajadores Argentinos (CTA), con la Federación Agraria Argentina, con organizaciones como Poriajú (organización campesina de Chaco), con el

Consejo Asesor Indígena de Río Negro (CAI), con el Movimiento de Mujeres en Lucha, y también a nivel internacional a través del respaldo de ONGs y otras organizaciones de España, Suiza, Brasil y México.

Luego de este breve análisis podemos considerar que estamos frente a dos estilos de organización diferentes. En primer lugar, resulta fundamental destacar, tal vez como resultado de la estructura organizativa, cierta sedimentación de los dirigentes de la FNC en los cargos correspondientes al Comité Ejecutivo Nacional, y por lo tanto la posibilidad de cierto distanciamiento de los líderes nacionales con respecto a las bases. La estructura del MOCASE no admite esta posibilidad, porque en la relación entre dirigentes y bases el contacto es sumamente estrecho y casi sin mediaciones.

De su estructura organizativa y de su discurso, de la forma que adquiere la protesta, y en la relación con otros actores, podemos encontrar diferencias en cuanto a la forma de hacer política que tienen ambas organizaciones. La FNC posee una concepción heroica de la política (Nun, 1989), es decir, una concepción donde la Federación expresa la conciencia "revolucionaria" capaz de descubrir el velo de la falsa conciencia y poner de manifiesto las contradicciones mismas del sistema, al mismo tiempo que indica el camino para cancelarlas. De esta forma, esta organización desarrolla una relación con el Estado en la cual este es visto como el actor privilegiado para impulsar las transformaciones sociales en base a los lineamientos propuestos por la organización. Esta situación responde a un esquema en donde "la organización de la sociedad es vista como una táctica para conquistar el poder del Estado y, a partir de ahí, reorganizar la sociedad desde arriba hacia abajo" (Vieira, 1998: 21). No obstante, al posicionarse como el actor capaz de plantear un modelo de desarrollo alternativo para todo el país, situándose en el escenario de la "gran política" a través de las negociaciones *vis à vis* con el gobierno, deja de lado la promoción de proyectos productivos para garantizar la subsistencia de los sectores campesinos. En otras palabras, su planteo "estratégico" orientado al "largo plazo" hace poco para proveer el sustento que necesitan las familias campesinas para poder asegurarse su reproducción material.

Por su parte, y a diferencia de la FNC, el MOCASE centra su acción política y gremial en lograr que sus asociados fortalezcan su autonomía en relación con los poderes estatales. Como sostiene Held, "el principio de autonomía expresa esencialmente dos ideas básicas: la idea de que las personas deben autodeterminarse y la idea de que el gobierno democrático debe ser un gobierno limitado –un gobierno que mantiene una estructura de poder legalmente circunscripta" (Held, 1997a: 183). De aquí la importancia de la organización, no sólo a nivel político, en la medida en que esta es identificada fuertemente con la defensa de la tierra, sino también a nivel productivo, con el desarrollo de proyectos para mejorar la calidad de vida campesina.

Esta breve presentación de las organizaciones ha dejado planteados algunos aspectos que serán de importancia a la hora de analizar la forma en que las organizaciones resignifican el derecho a la tierra como un derecho de ciudadanía. Volveremos sobre estos aspectos en el apartado siguiente.

Tierra y ciudadanía

"Entendemos que en Paraguay hay una democracia política, una libertad mínima de expresión y de acción, es mínima hasta no perjudicar los intereses de la oligarquía, pero nuestra lucha es por la democracia económica o la democracia real con justicia social. Eso es fundamental para nosotros. La democracia política no alcanza para el desarrollo. Entonces nuestra lucha es por la democracia real con justicia social. A través de este gobierno dependiente de la oligarquía latifundiaria, financista y corrupta de nuestro país no puede haber democracia económica, sólo participación política organizada del pueblo. Pero nosotros entendemos que la participación política organizada no significa participar en las cuestiones electorales, eso es más bien una manipulación de la participación popular" (entrevista a Eladio Flecha, presidente de la FNC, junio de 2001).

"El sistema político tradicional tiende a reproducirse de diversas maneras, a través de la 'presión de los punteros políticos que trabajan para desarmar la organización', o mediante 'el miedo y la persecución policial' ya que 'hemos sufrido una cantidad de atropellos, cárcel, amenazas a dirigentes y pobladores por defender nuestros derechos'. Como MOCASE no hemos sido escuchados, y mucho menos apoyados por el gobierno provincial que ha dado sobradas muestras de 'estar en contra' de todo lo que representa nuestra organización. Tampoco el manejo tradicional de los partidos políticos ha contribuido al avance de nuestra organización" (1° Congreso del MOCASE, noviembre de 1999).

Ambas citas dan una idea de lo que sostuvimos en apartados anteriores, a saber, la "incapacidad" de estas democracias para asegurar un cierto status de ciudadano a sus miembros. Dejan en claro también, en un plano práctico, la necesidad de un cambio en torno a las relaciones sociales a través de la participación, ya que como sostiene Balibar (1994b), toda forma de dominación o de sujeción es incompatible con la ciudadanía. Pero al mismo tiempo rescata la importancia de la participación en la medida en que nadie puede ser liberado o emancipado por otros, aunque nadie pueda hacerlo sin los otros. En un plano teórico, esto supone la necesidad de un giro conceptual en relación con el tema de la ciudadanía. Siguiendo a Kymlicka y Norman, "debemos complementar (o sustituir) la acepción pasiva de los derechos de ciudadanía con el ejercicio activo de las responsabilidades y virtudes ciudadanas" (Kymlicka y Norman, 1997: 9). En otras palabras, la ciudadanía ya no debe ser únicamente considerada como un status legal sino como una actividad deseable[26] a través de la cual se construye un determinado tipo de comunidad política. Es así como tenemos frente a nosotros dos grandes ejes de discusión: en primer término, la participación como condición de posibilidad de emancipación, en este caso, a través de la enunciación del derecho a la tierra. En segundo lugar, pero en estrecha relación con lo anterior, la conformación de una identidad política, de antagonismos que nos situarán en el plano de "lo político", que nos permitirá evaluar en qué medida las prácticas políticas de estas organizaciones pueden democratizar las relaciones sociales en base a la resignificación del acceso a la tierra como un derecho de ciudadanía.

Los procesos de globalización desencadenados en América Latina han producido un incremento de las brechas entre los grupos sociales incorporados a los procesos transnacionales y los sectores excluidos (Lechner, 1999). Estas brechas no sólo se ponen de manifiesto en la desigualdad de los ingresos sino también en cuanto a la seguridad social –salud, previsión– y la educación, por ejemplo. Esta exclusión, que puede ser considerada como consecuencia propia del

26 El tema que se nos presenta, entonces, es cómo conciliar la libertad individual –entendida de forma negativa como ausencia de coerción– con la participación política. Mouffe (1999), retomando un argumento de Skinner, sostiene que la libertad individual sólo puede ser garantizada a ciudadanos de un "Estado libre", de una comunidad cuyos ciudadanos participan activamente en el gobierno. En palabras de la autora, "para asegurar nuestra propia libertad y evitar la servidumbre que haría imposible su ejercicio tenemos que cultivar las virtudes cívicas y dedicarnos al bien común" (Mouffe, 1999: 93).

orden socioeconómico actual, se pone de manifiesto en una fuerte y generalizada crisis del lazo social (Nun, 2000). En este contexto, frente a estas tendencias excluyentes, la organización y la participación se convierten en la garantía o en la posibilidad de recobrar un sentido de comunidad: "pensamos que es la única salida que nos queda, es la lucha por el bien común, para el bien común. (....) debatimos nuestros problemas sociales (...), cada sujeto que vive en esa comunidad debate, o sea, opina sobre su respectiva realidad de cómo se vive en la comunidad, [sobre] su respectiva realidad concreta de su comunidad. Y allí surgió mucha organización, y pensamos que en este momento estamos llegando a esta altura de la lucha, porque desde ese momento en que debatimos nuestros problemas sociales, cesó un poco la delincuencia, y no hubo más, bajó porque la juventud no está más, no toda la comunidad, no todos los pobladores de una comunidad se concientizan en ese sentido, pero la mayoría de los que participan en la comunidad se concientizan en ese sentido que es la salida concreta para reducir un poco la ola de desesperación que se vive en las comunidades" (entrevista a un joven integrante de la FNC y ocupante de un asentamiento, junio de 2001).

"Hemos reconocido los cambios que en nuestras familias campesinas hemos producido al organizarnos, nos vamos integrando en nuestras comunidades (...). Hemos visto y vivido la ausencia de respuestas del gobierno y especialmente la discriminación explícita del gobierno provincial sobre nuestro movimiento. [Sin embargo] Esta participación en la búsqueda de resolver problemas comunes nos permite ser actores de nuestro desarrollo" (conclusiones del 1° Congreso del MOCASE, noviembre de 1999).

"...nuestro Movimiento se halla identificado fuertemente con la defensa de la tierra. A partir de esto fuimos generando la organización y la recuperación del sentido de comunidad. A medida que crece la organización empezamos a tener una visión más clara de lo que pasa en nuestra realidad" (conclusiones del 1° Congreso del MOCASE, noviembre de 1999).

Ambas citas expresan la importancia de la participación y de la organización para reconstruir los lazos comunitarios lacerados por los procesos de exclusión y de "discriminación explícita" de los gobiernos tanto nacional –en el caso de la FNC– como provincial –MOCASE. En otros términos, la organización y la participación permitieron disminuir la incertidumbre en cuanto al futuro que generan estos procesos en los sectores campesinos. A su vez, brindaron la posibilidad para generar los recursos necesarios para la lucha por y en defensa de su derecho a obtener y permanecer en sus tierras: en el caso de la FNC, permitieron la recuperación del discurso de las Ligas Agrarias, aunque esta vez utilizando una retórica que define a esta lucha en términos de un conflicto clasista y anti-imperialista. En el caso del MOCASE, la intervención de un exterior discursivo –las ONGs[27]– y el proceso de movilizaciones concluyeron en la conformación de la organización. En otros términos, posibilitaron la reconfiguración de una relación de subordinación en una relación de opresión[28] con la aparición del "discurso del derecho a la tierra": "los que están en el poder tienen que garantizar [el derecho al acceso a la tierra]. O sea, legítimamente yo tengo que tener mis propias tierras. Pero en las leyes de las clases dominantes hay lo que se llama propiedad privada, una ley que tiene frente al pueblo para que no se pueda entrar en una propiedad privada, en el latifundio (...). [Sin embargo] en la ley misma dice que cada ciudadano de un determinado país tiene que tener derecho a la tierra. Pero la realidad nos dice que eso no existe en este país" (entrevista a un joven integrante de la FNC y ocupante de un asentamiento, junio de 2001).

"Como nosotros no teníamos conocimiento de cuál era la ley que nos protegía, nosotros no le pedíamos nada, simplemente escuchábamos que ellos nos decían 'Bueno, desocupen el campo que esto es mío'. No pedíamos como hoy que ya tenemos la organización y ya sabemos que [hay] una ley veinteñal que nos ampara [y que] como pobladores veinteñales somos más dueños que ellos por más que ellos tengan los títulos de propiedad. Porque nosotros somos los pobladores antiguos, que hemos estado y nos corresponde esa posesión" (entrevista a un miembro del MOCASE, 1998).

La enunciación del derecho a la tierra está íntimamente relacionada con una concepción de la tierra propia de una identidad y tradición campesina, que se transmite de generación en generación. Como sostienen dos de nuestros entrevistados: "La tierra es para mí, perso-

---

27 "Hemos ido conociendo que existe una ley que ampara al poseedor de la tierra (...) Nosotros no sabíamos nada, antes nadie sabía pero desde que empezamos a tener contacto con los técnicos ellos nos mostraron las posibilidades que teníamos de defendernos, por eso nosotros conocemos los derechos (...) Ahora estamos conscientes de que el que vive y trabaja la tierra es el dueño" (entrevista a M. C., tesorera de la CCPPAS, 1995). En Alfaro (1998).

28 Siguiendo a Laclau y Mouffe (1987: 172), entendemos "por relación de subordinación aquella en la que un agente está sometido a las decisiones de otro (...) Llamaremos, en cambio, relaciones de opresión a aquellas relaciones de subordinación que se han transformado en sedes de antagonismos".

nalmente, una materia que sirve para sacar los diversos alimentos, lo que necesita el cuerpo se saca de la tierra. La materia prima se produce desde la tierra. O sea que la tierra tiene un valor importante en el mundo, para mí la tierra tiene valor, tiene cadena con la vida, tiene enlace con la vida, y eso es para mí la tierra. La tierra se enlaza con el ser humano, tiene un lazo con el ser humano" (entrevista a un joven integrante de la FNC y ocupante de un asentamiento, junio de 2001).

"Como la Pacha Mama decimos acá. Tiene el mismo significado de una madre. La tierra es todo, sin la tierra no somos nada. Porque en la tierra es donde el padre comienza a cultivar, y del producto de eso cría a sus hijos. En la tierra siembra el pastoreo donde va a tener la vaca lechera; que va a comer por un largo tiempo y va a generar la leche para sus hijos. En la tierra es donde el campesino pone toda la esperanza, ya sea en el cultivo, en la ganadería. Es como decir, que si a nosotros nos sacan la tierra nos sacan nuestras raíces, la cultura, está insertado todo dentro de la tierra; nuestras costumbres, nuestras tradiciones, nuestra forma de trabajar. Y el sentir vivir libremente sobre la tierra. Por eso la tierra es soberanía" (entrevista a un dirigente del MOCASE, junio de 2001).

La reapropiación de una tradición familiar "campesina", compuesta por una cultura y costumbres profundamente enraizadas, confluyen para construir un sentido particular en relación a la tierra, que abre un debate entre una economía de mercado, guiada por racionalizaciones monetarias, y una "economía moral", basada en ciertas normas y prácticas que no necesariamente se basan en una lógica monetaria. Como sostiene E. P. Thompson, "estas comunidades existen como un tejido de costumbres y usos hasta que se ven amenazadas por racionalizaciones monetarias y se vuelven conscientes de sí mismas *como* 'economía moral'" (Thompson, 2000: 383). Hablar de economía moral no excluye la posibilidad de que las relaciones de reciprocidad que se mantienen dentro de las comunidades campesinas –préstamos de amigos, intercambio de prestaciones, por ejemplo– se combinen con transacciones de mercado. Lo que intentamos resaltar es que la conformación de este antagonista "moral" frente a la economía de mercado se construye en relación con proyectos productivos sustentables que buscan garantizar la soberanía alimentaria de las comunidades en base a prácticas agrícolas, ganaderas y forestales que se desarrollan respetando un equilibrio ecológico y social. Esta idea de sustentabilidad se encuentra estrechamente relacionada con la noción de tiempo, en la medida en que el cuidado del medio ambiente posibilita la reproducción de los recursos naturales y, por lo tanto, de la misma comunidad. Son a estas prácticas y normas a las que nos referimos cuando sostenemos que los campesinos paraguayos y santiagueños desarrollan una "economía moral" que se contrapone a una utilización intensiva de los recursos, que amenaza la biodiversidad de la zona. De esta manera, el sentido que adquiere la tierra para estos campesinos difiere de aquel que considera la tierra como un recurso productivo y/o especulativo, el cual debe ser explotado en búsqueda de la mayor ganancia en el menor tiempo posible. La defensa de la tierra se plantea entonces como la defensa de un "estilo de vida" (en términos de Giddens) y de una cultura campesina, que reúne un uso y apropiación particular de los recursos naturales. En otras palabras, existe en esta cultura y en sus valores una importancia vital en relación con la tierra.

En párrafos anteriores hemos destacado la capacidad de las organizaciones y de sus miembros de construir un antagonista, que posibilitó la reconfiguración de una relación de subordinación en una relación de opresión. En consecuencia sostuvimos también la posibilidad de configurar, a partir de la emergencia de las organizaciones en el espacio público, un debate en torno al significado de la tierra. En otras palabras, manifestar la capacidad de la FNC y del MOCASE para construir un antagonista implica la (re)configuración de una identidad política. Esta supone, en palabras de Aboy Carlés, "el conjunto de prácticas sedimentadas, configuradoras de sentido, que establecen, a través de un mismo proceso de diferenciación externa y homogeneización interna, solidaridades estables, capaces de definir, a través de unidades de nominación, orientaciones gregarias de la acción en relación a la definición de asuntos públicos" (Aboy Carlés, 2001: 54).

También es importante destacar que, como sostiene Mouffe, "sólo es posible formular adecuadamente un enfoque de esta naturaleza en el marco de una problemática que no conciba el agente social como sujeto unitario, sino como una articulación de un conjunto de posiciones objetivas, construidas en el seno de discursos específicos y siempre de una manera precaria y temporal, saturada en la intersección de esas posiciones subjetivas" (Mouffe, 1999: 103)[29].

---

29 Es importante destacar que estas identidades se deben leer como una construcción interactiva y compartida, como "una definición que debe concebirse como un proceso, porque se construye y negocia a través de la activación repetida de las relaciones que unen a los individuos" (Melucci, 1994: 172).

La formación de identidades políticas está íntimamente relacionada con el concepto de "lo político", ya que la constitución de estas no es otra cosa que pensar la distinción schmittiana de amigo-enemigo, la cual supone pensar el límite, la posibilidad de distinguir al otro. Como sostiene Schmitt, el enemigo político –que siempre es de carácter público– es simplemente "el otro, el extraño, y para determinar su esencia basta con que sea existencialmente distinto y extraño en un sentido particularmente intensivo. En último extremo pueden producirse conflictos con él que no puedan resolverse ni desde alguna normativa general previa ni en virtud del juicio o sentencia de un tercero 'no afectado' o 'imparcial'" (Schmitt, 1999: 57). En relación con el sentido que adquiere la tierra, podemos encontrar en "lo político" la formación de identidades que se constituyen a partir de un antagonismo en torno a distintas formas de ser, de proyectos o de objetivos diferentes –que para la FNC se construye en oposición a la "oligarquía latifundista y financista", y en el caso del MOCASE en relación con las empresas y/o particulares que intentan desalojarlos de sus tierras.

Sin embargo, este conflicto entre una definición de la tierra como un simple recurso productivo, que se presenta como hegemónica, y una definición "moral", genera un nuevo conflicto entre los sectores campesinos y el Estado, en la medida en que este debería actuar de garante de sus derechos ciudadanos. Cabe destacar que en el caso de la FNC, si bien analíticamente distinguimos entre el antagonismo con los latifundistas y con el Estado, no debemos considerarlos como actores diferenciados, ya que quienes detentan el poder político en el Paraguay pertenecen a las mismas familias que concentran en sus manos más del 79% del total de las tierras.

En términos políticos, el antagonismo con el Estado posibilita "una confrontación sobre las diferentes significaciones que se ha de atribuir a los principios democráticos y a las instituciones y a las prácticas en las que se concreten" (Mouffe, 1999: 19). Este antagonismo también nos permite pensar la relación entre "lo político", en el sentido que le dimos anteriormente, y "la política", que no es otra cosa que el terreno de los intercambios entre los partidos políticos, las actividades legislativas y gubernamentales, y todo tipo de actividades que se desarrollan dentro del sistema institucional o régimen político. Esta relación entre "lo político" y "la política" supone una constante tensión entre conflicto y orden. En este sentido, "la política es un *artificio* en el sentido hobbesiano del término. Para Hobbes, el Leviatán –esto es, el soberano, el Estado, la autoridad, el cuerpo político pacificado–

no es una realidad natural, sino construida como resultado de un pacto o contrato social. Su propósito es domesticar la condición de conflicto (*status naturalis*) en que se halla inmerso el ser humano en su estado natural. La creación del Leviatán (*status civilis*) no cancela el conflicto; sólo regula su modo de existencia dentro del espacio institucional del Estado" (Arditi, 1995: 343; las cursivas corresponden al original). Si traducimos esta discusión al plano de los derechos ciudadanos, observamos que Balibar (1994a) sostiene la idea de una dialéctica histórica –y por lo tanto siempre inconclusa– entre un polo igualitario y un polo estatutario de la ciudadanía. Bajo el primero de estos polos se entiende que "la noción de ciudadano expresa una capacidad política colectiva de 'constituir el Estado' o el espacio público, a partir de una referencia originaria de la insurrección (como en el caso francés) o al derecho de resistencia (como en el caso norteamericano), en resumen, al 'poder constituyente'" (Balibar, 1994a: 29). En contraposición, en la noción estatutaria de la ciudadanía, las instituciones especifican las condiciones más o menos restrictivas de un pleno ejercicio de los derechos. Esta dialéctica nos presenta nuevamente, ahora bajo otra cara, la tensión siempre irresoluble entre conflicto y orden, entre el carácter disruptivo de "lo político" y el carácter "domesticador del conflicto" de "la política".

Llevada esta discusión al plano concreto de las organizaciones, podemos observar que en el caso de la FNC la presión sobre la tierra y la ocupación y posterior legalización de los asentamientos suponen por el lado de la organización obtener recursos de "la política", pero al mismo tiempo, desde el Estado, implica la posibilidad de domesticar, aunque sea momentáneamente, el conflicto. En este sentido, Carter y Galeano (1995) sostienen que las tierras habilitadas a los campesinos desarraigados en respuesta a las invasiones efectuadas ocultaban la necesidad por parte del régimen autoritario de Stroessner y del partido de gobierno de ampliar sus bases de sustentación social y política. Para el caso del MOCASE, el conflicto se presenta durante las acciones orientadas a detener los desalojos compulsivos de familias campesinas. Pero al mismo tiempo, la inscripción de estos conflictos dentro de la esfera judicial sienta las bases para un dictamen a favor de la prescripción veinteñal. La importancia de este dictamen no es menor, ya que sentaría jurisprudencia en relación con los reclamos por la tierra en la provincia de Santiago del Estero, situando al conflicto por la tierra dentro del ámbito político-institucional.

La ciudadanía democrática, que se presenta como conflictiva, se define entonces por una clara oposición a la clausura en un estatuto. Es por este motivo que podemos considerar a los derechos ciudadanos como en un proceso de constante (re)definición. Esta dialéctica entre sedimentación y de–sedimentación se halla en el fundamento mismo de la democracia moderna. Como sostiene Lefort, "la originalidad de la democracia (...) se perfila efectivamente en este doble fenómeno: un poder destinado a mantenerse en busca de su fundamento, porque la ley y el saber ya no están incorporados en la persona de quien o quienes lo ejercen, y una sociedad que recibe el conflicto de opiniones y el debate sobre los derechos porque se han disuelto las referencias de certeza que permitían que los hombres se situaran unos respecto a otros de una manera determinada" (Lefort, 1987: 39)[30].

Es así como en sociedades tan ruralizadas como la paraguaya y la santiagueña, en donde los índices de concentración de la tierra son excesivamente altos, se abre un debate con fuerte contenido político sobre la diferencia entre el derecho de propiedad y la ley de propiedad. A través de los testimonios de nuestros entrevistados hemos dado cuenta de un sentido de la tierra muy especial, que se encuentra íntimamente relacionado con la vida misma. En este contexto, el contenido de este debate no es otro que reflexionar en torno a la problemática de la subsistencia y del derecho a la existencia de estos sectores campesinos.

Como sostiene Balibar, "en la medida en que ella [la propiedad] es interpretada como un derecho exclusivo, como una propiedad privada, que toma prácticamente la forma de monopolio y donde el instrumento universal es el dinero, ella confiere a sus detentores el poder absoluto sobre la vida de otro, que puede llegar al límite de transformarse en el derecho de vida y de muerte" (Balibar, 1992: 251). Se encuentran así en esta discusión quienes sostienen por un lado a la propiedad como "título gobernante de la sociedad" y la condición previa de todos los otros derechos, y quienes demandan la subordinación del derecho de la comunidad al principio de partición de los medios de subsistencia que la funda y la garantiza. Este último es el significado que adquiere la tierra para los miembros de la FNC: "Nosotros estamos de acuerdo con respetar la propiedad privada toda vez que no

30 De aquí que el autor considere a la democracia como un régimen fundado en la legitimidad de un debate sobre lo legítimo y lo ilegítimo, debate cuya inauguración no puede ser separada de la enunciación de las libertades proclamadas a fines del siglo XVIII.

sea un latifundio improductivo. Diferenciamos muy bien qué es un latifundio de una propiedad privada razonablemente explotada. No se puede justificar nunca que una sola persona tenga cientos de miles de hectáreas mientras que miles de familias están carentes de este recurso, que lo necesitan para sobrevivir" (entrevista a una dirigente de la FNC en *Informativo Campesino* Nº 139, abril de 2000).

La propiedad privada aparece así como una construcción jurídica que puede ser puesta en cuestionamiento a través del conflicto. En esta dirección se encuentra la principal forma de lucha de la Federación: la ocupación y la realización de asentamientos en tierras latifundiarias que no están siendo explotadas racionalmente. Esto supone al mismo tiempo un cuestionamiento del Estado y de sus instituciones, en particular al funcionamiento del Instituto de Bienestar Rural. Es aquí donde la dialéctica conflicto-orden adquiere movimiento. La invasión de tierras, la realización de cortes de ruta y la ocupación de instituciones públicas como formas de acción para lograr la obtención de tierras o la legalización de los asentamientos, buscan democratizar las instituciones y las políticas públicas de un gobierno en crisis.

Este debate en cuanto a la propiedad implica, además, otro reclamo: la necesidad de una distribución de la tierra en base a una concepción que considera a la propiedad como un derecho imprescriptible para el hombre: "Yo, por ejemplo, como paraguayo, tengo derecho a acceder a un pedazo de tierra, para que pueda desarrollarme, tener mis propias tierras como sujeto de este país. Porque la tierra de un determinado país, yo creo que es de todos, y todos tenemos el derecho a acceder a un pedazo de tierra. Y así también el desarrollo del país, (...) descansa en la repartición de tierras" (entrevista a un joven integrante de la FNC y ocupante de un asentamiento, junio de 2001).

De esta manera, podríamos sostener, junto a Balibar (1992), la necesidad de controlar el uso de ciertos recursos o de ciertos bienes universales, fundándola jurídicamente a través de una noción como la de "patrimonio universal de la humanidad". Esta no sería "ni una propiedad privada ni una propiedad pública o colectiva, sino una *propiedad universal*, sin sujeto, o sin otro sujeto que la *ficción* de una humanidad unificada" (Balibar, 1992: 260; las cursivas corresponden al original). En este sentido, el mismo entrevistado sostenía que "estamos pensando en el desarrollo de nuestro asentamiento, en el desarrollo de nuestro país, en el desarrollo de toda América Latina y de todo el mundo".

En el caso del MOCASE no encontramos una concepción tan radical en relación con la propiedad. Es en este punto tal vez donde más pesen las diferencias contextuales de ambos países para la determinación de esta problemática. Si bien reconocen la necesidad de avanzar hacia una estrategia política y jurídica que contribuya a una reforma agraria que permita una redistribución equitativa de la tierra, existe en la organización una mayor ponderación hacia la necesidad de una política de desarrollo rural que asegure la sostenibilidad económica, ecológica y social de los productores. Es por ello que, como se desprende de nuestras citas anteriores, en este contexto de "discriminación explícita" el MOCASE y sus comisiones de base adquieren una importancia central tanto a nivel productivo (ya que les otorga la posibilidad ser "actores de su desarrollo") como a nivel político-gremial, dado que les permite "tener una visión más clara de lo que pasa en su realidad" y actuar en consecuencia. Es así como la organización y la acción concreta sientan las bases para un nuevo comienzo y la reapropiación de su propio destino en base a la realización de diferentes proyectos productivos, ya sea a través de sus cooperativas, o bien mediante convenios con ONGs o algunas instituciones estatales como el Programa Social Agropecuario o el Instituto Nacional de Tecnología Agropecuaria[31].

En este contexto, la organización viene a suplantar a un Estado provincial y nacional "ausentes" en materia de derechos sociales básicos a través del desarrollo de proyectos en materia de salud e infraestructura -vivienda, riego, caminos y educación. En este último caso, la política educativa del gobierno –la Ley Federal de Educación– no contempla una educación rural que considere, respete y preserve los rasgos culturales propios de estas comunidades. En todos los aspectos, los escasos recursos destinados por el gobierno muchas veces caen bajo el tejido de redes clientelares de punteros zonales. Cabe destacar que no sostenemos que las organizaciones de la sociedad civil deben sustituir el papel del Estado en materia de derechos sociales, sino que ante su inacción o la mala administración presupuestaria el MOCASE desarrolló una serie de estrategias –gremiales, políticas y productivas– para mejorar las condiciones de vida de las familias campesinas. En este

31 Si bien el MOCASE reconoce los aportes brindados a la organización por parte de las ONGs e instituciones de apoyo, se advertía en el 1° Congreso del MOCASE, a la vez, sobre la tentación de caer en nuevas formas de dependencia porque "las instituciones también nos apoyan porque les conviene mantener su fuente de trabajo y a veces quieren controlar la orientación del proceso de organización" (conclusiones del 1° Congreso del MOCASE, noviembre de 1999).

sentido, el MOCASE abre la posibilidad de llevar a la democracia hasta sus límites que, como sostiene Balibar (1992), se caracteriza por la proposición de igual libertad (*égalliberté*, en francés), la cual implica: que no hay libertad sin igualdad, del mismo modo que no hay igualdad sin libertad; una política de universalización de los derechos; y un derecho a la universalización de la política, es decir, el derecho de cada uno a devenir el sujeto o el actor de la política a partir de formas específicas de su actividad, de su vida, etcétera[32].

De esta manera, las acciones y reclamos llevados a cabo por el MOCASE, al mismo tiempo que permiten la reactivación del espacio público, en tanto instancia generadora de decisiones colectivas y de debate, desplazan el eje de la política desde el ámbito estatal hacia el de la ciudadanía. Es así como "el punto de partida de la práctica democrática pasa a ser la propia sociedad, vista como el origen del poder" (Vieira, 1998: 17), lo que puede contribuir de forma significativa a la construcción de una estructura institucional más democrática. Se establece así una nueva relación entre Estado y sociedad que, en la medida en que considere procesos identificados con los principios básicos de la ciudadanía –es decir, de acuerdo a los principios de libertad e igualdad–, podrá limitar tanto el poder del Estado como del mercado. En otras palabras, el debate emergente en este espacio público, al mismo tiempo que reabre la dialéctica de "lo político" y "la política", podría reformar y democratizar efectivamente el Estado, el mercado, las corporaciones y los partidos. En este sentido se refería un dirigente del MOCASE: "Me parece que si no se empieza desde las bases, como se hace en las casas, nunca vamos a llegar a tener una buena reforma agraria. ¿Qué se reformó? ¿Qué cambio hubo del gobierno de Menem a esta parte? Ninguno. El algodón, que es el cultivo que más se conoce en esta zona no tuvo nunca precio sostén. Hace cuatro años valía casi 600 pesos y el kilo de semilla valía un peso. Hoy vale 200 pesos el algodón en bruto y el kilo de semilla sigue valiendo un peso. Entonces, ¿cómo se entiende? Lo que ellos te venden, sí tiene precio, pero lo que nosotros le vendemos sigue sin tener. (...) Y nuestros presidentes, nuestros gobernadores, ¿qué? Nada. Nada, bajó y bajó. Y la cámara de comercio, nada; y los sindicatos, los sindicalistas, estos gremios, estos grandes cráneos de la CGT, que dicen que defienden a todo el mundo, nada. ¿Qué hicieron?

32 De aquí es que podemos sostener a los derechos del hombre como incondicionales e inalienables.

Nada. Van a protestarle, le dan un micrófono y hablan muy lindo. Yo cambio cuando está Moyano hablando, no lo quiero escuchar más. Veo un partido de fútbol que vi diez veces, mejor. Porque sé que el partido de fútbol por más que sea repetido es cierto. Lo otro, además de ser repetido, ya no le creo que sea cierto. Así que te digo que sueño con la reforma agraria pero desde abajo, empezando por los lugares que corresponden (...). Por eso te digo, tengo pocas esperanzas, de tanto que nos mintieron cada vez me quedan menos esperanzas de la reforma, pero tengo todavía tengo algunas poquitas esperanzas que si parte del lugar que corresponde, a una reforma agraria se va a llegar. (....) por eso digo que empiece de abajo. Qué tengo que hacer para eso es seguir presionando sobre la gente que gobierna. Seguir metiéndonos tal vez en la política de ellos" (entrevista a un dirigente del MOCASE, junio de 2001).

En otras palabras, lograr la autonomía de los miembros de la organización con respecto a la política institucional y sus redes clientelares resulta la condición primordial para la realización de una reforma agraria. Sólo en este sentido puede el MOCASE ser visto como sujeto activo del cambio, el cual deberá partir "desde abajo" y con propuestas que tiendan un arco de solidaridad con otros sectores[33].

A diferencia del MOCASE, la FNC sostiene que la reorganización de la sociedad debe partir desde el Estado a través de una reorientación de sus políticas hacia los intereses de la mayoría, para lo cual es "necesario combatir la corrupción en todas las esferas del Estado". No descartan, entonces, la idea de constituirse en un partido político, en alianza con otras organizaciones gremiales. Íntimamente relacionadas con esta idea acerca de la forma en que ha de efectuarse el cambio se encuentran sus acciones y el contenido de sus reclamos: "cuando las autoridades nacionales no dan respuestas legales nosotros planteamos la lucha legítima de la ocupación de la tierra. Entre los pequeños productores nuestra lucha es movilización, cierre de rutas, ocupación de instituciones públicas como método legítimo de luchas que llevamos adelante para conquistar algunas reivindicaciones concretas mientras luchamos por los planteamientos más globa-

33 En este sentido sostenían los participantes del 1° Congreso del MOCASE que "los planteos del MOCASE deben ser más amplios y solidarios con los problemas de otras regiones y sectores sociales. Debemos continuar trabajando y articulando con gremios y movimientos populares y mostrar nuestra presencia en sus eventos. Tenemos que constituir una red solidaria entre el campo y la ciudad".

les, que son reorientar la política económica del país sobre la base de la soberanía nacional" (entrevista a Eladio Flecha, junio de 2001).

En otras palabras, la transformación de la sociedad no podrá ser efectuada hasta tanto no se logre una "democracia económica o democracia real con justicia social" o una reorientación de la política económica. En este sentido, el Estado es considerado la única arena decisiva en lo que respecta a las relaciones de poder; de aquí que consideren a la democracia como un método para la formulación y toma de decisiones en el ámbito estatal. Por estas razones, hasta poder conquistar ese espacio, la FNC lleva adelanta ciertas formas de protesta "para conquistar algunas reivindicaciones concretas".

Ahora bien, creemos que existe en los dirigentes cierto reduccionismo económico, que deja de lado importantes aspectos culturales de la política y por lo tanto de la democracia. Como sostienen Jordan y Weedon (citados en Álvarez et al., 1998: 5) "la legitimación de las relaciones sociales de desigualdad y el conflicto para transformarlas son un asunto central para la *cultura política*. La cultura política determina fundamentalmente los sentidos de las prácticas sociales, y sobre todo, qué grupos e individuos tienen el poder de definir esos sentidos. La cultura política tiene que ver también con la subjetividad y la identidad, desde que la cultura juega un rol central en la constitución del sentido de nosotros mismos" (traducción propia, las cursivas corresponden al original). En este sentido, observamos que los dirigentes no consideran que las prácticas desarrolladas en el nivel de las bases en relación con la organización de los asentamientos –en sus aspectos productivos tanto como en sus problemas cotidianos en torno a la educación y la salud– tengan un carácter político, capaz de transformar las relaciones sociales. Los dirigentes dejan de lado un aspecto importante del legado de las Ligas Agrarias, las cuales consideraban como fundamental partir desde las prácticas concretas en lo referido a lo productivo y educacional como una instancia indispensable para alcanzar la autonomía de los sectores campesinos. Esta herencia es recuperada en el nivel de las bases, pero sin un consecuente apoyo por parte del Comité Ejecutivo de la FNC.

No sostenemos que el énfasis en lograr una igualdad económica no sea un reclamo legítimo, sino que vemos también como necesario, para lograr este objetivo, el fortalecimiento de ciertas prácticas situadas en el espacio de la vida cotidiana. Este fortalecimiento, que no necesariamente debe involucrar una intervención del Estado (recordemos el rechazo de la FNC a los programas de asistencia del Estado), puede generar mayores grados de autonomía política, ideológica y organizativa de los sectores campesinos, por ejemplo en relación con ciertas prácticas clientelares de los partidos políticos.

Ambas organizaciones se encuentran frente a grandes desafíos: la FNC, el de lograr la articulación de los principios de libertad y de igualdad en un proyecto democrático que no subordine uno al otro, es decir, poner como principal y último objetivo una "democracia económica" puede llegar a dejar de lado el otro polo fundamental de la democracia, a saber, la esfera libertaria.

Por su parte, el MOCASE deberá debatir y decidir la medida en que se instituirá en el espacio público: como un movimiento de cambio social con base en la necesidad de una reforma agraria, lo que probablemente conllevaría a un distanciamiento con respecto a los organismos de extensión rural gubernamentales (INTA y PSA), ONGs y/u otros sectores del Estado y de la sociedad civil. O bien priorizar una mayor integración social de sus miembros a través de programas de desarrollo que redunden en una mejora en su nivel de vida pero sin poner en cuestión la ley de propiedad.

Conclusiones

En este trabajo nos propusimos abordar a la Federación Nacional Campesina de Paraguay y al Movimiento Campesino de Santiago del Estero de Argentina como actores políticos, en la medida en que su lucha por el acceso y permanencia en la tierra es construida y significada como lucha por la ciudadanía.

Desde una perspectiva histórica, constatamos que las políticas públicas implementadas por los gobiernos autoritarios y dictatoriales, a partir de mediados de la década del sesenta, generaron un proceso de "modernización excluyente". En Paraguay, dichas políticas implicaron por un lado el predominio y fortalecimiento de las grandes explotaciones en base a productos orientados a la exportación, y por el otro un proceso de minifundización de las explotaciones menores a 20 ha. El reemplazo de la producción para autoconsumo por una producción orientada al mercado externo supuso para los sectores campesinos una disminución del nivel de vida. Si bien la demanda por la tierra estuvo sujeta a los cambios en las políticas de colonización, las fluctuaciones en los circuitos migratorios y las condiciones económicas (particularmente la demanda del mercado de trabajo y la variación en los precios agrícolas), la característica central del proceso implicó el fortalecimiento de un modelo social excluyente, caracterizado por las dificultades de acceso a la tierra para los sectores campesinos y la clausura de sus posibilidades de participación política a partir de la brutal represión de las Ligas Agrarias Campesinas durante mediados de los setenta.

En Santiago del Estero, esta etapa estuvo signada por dos procesos principales. Por un lado, la revalorización de las tierras por la introducción de cultivos agroexportables. Por el otro, por el fracaso de la política de colonización impulsada por el Estado nacional a través del proyecto del Río Dulce, que buscaba erradicar los estratos de menor tamaño y disminuir la importancia de los de mayor superficie, generando un estrato medio de colonos. Este proceso se caracterizó entonces por una mayor concentración de la propiedad de la tierra y la imposición de "desalojos silenciosos" para muchas familias campesinas.

Las aperturas democráticas en Paraguay y en Argentina generaron las condiciones de posibilidad para el surgimiento y fortalecimiento de organizaciones campesinas. En un plano estructural, la implementación de medidas neoliberales implicó la profundización y expansión de las relaciones capitalistas en el agro. Esto significó el crecimiento de los índices de desigualdad, pobreza y polarización social, y una consecuente profundización de los procesos de exclusión. Es por ello que en un contexto donde el Estado no garantiza plenamente los derechos ciudadanos es necesario complementar o sustituir una concepción pasiva de la ciudadanía –es decir, otorgada por el Estado– por una ciudadanía activa, que se construye en base a una identidad política.

En el caso del MOCASE, la intervención de las ONGs y de la Iglesia, quienes pusieron en conocimiento de los campesinos sus derechos amparados por la ley veinteñal, y las movilizaciones que precedieron a la conformación de la organización, posibilitaron la constitución de estos sectores campesinos como sujetos de derecho. En el caso de la FNC, la instauración democrática significó la reapropiación de la lucha de las Ligas Agrarias por la tierra, aunque ahora en términos de un conflicto definido en términos clasistas y anti-imperialistas.

En términos políticos, la aparición de estas organizaciones en el espacio público generó las condiciones de posibilidad para la constitución de relaciones antagónicas, necesarias para la conformación de una identidad política. En el caso del MOCASE, esta identidad permitió superar la etapa de "desalojos silenciosos" a través de la construcción de una relación de oposición con respecto a las empresas que pretenden desalojar a los campesinos por un lado, y al Estado provincial por el otro, ya que este no cumple con su deber de garante de los derechos ciudadanos. Para la FNC se presenta una situación similar, ya que se constituye un antagonismo con respecto a los latifundistas y también en relación al Estado.

Pero a pesar de ello esta situación presenta ciertas particularidades, ya que en este caso son generalmente las mismas familias las que detentan el poder económico y el político.

Luego del análisis de ambas organizaciones creemos estar en condiciones de sostener que se trata de dos tipos de organizaciones distintas tanto en la enunciación del acceso a la tierra como un derecho, como respecto de sus prácticas políticas y gremiales. Con respecto a la FNC, pudimos apreciar que sostiene una concepción "heroica" de la política, en donde se aspira a "tomar el poder" logrando el control del Estado, y desde allí buscar la implementación de una democracia económica. De esta manera, las prácticas cotidianas no son vistas bajo una dimensión política, es decir, como una expresión válida de la cultura política del país a partir de las cuales se puede ejercer una acción transformadora. Debemos recordar que en los asentamientos se desarrollan actividades cotidianas que –probablemente reflejando el legado de las Ligas Agrarias– podrían democratizar las relaciones sociales en el agro paraguayo si obtuvieran el apoyo y reconocimiento por parte de los dirigentes nacionales.

El MOCASE, por su parte, despliega prácticas que buscan, a través del desarrollo cooperativo, mejorar las condiciones de vida concretas de las familias campesinas, fortaleciendo así la autonomía de sus asociados y oponiéndose de esta manera al clientelismo político utilizado por el gobierno provincial. Siguiendo esta misma orientación, comprendiendo que una transformación social se debe realizar "de abajo hacia arriba", en los últimos años la organización se plantea como objetivo a futuro la implementación de una reforma agraria.

En definitiva, la relación entre derechos ciudadanos y acceso a la tierra dependerá en última instancia del camino que tomen las organizaciones en cuanto a la relación bases-dirigencia, por un lado, y por el otro en el contenido de su actuación en el espacio público, ya sea a través de su articulación con otros actores sociales o mediante su participación en el espacio institucional, para, a través de esta participación, lograr el objetivo de democratizar la sociedad como un todo y los espacios agrarios en particular.

Bibliografía

Aboy Carlés, Gerardo 2001 *Las dos fronteras de la democracia argentina: la reformulación de las identidades políticas de Alfonsín a Menem* (Buenos Aires: Ediciones Homo Sapiens).

Alfaro, María Inés 1998 *Conflictividad social y nuevos patrones de acción colectiva: el caso de los campesinos santiagueños* (Mimeo). Informe final/Beca CONICET.

Alfaro, María Inés 2000 *Modalidades de intervención estatal y actores sociales en el mundo rural: el caso de Santiago del Estero* (Mimeo). Tesis de Maestría

Álvarez, Sonia, Dagnino, Evelina y Escobar, Arturo (eds.) 1998 *Cultures of politics. Politics of cultures. Re-visioning Latina American Social Movements* (Estados Unidos: Westview Press).

Aparicio, Susana 1985 *El proceso de modernización en Santiago del Estero* (FLACSO, Mimeo).

Arditi, B. 1995 "Rastreando lo político" en *Revista de Estudios Políticos,* Nº 87.

Aspiazu, D., Basualdo, E. M. y Khavisse, M. 1989 *El nuevo poder económico* (Buenos Aires: Editorial Legasa).

Balibar, Etienne 1992 *Les frontières de la démocratie* (Paris: La Découverte).

Balibar, Etienne 1994a "¿Es posible una ciudadanía europea?" en *Revista Internacional de Filosofía Política* (Madrid), Nº 4.

Balibar, Etienne 1994b "Subjection and Subjectivation" en Copjec, Joan (ed.) *Supposing the Subject* (Londres: Verso).

Barbalet, J. M. 1993 "Citizenship, class inequality and resentment" en Turner, Bryan (ed.) *Citizen and Social Theory,* (London-New Delhi: Sage Publications).

Barbeito, A. y Lo Vuolo, R. 1992 *La modernización excluyente. Transformación económica y Estado de Bienestar en Argentina* (Buenos Aires: UNICEF-CIEPP-Losada).

Benencia, Roberto 1988 "Lucha por la tierra en el nordeste santiagueño" en Revista *Justicia Social* (Buenos Aires), Nº 7.

Bertaux, D. 1989 "Los relatos de vida en el análisis social" en *Historia y Fuente Oral* (Barcelona), Nº 1.

Bobbio, Norberto 1995 (1991) *El tiempo de los derechos* (Madrid: Editorial Sistema).

Bourdieu, P. 1988 *Cosas dichas* (Buenos Aires: Gedisa).

Cardoso, Fernando Henrique 1977 "Las clases sociales y la crisis de Latinoamérica" en Solari, Aldo (comp.) *Poder y desarrollo. América Latina, estudios sociológicos en homenaje a José María Echevarría* (México: Fondo de Cultura Económica).

Carter, Michael y Galeano, Luis A. 1995 *Campesino, tierra y mercado* (Paraguay: Centro Paraguayo de Estudios Sociológicos).

Dargoltz, Raúl E. 1997 "El movimiento campesino santiagueño-MOCASE. No hay hombres sin tierras y no hay tierra sin hombres" en Revista *Taller* (Buenos Aires) Vol. 2, N° 4, agosto.

Fernandes, Florestán 1973 "Problemas de conceptualización de las clases sociales en América Latina" en Benítez Zenteno, Raúl (coord.) *Las clases sociales en América Latina. Problemas de conceptualización* (México: Siglo XXI Editores).

Fogel, Ramón 1984 "Contexto económico-social y político de los movimientos sociales en el Paraguay" en *Revista Paraguaya de Sociología* (Paraguay), N° 60, mayo/agosto.

Fogel, Ramón 1986 "Movimientos campesinos y transición democrática en Paraguay" en *Revista Paraguaya de Sociología* (Paraguay), N° 67, septiembre/octubre.

Fogel, Ramón 1988 "Tierra y democracia. La lucha de los campesinos paraguayos" en Revista *Nueva Sociedad* (Venezuela), N° 96, julio/agosto.

Fogel, Ramón 1990 "Los campesinos sin tierra en la frontera" en *Serie Tierra* (Asunción: Ediciones Comité de Iglesia), N° 2.

Fogel, Ramón 1995 "Procesos de globalización y reestructuración agraria en el Cono Sur. El caso paraguayo" en Piñeiro, D. (comp.) *Globalización, integración regional y consecuencias sociales sobre la agricultura* (Montevideo: Universidad de la República).

Fogel, Ramón 2000 "La estructura y la coyuntura en las luchas del movimiento campesino paraguayo" en Giarracca, Norma (comp.) *¿Hacia una nueva ruralidad en América Latina?* (Buenos Aires: CLACSO).

Fogel, Ramón 2001 *Las luchas campesinas. Tierra y condiciones de producción* (Paraguay: Centro de Estudios Rurales Interdisciplinarios).

Galeano, Luis 1993 "Modernización agraria inconclusa y transición democrática en Paraguay" en *Revista Paraguaya de Sociología* (Paraguay), N° 87, mayo/agosto.

Galeano, Luis 1995 "La exclusión social en el sector rural del Paraguay" en *Revista Paraguaya de Sociología* (Paraguay), N° 94, septiembre/diciembre.

Galeano, Luis A. y Yore, Myriam 1994 *Poder local y campesinos* (Asunción del Paraguay: Centro Paraguayo de Estudios Sociológicos).

Giddens, Anthony 1997 *Las nuevas reglas del método sociológico* (Buenos Aires: Amorrortu).

Halperín Donghi, Tulio 1996 (1963) *Historia Contemporánea de América Latina* (Madrid: Alianza Editorial).

Held, David 1997a *La democracia y el orden global: del estado moderno al gobierno cosmopolita* (Barcelona: Paidós).

Held, David 1997b "Ciudadanía y autonomía" en *Ágora* (Buenos Aires) N° 7.

Hirschmann, Alberto O. 1991 *Retóricas de la intransigencia* (México: Fondo de Cultura Económica).

Kymlicka, W. 1995 *Ciudadanía multicultural. Una teoría liberal de los derechos de las minorías* (Buenos Aires: Paidós).

Kymlicka, W. y Norman, W. 1997 "El retorno del ciudadano" en *Ágora* (Buenos Aires), N° 7.

Laclau, E. y Mouffe, Ch. 1987 *Hegemonía y estrategia socialista* (Buenos Aires: Siglo XXI).

Lechner, Norbert 1999 *Las condiciones sociopolíticas de la ciudadanía* (México: Instituto Interamericano de Derechos Humanos e Instituto Federal Electoral).

Lefort, Claude 1987 "Los derechos del hombre y el Estado Benefactor" en *Vuelta* (Buenos Aires), N °12.

Manzanal, Mabel y Rofman, Alejandro 1989 *Las economías regionales de la Argentina. Crisis y políticas de desarrollo* (Buenos Aires: CEUR-CEAL).

Marshall, Thomas H. 1964 *Class, Citizenship, and Social Development* (New York: Doubleday & Company, Inc.).

Melucci, Alberto 1994 "Asumir un compromiso: identidad y movilización en los movimientos sociales" en *Zona Abierta* (Madrid), N° 69.

Mouffe, Chantal 1999 (1993) *El retorno de lo político. Comunidad, ciudadanía, pluralismo, democracia radical* (Buenos Aires: Paidós).

Murmis, Miguel 2001 "Pobreza rural. Diversidad de situaciones ocupacionales" en *Serie de Documentos de Formulación* (Buenos Aires: Ministerio de Economía, Secretaría de Agricultura, Ganadería, Pesca y Alimentación. Dirección de Desarrollo Agropecuario. PROINDER), N° 4.

Noya Miranda, F. J. 1997 "Ciudadanía y capital social. Estudio preliminar en torno a ciudadanía y clase social de T. H. Marshall" en *Revista Española de Investigaciones Sociológicas* (España: CIS), N° 79, julio/septiembre.

Nun, José 1989 *La rebelión del coro. Estudios sobre la racionalidad política y el sentido común* (Buenos Aires: Ediciones Nueva Visión).

Nun, José 2000 *Democracia. ¿Gobierno del pueblo o gobierno de los políticos?* (Buenos Aires: Fondo de Cultura Económica).

Palau, Tomás 1998 "La agricultura paraguaya al promediar la década de 1990: situación, conflictos y perspectivas" en Giarracca, Norma y Cloquell, Silvia *Las agriculturas del MERCOSUR. El papel de los actores sociales* (Buenos Aires: La Colmena).

Quiroga, Hugo 1989 *Autoritarismo y reforma del Estado* (Buenos Aires: Centro Editor de América Latina).

Riquelme, Quintín 2001 "Ligas Agrarias: experiencia que permanece en la memoria colectiva" en *Informativo campesino* (Asunción: Centro de Documentación y Estudios), julio.

Schmitt, Carl 1999 *El concepto de lo político: texto de 1932 con un prólogo y tres corolarios* (Madrid: Alianza Editorial).

Thompson, E. P. 2000 (1995) *Costumbres en común* (Barcelona: Crítica).

Touraine, Alain 1989 "¿Existen clases sociales en América Latina?" en Touraine, Alain *América Latina. Política y sociedad* (Madrid: Espasa Calpe).

Vieira, Liszt 1998 "Ciudadanía y control social" en Bresser Pereira, L. C. y Cunill Grau, N. (eds.) *Lo público no estatal en la reforma del Estado* (Buenos Aires: Centro Latinoamericano de Administración para el Desarrollo-Paidós).

Zolo, Danilo (1997 "La ciudadanía en una era poscomunista" en *Ágora* (Buenos Aires), Nº 7.

Otras fuentes

Anuario Estadístico del Paraguay 1999 Dirección General de Estadística, Encuestas y Censos de Paraguay.

Boletín de la Coordinadora Latinoamericana de Organizaciones Campesinas (CLOC). En Internet: www.movimientos.org/cloc/

Censo Nacional Agropecuario de 1947, Instituto Nacional de Estadísticas y Censos de la República Argentina.

Censo Nacional Agropecuario de 1960, Instituto Nacional de Estadísticas y Censos de la República Argentina.

Censo Nacional Agropecuario de 1988, Instituto Nacional de Estadísticas y Censos de la República Argentina.

Censo Nacional Agropecuario de 2002, Instituto Nacional de Estadísticas y Censos de la República Argentina.

Diario *El Liberal* de Santiago del Estero. En Internet: www.elliberal.com.ar

Diario *ABC* de Paraguay. En Internet: www.abc.com.py

Diario *Clarín* de Buenos Aires. En Internet: www.clarin.com.ar *Informativo campesino*, varios números. (Asunción: Centro de Documentación y Estudios).

Le Monde diplomatique versión Cono Sur.

Observatorio Social de América Latina (CLACSO).

Revista *Acción* (Paraguay). En Internet: www.uninet.com.py/accion

Fuentes adicionales

Entrevistas en profundidad.

Material textual de las organizaciones.

Negadas a la existencia y condenadas a la desaparición

Un estudio acerca de las luchas de las mujeres rurales en Argentina y Brasil desde la perspectiva de género

Karina Bidaseca*

A las Mujeres en lucha de Argentina
y las Quebradeiras de côco babaçu de Brasil.

En memoria de Joaquina.
"Ninguém escuta meu grito, desconhece o meu sufoco,
escondida lá no mato, com fome quebrando côco..."
Dió (MIQCB)

"Venimos de familias que andaban en sulky o a caballo
por los campos, abriendo surcos,
cosechando a mano y hasta pariendo en el monte"
Anónimo (MML)

Introducción**

HACIA FINES de las décadas del siglo XX, en América Latina, las mujeres rurales han cumplido un rol decisivo en las movilizaciones en

* Magister en Investigación en Ciencias Sociales, Universidad de Buenos Aires.

**Quiero agradecer el apoyo inestimable del Prof. Alfredo Wagner Berno de Almeida y del Grupo de Estudos Rurais e Urbanos de la Universidad Federal de Maranhao. A la Dra. Susana Aparicio por sus valiosos aportes y comentarios y a la Dra. Carla Gras. A las mujeres en lucha de Argentina y a las quebradeiras de côco *babaçu* de Brasil, por la generosa recepción de esta investigación. Desde ya, mi gratitud al Programa de investigaciones CLACSO-Asdi para investigadores junior, que posibilitó la realización de este estudio.

torno a la lucha por la tierra en el seno de las organizaciones agrarias y movimientos sociales. Es el caso de dos organizaciones específicas. Por un lado, el *Movimento Interestadual das Quebradeiras de Côco Babaçu* (MIQCB), integrado por mujeres rurales *sem terra, posseiras*[1] o con acceso a tierras expropiadas por el gobierno, localizado en la región Nordestina de Brasil, surgido en 1989 a partir de ciertas demandas específicas: la preservación y el libre acceso a un recurso específico sobreexplotado, el coco *babaçu*, y el acceso a la tierra. Y por el otro, el Movimiento de Mujeres Agropecuarias en Lucha (MML), que nació en la provincia de La Pampa, Argentina, en 1995, resistiendo la expropiación de las tierras embargadas por procesos de endeudamientos con las bancas oficiales y privadas, y que está conformado por mujeres pequeñas y medianas productoras o esposas de productores agropecuarios pertenecientes a un sector social de gran relevancia social y política que lo distingue del resto de América Latina: los chacareros o *farmers*.

En estos últimos años, los sectores rurales, fundamentalmente los pequeños y medianos productores y los trabajadores, se vieron afectados por las profundas transformaciones macroestructurales desarrolladas en la región que determinaron un deterioro creciente en su calidad de vida llegando a cuestionar su permanencia en el campo. En este contexto, surgen a modo de resistencia formas de organización colectiva y movimientos sociales que, si bien en algunos casos articulan demandas que remiten a organizaciones de antaño como la lucha por la tierra, impactan por la originalidad de su repertorio de acciones.

La movilización de mujeres rurales es uno de los rasgos que caracterizaron a los movimientos latinoamericanos desde siempre. En los últimos tiempos, la participación femenina puede enmarcarse en un proceso de consolidación del movimiento de mujeres en la región que, en la arena internacional, se expresó en la Declaración de las Naciones Unidas de la "Década de la Mujer" (1975-1985); la "Convención contra todas las formas de discriminación contra las mujeres" (1979), así como en las conferencias realizadas en las ciudades de México (1975), Copenhague (1980), Nairobi (1985) y Beijing (1995), que esgrimieron como temas de interés, entre otros, la propiedad y el derecho a la tierra basados en la igualdad de los géneros (Deere y León, 2001).

---

1 Con este término se alude a los ocupantes ilegales de tierras.

Las acciones colectivas promovidas por las mujeres rurales en estas décadas surgen dentro de un movimiento más amplio de mujeres, cuyos rasgos asumen la heterogeneidad de las características propias de las mujeres latinoamericanas en etnias, culturas, creencias. Dichos movimientos quebraron con sus prácticas patrones culturales tradicionales de comportamiento colectivo y adoptaron nuevas formas de relación política con el poder local, nacional e internacional.

En Argentina, tal proceso de politización de las mujeres rurales no se ha observado tan frecuentemente. La lucha por la tierra se instala de este modo como la extensión de los procesos de democratización de los derechos de campesinos y de productores rurales (Tavares dos Santos, 1994).

Nuevos actores irrumpen en el escenario social demandando nuevos derechos, defendiendo derechos ya adquiridos o anunciando que algo nuevo está sucediendo en el orden de lo social.

Surge de este modo la necesidad de analizar y comprender la acción de estos sujetos a partir del estudio de la acción colectiva efímera o cristalizada en organizaciones.

Este tipo de organizaciones provienen de conflictos no sólo por la apropiación económica sino por la apropiación del tiempo, el espacio, las relaciones de la vida cotidiana, la centralidad que adquieren los cuerpos[2]; y su espacio de acción es el de las políticas desinstitucionalizadas. Los participantes de la acción colectiva no sólo intervienen a partir de una orientación económica o racional de la acción. Su involucramiento se relaciona con la búsqueda de solidaridad e identidad, y en el caso específico de las mujeres con lo que he dado en denominar en un trabajo reciente la construcción de una "cultura emotiva de la resistencia" (Bidaseca, 2003). La identidad de estas mujeres, su propia nominación como *quebradeiras* o *mujeres en lucha,* se erige así como categoría política.

Philippe Mc Michael (citado por Murmis, 1998) ha expresado que las transformaciones actuales que tienen lugar en el agro podían operar en dos sentidos, en tanto el campo podía asumir dos lugares: el lugar de la resistencia o el lugar de la innovación.

---

2 Las luchas sociales que se desarrollaron en el contexto del estado de bienestar de la posguerra dieron origen a movimientos sociales clasistas en tanto "agentes históricos cuyo destino marcha hacia un destino de liberación" (Melucci, 1994) y cuya acción se basaba en la lucha contra el desarrollo capitalista, en demandas de acceso al Estado y expansión de la ciudadanía.

A partir de estas teorizaciones analizaremos la incorporación de mujeres campesinas, pequeñas productoras, trabajadoras rurales o *sem terra*, en las movilizaciones y/o acciones colectivas al interior de estas dos organizaciones de mujeres; sus reivindicaciones; alianzas con otros movimientos sociales agrarios o urbanos nacionales e internacionales; las respuestas locales y "traducciones" (Long, 1992) a los procesos macroestructurales en los que se actualizan y enriquecen cuestiones ligadas a la posibilidad de innovación organizativa y política, a partir de las nuevas formas que adquieren las luchas agrarias y la constitución de la identidad femenina en el espacio dual de lo público y lo privado.

Comprenderemos a ambas organizaciones como respuestas o "traducciones" que las mujeres rurales elaboran frente a los conflictos que traen aparejados los procesos de desestructuración (redefiniciones identitarias, exclusión, violencia, deterioro del medio ambiente, etc.) sustentando la validez de un análisis comparativo en un intento de teorización centrado en la capacidad agencial de las mujeres. En efecto, las mujeres que integran ambas organizaciones comparten su condición femenina y preocupaciones similares que se expresan en demandas concretas que requieren ser inscriptas en el espacio de la negociación política. Como sostiene Jelin (1987): "las mujeres no constituyen un grupo social en sí, sino que se trata de una categoría social transversal a las clases, a los grupos étnicos, a las comunidades, a las naciones" (Jelin, 1987: 10).

Nos interesa especialmente comprender la politización de la vida cotidiana que denota la lucha de la mujer rural por la tierra o los recursos naturales, y los logros alcanzados así como los obstáculos hallados para conquistar las demandas colectivas. Abordaremos el estudio partiendo de la consideración que elabora Chantal Mouffe, quien plantea que la construcción de nuevos derechos requiere de la construcción previa de identidades políticas.

Nuestra investigación tomará tres niveles analíticos: el macroeconómico institucional; el macrosocial, que incluye las grandes tendencias en relación con la estructura social agraria; y el nivel de las acciones, esto es, las "traducciones" que los actores realizan de estas tendencias en escenarios locales.

La mirada estará centrada en el continuo supervivencia-resistencia-innovación o cambio que plantea Melucci (1994), en el que se sitúa la experiencia cotidiana de las mujeres y que otorga a la política otros sentidos: como quiebre, irrupción, ruptura, sedimento de lo social (Laclau y Mouffe, 1987).

El escenario económico social global y local como contexto de surgimiento de las organizaciones

Las últimas dos décadas del siglo XX se caracterizaron por la hegemonía del discurso neoliberal que comenzó a circular con fuerza en el orden internacional a partir de los años setenta. Con el mismo fueron recuperadas las ideas neoclásicas del mercado que afirman que un mercado libre y sin trabas rinde una mayor producción y riqueza, argumento que se tornó eficaz para lograr reducir la acción de los gobiernos.

Estas políticas reconocen su origen en el Consenso de Washington, espacio generado por los funcionarios económicos de EE.UU., el FMI y el Banco Mundial. El mismo implicó un conjunto de políticas de liberalización económica que estipulaban restaurar la disciplina fiscal aumentando la eficiencia en la recaudación y disminuyendo el gasto público; reducir la presencia del Estado en la economía promoviendo la privatización y la desregulación, y efectuar la liberación comercial[3]. Su objetivo básico fue lograr la estabilidad macroeconómica, la recuperación del crecimiento económico, y la asignación eficiente de los recursos económicos. Sus orientaciones estratégicas fueron la maximización de la apertura externa y de las reglas del mercado al interior de las economías y la minimización del Estado a partir de los siguientes instrumentos de políticas: el déficit fiscal; las prioridades del gasto público; la reforma fiscal; tasas de interés y tipo de cambio alto y competitivo; política comercial de liberalización (atenuar las barreras arancelarias y retenciones a exportaciones); fomento de la inversión extranjera; privatizaciones; desregulaciones y derechos de propiedad (Williamson, 1990).

Los desafíos presentados para los países latinoamericanos corresponden al diseño de una segunda generación de reformas, delineada para profundizar el consenso anterior. Sus objetivos fueron centrados en lograr la consolidación de la estabilidad macroeconómica y acelerar el crecimiento económico con estrategias tendientes a la re-regulación de las relaciones entre mercado interno y externo y de la dinámica del mercado mundial y el fortalecimiento del estado en las áreas política, institucional, técnica y administrativa.
Todas estas transformaciones tornaron imperante la reformulación del papel del Estado, promoviéndose un Estado minimalista y no

3 Véase al respecto Williamson (1990).

intervencionista, pensado como un instrumento del desarrollo del mercado y como guardián de los principios que garantizan el libre mercado. En este sentido, el Informe del Banco Mundial (1997) afirmaba lo siguiente: "El estado es fundamental para el proceso de desarrollo económico y social pero no en cuanto agente directo del crecimiento sino como socio y elemento catalizador e impulsor de ese proceso" (Banco Mundial, 1997: 1).

Respecto del neoliberalismo, Perry Anderson expresó que este se constituyó como un cuerpo de doctrina, auto-consistente, militante, con una explícita decisión de transformar el mundo a su imagen y con una marcada voluntad de hacerlo en el nivel internacional (citado por GER, 1999).

Como expresa Long (1996) para México –aunque siendo ello extensible al resto de los países de la región que aplicaron tal modelo– la implementación de las políticas neoliberales implicó una cantidad de medidas que afectaron profundamente el tejido de la vida rural, fundamentalmente en dos sentidos: contrarrestando en la mayoría de los casos la reforma agraria promovida en décadas anteriores, y creando las condiciones necesarias para alentar el mercado de tierras (Deere y León, 2001).

En Argentina, el modelo económico consecuente con esta política desplegado por el gobierno de Menem (1989-1999) se apoyó sobre tres ejes básicos: la desregulación total de la economía, las privatizaciones de las empresas públicas y la liberalización del comercio internacional. El mismo se construyó en reacción a la matriz estado-céntrica basada en el estado de bienestar y se propuso destruir todas aquellas instituciones que lo sustentaron. La desarticulación del poder de los sindicatos ya se profundizaba desde la dictadura militar (1976-1983).

La implementación del Plan de Convertibilidad tuvo como supuesto central que la confianza, la estabilidad cambiaria, las tasas de interés internas mayores a las internacionales y las privatizaciones, inducirían a un fuerte ingreso de capitales que en principio se pensaban especulativos, pero luego paulatinamente estarían cada vez más orientados a la inversión (GER, 1999).

Con relación al sector agroalimentario, se registró una vigorosa entrada del gran capital en las cadenas de alimentos y de fibras y se acentúo la presencia de los "megaproductores" (Soros y Benetton, entre otros). Otra característica de la década fue la expansión de emprendimientos formados por grupos de inversores, operados por técnicos agrarios y administrados por consultoras privadas, que toman tierras de terceros en gran escala de producción (fondos de inversión o *pools* de siembra)

El Decreto Presidencial Nº 2.284 de fines de 1991 se orientó a disolver todos los organismos reguladores y fiscalizadores que habían dado sustento a una estructura agraria en la que el 75% de las explotaciones era menor a 200 ha. En este contexto, las economías regionales han sido seriamente afectadas por las nuevas condiciones.

Si bien los mecanismos concretos utilizados varían en cada país, los gobiernos que aplicaron tal modelo partieron de un objetivo principal –la estabilización de la moneda a través del control de la tasa de cambio– ligado a la búsqueda de una integración económica a través del mercado, basado en una racionalidad económico-financiera y tecnológica.

En Brasil, el proceso de liberalización económica puede ser localizado en el contexto de un conjunto de políticas neoliberales implementadas de forma más radical durante el gobierno de Collor (1991) y profundizadas por el gobierno de Fernando Henrique Cardoso (1995).

En el campo esto se tradujo en los procesos originados con el modelo de la "modernización conservadora" que señala Fernandes (1998): la irrealización de la reforma agraria, la concentración del poder político en manos de la bancada rural (diputados y senadores que defienden los intereses de los latifundistas), la política de privilegios a la agricultura capitalista y la consecuente destrucción de la agricultura campesina, la rápida y violenta transformación del campo y la expropiación de millones de familias que migraron a las ciudades, el surgimiento de millones de familias sin tierra, la extrema violencia de los conflictos agrarios, la utilización del trabajo esclavo por parte de los empresarios rurales, la concepción tecnicista del desarrollo de la agricultura, los diversos problemas ambientales causados por la intensa explotación agrícola, etcétera (Fernandes, 1998: 74). Estos factores han incidido de tal modo que, según el autor, Brasil se convirtió en el país con mayor concentración de tierras en el mundo, mayores niveles de desigualdad social y uno de los que mayores índices de pobreza exhibe: a mediados de la década de 1990, 30 millones de brasileros se encuentran ubicados por debajo del índice de pobreza absoluta (Informe sobre Desarrollo Humano ONU/PNUD, 1993).

Respecto de la legislación de la reforma agraria, Brasil sustituyó la promulgada en 1964 por la nueva legislación de 1985, que fue modificada por la nueva Constitución de 1988.

Durante el período de gobiernos militares (1964-1984) el número de beneficiarios por la reforma agraria y colonización llegó a 5.476 por año, cifra que durante el gobierno de Cardoso se incrementó en 59.634. Por su parte, el número de los *sem terra* –beneficiarios potenciales de la reforma agraria– se estima entre 2,5 a 7 millones (Cardoso, 1997, citado por Deere y León, 2001). Si bien la tierra puede ser expropiada por fines de justicia social, las expropiaciones son limitadas a los latifundios improductivos. Las distribuciones de tierras logradas en estos años son mínimas en comparación con la demanda. Y en este sentido, *el Movimento de Trabalhadores Sem Terra* ha jugado un rol fundamental.

Algunas características de las estructuras agrarias argentina y brasilera de las últimas dos décadas

Es preciso señalar aquí las transformaciones operadas en el sector agropecuario de ambos países a partir de las políticas diseñadas en cada caso. Algunos datos sobre la estructura agraria argentina y brasileña evidencian la intensidad del carácter concentrador de la estructura fundiaria en ambos, y el sesgo no igualitario y contradictorio del desarrollo capitalista.

Particularmente para la Argentina nos interesa ver qué sucede con las pequeñas y medianas explotaciones agropecuarias –en tanto algunos investigadores advierten un proceso de descomposición (Pucciarelli, 1993; Aparicio et al., 1992)[4]– dado que las mujeres del MML pertenecen a estos sectores medios conformados por productores llamados chacareros o *farmers*, grupo con peso social y político histórico, particularmente en la región pampeana, con presencia en los productos de exportación desde fines del siglo XIX, y que distin-

4 Para la provincia de Buenos Aires, según el trabajo de Pucciarelli (1993), las pequeñas unidades de menos de 200 ha entraron entre 1960 y 1988 en un proceso de descomposición: hasta 1988 desaparecen 25.780 representantes de este grupo, y por esa causa entregan a los estratos mayores casi 1,3 millones de ha (Pucciarelli, 1993: 76). Pero además, estos sectores, al no poder acceder a las tecnologías dominantes, abandonaron la producción transformándose en pequeños rentistas (Aparicio et al., 1992: 133-134).

gue a la Argentina del resto de los países latinoamericanos con mayor proporción de población campesina[5].

Decidimos basarnos en los censos nacionales a partir de 1914 –tomando el estudio realizado por Flichman (1977)– para analizar comparativamente entre los siguientes tres estratos: hasta 100 ha; entre 101 y 500 ha; y más de 5 mil ha según número de explotaciones y superficie ocupada[6].

Antes de comenzar con el análisis debemos advertir que el último Censo Nacional Agropecuario (CNA) realizado durante 2002 nos permite hasta el momento observar sólo los resultados provisorios, y por consiguiente no podemos establecer comparaciones más específicas con el anterior Censo de 1988 pues no disponemos de datos desagregados por tamaño de las explotaciones. A pesar de ello, podemos decir que el Censo 2002 computa 318 mil explotaciones agropecuarias (EAP) para todo el país con una superficie agropecuaria total de 171 millones de ha (INDEC, 2003).

Si comparamos con el CNA de 1988, que registró un total de 421 mil explotaciones agropecuarias (378.357 con límites fijos) que ocupan una superficie de 177 millones de ha, el último muestra una disminución del 24% en la cantidad total de EAP y un incremento del 28% en el tamaño promedio. Este proceso se visibiliza más aún si observamos el CNA de 1969, que registraba un total de 538 mil EAP[7].

Lamentablemente la información disponible no nos permite realizar comparaciones intercensales 1988-2002 entre estratos, que sí podemos hacer para el período intercensal 1969-1988. En efecto, entre los censos de 1969 y 1988 el estrato de EAP de hasta 200 ha –que nos interesa en particular pues allí se concentran los sectores chacareros– mostró una reducción de 428 mil a 282.029.

El Cuadro 1 nos muestra la caracterización de las EAP de acuerdo a los estratos definidos por los censos y superficie ocupada entre 1914 y

5 Un estudio realizado por CIDA durante la década de 1960 comparando siete países de América Latina y utilizando la conceptualización de explotaciones subfamiliares, familiares y empresariales, muestra que la Argentina tiene una proporción más alta de explotaciones familiares que el resto de la región, evidenciando la existencia de una clase media relevante.

6 Los límites que presentan los datos censales para este tipo de estudios respecto de observar relaciones de propiedad, por ejemplo, dificultan un análisis riguroso de la estructura social.

7 Desde luego, no podemos obviar que durante la fecha en que fue realizado el censo se ha dejado atrás la etapa de estancamiento que experimentó el sector agropecuario entre 1930 y 1960, cuando culmina el proceso sostenido de expansión de la producción agropecuaria iniciada en las postrimerías del siglo XIX y se ponen de manifiesto las contradicciones del modelo expresadas en la expansión de los conflictos rurales entre 1910-1920.

1969 para el total del país. Hemos decidido incorporar un cuadro que integre los datos provenientes del CNA 1988 (Cuadro 2).

Cuadro 1

Evolución de las explotaciones agropecuarias según escalas de extensión 1914-1969 para el total del país en %

	1914		1937		1947		1960		1969	
Estratos	%	Sup. (miles ha)	%	Sup. (miles ha)	%	Sup. (miles ha)	%	Sup. (miles ha)	%	Sup. (miles ha)
0-25 ha	32,88	0,59	34,46	0,89	36,57	0,96	39,68	1	41,34	1,05
26 a 100 ha	26,10	2,96	29,31	4,38	29,06	4,70	27,88	4,40	25,93	3,94
101 a 500 ha	28,27	12,19	28,06	17,03	25,06	15,07	21,23	11,25	22,26	10,69
Más de 5.000 ha	1,71	48,91	1,36	49,72	1,26	47,01	1,24	47,01	1,34	46,16
Total	306.663	162.895	434.514	174.602	441.431	160.619	457.173	175.122	530.046	206.993

Fuente: Flichman (1977: 210-211).

Cuadro 2

Número de explotaciones agropecuarias y superficie ocupada según escalas de extensión para el total del país 1914-1988

	Hasta 100 ha		De 101 a 500 ha		Más de 5.000 ha		Total	
	N° EAP	Sup. (en miles ha)	N° EAP	Sup. (en miles ha)	N° EAP	Sup. (en miles ha)	N° EAP	Sup (en miles ha)
1914	180,862	5.782	86,685	19.848	5,233	79.666	306.663	162895
1937	277,091	9.201	121,912	29.735	5,891	86.808	434514	174602
1947	289,737	9.091	110,620	24.199	5,542	75.508	441431	160619
1960	308,867	9.456	97,072	19,697	5,661	82.335	457173	175122
1969	356,571	10.328	107,395	22.124	7,089	95.547	530046	206993
1988	234,996	7.008	94,855	22.219	6,201	87.943	378357	177437

Fuente: elaboración propia en base a Flichman (1977) y CNA 1988.

El Cuadro 2 nos permite realizar las siguientes afirmaciones. Para las unidades de hasta 100 ha, el crecimiento que experimentaron entre 1914 y 1969 en términos de número de EAP y de superficie controlada se revierte en la última década, retrocediendo a los niveles alcanzados hacia principios de siglo. Para las unidades entre 101 y 500 ha, el número de EAP –que alcanza su valor máximo en 1937– decrece entre 1937 y 1960; en 1988 se encuentra por debajo de los niveles de 1937.

En cuanto a la superficie, el crecimiento marcado entre 1914 y 1937 muestra una tendencia decreciente. Finalmente, para las unidades de más de 5 mil ha el número de EAP, así como la superficie controlada, aumentan a partir de 1947.

En síntesis, las distribuciones muestran entre 1914 y 1988 por un lado el aumento del grupo formado por las EAP mayores a 5 mil ha y la permanencia en el carácter concentrador de la tierra (el 1,6% de las EAP mayores a 5 mil ha controla en 1988 el 49,56% de la superficie total), y por el otro la disminución del grupo formado por explotaciones pequeñas y medianas (87% de EAP controlan el 10,98% de la superficie) que comienza a manifestarse en la década del sesenta y se profundiza hacia fines de los ochenta.

Para apoyar estos datos nos remitimos a valiosos estudios de caso que, a pesar de divergir en los enfoques teórico-metodológicos adoptados y por ello impedirnos realizar generalizaciones o comparaciones, son de suma utilidad para observar procesos. Al respecto, Pucciarelli (1993) –haciendo referencia a la región pampeana, en la que surge el MML– advierte sobre el surgimiento de tres nuevos procesos: la descapitalización absoluta y relativa de pequeños y medianos productores, el crecimiento de medianos-grandes productores que controlando extensiones adecuadas e invirtiendo en nuevas maquinarias pueden extraer grandes beneficios económicos de las nuevas estrategias de producción, y el rápido fortalecimiento y expansión de un nuevo sujeto, el contratista de maquinaria agrícola (Pucciarelli, 1993: 71).

Por otro lado, varios autores señalan también la crisis de endeudamiento bancario de fines de los setenta y principios de los ochenta que se acentuó en la década del noventa cuando entre 1991 y 1999 el endeudamiento del sector agropecuario aumentó al 10% anual, como expresan Reca y Parellada (2001), a un ritmo mucho mayor que el del crecimiento de la producción. La condición de propietarios de la tierra de estos sujetos agrarios –capital que podían ofrecer como garantía hipotecaria– y de escaso capital operativo –razón por la que debían recurrir al crédito bancario para financiarse– hizo que al no poder introducir tecnología vieran disminuidas sus tasas de ganancia y en muchos casos abandonaran la producción. Este factor ha actuado como impulsor del éxodo rural.

Aún más, no debemos dejar de lado otro proceso fundamental que ha ocurrido en el campo en la última década: la implantación de la gran empresa capitalista. Murmis (1998) señala al respecto, en su análisis sobre el agro argentino, que las nuevas megaempresas (Soros,

Benetton, etc.) presentan casos de diversificación productiva y regional y casos de expansión de la escala de producción ligada a productos específicos con o sin compra de tierras.

Otro fenómeno reciente de importancia que también señala Murmis son las empresas productoras que no compran tierras sino que las arriendan, fundamentalmente para la producción de granos y oleaginosas, que se conocen con el nombre de "pools de siembra", algunos de los cuales evolucionaron y se estabilizaron como Fondos de Inversión agrícola (Murmis, 1998: 215).

En síntesis, la estructura agraria argentina quedaría, hacia mediados de los noventa, representada de este modo: una cúpula con alta concentración y fusión con alta burguesía nacional, sectores medios con una disminución de *farmers* y la consolidación del sujeto "contratista" altamente mecanizado y conectado al sector a través del capital más que por la propiedad territorial, y los sectores subalternos dentro de los cuales se observan tendencias de diferenciación interna y una complejización en las estrategias e identidades ocupacionales (Aparicio et al., 1992: 133-134).

Este mismo proceso para Brasil indica que, entre 1979 y 1985, 48,5 millones de ha de tierras públicas fueron transformadas en latifundios, existiendo 50.105 establecimientos con más de 1.000 ha que representan menos del 1% del número total y controlan el 44% de la superficie agrícola del país. En el otro extremo, los establecimientos con menos de 100 ha representan el 90% del total y ocupan el 4% de la superficie total (Fernandes, 1998). Estos datos reflejan la intensidad del carácter concentrador de la estructura fundiaria brasileña (véase Cuadro 4).

Cuadro 3

Estructura agraria de Brasil

Establecimientos	Representación en total	Crecimiento		Control superficie agrícola del país
		Área	Nº de establecimientos	
Más de 1.000 ha	1%	35%	35%	43,9%
Entre 100 y 1.000 ha	9%	21%	25%	35,0%
Menos de 100 ha	90%	15%	18%	21,18%

Fuente: Fernandes Mançano (1998).

Según Fernandes (1998), durante las dos décadas que los gobiernos militares estuvieron en el poder garantizaron la confiscación de inmensas áreas de tierra y también el aumento del número y extensión de los latifundios, especialmente en la región de la Amazonia. Este proceso de concentración de la propiedad y expropiación de los campesinos, que imposibilitados de reproducir la agricultura familiar migraron hacia la Amazonia y en mayor medida hacia las ciudades, significó que 30 millones de personas abandonaran el campo entre 1960 y 1980 (Brumer y Tavares Dos Santos, 1998: 23).

De igual modo que en Argentina, aunque más tempranamente, las familias minifundistas en Brasil se constituyeron en el sector que perdería la tierra en una coyuntura desfavorable que benefició la reconcentración fundiaria. "En Brasil ya se han ido 300.000 pequeños trabajadores rurales y propietarios del campo; los trabajadores sin tierra no se quieren ir a la ciudad; nosotros luchamos por volver al campo" (entrevista a un dirigente del MST en *La Arena*, 17 de octubre de 1997).

Por otra parte, una denuncia del Consejo Nacional de Seringueiros de la Amazonia, que continúa la lucha iniciada por Chico Mendes e integra todas las poblaciones extractivistas de los diferentes estados de la Amazonia –las *quebradeiras de côco-babaçu*, los colectores de castañas, de açaí, de pupunhase–, expresó lo siguiente: "Se anunció la creación de nuevas Reservas Extractivistas por parte de la Presidencia, con publicaciones en las revistas de mayor circulación del país, y después los burócratas simplemente paralizan los proyectos y nada sucede. Tenemos una especie de anarquía ecológica institucionalizada a nivel del Gobierno Federal que siempre funciona contra los intereses de los trabajadores extractivistas del Amazonas. La verdad es que hasta ahora los grandes proyectos, las grandes inversiones han sido absolutamente contradictorios con la política económica, o la falta de política económica para viabilizar la permanencia de las poblaciones extractivista del Amazonas" (de Deus Matos, Atanagildo www.mail-archive.com).

En esta región en particular, en la cual se asienta el *Movimento das Quebradeiras*, se asiste, a partir de la nueva política económico-financiera implementada por el gobierno, a un doble movimiento: la elevación de los precios del babaçu, el caucho y otros productos extractivistas, y el aumento de los precios de los productos de las empresas industriales (soja, carne vacuna), empresas mineras, madereras, de papel y celulosa. Según Almeida (2000), el impacto en los precios, cuando nos referimos a una estructura agraria con alto grado de concentración fundiaria y conflictos sociales, conduce a que diversos grupos industriales recuperen el interés sobre las tierras con el pretexto de expansión de sus emprendimientos.

Al respecto, el estado de Maranhao presenta una de las mayores tasas de concentración de tierras: el análisis de los datos del último censo agropecuario (1995/1996) muestra que existen 368.191 establecimientos agropecuarios que ocupan un área de 12.560.693 ha. Los propietarios ocupan la mayor extensión (93%), si bien representan sólo el 32% del total. En el otro extremo, los ocupantes o *posseiros* detentan sólo un 5% del área total y un 42% del total de establecimientos (Mesquita, 2000). Los Cuadros 4 y 5 evidencian dicho proceso entre la década del setenta y mediados de 1990.

Cuadro 4

Distribución de establecimientos según número y área entre 1970 y 1995/1996 en el estado de Maranhao

Grupo de Área (ha)	Nº de establecimientos (%)		Área de establecimientos (%)	
	1970	1996	1970	1996
- 10 ha	87,6	76,9	5,6	3,1
10 a 100 ha	7,8	16,8	10,2	19,1
100 a 1.000 ha	4,1	5,9	42,4	41,4
1.000 a 10.000 ha	0,5	0,4	37,5	27,9
Más de 10.000 ha	0,0	0,0	4,3	8,5
Total	100	100	100	100

Fuente: Mesquita (2000).

Cuadro 5

Distribución de establecimientos según número y área por condición del productor entre 1980 y 1996 en el estado de Maranhao

Condición del productor	Número de establecimientos (%)		Área de establecimientos (%)	
	1980	1996	1980	1996
Propietario	17	32	91,5	93,3
Arrendatario	43	20	3,0	1,3
Ocupante/Posseiro	37	42	5,4	5,0
Parceiro	3,0	6,0	0,1	0,4
Total	100	100	100	100

Fuente: Mesquita (2000).

Esta región fue además objeto de planes de colonización para impulsar grandes proyectos agrominerales y agropecuarios en un lugar en el que la mano de obra era escasa. Para cumplir este cometido, los empresarios, con el apoyo de las Fuerza Armadas y el Estado, emprendieron medidas violentas, como contratar pistoleros, contra los *posseiros* (campesinos que habitan tierras que no les pertenecen y ocupan ilegalmente) e indios.

En este escenario, marcado por el sesgo concentrador que muestran las estructuras agrarias de Brasil y Argentina, surgen en ambos países las organizaciones rurales de mujeres, objeto de nuestro estudio: el *Movimento Interestadual das Quebradeiras de Côco Babaçu* que esgrime como bandera de lucha el *"babaçu libre"* y la reforma agraria, y el Movimiento de Mujeres Agropecuarias en Lucha que demanda una "ley agraria que democratice la tierra para que nuestros hijos tengan lugar en este país (...) para que nuestro interior crezca y evite la crueldad del amontonamiento en las villas miseria" (Folleto MML, *Tractorazo*, julio de 1998).

A continuación nos remitiremos al origen y desarrollo de ambos movimientos y su lucha por la tierra.

Las mujeres en lucha y las *quebradeiras* en defensa de la tierra y los recursos naturales: acerca del origen y evolución de ambas organizaciones

I

El Movimiento de Mujeres Agropecuarias en Lucha surge en un escenario en el que desde el marco normativo-jurídico configurado por la Ley de Reforma del Estado y la Ley de Emergencia Económica se cerraron las instituciones económicas, políticas y sociales que habían constituido la "matriz estadocéntrica".

Como expresáramos en apartados anteriores, la aplicación del Plan de Convertibilidad en el año 1991, unida a la política de "ajuste estructural", incluyó una serie de medidas tales como las privatizaciones, desregulaciones y apertura al exterior que perjudicaron a los pequeños y medianos productores. Todos estos factores, junto al endeudamiento impositivo, gestaron la situación de crisis del sector: los productores debieron endeudarse para acceder a la modernización[8] (Bidaseca, 2000).

---

8 El endeudamiento en la provincia de La Pampa aumentó un 470% desde 1991 hasta fines de 1996 (Giarracca y Teubal, 1997).

Es en este contexto cuando en 1995 la resistencia de las mujeres chacareras –esposas de chacareros o jefas de la explotación– a los remates de sus campos endeudados por los atrasos en los pagos cobija la "aparición" del MML en una pequeña localidad llamada Winifreda, ubicada en la provincia de La Pampa.

La víctima del primer remate judicial, que más tarde se convertiría en la presidenta del movimiento, Lucy de Cornelis, logró, apelando a la movilización de diversos recursos (la radio, convocatoria a sus pares), reunir a varias personas que se encontraban en situaciones similares y, de ese modo, en una acción conjunta caracterizada por la espontaneidad y contingencia, mediante rezos y el canto del Himno Nacional Argentino, promovió una situación de disturbio que entorpecía la labor del juez, logrando así impedir el acto del remate. Con ello inauguraban una forma original de acción y resistencia que transformaría el tradicional repertorio de acciones de los movimientos.

A partir de ese momento fundacional –del "estado naciente de los movimientos", como lo denomina Alberoni– surgió un movimiento con reivindicaciones de tipo económico que derivaría en un movimiento con demandas más abarcativas, que se expandiría geográficamente hacia otras provincias y lograría establecer redes y alianzas con otros sectores y movimientos sociales del país (Federación Agraria Argentina, Organizaciones de Mujeres, el Movimiento Campesino de Santiago del Estero, etc.) e internacionales (El Barzón y el Movimiento de Campesinos en Chiapas, ambos de México; el Movimento dos Trabalhadores Sem Terra de Brasil; etc.), momento que coincide con la expansión de procesos transnacionales a nivel mundial y que implicó para el MML lo que denominamos un proceso de *empowerment* o empoderamiento (Giarracca, 1999; Bidaseca, 2000)[9].

Las principales demandas del MML, aunque están dirigidas básicamente a la suspensión de embargos y/o ejecuciones de las chacras endeudadas, el congelamiento de los juicios en trámite, el análisis de la legitimidad de las deudas y el pedido de refinanciamiento a no menos de veinte años, también enfocan otros problemas. En un primer momento apuntaron a una crítica de la política agropecuaria, para

---

9 Pettersen y Solbakken (Pettersen y Solbakken, 1998, citado por Giarracca, 1999) definen *empowerment* como un proceso en el cual las personas, organizaciones o grupos adquieren conocimientos de dinámicas de poder trabajando en sus diferentes contextos de vida; desarrollan habilidades para ganar un razonable control sobre sus vidas; ejercen ese control sin infringir los derechos de los otros; apoyan el fortalecimiento de otros en la comunidad.

luego extenderse a la crítica de la economía en el ámbito nacional, denunciando el fuerte proceso de concentración de la propiedad de la tierra y la aparición de nuevos latifundios, proceso que las mujeres del MML denominan "extranjerización de la tierra", haciendo referencia a la compra de vastas extensiones de tierras por parte de grupos económicos e inversores extranjeros tales como Benetton, Soros, etcétera.

El MML irrumpe en un nuevo escenario rural con novedosos modos de acción caracterizados por la innovación simbólica y la espontaneidad (impedir una acción judicial), pero decide incluirse en un movimiento más amplio, el movimiento social de las mujeres, apelando a diversos recursos simbólicos (la familia, la reproducción familiar, la educación de los hijos, la identificación con la tierra) y culturales (defender la permanencia de la explotación agraria familiar).

El Movimiento se organizó a partir de asambleas anuales, zonales, provinciales y nacionales desde 1995, como modo de asegurar su continuidad y de reflexionar acerca de los cursos de acción y los problemas a afrontar, ligados sobre todo a la carencia de recursos económicos para sostenerse. La forma de organización es sumamente flexible, sin instancias intermedias y con una relación directa entre las líderes o coordinadoras locales y las bases. A lo largo de seis años de existencia se ha expandido territorialmente hacia diversas provincias, creando sedes en cada una de ellas.

En un estudio anterior acerca de las estrategias organizativas del MML (Bidaseca, 1999)[10] observé la existencia de dos etapas en su evolución: un primer momento, el de su fundación, en el cual el establecimiento de las redes sociales ha desempeñado un rol fundamental tanto en la génesis del movimiento como en su posterior sustentabilidad; y un segundo momento de empoderamiento, ampliación y expansión de esas redes hacia el exterior, que coincide con la etapa de institucionalización del MML y lo que hemos dado en llamar el momento de la transnacionalización: redes establecidas con otras organizaciones y/o movimientos sociales latinoamericanos, mercosureños, etc. (véase Bidaseca, 2000 y 2003). Ambos momentos se vinculan con los períodos de latencia y visibilidad que menciona Melucci (1994)[11].

---

10 Bidaseca, K. (1999) *El Movimiento de las Mujeres Agropecuarias en Lucha: acerca de las nuevas formas de organización y acción colectiva*, beca financiada por el Instituto de la Cooperación (Idelcoop). En la misma se trató de comprender la estrategia organizativa que adoptó el Movimiento de Mujeres Agropecuarias en Lucha para lograr cierta "institucionalización" que le permitiera interactuar con otros actores sociales.

11 Ambos polos, según Melucci (1994), se encuentran conectados entre sí dado que la fase latente

Con respecto a la forma organizacional, el MML es presidido por Lucy de Cornelis a partir de la primer Asamblea Nacional realizada el 21 de septiembre de 1995, de la que surge también la Mesa Nacional[12].

Las discrepancias del MML con la Federación Agraria Argentina –entidad gremial creada en 1912 a partir de la movilización de los arrendatarios santafesinos por las condiciones que establecían los contratos de arrendamientos, conocida como el Grito de Alcorta, que nuclea a los pequeños y medianos productores agropecuarios– y con las demás organizaciones agrarias, reconocidas como interlocutores legítimos por el gobierno[13], han incidido en la necesidad de formar una organización autónoma e independiente tanto de estas como de los partidos políticos.

El MML logra así la personería jurídica en el año 1997. Según la definición de una de sus dirigentes: "nosotros siempre decimos que somos un movimiento horizontal, pluralista, democrático, y que por ser profundamente político, porque todos nuestros planteos son políticos, somos apartidarios. Después dentro de nosotros conviven las más diversas tendencias, sectores, ideologías" (entrevista a Ana María Riveiro, dirigente de Santa Fe, diciembre de 1998)[14].

El MML ha establecido las asambleas, tanto anuales como nacionales, provinciales o zonales, como una forma de conexión entre las distintas sedes dispersas por gran parte del territorio nacional[15]. En esta instancia, las redes, entendidas como aquellas interacciones y negociaciones que producen los individuos y que van for-

---

posibilita la acción visible al brindar recursos de solidaridad y produce el marco cultural dentro del cual surge la movilización. Por su parte, el estado de movilización fortalece las redes y la solidaridad del grupo y funciona como espacio de reclutamiento de otros individuos que se identifican con las consignas del movimiento.

12 El MML obtiene a lo largo de estos años varios premios y distinciones del Instituto Movilizador de Fondos Cooperativos, de la Unión de Mujeres Argentina, del partido político FREPASO y el premio "José Gervasio Artigas" de la Central de Trabajadores Argentinos, por el derecho a la tierra.

13 Las cuatro organizaciones agrarias de alcance nacional son: Federación Agraria Argentina (FAA), del año 1912; Confederación Intercooperativa Agropecuaria (CONINAGRO), creada en 1953; Confederaciones Rurales Argentinas (CRA), creada en 1940, y Sociedad Rural Argentina (SRA), creada en 1866.

14 Es recurrente en los relatos la negación a conformar una organización formal. Esto, aparentemente, tiene que ver con la intención deliberada de no burocratizar la organización, para distanciarse de las instituciones -agrarias y políticas- que aparecen como sumamente críticas en sus relatos: "la gente nos dice: 'si ustedes son un movimiento genuino', o sea" -nos comenta Joaquina de La Pampa- "tienen más fe en este movimiento que es un movimiento más puro, que no se ha burocratizado como las otras organizaciones. Las otras organizaciones están burocratizadas" (entrevista, 8 de marzo de 1997); véase Bidaseca (1999).

15 El MML posee sedes en las siguientes provincias y localidades: La Pampa: Winifreda, Trenel, 25 de Mayo, General Pico, Colonia Barón, San Martín, Ingeniero Luiggi, Santa Rosa, Trelew; Buenos Aires:

mando un espacio de acción con otros actores sociales, facilitan el mantenimiento y la profundización de la acción colectiva.

Las banderas de lucha del MML se pueden sintetizar en suspensión de los remates y ejecuciones, recálculo de la deuda y refinanciamiento a veinte años. Estas demandas, planteadas desde el momento de la fundación del MML, jamás han sido reconocidas por el gobierno. Por ello, las mujeres continuarán, según su propia expresión, "enfrentando hasta las últimas consecuencias ese acto confiscatorio que son los remates de nuestros campos por la usura institucionalizada" (Folleto del MML, septiembre de 1998). "Nacimos para impedir los remates que amenazan a nuestras chacras", afirman en su revista.

En este sentido podemos reflexionar acerca de la lucha de la mujer chacarera por la tierra como expresión de ciudadanía y los límites que estarían tensionando la ampliación de los derechos ciudadanos y lesionando los derechos adquiridos.

En efecto, la Convención Americana sobre Derechos Humanos (Pacto San José de Costa Rica) suscripta por los Estados Americanos en San José de Costa Rica el 22 de noviembre de 1969, en el artículo 21 referido al derecho a la propiedad privada, deja expresado lo siguiente: "Tanto la usura como cualquier otra forma de explotación del hombre por el hombre deben ser prohibidas por la ley".

Este derecho fue reconocido y tomado como bandera de lucha por el MML en un encuentro regional (1998) en el que sus dirigentes expresaron que "La usura es un delito desde la firma del Pacto de San José de Costa Rica" y decidieron que "desde las organizaciones del pueblo tenemos que pelear (...) Venimos del Derecho Romano que ataba con cadenas al deudor y lo mataban. El deudor era un tipo reducido a esclavo" (entrevista a Ana María Riveiro, 15 de diciembre de 1998).

Según los registros estadísticos, en la Argentina existían, hasta 1998 33 millones de hectáreas productivas, de las cuales un tercio, 11 millones, se encontraban hipotecadas por el Banco Nación. Existen otras hipotecas con bancas privadas (revista MML, N° 1, agosto de 1998).

Arribeños, Pergamino, Baradero, Guaminí, Carlos Casares, Villa Iris, Pigüé, Junín, Necochea, San Cayetano, San Nicolás, Villa Ramallo; Santa Fe: Rosario, Zavalla, Totoras, Teodolina, Reconquista, Ramona, Las Parejas, Chabás, Berabevú, Arteaga, Gálvez, San Jerónimo, Roldán, Maciel; Formosa: Capital; Mendoza: San Martín; Entre Ríos: Hernandaria; Santiago del Estero: Fernández; Córdoba: Camilo Aldao, Cnel. Moldes; Tucumán: Famaillá; Chaco; Alto Valle de Río Negro, El Bolsón.

La Asociación Agro-Ganadera de La Pampa, en un informe de 1996, se refería a la situación de endeudamiento y usura bancaria en estos términos: "El cuentapropista se ve obligado de realizar un seguimiento eficaz de los movimientos de su cuenta pues no sabe lo que le están cobrando o debitando. En efecto, los bancos no suelen acordar la tasa de interés de antemano, adjudicándose la potestad de determinar unilateralmente la misma con lo que puede ser razonable, alta, exorbitante y en determinados casos usuraria (....) Muchas entidades financieras llevan adelante una política crediticia consistente en inducir a su clientela a operar en descubierto en cuenta corriente, restringiendo las más de las veces el acceso a otras fuentes de crédito. De esta forma, el cliente se ve obligado a endeudarse bajo la forma crediticia más cara (...) A posteriori, los bancos obligan a sus clientes con importantes saldos deudores a consolidar su situación mediante el otorgamiento de garantías personales o reales (hipotecarias o prendarias) comprometiendo su patrimonio y su futuro en el nivel empresarial y aun personal" (citado por Giarracca y Teubal, 1997).

De esta forma, nos encontramos con muchos productores que comenzaron solicitando, como Lucy de Cornelis, tres créditos de 14.500 pesos que se convirtieron al cabo de poco tiempo en 140.000 pesos, más 80.000 de gastos, suma que Lucy no pudo afrontar.

En una conferencia de prensa que el MML realizó en la sede del Sindicato de Aeronavegantes en Buenos Aires, esta situación se hacía nuevamente explícita: "Nosotros estamos en una situación dramática..., dramática nosotros no podemos... nosotros estamos en... hay deudas de U$S 16.000, acá están los compañeros que lo pueden atestiguar, una deuda de U$S 16.000 del Banco Nación, le rematan la semana pasada, una deuda contraída en el año '92, le rematan por U$S 177.000, que fue esa deuda de... O sea que este es un sistema de usura anticonstitucional, nosotros lo hemos dicho, que íbamos a llegar a la Suprema Corte de Justicia haciendo estas denuncias" (15 de diciembre de 1998).

Para las mujeres del MML la cuestión del endeudamiento está intrínsecamente unida al tema de la expansión del latifundio. Debemos señalar aquí cierto discurso crítico a lo que ellas han denominado "la extranjerización de la tierra" y a la "política pro-terrateniente" del gobierno menemista expresada en el anuncio de uno de sus ex-funcionarios, el subsecretario de Política Agropecuaria de la Nación, Jorge Ingaramo, quien en 1993 –a dos años de implementado el Plan de Convertibilidad– expresó que tenían que desaparecer 200 mil productores agropecuarios porque los tamaños de sus campos no eran "viables"; es decir, la mitad de las explotaciones agropecuarias si tenemos en cuenta que el Censo Agropecuario Nacional de 1988 registró 378.357 explotaciones.

Esta denuncia conduce a la crítica del MML por el ingreso de grupos económicos transnacionales que comenzaron a comprar tierras en nuestro país a comienzos de la década del noventa (Benetton, Soros, Turner y otros). "Ya los pequeños arrendatarios han desaparecido, pero ese poder omnímodo de los terratenientes está reemplazado por la usura y agravada aun porque ya no vamos a negar el papel de la oligarquía terrateniente que existe, que está y que es poderosa, pero también está el grado de desnacionalización que tenemos. Tenemos un fenómeno nuevo por un lado, como los pool de siembra y, por otro lado, lo tenemos a Soros, a Benetton, a Turner, que en verdad tenemos verdaderos enclaves nacionales adentro de nuestro país" (entrevista a A. M. Riveiro, dirigente del MML de Santa Fe, 15 de diciembre de 1998). El MML no niega la deuda original pero, al igual que el movimiento mexicano de deudores financieros e impositivos El Barzón, decidieron adoptar el lema: "Debo no niego, pago lo justo"[16].

Otros temas, relacionados con la justicia y la libertad, también son preocupantes cuando se cuestionan los derechos de primera generación, ligados a la ciudadanía civil y política. Esto se pone de manifiesto en las irregularidades con que se llevan a cabo algunos remates,

---

16 Participan de El Barzón, aproximadamente, 2 millones de personas provenientes del campo y de la ciudad. El mismo se inició en agosto de 1993 en Jalisco, México, cuando bajo la presión de la banca para pagar las deudas contraídas por los campesinos y productores pequeños para comprar tractores y herramientas de trabajo se reunieron veinte campesinos para protestar por los *modus operandi* de procesos extrajudiciales en contra de ellos (Samperio, citado por Bidaseca, 2000). Según Grammont (citado por Bidaseca, 2000), la explosión de la guerrilla zapatista en Chiapas condujo a radicalizar el movimiento de los deudores y propiciar su impresionante crecimiento, acentuando hacia 1994 y 1995 las movilizaciones en contra de las instituciones bancarias, de las autoridades estatales y federales. De todas estas acciones la más novedosa fue la organización de los grupos de resistencia civil pacífica cuyo objetivo consistía en impedir los embargos y los remates de las propiedades de los deudores. A partir de mediados de 1995, El Barzón cambió drásticamente su estrategia: pasó de ser "una organización social de protesta callejera" para impedir el remate de los bienes de los deudores -pero incapaz de influir en las decisiones gubernamentales-, a un movimiento social negociador a través de la utilización de la vía legal. De este modo, estableció mayores vínculos con la esfera política, en particular con los partidos políticos, y fortaleció su estructura organizativa. Así, del rechazo al pago de las deudas, basado en su primer lema "Debo no niego, pago no tengo", implementó una política de pago pero sobre una base considerada justa, es decir, se comprometieron a pagar el capital prestado y los intereses principales inicialmente pactados rechazando el pago de los intereses moratorios por considerarlos ilegales e injustos; e inauguró un nuevo lema: "Debo no niego, pago lo justo".

en las situaciones de detenciones, espionaje[17] y procesamientos de algunas de las dirigentes del Movimiento, en las subastas forzadas y en la represión policial.

Con respecto a la situación de irregularidad en que ocurren algunos de los remates, hay varias denuncias de subastas ilícitas que se realizan a puertas cerradas, en cuyo caso los abogados del MML presentan una acción de nulidad pues la forma de subasta pública que la ley exige es que "todos los remates deben ser públicos".

Por otro lado, la organización sufrió el procesamiento de dos de sus dirigentes, efectuados en instancias de la obstaculización de remates judiciales[18]. Este acto de interrupción de los remates se caracteriza por su intención pacífica. En el lugar fijado para efectuar el remate se reúnen varias personas que cantan en voz alta el Himno Nacional Argentino y rezan tomadas de las manos con la finalidad de perturbar el acto del remate. En varias oportunidades, los funcionarios judiciales adujeron que esta actitud entorpecía el mandato judicial, pues se habría violado el artículo 237 del Código Penal, que castiga con prisión de un mes a un año al que "empleare intimidación o fuerza contra un funcionario público... en un acto propio de sus funciones." El abogado del MML expresó al respecto: "Hay una organización reconocida, con personería jurídica, están los vecinos de la zona que se acercaron solidariamente, esto no solo que es legal ya que manifestarse o cantar en la vía pública no implica delito alguno, sino que además es legítimo. Es preocupante el procesamiento, que aquel que reclama gremial o políticamente, que peticiona ante las autoridades en forma

---

17 En 1998 las mujeres del MML denunciaron haber sido víctimas de espionaje por la Fuerza Aérea y realizaron una marcha al Edificio Cóndor para entregar una carta a las autoridades. El texto de la misma expresa lo siguiente: "También sentimos estupor que se preocupan de nosotras en un país donde se ha privado y extranjerizado las fronteras nacionales, con puertos privados por donde salen al extranjero sin impuestos ni control alguno las inmensas riquezas que produce el Estado argentino". Según el diario *Página/12*, la prédica nacionalista de la agrupación parecería ser uno de los argumentos que movieron a la Fuerza Aérea a realizar tareas de espionaje (*Página/12*, 16 de diciembre de 1998).

18 Una noticia acerca del MML aludía a ello: "La Presidenta del MML, Lucy de Cornelis, fue detenida ayer por la tarde y trasladada a la Seccional Primera de Santa Rosa, después de que el grupo que encabeza rezara un padrenuestro y cantara el Himno Nacional para impedir el remate de un campo de 200 ha productivas cercano a Eduardo Castex" (*Clarín*, 29 de abril de 1999: 17). Por otro lado, la vicepresidenta del MML, Ana Galmarini, junto al hijo del chacarero que iban a rematar y dos vecinos solidarios, fueron detenidos en octubre de 1997, en ocasión de la suspensión del remate judicial de dos inmuebles por parte del juez de paz "ante la firme decisión de una treintena de Mujeres Agropecuarias en Lucha y numerosos manifestantes que acudieron a su convocatoria". El remate se iba a realizar sobre dos terrenos y la casa del productor, en la localidad de Las Parejas, Santa Fe, quien no podía abonar ni el 10% de la deuda usuraria que le reclamaba la cooperativa agropecuaria de Cañada de Gómez (*La Arena*, 7 de octubre de 1997).

legal y legítima sea procesado me hace acordar a algunas etapas de nuestra historia. Es preocupante en un estado de derecho, un estado de plena capacidad democrática" (revista MML, Nº 1, agosto de 1998).

Ello cuestiona fundamentalmente los derechos políticos referidos a la libertad de expresión, de reunión y asociación, y como ellas mismas expresan: "Las leyes y su aplicación, para ser válidas tienen que se justas y respetar los derechos a vivir, a trabajar, a mantener con dignidad una familia. Usarlas contra esos derechos vuelve ilegítima cualquier represión y torna justa y obligatoria la protesta de los afectados y del pueblo" (revista MML, Nº 1, agosto de 1998).

II

El *Movimento Interestadual das Quebradeiras de Côco Babaçu* se conformó en 1989 impulsado por la defensa de un recurso natural específico sobreexplotado, el coco *babaçu*, palmácea localizada en los estados de Maranhao (en donde se concentra la mayor cantidad de hectáreas, 10,3 millones), Piauí, Tocantis, Pará, Goias y Matto Grosso. Este cultivo fue sometido a un fuerte proceso de devastación estimulado por la acción indirecta del gobierno brasileño[19], hecho que provocó la articulación de alianzas del movimiento con otras organizaciones ambientalistas, tornando de este modo la cuestión local en un asunto transnacional.

El movimiento se organizó según diversos criterios sustentados en principios ecológicos, económicos y de género. El surgimiento de esta organización se vincula además con otro hecho decisivo que se ha dado en llamar la retirada del Estado, por medio del cual la acción estatal en Brasil se tradujo en el deterioro de la política ambiental y en la apertura de las importaciones, práctica sustentada en principios neoliberales que influyeron en la economía del *babaçu*, fundamentalmente en dos niveles: el de la producción y el de la comercialización, este último perjudicado por la disminución de los aranceles de importación de los óleos vegetales provenientes de Malasia a precios más bajos, que imposibilita a los productores competir en igualdad de condiciones.

19 Los decretos estipulados en el año 1975 permitieron a las empresas involucradas en la implementación de proyectos relacionados con la celulosa y la caña de azúcar en el área de Caixas, Maranhao, el desmantelamiento de un total de 65 mil ha de *babaçuais* (véase Almeida, 1995: 30).

Hacia la década del ochenta, el área total de plantación de coco *babaçu* correspondía a una extensión estimada de 18 millones de hectáreas e involucraba a 30 mil trabajadores, de los cuales una parte mayoritaria la constituyen mujeres y niños en actividades de colecta y quiebra del *côco babaçu* (Almeida, 1995). En las últimas décadas se constató una tendencia estacionaria, propia de una actividad en crisis, pero caracterizada además por la profundización de antagonismos sociales. La limitación de los derechos de recolección de los frutos, normativa que desató diversos conflictos, está vinculada al intenso proceso de concentración fundiaria[20], profundizada por la Ley Estadual de Tierras de 1962, conocida como Ley Sarney, en las regiones de mayor concentración de plantaciones de *babaçu*, en las que se estima que 44.924 establecimientos propietarios controlan 7 millones de hectáreas (Almeida, 1995: 26).

La estructura fundiaria en esta región se define a partir de las siguientes categorías: propietarios, ocupantes (cuando la explotación se efectúa en tierras públicas o de terceros con o sin consentimiento del propietario), y arrendatarios. Según los datos del censo agropecuario, las categorías que más han aumentado fueron aquellas en las que no existe un dominio legal sobre las tierras, hecho que se agrava aún más con la expulsión de cientos de familias de sus viviendas que deben asentarse en las llamadas *pontas de ruas* y realizar la recolección de *babaçu* en tierras de terceros. Esta usurpación a los derechos de los campesinos y los trabajadores rurales estimuló el desarrollo de diversas estrategias de recuperación de tierras y creación de cooperativas por parte de ellos.

En la memoria colectiva del campesinado la recolección del coco es libre, y por consiguiente la prohibición de acceso a tierras públicas y privadas donde se desarrolla este tipo de plantaciones profundiza los antagonismos entre campesinos y trabajadores y patrones.

Las mujeres trabajadoras, que representan un importante porcentaje de la fuerza laboral en la recolección y quiebra del coco *babaçu* –de ahí el nombre de *quebradeiras*–, comenzaron a organizarse políticamente en el *Movimento Interestadual das Quebradeiras de Côco Babaçu* y en las cooperativas, construyendo estos espacios en torno a la expresión *babaçu-livre*, bandera de lucha de las *quebradeiras*.

---

20 La reivindicación de una reforma agraria viene siendo impulsada por los trabajadores rurales en Maranhao desde los años cincuenta, proceso que cristaliza en 1956 con la creación de la Associaçao dos Trabalhadores Agrícolas do Maranhao.

La conformación de las cooperativas de pequeños productores agroextractivistas ocurre a partir de 1988 y 1989 en las áreas expropiadas por el gobierno a través del Plan Nacional de Reforma Agraria (1985-1989), articuladas con los sindicatos de trabajadores rurales. En ellas se retomó la modalidad de recolección libre de *babaçu* y la finalidad fue captar los circuitos de compra montados por los patrones y propietarios de usinas (grandes ingenios azucareros), que culminó con la creación en 1990 de cuatro cooperativas que conjugan las actividades de plantación y recolección[21]. Junto con esta expansión cooperativista se formaron en los mismos lugares varias organizaciones de trabajadoras, *quebradeiras de côco*: la *Secretaria da Mulher*; la *Associaçao das Mulheres Trabalhadoras Rurais*, que produce papel reciclado a partir de la fibra de coco y de la hoja de la palmera; etcétera.

El Movimiento, si bien en algunos casos se encuentra articulado a los sindicatos, no posee sede ni cuadro de asociados, y su representatividad es diferenciada. Las *quebradeiras* han organizado diversos eventos, Encuentros Interestaduales, a partir de 1991. En el II Encuentro exigieron la expropiación de todas las áreas de conflicto; el acceso libre a las palmeras de *babaçu* para las mujeres y niños en las propiedades privadas que no cumplen la función social; el fin del derrumbe de las palmeras de *babaçu*; el fin de la violencia contra los trabajadores rurales; recursos para el desarrollo de las cooperativas; acciones de asentamiento en áreas expropiadas; cumplimiento del estatuto de niños y adolescentes en la zona rural; y medidas que aseguren el cumplimiento del Decreto de Reservas Extractivistas (Almeida, 1995: 40).

En el III Encuentro, realizado en 1995, comienzan a presentarse temas ligados a la problemática de género relacionados con las denuncias referidas a la esterilización de mujeres de la región Nordestina, una de las mayores del mundo.

En este caso específico queremos reflexionar acerca de dos cuestiones, la violencia y el acceso libre a los recursos, como límites al logro de una ciudadanía plena. Particularmente, la violencia, como forma de dominación, tiende a erosionar la construcción social de la ciudadanía. Este proceso de expansión creciente de los índices de vio-

---

21 La *Cooperativa dos Pequenos Produtores Agroextrativistas de Lago do Junco*; la *Cooperativa dos Pequenos Produtores Agroextrativistas de Esperantinópolis*; la *Cooperativa dos Pequenos Produtores Agroextrativistas de Sao Luís Gonzaga* y la *Cooperativa dos Pequenos Produtores Agroextrativistas de Lima Campos*.

lencia en el campo brasilero invierte el proceso de producción social de una conciencia de derechos entre los campesinos y los trabajadores rurales. Fundamentalmente el derecho a la tierra, al trabajo y al producto del trabajo, pero también de otros derechos civiles, políticos y sociales (Tavares dos Santos, 1994).

De los diversos tipos de violencia, la violencia política, como forma de dominación entre las clases sociales en el campo, se traduce en los conflictos por la tierra y en muertes que se esparcen por todo el espacio geográfico de Brasil pero se acentúan en la región Nordestina (estados de Bahía y Maranhao) donde actúa el MIQCB, y en el Norte (estado do Pará). El objetivo estratégico de estas acciones violentas es expulsar a los campesinos sin tierra que habitan allí, pero también amedrentar la posibilidad de acción colectiva.

Esta región, caracterizada por la escasez de mano de obra, fue objeto de planes de colonización para impulsar grandes proyectos agrominerales y agropecuarios, ello posibilitado por la aplicación de la violencia estatal contra los *posseiros* e indios, que resistieron en un contexto de marcada violencia, cuyo hecho más ominoso fue la masacre de Eldorado dos Carajás el 17 de abril de 1996, en el estado de Pará[22].

La Comisión Pastoral de la Tierra, en su Informe sobre Conflictos en el Campo (1996), describe las formas asumidas por estos: asesinatos, tentativas de homicidio, invasiones de tierras de *posseiros*, amenazas de expulsión, destrucción de casas, chacras y bienes, siempre con agresiones físicas y morales. Estos datos se tornan excesivamente abruptos con respecto a los niños: desde 1990 se contabilizan diez asesinatos, veintiocho tentativas de asesinato, veintidós torturados, doscientos cincuenta y un agredidos físicamente, cuarenta y un presos, seiscientos noventa y un víctimas de otras agresiones. También se denuncia trabajo esclavo.

En 1995 cuatro trabajadoras rurales se destacaron por las posiciones firmes que asumieron en relación con estos temas. Pureza Lopes Loyola, del estado de Maranhão, en la búsqueda incesante de

---

22 En esa oportunidad, ciento cincuenta y cinco soldados de la policía militar, armados de fusiles y ametralladoras, abrieron fuego contra una manifestación de campesinos, cuyo arsenal eran tres pistolas, piedras e instrumentos de labranza, que bloqueaban la carretera en acción de protesta por el retraso en los procedimientos legales de expropiación de tierras. Aquel día, en el suelo quedaron diecinueve muertos y unas cuantas docenas de heridos. Ellos fueron unas de las mil seiscientas treinta y cinco víctimas mortales de todo Brasil entre 1964 y 1995, con más evidencia en los estados de Bahía, Maranhao, Matto Grosso, Pará y Pernambuco (José Saramago, Introducción al libro *Terra*, 2000).

su hijo Abel, desaparecido en 1993, comenzó a denunciar el trabajo esclavo en el estado y descubrió la existencia de dos tipos de haciendas: "mansas", donde los peones son esclavizados, y "bravas", donde también son asesinados. Diolinda Alves de Souza, líder de los *sem terra* en el Pontal do Paranapanema, fue presa en el intento de criminalizar la lucha por la tierra. Raimunda Gomes, líder de las *quebradeiras* de coco *babaçu* de Tocantins, participó de la Conferencia Mundial de la Mujer de Beijing (China), y Maria Rodrigues dos Santos Gomes, labradora de Maranhão, fue juzgada y absuelta por haber matado en legítima defensa a un pistolero que asesinó a su marido, un líder sindical llamado Alonso Silvestre Gomes (Conflitos no campo-Brasil, 1996. Parte 4-4, www.ospaaal.org).

El Estado brasilero, a través de los órganos represivos, ha estimulado la represión de los movimientos de resistencia campesinos e indígenas. Así, la masacre de Tükuna, en Amazonia, el 28 de marzo de 1988, en la que once personas fueron asesinadas y veintidós heridas, representó la violencia a una nacionalidad y cultura indígena, cuando "más de un centenar de hombres armados reprimieron a un grupo de indios pacíficamente reunidos para discutir un conjunto de agresiones a que venían siendo sometidos por parte de la población regional" (Olivera, citado por Simonian, 2000).

Todo esto es expresión de la violación concreta a los derechos humanos y de la ausencia de justicia y libertad, que tensionan la posibilidad de alcanzar una ciudadanía plena en la sociedad brasilera, en la que la existencia de trabajo esclavo y semi-esclavo en las haciendas dictamina la muerte del trabajador como ciudadano: nace un esclavo (Martins, citado por Tavares dos Santos, 1994).

Con respecto al segundo tema de análisis, el acceso libre a los recursos naturales, existen *quebradeiras* de coco *sem terra* y *quebradeiras* con acceso garantizado a la tierra. *Sem terra* son aquellas que no poseen acceso directo a la tierra y residen en las llamadas "puntas de ruta" de las ciudades o en las márgenes; las *quebradeiras* con acceso a las tierras son las que se encuentran en áreas cubiertas de palmeras, en áreas expropiadas por el Instituto Nacional de Colonización y Reforma Agraria, adquiridas por los órganos estaduales o por cuenta del propio trabajador, posesiones consolidadas hace años, de herencia o arrendadas a través de contratos. Al respecto existen diversas formas de contratos, de "foro", "arrendamento" o "de media", en los que las *quebradeiras* son obligadas a quebrar coco en las haciendas para vender las *amendôas* (parte central del coco), intercambiarlas con los propietarios de las palmeras o pagar algún tipo de renta del 50% o más.

En casi todas las áreas de *babaçu* se registran restricciones para que las familias campesinas accedan a las tierras. Aquellas *quebradeiras* que necesitan trabajar y no están sujetas a ningún tipo de contrato algunas veces entran en las haciendas a escondidas en áreas donde la vigilancia es menor, para recoger y quebrar los cocos. Si son encontradas, a menudo, son amenazadas verbal o físicamente[23] y obligadas a entregar todo el producto recolectado o quebrado en ese día de trabajo. Entre las medidas violentas que los hacendados aplican para impedir el acceso de las mujeres al área de recolección, son comunes los disparos de tiros dentro de las haciendas para que las *quebradeiras* se retiren del área, habiéndose encontrado a una mujer muerta (Martins, 2000, citado por Tavares dos Santos, 1994).

Según el Censo Agropecuario de Brasil (1995/1996), la mayoría de las familias que ejercen alguna actividad extractiva en la Amazonia (82% de trabajadores) lo hacen en áreas que no les pertenecen, bajo la condición de ocupantes o *posseiros*, arrendatarios y parceros. Estas últimas categorías se constituyen a partir de una variedad de contratos previstos en la Ley 4.504 de 1964, implementada para eliminar los procesos de desigualdad contractual entre los trabajadores y los propietarios de las tierras, algo que de hecho no logró (Neto, 2000a).

Los datos del censo arrojaron un total de 127.468 trabajadores extractivistas de *babaçu*, de los cuales 31.426 son arrendatarios, 11.452 parceros y 61.695 ocupantes. La relación de ocupante es antigua, preexiste al Código Civil brasilero de 1916 y al Estatuto de la Tierra de 1964, y se configura a partir de la apropiación común de las palmeras *babaçu*.

Después de la Constitución Federal de 1988, las leyes estaduales de los estados de Tocantis y Pará, a excepción de Maranhao y Piauí, no proveen disposiciones específicas de garantía de uso de las plantaciones de *babaçú* por parte de las *quebradeiras* de coco y sus familias, así como tampoco respecto a la protección de las palmeras. En cambio, la Constitución del Estado de Maranhao dicta en el artí-

---

23 Según Neto (2000a), hay un proceso criminal por lesiones corporales a una *quebradeira* en el estado de Tocantis contra un vaquero que la agredió y arrastró mientras ella estaba quebrando el coco. En otro caso, el autor señala a unas *quebradeiras* de Piauí que, al recusarse según el artículo 96, inciso VI de la Ley Nº 4.504 del 30 de noviembre de 1964 a efectuar el pago ilegal del 50% cobrado por el propietario de la tierra, fueron acusadas formalmente de robo de *babaçu* con el consecuente proceso criminal en la justicia. Si bien fueron finalmente absueltas, estas prácticas continúan.

culo Nº 196 que "En las tierras públicas y devueltas al Estado se asegura la explotación de las plantaciones de *babaçu* en régimen de economía familiar y comunitaria" (Neto, 2000a: 47). De este modo, el Movimiento de las Quebradeiras presentó un proyecto de ley en el Congreso Nacional para extender ese derecho a las tierras de dominio privado, al igual que a otros estados de la federación que componen el MIQCB.

Las formas de acceso y uso de los recursos en la Amazonia son diferenciadas según la actividad extractiva de que se trate (caucho, *babaçu*, castañas, etcétera). En cuanto a la actividad de *babaçu*, la importancia está en el acceso a las áreas de palmeras que en su mayoría se encuentran cercadas.

Las familias hacen uso común de las palmeras, y cada familia tiene acceso a una cantidad ilimitada de árboles según la necesidad y capacidad de trabajo. Las familias tienen derecho a recolectar los frutos que caen en el suelo, una vez que son amontonados.

Otro conflicto corriente entre las *quebradeiras* y los hacendados parte del derrumbamiento indiscriminado de las palmeras por parte de los hacendados y empresas agrícolas, hecho que viola la legislación existente. La protección de las palmeras se encuentra amparada en dos estados, Maranhao y Piauí, de acuerdo a las leyes estaduales de 1986 y 1983 respectivamente, al Código de Protección del Medio Ambiente del Estado de Maranhao de 1992 y a la Nueva Ley de Crímenes Ambientales de Brasil de 1998.

Las *quebradeiras* necesitan garantizar las formas de acceso y uso común de las palmeras de *babaçu*, pues a lo largo de estos años sus áreas fueron siendo cercadas, apropiadas y devastadas por los hacendados y empresas agropecuarias. La lucha permanente por el libre acceso al *babaçú* y a su uso común, anterior a los cercamientos y apropiaciones de las tierras que se profundizan en la década del setenta, recordada como el tiempo del "coco preso", cuando los incentivos fiscales y crediticios dados por el gobierno estimularon la apropiación de tierras públicas, implica el reconocimiento a un derecho cotidiano que no se encuentra normativizado en el derecho estatal brasilero (Neto, 2000), pero que corresponde a la memoria colectiva del *babaçu* libre cuando "la tierra era de todo el mundo que vivía en el lugar, no era tierra privada, era de quien la trabajase" (entrevista a Lidia, realizada por Martins, 2000).

En esta lucha, las mujeres refuerzan su identidad colectiva y hacen de su nominación una identidad política y de género que se profundiza en el seno del Movimiento en el proceso de concientización de los derechos de la mujer. Así queda planteado en los objetivos del II Encuentro Interestadual: "Articular a las quebradeiras en cuanto mujeres, trabajadoras extractivistas y ciudadanas en la lucha por el babaçu libre y por la reforma agraria; sistematizar y documentar las experiencias en las diferentes formas de organización en que actúan; buscar alternativas para las actividades agroextractivistas en términos económicos, políticos y ambientales, y crear un espacio y momento adecuados para sus reivindicaciones políticas" (citado por Neto, 2000: 44).

Negadas a la existencia o condenadas a la desaparición... Cuando la vida cotidiana de las mujeres rurales se politiza

Este apartado tiene como finalidad lograr una comprensión del sentido que las mujeres rurales que conforman ambas organizaciones le adjudican a la acción colectiva.

La protesta enfrenta a los sujetos con pretensiones de constituir colectivos, un "nosotros" a un "otro". Ese otro generalmente posee recursos que los primeros no tienen, y puede usarlos para agraviarlos, violar derechos adquiridos, mejorar o reformar la situación que dio origen a la protesta, etcétera. En tales situaciones se constituye un espacio de interacción en que no sólo se enfrentan proyectos (*projet of actor*) sino mundos sociales y culturales con profundas diferencias.

En tales escenarios –"interfaces" en la conceptualización de Long (1996)– se ponen en acto los esquemas cognitivos, los de interpretación, las traducciones que posibilitan negociaciones o enfrentamientos (Giarracca y Bidaseca, 2001).

Intentaremos bucear en sus relatos con el fin de comprender el sentido de la acción colectiva entendiendo que el Movimiento determinó en las vidas cotidianas de estas mujeres rurales un momento de quiebre, un "antes y un después", que da cuenta de un proceso de politización de su cotidianeidad[24] que se expresa en el relato de sus propias vidas.

---

24 Entendemos con este término una forma distinta de abordaje de *lo social* que focaliza las conflictivas sociales en el espacio de la vida cotidiana politizando de este modo sitios anteriormente excluidos de estas esferas (la familia, las vivencias diarias, las relaciones, los cuerpos, etcétera). La política tal como expresa Laclau (1993) es una de las tantas formas de existencia de lo social que modela las prácticas y acciones en la cotidianeidad de los actores, irrumpiendo y deconstruyendo aquellas producciones culturales, económicas y sociales que fueron designadas para sedimentar un orden que aparecía como dado y por lo tanto era incuestionable.

En la reflexión que hacen las mujeres sobre el antes y el ahora nos interesa comprender qué valorización hacen de ambos momentos; cómo han variado sus ámbitos de actuación; si con sus acciones tendieron a reproducir las estructuras de significación o se opusieron a ellas resignificándolas. Se trata de responder a estos interrogantes sin pretender homogeneizar las valoraciones de las mujeres, sino rescatando la diversidad de situaciones que caracterizan sus mundos de vida.

En este intento por desentrañar lo oculto tras el velo que recubre el trabajo y la capacidad de acción y creación de la mujer rural[25], se expresa en estos relatos la marca dialéctica entre lo visible y lo invisible de lo social, que se materializa en el Movimiento como una síntesis de lo diverso, como algo que renace al espacio de lo público, de la "aparición", como diría Hannah Arendt (Archenti, 1994).

Este proceso, no obstante, podría ser un anclaje para comenzar a pensar el cambio que introduce la mujer rural en la generación de nuevos espacios desde donde poder legitimar sus derechos.

A continuación abordaremos los mundos de vida de las mujeres rurales para hallar indicios que nos permitan reconstruir, a partir de sus propias narrativas, la experiencia de la organización. Comenzaremos por el movimiento argentino.

I

Entre las mujeres que integran el Movimiento de Mujeres Agropecuarias en Lucha, muchas son mujeres rurales que nacieron en el campo y estudiaron en las escuelas rurales a las que asistían a caballo o en sulky: "para terminar la [escuela] primaria mi mamá me envolvía los pies con agua caliente, tenía una hora de sulky con esas heladas" (entrevista a una integrante del MML de Santa Fe, 8 de septiembre de 1998). Vieron crecer a sus hijos, armaron una familia y estrecharon un vínculo afectivo con la tierra que, como expresa Griselda, "además de ser tu fuente de trabajo es una cosa que ni siquiera es tuya, fue de tus abuelos, de tus padres. O sea que ahí hay además un arraigo emocional" (entrevista, 24 de octubre de 1998). Primero sus abuelos, luego sus padres y ahora ellas, la trabajan junto a sus maridos y a sus hijos. "Venimos de familias que andaban en

25 Circula un imaginario acerca de la mujer rural que la describe como "sumisa", "pasiva" o reproductora de ciertos órdenes, y que por consiguiente le niega toda posibilidad de cambio. A propósito, véase la tesis sobre una comunidad rural en la provincia de Tucumán en la que intento desmitificar estos preconceptos (Bidaseca, 2002).

sulky o a caballo por los campos, abriendo surcos, cosechando a mano y hasta pariendo en el monte" (*La Arena*, 22 de septiembre de 1995, citado por Giarracca y Teubal, 1997).

Vivir en el campo para la mujer no sólo significa dedicarse a las tareas de la casa o a la educación y cuidado de sus hijos, sino también al trabajo *en* el campo: cuidar la quinta, alimentar a los animales, manejar el tractor, revisar las plantaciones luego de las heladas, encender la leña para que el granizo en un instante no eche a perder el sacrificio de meses de trabajo duro y de larga espera, pelear contra la desertificación de la tierra, ordeñar las vacas, atender su parición, vigilar el ganado o esperar a recoger los frutos de la tierra.

Joaquina Moreno, nacida en el campo de Trenel, La Pampa, hija de un inmigrante español que llegó a principios de siglo cuando apenas tenía 13 años de edad, comenzó trabajando como peoncito y logró arrendar un campo de 100 ha antes de que ella naciera, se convirtió en uno de los eslabones fundamentales del movimiento. Nos cuenta lo siguiente acerca de su trabajo en el campo que, como tantos otros productores, heredó de sus padres: "No tengo fuerza, pero sí maña. Para tirar de un ternero que no quiere salir, le ato las patas al paragolpes de mi auto, y tiro" (Revista *Viva*, 1996).

De este modo, Joaquina, viuda, sin hijos, con 68 años y un campo de 250 ha en el cual hace cría de ganado Charolais, oficio que aprendió de su padre, se las ingenia para continuar administrando sola ese campo que él le dejó como parte de una herencia material y simbólica.

Nora, otra integrante del MML del Alto Valle del Río Negro, relata los comienzos de su vida como agricultora en la chacra que el movimiento logró salvar del remate judicial cuando habían pasado tan sólo pocos días de su nacimiento: "era una felicidad plantar tomates trayendo el agua a caballo desde el río porque pensábamos que llegaríamos a ser 'alguien' y no nos importaba pasar Año Nuevo y Navidad sacando los yuyos de las hileras" (*Página/12*, 18 de septiembre de 1998).

Podemos también hablar de la vida de Ana, otra participante del MML del Alto Valle rionegrino, quien se casó con un italiano con el que se fue a vivir a Allen. Ana trabajó la tierra a la par de su esposo cultivando manzanas y llevando consigo a la labor diaria a uno de sus hijos en un cajón de manzanas (*Página/12*, 18 de septiembre de 1997). Otras mujeres, nacidas también en el campo de sus padres o abuelos inmigrantes, como Mirta, que relata que su "abuelo era suizo agricultor, y mi [otro] abuelo era criollo agricultor, o sea que desciendo de familia de agricultores, por el lado de mi mamá y mi papá" (entrevista a Mirta, 24 de octubre de 1998), se casaron y se fueron a vivir a la ciudad o a los pueblos, donde comenzaron a trabajar en las escuelas como maestras, secretarias o en otras actividades que les permitieran conciliar su rol de madres, esposas y amas de casa. Sin embargo, muchas de ellas anhelan volver al campo que ahora es trabajado por sus esposos o en algunos casos por sus hijos, y nos narran de este modo cómo transcurrían sus días allí: "Trabajábamos todos en el momento que estábamos en el campo, hasta los chicos vacunaban, ayudaban con las ovejas, curaban" (entrevista a Mónica, 7 de marzo de 1997).

La acción fundante del Movimiento resulta fundamental para comprender el origen de este proceso de politización en las vidas cotidianas de las mujeres rurales, instante a partir del cual se configura una nueva identidad colectiva y se genera un nuevo tipo de prácticas, de solidaridades compartidas. El mismo implica un punto de inflexión en la cotidianeidad de las mujeres: la creación de un nuevo espacio social, cultural y político que las expone públicamente, las "hace visibles"[26].

Cuando desde Winifreda, un pequeño pueblo de La Pampa, Lucy decide hablar por la radio local y presentarse como la "esposa" de un productor agropecuario, estableciendo con su acción contingente la creación del movimiento, la identificación que produjo entre sus oyentes fue tan inmediata y significativa que disipó las dudas y los miedos y articuló los reclamos particulares y fragmentados de los productores en el cimiento de la acción colectiva.

No obstante, existen condiciones posibilitadoras del cambio en las identidades sociales que, como señala Moore (citado por Martínez, 1989), se pueden dar en tres planos que se encuentran interrelacionados: en el nivel cultural, vinculado con los procesos de erosión de los sistemas de creencias y valores prevalecientes; en el nivel de la estructura social, relacionado con aquellos procesos que desestabilizan la identidad de los actores; y en el nivel de la personalidad

26 Como reflexiona Clara Kuschnir (1994) en un artículo acerca de la invisibilidad de la asimetría detrás de la visibilidad de la igualdad, "Todas hemos leído cantidad de interpretaciones acerca de esta especie de '*invisibilidad de la mujer*' como si la historia del mundo hubiera transcurrido sin ella" (Kuschnir, 1994: 220; cursivas en el original).

individual, cuando el individuo logra reconocer la opresión de ciertos órdenes sociales (Bidaseca, 2000).

Como sostienen Taylor y Whittier (1995: 174), "todos los aspectos de la vida –donde uno vive, lo que uno come, cómo uno se viste– pueden convertirse en una expresión de políticas". Este proceso puede ser más o menos explícito, más o menos conciente, pero forma parte de los mundos sociales y de vida de los actores sociales.

Este momento en el MML coincide con su radicalización, pero implica también un proceso de elaboración interno: las mujeres modifican su percepción acerca de sí mismas. Allí donde fueron "mujeres" constituidas como actores sociopolíticos invisibles, penetran en la esfera de lo público y se transforman en mujeres públicas y, por consiguiente, visibles.

Repentinamente comienzan a participar en las movilizaciones, a hablar públicamente, a aparecer en los medios de comunicación, a negociar con los poderes públicos, a actuar en espacios hasta entonces vedados a la mujer, a relacionarse con los representantes de los partidos políticos, a universalizar sus demandas ubicándose junto a otros movimientos en confrontación al gobierno nacional. Como ellas mismas lo expresan a instancias de su capacidad reflexiva: "La experiencia de estos años de lucha nos demuestra que para poder derrotar a esta política la clave está en la unidad con los demás sectores de nuestro pueblo" (revista MML, Año 1, Nº 3, agosto de 1998).

Es por ello que el movimiento decide extenderse e integrar a otras mujeres del comercio, profesionales, etc., de modo de crear un "colectivo político" universal.

Numerosos estudios sobre la temática de género dan cuenta de la existencia de fronteras entre un espacio privado al cual se relegan las tareas domésticas y un espacio público, fronteras que van perdiendo nitidez. Las separaciones entre el adentro y el afuera que caracterizan a la vida urbana no se encuentran en la vida rural, en la cual la unidad económica se constituye tanto a partir del hogar como del trabajo: no existe una división clara entre trabajo doméstico y trabajo rural.

A partir del momento en que las mujeres comienzan a participar en el movimiento, ese adentro/afuera que tradicionalmente ha expresado la división social y sexual del trabajo se instala en sus vidas como lo que podemos denominar la "construcción pública de lo privado". Aparecen claramente los límites entre el adentro de la vida familiar y el afuera que significa salir a la arena pública.

Cuando en un discurso en la Plaza de Mayo –escenario histórico de lo público– una integrante del movimiento de Santa Fe expresa de modo literal "el gobierno nos ha obligado a salir a la calle" (7 de marzo de 1997), está reflexionando acerca de la salida "obligada o forzada" del espacio doméstico a ese otro espacio público, el cual además "desnuda" su interioridad y quiebra el límite de lo decible. Ambas situaciones ocurren simultáneamente, la mujer rural se revela y se rebela.

Podemos observar que la ocupación física y simbólica de estos nuevos espacios, antes privativos de los varones, por parte de estas mujeres rurales (el ámbito de las asambleas locales y nacionales del movimiento, las reuniones de las organizaciones agrarias o la Plaza de Mayo), constituyéndose en nuevos reductos de sociabilidad, se encuentra relacionada con las dimensiones que alcanzó el movimiento. Nos cuenta Joaquina: "Yo había ido a muchas reuniones de la Federación Agraria, allí las mujeres no iban" (entrevista, 7 de marzo de 1997).

En otra de las entrevistas un dirigente de Chacareros Federados, corriente interna de Federación Agraria, nos comenta: "las mujeres encontraron un espacio para hacer una actividad gremial, porque los hombres muchas veces encontraban en esa zona una serie de frustraciones que los llevaban a quedarse y ahora son un poco las mujeres las que están empujando a los hombres" (entrevista a Ana Galmarini, 8 de septiembre de 1998).

Sin embargo, como tantas otras en la historia, no estuvieron exentas de ser nombradas como "las locas", del mismo modo que todas aquellas mujeres que transgredieron desde la cotidianeidad ciertos órdenes fundados[27]. "Pero qué van a hacer esas 'locas' por ahí, te dicen" (entrevista a Griselda, 24 de octubre de 1998). Es que, como sostiene Leonor Arfuch (1994), "su aparición en posiciones de poder todavía es percibida como disrupción, imprevisibilidad, alteración de un orden, dificultad de la definición, incluso incomodidad de ciertos usos lingüísticos ('el hombre público' versus 'la mujer pública' por ejemplo)" (Arfuch, 1994: 213).

La "tractorista" del movimiento, Norma de Astorquia de Santa Fe –llamada así porque fue la conductora del tractor en la primer marcha a la Plaza de Mayo en 1996– me contó episodios referidos a la

27 Véase Bousquet, J. P. *Las locas de la Plaza de Mayo* (Bs. As.: El Cid Editorial), citado por Rodríguez (1994).

fundación del MML, del momento, como ella dice, en que se hicieron públicas. Fue interesante la reflexión de Norma para analizar luego las transformaciones que la entrada al mundo público podía suscitar en las propias biografías. Dado que la identidad de género se construye en un espacio dual, el ámbito doméstico –el de la familia, el cuidado de los niños y las relaciones afectivas– en el que los rostros de las mujeres son anónimos y sus obras invisibles, y la esfera pública –la del trabajo extradoméstico, la lucha y la política– que otorga visibilidad a sus actos, el proceso de apropiación del espacio público de las mujeres rurales a través del discurso y la acción implicaba la salida del ámbito privado. Ese fue el caso de la primera marcha hacia Buenos Aires emprendida el 8 de marzo de 1996, que da cuenta de un proceso de politización de su cotidianeidad y que se expresa en el relato de sus propias vidas: "hacerse públicas". Así lo recordó Norma en una entrevista: "El Día Internacional de la Mujer es como que fue el día que nos hicimos públicas, aquel 8 de marzo con el tractorcito. Vinimos con un tractor muy viejito que nos prestó una cooperativa y lo bajamos en el Congreso y nos paramos acá, frente a la Casa de Gobierno, en esa explanada con el tractorcito porque no nos dejaron avanzar más. Y en ese momento que puse en marcha el tractor siendo la 'tractorista del movimiento'... Y ahí pusimos para algunos el grito en el cielo. Veníamos a pedir 20 años de refinanciación, veníamos a pedir recálculo de la deuda, años de gracia y precio sostén" (entrevista, 8 de marzo de 2001). Para Norma cobrar publicidad significó un hecho trascendente pues, en sus palabras, "fue el resurgimiento de la mujer agropecuaria, porque la mujer siempre trabajó en el campo (...) pero siempre fue sometida, cuando había que tomar decisiones, cuando había que negociar o hablar era muy raro que una mujer abriera la boca, siempre era el marido".

Norma aceptó ser, como ella se define, la "encabezadora de la marcha", y conducir lo que simboliza el trabajo del productor, el tractor, hacia la Plaza de Mayo: "En su momento cuando dijeron aquel día: 'podríamos poner un tractor', eso sería lo ideal, contestamos. '¿Y quién lo maneja?' Y nadie decía nada. Y yo dije: 'yo lo manejo'. Éramos ochocientas mujeres. Fuimos tapa del diario 'La Nación' en ese momento. Después volvimos dos o tres años con el tractor pero el actual presidente que era el gobernador de la ciudad de Buenos Aires nos prohibió bajar el tractor porque desordenábamos el tránsito. Cada vez que entramos con el tractor, la policía nos secuestra el tractor y tuvimos que dejarlo de lado".

El desarrollo del movimiento produjo un cambio profundo en sus mundos sociales y de vida, un "acontecimiento" con toda la carga transformadora que implica tal proceso, y expandió el espectro de sus posibles miradas. Como Nora, que cuenta "no soy de salir ni de ir a reuniones, ni siquiera a esas de cosméticos que hacían mis hijas en casa, prefería irme a la cocina o ir a visitar a los parientes a otros pueblos" (*Página/12*, 18 de septiembre de 1998), y ahora es una de las integrantes más movilizadas del movimiento; o Marta a quien el movimiento la llevó, al igual que a su familia, a que "no nos perdemos un programa de televisión donde se discuta política económica, o leemos todos los días los diarios para retrucarle a los políticos cuando dicen que el campo 'está bien' o para llamar a los programas cuando son abiertos y dejar mensajes en la producción" (entrevista a Marta de Pergamino, 7 de noviembre de 1998).

De repente se encontraron hablando acerca de "cómo prepararse contra las amenazas del gobierno provincial que prometió enviar un grupo de élite de la policía para frenar el próximo acto, cuando antes algunas de ellas sólo salían de su casa, como Nora, los miércoles por la tarde para tomar el té con sus amigas y hablar de telenovelas" (*Página/12*, 18 de septiembre de 1998), o analizando las noticias de los diarios para formar una opinión crítica, o sosteniendo una pancarta que identifica al movimiento, o hablando frente a frente con el gobernador, o "poniendo el cuerpo y la voz" –las "armas de los débiles" como diría Scott[28]– delante de las banderas de remate de sus campos endeudados, aunque se empeñan en señalar "hacemos política pero no queremos saber nada con los partidos" (*Página/12*, 18 de septiembre de 1998). Es que no sólo se autodefinen como "movimiento" y "en lucha" –aunque advierten "no somos un grupo de choque"–, sino que son concientes de que ellas hacen política, o mejor dicho "se encontraron haciendo política, pues político es todo movimiento que trabaja por algo" (Mirta, 24 de octubre de 1998), pero no partidismo, como "las chicas de San Pedro, las representantes tenían una línea política definida, entonces la gente, no tuvieron eco, el movimiento no creció en San Pedro porque ellas tenían una línea política" (entrevista a Mirta, 24 de octubre de 1998), y ello las conduce a irrumpir en

28 Scott (1985), en su libro *Weapons of the Weak: Everyday Forms of Peasant Resistance*, describe las distintas formas de resistencia campesina, como actos individuales de sutiles desafíos. La modalidad de acción del MML (el rezo y el canto del Himno Nacional Argentino, así como también otras tácticas intimidatorias tales como fotografiar al futuro comprador o interrogarlo) podría tal vez inscribirse en este tipo de formas.

el espacio público que constituye el espacio político, y a establecer relaciones con el poder.

La salida al mundo público implicó conocer, y en algunos casos descubrir, otros horizontes, otros modos de vida, un proceso de aprendizaje que las llevó a desenvolverse en la ciudad, organizar las marchas, enfrentar a los funcionarios, al poder judicial y a las fuerzas del orden, comenzar a ser vigiladas, aprender a manejar y a valorar ciertos recursos como el acercamiento de profesionales, de políticos y de los medios de comunicación que les otorgaron existencia, dar conferencias y charlas y encontrarse con otras organizaciones.

En enero de 2001 Lucy viajó a Porto Alegre y participó del Foro Social Mundial. Allí no sólo se contactó con organizaciones nacionales, como el MOCASE o la Mesa de Productores, sino también con movimientos campesinos transnacionales integrados en la organización Vía Campesina, movimiento mundial integrado por organizaciones de mujeres rurales, campesinos, campesinas, pequeños agricultores y agricultoras, trabajadores y trabajadoras del campo y pueblos indígenas de todas las regiones del mundo.

En la entrevista realizada a propósito del Día Internacional de la Mujer, ella relataba: "Fue una experiencia tan grande que no pensé que se me iba a abrir la mente... Porque nosotras de largar el delantal y la olla, sabíamos lo que era la casa y la familia, y vino el movimiento y fuimos conociendo a la gente del país, de Latinoamérica y mundial. Haber participado con 122 países, escuchar a los africanos, a los españoles, a los franceses y otros países latinoamericanos y se me abrió, vuelvo a decir, la mente, porque este sistema neoliberal ha atacado a todo el mundo y viendo cuántos chicos se mueren de hambre y cuántos tienen necesidad de tierras. Escuchar a Lula, que me llenó, que hubiera políticos que pensaran como él en toda Latinoamérica creo que no estaríamos viviendo estas consecuencias. Cómo él ha trabajado para construir ese espacio político; su historia, su vida, haber sido tentado donde van todos los poderosos y no aceptó, bueno... Después Cárdenas que era gobernador por la ciudad de México" (8 de marzo de 2001).

La acción colectiva las coloca en una singular posición de sujeto, la de la resistencia, lugar desde donde se redefine tanto el espacio de lo público como el tradicional rol femenino que limitaba a la mujer a los espacios de la domesticidad, quebrando el mito que construyó un espacio doméstico al cual las mujeres debían recluirse y en el cual "no había mayor 'poder e influencia' que preparar una buena comida, cuidar a los enfermos o soñar el ajuar para las hijas" (Torre, 1994: 228), para validar este otro espacio de la domesticidad como espacio de poder, "poder como 'potencia', como... capacidad de incidir sobre el mundo o de afectar lo exterior en mayor medida, o al menos no en menor medida, de lo que uno es afectado" (Amorós, citado por Rodríguez, 1994: 425) y, que por su sustancialidad, no es ajeno a la esfera de lo político.

"Nos esperan nuestras casas de las que vinimos tantos kilómetros, leguas y leguas... No nos hemos quedado; en ningún momento donde haya una reunión o una asamblea, un remate, habrá mujeres que pueden dar referencias sobre esto (...) De esta forma lucharemos y estaremos unidas para combatir este modelo económico que está destruyendo la familia argentina" (discursos, integrante del MML de Formosa, 7 de marzo de 1997).

Estas palabras denotan la resignificación del rol materno de la mujer dentro de la familia en otro espacio que excede el del hogar, el social y político, lugar desde el cual la mujer rural va a politizar el contexto familiar y el espacio doméstico otorgándole otros sentidos.

Se adscribe tradicionalmente al mundo cotidiano de las mujeres el confinamiento al mundo privado y la sumisión a los varones; son ellos quienes toman las decisiones, son "jefes" de hogar, discurso que continúa apareciendo en algunos ámbitos rurales como naturalizado.

Es que de acuerdo al tradicional rol femenino asentado en la adscripción cultural "se supone que la mujer tiene que estar en su casa, no abrir la boca, entonces es difícil también la lucha con los hombres de la misma actividad" (entrevista a Griselda, 24 de octubre de 1998). Sin embargo, algunas de ellas perciben la presencia de rupturas o discontinuidades en las relaciones entre los géneros. "Las mujeres rompemos el silencio y desechamos la sumisión", expresan en un petitorio, o "puede ser que eso [que la mujer del campo es sumisa] haya sido antes, porque antes por ejemplo mi mamá no tomaba demasiadas decisiones (...) Antes la mujer de ir al banco, enterarse de los problemas bancarios eso no" (entrevista a Griselda y Mirta, 24 de octubre de 1998). Del mismo modo resignifican la circulación de discursos que legitiman la posición de la mujer y reflexionan acerca de ellos: "el rol de la mujer ha cambiado, ya no es de 'puertas adentro'. La mujer también sabe defender lo suyo y cuando le tocan la familia lo salen a defender con mucha más fuerza que el hombre" (entrevista a María A. R, integrante del MML de Castex, Bs. As., *La Arena*, 1° de octubre de 1995).

Las mujeres con su acción originaron un momento de ruptura, un "antes y un después", significación de un cambio que se reconoce en sus discursos: una "mujer" incentivó la acción de otras mujeres, lo que posee el valor multiplicador de los espejos cuya imagen incorpora otros puntos de vista, otras posibles miradas, otras experiencias.

"Tiene una particularidad el movimiento de las mujeres que es que la mayoría, la mayoría son mujeres que nunca habían salido a pelear ni por un granito de arroz, porque la mujer del campo es muy sometida, muy de participar en la economía familiar pero desde la cocina" (entrevista a Ana Galmarini, dirigente de Santa Fe, 1998).

Es posible interpretar este cambio en la mujer rural –que, según observamos en el relato de Ana, no ocurre en todos los casos– a partir de ciertos procesos individuales y colectivos de frustración, que se relacionan con una fijación ambigua entre la aceptación o la sujeción a un orden que se vive como excluyente e injusto.

En este proceso se entrelaza "otra" forma de lucha, la lucha por la tierra, con la cual establecieron una relación afectiva muy intensa, que se une a la lucha de aquellos que nunca la poseyeron, como lo fue para Ana María de Santa Fe, para quien la tierra posee otro significado, el del deseo: "yo me crié en el campo, era hija de chacareros sin tierra, nosotros cultivábamos tierra ajena y siempre sentí la necesidad de la búsqueda de la tierra y de la chacra" (entrevista a Ana María de Santa Fe, 7 de noviembre de 1998). Están también los que teniéndola están a punto de ser despojados de ella.

Existe algo más que destaca al movimiento: estas mujeres habrían quebrado el imaginario social del "campo próspero" (Giarracca y Teubal, 1997) exponiendo la difícil realidad del campo, pero además con su discurso cuestionan la participación de los nuevos actores de la globalización en el agro y, como ellas la definen, la "extranjerización" de la tierra. "La concentración de capitales económicos –en beneficio de algunos y en detrimento de muchos otros–, las privatizaciones, el auge de capitales especulativos, llevan a que nuestro querido suelo se vea cada día más y más extranjerizado", exclama la presidenta del MML en una carta abierta, denotando cierto sesgo nacionalista (revista del MML, Año 1, Nº 3, 1998) e irrumpiendo en el escenario político con un discurso que prontamente comienza a radicalizarse.

Durante la movilización por el Día Internacional de la Mujer surgió algo interesante en relación con la opinión de las mujeres frente a temas de género (aborto, por ejemplo) y a esa distancia que ellas propician –a propósito– cuando se les pregunta por qué el MML no adhiere a demandas de género o qué piensan acerca de las feministas. La anécdota vale: cuando escucharon las consignas a favor de la legalización y despenalización del aborto, decidieron plegar la bandera del MML por su disenso con respecto a esta posición. Al respecto reproduzco un fragmento de la entrevista con Lucy de Cornelis momentos después: "El aborto es una cosa individual y no lo pienso en general. Yo, una creyente, no podemos estar de acuerdo, pero después con las demás [consignas], todo" (entrevista a Lucy de Cornelis, 8 de marzo de 2001). El MML, si bien rehúsa establecer un vínculo estrecho con el movimiento feminista, se incluye en un movimiento más amplio, el movimiento social de las mujeres. Así han otorgado un contenido público a la maternidad y un significado social y político a la feminidad. "Nuestro lugar está en nuestras casas, abrazando a nuestras familias. Ella es la única y necesaria manera de hacer un país grande, trabajando como mujeres generadoras de vida, luchamos para que la célula más importante de la sociedad que es la familia, no se disuelva" (discursos, Ema M. de Rosario, 7 de marzo de 1997).

Los hombres del campo "se van fundiendo en silencio", nos contaban. Ese mismo malestar social que conduce a las mujeres a crear el "nosotros" de la acción, paradójicamente, desarticula la posibilidad de los hombres de actuar. Cuando ellas reflexionan acerca del cambio que produjo el movimiento en sus vidas cotidianas lo hacen desde aquel sitio que construyó el "malestar colectivo" transgrediendo el umbral de la mera queja para dar lugar a la construcción social de la protesta[29]: "Yo creo que fundamentalmente el cambio está en no siempre decir 'y bueno, qué va a ser!', callarse y decir... bajar los brazos, y [decir] 'y bueno, ¡qué va a ser!, ¿embromados?, sí embromados'. Si uno no está de acuerdo con algo, de alguna manera yo creo que tiene que decirlo. Hay que protestar; si tenemos o no éxito, eso es aparte, eso es punto aparte. Pero no puede ser que sigamos callando todas las injusticias, tenemos que decirlas. Si las quieren escuchar que las escuchen, si no, vos al menos tenés la satisfac-

29 Existen diferentes formas de acción a través de las que se expresa la resistencia a los procesos de modernización; las acciones colectivas constituyen una de esas prácticas. Existen otros modos de "salida": la mortificación, la sublimación, las diversas formas de escape, etcétera. Según Hirschman (1977), uno de los factores que alejan la opción de la salida son las "perspectivas de uso eficaz de la voz" (citado por Revilla Blanco, 1994: 188). Entre aquellos que eligen permanecer y adoptar la "voz" hay un intento por mejorar desde adentro de la organización.

ción de haber dicho que no estabas de acuerdo" (entrevista a Griselda, 24 de octubre de 1998).

Esto indica un quiebre en los patrones de acción colectiva tradicionales y supone una nueva forma de abordaje de lo social, focaliza conflictividades que se relacionan también con lo local, con las vivencias cotidianas, con el cuerpo; se politizan áreas anteriormente excluidas de estas esferas por representar prácticas de la vida privada.

"Yo creo que, yo me acuerdo que cuando formamos el movimiento las mujeres enseguida se encargaban de decir 'nosotras somos apolíticas', y yo siempre les decía: no, no somos apolíticas; que somos un movimiento pluralista, un movimiento democrático, ahí dentro confluyen todas las ideas, cada una puede tener una militancia política, gremial, pero no somos apolíticas, somos apartidarias, pero estamos haciendo política, si estamos luchando contra este modelo que nos está oprimiendo, que nos está llevando a la ruina, estamos haciendo política. Costó sacarle a la mujer del campo esa cosa" (entrevista a Ana Galmarini, dirigente de Santa Fe, 1989).

A través de los distintos relatos observamos que las mujeres que participan en el movimiento sufren una tensión no resuelta entre la necesidad de penetrar en la esfera política, pues son conscientes de que el cambio se encuentra en ese nivel –"lo que tiene que saber [la gente] es que si cambia si se consigue cambiar el orden de los diputados [en el Congreso] las cosas van a cambiar" expresaba Joaquina– y al mismo tiempo la imposibilidad de reconocerse en un lenguaje político que produce en ellas el rechazo por ese mundo que no las representa y del cual se sienten tan distintas y tan distantes. "Porque la diferencia que hay entre ellos [los políticos] y nosotros, cuenta Griselda, es que nosotros no necesitamos llevar un libro escrito, lo llevamos incorporado en nuestra mente. A mí me lo pueden preguntar cien veces, cien veces te lo voy a decir igual, porque no es una cosa estudiada, está vivido (...) porque no es algo como el político que te dice el 'verso' que te dice antes de las elecciones; esto es la realidad, entonces es muy difícil rebatir una verdad, tenés que tener muchas cosas para rebatirla" (entrevista a Griselda, 24 de octubre de 1998; el resaltado es nuestro).

Esta falencia en la representación que hasta hace poco tiempo se evidenciaba en el nivel de lo político y gremial fue cambiando a partir de vínculos que el MML, fundamentalmente de La Pampa, estableció con el partido Argentina por una República de Iguales (ARI) recientemente. No obstante, la incorporación de este vuelco en el accionar del movimiento resulta precoz como para analizar sus consecuencias.

II

"Pasó la revolución del 24, Naíde quebraba côco, la revolución del 30, del 32, Naíde quebraba côco, el golpe del 64, todos los años de la dictadura, los gobiernos electos por el pueblo y ella, a los 86 años, continúa quebrando côco para vivir. Toda niña que nace en Maranhao quiere ser enfermera, médica, profesora. Pero por haber nacido aquí, en estos lugares del desierto de Maranhao, por haberse criado entre palmeras de babaçu, va a ser ante todo, una quebradeira de côco" (Neide Duarte, www.tvcultura.com.br).

A diferencia de las mujeres del MML, la mayoría de las *quebradeiras* no poseen tierra. Sin embargo, tanto unas como otras se identifican con la tierra y sus frutos.

Como su nombre lo indica, su trabajo consiste en recolectar y quebrar el coco *babaçu* que se desprende de la palmera, un trabajo manual arduo que requiere cierta fuerza física y por el que obtienen aproximadamente 15 kg diarios de *amêndoa* (parte central del fruto). Este trabajo, que las *quebradeiras* inician desde pequeñas, a los 12 años de edad, se realiza en forma conjunta con otras *quebradeiras*, que sentadas en el suelo en forma circular se preparan para quebrar los *babaçu*. "En Maranhao nunca se ve una *quebradeira* sola" (Martins, 2000).

La cantidad promedio que puede quebrar una mujer por día es de alrededor de 5 kg. Quebrando coco, para vender la castaña, difícilmente una *quebradeira* consiga ganar más de 50 reales por mes. Trabajando con la masa del *mesocarpo* (la pulpa del coco) puede llegar a ganar más, al ser vendida a las empresas que la utilizan para la merienda escolar.

En una entrevista a una *quebradeira*, Francisca Veira, de la localidad de Esperantinópolis, ella relataba la modalidad que adquiere su trabajo:

> "– A veces yo tiro 200 kg de masa, y son 200 reales.
> – ¿Cuánto tiempo trabaja para ganar 200 reales?
> – El mes entero, los 30 días. Todo el día trabajo de la mañana hasta las diez horas de la noche".

Otros dos testimonios, de dos *quebradeiras* de nombre Calu y Rosa, aludían también a ello:

"– ¿Ud. vive sólo de la quiebra de côcos?
– Sí, sólo de eso mismo.
– ¿Cuánto es lo que Ud. gana?
– Hay días que gano 2 reales, hay días que ni eso. La gente gana 3, 4 reales, 2.
– ¿El hombre no quiebra?
– No, el hombre no quiebra, porque dice que tiene vergüenza. Cuando él era más pequeño no tenía vergüenza de quebrar pero ahora sí, es un trabajo de mujer" (citado en Neide Duarte, www.tvcultura.com.br).

Este último fragmento refiere a la quiebra del *babaçu* como una construcción cultural de un trabajo exclusivamente femenino. La identificación de las mujeres con el fruto también se torna explícita en la siguiente narrativa: "La palmera para nosotras es una madre, ella nos ha dado la vida, el babaçu es nuestra vida aquí" (Dio, citado en Neide Duarte, www.tvcultura.combr).

La palmera de *babaçu* no sólo es el sustento laboral, sino también alimenticio, y el que asegura la continuidad de la vida diaria. A partir de ella se puede elaborar aceite, harina, jabón, cestería, carbón para el fuego, alimentos con propiedades medicinales (antiinflamatorios y digestivos), papel reciclado, etcétera.

En Maranhao las mujeres constituyen una pieza clave en el proceso de producción familiar. La actividad del *babaçu* se encuentra relacionada con las etapas del ciclo agrícola de la unidad doméstica llamada *roça*. La zafra del coco coincide con la interzafra del arroz. Durante la zafra, entre agosto y noviembre, las mujeres trabajan intensamente, dado que con el inicio de las lluvias el acceso a las áreas de recolección se torna más difícil y se incrementa el número de accidentes.

En la unidad doméstica existe una división sexual del trabajo: los hombres se ocupan del hogar y las mujeres de la quiebra del *babaçu*. Las mujeres también se dedican a pescar en los ríos para garantizar la alimentación (Martins, 2000). A este trabajo se agrega el desempeño del rol doméstico que asegurará la reproducción familiar: la crianza y educación de los niños, alimentación, etcétera.

Antes de partir para quebrar el *babaçu*, Socorrinha dejará a su hijo mayor las indicaciones para el cuidado de los menores depositando la preocupación de una madre: "Mi hijo, aquí está el almuerzo, escuchá, despertá a los niños, Jean y Naiara... Mi hijo, prestá atención, no los dejes ir lejos, ni vos tampoco lo hagas" (citado en Neide Duarte, www.tvcultura.com.br).

La actividad extractiva requiere el acceso libre a los recursos naturales en las áreas de plantación de *babaçu*, que en su mayoría se encuentran cercadas. "Las familias utilizan en común las palmeras donde no hay dueño. Los frutos que caen en el suelo son amontonados y recogidos por las mujeres en pequeños cestos realizados con las hojas de las palmeras, o son amontonados y dejados en el suelo para ser recolectados por sus hijos menores. Una vez amontonados las familias tienen derecho a recogerlos" (Neto, 2000a: 57).

Luego de concluido el proceso de recolección y quiebra del *babaçu*, ellas se dirigen al establecimiento comercial más próximo para ofrecer su producción.

La lucha de las *quebradeiras* se basa en la necesidad de garantizar formas de acceso y uso común de las palmeras de *babaçu*, pues con el transcurso del tiempo las áreas fueron siendo cercadas, apropiadas y devastadas por hacendados y empresas agropecuarias.

Con anterioridad a la intervención gubernamental que delimitó las áreas como "asentamientos", los testimonios se retrotraen al tiempo del "coco libre" –en contraposición a lo que denominan "coco preso"–, cuando las tierras eran públicas. A partir de la década del setenta, las tierras supuestamente disponibles pasaron a manos de los *grileiros*, quienes sometieron a las familias campesinas a un pago para la recolección del coco; el mismo consistía en ceder una parte de la producción de coco o arroz, para luego restringir el acceso libre al coco *babaçu* (Martins, 2000).

Fue el tiempo denominado "coco preso". Allí comenzaría la lucha por la tierra: al reprimir la quiebra del coco, los propietarios comprometían la subsistencia familiar, dada la importancia de ese producto en la economía local.

En señal de repudio, las mujeres se negarían a quebrar coco bajo el sistema de mediería impuesto por los hacendados, que consistía en otorgarles la mitad de la producción: "Eso fue el comienzo, como una provocación, la confusión crecía y la gente comenzó a decir: pues ahora no queremos sólo el coco, queremos la tierra también" (entrevista a Alaídes, coordinadora del MIQCB, Ludovico, citada por Martins, 2000).

En la actualidad, luego de la intervención gubernamental que declaró las áreas como "asentamientos", el acceso al coco *babaçu* continúa siendo dificultoso, principalmente en las regiones en que la organización de las *quebradeiras* o trabajadores extractivistas es débil.

En Lago do Junco, comunidad de Lucovico, la palmera de *babaçu* es libre. Si bien la tierra no es de las *quebradeiras*, ellas pueden entrar y salir libremente y todos los cocos que recolecten serán de ellas. Maria Alaídes recuerda: "Antes la gente luego de quebrar debía enfrentar al fazeindero, enfrentar al vaqueiro, enfrentar... El hecho de que la gente pueda decir: 'babaçu libre', para entrar o salir, colectar o quebrar, es un cambio grande" (citado en Neide Duarte, www.tvcultura.com.br).

En el poblado de Angical, en la hacienda en la que las *quebradeiras* quiebran el coco, el *babaçu* no es libre. Para poder quebrar el coco tienen que llegar a un arreglo con el dueño de la tierra.

Dió recuerda el tiempo en que "la persecución era dura aquí. Estaban derrumbando muchas palmeras. Nos enfrentamos muchos con la policía. El patrón, el 'fazendeiro', mandaba a derrumbar. Ahí las mujeres tuvimos que ocuparnos. La gente sobrevive de eso, sostiene a los hijos de ese côco" (citado en Neide Duarte, www.tvcultura.com.br).

En esta región, donde se concentra la mayor cantidad de palmeras de *babaçu* de Brasil (5 millones de ha), en los últimos treinta años se desarrollaron setenta conflictos por la tierra involucrando a más de cuatrocientos poblados (citado en Neide Duarte, www.tvcultura.com.br). En esas tierras "sólo había negros, negros de mi color. Aquí era lugar de ex-esclavos", expresaba Vitalina (citado en Neide Duarte, www.tvcultura.com.br).

El coco libre es en la actualidad ley municipal en tres ciudades: Lago do Junco, Lago dos Rodrigues y Esperantinópolis. Esta conquista es parte de un largo proceso de lucha de las *quebradeiras* que incluye la preservación de la palmera *babaçu* en el paisaje de Maranhao.

Este proceso de lucha incluyó el desarrollo de un repertorio de acciones colectivas con movilizaciones hacia los centros urbanos por las calles de la ciudad de Teresina en octubre de 1993, la concentración frente al Palacio de gobierno en Sao Luis de Maranhao a fines de 1995, la presencia masiva en las Cámaras Municipales en las ciudades de Vale do Marim durante 1997 y 1998 cuando fueron votadas y aprobadas las leyes que aseguraban el libre acceso a las plantaciones de *babaçu* y su uso común (Almeida, 2000).

Según Martins (2000), en todas las localidades estudiadas las mujeres poseen algún nivel de organización política, ya sea en sindicatos, asociaciones de trabajadores rurales, la iglesia o el propio

Movimiento. La autora señala un elemento importante: "En las áreas en las que aún no atravesaron procesos de expropiación (Bairro Novo y Tapuio), aparece en mayor medida la participación en los Sindicatos de Trabajadores Rurales. En cambio, en las áreas expropiadas predominan los movimientos sociales con temáticas específicas como los movimientos de mujeres; aunque sigue siendo importante la interlocución con los organismos oficiales" (Martins, 2000: 148).

Las cuestiones ecológicas, fundamentalmente, y las de género, son los temas más importantes que se debaten en el MIQCB, y ambas cuestiones se funden en el momento de la organización colectiva.

Respecto a la lucha ecológica, las *quebradeiras* integran una red ambientalista denominada *The Chico Mendes Sustainable Rainforest Campaign*, que continúa la lucha de Chico Mendes por el derecho a la tierra, al trabajo, salud, educación, y por el mantenimiento de las reservas extractivistas en pie, porque de ellas depende su supervivencia. En su página web expresan: "Los *seringueiros* (recolectores de caucho) de la Amazonia continuamos en la lucha iniciada por Chico Mendes. Sus ideas que surgieron en Xapuri-Acre, hoy son parte de todas las poblaciones extractivistas de los diferentes estados de la Amazonia. La lucha iniciada por los *seringueiros* es hoy también la lucha de las quebradeiras de côco-babaçu, de los colectores de castanhas, de açaí, de pupunha, reunidos en el Conselho Nacional dos Seringueiros y el Conselho Nacional das Populações Extrativistas da Amazônia. Continuamos con la lucha de Wilson Pinheiro, Chico Mendes, Arnaldo Ferreira, y tantos otros compañeros que cayeron asesinados por aquellos que piensan que matando a un individuo se puede matar una idea. Sabemos que otros caerán, pero tenemos absoluta certeza que muchos otros tomarán su lugar. Los compañeros que caen en la lucha son simplemente los que van haciendo el camino. Para nosotros, los objetivos de nuestra lucha son simples. Luchamos por el derecho a la tierra, al trabajo, a la salud y educación, para mantener nuestras florestas en pie porque de ellas dependemos para vivir. (...) Los proyectos e inversiones ecológicas para la Amazonia aumentan, pero de la misma forma aumenta el desmantelamiento de la vegetación y la miseria de los pueblos de la floresta".

El *Conselho Nacional dos Seringueiros* (CNS) en su Congreso Nacional de julio de 1995 creó la *Secretaria da Mulher Trabalhadora Rural Extrativista* como instancia representativa de las poblaciones extractivistas de los diversos estados que componen la Amazonia brasilera. El CNS lucha por las reservas extractivistas y los proyectos de asentamientos extractivistas, como una alternativa viable para las poblaciones y también como forma de regularizar las tierras y finalizar con el número de familias *sem terra*, trabajando en la concientización de ambos sexos.

Raimunda Gomes da Silva es trabajadora rural y *quebradeira de côco babaçu*. Hija de labradores, madre de siete hijos, viajó por el mundo representando a las mujeres trabajadoras rurales y hablando de su lucha. Al poco tiempo se convirtió en una líder rural. Raimunda se inició en el Movimiento de Mujeres a partir de 1986. Después de la muerte del padre Josino, Raimunda fue invitada a San Pablo para hablar del problema de la tierra y de su asesinato. Allí fue la primera vez que ella veía más de quinientas mujeres reunidas dialogando sobre "Os Direitos da Mulher na Nova Constituição". En 1987 la Rede Mulher de Educação le ofrece una oficina en la región donde vive Raimunda, a la que denominó "Mutirão de Educação Popular com Mulheres". Fue designada consejera de la Rede Mulher y líder en el área de promoción de la ciudadanía y educación de género junto a las *quebradeiras de coco babaçu* de Tocantins, y fue destinataria del Prêmio Cidadania Mundial 1998. Actualmente actúa en la coordinación de la Secretaria da Mulher del CNS, trabajando en los siete estados amazónicos en la tentativa de crear organizaciones de mujeres, y fue electa para un mandato de tres años (1995 a 1998). Su actividad comienza a partir de 1977 a través de la Iglesia cuando comenzó a ver otras necesidades de la población pobre. En 1980 trabajó en la creación del Sindicato dos Trabalhadores Rurais (STRs), en la región de Bico do Papagaio. En 1983 fue fundado el STR de Itaguatins, del que fue secretaria durante tres años y coordinadora sindical. En 1985 fue expulsada junto a cincuenta y dos familias por ciento sesenta policías y se consolidó como líder de los movimientos.

En 1988 fundó la Federação dos Trabalhadores no Tocantins (FETAET) de la que fue vicepresidenta por seis años. También acompañó al movimiento de expropiación de tierras de la Região do Bico do Papagaio y del estado do Tocantins y creó la Associação das Mulheres Trabalhadoras Rurais (ASMUBIP) do Bico do Papagaio, en 1992.

Raimunda viajó a Canadá invitada por la Red Mujer a un seminario organizado por el Consejo de Educación de Adultos de Québec, y a Francia invitada por la representante de Derechos Humanos. Allá visitó una Asociación de Trabajadores Rurales y se conectó con movimientos de mujeres. Tuvo encuentros en varios países en los que fue discutida la cuestión del empobrecimiento y la violencia. En 1994 participó de la Asamblea de la Rede Mulher e integró el Consejo Fiscal, siendo reelecta en 1997. En 1995 fue invitada por la Women's Enviroment and Development Organization (WEDO) para participar de la Conferencia de Beijing sobre la Mujer, Desarrollo y Paz.

Esta breve biografía nos sirve para registrar el modo en que las *quebradeiras* lograron articularse con otras organizaciones, tales como las ONGs extranjeras Misserior e Pao para o mundo, de Alemania; Terre des Hommes y Coar Unité de Suiza; Nuskin de EE.UU.; Actionaid, Agencia de Cooperación de Gran Bretaña; y UNICEF, entre otras. Así por ejemplo, con el aporte de UNICEF, pudieron montar una fábrica de jabones y, a través de una cooperativa, una fábrica de aceite de *babaçu*; también establecieron un acuerdo con la industria de cosméticos Body Shop que les compra entre el 20 y 25% de toda la producción de aceite. Por otro lado, en el Proyecto de Asentamiento Riachuelo, las trabajadoras están discutiendo las posibilidades de producir carbón vegetal con las cáscaras del *babaçu*. Así van encontrando nichos de mercados donde insertar su producción.

Esta interacción que el MIQCB logró establecer a nivel internacional se vincula con los importantes cambios que los procesos de globalización pueden determinar en la dinámica de los movimientos sociales[30]. Según expresa Beck (1998), "el concepto de *globalización* se puede describir como un proceso (antiguamente se habría dicho: como una dialéctica) que crea vínculos y espacios sociales transnacionales; revaloriza culturas locales y trae a un primer plano terceras culturas" (Beck, 1998: 30). Las condiciones globales son así "relocalizadas" en el contexto de marcos de conocimiento locales a través de la mediación y traducción que hacen los actores locales de los procesos externos (Bidaseca, 2000).

En este sentido, citamos la definición de las "redes transnacionales de defensa", denominadas por Keck y Sikkink (1998) *Transnational Advocacy Networks*, que son comprendidas como "espacios políticos, donde actores que parten de posiciones distintas negocian, formal o informalmente, el significado social, cultural y político de su empresa conjunta" (Keck y Sikkink, 1998: 3). La importancia de estas redes reside en la posibilidad de ampliar el repertorio de las demandas de ciertos grupos –principalmente en cuestiones ligadas a los derechos humanos, aborígenes, mujeres, cuestiones ambientales, etc.– y colocarlas en el escenario internacional, sobre todo en dos

30 Véase el libro de Jelin (2003).

situaciones concretas: en el caso de que el Estado actúe como violador de los derechos humanos de los demandantes, o cuando sus voces sean demasiado débiles. De este modo pueden presionar al Estado a través de la opinión pública (Bidaseca, 2000).

La lucha ecológica, basada en la preservación de las palmeras, pero también de otros árboles nativos, consiste en denunciar su derrumbe e incendio por parte de *fazeinderos* y empresas. Al respecto, Neto (2000a) confirma la débil participación de los sindicatos en la lucha de las *quebradeiras* basándose en el testimonio de Doña Cledeluza: "Los sindicatos nunca se empeñaron en una lucha más fuerte de las quebradeiras en el derrumbe de las palmeras".

Con respecto al género, "las mujeres trabajadoras agroextractivistas dicen haber conquistado un espacio antes ocupado por los varones. Las mujeres poseían un rol subalterno: las tareas de comercialización, por ejemplo, eran eminentemente masculinas" (Martins, 2000: 149).

En el transcurso del accionar del Movimiento lograron el reconocimiento de una identidad femenina como trabajadoras rurales que sobrepasó las fronteras nacionales. La narrativa de Dada nos acerca a interpretar este proceso:

> "–¿Ud. qué piensa acerca de los avances conseguidos luego de la organización colectiva de las mujeres?
> – Yo pienso que uno de los avances es ese reconocimiento, que pasa a ser algo más profundo, que es una cuestión de género, de ser mujer, de ser mujer e identificarse como *quebradeira*, que es un avance porque antes cuando venía una persona de afuera que no conocíamos uno corría para esconderse. Hoy ya no. Uno piensa que es un trabajo como todos, tanto el de quebrar coco como el de trabajar en una oficina, es un trabajo digno. Yo pienso que eso es una conquista importante" (entrevista realizada por Martins, 2000).

Actualmente las *quebradeiras* participan de otros movimientos de mujeres de Brasil, como el Movimento de Articulaçao de Mulheres da Amazônia (MAMA) en defensa de la jubilación como *quebradeiras de côco*, contra la devastación de la flora, etcétera.

No obstante, este proceso de organización política corrió en forma paralela a los cambios que las mujeres debieron potenciar en sus hogares. Al respecto, el antropólogo Alfredo Wagner Almeida (citado por Araujo, 2000) afirma que "cuando la gente habla de la categoría *mujer*, se refiere a la mujer casada con un trabajador. Él es trabajador rural, ella es doméstica, y eso ha expresado polémica (...) Otro elemento es el nombre de la mujer. Cuando uno llega a un poblado, es María *de* Joao, es Joana *de* Raimundo. La mujer no tiene sobrenombre, tiene que tener un hombre para dárselo. La mujer se siente un poco... limitada, al no poder hablar sólo en nombre de su marido; ella no es persona" (Araujo, 2000: 200).

El proceso organizativo implicó hablar de identidad y luchar por el reconocimiento de esa identidad. Como cuenta una *quebradeira* de nombre Maria Querubina da Silva Neta, secretaria del Sindicato de Trabajadores Rurales: "El proceso de organización de las mujeres es muy lento (...) principalmente si las mujeres son un segmento de la sociedad que fue dependiente (...) Es muy difícil salir de casa para participar de la organización. Es difícil a las mujeres implantar un trabajo porque es una doble jornada de trabajo y se siente. La mujer se siente prácticamente más responsable por todo lo que sucede en la familia. Aunque existe un incentivo bastante animador cuando las mujeres están discutiendo la creación de asociaciones de mujeres en la agricultura y para la gente eso es una discusión animadora. Por otro lado, desde hace dos años las mujeres se están asociando en el sindicato. Hoy en los libros de registro hay asociadas más mujeres que hombres" (entrevista realizada por Araujo, 2000).

En Brasil, según Siqueira y Bandeira (s/f), la presencia femenina en los sindicatos se releva fundamentalmente desde 1976 a partir de la organización de reuniones, encuentros, sindicatos, cooperativas, etcétera. En ese país la década del ochenta estuvo caracterizada por la expansión de las luchas por derechos y la participación de las mujeres en los sindicatos rurales y urbanos, en los partidos políticos y en otros espacios públicos. A partir de esa fecha, el movimiento de mujeres más importante en términos de participación se desarrolló por fuera de los grandes centros urbanos, integrado por participantes poco consideradas como fuerza política: las trabajadoras rurales (Brito e Prá, citado por Siqueira y Bandeira, s/f).

Por otro lado, las líneas de crédito también movilizan a las mujeres desde 1998. En las áreas de asentamiento surgieron espontáneamente asociaciones de pequenas productoras o de mujeres trabajadoras rurales apoyadas por la Associaçao Intermunicipal de Mulheres Trabalhadoras Rurais e Agroextrativistas en el Municipio Imperatriz.

Estas instancias refuerzan la construcción de la identidad femenina que no es posible llevar a cabo en el seno de los sindicatos. El relato de una *quebradeira* refuerza, pues, esta hipótesis: "En 1986 la gente comenzaba a articularse al movimiento sindical; antes la gente no se sindicalizaba. Así como la gente se asoció a los sindicatos, nosotras comenzamos a asociarnos más, a discutir sobre nuestra condición de *quebradeiras* de coco... El movimiento sindical no conseguía integrar nuestra propuesta. Primero porque era una cuestión de género que es una cuestión que involucraba a varias mujeres y ahí fue como surgieron todas las organizaciones y las mujeres comenzamos a discutir pero 'nosotras también tenemos que debatir también la cuestión del babaçu' y ahí surgieron los grupos de *quebradeiras* de coco. Esos grupos se están articulando a nivel estadual y comenzamos a discutir con otras *quebradeiras* de otros estados... Ahí surgió nuestro Primer Encuentro... La gente no tenía realmente una propuesta... fueron surgiendo ideas, la cuestión de la formación de la gente... la gente ni siquiera sabía por qué el babaçu había dejado de tener valor en el mercado y la gente empezó a luchar para que eso sea realmente valorizado... porque estaba claro que: 'eso no vale más nada, no tiene más importancia'. Tal vez fue por eso que el movimiento sindical no integró la propuesta... Después de ese movimiento la gente comenzó a tener fuerza (...) la gente trajo otras mujeres, descubrió la importancia" (entrevista en Araujo, 2000).

Lo que debe ser resaltado en esta narrativa es la negación de la propia existencia que el discurso oficial promovía: "El gobierno dice que no existe más la quebradeira de coco babaçu. En ese momento la gente quiso demostrar que esas mujeres existen, que nosotras existimos".

La trascendencia de la organización colectiva es valorada por las mismas *quebradeiras* cuando en las narrativas traslucen la importancia de este proceso en sus biografías: "Para ver si la condición de vida de las quebradeiras de coco babaçu mejoraba, la gente fue pensando en esa cuestión de la asociación. Hasta que el 17 de diciembre fue fundada la Associaçao das Mulheres Quebradeiras de Coco Babaçu" (entrevista en Araujo, 2000).

Para una *quebradeira,* "la necesidad de crear el Movimiento fue más para concientizar a la mujer de conocer sus derechos, un medio de concientización, formación y concientización de la mujer trabajadora rural, y dentro de eso se creó una necesidad de trabajar también con el babaçu, la preservación del medio ambiente que en esa época era sumamente devastado, el coco no tenía valor, durante tres años no tenía valor. Cuando la gente iba a reclamar a los fazendeiros por el derrumbe de los babaçu, que no podían ser devastados, el fazendeiro decía que no tenía importancia porque nadie quebraba, nadie estaba obteniendo ninguna utilidad de eso" (citada en Araujo, 2000).

En síntesis, la experiencia de las *quebradeiras de côco babaçu* nos muestra las diversas formas que la organización colectiva adquiere a través de la cooperativa, el sindicato o el Movimiento. En todas estas instancias la cooperación y solidaridad que prevalecen en el trabajo de la recolección y quiebra del coco *babaçu* se trasladan a esas otras instancias organizativas. El trabajo grupal del *babaçu*, que implica partir juntas hacia las áreas de recolección, ubicarse una junta a la otra en ronda e intercambiar conversaciones sobre sus vidas cotidianas durante las largas horas de la jornada laboral, refuerza el lazo social y aún más cuando deben enfrentar situaciones violentas con los *fazendeiros* u hombres de vigilancia, en un campo conflictivo en el que el "nosotros" debe enfrentar al "otro" adversario. El antagonismo politiza la vida cotidiana de las *quebradeiras* y torna política esta nominación.

A modo de reflexión final

Las luchas de los movimientos sociales u organizaciones no se instalan sólo por la satisfacción de las necesidades básicas de los individuos; también son luchas culturales por la producción de sentidos. En estas "batallas semióticas" o luchas metadiscursivas se materializa una disputa por la hegemonía de los significados públicos, y en su curso las definiciones del mundo y las identidades precarias son resignificadas.

Las prácticas colectivas se constituyen así a partir de las marcas de un proceso más profundo cuyas dislocaciones introducen una diferencia, una falla en la cual el malestar no puede no presentarse. Se comienza a percibir la importancia de las luchas contra toda forma opresiva de construcción de las diferencias.

En la ontología de lo social implícita detrás de estas argumentaciones, lo "social" aparece en el orden de lo político (Laclau y Mouffe, 1987), y por lo tanto le otorga otro sentido a la política vinculada al antagonismo. Es en el momento en el que las *mujeres en lucha* y las *quebradeiras de côco babaçu* advierten su capacidad de crear con su acción "otra situación", cuando aparece la posibilidad de dislocación de aquellas identidades que se presentan como fijas y por consiguiente como inmutables, y de subversión de un orden que aparece como sedimentado o naturalizado.

No obstante, esta acción ocurre dentro de un proceso más amplio de expansión de la conflictiva de lo social, cuando el orden hegemónico cuestiona la existencia y viabilidad de los/as pequeños/as productores/as o de los/as *posseiros/as*: "en el campo la gente está como entregada, [es] como que la han convencido de que no sos más viable" y amenaza su propia identidad[31].

"Nuestra lucha es contra el modelo que quiere hacernos desaparecer porque considera a los pequeños productores como inviables", expresión constante en los discursos de las mujeres argentinas, o desde las *quebradeiras*: "El gobierno dice que no existe más la quebradeira de coco babaçu. En ese momento la gente quiso demostrar que esas mujeres existen, que nosotras existimos".

Este malestar social y colectivo imprime la subjetividad, la silencia o la reconstruye, en la creación de nuevos espacios sociales que delimitan las acciones colectivas. Por ello es que debemos ubicar este proceso de politización de la mujer rural en el contexto de la reflexión de los individuos acerca de dicho malestar, que traspasa el umbral de la queja mortificante individual.

En este sentido, los diferentes discursos sociales que van transformando a los individuos en "lugares de tránsito" van configurando sus subjetividades, pero también crean las condiciones para la emergencia de ciertos procesos disruptivos que conducen a su posterior reflexión acerca del cambio.

En la subjetividad de las mujeres argentinas, el discurso de la "modernización" penetró en un principio cuando los hombres y mujeres del campo le adjudicaron credibilidad –"nos endeudamos porque creímos"–, pero más tarde se enfrentó a sus prácticas y erosionó sus propios valores y creencias provocando un cuestionamiento de la legitimidad de ese orden que aparecía como natural, estableciendo de este modo una ruptura con el mismo. Entre las *quebradeiras* la negación de su propia existencia fue el factor que permitió potenciar la organización colectiva, pero también el desalojo violento o el impedimento a trabajar, la institucionalización de la usura usada como instrumento para la concentración de tierras en Argentina, los procesos de exclusión, los intentos de coartar la organización política de cam-

31 La identidad del movimiento se produce a partir de un "exterior constitutivo" que amenaza la posibilidad de su constitución (Laclau y Mouffe, 1987).

pesinos/as y productores rurales promovidos desde el Estado, en fin, violaciones a los derechos humanos más fundamentales y a los pactos y convenciones a los que suscribieron los mismos estados se sumaron para potenciar una acción política.

Ambos movimientos tienen como características comunes haber sido creados como organizaciones autónomas, pues, como explica Fox (1996) para el caso de Brasil, "las reivindicaciones centrales para los sin tierra, como la extensión de la reforma agraria y la extensión de derechos laborales, no encuentran espacios de representación política" (Fox, 1996: 19). En Brasil y en Argentina, como en el resto de la región, la reforma agraria y las políticas agrícolas no se ubican entre las principales prioridades de los partidos políticos, y esto se torna aún más desafiante cuando las mujeres rurales intentan incorporar temas de género en el seno de estas instituciones tradicionales. Las organizaciones rurales que analizamos en este trabajo tienen como logro la contribución a la democratización del sistema político, en tanto con sus acciones amplían los límites de la política, politizando temas que otrora eran considerados privativos de la esfera privada y construyendo una ciudadanía activa a partir de la construcción de una "cultura emotiva de la resistencia" (Bidaseca, 2003).

Ambas, al encontrar límites impuestos desde el Estado para el pleno ejercicio de los derechos ciudadanos, están construyendo una nueva idea de ciudadanía en el sentido dado por Mouffe, al crear una identidad política: "Para construir nuevos derechos es preciso primero construir esas identidades", expresa Mouffe (1999), identidades que se edifican en el seno de los nuevos movimientos sociales en torno al "nosotros" a partir de tornar las propias nominaciones de *quebradeiras* o *mujeres en lucha* en categorías políticas.

Bibliografía

Almeida, Alfredo Wagner Berno de 1995 *Quebradeiras de Côco Babaçu: identidad y movilización* (Brasil: Terra des Hommes).

Almeida, Alfredo Wagner Berno de 2000 "Preços e possibilidades: a organizaçao das Quebradeiras de Côco Babaçu face a segmentaçao dos mercados" en *Grupo de Estudos Rurais e Urbanos de UFMA. Economia do Babaçu: Levantamento preliminar de datos* (Sao Luis, MA: MIQCB).

Anderson, Perry 1997 "Neoliberalismo, un balance provisorio" en *La trama del Neoliberalismo* (Buenos Aires: C.B.C.).

Aparicio, S., Giarracca, N. y Teubal, M. 1992 "Las transformaciones en la agricultura. El impacto sobre los sectores sociales" en Jorrat, R. y Sautú, R. *Después de Germani: exploraciones en la estructura social argentina* (Buenos Aires: Ed. Paidós).

Araujo, Helciane 2000 "As differentes estratégias de organizaçao para a produçao assumidas por mulheres, quebradeiras de côco, na denominada Microrregiao de Imperatriz" en *Grupo de Estudos Rurais e Urbanos de UFMA. Economia do Babaçu: Levantamento preliminar de datos* (Sao Luis, MA: MIQCB).

Archenti, Nélida 1994 "Relatoría" en Knecher, L. y Panaia, M. *La mitad del país. La mujer en la sociedad argentina* (Buenos Aires: Centro Editor de América Latina).

Arendt, Hannah 1998 *La Condición Humana* (Barcelona: Paidós).

Arfuch, Leonor 1994 "Medios, mujer y política. Las máscaras de la representación" en Knecher, L. y Panaia, M. *La mitad del país. La mujer en la sociedad argentina* (Buenos Aires: Centro Editor América Latina).

Azcárate, Teresa 1995 "Mujeres buscando escenas y espacios propios" en *Nueva Sociedad* (Caracas), Nº 135, enero/febrero.

Banco Mundial 1997 *El Estado en un mundo en transformación. Informe sobre el desarrollo mundial* (Washington D.C.).

Beck, Ulrich 1998 *¿Qué es la globalización? Falacias del globalismo, respuestas a la globalización* (Barcelona: Paidós).

Bidaseca, Karina 1998 *El Movimiento de Mujeres Agropecuarias en lucha: cuando la vida cotidiana de las mujeres se politiza*. Ponencia presentada a las Jornadas de Investigadores de la Cultura, Facultad de Ciencias Sociales, Universidad de Buenos Aires, noviembre.

Bidaseca, Karina 1999 *El Movimiento de Mujeres Agropecuarias en Lucha: acerca de las formas de acción colectiva y de organización de las mujeres rurales*. Informe final Beca Idelcoop (inédito).

Bidaseca, Karina 2000 *El Movimiento de las Mujeres Agropecuarias en lucha: la emergencia de acciones colectivas, nuevos actores rurales y alianzas en el MERCOSUR* (Buenos Aires: Cuadernos de Debate del IDES), Nº 12.

Bidaseca, Karina 2002 *Nómades sin tierra. De hombres y mujeres poblando León Rougés en tiempos de zafra y migraciones*. Tesis para obtener el título de Magister en Investigación en Ciencias Sociales, Facultad de Ciencias Sociales, Universidad de Buenos Aires.

Bidaseca, Karina 2003 "El Movimiento de Mujeres Agropecuarias en Lucha: acciones colectivas y alianzas transnacionales" en Jelin, E. (comp.) *Más allá de la nación: las escalas múltiples de los movimientos sociales* (Buenos Aires: Libros del Zorzal).

Bidaseca, K. y Mariotti, D. 2001 "Viejos y nuevos actores en la protesta rural en la Argentina. Una reflexión desde la cuestión de género" en *Sociologías* (Porto Alegre), Año 5, Nº 3, junio/julio.

Brumer, A. y Tavares Dos Santos, J. 1998 "Tensoes agrícolas e agrárias na transiçao democrática brasileira" en Giarracca y Cloquell (comp.) *Agriculturas del MERCOSUR. El papel de los actores sociales* (Buenos Aires: La Colmena).

Castro-Santos, Luiz A. 2000 *A Bias for Hope: Peasant Women Organize in Maranhão (A Hirschmanian Tale)*. Ponencia presentada al Congreso IRSA, Universidade do estado do Rio de Janeiro (Brasil).

Deere, C. y León, M. 2001 "Institutional Reform of Agriculture under Neoliberalism: The Impact of the Women's and Indigenous Movement" en *Latin American Research Review* (EE.UU.), Vol. 36, Nº 2.

Della Porta, D. y Diani, M. 1999 *Social Movements. An Introduction* (EE.UU.: Blackwell).

Fernandes Mançano, Bernardo 1998 "La territorialización del Movimiento de los Trabajadores Sin Tierra (MST)" en López Maya, M. *Lucha popular, democracia, neoliberalismo: protesta popular en América Latina en los años de ajuste* (Caracas: Nueva Sociedad).

Flichman, Guillermo 1977 *La renta del suelo y el desarrollo agrario argentino* (Buenos Aires: Siglo XXI).

Fox, Jonhattan 1996 "A política e as novas formas de organizaçao camponesa na América Latina" en Navarro, Z. (org.) *Política, protesto e cidadania no canmpo* (Porto Alegre: Editora da UFRGS).

Giarracca, Norma 1998a *Conflictos y protestas en la Argentina de los noventa*. Ponencia presentada al Seminario Internacional Violencia e Cidadania, Universidade Federal Do Río Grande Do Sul (Brasil), 15 al 18 de junio.

Giarracca, Norma 1998b "El trabajo invisible de las campesinas tucumanas: un intento de reflexión" en *Temas de Mujeres. Perspectivas de género* (Tucumán: Centro de Estudios Históricos Interdisciplinarios sobre la Mujer-UNT).

Giarracca, Norma 1999 *La mujer en la protesta rural en la Argentina: fortalecimiento y expansión del Movimiento de Mujeres Agropecuarias en Lucha*. Ponencia presentada al Congreso Brasileño de Sociología (Porto Alegre).

Giarracca, N. y Bidaseca, K. 2001 "La protesta social. Introducción" en Giarracca, N. y colaboradores *La protesta social en la Argentina. Transformaciones económicas y crisis social en el interior del país* (Buenos Aires: Alianza).

Giarracca, N. y Teubal, M. 1997 "El Movimiento de Mujeres Agropecuarias en Lucha. Las mujeres en la protesta rural en la Argentina" en *Realidad Económica* (Buenos Aires), Nº 150.

Grupo de Estudios Rurales (GER) 1999 *La protesta social en los mundos rurales durante los noventa. Reflexiones e interrogantes para un nuevo pensamiento*. Ponencia presentada a las Jornadas de la CTA Por un nuevo pensamiento (Buenos Aires).

Grupo de Estudos Rurais e Urbanos de UFMA 2000 *Economia do Babaçu: Levantamento preliminar de datos* (Sao Luis, MA: MIQCB).

Jelin, Elizabeth (comp.) 1982 *Los nuevos movimientos sociales I* (Buenos Aires: Centro Editor de América Latina).

Jelin, Elizabeth (comp.) 1987 *Ciudadanía e identidad: Las mujeres en los movimientos sociales latino-americanos* (Ginebra: UNRISD).

Jelin, Elizabeth 1993 "Mujeres, género y derechos humanos" en Jelin y Herschberg (coord.) *Construir la democracia: derechos humanos, ciudadanía y sociedad en América Latina* (Nueva Sociedad).

Jelin, Elizabeth (comp.) 2003 *Mas allá de la nación: las escalas múltiples de los movimientos sociales* (Buenos Aires: El Zorzal).

Keck, M. y Sikkink, K. 1998 *Activists Beyond Borders: Advocacy Networks in International Politics* (Cornell: Cornell University Press).

Kuschnir, Clara 1994 "Género y tradición. De la asimetría al mito. Imaginario, cultura y sexualidad" en Knecher, L. y Panaia, M. *La mitad del país. La mujer en la sociedad argentina* (Buenos Aires: Centro Editor de América Latina).

Laclau, Ernesto 1993 *Nuevas reflexiones acerca de la revolución en nuestro tiempo* (Buenos Aires: Nueva Visión).

Laclau, E. y Mouffe, Ch. 1987 *Hegemonía y estrategia socialista* (Madrid: Siglo XXI).

Long, N. y Long, A. (ed.) 1992 *Battlefields of knowledge* (Londres: Routledge).

Long, N. y Villareal, M. 1996 "Exploring Development Interfaces: From the Transfer of Knowledege to the Transformation of Meaning" en Schuurman, Frans (ed.) *Beyond the Impasse* (Londres: Zed Books).

Martínez, Alicia 1989 *Identidad y movilización femenina*. Ponencia presentada a LASA (Puerto Rico).

Martins, Cynthia Carvalho 2000 "Acesso aos babaçuais e a relaçao entre as atividades econômicas no Médio Mearim, Baixada Maranhense, Tocantis e Piauí" en *Grupo de Estudos Rurais e Urbanos de UFMA. Economia do Babaçu: Levantamento preliminar de datos* (Sao Luis, MA: MIQCB).

Melucci, Alberto 1985 "The Symbolic Challenge of Contemporary Movements" en *Social Research*, Vol. 52, Nº 4.

Melucci, Alberto 1992 "Frontier Land: Collective Action between Actors and Systems" en Diani, M. and Eyerman, R. *Studying Collective Action* (Londres: SAGE).

Melucci, Alberto 1994 "Asumir un compromiso: identidad y movilización en los movimientos sociales" en *Zona Abierta* (Madrid), Nº 69.

Melucci, Alberto 1996 *Challenging Codes* (Londres: Cambridge University Press).

Mesquita, Benjamin Alvino de 2000 "As relaçoes de produçao e o extrativismo do babaçu nos Estados do Maranhao, Piauí, Pará e Tocantis" en *Grupo de Estudos Rurais e Urbanos de UFMA. Economia do Babaçu: Levantamento preliminar de datos* (Sao Luis, MA: MIQCB).

Mouffe, Chantal 1999 *El retorno de lo político. Comunidad, ciudadanía, pluralismo, democracia radical* (Buenos Aires: Biblos).

Murmis, Miguel 1998 "El agro argentino: algunos problemas para su análisis" en Giarracca y Cloquell (comp.) *Agriculturas del MERCOSUR. El papel de los actores sociales* (Bs. As.: Ed. La Colmena).

Navarro, Zander 1996 "Democracia, cidadania e representaçao: os movimentos sociais rurais no estado do Rio Grande do Sul, 1978-1990" en Navarro, Z. (comp.) *Política, protesta e cidadania no campo* (Rio Grande do Sul, Brasil: Editora da Universidade/UFRGS).

Neto, Joaquim Shiraishi 2000a "Prá cá nao é tao bom como no Goiás" en *Grupo de Estudos Rurais e Urbanos de UFMA. Economia do Babaçu: Levantamento preliminar de datos* (Sao Luis, MA: MIQCB).

Neto, Joaquim Shiraishi 2000b "Babaçu livre: conflito entre legislaçao extrativa e práticas camponesas" en *Grupo de Estudos Rurais e Urbanos de UFMA. Economia do Babaçu: Levantamento preliminar de datos* (Sao Luis, MA: MIQCB).

Pucciarelli, Alfredo 1993 "Cambios en la estructura agraria de la pampa bonaerense (1960-1988)" en *Ciclos* (Buenos Aires: Fundación de Investigaciones Económicas/IIHES/UBA), Año III, Vol. III, Nº 5, 2º semestre.

Reca, L. y Parellada, G. 2001 "La agricultura argentina a comienzos de milenio: logros y desafíos" en *Desarrollo Económico* (Buenos Aires: IDES), Vol. 40, Nº 160, enero/marzo.

Revilla Blanco, Marisa 1994 "El concepto de movimiento social: acción, identidad y sentido" en *Zona Abierta* (Madrid), Nº 69.

Rodríguez, María Teresa 1994 "La relación entre movimiento social y democracia desde una perspectiva de género. El caso de las 'Madres de Plaza de Mayo' 1980-1988" en Knecher, L. y Panaia, M. *La mitad del país. La mujer en la sociedad argentina* (Buenos Aires: Centro Editor de América Latina).

Salgado, Sebastian 2000 *Terra* (Brasilia: Companhia das Lettra).

Scott, Joan 1985 *Weapons of the Weak: Everyday Forms of Peasant Resistance* (Londres: Yale University Press).

Simonian, Ligia 2000 *Violência e cultura do terror na Amazônia Brasileira.* Ponencia presentada a IRSA (Rio de Janeiro).

Siqueira, D. y Bandeira, L. s/f *Mulheres e relaçoes de genero no sindicalismo rural brasileiro* (Mimeo).

Tarrow, Sidney 1997 *El poder en movimiento. Los movimientos sociales, la acción colectiva y la política* (Madrid: Alianza Universidad).

Tavares dos Santos, Jose Vicente 1994 "Formaçao do campesinato meridional" en *Cadernos do Sociologia 6* (Porto Alegre: Universidad do Rio Grande Do Sul).

Taylor, V. y Whittier, N. 1995 "Analytical Approaches to Social Movement Culture: The Culture of the Women's Movement" en Johnston, H. and Klandermans, B. (comp.) *Social Movement and Culture* (EE.UU.: University of Minesotta Press).

Torre, Claudia 1994 "Eduarda Mansilla de García. El espacio doméstico como espacio de poder" en Knecher, L. y Panaia, M. *La mitad del país. La mujer en la sociedad argentina* (Buenos Aires: Centro Editor de América Latina).

Williamson, John 1990 *Latin American Adjustment. How much has happened?* (Washington D.C.).

Otras fuentes

Censo Nacional Agropecuario 1988, 2002 (Argentina).

Constitución Nacional Argentina.

Diarios *La Arena* (La Pampa), *Clarín* y *Página/12* (Buenos Aires).

Diário do Pará (Brasil).

Discursos públicos del MML, Plaza de Mayo (Buenos Aires), 7 de marzo de 1996.

Documentos y revistas del MML.

Entrevistas a dirigentes y participantes del MML y asesores del MIQCB.

"Quebradeiras, Destino de Mulher Baixo Mearim (MA)". Primeira y segunda parte, por Neide Duarte. <http://fpa.tvcultura.com.br/caminhos/25qebradeiras1.htm.>

Conflitos no campo-Brasil 1996 <http://www.ospaaal.org/>

The Chico Mendes Sustainable Rainforest Campaign-A Participação Feminina no CNS <http://webmail.archive.com>

Informe sobre Desarrollo Humano ONU/PNUD, 1993

INDEC 2003 (Resultados provisionales del CNA).

Revista *Viva*, Buenos Aires, 1996.

Transformaciones en el mercado de fuerza de trabajo y nuevas condiciones para la protesta de los asalariados agrícolas

Víctor Rau*

Introducción

PARTIMOS DE LA OBSERVACIÓN de un fenómeno novedoso: la emergencia del proletariado agrícola cosechero de yerba mate[1] como sujeto de protesta y movilización. Identificamos los aspectos de la configuración actual del mercado de trabajo transitorio para la cosecha yerbatera que constituyen las condiciones de posibilidad para la aparición de aquel fenómeno. La indagación acerca de las motivaciones para este tipo de acción colectiva ha supuesto un intento por comprender los modos que asume la existencia y reproducción del sector de obreros rurales cosecheros de yerba mate y su relación con los cambios recientes experimentados por el mercado de trabajo en el que participan. El carácter de la protesta también nos remitió a las expe-

* Sociólogo, Instituto Gino Germani, UBA.

1 La yerba mate es una planta arbórea originaria de lo que hoy constituye el territorio de Paraguay, Nordeste de Argentina y Sur de Brasil -misma región donde actualmente se la cultiva. Con sus hojas se hace una infusión muy difundida en el Sur de América, de propiedades tónicas, estimulantes y diuréticas.

riencias, conocimientos y otros recursos acumulados por los cosecheros a la hora de emprender la reivindicación pública de intereses comunes, así como al problema de la constitución de la identidad social asumida por sus protagonistas. En términos generales, el carácter de las relaciones en que están inmersos los cosecheros de yerba mate en sus mundos de vida, y las experiencias de lucha previas de la fracción que integran, pueden ser considerados como los grandes determinantes de las formas que asume la protesta social. En el primer sentido, debe tenerse en cuenta su condición de obreros agrícolas residentes en áreas periurbanas o rururbanas pero que, en su mayoría, habitó en el campo durante gran parte de su vida. En cuanto a las experiencias de lucha previas, en la primera parte del trabajo veremos que, si bien la historia de esta fracción social no se halla exenta de acciones de resistencia a la opresión y de enfrentamientos sociales, ellas aparecen ahora asumiendo nuevas formas, expresando la existencia de cambios cualitativos que irrumpen en el presente. En abril y mayo de 2000 una parte del proletariado agrícola misionero se identificó como *tarefero*[2] e intervino en el conflicto abierto entre la pequeña burguesía agraria y la burguesía industrial yerbatera. Atendiendo a la naturaleza de esta intervención, tomamos el acontecimiento como punto de partida del período específico que interesa a este estudio. Exponemos las circunstancias en que se produce la movilización de los obreros y la índole de su participación en aquel conflicto para identificar las experiencias allí adquiridas y reconocer cómo se reactualizan y acrecientan durante las protestas que esta misma fracción social protagoniza en octubre y noviembre del mismo año, y durante el año siguiente. Consideraremos a las protestas identificadas en el año 2000 como parte de un primer ciclo, y a las del año 2001 las incluimos en lo que llamaremos segundo ciclo de protestas. La reciente emergencia de este sujeto de protesta se produce en el marco de un proceso de transformaciones que tiende a afectar no sólo la configuración del mercado laboral, sino también otros importantes aspectos estructurales del complejo agroindustrial en su conjunto, proceso que establece condiciones de posibilidad para la apertura de un período de conflictividad que involucra a los principales sectores sociales que

---

2 En la región se conoce como *tareferos* a los obreros que trabajan en la cosecha de yerba mate. Esta voz deriva del vocablo *tarefa* que es el nombre aplicado a la cosecha de la yerba mate. En portugués "tarefa" significa "tarea, obra que se debe concluir en tiempo determinado, trabajo que se hace por empresa o a destajo".

dependen económicamente de la actividad yerbatera. Tendremos que plantear también los principales elementos que determinan la apertura de la actual coyuntura de conflictividad, reconstruyendo sucintamente el proceso histórico que desemboca en ella, para luego profundizar en el análisis de la situación de los obreros agrícolas. De otra parte, cabe advertir que en todo caso enfocamos nuestra atención sobre el proceso de surgimiento de un fenómeno inconcluso, iniciado hace poco más de un año y medio, razón por la cual en este estudio, que acaba de escribirse a mediados de noviembre de 2001, no podrá concebírselo sino como un desarrollo abierto a posibilidades, en el que los elementos que constituyan su sentido último acaso aún no hayan terminado de manifestarse.

Las protestas

Hemos afirmado que las protestas recientes protagonizadas por asalariados agrícolas yerbateros constituyen un fenómeno novedoso. Por lo tanto, y aunque no se haya escrito aún la historia del movimiento obrero de Misiones, tendremos que delinear aquí los grandes rasgos históricamente asumidos por la conflictividad proletaria en la región. Pero debido a que la serie de protestas obreras recientes abreva en importante medida en las experiencias de movilización que surgieron a partir de la apertura del conflicto entre el sector de pequeños y medianos productores primarios y los grandes industriales yerbateros, también describiremos brevemente la estructura y el desarrollo de esa confrontación. Nos ocuparemos de la intervención de los cosecheros en la misma y de las características asumidas por sus posteriores manifestaciones de protesta. Al final del apartado proponemos la construcción de una categoría sociológica representativa de la fracción social que se moviliza asumiendo la identidad de los *tareferos*.

Esbozo para una historia de la conflictividad obrero-rural yerbatera en Misiones

Las modalidades semiesclavistas de sometimiento y explotación de la fuerza de trabajo nativa durante el primer avance del capitalismo en la región hacia fines del siglo XIX son bastante conocidas merced a la legendaria figura de los “*mensú*” sobre la que nos hablan obras literarias y ensayos de denuncia cargados de poesía. En el ámbito académico se conoce aquel sistema productivo y modelo de ocupación del espacio territorial como Frente Extractivo, tributario del capitalismo hegemónico pero que opera con mecanismos precapitalistas en sus relaciones de producción (Abínzano, 1996; Jaume et al., s/f). A los efectos de nuestro trabajo cabe señalar solamente que durante este período el sistema de producción que avanza sobre la región necesita crear un mercado de trabajo allí donde no existe institución semejante, y utiliza para ello medios extraeconómicos. La metodología adoptada en este caso es una variante del "peonaje por deudas" con retención forzosa de la mano de obra en los lugares de trabajo. Se utilizan modalidades de "enganchamiento" para apropiarse de la capacidad laboral de una población nativa que carece totalmente de las nociones propias de una economía monetaria.

Al endeudamiento atribuido con o sin base real sigue el reclutamiento compulsivo. Nuevos contingentes de nativos provenientes de tribus aborígenes y familias campesinas de la región –de los actuales territorios de Corrientes, el Paraguay, la propia Misiones y luego también del Brasil–, así "enganchados" en los centros de reclutamiento, son embarcados a fuerza de látigo y/o amenazas de prisión hacia el Alto Paraná, donde "la deuda contraída", y con ella la obligación de prestar trabajo, se prolongan sin término fijo, a través de las nuevas "cuentas" contraídas ahora con la proveeduría de la empresa. En el Alto Paraná las empresas extractivas crean, junto con sus precarias instalaciones, sistemas privados de justicia, castigos, control y vigilancia al margen del poder político formal.

En rigor, aún no funciona un verdadero mercado de fuerza de trabajo. El trabajador no vende su capacidad laboral con vistas a la paga, y tampoco es libre de romper el contrato laboral. Ello se expresa claramente en las formas que adopta la resistencia de los trabajadores durante este período. Su modalidad típica son las "fugas". Todavía en el informe de José Elías Niklison sobre la investigación realizada por encargo del Departamento Nacional del Trabajo en 1914 (Niklison, 1914) se hace mención de las numerosas fugas e intentos de fuga de trabajadores en el Alto Paraná. Más propias de esclavos que de asalariados, estas modalidades de resistencia abundaron desde el principio en los obrajes y yerbatales de la región. En la mayoría de los casos se trataba de fugas individuales o en pequeños grupos de trabajadores que se internaban en la selva y eran perseguidos por capataces al frente de "comitivas" armadas para darles caza. Pero en otras pocas ocasiones se registraron verdaderos "alzamientos" –motines– de la población trabajadora. El aventurero francés Jules Huret recoge, en su paso por la zona, el siguiente testimonio de época: "De cuando en cuando intentan fugarse. Pero saben que un hombre extraviado en la selva es hombre perdido. Ni hay frutos ni cacería. Son, pues, esclavos sin defensa de capataces interesados en hacerles trabajar todo lo más posible, y que con frecuencia, son más terribles para ellos que las garrapatas y los mosquitos. Los capataces se escogen entre los que son más enérgicos y brutales y están más acostumbrados a la vida de las selvas. Son mejor retribuidos y alimentados. El peón depende enteramente de estos contramaestres feroces. Si trabaja con menos ardor, se le priva de comida, y, si se rebela, se le ata a un árbol y se le dan de latigazos. Tiene, pues, que resignarse y trabajar. Durante meses enteros constituye su alimentación ordinaria la carne seca, el maíz y el mate. Verdaderamente, se necesita la resignación del guaraní para soportar un régimen y una vida semejantes. El europeo no se avendría a eso. Sin embargo, a veces ocurren verdaderos dramas. El año pasado murieron siete capataces a consecuencia de un motín. Esos seres pacíficos, pasivos y sufridos, acaban por ser tan brutales como sus tiranos a fuerza de resignación. Se citan casos de capataces a quienes esperaron los peones en el recodo de una 'picada' para rajarlos a machetazos; otros fueron atados a un árbol en plena selva, quedando expuestos a la tortura de los insectos, salvándose sólo por la más grande de las casualidades" (Huret, 1986: 326-327).

Un antropólogo contemporáneo afirma que: "Algunos conatos de rebelión espontaneístas fueron drásticamente aniquilados por las fuerzas de seguridad que poseían las propias empresas. Cuando alguna de estas rebeliones tenía éxito lo normal era que cruzaran la frontera y trataran de esconderse en el país vecino" (Abínzano, 1985: 838).

Mapa 1

Localización de la provincia de Misiones en el Sur de América

Fuente: Bartolomé (2000: 46).

En los últimos años del siglo XIX comienza la colonización del territorio misionero con familias inmigrantes, principalmente del Centro y Este de Europa. Este proceso en el que se constituye la pequeña burguesía agraria provincial se extiende hasta mediados del siglo XX y tiende a contrarrestar el agotamiento de los yerbales naturales explotados por el Frente Extractivo, sustituyendo este sistema de producción por las modernas implantaciones cultivadas bajo propiedad. A este proceso se refiere el sentido común de las clases medias misioneras cuando toma como punto de partida de la historia provincial al mito de las familias de rubios campesinos europeos que debieron abrirse paso en la selva inculta, que soportaron el calor de los trópicos y sus insectos, vencieron el temor a las serpientes, los tigres y otros peligros del monte, fabricaron sus propias herramientas de trabajo, y con gran esfuerzo y el virtuoso espíritu de sabios pioneros forjaron la sociedad actual, "crisol de razas" –europeas–, como se acostumbra decir. Aun en el ámbito académico, muy pocos autores se ocupan de advertir, como Mirta Echeverría (1985), que a lo largo de casi toda la primera mitad del siglo XX las explotaciones agrícolas familiares creadas por el proceso colonizador coexisten con el sistema de producción instituido por el Frente Extractivo; pocos, como Roberto Abínzano, señalan que aun los llamados pequeños productores –colonos– "estaban acostumbrados a disponer de una mano de obra casi esclava, que no tenía posibilidades de ascender socialmente, ni defenderse judicialmente, ni alcanzar un mínimo nivel de vida adecuado, etcétera" (Abínzano, 1985: 830–831). Lejos de cuestionar las condiciones de explotación económica y opresión cultural en que se encontraba el proletariado misionero de la época, estas fueron asumidas como naturales por la mayoría de los colonos, e incluso pudo acentuarse, a partir de entonces, la dimensión étnica de la discriminación social. También son escasas las menciones históricas a los aborígenes que poblaban los montes asignados en propiedad a los inmigrantes europeos.

Aquí y allá aparecen referencias a los "indios pacíficos", vecinos de los primeros colonos de la zona Centro (Torres, 1999). Si no fueron integrados a la incipiente economía agraria, como mano de obra barata, debieron desplazarse hacia áreas marginales –aún hoy conservan su existencia algunas comunidades aborígenes al Nordeste del territorio provincial. Cafferata, De Santos y Tesoriero reparan además en la presencia a principios de siglo de una extensa capa de campesinos asentados en la zona Sur de la provincia, que se cuentan entre los sectores remanentes del período anterior a la colonización y que fueron desplazados por ella: "La primera etapa de colonización se concreta donde estaban asentados los grupos ganaderos y campesinos, lo cual provoca una tensa situación de competencia y conflicto alrededor de la posesión efectiva de la tierra. Hay claros indicios de ese conflicto, que envolvería de distinta manera a los tres sectores. Sin embargo, el Estado terció decididamente a favor de los colonos europeos a través de múltiples mecanismos. En principio se hizo uso de una cláusula de la ley de colonización Avellaneda, por la cual el Estado sufragaba los gastos de instalación y alimentación de los colonos durante el primer año. Vale la pena anotar que esta cláusula sólo tuvo vigencia para Misiones y en ese primer período. Asimismo, los sucesivos gobernadores de Misiones, muy en especial Juan José Lanusse (1896-1905), se lanzaron a un verdadero operativo de recuperación de tierras fiscales, como también a un desplazamiento de los sectores campesinos (...) el sector campesino caracterizado por una elemental economía de subsistencia podía sobrevivir en condiciones sumamente adversas, pero sería su vinculación como mano de obra especialmente temporaria, con la economía de colonos lo que afianzaría su existencia" (Cafferata, De Santos y Tesoriero, 1974: 21).

Al mismo tiempo que las nuevas formas de organizar la producción desplazan a las anteriores, cambia también el carácter de la conflictividad obrera rural. Son cada vez menos frecuentes las "fugas" y los motines, propios del período dominado por el funcionamiento del Frente Extractivo, y comienzan a aparecer las organizaciones gremiales obreras. Los primeros sindicatos de cosecheros de yerba mate estuvieron influidos por el anarquismo y el comunismo, como el Sindicato de Tareferos de San Ignacio o el Sindicato de Peones y Tareferos de Oberá, fundados en torno a los años treinta por Marcos Kaner. Es probable que con anterioridad los obreros hayan comenzado a utilizar los llamados "pliegos de condiciones" y que se hayan practicado modalidades de boicot a la patronal, como aparece literariamente representado en *Los precusores*, del cuentista Horacio Quiroga (1994). Más adelante se destaca la elevada cantidad de afiliados con que cuenta hacia 1940 la Federación de Trabajadores Yerbateros de Misiones (Luparia, 1973: 196; Forni y Neiman, 1993: 377).

Entrada la década del cuarenta, la legislación laboral peronista orientada al ámbito rural significó el intento de reformar profundamente las relaciones vigentes en el campo argentino. Debido a ello, también se producen en esta época una gran cantidad de conflictos legales entre empleadores y empleados. En una cultura regional donde la fuerza de trabajo ha sido históricamente desvalorizada, la regulación laboral impulsada por el gobierno aparece ante los colonos como garantía de injusticias, los derechos del trabajador rural formulados en la nueva legislación son percibidos como artificiales, y el poder de los sindicatos como arbitrario (Abínzano, 1985). Durante el período siguiente las federaciones sindicales más importantes que operaron en la provincia fueron la Federación Argentina de

Seccionales Agrarias de Misiones (FASAM) y la Federación Argentina de Trabajadores Rurales y Estibadores (FATRE). Cabe advertir, no obstante, que si bien los cosecheros de yerba mate mostraban un nivel de agremiación mayor a los registrados en muchas otras producciones agrícolas del país, no alcanzarían niveles semejantes, por ejemplo, a los de la producción azucarera en Tucumán, o a los que son comunes en ámbitos urbanos e industriales. Tampoco la nueva regulación jurídica llegaría a eliminar, ni mucho menos, la impronta tradicional legada por siglos de desvalorización del trabajo e institucionalización de mecanismos fraudulentos de expoliación. *El Estudio sobre la mano de obra transitoria en la provincia de Misiones*, realizado ya a principios de los setenta por el Ministerio de Agricultura y Ganadería de la Nación, continúa llamando la atención sobre los bajos niveles de ingreso y las irregulares condiciones de trabajo y de vida a las que se ven sometidos los obreros rurales de la yerba mate (Flood, 1972).

La dictadura militar iniciada en 1976 aplicará sostenidamente su política de terror desde el Estado, inmovilizando a los trabajadores con encarcelamientos y torturas, reprimiendo particularmente a la FATRE, y desarticulando en definitiva a todas las organizaciones gremiales obrero-rurales de la provincia. Luego de las primeras elecciones políticas de 1983, se llama a "normalizar" los sindicatos que habían interrumpido su actividad desde el golpe militar hasta entonces. Al poco tiempo todas estas organizaciones sindicales acaban federadas a la FATRE y se fusionan definitivamente en un sindicato único cuando esa Federación se transforma en una entidad de primer grado: la actual Unión Argentina de Trabajadores Rurales y Estibadores (UATRE).

Es un hecho suficientemente conocido que el sistema sindical vigente en la Argentina se reorganizó desde medidos del siglo XX en una relación de fuerte dependencia respecto al Estado, y que las normas jurídicas que lo rigen favorecen la centralización de las organizaciones obreras al mismo tiempo que tienden a fortalecer el predominio de la cúpula sobre la base. No volveremos sobre el proceso de burocratización de muchas organizaciones sindicales en Argentina, ni nos extenderemos identificando las "marcas" que en ellas ha dejado la última dictadura militar. Señalamos solamente que, si durante mucho tiempo este sistema estuvo promovido hasta cierto punto desde el Estado, durante la última década esta relación ha tendido a experimentar sensibles transformaciones. Y la institución sindical que representa a los obreros rurales de Misiones no quedó al margen de este proceso. Actualmente constituye una organización con escaso vínculo efectivo con la base laboral y que ha venido mostrando un sensible retroceso en su poder corporativo.

Entre los obreros existe un generalizado sentimiento de amenidad y, en muchas ocasiones, se manifiestan descontentos con la entidad que asume formalmente su representación. Para el caso de los cosecheros de yerba mate, el sindicato exhibe un muy reducido nivel de afiliación; los contactos directos con los obreros, cuando se producen, en su mayor parte consisten en la asistencia con bienes y servicios de primera necesidad para los afiliados, y la atención de demandas de asistencia jurídica para los obreros rurales en general. Ante conflictos de envergadura que involucran a los trabajadores en forma colectiva, el sindicato también se ocupa de presentar los reclamos gremiales por vía institucional y de realizar denuncias públicas a través de los medios de comunicación masiva. No conocemos casos recientes en que la UATRE haya impulsado medidas de acción directa. Cuando estas, de todos modos, se producen o van a producirse, el sindicato generalmente opta por apoyarlas como institución.

En conclusión, el problema de considerar los motines y las fugas colectivas que se produjeron en la época del Frente Extractivo como la forma característica de los primeros conflictos obrero-rurales registrados en la provincia estriba en que precisamente se halla en cuestión el carácter de "obreros", es decir, de "trabajadores asalariados" de aquella mano de obra semiesclavizada en obrajes y yerbatales. Lo que sí queda claro es que, con la desaparición de ese sistema productivo, la formación de un verdadero mercado de trabajo rural, el reforzamiento de la administración pública del Estado y la consolidación de las principales instituciones de la sociedad burguesa en el territorio de la actual provincia de Misiones, las acciones sindicales constituyen el principal contenido de la conflictividad obrera en todo el período siguiente. A fines de los años sesenta y durante los setenta, la acción colectiva de los trabajadores llegó a rebasar incluso el terreno corporativo-económico para adquirir matices de lucha política. Nada de eso ocurre en la actualidad, aunque la organización gremial continúa siendo seguramente el principal instrumento para la resistencia colectiva de los obreros, y las estructuras locales de la UATRE su principal expresión institucional.

La estructura de la conflictividad agraria yerbatera

Actualmente, en la provincia de Misiones, el peso relativo de la población rural y de la población ocupada en la agricultura posee valores que se sitúan entre los más altos del país[3]. Pero al mismo tiempo que muestra un bajo índice de urbanización, Misiones se halla entre las provincias con mayor densidad poblacional total (Villar, Curtino y Fernández, 1992: 43).

Estas características se asocian a los bajos niveles de industrialización y a una estructura agraria donde las explotaciones pequeñas y medianas poseen un amplio predominio numérico. En efecto, aquellas unidades productivas no mayores a 25 ha de extensión constituyen más de la mitad de las explotaciones existentes, mientras que las mayores de 25 y de hasta 100 ha representan aproximadamente otro 40%, agrupando en forma conjunta un 92% del total provincial[4]. En este aspecto Misiones exhibe aún la impronta del proceso de colonización territorial realizado, desde fines del siglo XIX y a lo largo de toda la primera mitad del siglo XX, en base al patrón de explotación agrícola familiar. Y dado que la yerba mate opera como principal cultivo poblador del territorio, ese mismo proceso dio origen a una estrecha dependencia de aquellos pequeños y medianos productores con respecto a la actividad yerbatera, al tiempo que constituía una estructura de intercambios oligopsónica al interior del complejo productivo, poniendo a los numerosos y dispersos productores de materia prima en una situación de dependencia, extremadamente desfavorable para la negociación de precios, frente al puñado de industrias molineras compradoras del producto.

La primera crisis del sector primario yerbatero data de fines de los años veinte y se extiende a lo largo de buena parte de la década siguiente (Barsky y Gelman, 2001). A ella se sumaban por entonces los problemas de la producción tabacalera. Existe poca información acerca de conflictos agrarios de la época. Solamente los crímenes que se cometieron el 15 de marzo de 1936, en la represión a una marcha sobre Oberá de colonos que reclamaban por las condiciones de venta del tabaco, hechos conocidos como "la masacre de Los Helechos", han sido recogidos en algunos estudios y aún conservan actualidad en la

3 Sólo Santiago del Estero supera a esta provincia en el primer aspecto y solamente Chaco lo hace en el segundo. INDEC, Censo Nacional de Población y Vivienda (1991).
4 INDEC, Censo Nacional Agropecuario (1988).

memoria colectiva de los pobladores de la zona Centro provincial (Belastegui, 1994; Golsberg, 1999; Torres, 1999). A raíz de aquella primera prolongada crisis, en 1935 la actividad yerbatera comenzó a regularse a través de la Comisión Reguladora de la Yerba Mate (CRYM), institución creada en el marco de las políticas corporativistas e intervencionistas en boga desde los años treinta.

La política de la CRYM tendía no sólo a conservar sino también a reproducir ampliadamente la estructura de la producción primaria yerbatera fundada en los tiempos del proceso colonizador. Así fue posible que el cultivo llegara a la actualidad hallándose presente en el 60% de las explotaciones agropecuarias –se cultiva en 16 mil explotaciones– de la provincia de Misiones, y que el 81% de estos productores yerbateros no poseyeran, hasta 1988, superficies implantadas mayores a las 10 ha[5]. De todos modos, en la mayoría de los casos se trata de productores de tipo *farmer*[6] y no de campesinos, en tanto muestran una fuerte dependencia respecto al mercado, un predominio de los criterios empresariales en la gestión de sus unidades productivas y, principalmente, la mayoría de ellos han logrado avanzar en procesos de acumulación. Como señala Gabriela Schiavoni (1995), la misma propiedad del cultivo yerbatero puede ser considerada como un indicador de capitalización en las unidades productivas agrarias. También a lo largo del período que va desde la colonización hasta la actualidad se registró un proceso de diferenciación, sobre todo ascendente, dentro de este sector. En las unidades productivas de los colonos acomodados se ampliaron las superficies en producción, se incorporaron otros cultivos –como el *tung*, el té y los cítricos–, se introdujeron la mecanización y diferentes tecnologías de manejo. En algunos casos se amplió la superficie controlada bajo propiedad. En el mismo sentido cabe destacar el temprano desarrollo de cooperativas de industria agraria y, a partir de mediados de los cincuenta, la emergencia y consolidación de una burguesía molinera local, de origen agrario, que pasa a integrar la etapa industrial y se incorpora al sector oligopsónico hasta entonces constituido exclusivamente por los grandes molinos extra zona, localizados en Buenos Aires y Santa Fé (Cafferata, De Santos y Tesoriero, 1974). Junto a ellos también subsiste un sector tradicional de grandes plantadores.

---

5 INDEC, Censo Nacional Agropecuario (1988).
6 Productores familiares capitalizados.

Desde 1991, alcanzada por el Decreto Nº 2284/91 del Poder Ejecutivo Nacional, la producción yerbatera pasó a estar "desregulada" y la CRYM disuelta. Desde la desregulación y hasta 1996 los precios se mantuvieron relativamente estables debido a la existencia de cierta escasez de materia prima. Entre tanto, la liberalización de la producción permitía implantar a quien quisiera cuantas hectáreas de yerba quisiera. Muchas empresas plantadoras e industrias integradas incrementarían el volumen de su producción primaria mediante implantaciones realizadas con tecnologías de alto rendimiento. Se elevaron desde entonces tanto la superficie implantada como la producción total, y a partir de 1995 caen abruptamente los precios de la materia prima: el kilogramo de hoja verde, que en 1990 se pagaba a un promedio de 0,19 centavos, se paga todavía en 1995 a 0,17, pero experimenta a partir de este punto una caída libre que llega hasta los 0,06 centavos de 1999[7].

Hemos mencionado la efervescencia agraria de mediados de los treinta. Con la creación de la CRYM en 1935, buena parte de la conflictividad inherente a la estructura del complejo yerbatero se trasladó al interior de esta institución corporativa donde se hallaba presente la representación del Estado y de todos los sectores involucrados en la actividad. A mediados de los sesenta se produjo sin embargo una nueva crisis en el sector yerbatero que rebasó el marco corporativo institucional y devino en la creación del Partido Agrario Misionero (PAM), de efímera existencia. Con posterioridad el conflicto sólo volvió a manifestarse abiertamente en la coyuntura política de principios de los setenta y como parte del proceso de desarrollo de las Ligas Agrarias, que por entonces se daba en las provincias del Nordeste argentino. No obstante ello, las más importantes medidas de fuerza llevadas a cabo por el Movimiento Agrario de Misiones (MAM) –exponente local del "liguismo"– tuvieron como objetivo elevar el precio de la materia prima en aquellas producciones que carecían de regulación, muy especialmente de la producción de té. A partir del golpe de 1976 se desencadena el terror de Estado que desarticula el movimiento. Luego de la dictadura militar, el MAM inicia su proceso de reconstitución realizando aún algunas movilizaciones masivas, de las cuales la última tendría lugar en 1995 con los veintiún días de paro en reclamo por el precio del té. Esta importante medida de fuerza, al igual que

7 Los datos son del Ministerio del Agro y la Producción de la provincia de Misiones.

la realizada en 1991, fracasa en sus objetivos, y en los años siguientes se asiste a un proceso de reformulación de estrategias en la entidad. Sin embargo, muchos de los conocimientos internalizados, que provienen directa o indirectamente de aquellas experiencias de lucha tantas veces organizadas y dirigidas por el MAM, se hicieron visibles en las prácticas de los sujetos que participaron recientemente en las movilizaciones del Paro Verde, desarrollado en abril/mayo de 2000, y que a continuación pasaremos a analizar. En este caso, como en aquellos anteriores, se trató de una medida de fuerza protagonizada por pequeños y medianos productores de cultivos industriales, sector constituido por un elevado número de colonos que se enfrentan con la industria compradora de su producción, para obtener, a partir de la concertación forzada, de la modificación de algunas disposiciones emanadas desde el organismo regulador o de la intervención directa del Poder Ejecutivo, un aumento en el precio de la materia prima. Presentaremos pues un modelo de las llamadas "huelgas" del MAM a modo de referencia para la protesta yerbatera reciente.

¿En qué consistían aquellas "huelgas"?: básicamente, en no cosechar y no entregar materia prima a las industrias; boicotear el abastecimiento de las mismas para forzarlas al paro de su producción. La medida se garantiza de forma activa: grupos de colonos organizados instalan piquetes en puntos estratégicos de las rutas, caminos y "picadas"[8], donde se interceptan los camiones que intentan transportar el producto hacia las agroindustrias; la carga es retenida o volcada al costado del camino; a veces también incendiada o inutilizada sobre el mismo vehículo rociándola con kerosén.

Año 2000: el "Paro Verde" y la emergencia reciente del sujeto de protesta *tarefero*[9]

Esta medida de fuerza protagonizada por los productores de yerba mate en el 2000 constituye un acontecimiento de particular importancia para la historia de la conflictividad agraria misionera. Se trata de la primera protesta yerbatera de envergadura del período reciente, que adquiere alcance provincial, produce importantes efectos institucionales y marca el inicio de un proceso de movilizaciones agrarias que aún

8 Caminos rurales abiertos a través del monte.
9 Obreros cosecheros de yerba mate.

permanece abierto. El paro agrario con boicot a la industria, conocido como el “Paro Verde”, comienza el 4 de abril en el extremo Sur de Misiones y se extiende al resto de la provincia, desarrollándose en total a lo largo de treinta y cinco días. Los productores interrumpen la cosecha y se movilizan a las rutas y entradas de las industrias, donde instalan “carpas de protesta”, garantizan piquetes que detienen a los camiones cargados con yerba mate e impiden por tiempo indeterminado el transporte del producto. El objetivo de la medida era obtener una elevación en el precio que abona la industria por su producción: la hoja verde de yerba mate. El epicentro del conflicto abierto pronto se situó en la zona Centro de la provincia, donde se movilizaron importantes cantidades de manifestantes, particularmente en torno a la localidad de Jardín América y, en menor medida, a la de Oberá. No es nuestro objetivo analizar aquí el complejo desarrollo de la protesta, ni tampoco centrarnos en lo actuado por la pequeña burguesía agraria que fue sujeto de la misma. En cambio, atenderemos principalmente a la intervención del proletariado agrícola en el conflicto.

Mapa 2

Localización de la protesta agraria yerbatera
en el territorio de Misiones durante el “Paro Verde”

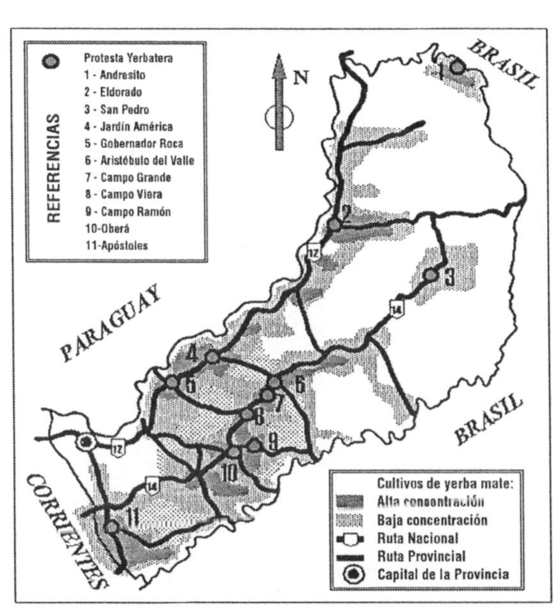

Fuente: elaboración propia en base a Margalot (1994: 112), periódicos locales y entrevistas realizadas en campo.

Cabe señalar en primer término que si bien el discurso público de la pequeña burguesía yerbatera hacía mención a la miseria económica en que se encuentra sumergida la población obrera ocupada en la cosecha de yerba mate, y afirmaba que su propia reivindicación –el aumento en el precio del producto– posibilitaría también un aumento en el precio del destajo pagado al obrero y el cumplimiento de la legislación laboral por parte de los empleadores, semejante recurso discursivo orientado a reforzar la legitimidad de la protesta no se correspondía con una política efectiva de alianza social a nivel provincial. La relación entre el precio del producto y el precio del destajo reflejaba en cierta medida una lógica histórica del mercado laboral yerbatero, por lo que el discurso hallaba eco en los propios obreros. Sin embargo, en la mayoría de las carpas instaladas por los colonos para agrupar manifestantes los cosecheros eran rechazados. Solamente en Jardín América la fracción ocupó un lugar destacado al interior del movimiento, es decir, en unidad con la movilización de los colonos. Se organizó una olla popular donde las familias de cosecheros, en paro forzoso a raíz de la medida, hallaban abierta la posibilidad de continuar alimentándose. Desde el comienzo mismo de la movilización en esa localidad, los llamados *tareferos* fueron mayoría. De ahí que Jardín América se convirtiera pronto en el punto más fuerte de la protesta, el que concentrara la mayor cantidad de manifestantes en la provincia.

El número de obreros fue incrementándose a medida que se desarrollaba el conflicto, y su predominio acabó por ser absoluto en esa localidad. No obstante, desde el principio hasta el fin del conflicto, continuó siendo un dirigente colono quien estuvo al frente de la carpa. No sólo por su magnitud y su peculiar composición social esa movilización se distingue de las registradas en otros puntos de la provincia. Allí se dieron también los únicos intentos de resistir las acciones de las fuerzas de seguridad estatales –policía provincial y gendarmería nacional– que, con órdenes judiciales, montaban operativos para "liberar" a los camiones detenidos en los piquetes. En ese lugar de la provincia se registraron los únicos "cortes de ruta" del conflicto. Allí donde las asambleas incluían a los cosecheros y los comunicados de prensa eran firmados como "Colonos y Tareferos Autoconvocados de Jardín América", fue también donde se intentó sostener el paro cuando la dirección provincial de los colonos hizo pública su decisión de levantar la medida sin haber conseguido el objetivo que movilizaba a la base: el incremento en los precios del producto.

El otro punto geográfico donde el proletariado cosechero tuvo una importante intervención, aunque con una posición frente al paro completamente opuesta a la descripta para el caso de Jardín América, fue en las zonas cercanas a la localidad de Oberá. Promediando el conflicto, un grupo de *tareferos* imita a los colonos que protestaban levantando "carpas verdes" en las rutas e instala en Oberá una "carpa negra" para reclamar la reanudación de la cosecha, es decir, la suspensión del paro agrario yerbatero. Los obreros manifiestan su apoyo a la demanda de los productores aunque se movilizan por necesidades inmediatas: "A nosotros nos beneficia que el precio de la yerba suba pero a la vez, este paro nos perjudica, porque para nosotros la tarefa (cosecha de yerba) es nuestra fuente de trabajo. (...) Hoy en día ya no sé que dar de comer a mis hijos, no hay changas (trabajos de espera)" (*El Territorio*, 18 de abril de 2000: 4).

Aquí primaba una motivación específica de los obreros: la necesidad inmediata de trabajar para subsistir, frente a un paro agrario que en cierto modo asumía para ellos la forma de un *lock out*[10]. La situación económica de este proletariado agrícola es crítica aun cuando trabaja; un corto período de desocupación los precipita a la miseria más profunda. Hacia fines del conflicto aparecen carpas similares en Campo Viera y Aristóbulo del Valle, el grupo de Oberá se incrementa, se plantean situaciones próximas al choque con los colonos, y en algunos puntos se producen "tomas" de carpas de colonos por parte de los cosecheros movilizados. Finalmente el paro se levanta.

Uno de los aspectos que merecen ser destacados consiste en que, tanto cuando intervenía a favor del paro como cuando lo hacía en contra, el proletariado agrícola yerbatero exhibía por primera vez una importante capacidad de acción colectiva autónoma, y protestaba además en una forma inédita. Más adelante expondremos nuestra hipótesis acerca de la relación existente entre la actual configuración del mercado laboral yerbatero y aquella nueva capacidad de movilización obrera que continuó dejándose ver con posterioridad. Por ahora nos ocuparemos de la forma de la protesta, es decir, de los medios adoptados por los cosecheros de yerba mate para hacer públicos sus reclamos. En este sentido adquiere particular importancia el conflicto social agrario abierto por los productores, cuyo primer acontecimiento de trascendencia fue el Paro Verde. Como hemos visto, los colonos misioneros reactualizaron en esa ocasión experiencias históricas,

---

10 Cierre temporal de empresa por parte del patrón.

métodos de lucha utilizados con anterioridad y experiencias de organización fuertemente inscriptas en la tradición agraria provincial. La intervención de los *tareferos*, en cambio, representa el experimento de una nueva forma de hacer públicos sus reclamos; constituye en este sentido una experiencia original, puesto que establece principios vueltos a aplicar en lo sucesivo y que tenderán a adquirir en esas prácticas una fisonomía propia. De uno u otro modo, allí donde adquiere mayor envergadura la medida de fuerza de los colonos, moviliza también a los obreros. Esto sucede principalmente en la zona Centro provincial, y muy particularmente en las dos localidades que hemos venido mencionando con más frecuencia: Oberá y Jardín América.

Ahora bien, la protesta de los colonos instala la problemática yerbatera en la escena pública, incluso a nivel político, y suscita el apoyo de las clases medias urbanas que la reconocen como legítima. Los obreros agrícolas que constituyen un sector étnicamente diferenciado respecto a los productores y culturalmente oprimido al interior de la sociedad misionera se ven afectados por el paro, se vuelcan a las rutas y hacen uso, al igual que los colonos, de las "carpas de protesta". La comunidad en su conjunto y ellos mismos se reconocen como *tareferos*. Es que, en buena medida, la propia protesta de los colonos había abierto la escena pública para su aparición como actor social colectivo y sujeto de reclamos específicos. Al sentido común le parecía ahora innegable que los cosecheros eran fuertemente golpeados por una situación crítica, pues ya habían reconocido la situación en el discurso de los colonos. Cuando participaban de la misma "carpa verde" de los colonos, como sucede en Jardín América, los obreros se sumaban al reclamo de un mejor precio para la yerba; cuando se organizaban en forma independiente instalando sus propias "carpas negras", como en las zonas cercanas a Oberá, sostenían también ese reclamo, pero exigían sin embargo, en primer lugar, la inmediata reanudación de la cosecha. El problema más urgente que afrontaban era el de estar parados y sin medios de subsistencia. En tanto allí los colonos se desentendían de esta cuestión provocada por su medida de fuerza, los *tareferos* exigieron que se reanudara la cosecha, instalaron una olla popular, solicitaron y recibieron alimentos y ayuda económica por parte de la población.

Del origen a la actualidad: dos años con protestas cíclicas

La productividad de estas experiencias adquiridas se dejó ver a los pocos meses. El 16 de octubre, hallándose desocupados a causa de la finalización del período de zafra yerbatera, los *tareferos* de la ciudad de Oberá saldrían a las rutas con un pequeño grupo de colonos que acataban el paro nacional lanzado en esa ocasión por las tres entidades agrarias más importantes del país. Rápidamente concluida la medida y retirados los productores de la escena, los obreros, sin embargo, permanecieron en las carpas y llevaron adelante una protesta propia que pronto tomó importantes dimensiones –unas quince "carpas negras" al costado de las rutas agrupaban a gran cantidad de trabajadores provenientes de los diferentes barrios de Oberá, Campo Viera y localidades cercanas. La protesta se realizó bajo el mismo modelo que la anterior movilización local y, en última instancia, a raíz del mismo problema. Esta vez los colonos no se hallaban de paro, pero el período de zafra de la yerba mate había concluido, provocando la misma desocupación masiva entre los obreros, la cual venía golpeándolos año tras año por esas mismas fechas, sin que nada ocurriera. Pero ahora volvieron a organizarse las ollas populares, como hacía poco.

Las carpas sirvieron nuevamente como lugares de concentración. Ahora allí se demandaba principalmente "pan y trabajo". Pero no por ello los manifestantes se identificaron como "desocupados" en general, tampoco se los identificaba así desde el resto de la sociedad. Se trataba, indudablemente, de una protesta de *tareferos*. Los manifestantes también reclamaban por un "mejor precio para el té y la yerba". La UATRE apoya institucionalmente la protesta, que se extiende a lo largo de veinticinco días y acaba el 9 de noviembre con el otorgamiento de asistencia alimentaria por parte del Estado y de ciento setenta y tres planes del Programa de Emergencia Laboral.

Regularmente la actividad de cosecha se desacelera de modo abrupto con el término del mes de agosto y se detiene por completo entrado septiembre. La primera vez que, sucedido esto, emergió la protesta tarefera en Oberá, en el año 2000, lo hizo a principios de octubre y se mantuvo hasta principios de noviembre. La segunda vez consecutiva, en el 2001, lo hizo sobre el final de septiembre y, habiendo alcanzado gran magnitud, se mantenía aún al 12 noviembre. En el transcurso de este período aparecieron también las "carpas negras" de los obreros en Jardín América y San Vicente.

Aunque desde enero comienzan a realizarse las primeras "podas" a las plantas de yerba mate, la actividad de cosecha se intensifica recién a partir del mes de abril. Los productores consideran a este momento como el verdadero inicio de la cosecha, y es el momento en que se ha venido activando la conflictividad agraria. Año tras año sus dirigentes lanzan con mucha anticipación amenazas de paro agrario, y afirman que llegado el momento no comenzará la cosecha. En los dos últimos años los colonos han intentado lanzar un paro por tiempo indeterminado aproximadamente en esa fecha, abril/mayo. El primero, el Paro Verde del 2000, se desarrolló ampliamente. En el segundo intento, en el 2001, el paro se abortó a los pocos días. La cantidad de productores que se movilizaron a las "carpas verdes" no alcanzó para garantizar la completa detención de la cosecha, ni siquiera en la zona Centro, donde las movilizaciones agrarias vienen resultando más fuertes. El Estado provincial mostró mayor disposición a reprimir los intentos de retener en las rutas a los camiones cargados con yerba mate, como así también los de "cortes de ruta"–que, no obstante, en esta ocasión llegaron a ser muy nutridos. En cambio se realizó un "tractorazo" sobre la ciudad de Oberá, y finalmente sucesivos "tractorazos" sobre la capital de la provincia, que resultaron de trascendencia histórica por su magnitud.

En la plaza céntrica de Posadas, ciudad capital de la provincia, los colonos se concentraron durante semanas frente a la gobernación. Entre tanto, también los *tareferos* de Jardín América habían vuelto a movilizarse junto a los colonos. En Oberá los *tareferos* instalaron también una "carpa negra" con olla popular, y realizaron una marcha hasta la municipalidad reclamando el cumplimiento en los pagos de los Planes Trabajar todavía vigentes.

Vemos pues que, alrededor de mayo y en torno a octubre de un año y de otro, se repitieron, como si se tratara de un ciclo, las manifestaciones de los *tareferos*. En ambos casos, en mayo, al principio del período de cosecha yerbatera, se trató de movilizaciones obreras de menor envergadura, insertas en una coyuntura de conflictividad agraria abierta. En ambos casos, en octubre, al principio del período contraestacional a la cosecha, se trató de movilizaciones de mucha mayor envergadura, en las coyunturas en que menos activa se encontraba la conflictividad agraria.

Expuestas estas coincidencias que hacen aparecer las movilizaciones obreras registradas durante esos dos años como ciclos que se repiten con cierta regularidad, pueden hacerse notar también diferencias del primer ciclo con respecto al siguiente. En este sentido, se percibe que los elementos directamente vinculados a la actividad laboral poseen un mayor peso en las protestas del primer año. Al parecer la demanda "por el precio de la yerba" ocupó un lugar de mayor importancia en relación al que le correspondería durante las movilizaciones del segundo año. En cambio, el lugar que ocupa el reclamo por alimentos y empleo –"pan y trabajo"– habría incrementado su importancia de un año al otro.

Proletarios semiocupados: acerca de los obreros agrícolas con residencia periurbana, sin tierra y sin empleos contraestacionales

¿Protesta de desocupados o de *tareferos*? Nuestra tesis al respecto parte de reconocer la complejidad, hasta cierto punto irreductible, del fenómeno en cuestión. Cualquier caracterización unívoca del mismo violentaría el análisis, pues en el objeto mismo arraiga una dualidad específica. Por cierto, este tipo de problemas analíticos no son extraños a los estudios sobre el proletariado agrícola, y no tienen tampoco por qué conducir a una indeterminación conceptual. Por el contrario, el modelo de la constelación latifundio-minifundio (García, 1973), tan difundido en la sociología rural latinoamericana, asume la existencia de un amplio sector de campesinos "semiproletarios", es decir, de familias cuyos miembros se reproducen bajo una doble condición de campesinos –en sus propias unidades doméstico-productivas– y de asalariados temporarios –trabajando fuera de ellas. Según planteos clásicos, esta ambigua pertenencia de clase se expresa como "identidad dual" (Alfaro, 2000) en la conciencia de amplias capas de la población rural. Lo que a partir de ello se cuestiona es la posibilidad de acceso a una "conciencia de clase" semejante a aquella que se atribuye a los proletarios puros y que fuera la asumida por el proletariado urbano-industrial en determinados momentos históricos de su lucha. En la senda abierta por esta problemática se encuentra, por ejemplo, un perspicaz estudio de Eckart Boege (1977) en el que pueden apreciarse casos donde la identidad y las experiencias de lucha campesinas condicionan las posibilidades de organización y la elección de los métodos adecuados para operar sobre las relaciones salariales, por parte de sujetos que se hallan temporariamente insertos en ellas. Las más de las veces es el carácter estacional de la demanda de fuerza de trabajo para las producciones agrícolas lo que determina la existencia de este tipo de "dualidades" en la existencia material y la identidad de los trabajadores. También en nuestro caso de estudio, aunque de diferente manera, gravita como factor determinante la estacionalidad del empleo asalariado.

Para encontrar una figura que se ajuste al sujeto social de las protestas aquí analizadas, puede partirse de aquel "semiproletario" clásico y suponer luego que en este caso el asalariado estacional reside en áreas periurbanas, no posee tierra de cultivo ni otro medio de producción y carece de empleo durante el período contraestacional a la zafra.

Llegamos así a disponer de una categoría representativa de los *tareferos* que protagonizaron las recientes protestas en la provincia de Misiones, sujetos sociales a los que podríamos llamar proletarios agrícolas semiocupados. En referencia a la situación específica que los afecta actualmente debemos señalar, además, que los proletarios agrícolas semiocupados en la cosecha de yerba mate tampoco llegan a adquirir por medio de ese empleo temporario un ingreso suficiente para reproducirse como tales.

No obstante, puesto que hemos referido la categoría a una figura teórica acuñada con anterioridad, es preciso advertir, al mismo tiempo, acerca de la desigual jerarquía que una y otra poseen por estar situadas en diferentes niveles analíticos. Efectivamente, en la clásica definición del campesino "semiproletario", la dualidad considerada remite a la condición de clase de los sujetos[11]; en este sentido primario, los sujetos de las protestas analizadas en este estudio son proletarios puros[12]. Así, cuando hablamos de los "proletarios agrícolas semiocupados", hemos supuesto ya su fundamental condición de clase y sólo es la condición de ocupación de estos obreros lo que se halla en danza. Concretamente, es el carácter regularmente cíclico que asume su condición de ocupación lo que constituye la dualidad específica de la categoría. Aquel mismo carácter cíclico de la demanda de mano de obra asalariada que condiciona tanto la vida de los campesinos "semiproletarios" como la de los "obreros golondrina",

11 Por mucho que se debata acerca de si el campesinado constituye o no una clase social, se alude con esa denominación a sujetos que son "pequeños propietarios" de medios de producción.

12 De más está decir que la desocupación no define a una clase -más bien es una condición que históricamente ha afectado siempre en mayor o menor medida a la clase obrera.

etc., es el que mantiene el elemento dual en la existencia económica de estos proletarios puros sin empleos contraestacionales.

Veamos el caso con más detalle. En la producción de yerba mate se realizan algunos tipos de "cortes" o "podas" a la planta a partir del mes de enero. Sin embargo, el grueso de la cosecha comienza en abril y se extiende hasta agosto. Por lo tanto, podemos afirmar que la demanda laboral proveniente de la zafra se mantiene a lo largo de una porción importante del año –entre cinco y ocho meses. Si se acepta que en la sociedad moderna "el trabajo" opera como fuente de identidad social para los individuos, merece ser tenida en cuenta, en este caso, la extensión del período de zafra, como un factor favorable para la consolidación de una identidad social vinculada al oficio de cosechar yerba mate: la identidad social del *tarefero*. De otra parte, por mucho que estos cosecheros consigan desarrollar otras actividades durante los meses de la contraestación –en muchos casos sólo se trata de "changas"[13]–, la mayoría de ellos vuelve a integrarse año tras año, a lo largo de su vida, al trabajo "en la tarefa"[14].

Cuando termina la zafra yerbatera, queda disponible una gran cantidad de trabajadores desempleados en los barrios obreros de muchas localidades, trabajadores que en su mayoría son ciertamente *tareferos*. Pero esta masa de "*tareferos* desocupados" se encuentra en una condición muy diferente a otro tipo de trabajadores desocupados: los que perdieron un empleo estable, los que poseen inciertas posibilidades de reinsertarse en la actividad laboral, los que no pueden predecir el tiempo que les llevará acceder nuevamente a un salario –sector que ha experimentado un notorio crecimiento en la Argentina de la última década. En cambio, estos cosecheros desocupados en primer lugar no pierden nada parecido a un empleo estable; en segundo término, saben aproximadamente en qué momento se reanudará la cosecha y aumentará la demanda de su fuerza de trabajo en el mercado.

Durante varios meses una importante cantidad de obreros agrícolas permanece en situación de desempleo y enfrenta graves dificultades para alimentar a su familia, pero hacia atrás y hacia delante, en su horizonte, el trabajo se encuentra todavía presente y cercano. De ahí que, en las protestas realizadas precisamente

13 Se llama "changas" a pequeñas labores realizadas por encargo de particulares, a las que los trabajadores atribuyen poco valor. Generalmente son aceptadas por ellos como trabajos de espera (hasta que comience la cosecha).

14 En el trabajo de cosecha de la yerba mate.

durante estos períodos de desocupación masiva, puedan aparecer demandas relacionadas con la actividad laboral yerbatera a pesar de que inmediatamente ninguno de los manifestantes se encuentre empleado en ella.

Por lo tanto, así como atendemos a los condicionamientos que afectan a estos trabajadores en tanto desocupados, debemos atender también a los elementos que condicionan su situación durante el período de mayor ocupación. Consideramos que un abordaje apropiado del problema que plantea esta dualidad puede realizarse a partir de un enfoque dirigido por el concepto de mercado de trabajo, que contempla la situación de los trabajadores tanto en su condición de ocupados como de desocupados –buscadores de empleo. En general, los estudios sobre mercados de trabajo rurales han debido identificar, a lo largo del ciclo anual, momentos de mayor y de menor ocupación: momentos vinculados a la estacionalidad de las producciones agrícolas, que se distinguen con nitidez y se repiten año tras año siendo constitutivos de su funcionamiento regular (Ortiz, 1999a). La ocupación y la desocupación son, en muchos de estos mercados, momentos interrelacionados en la reproducción de la fuerza de trabajo agrícola –y en la vida de los trabajadores.

Concretamente, en nuestro caso de estudio podemos afirmar que, aun en ausencia de empleos contraestacionales a la cosecha de yerba mate, la interrupción transitoria de la demanda de fuerza de trabajo no tendría por qué suponer para las familias obreras ninguna situación dramática, siempre que los niveles salariales vigentes durante la zafra aportaran un ingreso suficiente para asegurar la reproducción de esa fuerza de trabajo; en términos de la economía política, siempre que la capacidad laboral adquirida se pagara a su valor (Marx, 1994). Más aún, puede afirmarse que, en semejante situación, buena parte de los obreros parados no buscaría empleos durante el período contraestacional y, dado que es precisamente la condición de llevar adelante esa búsqueda inconclusa la que define la condición del desempleado, ni siquiera tendríamos por qué hablar en esos casos de proletarios "semiocupados". En nuestra opinión estas son las claves para comprender la cuestión social que se expresa en la protesta de los *tareferos*.

Sobre las transformaciones en el mercado laboral yerbatero y las dimensiones del deterioro en las condiciones de venta de la fuerza de trabajo

A continuación consideraremos entonces las condiciones de venta de la fuerza de trabajo en el mercado laboral que se estructura en torno a la cosecha de yerba mate, centrándonos principalmente en las condiciones que afectan al sector movilizado en las manifestaciones recientes. Si bien ha sido el esfuerzo de interpretación del discurso de protesta, de comprensión de las prácticas, del modo en que los actores se identifican colectivamente y de la posición adoptada por ellos frente al conflicto yerbatero en general lo que nos condujo a indagar acerca del reciente deterioro en las condiciones de venta de la fuerza de trabajo, cabe advertir sin embargo que no hemos restringido nuestra indagación a los elementos explicitados en el discurso de los actores. Estrictamente, esta parte de nuestro trabajo expone los resultados del siguiente ejercicio: considerando a las condiciones de venta de la capacidad laboral como un complejo de propiedades con posibilidad de variar en el sentido de una mejora o de un deterioro, nos preguntamos en qué dimensiones pueden reconocerse elementos que den cuenta de una variación en el último sentido. De otra parte, si bien por este camino nos orientamos a rastrear la orientación de algunos impulsos que dan forma a la protesta, no por ello consideramos que las variables condiciones que afectan a estos individuos en tanto oferentes de su capacidad laboral, sólo ellas y por sí mismas, puedan explicar o permitan comprender la aparición de estas acciones colectivas. No obstante, teniendo en cuenta lo expuesto acerca del marco en el que emergen y las características que asumen tales manifestaciones, consideramos que un ejercicio como el que sigue resulta imprescindible.

Fueron las características asumidas por la protesta las que definieron el objeto que abordamos a partir del concepto de mercado de trabajo. Se trata de las instituciones sociales y las relaciones involucradas en el espacio de intercambio de capacidad laboral para la cosecha de yerba mate. Es decir, hemos realizado un recorte metodológico por producción y luego por tipo de actividad laboral. Al tratarse de las transformaciones registradas en este espacio, nuestro objeto debió delimitarse también temporalmente. Hemos adoptado el punto de inflexión que supuso la desregulación de la actividad yerbatera en

1991 como límite hacia atrás, acotando nuestra indagación a lo ocurrido durante los últimos diez años.

En la medida en que ello resulta pertinente, procuramos situar algunas de las dimensiones del deterioro en el contexto de la estructura y la lógica de funcionamiento específicas de este mercado laboral; y, del mismo modo, quisimos relacionarlas con las más importantes transformaciones experimentadas por ese mismo mercado.

El precio del destajo

Se ha afirmado que, comparativamente con el trabajador industrial y a partir de su situación objetiva, el obrero agrícola posee mayores posibilidades de percibir la existencia de una explotación ejercida sobre su trabajo. Un saber más acabado acerca del proceso productivo en que interviene, pero principalmente la modalidad de pago a destajo y el conocimiento inmediato del precio de venta del producto, muestran claramente al obrero que el uso ajeno de la capacidad laboral produce más valor que el contenido en su salario (Boege, 1977).

Pero la explotación percibida por el obrero puede hallarse de todas maneras perfectamente naturalizada, considerándose aquella apropiación del plusvalor como un legítimo derecho del propietario privado que ha aportado los medios para que se efectúe la actividad productiva. Esta es, ciertamente, la condición regular de funcionamiento del modo capitalista de producción. Más aún, debe señalarse la paradójica circunstancia de que, precisamente a partir de aquella percepción del obrero agrícola, sus empleadores generalmente poseen también posibilidades mucho mayores de imponer rebajas salariales casi sin resistencia siempre que se produzcan caídas en el precio del producto.

Así sucede en el caso del mercado de trabajo estructurado en torno a las labores de cosecha de yerba mate en la provincia de Misiones. El Gráfico 1 representa la evolución del pago abonado a destajo por kilogramo de yerba mate cosechada. El primer segmento de la curva correspondiente al precio del destajo se construye a partir de los datos consignados en las resoluciones de la Comisión Nacional de Trabajo Agrario (CNTA) sobre Acuerdos de la Comisión Regional Nº 9 con sede en Posadas. Cabe señalar al respecto que la unión sindical que asume la representación de los obreros rurales permaneció intervenida hasta 1991, por lo que el primer Acuerdo Regional estipula las remuneraciones del mes de febrero de ese año. La última resolución se realiza sobre las remuneraciones de julio de 1992. El carácter ultra-activo de la misma determina que su vigencia se extienda formalmente hasta la actualidad, auque la longitud del período denote al mismo tiempo que la práctica instituida en la negociación colectiva ha caído en relativo desuso. En una palabra, por una parte los valores estipulados conservan su relevancia en tanto marco legal vigente para el pago de remuneraciones en el sector, y por otra constituyen los datos de mayor confiabilidad disponibles para acercarnos a la evolución de los valores remunerados a principios de la década. En efecto, la memoria de los individuos involucrados posee en este sentido un límite de confiabilidad que hemos situado en el año 1998. El segundo segmento de la curva ha sido construido en base a entrevistas[15].

Gráfico 1

Variaciones comparadas: precio del producto y del destajo

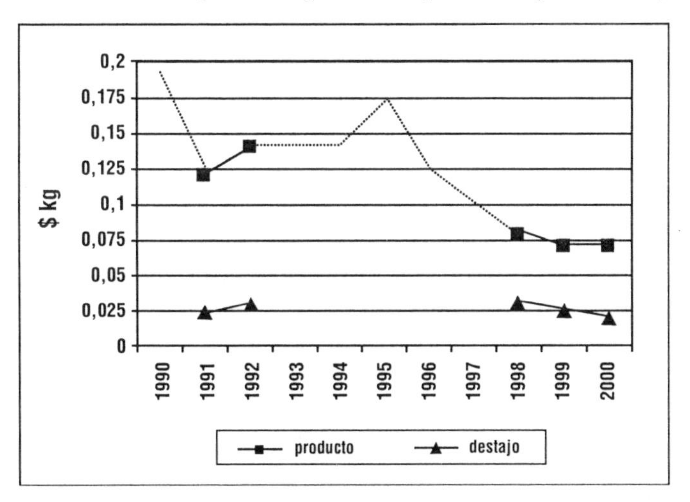

Fuente: elaboración propia a partir de datos del Ministerio de Asuntos Agrarios de Misiones, CNTA y entrevistas a los actores sociales.

15 Corresponde señalar, sin embargo, que el segundo segmento identifica la evolución de aquellas remuneraciones abonadas "en negro", lo cual supone un mayor acercamiento a la generalidad del empleo, dado que, según estimaciones de la UATRE compartidas por los organismos estatales vinculados a la problemática, el 70% de los obreros rurales de la provincia son contratados clandestinamente, proporción que se eleva todavía considerablemente en el caso específico de los cosecheros de yerba mate (Diario *Misiones OnLine*, 10 de agosto de 2001). Por esta misma circunstancia descartamos la posibilidad de utilizar los valores registrados en recibos de sueldo extendidos por las empresas yerbateras, pues ellos se ajustan siempre a los últimos valores legalmente estipulados y no son representativos de la evolución real.

Suponiendo a los valores consignados en los Acuerdos Regionales para los años 1991 y 1992 como representativos de la tendencia real de las remuneraciones por cosecha, puede comprobarse que ambas curvas acompañan las tendencias del precio de venta del producto, la hoja verde de yerba mate. La fuerte caída en el precio de la materia prima yerbatera registrada a partir de mediados de los noventa plantearía condiciones favorables para que a fines de esa década se produjera la apertura del conflicto al interior del complejo. El proletariado cosechero hizo suyo el reclamo de "precio justo" que movilizaba a los pequeños y medianos productores primarios de yerba mate, aunque en ocasiones se manifestara al mismo tiempo en contra de los paros que realizaban estos últimos. La experiencia les sugiere que mediante un aumento en el precio del producto podrían incrementar también su salario. Su comportamiento reconoce en la lógica del mercado laboral un componente que excede a las condiciones de oferta y demanda propias del mismo, que refiere al precio del producto y se asienta sobre una noción más o menos compartida de lo que "es justo" en la distribución de ese valor. Esta noción y aquella referencia se hallan presentes en el momento de la negociación de la paga, y funcionan sobre la base del conocimiento que los demandantes, pero también los oferentes, poseen acerca de las condiciones de producción.

Posiciones, relaciones y transformaciones recientes en el empleo asalariado yerbatero

A los efectos de identificar las características que asume el empleo asalariado en el sector primario yerbatero y los cambios que en torno a él se registran actualmente, cabe diferenciar dos tipos de demandantes de fuerza de trabajo: por una parte, una pequeña burguesía agraria muy numerosa, mayoritariamente compuesta por productores familiares, que generalmente emplean obreros transitorios y en muchos casos contratan también a permanentes. Por otra parte, una burguesía agraria, propietaria de grandes extensiones de cultivo, que por lo general reside fuera de las explotaciones, y donde el autoempleo familiar resulta insignificante, efectuándose la producción exclusivamente con mano de obra asalariada.

Si bien el trabajo "en negro" posee una considerable incidencia en todos los estratos mencionados, corresponde señalar que tradicionalmente la mayor parte del empleo formal generado en la producción primaria yerbatera provino de esta burguesía plantadora y agroindustrial. La contratación informal de trabajadores se ha encontrado mucho más difundida entre la pequeña burguesía agraria, aunque en tal sentido, al interior del conjunto de vínculos laborales que con esta categoría de empleadores se establecen, debe efectuarse una nueva diferenciación: mientras el empleo clandestino resulta generalizado para el caso de los trabajadores temporarios, el empleo formal, en cambio, conserva su importancia para los trabajadores permanentes contratados por miembros de esta fracción.

Recientemente, sin embargo, han venido produciéndose sensibles transformaciones en ese mapa. Estos cambios, que se verifican a lo largo de toda la última década pero con mayor profundidad desde mediados de la misma, afectan a las modalidades de empleo y al papel de los sectores empleadores, incidiendo en ambos casos sobre la condición legal del vínculo de trabajo en un sentido tendiente al incremento de los niveles de informalidad. En efecto, la disminución en los requerimientos de trabajo agrícola contraestacional con respecto a la cosecha de yerba mate expulsó a parte de la mano de obra asalariada que era empleada de forma permanente en las explotaciones. A la mecanización de la cosecha del té realizada tiempo atrás y a la más reciente introducción de nuevas tecnologías en los secaderos de ese producto –que antiguamente demandara importante cantidad de fuerza de trabajo asalariada, precisamente durante los meses en que disminuían los requerimientos yerbateros– se ha sumado la generalización del uso de herbicidas químicos para el desmalezamiento de plantaciones, tarea tradicionalmente realizada en forma manual durante los períodos de inactividad en la zafra. La desaparición de tales requerimientos laborales, que aseguraban al interior de las explotaciones agrícolas la ocupación durante todo el ciclo anual, promovió el proceso de eliminación de puestos permanentes, la transformación de estos trabajadores en cosecheros transitorios y su migración del campo a la periferia de las ciudades provinciales donde funcionan los centros de reclutamiento de mano de obra estacional. Los bajos precios del té a principios de los noventa, y principalmente la abrupta caída del precio de la yerba mate a fines de la década, contribuyeron considerablemente a acentuar esta evolución. En forma paralela se desarrolla otro proceso: en algunas empresas, la burguesía plantadora y agroindustrial yerbatera comienza a terciarizar las tareas de cosecha y transporte de yerba mate, estrategia que se difunde y profundiza desde mediados de los noventa. En consecuencia, el sector contratista al que transfieren estas tareas se expande notablemente, y con él se expanden las características del empleo asociadas a tales agentes: tradicionalmente, las más precarias del mercado.

En síntesis, puede identificarse una modalidad de empleo –el empleo permanente– y un sector empleador –la burguesía yerbatera– a los que se asocia en mayor medida la formalidad de los vínculos laborales. Durante el período reciente ambas categorías pierden peso en relación con el empleo transitorio y la contratación indirecta a través de agentes contratistas de mano de obra –agentes vendedores del servicio de cosecha– lo cual supone en uno y otro caso un incremento en la informalidad de los vínculos laborales que se establecen dentro del mercado de trabajo yerbatero.

Dejando al margen la mención de otros beneficios sociales legalmente vinculados al empleo, resulta preciso señalar que la pérdida de la formalidad en la relación laboral representa para muchos cosecheros un sustantivo deterioro de sus ingresos. Un obrero con cuatro hijos, por ejemplo –y generalmente los cosecheros se hallan al frente de familias muy numerosas–, percibe actualmente 160 pesos mensuales en concepto de Salario Familiar, mientras que por la tarea de cosecha percibe entre 150 y 200 pesos, suponiendo que durante el mes haya cosechado un promedio de 300 o 400 kg de yerba mate diarios. Debido a que el obrero cobra el Salario Familiar casi dos meses después de haber finalizado el trabajo correspondiente, el beneficio acaba cumpliendo una importante función en la reproducción de la fuerza de trabajo durante el período de desempleo posterior a la zafra. Lo mismo sucede con la Ayuda Escolar que recibe el asalariado un mes antes de iniciarse la campaña.

Pero habiéndose difundido además el pago en vales de compra o mediante la entrega directa de mercaderías al obrero como retribución por la cosecha, el ingreso proveniente de estos derechos sociales con frecuencia adquiere la particular importancia de constituir el único ingreso monetario accesible para el cosechero: "Casi... la mayoría de acá del barrio casi no ve plata. El que ve plata es porque tiene salario (Salario Familiar) y el que tiene el plancito (Plan Trabajar) ese para cobrar" (entrevista a cosechero, Oberá, 2000).

En efecto, la difusión de la modalidad del pago efectuado totalmente en mercadería constituye otra de las dimensiones del deterioro experimentado por las condiciones impuestas al obrero para la venta de su fuerza de trabajo. Además de acentuar la dependencia respecto al empleador restringiendo la libertad del asalariado en la esfera del consumo (Kautsky, 1989), el pago en mercaderías ha constituido tradicionalmente un mecanismo para redoblar la expoliación del asalariado agrícola por medio de sobreprecios aplicados a los bienes que se entregan en concepto de retribución salarial. Resulta imposible determinar la incidencia de este factor sobre el salario, puesto que los niveles de sobreprecio resultan muy diferentes de un caso a otro; sin embargo, puede señalarse que el recurso a este tipo de fraudes salariales constituye una de las características asociadas a la intervención del contratista como empleador directo de mano de obra, y que en algunos casos el sobreprecio duplica a los valores de mercado.

Los contratistas de mano de obra como agentes unificadores del mercado laboral

Generalmente la presencia de un importante grado de fragmentación geográfica constituye un rasgo que se destaca en la configuración de los mercados de trabajo rurales. Debido a la dispersión de los agentes en un espacio territorial relativamente amplio y a las dificultades existentes para el desplazamiento físico de los mismos, cada uno de ellos encuentra que el número de relaciones de intercambio posibles se halla restringido a las que caben dentro de cierta área geográfica. Una distancia excesiva entre la localización del punto donde se realizará el trabajo y el lugar de residencia del trabajador entra en tensión con la propia vida social y familiar de este último; es decir, cambia cualitativamente las condiciones del empleo, lo cual representa, si no un obstáculo, un factor de diferenciación al interior de un mercado que pudiera suponerse en lo demás homogéneo. Pero aun antes de que este elemento se presente, la escasez de información disponible favorece ya la fragmentación geográfica al acotar las posibilidades de encuentro entre los agentes. En los mercados de trabajo rurales, los medios de comunicación masiva, e incluso los individuales, resultan con frecuencia de difícil acceso o se muestran poco apropiados como instrumentos de búsqueda. Al mismo tiempo, las redes personales, si bien intensas, poseen baja densidad numérica y presentan un limitado alcance efectivo a causa de las características sociodemográficas propias del ámbito rural. Sin embargo, en el caso de la actividad yerbatera, la intermediación de las relaciones laborales desarrollada por la importante difusión reciente del sistema de contratistas ha tendido a unificar regionalmente el mercado de trabajo erosionando en cierta medida la fragmentación local inherente a su estructura.

El más importante capital del contratista consiste en las relaciones que crea con los oferentes y, principalmente, con los demandantes de fuerza de trabajo[16]. Debe disponer de cuadrillas de cosecheros y encontrar productores de yerba mate que demanden esa fuerza de trabajo. Los contratistas de mano de obra reclutan actualmente a sus trabajadores en las áreas periféricas de algunas ciudades provinciales donde, por efecto de la migración proveniente del campo, los barrios obreros experimentaron una expansión no menos notable que la del mismo sector intermediario[17]. La oferta de esta capacidad laboral geográficamente concentrada, en cambio, la realiza el contratista a lo largo de toda la región yerbatera, que se extiende por la mayor parte del territorio de Misiones y el extremo Norte de la provincia de Corrientes, desarrollando procesos de búsqueda a través de sistemas de relaciones con agentes locales que facilitan el acceso a la demanda laboral.

Si en situaciones de escasez de mano de obra este tipo de unificación del mercado puede favorecer a los sectores oferentes, en las condiciones actuales y de acuerdo con el modo en que se realiza esta unificación, el proceso potencia el debilitamiento de los trabajadores para la negociación de las condiciones de venta de su capacidad laboral. La desaceleración del crecimiento económico en los centros industriales del país contribuyó al incremento del desempleo de la capacidad laboral, el cual se ha transformado en un fenómeno constante también dentro del mercado de trabajo agrario regional. En este contexto, la unificación del mercado de trabajo, al incrementar el número de agentes capaces de competir entre sí, acentúa por sí misma los efectos de la sobreoferta. En el caso yerbatero ello se verifica a dos niveles. En primera instancia, la concentración física de miles de trabajadores desocupados en los barrios obreros, principalmente de la ciudad de Oberá, pero también en otras localidades de la zona Centro provincial; en tanto no alcanzan a organizar corporativamente su oferta y compiten entre sí por la contratación, debilitan sustantivamente la capacidad de negociación individual: "Vienen a

---

16 Se trata de un capital social (en el sentido de Bourdieu, 2000) con validez para el campo económico.
17 Se registra aquí también, por lo tanto, el crecimiento del reclutamiento urbano de trabajadores rurales, fenómeno que ha venido señalándose para otras regiones del país (Aparicio, Giarracca y Teubal, 1992) y Latinoamérica (Klein, 1985).

Oberá, si acá está lleno. Acá está lleno de gente que por 5 pesos van a trabajar (...). Ahora empezaron a hacer cuadrilla. Hay un señor (contratista) que se dedica en eso, nocierto (...) le manda el camión y carga y lleva y le pone debajo de la carpita y tarifea (cosecha). Ese es el que hace todo, él coordina todos los tareferos. (...) ¡Y hay gente mira...! Porque Oberá está lleno de gente desocupada" (entrevista a trabajador permanente, Oberá, 2001).

"-¿Y el contratista a su vez tiene que conocer mucha gente (cosecheros), para tener así...?

-Ni que no conozcas llevas. Llevas igual porque sabes que el tipo... (...) Igual que como acá hacemos una olla popular, los que llegan comen. Así es, así es. El contratista es lo que..., el que llegó comió" (entrevista a ex-contratista, Oberá, 2001).

En segundo término, el traslado de esa oferta a otras áreas geográficas donde compite con los oferentes locales introduce un elemento externo que altera las condiciones propias de los mercados territorialmente configurados y tiende a nivelarlas con las que se registran allí donde son mayores los efectos de la sobreoferta: "Hoy hay gente también de otras localidades, puede venir gente, yo te digo una cuadrilla de servicios que trae su..., a lo mejor de Oberá te ofrece el servicio, 'tenemos personal para cortar', y bueno se viene y te corta acá, viene el lunes se va el viernes, se queda acá con toda su gente (...). Yo te diría que se está usando mucho el servicio de contratación de mano de obra de... de... de servicios de terceros, pero hay muchas empresas que tienen mucha gente (...). Yo creo que... que ahora se están usando por los costos, porque es más, más fa... digamos, menos costoso" (entrevista a empresario de agroindustria integrada, Apóstoles, 1999).

"Ahora, la realidad nuestra, de Eldorado, la mayoría de los tareferos no son de Eldorado, son de otras zonas. Vienen de Campo Grande, de Campo Viera. Son contratistas que van y los buscan; los traen y están dos semanas trabajando fuertemente acá, en su mayoría. Por ejemplo, acá hay un secadero privado que tiene su cuadrilla..., pero el resto, en su mayoría trae gente de otro lado" (entrevista a técnico del INTA, Eldorado, 2000).

"Los contratistas que vienen de zona Centro, esos que vienen a hacer trabajos acá. Y... generalmente vienen con mejores precios. (...) Vienen acá y te dicen 'bueno, le puedo hacer la cosecha esta' y bueno, vos le das determinados yerbales y que ellos se contacten con los dueños a ver si les interesa que esta gente les haga o no la cosecha (...). Ellos (los productores) se arreglan con sus contratistas, o con el contratista que vos le hayas mandado, y le compras al productor puesto en secadero; esa es la modalidad. Inclusive para evitar todo tipo de riesgos" (entrevista a empresario de secadero, Apóstoles, 2000).

Los factores que permiten a los contratistas ofrecer "mejores precios" por su servicio, y a través de los cuales el proceso de cosecha resulta "menos costoso" para los empleadores, son básicamente: los salarios deprimidos que aceptan los cosecheros allí donde se concentran miles de oferentes de fuerza de trabajo –desocupados; el empleo clandestino que permite eludir los costos patronales de la contratación formal; y las diferentes modalidades de fraude en el pago de los salarios.

Dependencia, disciplinamiento y transformación del destajo en el proceso productivo yerbatero

Otras dos condiciones deben aceptar actualmente muchos cosecheros para que se les compre su fuerza de trabajo. La primera afecta sólo a aquellos que son empleados por contratistas: deberán vivir temporariamente en el lugar de trabajo. La segunda es de alcance general: deberán incluir en lo cosechado una menor proporción de palo que el admitido tradicionalmente junto con la hoja de yerba.

Los contratistas que venden el servicio de cosecha a considerables distancias de su localidad de origen trasladan sus cuadrillas hasta la plantación donde los obreros deberán permanecer "acampados" junto a los yerbales mientras realizan el trabajo. Así, los cosecheros habitan bajo carpas levantadas por ellos mismos para la ocasión, con trozos de polietileno negro y durante períodos que raras veces resultan inferiores a las dos semanas o superiores al mes. La mayor parte de la zafra de la yerba mate se realiza en invierno. Los cosecheros que se emplean a través de este sistema permanecen separados de su familia, en regiones por ellos desconocidas, a veces inactivos durante las prolongadas lluvias, sin disponer de infraestructura habitacional alguna. En general, los trabajadores entrevistados se han referido a esos viajes como a lo peor que puede sucederle a un obrero; sin embargo, cada vez son más los que participan en ellos obligados por la ausencia de otras opciones de empleo.

Además de las desfavorables circunstancias mencionadas, la condición de aislamiento que el traslado a aquellos lugares representa los somete a un alto grado de dependencia respecto a quienes dirigen el proceso productivo. El contratista "adelanta" periódicamente a cada uno de los obreros cierta cantidad de víveres que serán descontados de su salario en el momento del pago. Alrededor de dos veces por semana el mismo camión que recoge el producto cosechado lleva mercaderías para los obreros que permanecen en el yerbal.

Desde luego, en tanto trabajador transitorio ningún cosechero cuenta con seguridad frente al despido, que es el mecanismo más usado para sancionar el "mal desempeño" o la insubordinación en el trabajo. El poder para disciplinar la mano de obra ejercitado por esta vía aumenta, naturalmente, en proporción similar a los niveles de desocupación que presenta el mercado, en tanto la dificultad prevista para encontrar otro empleo favorece una mayor subordinación del obrero en el proceso productivo. Tal circunstancia ha venido afectando a la generalidad de los cosecheros de yerba mate; pero en el caso específico de aquellos que trabajan para contratistas en zonas alejadas de su lugar de residencia se suma un elemento de otra índole. Allí el despido interrumpe el suministro de víveres, y sin medios económicos resulta difícil regresar al hogar antes de que se transporte al resto de la cuadrilla: "Le marcan a esa persona que no sabe hacer el trabajo o que no va a saber hacer el trabajo (...) Ya le prueban. Del principio ya le prueban con poca mercadería, entonces ya... Y si hace mal el trabajo así, ahí ya le largan, y tenés que venir a pie" (entrevista a cosechero, Oberá, 2000).

"La mayoría de las veces tenés que largarte a pata (caminando) porque te larga el capataz y te dice 'bueno, si vos vas a aguantar el hambre quedate, sino anda nomás a tu casa'. Y ahí tenés que largarte a pie. Algunas veces de kilómetros... hasta de 100 kilómetros tenés que largarte a pata. Te lleva casi un día para caminar. (...) Porque (en el yerbal) no vas a tener qué comer" (entrevista a cosechero, Oberá, 2000).

Por lo demás, con la permanencia de los obreros en las plantaciones se prolonga al máximo la jornada laboral eliminándose el tiempo utilizado, en otras circunstancias, para el traslado diario de la mano de obra. Dada la modalidad de pago a destajo, los obreros se muestran personalmente interesados en aumentar su salario prolongando la jornada laboral e intensificando el trabajo, para lo cual no es necesario el ejercicio de poder alguno sobre ellos. En el caso de la zafra yerbatera, las mayores tensiones entre quienes dirigen el proceso productivo y quienes lo ejecutan aparecen en torno a ciertas dimensiones cualitativas del trabajo, que tienen sin embargo consecuencias cuantitativas sobre el salario.

En efecto, los trabajadores de la yerba mate coinciden actualmente en señalar que las condiciones pautadas para ejecutar la tarea han venido variando en detrimento de su salario quincenal: "Hay mucha delicadeza (...) porque si tiene semilla tenés que dejar también, o va sólo la hoja y no va el palo. Así te rinde poco. Antes no. Antes mandaban la planta entera. Ahora no. Ahora rinde poco" (entrevista a cosechero, Oberá, 2000).

"Porque fíjese que un tarefero, por más guapo que sea, hoy la delicadeza de la quebranza, por ejemplo, cambió mucho a comparar de siete, ocho años atrás. Porque hoy la yerba se corta el 30 % de la hoja (...). Y no se hace tantos kilos. Se hace más o menos... Un tarefero bien guapo; y bueno, va a hacer 350, 400 kilos. Y 300 kilos son 6 pesos por día" (entrevista a cosechero, Jardín América, 2000).

Alrededor de estos aspectos de las labores es donde se manifiesta con más frecuencia el enfrentamiento entre el control patronal y las tentativas del trabajo por vulnerarlo e imponer sus propias condiciones. Como hemos señalado anteriormente, un mercado de trabajo sobreofertado favorece el disciplinamiento de la mano de obra. No es al empleador, como en situaciones de escasez, sino al empleado a quien se impone la urgencia de establecer y conservar la relación laboral. Ello explica en gran medida que durante el último período haya podido cambiarse la forma del destajo, sin variarse el monto de su pago, operando una reducción efectiva del salario quincenal. Todavía, actualmente, es en estas discrepancias sobre la forma del destajo donde se origina la mayor parte de aquellos desacuerdos que interrumpen anticipadamente el vínculo entre empleador y empleado.

No es el objetivo de este estudio determinar con exactitud el cuánto de la reducción salarial operada por esta vía. Sin embargo, puede señalarse al respecto que los actores involucrados declaran que un cosechero con igual destreza y capacidad física, trabajando en plantaciones de igual calidad, diez años atrás pesaba por jornada una cantidad cercana al doble del producto que logra cosechar actualmente. Esto representa sencillamente una reducción del 50% en su salario. Con ello finalmente hemos incorporado a la medida del pago a destajo, cuya evolución reseñamos más arriba, aquella dimensión temporal rigurosamente necesaria para determinar el precio efectivamente abonado por la fuerza de trabajo; es decir, el salario que recibe el obrero por el uso de su capacidad laboral durante un determinado tiempo[18].

Reflexiones finales acerca de las dimensiones del deterioro en las condiciones de venta de la capacidad laboral

Hemos partido de considerar la dimensión más directamente perceptible entre las variables condiciones que se establecen para el intercambio de fuerza de trabajo agrícola en la cosecha yerbatera. El precio del destajo se presenta bajo la apariencia de ser la manifestación directa de las condiciones de venta de la capacidad laboral. En torno a este precio se negocia la paga, y en la variación de este precio se concentra el discurso de protesta de los cosecheros cuando aluden a su actividad laboral y reclaman, con el aumento en la cotización del producto, un incremento en el pago por cosecha. Es que, en este sentido, el precio del destajo asume para los agentes un lugar similar al que ocuparía en otros casos el salario. Pero en rigor, como hemos visto, aquel precio no constituye todavía el salario. Y, más aún, tampoco constituye una medida precisa a partir de la cual pudiera evaluarse el nivel alcanzado por el mismo.

Esta insuficiencia se manifiesta tan pronto indagamos en una condición que opera de modo implícito en la transferencia de la fuerza de trabajo. Nos referimos a la forma del destajo. Al parecer, la

18 Si en la modalidad más corriente de asalarización se retribuye al obrero la transferencia de su capacidad laboral en la medida del tiempo en que esta estuvo disponible para ser usada productivamente por su comprador, en la modalidad de pago a destajo ese tiempo se mide en la materialización ya concluida de aquel uso en unidades de producto. Aquí el destajo mismo constituye la dimensión cualitativa del trabajo pues determina la forma en que una labor deberá ser realizada para producir aquella obra en que se la reconoce y cuantifica. Por eso afirma Marx (1994: 674) que "la calidad e intensidad del trabajo están controladas aquí por la forma misma del salario". Pero en la medida en que la forma del destajo varíe, podrá variar también el tiempo de trabajo ajeno objetivado en los productos que sirven para cuantificarlo, y mientras no se trasladen estas variaciones al pago se operará, por esa vía, una alteración cuantitativa del salario. En rigor, lo que en este sentido registra el caso de la producción yerbatera es una alteración cuantitativa del salario, provocada de una parte por el cambio cualitativo de aquello que se reconoce como trabajo, y de otra por la forma del producto en que ese trabajo se reconoce. En una palabra, por una transformación en el destajo y la unidad de medida de su pago. Veamos la cuestión con más detalle: el destajo se modifica al incorporar la actividad de desechar una mayor cantidad de palos y semillas durante la cosecha y al mismo tiempo -lo que es más importante- esa mayor cantidad de palos y semillas desechadas del producto queda, naturalmente, fuera de la medida que da lugar al pago. Se trata pues de una nueva unidad de medida que reconoce en cada kilogramo cosechado el uso de la fuerza de trabajo durante una mayor cantidad de tiempo. Lo cual equivale a decir que, inalterado el pago por kilogramo de producto, se otorga una inferior retribución por el tiempo de trabajo del obrero o, simplemente, que la fuerza de trabajo se abona a un menor precio.

modificación de la forma de ejecutar y contabilizar el trabajo de cosecha –en el sentido del deterioro del salario del obrero– ha transcurrido de modo gradual a lo largo de toda la última década, a diferencia de lo ocurrido con el precio, cuyo descenso viene registrándose hace tres o cuatro años. Hemos visto que, aun si se supone constante el precio del destajo, la reducción del salario operada por esta vía durante los últimos diez años resultaría cercana al 50%. Es decir, si para identificar la reducción del precio del destajo bastaba con mantenerse en la esfera del intercambio, para completar una visión acerca del salario fue preciso dirigir la mirada también hacia el mismo proceso productivo.

Pero aún resulta necesario, en este caso, atender a otra dimensión de importancia, relacionada con las instituciones formales que regulan legalmente los vínculos de trabajo.

En efecto, en nuestra exposición –y dejando de lado otros elementos pertenecientes al mismo ámbito– quisimos, en ese sentido, subrayar que las asignaciones familiares poseen sobre el ingreso total de los asalariados cosecheros de yerba mate una gravitación muy superior a los niveles comúnmente registrados en los empleos del medio urbano, lo cual debe tenerse presente cuando se considera el retroceso experimentado por el empleo formal.

Finalmente, también nos hemos referido por una parte a la modalidad de pago en mercaderías, que en la última década se ha extendido entre los distintos tipos de empleadores, y por otra a las modalidades de fraude salarial, y al traslado y permanencia en yerbales extrazona –prácticas que, si bien siempre habían existido, han tendido a difundirse durante los últimos cinco años, asociadas principalmente a la expansión del sector contratista.

Sobre las condiciones para la protesta de los asalariados agrícolas

Señalamos anteriormente que la agrupación a partir de un oficio determinado –como en este caso el de los *tareferos*– es el principio que rige todo asociacionismo gremial.

Diremos además que la lucha por obtener "mayores ventajas" en las condiciones de venta de la fuerza de trabajo –y por mejorar las condiciones de vida y de trabajo para los obreros– es el ámbito dentro del cual se desarrolla la actividad sindical, esto es, el espacio de la llamada "lucha *económica*" (Lenin, 1988)[19]. Según tesis clásicas y de acuerdo a la experiencia histórica, se sostiene que las posibilidades del desarrollo espontáneo de la conciencia del proletariado generalmente quedan restringidas a dicho ámbito. Ello no quiere decir, desde luego, ni que toda protesta obrera espontánea deba tener necesariamente un contendido económico, ni que el sindicalismo sea la única actividad capaz de generar protestas que posean semejante contenido. Cabe señalar además, como diferencia respecto al mundo urbano-industrial, que dentro de los horizontes de la campaña resulta aún menos probable el surgimiento de organizaciones sindicales capaces de alcanzar un desarrollo significativo o la implementación de formas de lucha sistemáticas por parte de los asalariados sin la intervención de agentes externos[20].

Cuando se enumeran los rasgos peculiares de los mercados de trabajo rurales, acostumbra señalarse, precisamente, que ellos constituyen medios más bien desfavorables para el desarrollo del sindicalismo. Desde luego, históricamente, no ha sido esta la única práctica capaz de dar forma al impulso de los proletarios rurales hacia la protesta. Desde las conocidas "explosiones de violencia" –revueltas o motines en plantaciones o lugares de residencia con alta concentración de trabajadores– hasta las guerrillas rurales, pasando por el bandolerismo social o el milenarismo, las luchas protagonizadas por esta fracción han asumido formas muy diversas. Puede no obstante destacarse la importante persistencia del elemento "primitivo", en el sentido de lo prepolítico y lo premoderno (Hobsbawm, 1974), como característica común a muchas de ellas. En rigor, el propio empleo asalariado en áreas rurales, en términos generales, con frecuencia se presenta como una incursión de las relaciones de producción capitalista allí donde estas se hallan desarrolladas menos profundamente. Desde

---

19 En nada se altera la definición cuando, en lugar de constituir bolsas de trabajo, organizar boicots o huelgas, las uniones sindicales persiguen estos mismos fines en el terreno jurídico, impulsando regulaciones legales, o dirigen sus reclamos a quienes administran el poder ejecutivo del Estado -dejamos de lado la discusión, que no viene al caso, acerca del llamado "sindicalismo revolucionario".

20 Así, por ejemplo, Ángel Rocha señala, para el caso del Uruguay, a la "presencia de organizadores externos" como uno de los principales elementos que posibilitaron la sindicalización rural: "Las reivindicaciones de esos trabajadores fueron apoyadas desde afuera por la presencia de organizadores, cuyo objetivo era impulsar las incipientes formas de organización. Estos organizadores provenían de la misma clase trabajadora urbana o de militantes sociales y políticos que bajo diversas modalidades se insertaban en ese medio como una palanca" (Rocha, 1991: 7). En el sentido de la relación entre la lucha del proletariado rural y el urbano, véase especialmente el punto sobre "La defensa del proletariado rural" en el trabajo clásico de Karl Kautsky sobre *La cuestión agraria* (Kautsky, 1989).

luego, puede encontrarse en este sentido una gran variedad de situaciones. Así, por ejemplo, puede que en algunas producciones la demanda de trabajo asalariado sea abastecida por miembros de sociedades tribales. Pero también allí donde predominan las pequeñas y medianas empresas agrícolas, el empleo doméstico productivo y reproductivo de la capacidad laboral, el intercambio de trabajo bajo la forma de la "ayuda mutua" entre los pequeños propietarios de medios de producción y toda una diversidad de relaciones y formas de organizar el trabajo que se articulan en el funcionamiento del modo de producción capitalista sin corresponderse con el modelo típico del mismo, conservan una incidencia mucho mayor comparada con la que registra el ámbito urbano e industrial.

Una economía monetaria extendida menos vigorosamente, el considerable peso de la comunidad con sus relaciones personales a expensas de relaciones instrumentales de asociación, y un bajo desarrollo de la división social del trabajo, se cuentan entre los trazos que definen las imágenes típicas del cuadro rural. Si no es extraño que la impronta de semejante contexto se visualice en las peculiares configuraciones de los mercados de trabajo rurales, tampoco debe llamar la atención que las formas asumidas por la protesta de los asalariados agrícolas reciban determinaciones específicas provenientes de aquel contexto en que tienden a sobrevivir por más tiempo los elementos premodernos. No nos introduciremos en la discusión inaugurada en los sesenta por quienes abrevando en los escritos de Frantz Fanon vieron en algunos de aquellos elementos el punto de apoyo cultural de una lucha efectiva por la "descolonización" de las sociedades dependientes[21]. Tampoco intentaremos ahondar aquí en las determinaciones que operan sobre cada una de las formas de lucha del proletariado rural registradas como casos históricos. Lo que buscamos es identificar cuáles son las principales condiciones que posibilitaron la emergencia y determinaron la forma, específicamente, de las recientes protestas de *tareferos* en Misiones.

Tomamos a la organización sindical como referencia porque constituye el antecedente más relevante en cuanto a la organización de acciones colectivas por parte de los cosecheros de yerba mate y porque consideramos que las actuales protestas comparten con aquel tipo de organización no sólo el principio gremial presente en el modo

---

21 Véase, por ejemplo, el *Isidro Velásquez. Formas prerrevolucionarias de la violencia* de Roberto Carri (1973).

en que se constituye la identidad colectiva de los sujetos, sino también, de un modo peculiar, el contenido estrictamente económico de los objetivos que persigue. En el mismo sentido, nuestro análisis toma como referencia una serie de factores que tradicionalmente han sido identificados como obstáculos o limitaciones para el desarrollo del sindicalismo en áreas rurales, pues vemos en la mayoría de ellos elementos condicionantes que valen también para otras formas de organización de los reclamos económicos de un sujeto gremial.

Nuevas posibilidades para la protesta: la urbanización de los asalariados agrícolas

En el apartado anterior nos hemos referido a la tendencia a la expulsión de mano de obra permanente de las explotaciones agrícolas misioneras y mencionamos el proceso de migración de estos trabajadores a las áreas periurbanas de las ciudades cercanas, espacios donde se conformaron recientemente importantes barriadas obreras. Cuando en Misiones se habla de la actual crisis que atraviesa parte del agro, con frecuencia se alude a este proceso migratorio que preocupa especialmente a las clases medias urbanas por cuanto supone la continuidad del fuerte crecimiento experimentado, durante los últimos años, por las llamadas "villas". Este crecimiento tomó, durante la última media década, dimensiones desconocidas para la región. En uno de los más populosos barrios obreros de Oberá, un *tarefero* nos explica que el proceso de poblamiento del lugar, más que paulatino, fue "de golpe": "Más de golpe. Fue en estos últimos 2 o 3 años que se empezó a poblar. Porque nosotros, hace 5 años que vinimos acá. Esto acá era todo tesal todo, tesal todo, todo por ahí abajo era todo tesal. Cuando nosotros vinimos tuvimos que sacar las plantas de té y nos ubicamos ahí. Hace cinco años, y mira la cantidad de casas que hay ahora. Para allá para atrás, para allá para abajo, para acá para abajo, para allá. Llenísimo. Lleno. No hay lugar" (entrevista a cosechero, Oberá, 2001).

En Jardín América y otras localidades de la zona Centro recogimos testimonios similares. La desaceleración del crecimiento económico en la Argentina durante los últimos años ha contribuido al incremento del desempleo abierto de la capacidad laboral en todo su territorio. Un proceso de expulsión de mano de obra agrícola como el que acontece en Misiones supone que la superpoblación relativa existente en el campo sale de su estado latente y pasa a hacerse visible. Pero hallándose cerrados los canales de desagüe hacia los grandes centros industriales del país o hacia cualquier otra fuente de empleo, ella ha tendido a estancarse en la periferia de las pequeñas ciudades provinciales. Cada vez más, el capital agrario recluta entre esta superpoblación relativa estancada a los miembros de su ejército obrero activo que, luego de ser empleado en la zafra, pasará nuevamente a la reserva[22]. Los proletarios que pueblan estos nuevos barrios confirman que todos ellos vivieron anteriormente en el campo, y responden que debieron asentarse allí porque en el campo tenían aún menos posibilidades de subsistir. Los municipios instalan en estos focos de pauperismo comedores comunitarios para asistir a la población. La existencia de "el comedor" es reconocida por estos proletarios agrícolas como el principal beneficio de vivir allí. Mientras permanecen sin empleo –principalmente durante el verano– pueden comer al menos una vez por día pues tienen asegurada la ingestión de un plato de comida a la hora del almuerzo, a excepción de los fines de semana cuando se suspende el servicio de asistencia[23]. Casi todos, durante el invierno, alcanzan a trabajar, más o menos constantemente, en la cosecha de yerba. Afirman que en estos barrios periurbanos tienen mayores posibilidades de conseguir empleo que si se quedaran en el campo. Por cierto, esto debe ser así en la medida en que la reconfiguración del mercado de trabajo se ha institucionalizado socialmente adquiriendo estos barrios el atributo de ser los espacios donde oferentes y demandantes de fuerza de trabajo se buscan entre sí. Allí es donde los agentes de la demanda encuentran con más facilidad las mejores ofertas y también los oferentes tienen mayores posibilidades de encontrar a la demanda, aun cuando el mercado, como en este caso, se halle sobresaturado.

Merece señalarse que la forma específica adoptada por el estancamiento de la superpoblación relativa dentro de estas áreas, en tanto modifica la estructura de los mercados laborales agrícolas, podría estar alimentando un desarrollo tendiente a autoimpulsarse hasta ciertos límites. Efectivamente, el mercado laboral yerbatero nunca

---

22 Sobre los conceptos de ejército obrero activo y ejército de reserva, y sobre la noción de sobrepoblación relativa en sus formas fluctuante, latente y estancada, véase principalmente el capítulo XXIII de *El Capital* (Marx, 1994).

23 Generalmente, cuando se producen movilizaciones los municipios incrementan la ración en estos comedores para evitar que una mayor cantidad de personas "se peguen" a la protesta de las carpas y a las ollas populares que funcionan en ellas.

antes había dado señales claras de permanecer sobreofertado aun durante la época de cosecha. Tal situación constituye un fenómeno relativamente novedoso. Desde sus comienzos, la demanda proveniente de la actividad había atraído contingentes de trabajadores migrantes –"golondrinas"– desde la vecina Corrientes, y en menor medida desde Paraguay, Brasil y la provincia del Chaco. Sólo a partir de la década del ochenta la cosecha de yerba mate dejaría de movilizar a trabajadores con residencia extrarregional.

Hasta entonces la relativa escasez de mano de obra para la zafra había constituido una preocupación recurrente para los medianos y los grandes productores de yerba mate[24]. Cabe considerar esta preocupación como uno de los factores que motivaron a aquellos productores para promover la radicación de peones asalariados en sus explotaciones. Junto con ello debieron existir tareas contraestacionales a la cosecha de yerba, como las de limpieza, replante o aquellas vinculadas a las nuevas producciones con que fueron diversificándose las unidades productivas misioneras –té, *tung*, cítricos, etc.– y ciertas perspectivas de acumulación, factores que permitieron ofrecer empleo a la mano de obra asalariada durante todo el año. Generalmente los productores misioneros también autorizaban a las familias obreras para el uso de determinadas superficies del suelo en la práctica de cultivos de subsistencia. Otra parte de la oferta de mano de obra empleada, en este caso transitoriamente, provenía de los campesinos semiproletarios, ocupantes o propietarios de pequeñas parcelas dentro de la región.

En el mercado laboral yerbatero esta fue la situación imperante, al menos, hasta los ochenta. Sólo durante la última década comienza a hacerse perceptible una constante sobreoferta de capacidad laboral en el mercado de trabajo agrario, un crecimiento de los reservorios locales de mano de obra agrícola semiocupada y, en definitiva, la constitución de un gran ejército de reserva capaz de abastecer a los picos de demanda de mano de obra transitoria correspondiente al ciclo agrícola. Cualquier productor yerbatero puede contar ahora con que en todo momento del año hallará suficiente capacidad laboral, ofrecida a bajo costo.

Si la situación de sobreoferta ha contribuido al deterioro de las condiciones de venta de la fuerza de trabajo cosechera y el sistema de contratistas permite eliminar buena parte de los costos de transac-

---

24 A partir del año 1983 las menciones a la escasez de mano de obra para la cosecha de yerba mate desaparecen de las memorias y balances generales de la Asociación Rural Yerbatera Argentina.

ción presentes para el empleador en la operación de compra, no resultaría extraño que el proceso expulsorio de asalariados permanentes empleados en las explotaciones agrícolas de la provincia continúe desarrollándose bajo la influencia de esta nueva situación. Que al mismo tiempo esta situación se profundice alimentada por aquel proceso, junto con el de la descampesinización-migración de capas semiproletarias, y vaya operándose así una reducción en los niveles de sobrepoblación relativa latente localizada en el campo. La dinámica propia de este proceso se sumaría entonces a la mencionada introducción de tecnología ahorradora de mano de obra, al descenso en la rentabilidad de las explotaciones agrícolas y al abandono de algunas producciones al interior de las mismas, para explicar la migración de los trabajadores.

Pero más allá de esta posibilidad, tal como se desarrolló hasta hoy, el proceso ha involucrado un cambio de los ámbitos de residencia de un número importante de trabajadores agrícolas, el traslado de una masa de familias obreras desde el área rural a nuevos barrios periféricos de algunas ciudades. Ahora bien, cuando en los estudios que tratan la cuestión del sindicalismo agrario se identifican los obstáculos para la organización y el desarrollo de semejante actividad corporativa o de otros tipos de acciones colectivas de resistencia sistemáticas entre los asalariados agrícolas, se hace alusión a todo un conjunto de obstáculos provenientes, precisamente, de la permanencia de los trabajadores en el medio rural.

Se afirma que estos asalariados carecen de "una auténtica 'conciencia de clase'" por cuanto no llegan a percibir la naturaleza de aquellos problemas que los afectan ni sus posibles soluciones (Luparia, 1973). Entre otros elementos, esta característica se presenta asociada al estado de aislamiento del trabajador rural respecto de los centros culturales, de los que se halla separado por largas distancias. Ello determina la persistencia de "bajos niveles de instrucción y un estado de marginación respecto de toda expresión de cultura" (Luparia, 1973; Kautsky, 1989), pero también la llamada "invisibilidad social" del asalariado agrícola y sus organizaciones, una "falta de reconocimiento social" que "aísla y favorece la represión" (Rocha, 1991), y deja a estos trabajadores expuestos a las sanciones extralegales que derivan de las estructuras de poder local (Luparia, 1973).

Mayor importancia todavía se otorga a la dispersión de los trabajadores que supone su residencia en el medio rural. Se señala que estos obreros se hallan desperdigados en inmensos territorios donde además resultan escasos los medios de comunicación, y que esta situación determina el aislamiento recíproco, impidiendo la existencia de cualquier tipo de lazo directo entre ellos que pudiera concebirse como base para la organización de acciones colectivas (Luparia, 1973; Kautsky, 1989; Rocha, 1991).

Al mismo tiempo en que se encuentran distanciados unos de otros, "las particularidades de sus tareas y del medio ambiente los acercan social y culturalmente a los pequeños y medianos productores". En particular, para el caso de los asalariados permanentes, se recuerda que "conviven de ordinario con el patrón, a veces comparten largas jornadas de labor conjunta" (Luparia, 1973). Se especifican como obstáculos los "vínculos paternalistas" o las "relaciones personales" generadas entre trabajadores y patrones (Luparia, 1973; Forni y Neiman, 1993). Se señala además la situación de elevada dependencia personal que afecta a aquellos asalariados que viven en el mismo predio, para quienes la pérdida del trabajo significa al mismo tiempo el desalojo, la pérdida de la vivienda (Marx, 1994; Rocha, 1991).

Se dice además que "el origen 'campesino' de los ahora trabajadores asalariados tiñendo (sic) sus planteos y reivindicaciones por demandas de acceso a la tierra antes que sobre aspectos específicamente laborales" (Forni y Neiman, 1993) dificulta el emprendimiento de acciones de resistencia de los asalariados en tanto tales (Boege, 1977).

También el involucramiento de ciertos grupos de trabajadores en ciclos migratorios que implican "cambios casi periódicos de residencia" es considerado como otro obstáculo (Forni y Neiman, 1993). Además se afirma que la diversidad de tareas que realizan los asalariados rurales redunda en falta de objetivos comunes (Luparia, 1973).

Puede afirmarse que todos los obstáculos o limitaciones enunciados hasta aquí, cuando existieron en cada uno de los casos, han tendido a ser removidos parcial o totalmente por el mismo proceso que determinó la urbanización de un importante número de obreros agrícolas en Misiones. Debe quedar claro, sin embargo, de qué casos estamos hablando: nos referimos sólo a los obreros agrícolas "semiocupados", que actualmente residen en los barrios periféricos de las localidades provinciales, donde se han registrado las principales protestas de *tareferos*. Estos obreros han salido de aquellas mismas situaciones en las que, por cierto, permanecen la mayor parte de los proletarios y semiproletarios agrícolas de Misiones.

Nos interesamos entonces sólo por la situación de aquel sector de residencia periurbana que ha experimentado un notorio crecimiento y que ha constituido la base social de los recientes movimientos de protesta. Entre las condiciones que afectan a esta capa semiocupada del proletariado agrícola no sólo pueden hallarse novedades, sino también persistencias. Más aún, no solamente la eliminación de ciertos obstáculos para la organización de esta fracción de clase en defensa de sus intereses colectivos resulta novedosa; en el mismo proceso también se constituyen nuevas limitaciones que afectan de un modo específico a este sector de los *tareferos*.

Obstáculos que persisten: los llamados "caracteres individualistas" y los "bajos niveles de solidaridad"

Junto con las tesis acerca de la "carencia de conciencia de clase" e incluso de la "falta de conciencia gremial", algunos autores afirman todavía algo más: sostienen que generalmente puede verificarse cierta "carencia de solidaridad" entre los asalariados agrícolas, y que estos trabajadores tienden a exhibir "un carácter excesivamente individualista" (Luparia, 1973). No sólo la mencionada situación de aislamiento propia de la vida en el medio rural puede incidir en este sentido; también la forma en que se organiza el proceso productivo y el modo en que se realiza el pago de las tareas de cosecha ejercen influencia.

Llevando directamente el problema al caso de los cosecheros de yerba mate, puede comprobarse que, por grande que sea el grupo de asalariados reunidos por un capital agrario en determinada plantación, la organización del proceso de trabajo no avanza sustantivamente en el terreno de la cooperación. Sólo el agrupamiento en el mismo lugar de trabajo, el emprendimiento simultáneo de la misma tarea desde distintos lados y la función directiva del capataz, nos hablan aquí de obreros colectivos que combinan sus destrezas individuales. Pero en la zafra yerbatera cada obrero corta, quiebra y embolsa su parte del producto, es decir, ejecuta las diferentes operaciones del proceso de cosecha de modo individual y esencialmente autónomo, sin que se divida entre ellos este trabajo[25]. A cada obrero se le computa la cantidad de trabajo realizado individualmente, cantidades de acuerdo con las cuales se abona a cada uno de ellos diferentes salarios. Y aquí

25 Ocasionalmente los cosecheros pueden trabajar "en yunta" -de a dos-, donde uno corta y el otro quiebra y embolsa. Esto sucede, generalmente, cuando el obrero lleva "ayuda" de su familia al yerbal. La mujer se encarga del trabajo de la quiebra y los niños amontonan y embolsan el producto.

entramos ya en lo que corresponde a la modalidad del pago a destajo; decíamos que ella también obstaculiza el desarrollo de la solidaridad entre los obreros que intervienen en el mismo proceso productivo. Karl Marx señalaba al respecto que "el mayor campo de acción que el pago a destajo ofrece a la individualidad, tiende por una parte a desarrollar dicha individualidad y con ella el sentimiento de libertad, la independencia y el autocontrol de los obreros, y por la otra parte la competencia entre ellos mismos, de unos contra otros" (Marx, 1994: 677). En el caso yerbatero, aquel viejo obstáculo persiste y se deja ver. Ahora bien, si es cierto que de una parte la existencia del llamado "individualismo" como obstáculo se debe a estos dos últimos factores, y de otra parte se ve favorecida por la situación de aislamiento rural, cabe suponer que los niveles de solidaridad han podido experimentar algún incremento a partir de la urbanización que agrupa a estos trabajadores en los barrios obreros.

Obstáculos que se consolidan y nuevos obstáculos: los factores que bloquean el enfrentamiento corporativo

Otro de los obstáculos que acostumbra mencionarse son las mismas "dificultades y particularidades económicas con que tropiezan las explotaciones rurales pequeñas y medianas, consistentes en rentabilidad mediocre y en la incertidumbre sobre la formación de precios" (Luparia, 1973). Para el caso yerbatero, este obstáculo, lejos de haber sido removido, se halla especialmente presente en la actualidad. Hemos mencionado más arriba cómo los obreros esperan que un mejor precio del producto eleve de nuevo el pago que reciben por el destajo, cómo el descenso de este último pago aparece actualmente "justificado" por el deterioro de aquel precio. También decía Marx que, con frecuencia, "el obrero toma en serio la apariencia del pago a destajo, como si se le pagara su producto y no su fuerza de trabajo, y se rebela por tanto contra una rebaja de salarios a la que no corresponde una rebaja en el precio de venta de la mercancía" (Karl Marx, 1994: 681).

La contracara de lo mismo es que el obrero tiende a no rebelarse cuando la rebaja de salarios se corresponde con una rebaja en el precio de venta del producto.

Con ello tiene que ver otro factor que incide en el mismo sentido, aunque operando, por así decirlo, en menor medida por medio del consenso y más coercitivamente: el "alto grado de desempleo" (Luparia, 1973). Resulta preciso recordar que en el caso yerbatero se trata de un obstáculo novedoso para la resistencia de los obreros. En Misiones, la mayoría de los *tareferos* conoce, por ejemplo, la práctica de los pequeños paros de cuadrilla y ha intervenido en ellos alguna vez. Ciertos autores han llamado "micro-resistencias" a estas prácticas de los asalariados agrícolas (Alfaro, 1999) que traspasan ya el umbral de las denominadas "formas escondidas de protesta" (Ortiz, 1999b) y se manifiestan abiertamente como acciones de resistencia colectiva en los lugares de trabajo. Se verifican cuando los cosecheros encuentran, en este caso, yerbales degradados, donde su labor rendirá un salario sensiblemente menor que la media de la actividad. Se niegan entonces, de conjunto, a cosechar mientras no se conceda un aumento en el precio del destajo que compense la menor cantidad de producto que podrán extraer individualmente durante la jornada[26]. En el Sur de la provincia se habla todavía de estas prácticas como de algo que existe en la actualidad. En la zona Centro, en cambio, los obreros afirman que "ya casi no se hace" porque "después te largan" y "está difícil para conseguir otra vez" (notas de campo, Oberá, 2001). De modo que "sea lindo o feo (el yerbal) tenés que entrar" (notas de campo, Jardín América, 2001).

En el mismo sentido, puede considerarse que la inestabilidad laboral, tradicionalmente ligada a la propia forma del empleo transitorio, es un obstáculo (Luparia, 1973; Forni y Neiman, 1993) que tiende a consolidarse en el caso yerbatero, disminuyendo la capacidad de resistencia de los asalariados frente a sus empleadores. Ligado a ello, otro obstáculo que también persiste es el cambio constante de empleadores a través del cual la relación patrón-obrero adquiere una existencia efímera y una apariencia inconsistente para el asalariado (Luparia, 1973; Alfaro, 2000).

Con este último señalamiento nos hemos introducido ya, parcialmente, en el problema de las limitaciones que supone para la organización de la resistencia de los trabajadores la imposibilidad de identificar al enemigo en la lucha económico-laboral (Luparia, 1973; Alfaro, 2000). En este sentido, el factor más importante que opera, en el caso yerbatero, es la existencia de la intermediación laboral por medio del sistema de contratistas que, como hemos señalado, se ha difundido rápidamente durante los últimos años. Nos hallamos aquí

---

26 Rara vez estos pequeños conflictos se prolongan por más de unas horas. Tampoco es lo más frecuente que los yerbales finalmente queden sin cosechar.

en el extremo opuesto al vínculo paternalista: se trata de la ausencia total de relaciones entre el asalariado y el empleador (Dieguez Junior, 1967). En efecto, los cosecheros de yerba mate que trabajan dentro de este sistema sólo se relacionan directamente con su capataz de cuadrilla, este a su vez sólo trata con el contratista de mano de obra, y sólo este último trata con los patrones. Las más de las veces, los agentes de inferior jerarquía involucrados en los arreglos ni siquiera conocen quiénes son los que intervienen en los escalones superiores. En la práctica, la relación con el empleador efectivo de la fuerza de trabajo deja de existir por completo para los asalariados.

Las cuadrillas como unidades de cooperación laboral y bases organizativas para la protesta

Cuando en el punto anterior nos referíamos al estado de aislamiento y la falta de vinculaciones recíprocas entre los trabajadores del agro, contemplábamos la cuestión desde la perspectiva de su lugar de residencia. Si abordamos el mismo problema a partir de un enfoque sobre el lugar de trabajo, puede que en algunos casos la cuestión permanezca básicamente inalterada –como por ejemplo en el de los obreros que residen en el predio de las explotaciones–, pero en la mayoría de los casos el problema tomará una configuración muy diferente. Más todavía, son muy distintas las implicancias de las situaciones de concentración-aislamiento, de la presencia-ausencia de relaciones permanentes, cuando se dan en uno u otro ámbito. En principio puede afirmarse que las relaciones en su lugar de trabajo constituyen una base mucho más propicia para la emergencia de acciones colectivas de tipo sindical, comparada con los vínculos establecidos por los obreros en su barrio, por muy estrechos, sólidos y numerosos que puedan ser estos últimos.

Dado que corresponde a nuestro objeto ocuparnos exclusivamente de los cosecheros "semiocupados" con residencia urbana, veremos de qué modo se plantea el problema en esos casos. Habíamos visto cómo los pequeños paros o "micro-resistencias" en los yerbales –lugares de trabajo– se daban a nivel de las cuadrillas. El capataz es aquí el agente encargado de resolver los conflictos, él es quien conoce si el contratista accederá o no a un aumento en el precio del destajo –en la actualidad sabe que difícilmente acceda y que en lo sucesivo preferirá contratar a otra cuadrilla más disciplinada, por lo que también él, si desea continuar trabajando, deberá contar con obreros más disciplinados. Como han señalado muchas veces los especialistas en trabajo agrario, los capataces de cuadrilla cumplen un rol ambiguo: por un lado, este agente se desempeña como un administrador de la gestión, asegurando la calidad y/o intensidad del trabajo, previniendo y resolviendo por su cuenta los problemas que pudieran aparecer; por el otro, aparece como una suerte de delegado sindical, llevando reclamos específicos de la base a la patronal. Puesto que intermedia de ese modo la relación, como intermediario "traductor" de las exigencias patronales y de las protestas obreras al mismo tiempo, se ha dicho que este agente funciona como un "amortiguador de conflictos" (Aparicio y Benencia, 1997). Se trata, típicamente, del individuo con mayor capital social y cultural (en el sentido de Bourdieu, 2000) dentro del grupo. Necesariamente cuenta con cierta capacidad de liderazgo y se halla unido a los miembros de su cuadrilla por importantes intereses comunes. En la cosecha de yerba mate, también él cobra a destajo. En esa etapa primaria del proceso productivo yerbatero, el capataz constituye el principal agente de la cooperación. Distribuye a los cosecheros en el espacio de las parcelas, organiza la dirección en que avanza cada uno de ellos, garantiza la homogeneidad del producto, determina cuándo acaba la jornada laboral, etcétera. Entre "su gente" se encuentran las más de las veces personas con las que mantenía ya algún tipo de relación previa, que puede consistir en lazos de parentesco, de amistad o en los vínculos establecidos dentro del vecindario. Estas relaciones funcionan al mismo tiempo, de una parte, como canales de búsqueda de empleo para los cosecheros y, de otra, como vías que permiten al capataz reclutar personal "de confianza". Cuando las relaciones establecidas en el trabajo perduran a través del tiempo, además de constituirse vínculos más estrechos entre los miembros de la cuadrilla, la relación entre capataz y cosecheros puede también adquirir rasgos de paternalismo o de clientelismo. Muchas veces el capataz se siente "responsable" por "su gente" en un sentido bastante amplio, y no es extraño que estos acudan a él en busca de soluciones a problemas de toda índole.

Mencionamos estas características pues durante nuestro estudio, principalmente en la localidad de Oberá, hemos encontrado que muchos "jefes de carpa" o "punteros" habían sido también "jefes de cuadrilla" o "capataces" durante la campaña yerbatera; y que mucha de la que constituye "su gente" en la cosecha se hallaba entre los manifestantes concentrados en esas carpas. De más está decir que gran parte de las relaciones establecidas entre los agentes económicos durante el trabajo en la zafra se mantienen de uno u otro modo durante el período contraestacional y tienden a reactualizarse en la siguiente campaña. No debe sorprender entonces que los "jefes" de estos grupos de cosecheros sepan canalizar el impulso a la protesta de sus allegados también durante la contraestación, que aun fuera de la actividad productiva se asuman responsables de hallar soluciones para los problemas inmediatos que los afectan colectivamente, y que se presten a organizar la "traducción" de los reclamos que, en forma también colectiva, serán expuestos en el ámbito de lo público. Las carpas de polietileno negro, símbolos de protesta instalados al costado de las rutas cuando escasea el empleo, son las mismas que durante la zafra se afirman en el campo, al lado de los yerbales. Si bien entre las carpas de protesta existe algún contacto y los "punteros" garantizan cierto tipo de coordinación, básicamente cada una de ellas se organiza de forma autónoma. Así es que en un mismo sitio pueden existir varias carpas con sus propios "punteros" y sus respectivas ollas. Cabe aclarar al respecto que este fenómeno se verifica particularmente en las áreas cercanas a Oberá, donde se encuentran los mayores reservorios periurbanos de mano de obra, donde el sistema de contratistas se halla más desarrollado, y donde las protestas autónomas de los cosecheros se presentaron en forma más sistemática y de modo más recurrente.

El fenómeno nos advierte, sin embargo, acerca de lo inadecuado que resulta en este caso referirnos a la cuestión de la concentración-aislamiento, de la presencia-ausencia de relaciones permanentes entre los obreros en el "lugar de trabajo". El problema del número escaso o abundante de trabajadores por establecimiento agrario, relacionado con las condiciones de posibilidad para la organización de acciones colectivas de protesta (Luparia, 1973; Boege, 1977), se aparta del caso que nos ocupa. Para estos trabajadores el lugar de trabajo es un paisaje fugaz, transitorio y contingente; lo que persiste es la cuadrilla como unidad de cooperación, que se compone de un número relativamente importante de obreros –alrededor de veinticinco o treinta cosecheros– a los que la actividad productiva agraria ha impuesto una determinada forma de agrupamiento y organización.

Conclusión

Los asalariados agrícolas yerbateros han venido demostrando una novedosa capacidad de movilización. En reiteradas ocasiones durante los últimos dos años los *tareferos* se han manifestado públicamente, han instalado ollas populares y se han concentrado en numerosas carpas de protesta en diferentes puntos de la provincia –Jardín América, Oberá, Campo Viera, San Vicente, entre otros. Se han movilizado junto a los productores y han resistido a las fuerzas armadas del Estado –Jardín América, abril de 2000. Se han organizado en forma independiente y se han dispuesto a chocar con los productores movilizados –Oberá y Campo Viera, mayo de 2000. Protagonizaron marchas de protesta –Oberá, junio de 2001, y San Vicente, octubre de 2001. Realizaron "cortes de ruta" –junto a los colonos en Jardín América, mayo de 2000; de forma autónoma en Oberá, octubre de 2001. Se movilizaron hasta la capital de la provincia –desde Oberá, en octubre de 2001.

Consideramos que han sido fundamentalmente dos los cambios producidos en la configuración del mercado de trabajo de cosecha que constituyeron las principales condiciones de posibilidad para ello: la migración del campo a las áreas urbanas y el avance de la modalidad de contratación "por cuadrilla" sobre la contratación individual de los cosecheros. Ambas transformaciones se aceleraron durante los últimos cinco años y han contribuido a estrechar y multiplicar las relaciones sociales existentes entre estos individuos que, efectivamente, "viven en idéntica situación", "bajo las mismas condiciones económicas de existencia", que comparten modos de vivir, intereses y toda una cultura propia; y que, habiéndose encontrado antes aislados unos de otros, aparecen ahora progresivamente vinculados en relaciones más o menos permanentes. El estrechamiento y el crecimiento numérico de estas relaciones se registra ya sea a partir de la participación en una cuadrilla cuyos miembros comparten día tras día ámbitos y procesos de trabajo, o bien a partir de la propia residencia al interior de un barrio poblado por familias de cosecheros.

Salvo en algunas coyunturas específicas –como por ejemplo en Oberá, Campo Viera y quizá en Jardín América durante el "Paro Verde"– no puede decirse que sus intereses específicos los hayan movido a oponerse "de un modo hostil" a sujetos sociales de otras clases. Antes bien, han tendido predominantemente a expresar su protesta en el ámbito de lo público, dirigiendo sus reclamos al conjunto de la sociedad civil y al Estado, sin mayores discriminaciones[27].

Hemos visto que en el conjunto de estas acciones aparecieron algunas demandas vinculadas a la actividad laboral específica que desarrollan los manifestantes –como cuando los obreros exigieron el levantamiento de la medida de fuerza impulsada por los productores, o cada vez que se expresaron por una elevación en el precio del producto. Digamos, en síntesis, que el modo en que estos individuos se identifican colectivamente en la protesta, las relaciones sociales en que se basa parcialmente la organización de esas acciones colectivas, parte de los elementos presentes en su discurso general y en sus reclamos puntuales, y un aspecto del modo en que intentan reproducir su existencia material, contribuyen a definir el carácter gremial del sujeto que se manifiesta.

Pero otra parte de esas condiciones, de ese discurso y de esos reclamos no se agota en la esfera gremial y sólo alcanza para definir al sujeto emergente en tanto proletarios desempleados en general, esto es, sin discriminación de oficio. Estos factores son precisamente los que provienen de su pertenencia actual a la sobrepoblación relativa. En situaciones donde el paro masivo ha resultado atribuible al carácter estacional que la naturaleza misma imprime a la zafra –esto es, fuera de los paros agrarios promovidos por los productores–, los *tareferos* tienden a centrar su protesta en la demanda de "pan y trabajo". Esto es, en una demanda que lejos de quedar restringida al ámbito gremial resulta atribuible al proletariado parado en general. Vale aclarar en este sentido que, si bien son los *tareferos* los que demandan "trabajo", el "trabajo" demandado no es necesariamente "la tarefa", oficio que corresponde al cosechero de yerba mate. Tampoco sería atinado demandarlo en el período contraestacional. Se comprende que durante estos períodos los obreros reclaman "trabajo" en el sentido más amplio, sea este agrario, industrial, comercial, en servicios; urbano o rural; en el sector público o en el privado; etcétera. Cualquier empleo que les permita salir inmediatamente del pantano del pauperismo y la indigencia. En tales momentos se pone de manifiesto que esta sobrepoblación relativa estancada que propor-

---

27 Parafraseamos en este párrafo varios pasajes de *El dieciocho Brumario de Luis Bonaparte* utilizados por el autor para argumentar por qué el campesinado francés del siglo XIX no constituía una clase (Marx, 1995).

ciona abundante fuerza de trabajo transitoria a bajo precio para la producción agraria regional constituye también una sobrepoblación relativa latente respecto de las necesidades del capital en general; de ese modo –latente– forma parte también del ejército industrial de reserva. Si se abrieran las compuertas del empleo urbano e industrial una gran masa de estos semiocupados agrícolas fluiría por ese cauce[28].

La dualidad que se expresa en el sujeto de estas acciones colectivas, como hemos sostenido, arraiga en una dualidad objetiva. Su estado de semiocupación involucra dos condiciones de actividad que se suceden alternativamente, esto es, una situación de ocupación y una de desocupación, que se hallan delimitadas en el tiempo con bastante claridad y se repiten regularmente como las dos partes de un mismo ciclo anual de reproducción. En la vida de los obreros, este ciclo aparece por ello dividido también en dos situaciones. En una parte, la reproducción parece hallarse medianamente garantizada a través de los ingresos provenientes de la asalarización. En la otra parte, no. De más está decir que estos proletarios agrícolas no dejan de formar parte de la sobrepoblación relativa cuando trabajan en la cosecha, ni sienten que han dejado de ser *tareferos* cuando ese trabajo se acaba y quedan a la espera del reinicio de la zafra para volver a acceder a un salario. Durante el período de cosecha reciben un salario que se encuentra por debajo de su valor, en tanto no alcanza para reproducir la fuerza de trabajo que el capital agrario utiliza año tras año. No obstante, el *tarefero* como sujeto colectivo protesta principalmente por hallarse parado. Su estado de miseria fluctuante no lo atribuye tanto a los magros salarios que obtiene como retribución por el trabajo enajenado, aunque percibe perfectamente que se trata de salarios de hambre; sienten, no sin razón, que peor aún es estar desempleado. Si bien las condiciones de venta de su fuerza de trabajo se han venido deteriorando en los últimos tiempos, es la existencia de períodos demasiado prolongados de absoluta desocupación la principal novedad que los golpea actualmente. En el mismo sentido, resulta particularmente importante recordar que las transformaciones recientes en el mercado de trabajo precisamente consolidaron el bloqueo de las posibilidades de emprender la organización espontánea

28 Durante nuestro trabajo de campo, siempre que hallaron oportunidad, los obreros nos preguntaban "cómo está la situación en Buenos Aires para conseguir trabajo". Ninguno se sorprendía de la respuesta, conocían aproximadamente "la situación" en que se hallaban.

de acciones de resistencia en el terreno laboral; y que la institución sindical que representa formalmente a estos trabajadores ha venido mostrando una relativa pasividad en este sentido.

Sin embargo, no por salirse del terreno laboral y plantearse en el ámbito de lo público las protestas dejan de tener un contenido estrictamente económico. Hemos dicho que la lucha económica de los obreros que se desarrolla hasta adquirir cierta sistematicidad se propone obtener mejores condiciones para la venta de la fuerza de trabajo y elevar el nivel de vida para los asalariados. Claro que en este caso las reivindicaciones parten del punto más bajo.

En cuanto a las condiciones de vida, sólo demandan "pan", es decir, la disposición de alimentos que permitan reproducirla; en cuanto a las condiciones de venta de la capacidad laboral, sólo demandan poder venderla; en segundo lugar, sólo indirectamente, demandan poder venderla a un mejor precio.

Bibliografía

Abínzano, Roberto 1985 *Procesos de integración en una sociedad multiétnica: la provincia argentina de Misiones.* Tesis doctoral, Universidad de Sevilla (inédito).

Abínzano, Roberto 1996 *Fronteras, frentes y trabajo: una mirada al pasado y al futuro desde la subcultura regional* Vol. I. (Ijuí: Anais).

Alfaro, María 1999 "Los espacios para la negociación laboral en la citricultura tucumana: Actores y estrategias" en Revista *Estudios del Trabajo* (Buenos Aires), N° 18.

Alfaro, María 2000 *Los trabajadores rurales en un mercado de trabajo moderno: las condiciones para la construcción de la protesta social* (inédito).

Aparicio, Susana y Benencia, Roberto 1997 *Empleo rural en la Argentina. Viejos y nuevos actores sociales en el mercado de trabajo* (Buenos Aires: Seminario Empleo rural en tiempos de flexibilidad).

Aparicio, Susana, Giarracca, Norma y Teubal, Miguel 1992 "Las transformaciones en la agricultura: El impacto sobre los sectores sociales" en Sautú, Ruth y Jorrat, J. (comp.) *Después de Germani. Exploraciones sobre la estructura social agraria* (Buenos Aires: Paidós).

Barsky, Osvaldo y Gelman, Jorge 2001 *Historia del agro argentino* (Buenos Aires: Grijalbo Mondadori).

Bartolomé, Leopoldo 2000 *Los colonos de Apóstoles* (Posadas: Editorial Universitaria de Misiones).

Belastegui, Horacio 1994 "La protesta agraria de Oberá de 1936. La aplicación de la Ley de Residencia y los problemas del Tabaco" en *Estudios Regionales* (Posadas), Nº 3.

Boege, Eckart 1977 "Acerca de la organización laboral y política de los trabajadores asalariados del campo" en *Revista Mexicana de Sociología* (México), Nº 3.

Bourdieu, Pierre 2000 *Poder, derecho y clases sociales* (Bilbao: Desclée de Brouwer).

Cafferata, Agustín, De Santos, Carlos y Tesoriero, Gustavo 1974 "Formación y desarrollo de las estructuras agrarias regionales: Misiones" en *Diagnóstico de la estructura social de la región NEA* (Buenos Aires: CFI).

Carri, Roberto 1973 *Isidro Velásquez. Formas prerrevolucionarias de la violencia* (Buenos Aires: 25 de Mayo).

Diéguez Junior, Manuel 1967 *Establecimientos rurales en América Latina* (Buenos Aires: EUDEBA).

Echeverría, Mirta 1985 "Reclutamiento y fijación de la fuerza de trabajo en los yerbales de Misiones, 1900-1943" en *Cuadernos de Historia Regional* (Buenos Aires: EUDEBA), Nº 2.

Flood, Carlos 1972 *Estudio de la mano de obra transitoria en la provincia de Misiones* (Buenos Aires: Ministerio de Agricultura y Ganadería).

Forni, Floreal Neiman, Guillermo 1993 "Trabajadores y sindicatos agrarios en Argentina" en Moreno, Omar (comp.) *Desafíos para el sindicalismo en la Argentina* (Buenos Aires: Legasa).

García, Antonio 1973 *Sociología de la reforma agraria en América Latina* (Buenos Aires: Amorrortu).

Golsberg, Celeste 1999 *El Movimiento Agrario Misionero en un escenario en transformación* (inédito).

Hobsbawm, Eric 1974 *Rebeldes primitivos* (Barcelona: Ariel).

Huret, Jules 1986 *De Buenos Aires al Gran Chaco* (Madrid: Hyspamérica).

Jaume, Fernando, Villar, Carlos, Urquiza, Yolanda y Sintes, Lila s/f *Notas sobre la historia de Misiones. El proceso de constitución de la región histórica* (Posadas: UNAM/CONICET).

Kautsky, Karl 1989 *La cuestión agraria* (México: Siglo XXI).

Klein, Emilio 1985 *El impacto heterogéneo de la modernización agrícola sobre el mercado de trabajo* (Santiago: PREALC).

Lenin, Vladimir 1988 *¿Qué hacer? Problemas candentes de nuestro movimiento* (Buenos Aires: Anteo).

Luparia, Carlos 1973 *El grito de la tierra. Reforma agraria y sindicalismo* (Buenos Aires: La Bastilla).

Margalot, José 1994 *Geografía de Misiones* (Buenos Aires).

Marx, Karl 1994 *El Capital. Crítica de la Economía Política* (México: Siglo XXI).

Marx, Karl 1995 *El dieciocho Brumario de Luis Bonaparte* (Montevideo: De la Comuna).

Mascali, Humberto 1986 *Desocupación y conflictos laborales en el campo argentino (1940-1965)* (Buenos Aires: CEAL).

Niklison, José 1914 "Informe sobre la investigación realizada en el Alto Paraná" en *Boletín del Departamento Nacional del Trabajo* (Buenos Aires: DNT).

Ortiz, Sutti 1999a *Harvesting coffee, bargaining wages. Rural labor in Colombia, 1975-1990* (Michigan: University of Michigan).

Ortiz, Sutti 1999b "Los mercados laborales a través del continente Americano" en Benencia, Roberto y Aparicio, Susana (comp.) *El empleo rural* (Buenos Aires: La Colmena).

Quiroga, Horacio 1994 "Los precursores" en *Los desterrados y otros cuentos de la selva* (Bogotá: Ancora).

Rocha, Ángel 1991 *La sindicalización rural: los estímulos y las limitaciones para su desarrollo* (Montevideo: CIEDUR), Serie Seminarios y Talleres, Nº 43.

Schiavoni, Gabriela 1995 "Gestión doméstica y capitalización de pequeñas explotaciones: los productores de la frontera agraria de Misiones (Argentina)" en Trinchero, Hugo (comp.) *Producción doméstica y capital. Estudios desde la antropología económica* (Buenos Aires: Biblos).

Torres, Eduardo 1999 *Cosechas de injusticias* (Asunción: Arandurá).

Villar, Carlos, Curtino, Tise y Fernández, Ana 1992 *Estrategias productivas y transformación agraria: los productores tealeros* (Posadas: UNAM-CONICET), Documentos de trabajo PSIPAD, Nº 12.

Otras fuentes

Actas de Asamblea, *Actas Acuerdo* y *Comunicados de prensa* (Misiones) de abril de 2000 a noviembre de 2001.

ARYA *Memoria y balance general* (Posadas), varias ediciones anuales.

Entrevistas y *Notas de campo* (Misiones) de marzo de 1999 a noviembre de 2001.

INDEC 1988 *Censo Nacional Agropecuario* (Buenos Aires).

INDEC 1991 *Censo Nacional de Población y Vivienda* (Buenos Aires).

INDEC 1990/2000 *Índice de Precios al Consumidor* (Buenos Aires).

Ministerio del Agro y la Producción de la Provincia de Misiones 1990/2000 *Yerba Mate. Precios promedios mensuales* (Posadas).

Periódicos: *El Territorio*, *Primera Edición* y *Misiones OnLine* (Posadas), varias ediciones del año 2000 y 2001.

El proceso insurreccional de abril: estructuras materiales y superestructuras organizativas de los campesinos regantes en el Valle Central cochabambino

Lorgio Orellana Aillón*

LA MAÑANA del 9 de abril de 2000, en la plaza principal de Cochabamba, la policía recogió el cadáver de un joven marginal, que pendía de una viga atravesada en un rincón de la Catedral Metropolitana, en la plaza principal de Cochabamba. Algunos lo conocían como el *Campanas*, quien junto a un grupo de *polillas* moraba en los rincones de la iglesia durante los días de la Guerra del Agua. Tenía la función de tocar el campanario en caso de avizorar la aproximación de las fuerzas represivas. En la prensa se dijo que el joven había decidido acabar su vida colgado en el campanario de la iglesia. Pero en realidad era una viga donde apareció, por voluntad suya o de terceros. Nunca se supo.

El *Campanas* fue uno de los tantos "guerreros del agua" que había formado barricadas en las cuatro esquinas de la plaza para resistir al ejército. Junto a miles de desposeídos, en las calles, había vivido la formación de un nuevo poder que emergía de la movilización

* Docente Investigador del Taller de Movimientos Sociales en la Carrera de Sociología de la Universidad Mayor de San Simón (UMSS), Cochabamba, Bolivia. Investigador Asociado al Instituto de Estudios Sociales y Económicos (IESE) de la UMSS y becario JOVAGRA del programa CLACSO-Asdi para investigadores jóvenes.

directa de las masas; junto a miles de harapientos expulsó a una transnacional; y por el lapso de una semana "los nadies" se convirtieron en gigantes. A través de sus asambleas y cabildos, miles de trabajadores, comerciantes, campesinos, vecinos, empezaron en los hechos a sustituir el poder del Estado. Los "guerreros del agua" de la plaza eran los héroes de este movimiento, mimados por comerciantes minoristas y vecinos solidarios, que les traían comida en cantidades, y que probablemente, en otras circunstancias, los hubieran linchado por robo.

Trotski dijo una vez que toda política busca a sus propios individuos. Antes que él, y en un sentido más general, Vico había añadido: "y si no los encuentra, se los inventa". Los "guerreros del agua" de la plaza, aquellos muchachos que en otras condiciones hubieran cortado el rostro de un transeúnte por unos billetes, fueron criatura de la insurrección de abril. Por unos días, los *lumpen* fueron transformados en revolucionarios. No fue un hecho casual. Aquellos que nada tenían que perder eran los que menos temían a la muerte; eran quienes con mayor decisión se enfrentaban a las balas militares. Pero además lo hacían con tanta energía porque el proceso insurreccional les había otorgado un sentido de vida: no eran la "escoria" de la sociedad, eran los "guerreros del agua". Claro que después historias como la del *Campanas* terminarían archivadas y olvidadas en las oficinas de la Policía Técnica Judicial.

El drama de que abril siguiera siendo, porque después de él nada había, era que varios jóvenes marginales no quisieron abandonar la plaza aun cuando el conflicto ya había terminado; se obstinaron en seguir combatiendo. La noche del 10 de abril, luego de la ruptura del contrato con la transnacional Aguas del Tunari, la prensa entrevistó a un muchacho solitario, con el rostro encubierto, que se resistía a irse hasta que el Parlamento aprobara las modificaciones a la Ley 2.029. Vivir en combate la intensidad de la Guerra del Agua, salir momentáneamente de las miserias vividas individualmente para darle un sentido épico a la vida, sin importar si se la pierde en el intento. Allí, "los nadies" habían sido la nata del movimiento. Se necesitó un abril para que lo fueran, y se necesitarán grandes abriles en el país para destruir definitivamente los privilegios clasistas de unos pocos, que brotaron de la miseria de los muchos que corren la misma suerte de el *Campanas*.

En cierta forma, este trabajo nace del mismo dilema que en algún momento se plantearon aquellos compañeros que no quisieron dejar la plaza principal: continuar abril. Pero dicho impulso se fusiona aquí con un intento de explicación racional sobre las circunstancias que lo hicieron posible, justamente para ayudar a planificar de manera efectiva su continuación. Empezamos aquí entonces por el análisis de la columna vertebral de la Guerra del Agua: los campesinos regantes; sus formas de producción y reproducción social; las experiencias de sus luchas en su sector más combativo, el Valle Central. Y concluimos con el análisis de la Coordinadora de Defensa del Agua y la Vida, un órgano de poder impulsado por los mismos regantes, que después adquiriría una dimensión regional insospechada por los propios dirigentes campesinos.

Antecedentes históricos sobre la formación de los sistemas de riego y la Guerra del Agua en el Valle Central cochabambino

Múltiples síntesis de diversos procesos históricos, amalgama de sistemas de riego provenientes de la época de las haciendas, y cambios en los sistemas vinculados a la repartición de tierras y derechos de agua, como parte del proceso revolucionario iniciado en 1952 que en los valles rompió la gran propiedad sobre la tierra y el monopolio de las haciendas sobre el agua, junto a modificaciones y transformaciones posteriores, producto de la ampliación de los sistemas a través del trabajo colectivo y/o la construcción de nuevas estructuras de riego, con la intervención de ONGs y organizaciones estatales; producto de estos procesos históricos son los sistemas de riego en el Valle Central de Cochabamba.

Uno podría iniciar una reconstrucción de la estructura de clases durante el período de las haciendas en el Valle Central; la formación y el desarrollo de la pequeña producción parcelaria; o la superposición de ambos modos de producción, a partir de una "arqueología" en gran parte de estos sistemas de riego[1], medios de trabajo que constituyen indicadores de las relaciones sociales bajo las cuales fueron producidos (Marx, 1985: 218) y que a su modo tienen el sello de los antagonismos que dichas relaciones generaron.

1 "Por detrás de la historia atropellada de los gobiernos, de las guerras y de las hambres, se dibujan unas historias, casi inmóviles a la mirada, historias de débil declive: historia de las vías marítimas, historia del trigo o de las minas de oro, historias de la sequía y la irrigación, historia de la rotación de cultivos" (Foucault, 1995: 4). Si bien nosotros apreciamos la obsesión de Foucault por el detalle, somos conscientes de que él puso en duda las posibilidades de totalización (Foucault, 1995: 12), dentro de las cuales podrían incluirse las "relaciones sociales de producción".

Ancestrales disputas por el agua al iniciarse la expropiación de tierras comunales durante la formación de las haciendas en el Valle Central a lo largo del siglo XVI[2], pasando por la Ley de *exvinculación* de tierras comunitarias (consagrada por gobiernos republicanos durante el último tercio del siglo XIX[3]) constituyen la antesala de la formación y el desarrollo de conflictos por la tierra y el agua en el Valle Central cochabambino.

Las luchas de clases entre campesinos y hacendados dejaron su huella en la formación de los sistemas de riego en la región. La guerra campesina de 1953[4] obligó al gobierno del MNR a promulgar la Ley de Reforma Agraria, que en Sipe Sipe[5] modificó los privilegios de las haciendas en la distribución del agua: "en 1940, la zona de valles de Sipe Sipe mantenía treinta y dos haciendas y diez comunidades llamadas originarias. La Reforma Agraria de 1953 afectó a las tierras de hacienda en un 50% aproximadamente y vendió un 50% de las tierras y aguas a los ex-colonos de las mismas, siendo en promedio una hectárea de terreno por colono, con derechos de agua que variaban de

---

2 "Los primeros conflictos entre los hacendados y las comunidades se produjeron en torno al control del suministro del agua y no en torno a disputas por el dominio de la tierra" (Gordillo y Jackson, en Bustamante, 1997). Según se halla registrado en documentos de la alcaldía de Cochabamba, revisados por Rocío Bustamante, hubo conflictos sobre las aguas del río Molinos, río Khora que atraviesa el Valle Central, entre los indios y los hacendados de la zona Sur. "Don Antonio Miranda, propietario de tierras de Capacachi y don Luis Moya, que tenía terrenos en Colcapirhua, argumentan en sus peticiones que los indios de Tiquipaya aprovechan "ocho días que tienen de mita y se les da... y pueden gozar de otros cuatro días de río y quebrada del apote, con otros muchos manantiales y puquios que tienen en las dichas sus tierras" (A.H.M.C. Exp. Col. 22, en Bustamante, 1997: 64). Los expedientes referidos a 1663, 1679 y 1741, revisados por Bustamante, dan cuenta de un paulatino proceso de expropiación de derechos de aguas de los campesinos, por parte de los hacendados. Durante las Revisitas republicanas en la región, de un turno de 22 días, los hacendados tenían acceso al agua 15 días, mientras que los indígenas apenas 7. Estos cortes habían ido realizándose gracias a los censos de los visitadores (Bustamante, 1997: 65-66).

3 "Entre 1876 y 1884, período en que los Revisitadores Manuel Virreira y Delfín Aze, procedieron a la Exvinculación de tierras comunales en Tiquipaya, se confirmaron 211 asignaciones que correspondían aproximadamente a 116 hectáreas, y declararon vacantes 35 asignaciones, es decir 134 hectáreas; las cuales fueron alquiladas y posteriormente vendidas en remates públicos, generalmente a mestizos que de esta forma lograron constituir pequeñas haciendas en el antiguo pueblo real. Así la Revisita iniciada en 1876, fue el proceso que más eficazmente permitió la penetración de propietarios de haciendas dentro de las tierras comunales bajo riego. Este acontecimiento, al otorgar títulos que incorporaban a sus poseedores en un régimen civil, inició un proceso de fraccionamiento de la propiedad por causa de herencias y compraventas sobre los cuales el Estado tenía durante algún tiempo cierto control" (Bustamante, 1997: 75).

4 Para un análisis de la agitación revolucionaria campesina en 1953, pueden verse Lora (1998) y Gordillo (2000).

5 Sipe Sipe es la segunda sección municipal de Quillacollo; a su vez, la segunda provincia del Departamento de Cochabamba. Es el Valle Central (Ver Mapa Nº 1).

acuerdo al sistema de riego (de treinta a noventa minutos en turnos de mita por hectárea) en vertientes o ríos" (Salazar, 1999: 54).

En El Paso[6], un levantamiento campesino armado expulsó a los hacendados, preparando las condiciones para el aprovechamiento de las lagunas en el sector: "El lugar llamado Jallpa Cueva era de la hacienda de Molle Molle, de propiedad de los Salamanca... Entonces avanzaron en ese tiempo ellos. De por sí se adueñaron de los terrenos. No había ninguna ley, porque esta tierra había sido repartida por colonizadores extranjeros que correspondía a El Paso... Entonces, cuando triunfó el 9 de abril, inmediatamente han comenzado a formar sindicatos en cada hacienda y en cada lugar, ellos querían ser autoridades sindicalistas porque ellos pensaron que los patrones les iban a matar a los campesinos, por eso han formado los sindicatos para defenderse... Entonces, los campesinos se han levantado gravísimo. En cada lugar tenían armamento que ocultaban debajo de las camas de chala, techos. Sabiendo esta noticia, los patrones se salieron o se han escapado por su propia voluntad, porque si lo agarraban a los patrones lo mataban o lo llevaban a la central, lo detenían... Con la expulsión de los hacendados de estas zonas, las lagunas quedaron libres o vacantes" (Gerbrandy y Hooguendam, 1998: 169-170).

Y las cinco haciendas que existían alrededor de Tiquipaya fueron expropiadas y distribuidas entre sus colonos. Según Bustamante (1997: 84), este proceso tuvo rasgos diferentes a las expropiaciones en el resto del país, producto de la formación de piqueros y pequeños propietarios antes de 1953, debido a la adquisición de tierras sobrantes durante la última Revisita que se desarrolló entre 1876 y 1884[7]. En realidad, en vastas extensiones del Valle Bajo y el Valle Central el terreno de las haciendas estaba muy fragmentado. En tales sectores, los pequeños propietarios se orientaron fundamentalmente a romper el monopolio del agua para riego que tenían los hacendados, y del cual dependían (Jackson, 1994, cita en Gordillo, 2000: 43-44).

El Valle Central fue escenario de una importante agitación política a inicios de los años cincuenta. Respaldado por la Central Obrera Boliviana (COB), el antiguo sindicalista minero Sinforoso Rivas,

---

6 Cantón del Valle Central de Cochabamba.

7 Durante el período colonial y republicano, las Visitas y Revisitas eran procedimientos administrativos, ligados a la realización de censos de la población indígena en las comunidades y revisión de la validez de los títulos que certificaban la posesión de las tierras. Normalmente, estas Visitas o Revisitas declaraban terrenos sobrantes, sin posesión legítima, siendo arrendados o rematados para incrementar los ingresos fiscales (Bustamante, 1997: 70).

quien se convirtió en caudillo campesino, fundó en Sipe Sipe el 6 de agosto de 1952 la Federación Sindical de Trabajadores Campesinos de Cochabamba. "Autoridades de la policía y del Ejército formulaban frecuentes declaraciones respecto a la labor de 'agitación comunista' que se desarrollaba en las áreas rurales del país" (Gordillo, 2000: 42). La experiencia sindical campesina dejaría su huella en las nuevas organizaciones de riego.

El levantamiento campesino destruyó el monopolio de las haciendas sobre el agua, y aunque la ley de 1953 ratificó los antiguos sistemas de gestión de los recursos hídricos[8], consolidando el derecho y las formas de distribución utilizadas hasta entonces, en su mayoría los privilegios de los terratenientes desaparecieron. Con la Reforma Agraria se conformarían "comunidades de ex-hacienda y sus sindicatos. Estas unidades organizativas, en la mayoría de los casos, asumieron como parte de sus responsabilidades la gestión de las aguas de riego a nivel comunal, representando a la comunidad dentro del sistema. Los sindicatos también utilizaron su potencial organizativo para efectuar una serie de trabajos de mejora e incluso de rehabilitación completa de sistemas antiguos" (Bustamante, 1997: 86).

Durante los siguientes cuarenta años el Valle Central de Cochabamba experimentó un acelerado proceso de urbanización[9] vinculado a la expansión del capitalismo en sectores productivos urbanos del Valle, como la manufactura, la construcción, el comercio y los servicios, proceso relacionado a la disminución de la producción campesina y el desarrollo de los sistemas de riego en el Valle Central (Vargas, 2000: 183).

Mientras en 1950 el 72% de la población en la provincia de Quillacollo se distribuía en sus comunidades, en 1992 la población urbana llegó al 59% del total[10], ocasionando el incremento espacial de los centros urbanos[11]. Paralelamente, entre los años sesenta y ochenta

8 "Se mantiene el sistema de mitas o turnos de regadío empleados a tiempo de dictarse la presente disposición" (cita en Bustamante, 1997: 83).

9 "El crecimiento de la población y su concentración en áreas urbanas es notable en los 40 años que van desde 1950 a 1992: mientras la población rural crece solamente en 62%, la población urbana se cuadriplica. Las tasas anuales de crecimiento de los centros poblados de Cochabamba y sus alrededores están entre las más altas del país: 86% para Quillacollo [...], 45% para Cochabamba" (Vargas, 2000: 193).

10 "Las ramas de actividad económica más importante de los migrantes, están vinculadas a la expansión económica urbana: la manufactura, los servicios, el comercio y la construcción son los sectores que atraen a los migrantes"(Vargas, 2000).

11 Sobre las consecuencias del desarrollo urbano de Tiquipaya en las áreas rurales, estas "varían desde

la contribución de la actividad agropecuaria en el PIB cayó del 32% al 26%. Si se excluye el impacto de la producción de la coca, entre 1988 y 1995 la producción agropecuaria cayó del 15,5% al 11%, ocasionando una importante disminución de la población empleada en este sector (Vargas, 2000: 197).

La generalización del minifundio, producto de la Reforma Agraria, ocasionó la progresiva parcelación de la tierra en los valles. "Hacia fines de los '70 cerca del 70% de los predios agrícolas tenían una extensión menor a la hectárea y alrededor del 20% de las propiedades variaban entre 1 y 2 ha.... En los '90, la propiedad agrícola familiar en el Valle Central no alcanza el promedio de media hectárea, debido a la práctica de la división hereditaria de las parcelas" (Dames y Moore, cita en Vargas, 2000: 197-198).

La contradicción entre las pequeñas extensiones de tierra y la creciente demanda de productos agropecuarios en las manchas urbanas, fue enfrentada a través de la diversificación de la producción, incrementando en este sentido la demanda de agua para riego y crianza de animales. Campesinos lecheros a la vez que horticultores, criadores de chancho a la vez que fruticultores, articulados al proceso de reproducción capitalista por la vía del mercado, requerían de mayores cantidades de agua para sostener una explotación intensiva de la tierra. La expansión y el desarrollo de complejas redes de riego y abastecimiento de agua respondían a tal necesidad.

Como parte de la subsunción general de la capacidad de trabajo rural a la valorización del capital, se subordinó fuerza de trabajo campesina al proceso de producción capitalista lechero en el Valle Central a través del intercambio, formas que se intensificaron durante los últimos años en sectores considerables de la región. En la actualidad, alrededor de 3.101 productores campesinos entregan leche cruda a la

---

la mayor contaminación ambiental hasta los constantes conflictos entre campesinos y vecinos de los barrios y urbanizaciones. Esto es particularmente cierto para los usuarios de agua que ven sus canales y tomas de agua constantemente destruidas o 'cercadas' por propiedades urbanas, dificultando así la conducción del agua y el mantenimiento de la infraestructura. En el caso de usuarios de vertiente el problema es principalmente la perforación de pozos domésticos, y la contaminación de las aguas. Por otro lado el hecho de que ahora existan más zonas a las cuales es necesario proveer agua potable, ha provocado que tanto la Alcaldía de Tiquipaya como SEMAPA, hagan 'avances' en sentido de acceder a las mayores cantidades de agua, por supuesto a costa de los derechos de los regantes" (Bustamante, 1997: 92). Salazar (1999: 82-85) también hace referencia al impacto ecológico de un centenar de pequeñas industrias de material de construcción asentadas en Vinto y Sipe Sipe; de granjas avícolas y porcinas que desechan material contaminante en los ríos de la región; y empresas constructoras que explotan piedra, arena y grava, desbordando las aguas de los ríos y contaminando el agua con aceite y desechos.

Planta Industrializadora de Leche (PIL) de propiedad transnacional. "El 95% son productores pequeños que cubren el 75% de la demanda de leche cruda" (Vargas, 2000: 199). Se trata de pequeños propietarios de ganado vacuno y terrenos de pastoreo para la alimentación animal: capacidad de trabajo y medios de producción que formalmente aparecen como propiedad de los pequeños productores parcelarios, pero que esencialmente se hallan al servicio de la valorización capitalista.

Paralelamente, los campesinos del Valle Central producen zanahoria, durazno, arveja, maíz, trigo, cebada, destinados al mercado urbano de Cochabamba, Quillacollo, Vinto, Sipe Sipe. Crían chanchos que se venden en los mercados para el consumo familiar y la industria de embutidos. Los precios de los productos agropecuarios, de los más bajos en América Latina, constituyen el complemento dialéctico de un salario mínimo que en las ciudades oscila alrededor de los sesenta dólares mensuales. Es la forma en la que el capital explota la fuerza de trabajo del campesino (Bartra, 1979).

El acelerado proceso de urbanización por un lado, y el desarrollo de la explotación intensiva de la tierra, característica del minifundio, por otro, propiciaron el incremento de la demanda de agua, necesaria para riego, indispensable como medio de trabajo y medio de consumo individual tanto en procesos capitalistas y no capitalistas de producción, necesidades en contradicción que fueron respondidas con la fuerza compulsiva del Estado para garantizar la perforación de pozos profundos y semiprofundos en el Valle Central de Cochabamba con el objeto de garantizar la provisión de agua a la ciudad y frenar la protesta campesina.

Los conflictos emergentes de la perforación de pozos en el Valle Central desde los años setenta, implementada por instituciones estatales y resistida por los campesinos, incluidas las Guerras por el Agua de los noventa y del 2000, a su manera, expresan la irresuelta contradicción campo-ciudad en formaciones sociales capitalistas de desarrollo combinado como las andinas: inconclusos procesos de acumulación originaria que no culminaron la expropiación del productor directo de los medios de producción.

Como parte de este fracturado proceso, durante la dictadura del General Hugo Bánzer Suárez, entre 1976 y 1977, la empresa Servicio Municipal de Agua Potable y Alcantarillado (SEMAPA), parte de un Comité de Emergencia[12] cuyo objetivo era resolver la escasez de agua en

---

12 Formado por la Corporación de Desarrollo Cochabamba, Yacimientos Petrolíferos Fiscales Bolivianos, la Empresa Nacional de Electricidad y Geólogos Bolivianos (Assies, 2000; traducción nuestra).

Cochabamba debido a la falta de lluvias, "perforó una batería de 10 pozos semiprofundos en el área de Vinto... habiendo obtenido un crédito del Banco Interamericano de Desarrollo" (Assies, 2000; traducción nuestra). Frente a reclamos de los pobladores, SEMAPA se comprometió a proveer con agua a los habitantes del lugar y aseguró que las perforaciones no disminuirían el nivel de agua de sus pozos.

En ciertos sectores del Valle Central la población accedió, y en otros hubo conflictos: "[E]n algunos casos no hubieron problemas serios, en otros, como en el caso de Capacachi, se llegó a destruir cultivos, expropiar tierras y se persiguió a líderes campesinos" (Durán, Hoogendam y Salazar, 1998: 14) que resistieron las excavaciones. Tan pronto como las perforaciones concluyeron, se produjeron filtraciones de agua de los pozos campesinos y vinieron los reclamos de la población, afrontados con compromisos que jamás se cumplieron. "De ahí que para muchos agricultores, SEMAPA fue adquiriendo una imagen negativa y contraria a sus intereses en el Valle Central" (Durán, Hoogendam y Salazar, 1998: 14).

Producto de esta experiencia, y ante el conocimiento de que SEMAPA buscaba realizar nuevas perforaciones de pozos en el sector, esta vez en 1992, se conformó un Comité de Defensa de los Recursos Hídricos de Vinto, apoyado por autoridades municipales y organizaciones locales de Quillacollo, Tiquipaya, Sipe Sipe y Colcapirhua para enfrentar la perforación de pozos, hecho que ocasionó el desistimiento temporal de SEMAPA[13].

Las contradicciones generadas por demanda de agua en la ciudad continuarán con la implementación de la Política del Plan Maestro de Agua para Cochabamba, elaborado por SEMAPA y financiado por un consorcio formado por tres empresas extranjeras (Assies, 2000; traducción nuestra), que consistía en la provisión de agua potable para la ciudad mediante la perforación de pozos profundos y semiprofundos (600 y 250 metros) en el Valle Central (Fernández, 2000). Autoridades municipales, cívicas y subcentrales campesinas confor-

---

13 El mismo año, 1992, los campesinos de Viloma vivieron una experiencia relacionada a los proyectos de diseno de un tajamar y un canal revestido en la cuenca, por el municipio de Sipe Sipe, que empezó a construirse sin consulta alguna. "La movilización de las 24 comunidades que componen el sistema no se dejó esperar, y se dio un ultimátum para parar las obras; la Alcaldía y la empresa constructora no respondieron adecuadamente a un proceso de negociación. En asamblea de delegados de Agua, juez general de Aguas y sindicatos agrarios de las 24 comunidades, se determinó y procedió a destruir las obras de la excavación y el canal revestido. En la actualidad, queda parte del canal totalmente tapado y en completo abandono" (Salazar, 1999: 80).

maron a fines de septiembre un Comité de Defensa para impedir la perforación de pozos y organizaron una marcha desde Vinto, concentrando alrededor de diez mil personas en el Valle Bajo.

Una vez que SEMAPA anunció el inicio de perforaciones en la comunidad de Mallco Ch'api, varias comunidades amenazaron bloqueando la carretera entre Cochabamba y Oruro (Assies, 2000; traducción nuestra). A cambio de la perforación de pozos SEMAPA ofreció instalar sistemas locales de agua potable, propuesta que fue rechazada. Durante noventa días los campesinos bloquearon la entrada a la cuenca Viloma para evitar el ingreso de SEMAPA. "Teníamos que dormir en el mismo camino, tumbamos los árboles... en la salida de Viloma"[14], contaba un dirigente de la cuenca.

Para salir de este conflicto, SEMAPA, respaldado por el Gobierno Municipal de Cochabamba, optó por negociar políticamente con los gobiernos municipales la perforación de pozos profundos y expropiación de tierras comunales. Tal fue el caso de Sipe Sipe, donde el arreglo entre SEMAPA y la alcaldía generó la movilización de todas las organizaciones comunales, que forzó a los concejales y alcalde de este municipio a romper el compromiso político y renunciar a sus cargos (Durán, Hoogendam y Salazar, 1998: 14).

En un intento de negociación, el entonces ministro de Gobierno Carlos Sánchez Berzaín viajó a Cochabamba para encontrarse con representantes de Sipe Sipe. "Pocos días después estuvo a punto de ser tomado como rehén por una turba molesta" (Assies, 2000; traducción nuestra).

Luego de varios intentos de transacción, la perforación de un pozo de 600 metros se inició el 5 de abril de 1995, en El Paso, sobre un terreno perteneciente al ejército, bajo protección policial. El estado de sitio decretado por el gobierno de Gonzalo Sánchez de Losada como respuesta a una huelga convocada por la Central Obrera Boliviana y la huelga de hambre del magisterio facilitó el arresto de dirigentes campesinos que habían activado contra la perforación de pozos.

En julio de 1996 SEMAPA anunció su éxito en las perforaciones, indicando que era capaz de incrementar la provisión de agua potable para Cochabamba en 100 litros por segundo. Durante los últimos meses de 1997 SEMAPA dio a conocer sus nuevos planes para perforar otros diez pozos semi-profundos en Vinto y El Paso.

---

14 Testimonio de una asamblea de campesinos regantes de la cuenca Viloma, 15 de noviembre de 2001.

El 10 de marzo de 1998, SEMAPA no sólo inició perforaciones en tierras pertenecientes al ejército, sino que pidió a la Superintendencia de Aguas autorización para perforar en otras comunidades. "A mediados de junio, la población de la comunidad de Ironcollo forzó la salida de ingenieros de SEMAPA y un contingente militar, quienes habían tomado un terreno para empezar a perforar" (Assies, 2000; traducción nuestra). El Consejo Municipal de Cercado demandó a la prefectura garantías para continuar el proceso de perforación de pozos y el Prefecto amenazó con usar la fuerza pública.

En Cochabamba, una Asamblea de la Cochabambinidad organizada por el Comité Cívico se pronunció a favor de la perforación de pozos "si fuera necesario por la fuerza". El mismo mes de junio, el recientemente elegido presidente Hugo Bánzer Suárez y el ministro de Defensa Fernando Kieffer prometieron protección militar para la perforación de pozos (Assies, 2000; traducción nuestra). La política del Plan Maestro de Agua para Cochabamba permitiría la perforación de 18 pozos en el Valle Central de Cochabamba (Fernández, 2000).

A raíz de la perforación de pozos y la explotación de millones de metros cúbicos de agua anualmente descendieron el nivel de humedad del suelo y los niveles de las aguas subterráneas, produciendo en comunidades de El Paso resquebrajamientos del suelo, hundimientos y hoyos muy profundos (Fernández, 2000). Desde 1993, en los alrededores de la cuenca del río Chocaya las lagunas y vertientes se habían secado, sin reaccionar hasta la fecha, por el descenso de los acuíferos.

Al principio, las perforaciones se desarrollaron en un contexto de luchas campesinas aisladas, resistencias localizadas, inefectivas para enfrentar al Estado, "la violencia concentrada y organizada de la sociedad" (Marx, 1986a: 94). Desde el inicio de las luchas por el agua la dispersión de los campesinos condicionó el hecho de que no pudieran ofrecer una resistencia unificada y contundente a las perforaciones, que se desarrollaron con relativo éxito. Un contradictorio proceso de articulación y organización acompañaría a las distintas luchas contra las acciones de SEMAPA.

Atomizados en "lealtades locales" (Quijano, 2000: 171), los campesinos regantes del Valle Central tradicionalmente cayeron con relativa facilidad en las redes prebendales tejidas por los diversos partidos de turno que ocuparon las alcaldías[15]. Sus mismos actos de protesta

15 Rocío Bustamante recogió el siguiente testimonio referido a los sistemas de riego en Tiquipaya: "Si don Hans Stege, ha sido candidato del MNR, él es presidente de Lagun Mayu [un sistema de riego], yo

contra la perforación de pozos fueron fácilmente reorientados, y finalmente dirigidos por las alcaldías como consecuencia de la cooptación política de sus dirigentes y ante la ausencia de una dirección única de los regantes. Sus reclamos fueron limitados, pues no tenían una organización que representara a todos los usuarios de pozos del Valle Central (Durán, Hoogendam y Salazar, 1998: 15).

Durante el conflicto de los pozos profundos, que se desarrolló entre 1994 y 1996, por primera vez comunidades campesinas y organizaciones de regantes unieron sus fuerzas, medida que tendió a incorporar a una vasta cantidad de comunidades del Valle Central, al saber que las perforaciones arriesgaban a la región en su conjunto. Durante el conflicto de 1997/1998 los campesinos de Sipe Sipe comprenderían esta realidad, evidenciando que su situación en la parte baja del Valle los volvía dependientes del uso acuífero en Vinto y El Paso. Así, durante el conflicto de 1998, "La perspectiva de la perforación de los pozos ha impulsado (por primera vez) mayor cohesión en la organización de los regantes, con el resultado de que el tema de la perforación de pozos volvió a ser un tema regional, donde ya no es posible encontrar soluciones locales. Esto implica que para perforar en El Paso o Vinto, ya no basta que los campesinos del lugar estén de acuerdo, porque también

---

soy presidente de Chankas-Sirpita, Saúl Cruz es presidente de Chankas Montecillo, él no puede decidir el proyecto de nuestra laguna, que en este momento está bien debatido y gracias a los políticos, tal vez que no nos aprueben, son 360.000 dólares, tenemos que hacer nosotros, si es el MNR, el Stege que lo defina lo que es de él, pero no de nosotros" (entrevista a Mario Oporto, en Bustamante, 1997: 103). Testimonios recogidos por Bustamante grafican el desarrollo político en los sistemas de riego de Tiquipaya. Desde sus inicios la Asociación de los Sistemas de Riego de Tiquipaya y Colcapirhua tuvieron injerencia política de partidos como el Movimiento Nacionalista Revolucionario. En períodos de elecciones del Comité Cívico o durante las elecciones municipales, la dirección fue el escenario de pugnas internas, muchas veces a partir de intereses personales; pugnas por intereses cupulares de miembros de distintas tiendas políticas, que en resumidas cuentas recurrían al transfugio político para conservar ciertos espacios de poder. En muchos casos, los espacios de poder al interior de la ASIRITIC partían de la injerencia de los partidos políticos al interior de los sistemas de riego. En el caso de la cuenca La Llave, una de nuestras entrevistadas nos relataba que el actual alcalde "con el revestimiento del canal ha colaborado para que votemos por él" (entrevista a doña Francisca González de Alcocer, usuaria del pozo Crucero y la cuenca La Llave, Vinto, noviembre de 2001). Según comentaba doña Francisca, el actual alcalde, a través de regalos "compró" a su dirigente: "Y nos han obligado los dirigentes para ir a votar... no vamos a dar agua dicen, vamos a castigar con el riego dicen, de esa manera una tiene que ir". En el caso de la comunidad de Mallco C´hapi, una asamblea de los accionistas de pozos reunidos el 23 de septiembre definieron: "Con respecto a las elecciones municipales todos los socios decidimos apoyar al ingeniero Carlos Fernández puesto que él habría defendido nuestros pozos desinteresadamente. También por unanimidad todos los socios quedaron en hacerse inscribir a la notaría electoral y su agua recibirán presentando su carnet electoral y votado después de las elecciones y si no tuvieran no dar su turnado de agua. Para lo cual el notario va a venir a la escuela el día martes de 8 de la mañana todo el día" (Libro de Actas de la Comunidad de Mallco Chapi, 11 de abril de 1998; respetamos su ortografía).

se necesita el consenso de otras regiones. Esta extensión del territorio dificulta las iniciativas de negociación, y demanda de los usuarios mayores esfuerzos para elaborar mecanismos de representación adecuados" (Durán, Hoogendam y Salazar, 1998: 17).

Un año después se formó la Federación Departamental de Regantes en Tiquipaya, la FEDECOR, como parte de una serie de seminarios, talleres, reuniones de cuencas y pozos impulsadas por la Asociación de Sistemas de Riego de Colcapirhua y Tiquipaya (ASIRITIC) y ONGs de financiamiento holandés como el PEIRAV, que desde años atrás venían planificando la formación de una organización de regantes[16]. Desde entonces los campesinos regantes tendrán un órgano regional que les permitirá enfrentar con mayor cohesión las movilizaciones de noviembre de 1999, febrero y abril de 2000.

Estructuras materiales y superestructuras organizativas de los campesinos regantes en el Valle Central de Cochabamba

Junto a los diversos procesos de trabajo colectivo que dieron lugar a los sistemas de riego en el Valle Central cochabambino, están las luchas por la utilidad, el uso, el goce, el disfrute del agua como elementos de sus fisonomías. Tras la apropiación del agua como componente de riego de la pequeña parcela o la hacienda, estaba la lucha entre piqueros y hacendados por su distribución. Junto a la expropiación y parcelación de la hacienda encabezada por los sindicatos campesinos vino la división de los derechos de agua que correspondían al patrón.

Si bien la gran propiedad sobre la tierra, que determinó el monopolio del agua, y la existencia de piqueros, arrenderos y "pongos", por otro lado, condicionaban respectivamente una determinada

---

16 La Asociación de los Sistemas de Riego de Tiquipaya y Colcapirhua se formó en función del Proyecto de Riego Tiquipaya, asumiendo como uno de sus objetivos centrales la protección de las áreas agrícolas en la zona. Desde su fundación, "ASIRITIC creó un espacio para la discusión de temas vinculados al ámbito rural, especialmente aquellos que se veían como conflictivos como la destrucción o cierre de canales, los avances de SEMAPA, algunas políticas de gobierno como la concesión de lagunas para fines recreativos, la perforación de pozos profundos, el crecimiento urbano, etcétera. Estos dos últimos aspectos fueron (y siguen siendo) relevantes ya que condicionan el futuro del proyecto y de la existencia del sector agrícola en general. Es por esta razón que una de las primeras acciones de la ASIRITIC será en contra de las urbanizaciones y a favor del Proyecto Misicuni dentro del que ya se sentían incorporados y al cual utilizaban como justificativo para exigir medidas que aseguren la preservación de las tierras agrícolas en la zona" (Bustamente, 1997: 106).

mecánica de clases, constituían sujetos. Las luchas de clases en los Valles de Cochabamba destruyeron en gran parte las haciendas y redistribuyeron los derechos de agua, cambiaron las relaciones de producción imperantes y los privilegios de los hacendados sobre el agua[17]. Sin embargo, es importante precisar que la formación de estos sujetos no fue un hecho únicamente material. Aunque las relaciones sociales de producción establecieron las condiciones, fue el desarrollo concreto de las luchas de clases lo que terminó de configurar sus fisonomías, expresándose en la organización sindical que se extendió en los Valles, y que aún hoy es posible identificar como parte integrante de las organizaciones de riego.

Lo mismo podemos decir respecto al período marcado por la guerra contra la perforación de pozos. Las perspectivas de las luchas de los regantes, "la resistencia a la descampesinización" (Bartra, 1979: 47), es decir por preservar la condición campesina, dependía de la correlación de fuerzas existente. La Guerra del Agua de abril de 2000 abriría un abanico de posibilidades que proyectaría la lucha campesina más allá del terreno de sus intereses inmediatos. Sin embargo, de momento nos interesa analizar en qué consistían estos, bosquejando la "fisonomía de clase" de los campesinos regantes del Valle Central de Cochabamba.

Hacia 1992, alrededor de 170 mil habitantes se hallaban asentados en el sector rural del Valle Central (Vargas, 2000: 192), el 34% de la población total en la región. Cuatro años después, 5.408 habitantes se asentaban en el área rural de Sipe Sipe, el 28% de la población en la sección[18]. Viloma, el cantón que es atravesado por una de las más importantes cuencas del Valle Central[19], concentraba entonces el 65%

---

17 "Las clases sociales son, no sólo constituidas, sino en última instancia *constituyentes* del complejo de las relaciones sociales de producción y son, a la vez, *resultado y sujeto*, agentes del proceso histórico" (Bartra, 1979: 24). Debatiendo con el estructuralismo, Bartra sostiene que las clases no son meros *soportes*, sino sujetos de transformación. Son las revoluciones donde las clases *constituyen* relaciones de producción: "Ciertamente las clases sociales y su lucha son *resultado* de la reproducción de los modos de producción y en este sentido la teoría de estos modos de producción nos da la clave de su *constitución*, pero la lucha de clases está también en el *origen* de los modos de producción y es su 'partera', y en este sentido la teoría general y específica de la lucha de clases nos da la otra *clave* del proceso histórico por el cual estos modos de producción son *constituidos*" (Bartra, 1979: 35-36).

18 "Las comunidades de la zona de Viloma presentan un alto nivel de migración, teniéndose un 65% que lo hace en forma temporal y un 35% en forma definitiva, y siendo los polos de migración el trópico cochabambino, Santa Cruz y otros Valles de Cochabamba" (Salazar, 1999: 54). Sin embargo, Salazar no aclara si los porcentajes se refieren a la población global o "a los que migran". Si se tratara de este segundo caso, tampoco se menciona cuál es la cantidad de la población migrante.

19 Según el máximo dirigente de los campesinos regantes, Omar Fernández, en el Valle de

de su población económicamente activa en la agricultura y ganadería, y el 35% en el comercio, transporte, artesanía y albañilería.

El 81% de las familias existentes tenían terrenos para actividades agropecuarias, y el 19% restante no tenía tierras: jornaleros o trabajadores en tierras de arriendo la mayoría. Mientras que el 65% de los propietarios poseía hasta una hectárea de tierras, las extensiones del restante 35% de las propiedades oscilaban entre una y cinco hectáreas (PDA-Viloma, cita en Salazar, 1999: 54)[20].

De las referencias precedentes es posible inferir que del 65% de la población económicamente activa de Viloma, en 1996 la mayoría era agricultora con tierras menores a una hectárea de superficie. Pequeños propietarios, productores directos de parcelas, que producían valores de uso destinados a la venta en el mercado para obtener medios de subsistencia y medios de producción orientados a la reposición de su fuerza de trabajo y la reproducción simple de la economía campesina, respectivamente.

Allí, el fin de la producción es la satisfacción de las necesidades humanas, el valor de uso. Se trata del pequeño productor parcelario, vinculado a la economía capitalista a través de la venta de productos agrícolas en el mercado, que requiere de una gran cantidad de agua debido a la explotación intensiva de la tierra que realiza. Evidencia de ello es el complejo y extenso entramado de sistemas de riego existentes en la región.

"En Sipe Sipe existen 6 sistemas de río, 21 sistemas de vertientes, 11 fuentes de tajamar y 88 pozos. Todas esas fuentes, al ser habilitadas o construidas por un grupo de usuarios o comunidades, se constituyen en sistemas de riego y sistemas de agua potable, con derechos de agua establecidos entre sus miembros, derechos que forman la base de la organización de los sistemas de recursos hídricos para ejecutar

---

Cochabamba existen alrededor de 100 organizaciones de campesinos regantes, que se distribuyen en 8 cuencas: la cuenca del Valle Alto Oeste; la cuenca del Valle Alto Este, que se subdivide en las cuencas de Punata y Tiraque; la cuenca del Valle Central, dividida en la cuenca del Valle Central Este y Valle Central Oeste; luego, la cuenca del río Mizque, la cuenca del río Tapacarí y finalmente la cuenca del Valle Bajo (entrevista a Omar Fernández, secretario general de la Federación Departamental de Regantes de Cochabamba; Cochabamba, 20 de febrero de 2001). Mientras que los ríos de Tiquipaya y El Paso se encuentran en la cuenca del Valle Central Este, los ríos la Llave y Viloma se encuentran cerca de las manchas urbanas de Vinto y Sipe Sipe, en el Valle Central Oeste. Sus nacientes se hallan en lagunas ubicadas en la zona Noroeste de dicha región (Ver Mapa Nº 1).

20 Las referencias que Bustamante (1997) proporciona sobre Tiquipaya son las siguientes: "De acuerdo a datos del PEIRAV un 60,3% de los propietarios en Tiquipaya poseen una superficie de entre 0,25 a 1 ha, un 14,7% tiene entre 1 y 2,5 ha, mientras que 9,2% posee 2,5 a 7,5 ha. De estos datos podemos concluir que una gran mayoría de los terrenos agrícolas en la zona están considerados dentro de la categoría de pequeña propiedad o solar campesino" (Bustamante, 1997: 13).

actividades de manejo de agua (operación, distribución), de mantenimiento del sistema y de sostenibilidad del recurso" (Salazar, 1999: 62).

La cuenca Viloma tiene tres sistemas de río, de los cuales el río Viloma abastece a veinticuatro comunidades. Luego está la cuenca Huallaquea de donde se desprenden dos ríos, uno de los cuales satisface a dos comunidades. La cuenca Puncuruma está formada por el río El Chaco, que abastece a ocho comunidades y alrededor de mil habitantes. Finalmente, las cuencas de río Grande y Tapacarí, que abastecen a poco más de 3 mil habitantes (ver Mapa 1). En su conjunto, la distribución del agua se organiza según la época de lluvias y el estiaje. En períodos de lluvia, entre el 1° de enero y el 31 de marzo, existen aguas a demanda libre[21]. Entre abril y junio, aguas comunes; y las aguas de mita[22] se distribuyen entre el 1° de agosto y el 31 de diciembre. Sin embargo, la división de turnos es diferente entre una y otra comunidad.

"Internamente, los derechos de agua en época de turnos son variables de comunidad a comunidad. Por ejemplo: en Viloma Grande se asigna, por cada dos hectáreas, una hora de Cuerpo y dos horas de Cerrillo y Chaupilarka. En Mallcorrancho, se tiene 15 minutos por arrobada (3.625 m^2). En la comunidad Lola, se establece una hora y cuarto por cada dos hectáreas de terreno. La comunidad Pirhuas asigna veinticinco minutos de aguas de Cuerpo por cada hectárea" (Salazar, 1999: 65).

El juez de Aguas[23], escogido en una asamblea formada por delegados de las comunidades (dos por comunidad), es el responsable de la distribución del agua (comunes y mitas) a nivel de todo el sistema de riego, utilizando padrones de distribución, entregando "recibos"

---

21 "En aguas a demanda libre, los usuarios que quieren agua se encargan de habilitar la bocatoma, y de la conducción y vigilancia" (Salazar, 1999: 65).

22 "En cuanto a los derechos de agua de mita, existen ocho tipos de agua, correspondiendo a cada uno de ellos diferentes caudales de división de mitades. Esos derechos tienen los siguientes nombres: *Caudal López*, es todo el caudal del río (100%), tienen derecho usuarios de sólo 5 comunidades; *Caudal Cuerpo*, es la mitad del caudal del río (50%), acceden a este derecho sólo 8 comunidades; *Caudal Tercera*, es la mitad del cuerpo (25%), riegan 15 comunidades; *Caudal Sangría de la Jarka*, es en magnitud igual al de la *Tercera* (25%), riegan 5 comunidades; *Caudal*, es la unión de la *Sangría de la Juarka* y la *Tercera*, haciendo el 50% del caudal total del río, riegan 5 comunidades; *Caudal Sangría*, es la mitad de la *Tercera* (12,5%), riega una comunidad; *Caudal Cerrillo*, es la mitad de la *Sangría* (6%), riegan 8 comunidades; y el *Caudal Derecho o Suroqa*, es aproximadamente igual a *Cerrillo* (6%), riega una comunidad" (Salazar, 1999: 63).

23 Durante la colonia, en el período de las reformas toledanas del siglo XVI, que ubicaron a los indígenas en espacios geográficos reducidos como los "Pueblos de Indios" de Sipe Sipe, El Paso, Tiquipaya, el juez de Agua era la "autoridad máxima", "responsable de la distribución en una parte del virreynato y tenía la atribución de responder conflictos entre los usuarios" (Gerbrandy y Hoogendam, 1998: 128).

donde se indica el día y la hora del turno de cada comunidad, y resolviendo conflictos sobre la división de aguas entre las comunidades.

Según el juez general de aguas en la cuenca del río Viloma, Felix Aguirre, la Asociación de Riego se halla conformada por jueces generales y jueces comunales de agua. La función de los jueces generales es hacer respetar los derechos de agua de las veinticuatro comunidades salpicadas alrededor de la cuenca. Un representante titular y otro suplente de cada una de las comunidades son escogidos en una asamblea de su comunidad, representando a cada región para el desarrollo de la gestión del agua. Estos representantes escogen en una asamblea, a través del voto directo, al juez general, por el período de un año calendario.

Así, la organización de regantes de la cuenca del río Viloma reproduce en el plano superestructural la embrollada historia de la estructura agraria sintetizada en los sistemas de riego del Valle Central. Los rasgos de una forma de control autocrático, heredada del siglo XVI, junto a formas de democracia asambleísta de tipo sindical. Mientras que en el siglo XVI los jueces de Aguas eran impuestos desde arriba como la "autoridad máxima" para la resolución de conflictos entre los usuarios de agua, los jueces de Agua de la Cuenca Viloma del siglo XXI son escogidos en asambleas de delegados; jueces generales que siguen teniendo la última palabra en la resolución de conflictos entre asamblea y asamblea. Sin embargo, es importante señalar nuevamente el contrapeso relativo que establecen "las bases" a su autoridad.

Las reuniones de los representantes, según el tesorero de la Federación Departamental de Regantes de Cochabamba, Guillermo Saavedra, tienen lugar cada 1° y 15 del mes. La repartición del agua se realiza a partir de la toma principal, "con todas las bases"[24], para que conozcan la profundidad del caudal del agua por distribuir.

Las tareas de vigilancia varían de acuerdo a las comunidades y a la época en que se realice el riego. Por ejemplo, en época de aguas a demanda libre, en algunas comunidades vigilan sólo los interesados; en otras comunidades se cuenta con roles fijos de vigilancia bajo el control del secretario general del Sindicato Agrario y el delegado de Aguas. "En cuanto a la mita, las tareas de conducción y vigilancia son organizadas por los Delegados de Agua de cada comunidad entre el total de miteros (usuarios con derecho a mita), practicando las mismas modalidades que en el caso de las aguas comunes" (Salazar, 1999: 65).

---

24 Entrevista a Guillermo Savedra, tesorero de la Federación Departamental de Regantes de Cochabamba, Cochabamba (febrero de 2001).

"En la comunidad, la distribución de aguas comunes recae en Delegados de Agua y Jueces de Agua, quienes manejan las siguientes modalidades, dependiendo de tareas específicas para cada modalidad: en Mallcorancho la distribución se realiza en ocho zonas, bajo la responsabilidad de un delegado por zona, quien cobra un boliviano por usuario por su labor; en Vilomilla, se distribuye el agua desde la toma comunal entre todos los usuarios por igual, bajo reloj; la comunidad Vargas entrega una hora de agua por persona, bajo responsabilidad del Delegado de Agua; en la comunidad Pirhuas nombran a un Juez de Aguas por cada turno en forma rotativa, que distribuye el agua de arriba-abajo en un turno y de abajo-arriba en el siguiente turno" (Salazar, 1999: 64).

Mapa 1

Provincia de Quillacollo

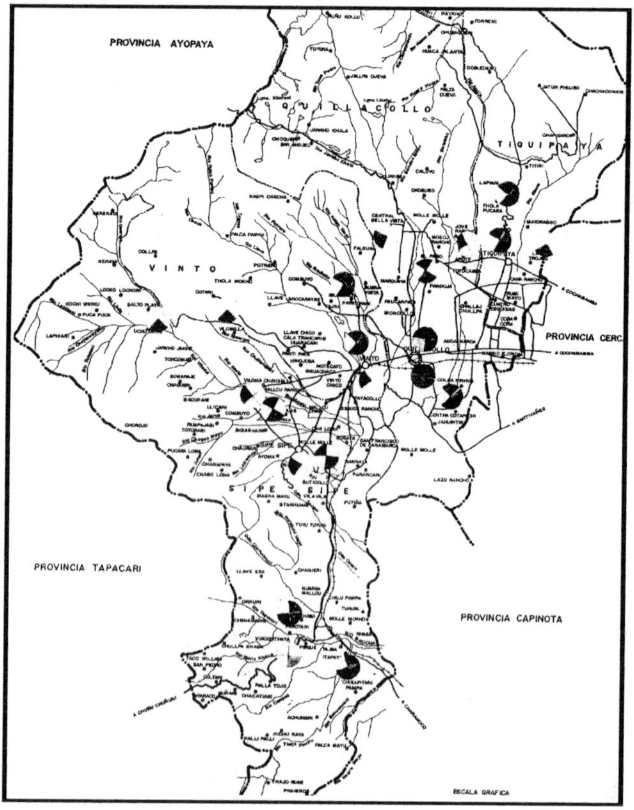

Fuente: Corporación Regional de Desarrollo de Cochabamba. Gerencia de Planificación y Coordinación.

Mientras que el juez general se halla encargado de repartir el agua a todas las comunidades, los jueces comunales reparten el agua entre cada una de las familias que componen la comunidad de acuerdo a criterios de lo más variados, que dependen del sistema de riego existente en dicha región. "Son los Jueces Comunales quienes tienen que repartir a su costumbre [...] si son media horita, una horita, muy variable es en cada comunidad"[25].

El juez comunal de Pirwas, Félix Guzmán, indicaba que en su comunidad se constituyó una cooperativa donde el derecho al agua parte de la acción que cada uno de los usuarios pagó para acceder a dicho beneficio. De acuerdo al dinero pagado, uno puede tener acceso a 6 minutos, 45 minutos, o una hora.

En períodos de sequía la comunidad Pirwas se abastece con dos pozos, que costaron 27 mil dólares a la comunidad, de los cuales ellos son copropietarios. Las acciones se distribuyen entre los socios. Cada acción equivale a cinco horas, aunque las acciones también varían entre pozo y pozo[26].

Mientras que al juez general el incumplimiento de sus obligaciones puede costarle la suspensión de su cargo, "al Juez Comunal de Pirwas le costaría el equivalente a 4 o 5 jornales". "En relación a las sanciones por infractores de sus turnos, roban agua o rompen una toma; en el caso de Pirwas se avisa al Juez General quien realiza primero un castigo. Ante una reincidencia el infractor debe pagar en horas de agua a la comunidad"[27]. El juez general establece la multa a los infractores, o finalmente el corte del derecho a recibir agua.

Nuevamente se constata que las organizaciones de riego han recuperado varios rasgos de la disciplina sindical. El juez general de Aguas se halla sujeto a la revocabilidad de mandato en caso de incumplir con sus obligaciones, pero dialécticamente a la vez se halla autorizado para imponer multas a los infractores, o finalmente cortarles el derecho de agua.

El actual sistema de riego en la cuenca del río Viloma es síntesis del período de las haciendas y de la reforma agraria de 1953. Al parecer la cuenca perteneció a una hacienda que luego sería dividida entre los campesinos, mientras los derechos de agua se redistribuye-

25 Entrevista a Félix Aguirre, juez general de Aguas de la Cuenca del río Viloma (20 de febrero de 2001).
26 Entrevista a Guillermo Savedra (febrero de 2001).
27 Entrevista a Félix Guzmán, juez comunal de Aguas de la Comunidad Pirhuas, Cochabamba (20 de febrero de 2001).

ron entre los colonizadores y los piqueros, que ya durante el período de la hacienda contaban con pequeñas propiedades y acceso limitado al agua.

Entre 1994 y 1995 la ONG CIDRE desarrolló un proyecto de riego y gestionó su financiamiento. Fueron los brazos de los campesinos regantes los que construyeron el sistema. El actual sistema de riego de la Cuenca del río Viloma heredó la forma de reparto de la época de la hacienda y de la revolución del '52, y en parte es producto de un proyecto de riego dirigido por una ONG.

La estructura de los sistemas de pozos en Sipe Sipe tiene una heterogénea configuración que varía desde la profundidad (86-120m), el caudal de cada bombeo, hasta el número de usuarios existentes (desde las treinta y ocho a las sesenta familias) en cada sistema. Los pozos son construidos con el aporte económico y laboral de los usuarios, lo cual les da derecho a determinadas acciones al interior del sistema; acciones que tienen un precio determinado[28] y pueden venderse consultando al resto de los accionistas, organizados en asambleas que se reúnen para rendir cuentas sobre los aportes, planificar y organizar la gestión del sistema.

Las asambleas se llevan a cabo entre todos los socios de los pozos. Para ser socio es necesario tener el consentimiento de los demás accionistas o haber participado en la construcción, aportando una determinada cantidad de dinero que se establece de acuerdo al costo de la perforación, revestimiento, etc., el número de socios existente, y el trabajo concreto desplegado en el proceso de construcción, teniendo posteriormente la obligación de contribuir en el mantenimiento de los pozos, limpieza de las acequias, etcétera.

Generalmente en las reuniones se planifica la movilización de la fuerza de trabajo para el mantenimiento del sistema de riego; el tesorero rinde cuentas sobre los gastos realizados; se planifican nuevas perforaciones; se acuerdan aportes o préstamos para realizar mejoras del sistema, ventas del servicio de agua a otros particulares y la incorporación de nuevos socios. La organización tiene un carácter formalizado. Posee un "directorio", normalmente compuesto por las carteras de presidente, vicepresidente, tesorero, secretario de Actas y

28 "Indagando sobre la relación entre horas de derecho y costo de cada acción, estos se encuentran en niveles de: 1 acción de 1 hora con un costo de 675 US$, 1 acción de 3 horas con 3000 US$, 1 acción de 6 horas con 1.620 US$. Estos cubren los gastos de perforación, instalación eléctrica, compra de bomba sumergible y otros implementos menores, que, en total, pueden llegar a un valor de 40.000 US$" (Salazar, 1999: 67).

vocales. Sus reuniones se hallan consignadas en actas, y la inasistencia a cualquier actividad que se acuerda de manera colectiva es multada, incluidas las fiestas que se programan colectivamente en algunas cooperativas de pozos[29].

La reprobación de la inasistencia a las actividades festivas tiene una razón de ser en el contexto de la estructura social, "pues, sea cual fuere el origen de esos sentimientos, una vez que forman parte del tipo colectivo, y sobre todo si son elementos esenciales del mismo, todo lo que contribuye a quebrantarlos, quebranta a la vez la cohesión social y compromete a la sociedad. Su nacimiento no reportaba ninguna utilidad; pero, una vez que ya se sostienen, se hace necesario que persistan a pesar de su irracionalidad" (Durkheim, 1993: 136).

Las fiestas son un factor de cohesión que reproduce la división del trabajo social que se desarrolla alrededor de los sistemas de riego; es en las fiestas donde los alcaldes y las autoridades locales ofrecen chicha y comida y recrean las redes de compadrerío y sumisión que los mantiene en el poder; es en las fiestas donde se manifiestan las grescas que surgen de resentimientos escondidos por distribuciones injustas de agua; y, finalmente, es en dichos actos festivos donde se reproducen los lazos de solidaridad social que refuerzan el trabajo colectivo en los sistemas de riego; momentos de distensión, válvulas de escape de las faenas cotidianas, las fiestas reproducen la división del trabajo social en los sistemas de riego: pequeños destellos de ocio que hacen menos penosa al trabajador campesino la tarea de volver a trabajar en su parcela al día siguiente.

En estos sistemas de pozos, junto a los ríos, vertientes, lagunas[30] y tajamares, que de igual modo responden a formas de gestión y distribución específicas[31], es el trabajo concreto desarrollado colectivamente, tanto en la construcción como en el mantenimiento de los sistemas, el que define la característica fundamental de las relaciones de reproducción social establecidas entre los campesinos regantes del Valle Central de Cochabamba. Se trata de relaciones donde el criterio

---

29 Así sucede en Mallco Ch´api. Sus actas lo consignan.

30 Sobre el proceso de construcción, organización y gestión de un sistema de riego de laguna en El Paco, puede verse Gerbrandy y Hoogendam (1998: 169-200).

31 Sólo hacer un inventario de los sistemas de riego del Valle Central de Cochabamba y sus características, sería objeto de ensayos completos. Para mayor ampliación sobre el caso de Colcapirhua, puede verse Salazar (1997); y con relación a Tiquipaya, Bustamante (1997). A modo de referencia, mencionamos que en Tiquipaya y Colcapirhua existen sistemas de mitas, lagunas y represas como los de Machu Mit´a con 829 usuarios, Lagum Mayu con 622, Sayt´u Kocha tiene 332 usuarios, Chankas-Montecillo cuenta con 57 y Chankas Sirpita tiene 52 usuarios (Bustamante, 1997: 15).

que predomina para acceder al agua y la permanencia como usuario es el trabajo desarrollado al construir la presa, mantener limpias las acequias, limpiar los sedimentos, en síntesis, el trabajo concreto desplegado en la construcción y mantenimiento del sistema.

Estas relaciones condicionan la emergencia de una forma de derecho concreto. El castigo surge del incumplimiento a las obligaciones materiales y sociales emergentes del trabajo colectivo y la organización alrededor de los sistemas de riego. No asistir a las labores de limpieza de acequias, mantenimiento de pozos, destapamiento de cámaras, limpieza de sedimentos, e incluso fiestas, supone multas y suspensiones del turno de agua en caso de fallos reiterativos, hasta la pérdida definitiva de la acción o el turno de riego, sujetos a ser puestos en oferta a otras personas que quieran comprarlos[32].

Se evidencia por tanto el desarrollo de derechos y obligaciones directamente ligados al trabajo concreto desplegado, al dinero invertido en el proceso de construcción, al mantenimiento del servicio del agua en su conjunto, y la realización de actividades sociales y culturales que reproducen las relaciones de trabajo colectivo en los sistemas de riego. Son derechos individuales que el usuario adquiere al interior del sistema, "derechos individuales o familiares en un contexto de decisiones colectivas" (Gerbrandy y Hoogendam, 1998: 106), intereses particulares permeados por actividades culturales y organizacionales de carácter colectivo.

Sin embargo, estas "formas de conciencia social" no modifican el hecho material de que son pequeños propietarios asociados para resolver el problema del abastecimiento del agua, asociación en la cual figuran como pequeños "accionistas", cuyos derechos dependen del trabajo y el dinero que el campesino y su familia aportaron en la construcción y el mantenimiento del sistema. La organización colectiva del trabajo responde a intereses privados ligados a la pequeña parcela de tierra, aunque el desarrollo colectivo del trabajo ligado a los sistemas supone la emergencia de intereses colectivos cuando existen disputas entre diferentes comunidades y existen superestructuras culturales que buscan reforzar la cohesión social. La pequeña producción parcelaria es el basamento material de dichos procesos.

---

32 En ciertos ayllus del altiplano boliviano se evidencia una situación diferente, puesto que se concibe que a nadie se le puede quitar el derecho al agua de manera definitiva (Ver Gerbrandy, en Boelens y Davila, 1998: 339).

En este sentido, la lucha por la defensa de los "usos y costumbres", si bien es un enfrentamiento por la defensa de las "formas sociales y culturales de articulación global que le dan sentido a la vida" (Gutiérrez, García y Tapia, 2000: 181) del campesino, fundamentalmente es una lucha por la defensa de la pequeña producción parcelaria, por el derecho a que un determinado caudal de agua del río, las vertientes o los tajamares siga regando los surcos.

Las actividades festivas, sociales y culturales que sirven para fortalecer la cohesión social y el trabajo organizado de manera colectiva alrededor de los sistemas de riego, son otras tantas superestructuras que mantienen la condición campesina del pequeño productor y propietario parcelario, explotado a través del mercado por el capital. Sin proponérselo, aquellos quienes apologetizan los usos y costumbres sobre el manejo y la gestión campesina del agua hacen ideología de lo "comunitario", ensombreciendo la condición oprimida del campesino regante, que nada tiene de igualitaria.

Comprender este asunto es fundamental para no caer en la ilusión de que la "rehabilitación" de los "usos y costumbres" en la Ley 2.029, después de la Guerra del Agua, fue desenterrar "la añoranza del Viejo Marx de proponer la superación del régimen del capital a través de la reconstrucción, 'en condiciones superiores', de las viejas estructuras comunales agrarias" (Gutiérrez, García y Tapia, 2000: 177). Que yo sepa, nunca Marx "añoró" una "superación del régimen del capital" por una sociedad de pequeños propietarios; menos aún por la vía legal.

La diversidad de sistemas de riego y las formas de organización colectiva existentes en los Valles, que bajo las más variadas formas reproducen la condición campesina de los trabajadores del agro, no son potencialmente "estructuras comunales agrarias" anticapitalistas, afirmación que además de utópica, cae en un grosero reduccionismo. Estas formas de cooperación simple, desplegadas para la construcción de pesadas obras hidráulicas, se realizan con la función de potenciar la capacidad de trabajo –característica de formas sociales asentadas sobre un bajo desarrollo de las fuerzas productivas– sin por ello modificar la estructura social agraria; muy al contrario, para reforzarla. Las organizaciones de regantes son superestructuras que movilizan fuerzas productivas al servicio de la pequeña producción parcelaria. Los sistemas de riego fueron concebidos para resolver la demanda de riego de la pequeña parcela donde se trabaja la tierra de manera intensiva y diversificada. Los campesinos han creado complejos sistemas de riego para el mantenimiento de la pequeña producción parcelaria, y por tanto de su condición campesina de pequeños propietarios de la tierra. Esa es la dimensión conservadora de los usos y costumbres en el Valle Central.

La forma que asume el proceso de producción parcelario –encarado por el campesino y su familia– y la reproducción material del servicio del agua, es decir, la organización colectiva del trabajo, el tipo de desarrollo tecnológico que surge a partir de dichas relaciones de reproducción social (canales, acequias, pozos, etc.), condicionan determinadas superestructuras organizativas, organizaciones de riego que al mismo tiempo reproducen las estructuras materiales de la pequeña producción parcelaria, la pequeña propiedad de la tierra, y las mismas redes de abastecimiento y distribución de agua construidas. Es una interdependencia dialéctica.

"Una de las áreas de cooperación y organización comunal, es el manejo del agua, porque la construcción de obras hidráulicas, su operación y mantenimiento, requieren de esfuerzos mayores a los de una sola familia. Antes de la Reforma Agraria, parte de la responsabilidad de los sistemas de riego estaba en manos de los hacendados. Después de la Reforma, todos los sistemas pasaron a manos de las comunidades campesinas y su gestión depende de los acuerdos de las comunidades y comunarios que las componen" (Gerbrandy y Hoogendam, 1998: 31).

Esos "acuerdos", que se materializaron en organizaciones, reglamentos, derechos, obligaciones, a los que deben añadirse actos festivos, rituales, etc., deben entenderse como formas de reproducción social de la pequeña producción parcelaria alrededor de la cual el campesino desarrolla su vida, pero también son "formas de conciencia social", superestructuras donde se van perfilando los contornos de la fisonomía política de los campesinos regantes: sus ataduras a fidelidades locales que se construyen con las alcaldías en las fiestas y borracheras, o la posible reconfiguración de su identidad, a partir de la lucha de clases, por la preservación de sus "usos y costumbres" frente al capital.

Se trata de un espacio contradictorio. El escenario creado alrededor de la defensa de los "usos y costumbres" es un campo de lucha que puede ser llenado con los más diversos contenidos. Las autoridades locales, partidos políticos, a través de la realización de mejoras en los sistemas de riego, fiestas, regalos, reclutan el apoyo campesino, encadenándolo en una red particularista de "compadrerío" y prebenda alrededor de las alcaldías. Pero a su vez la lucha contra la perforación de pozos y el proceso de privatización del agua, sentida colectivamente por los campesinos, abre las posibilidades para llenar con un contenido diferente las reivindicaciones campesinas. Las formas de conciencia social emergentes a partir de los sistemas de riego son otros tantos escenarios de la lucha de clases.

Aquí son los campesinos los que hacen su historia, y en ese proceso ellos mismos se hacen, pero su actuación está condicionada por la pequeña producción parcelaria orientada hacia el mercado, basada en la pequeña propiedad de la tierra, y ahora por el conjunto de relaciones organizativas emergentes a partir de los sistemas de riego, que forman parte de su historia y que a su modo han recuperado la tradición sindical campesina posterior a 1952 (Gordillo, 2000).

Subjetividades objetivadas en el proceso histórico, que son también espacios de lucha y subordinación. En ese edificio social se encuentran sus potencialidades y obstáculos, allí se hallan demarcados los límites de la historia que los regantes pueden construir por sí mismos.

Reuniones y asambleas constantes para tratar los problemas emergentes del riego[33], y el trabajo colectivo para limpiar acequias, abrir canales, etc., contribuyen a unir lo que la excesiva parcelación de la tierra ha logrado separar, ya sea para apoyar en las elecciones a algún partido político neoliberal o para resistir la perforación de pozos facilitada por los mismos partidos a los que el campesino ayer apoyó. Así, la existencia de organizaciones de riego puede ayudar a contrarrestar la tendencia al localismo y la atomización, característica del movimiento campesino, abriendo la posibilidad de que este se constituya en fuerza de masa por un problema bastante específico, el agua; o puede profundizar las rencillas entre regiones por el tema del agua y ahondar nuevamente el localismo, tendencia comúnmente fortalecida por los gobiernos municipales cuando la amenaza de perder el agua no ha sido asumida colectivamente como clase[34]. Las posibili-

33 En Viloma, por ejemplo, la obligación de los jueces generales y comunales de agua "es reunirse cada 15 días obligatorio y cuando hay necesidad cualquier día... [por] robo, alteración de marcas, ruptura de tomas" (entrevista a Félix Aguirre, febrero de 2001).

34 Las peleas violentas entre campesinos acompañaron con frecuencia la construcción de sistemas de riego en el Valle Central de Cochabamba. Por ejemplo, en 1996, las comunidades de Viloma empezaron a gestionar a través de la prefectura y la alcaldía la construcción de una represa en la cabecera de la cuenca, creando una asociación de regantes. Las comunidades de Keraya, Cala Cala y Challwiri, en cuyos terrenos se pensaba construir la presa, apedreaban a los técnicos cada vez que estos subían a realizar estudios. "Los comunarios de la zona del Valle intentaron colocar como mediador al Alcalde de Sipe Sipe, que estaba a favor de la construcción de la represa. Frente a este hecho, las comunidades de

dades y limitaciones políticas de los regantes se revelarán entre noviembre de 1999 y abril de 2000.

Referencias sobre el proceso de privatización de los recursos hídricos en la región

Comenzando en septiembre de 1999[35], el gobierno boliviano firmó un contrato de concesión con el consorcio Aguas del Tunari[36] por el lapso de cuarenta años en los cuales la empresa ocuparía el papel del SEMAPA, ofertando los servicios de agua potable y alcantarillado; extendería la red de agua potable y alcantarillado en la ciudad; y terminaría la construcción del millonario proyecto para riego y abastecimiento de agua potable MISICUNI. El cuarto y segundo anexo del contrato señalaban al Valle Central y Alto, zonas concesibles[37], afectando las fuentes de agua superficiales y profundas de los campesinos regantes[38].

En octubre del mismo año el Parlamento Nacional aprobó la Ley de Servicios de Agua Potable y Alcantarillado Sanitario, que establecía: "Ninguna persona natural o jurídica de carácter público, asociación civil, con o sin fines de lucro, sociedad anónima, cooperativa, municipal o de cualquier otra naturaleza, puede prestar Servicios de Agua Potable o Servicios de Alcantarillado Sanitario en Zonas Concesibles, sin la debida Concesión emitida por la Superintendencia de Saneamiento Básico" (Honorable Congreso Nacional, 1999: 5). La Ley 2.029 marcaba las pautas para el ingreso del capital transnacional en la administración de los recursos hídricos para el servicio de agua potable en la región, que posteriormente debía completarse con

---

la zona alta de la cuenca Viloma se declararon territorio del municipio de Vinto, que apoyó incondicionalmente el rechazo de la obra... el proyecto fue postergado" (Salazar, 1999: 83). Es la pelea entre los pequeños propietarios.

35 *Última Hora*, 4 de septiembre de 1999.

36 "Formada por Bechtel, Abengoa y otras empresas, incluidas algunas de capital nacional" (Laserna, 2001: 9).

37 Coordinadora de Defensa del Agua y la Vida (2000: 186).

38 Entrevista a Omar Fernández (20 de febrero de 2001). Un extracto del convenio indica: "Anexo 5: El concesionario tendrá derecho de instalar medidores para cualquier usuario en cualquier momento y de requerir un pago por dicha instalación de parte de los mismos... Seis meses después de la fecha en que se logre suministro de agua que cumpla con las normas de niveles específicas... no se permitirá el uso de fuentes alternativas. Numeral 1.3: Cuando un usuario posee una fuente alternativa de agua (por ejemplo un pozo privado) el concesionario tendrá derecho de instalar un medidor en la fuente alternativa –que costará $80– a expensas del usuario" (cita en Gutiérrez, García y Tapia, 2000: 142).

la Ley del Recurso Agua, por la cual debían regirse las demás leyes. Curiosa manera de proceder.

El 8 de diciembre de 1999 el Banco Interamericano de Desarrollo aprobó un préstamo blando de 40 millones de dólares para programas de saneamiento básico en Bolivia, condicionando el crédito a una "ley básica". Respondiendo a reclamos de los campesinos en noviembre de 1999, que señalaban con el dedo el proyecto de Ley del Recurso Agua, el ministro de Desarrollo Sostenible José Luis Carvajal dijo: "'El Poder Ejecutivo no puede retirar del Congreso Nacional el proyecto de Ley del Recurso Agua, rechazado por los campesinos, debido a que hay compromisos con el Banco Interamericano de Desarrollo (BID) para financiar proyectos hídricos que el país no puede perder [...] No podemos retirar el anteproyecto porque nos genera problemas: hay financiamientos del BID vinculados para ciertos proyectos, esto no quiere decir que esté condicionado, pero si voy a pedir apoyo económico para un proyecto de riego; me piden primero la ley básica'"[39].

Contradiciéndose, el ministro decía a un mismo tiempo: no estamos condicionados, pero estamos condicionados. La Ley del Recurso Agua, que debía ser el marco de leyes específicas como la Ley de Saneamiento Básico, todavía no estaba aprobada en septiembre de 2000. El apresuramiento del gobierno en aprobar la Ley de Servicios de Agua Potable y Alcantarillado obedecía al ingreso del consorcio Aguas del Tunari.

Como parte de las políticas neoliberales impuestas por el imperialismo en la periferia capitalista con el consentimiento de sus gobiernos, la privatización de los recursos hídricos, impulsada por las entidades financieras internacionales, fue justificada por la "ineficiencia", corrupción y poca cobertura que otorga la administración estatal del agua en la región (Savedoff y Spiller, 1999; traducción nuestra). Se criticó que, a título de mantener bajas tarifas en el pago por los servicios de agua, se otorga un servicio de baja calidad. En los hechos, el Estado, como haría cualquier otra empresa transnacional, "expropia" a los campesinos el agua; pero a diferencia de aquellas, la administra mal. "Latinoamérica pierde nueve millones de metros cúbicos de agua cada año" como consecuencia de ello, se dijo (Savedoff y Spiller, 1999; traducción nuestra).

---

39 *Presencia*, 14 de septiembre de 2000.

En los últimos años el Banco Interamericano de Desarrollo y el Banco Mundial renovaron su interés en promover la creación de un mercado de aguas en los "países en vías de desarrollo"; partiendo de la antigua tesis de que el mercado es el mejor asignador de recursos: "la típica prescripción económica propone, para encarar los desequilibrios entre la demanda y el suministro de agua, la introducción de un mercado de aguas..., el cual tiene la capacidad de racionalizar la escasez de agua tanto cuantitativa como cualitativamente" (Rauser, en Dinar, 2000: 49-50; traducción nuestra).

Se argumentó que en aquellos "países de bajos ingresos" los establecimientos domésticos estarían dispuestos a pagar por la conexión de un suministro privado de agua confiable y eficiente (Renzetti, en Dinar, 2000: 127; traducción nuestra). "No debemos subestimar la sensibilidad de los consumidores por los cambios en el precio del agua y su predisposición a pagar por la mejora del acceso a suministros confiables de agua. Muchas familias en los países de bajos ingresos parecen dispuestas a sacrificar una parte no insignificante de su ingreso para acceder a agua segura" (Renzzeti, en Dinar, 2000: 136-137; traducción nuestra). Estudios financiados por el Banco Mundial indican que muchos campesinos estarían dispuestos a pagar más por su agua si el suministro se vuelve más confiable y en general el servicio mejora (Dinar, 2000: 9; traducción nuestra).

Las evidencias empíricas muestran que a partir de las reformas en los precios del agua en países del Tercer Mundo, monitoreadas por las agencias financieras internacionales, la tendencia de los precios del agua ha sido ascendente (Dinar, 2000: 2-4; traducción nuestra). El servicio del agua, considerado en el pasado un recurso poco rentable, cuya producción y distribución se hallaba en manos del Estado, es incorporado en los procesos de concentración y centralización del capital con el objeto de incrementar la tasa de ganancia; en el caso concreto cochabambino, garantizando una "plusvalía excedentaria de monopolio"[40], al facilitar un "mercado cautivo" por el lapso de cuarenta años a la transnacional Aguas del Tunari, expresión genuina de la alianza entre el imperialismo y las burguesías locales como socias menores[41].

---

40 Para conocer los criterios en la fijación de tarifas para el servicio de agua potable y alcantarillado, pueden verse los diferentes reglamentos de "Precios y Tarifas de Agua Potable y Alcantarillado en Zonas Concesibles", elaborados por la Superintendencia de Agua Potable y Alcantarillado en 1999.

41 Samuel Doria Medina, millonario empresario boliviano y militante del Movimiento de Izquierda

La Ley 2.029 y el contrato de concesión con el consorcio Aguas del Tunari constituyen sólo un momento de la larga e intensa historia colonizada de este país, invadido en los últimos diez años por consorcios extranjeros que obtienen beneficios de la administración y venta del petróleo, el gas, el oro, el zinc, las telecomunicaciones, la leche, la luz y el agua, fundamentalmente; proceso facilitado por el Estado, convertido a través de un largo y paulatino proceso de cambios y reclutamiento de cuadros burocráticos, durante las cuatro últimas administraciones gubernamentales, en un aparato sin autonomía relativa alguna frente al capital transnacional, un instrumento que facilita el proceso de expansión capitalista en áreas de la economía que hasta entonces se hallaban bajo su tutela[42]. Aguas del Tunari vino efectivamente "a vendernos nuestra propia agua", al igual que otras empresas transnacionales nos venden nuestro gas, gasolina, energía eléctrica, leche, etcétera.

Los orígenes de la Guerra del Agua

Los campesinos regantes del Valle Central de Cochabamba, que desde hace siglos venían creando y recreando sus sistemas de abastecimiento de agua, que desde hace décadas habían realizado perforaciones de pozos y habían expandido sus estructuras de riego, construyendo tajamares y creando acequias para recuperar el agua de las lagunas, ya no podrían seguir haciéndolo sin solicitar licencias a la Superintendencia, y sus fuentes de agua serían administradas por la transnacional.

La FEDECOR inició un proceso de reuniones, convocando a talleres ampliados para explicar los alcances del contrato con la transnacional y la Ley 2.029 en el área rural. Preparó el terreno para iniciar una movilización de impacto regional. Al principio débiles, las medidas se iniciaron con bloqueos el 28 de octubre en la carretera a Oruro, al saberse de la promulgación de la Ley 2.029[43]. La unidad de las comunidades campesinas, juntas vecinales, cooperativas de pozos,

Revolucionaria (MIR), uno de los partidos de la coalición gobernante; era socio de la nueva empresa concesionaria.

42 Las Superintendencias fueron diseñadas a partir de las reformas neoliberales de Segunda Generación, durante el gobierno del MNR (1993-1997), con el objeto de facilitar la transferencia de los recursos del Estado al capital privado; y, teóricamente, corregir ciertas "fallas de mercado" en aquellos sectores monopólicos, haciendo controles de calidad y estableciendo criterios "aceptables" para la fijación de precios.

43 *Los Tiempos*, 6 de noviembre de 1999: A3.

comités cívicos provinciales, impondría el 4 de noviembre una medida de mayor contundencia: "más de una veintena de barricadas de troncos, ramas, llantas, piedras y vehículos fueron colocadas desde el kilómetro seis y medio de la Avenida Blanco Galindo hasta Parotani (kilómetro 37 de la carretera a Oruro), donde los vecinos y comunarios de esos lugares se apostaron para no dejar pasar en algunos casos ni siquiera a las personas de a pie. Similar situación se dio en el camino hacia Sacaba y la carretera antigua a Santa Cruz, por lo que quedaron en el camino decenas de vehículos de transporte de carga y pasajeros varados durante las casi 10 horas que duró el bloqueo"[44].

En los bloqueos, vecinos y dirigentes de las manchas urbanas justificaban así sus medidas: "No vamos a aceptar que pongan medidores en nuestros pozos que los hemos perforado con el sacrificio de todos los que habitamos en el barrio Collpampa Kani". "Hemos perforado nuestros pozos dejando de comer, inclusive, y ahora el Estado resulta que nos quiere quitar, imposible". "Al colocar medidores a los pozos y cobrar el 60% por alcantarillado, nos van a imponer una tarifa según las categorías que Aguas del Tunari tiene. Si para defender nuestros intereses es necesario asumir otras medidas, lo vamos a hacer"[45].

La madrugada del 5, los intentos policiales por desbloquear la carretera fracasaron. Cientos de comunarios cercaron a los policías "al punto que tuvieron que replegarse. La gente destrozó parabrisas e hirió a dos uniformados. Siete personas fueron detenidas en los enfrentamientos"[46].

La organización de la movilización, que en principio tuvo un sentido descendente, es decir, la información y organización bajaron desde los dirigentes hacia las bases, pronto empezó a adquirir un sentido ascendente y comenzó a desarrollarse bajo la iniciativa directa de las masas: "los dirigentes de las diferentes comunidades, juntas vecinales, cooperativas de agua y otras organizaciones fueron rebasados ayer por sus bases. Ellos habían instruido levantar los bloqueos de las carreteras principales de Cochabamba el jueves a las 18:00, pero la instrucción no fue acatada; es más, las vías del Valle Bajo, Alto y Central amanecieron otra vez con barricadas... Los dirigentes quedaron sorprendidos con lo ocurrido en Vinto, pues se había acordado

---

44 *Los Tiempos*, 5 de noviembre de 1999: B2. Los campesinos alzaban pancartas que decían "resistencia comunal a la privatización".
45 *Los Tiempos*, 5 de noviembre de 1999.
46 *Los Tiempos*, 6 de noviembre de 1999.

realizar una reunión a las 10 de la mañana para evaluar los resultados del bloqueo del día anterior y recién asumir medidas"[47].

La movilización de los vecinos en las manchas urbanas y los campesinos regantes obligaron al ministro de Vivienda, Rubén Poma, y al superintendente de Aguas, Luis Uzín, a emprender a pie la carretera principal, salpicada de piedras y vidrios, hasta Vinto, para negociar. En una multitudinaria concentración el ministro intentó convencer a los bloqueadores de que la Ley 2.029 "no significaba la privatización de los pozos". "Las bases rechazaron categóricamente la propuesta del Ministro de conformar una comisión de dirigentes para establecer una negociación más directa y llegar a acuerdos. Toda charla debía comenzar ahí, frente a todos"[48]. Los movilizados habían salido a las calles "para lograr la abrogación de la Ley de Servicios Básicos y Alcantarillado y la anulación del contrato de concesión de Semapa y Misicuni Aguas del Tunari"[49].

La noche del 5 el ministro suscribió "un convenio garantizando que los pozos de los Valles Bajo y Central no serán afectados por la Ley de Servicios de Agua Potable y Alcantarillado, tampoco por el contrato de concesión con Aguas del Tunari"[50]. El conflicto fue temporalmente postergado, pues la Ley 2.029 seguía estableciendo la figura de las concesiones, lo cual potencialmente iba contra los "usos y costumbres" de los campesinos regantes.

La "actualidad" de la protesta campesina contra la privatización de los recursos hídricos –protesta que en germen tendía hacia la generalización–, es decir, la superación de la contradicción entre posibilidad y realidad a través de una rebelión social contra la política privatizadora de los recursos hídricos que incluyera en su interior la movilización regante, pero en una etapa superior, dependía, como diría Hegel, de "la totalidad de las condiciones", o mejor, "la Posibilidad Real de un caso es la existente multiplicidad de circunstancias relacionadas con él" (cita en Marcuse, 1971: 142).

Cuál fue esa "multiplicidad de circunstancias" en medio de las cuales se desarrolló el problema sectorial de los campesinos regantes. Cómo es que en los hechos se formó la rebelión de abril de 2000. Cuáles fueron estas condiciones que, sin referirse formalmente al pro-

47 *Los Tiempos*, 6 de noviembre de 1999.
48 *Los Tiempos*, 6 de noviembre de 1999.
49 *Los Tiempos*, 5 de noviembre de 1999.
50 *Los Tiempos*, 5 de noviembre de 1999.

blema del agua, constituyeron el preludio de dicha tormenta. Mucho se ha dicho sobre las causas del conflicto de abril sin que por ello se desarrollen todas las consecuencias de dichos postulados. A continuación, nosotros hacemos un intento diferente.

Las premisas sociales de la rebelión de abril

Se dijo que abril fue producto de la crisis de representación de los partidos políticos y la crisis económica (Milenio, 2001), explicación a la que otros añadieron la incapacidad de los cuadros burocráticos del gobierno para actuar conforme a la situación institucional liberal del país (Laserna, 2001: 21). Los menos moderados dijeron que fue producto de la "condensación de varios procesos: un proceso de descomposición interna y permanente en el seno del gobierno... la creciente conducción externa y colonial del país... un proceso de acumulación política de fuerzas sociales y populares contra la privatización del agua... una ofensiva-quiebre de la lucha indígena en el altiplano[51]... a lo cual se suma luego la crisis de la policía al interior de los aparatos represivos del Estado" (Gutiérrez, García y Tapia, 2000: 178).

Mientras que los primeros análisis no identificaron la profundización de las contradicciones al interior del gobierno, su "falta de autoridad", "crisis de gobernabilidad", con las fisuras que la movilización de abril fue abriendo en el seno de la clase dominante, ningún trabajo mostró que la aceleración de la crisis al interior de las fuerzas represivas, "la descomposición interna y permanente en el seno del gobierno" y "la crisis del sistema de partidos" formaban parte de un mismo proceso: la bancarrota política e ideológica de la clase dominante en Bolivia, la alianza entre el imperialismo y las burguesías locales, que promovieron la política neoliberal en el país.

Los análisis disponibles han mantenido sus explicaciones en el nivel de la crisis gubernamental sin profundizar en el problema del Estado, objeto de análisis fundamental cuando se trata de entender un proceso de características insurreccionales. Se comprende entonces el por qué de la ausencia de una explicación sobre la aceleración de la crisis policial en abril –que no "se suma luego" si no que vino desde más atrás–, rupturas en la superestructura estatal que abrieron la

---

51 Al Norte de la ciudad de La Paz, los indígenas aymaras bloquearon los caminos en abril, contra la Ley de Reforma Agraria. La intervención militar ocasionó muertos y heridos.

posibilidad a que la "multitud" no sólo se apropiara del monopolio legítimo de la fuerza (García, 2001), sino que un sector de las mismas fuerzas represivas terminó sumándose a la subversión, a un proceso de características insurreccionales cuya organización, a su modo, empezó a bosquejar una nueva "forma estatal". Pero esto corresponde a la teoría de los órganos de poder y la dualidad de poderes más que a la "forma multitud de las necesidades vitales" o a la "crisis de gobernabilidad". Veamos entonces cuáles fueron las condiciones donde se desarrolló la protesta campesina contra la Ley 2.029 de fines de 1999.

Entre fines de noviembre y diciembre de 1999, una serie de explosiones de bomba en la ciudad de La Paz activó un conflicto en el seno de las fuerzas represivas del Estado, desatando una serie de acusaciones y contraacusaciones entre la policía y el ejército que señalaban a grupos "paramilitares" o "parapoliciales" –según de donde viniera la denuncia– como autores de los hechos. Su objetivo sería desprestigiar a la institución oponente con el fin de poner en cuestionamiento su propia existencia[52].

Los hechos, que nunca fueron esclarecidos, más allá de quién haya realizado las detonaciones, revelaban un profundo malestar en el seno de las fuerzas represivas, especialmente en la policía, que desde meses atrás venía padeciendo una crisis presupuestaria. Noticias de que las oficinas policiales en Cochabamba se quedaron sin luz pues adeudaban el pago de las tarifas desde hacía meses, o de que por falta de sueldos cientos de policías desacataron órdenes en otros departamentos del país[53], mostraban la situación de una institución cuyas necesidades deficientemente podían ser cubiertas por las arcas del Estado.

La policía, que enfrentó un conflicto con el gobierno por mantener en sus manos el Registro de Identificación Nacional, que le proporcionaba recursos, y se opuso al plan de reestructuración policial diseñado por el gobierno[54], padecía el déficit presupuestario del Estado. La privatización de las empresas estatales disminuyó los impuestos que estas aportaban al Tesoro General de la Nación, haciendo difícil solventar las necesidades de seguridad[55]. Este es el referente histórico del amotinamiento policial de abril.

---

52 *Los Tiempos*, 26 de diciembre de 1999: A2.
53 *Los Tiempos*, 25 de noviembre de 1999: A.13.
54 *Los Tiempos*, 30 de noviembre de 1999: A.3.
55 En la actualidad, esta tendencia se ha ido acentuando, dando lugar al surgimiento de policías privados, como respuesta a la creciente delincuencia en el país.

La crisis policial era una rotura junto a otros remiendos malcomidos que iban dejando desnudo el cuerpo macilento de la burguesía local en Bolivia. Por ejemplo, la mentada crisis del sistema de partidos políticos, como antesala del conflicto de abril, no era sólo una crisis de representación que se manifestaba en la abstención electoral o en el desprestigio de los políticos envestidos de ministros, parlamentarios y alcaldes; era una brecha que se fue abriendo en aquellos escenarios dirigidos por los partidos de la burguesía criolla, que gracias a la Ley de Participación Popular, promulgada durante la gestión del gobierno de Gonzalo Sánchez de Losada (1993-1997)[56], penetraron en amplios sectores populares del Valle a través de la prebenda, controlando juntas vecinales, comités de vigilancia[57] y organizaciones territoriales de base campesinas.

Días después del bloqueo campesino del Valle, el 14 de noviembre de 1999, la prensa revelaba que treinta y cinco de los sesenta y ocho cargos, al interior de la Federación de Juntas Vecinales, pertenecían a militantes de la Nueva Fuerza Republicana (NFR)[58]. Frente a esta situación, se formó un "grupo de choque contra el monopolio político de la institución", del cual posteriormente surgiría FEJUVE-Pueblo; que, unido a un grupo de juntas vecinales disidentes de NFRismo y casas comunales, participaron en las movilizaciones de abril.

A fines de noviembre, los vecinos del barrio Villa Sebastián Pagador encontraron el cuerpo sin vida de un dirigente vecinal en un canal de riego. Hacía meses atrás que el dirigente tenía conflictos en la casa comunal de Villa Pagador con militantes del NFR. Un cabildo abierto de aproximadamente 2 mil vecinos declaró que se trataba de un "asesinato político", definiendo una colecta para contratar un

---

56 Una forma de descentralización de la administración de los recursos del Estado a través de los gobiernos municipales, que otorga el poder de administrar recursos en proyectos locales a juntas vecinales y organizaciones de la sociedad civil, que se constituyeron en Organizaciones Territoriales de Base (OTBs). Los Comités de Vigilancia tienen la atribución de "vigilar que los recursos municipales de la Participación Popular sean invertidos equitativamente en la población urbana y rural, constituyendo el nexo para que las OTBs ejerzan sus derechos" (*Los Tiempos*, 14 de noviembre de 1999). La Ley de Participacion Popular fue concebida como un "mecanismo de control social", diseñado para sustituir la conflictiva representación sindical y comunal de los sectores populares (ver Martínez, 1996). Refiriéndose a ella, el entonces presidente Sánchez de Lozada dijo: "Es mejor que hagamos una revolución desde arriba, antes que se haga una revolución desde abajo" (citado por Martínez, 1996).

57 Las Juntas Vecinales son organizaciones barriales encargadas de velar por los intereses de los vecinos, relacionados a la seguridad del barrio, el alumbrado público, el alcantarillado y el conjunto de demandas, etcétera. Con la Ley de Participación Popular, fueron convertidas en OTB´s.

58 *Los Tiempos*, 14 de noviembre de 1999. La NFR es el partido del entonces alcalde Manfred Reyes Villa, uno de los firmantes del contrato con Aguas del Tunari.

investigador privado que aclarara el asunto. Los vecinos amenazaron con no participar de las próximas elecciones municipales del 5 de diciembre si no se identificaba a los culpables del hecho, criticando a "los politiqueros que prometen mucho, pero en la realidad no hacen nada"[59]. Paralelamente, los vecinos de Sebastián Pagador organizaron marchas de protesta alrededor de la alcaldía; y, el 19 de noviembre, micros de la línea P y R del barrio paralizaron el centro de la ciudad protestando por la "politización de la muerte de Cristóbal Villca". En abril, Villa Sebastián Pagador sería uno de los más importantes frentes barriales de lucha contra el consorcio Aguas del Tunari.

Pero, además, preludio de las grandes movilizaciones de enero, febrero y abril por el agua, fueron las batallas campales de fines de noviembre, entre la policía y miles de comerciantes minoristas, motivadas por la recientemente aprobada Ley de Aduanas, que castigaba el contrabando decomisando los productos introducidos al país clandestinamente[60]; el paro de los trabajadores de obras públicas municipales del 29 de noviembre, que exigían la dotación de ropa de trabajo, el respeto a su sindicato, el cumplimiento de sus beneficios sociales y el cese de amedrentamiento por parte de las autoridades municipales[61]; la marcha de los ahorristas inmobiliarios del 22 de noviembre[62]; la huelga de hambre de doscientos funcionarios en la Caja Nacional de Salud, protestando contra la privatización de la institución; los bloqueos de calles por parte de funcionarios de la Caja, rentistas mineros y trabajadores de la COB, contra el Estatuto del Funcionario Público, la Ley de Aguas y la terciarización de la Caja[63]; hasta hechos "accidentales" dentro de este conflictivo contexto, ocasionado por la política neoliberal, como la marcha de los vecinos de Vinto por la inoperancia de las autoridades, ante el abuso sexual de doce niños sordomudos en un centro cristiano, por un miembro norteamericano de la institución[64].

Este fue el terreno abonado de noviembre, que inauguró el bloqueo campesino regante; y en el cual emergió la Coordinadora de Defensa del Agua y la Vida. Desde julio de 1999, un Comité de Defensa del Agua y la Economía Familiar, formado por profesionales ingenieros, había iniciado un proceso de discusión en seminarios, sobre los

59 *Los Tiempos*, 15 de noviembre de 1999.
60 *Los Tiempos*, 25 de noviembre de 1999; *Los Tiempos*, 26 de noviembre de 1999.
61 *Los Tiempos*, 30 de noviembre de 1999.
62 *Los Tiempos*, 23 de noviembre de 1999.
63 *Los Tiempos*, 16 de noviembre de 1999.
64 *Los Tiempos*, 7 de noviembre de 1999.

riesgos que acarrearía entregar en concesión la administración del servicio de agua potable en Cochabamba (Assies, 2000; traducción nuestra). Comenzando septiembre, el Comité denunció a la prensa que, desde diciembre, las tarifas por el servicio de agua en la ciudad se incrementarían entre el 58% y el 110%[65].

Los regantes, que luego de aprobarse la Ley 2.029 iniciaron la búsqueda de nuevos aliados para "emprender actos de mayor envergadura" (Gutiérrez, García y Tapia, 2000: 171), encontraron al Comité de Defensa del Agua y la Economía Familiar, e iniciaron una serie de reuniones y asambleas en el local ofrecido por la Federación de Fabriles de Cochabamba. El 12 de noviembre, surgió la Coordinadora de Defensa del Agua y la Vida[66], con la presencia de veinte organizaciones, en su mayoría Asociaciones de Regantes; y, luego, Comités Cívicos Provinciales, el Comité de Defensa del Agua y la Economía Familiar, la Central Obrera Departamental, la Federación de Fabriles y la Federación de Maestros Urbanos de Cochabamba.

La formación de la Coordinadora de Defensa del Agua y la Vida

Nuestro intento no es hacer una recapitulación histórica de los hechos que concluyeron en abril[67], sino tratar de entender qué fue la Coordinadora como forma organizativa de tipo político, que tenía a los campesinos regantes como a su "columna vertebral", para así explicar las causas de su emergencia y caída. Algunos "veían a la Coordinadora como un proyecto de largo aliento", argumentando que "la vida de la Coordinadora recién empezaba, y que su labor era expandir su capacidad de movilización y de ejercicio ciudadano de las funciones públicas" (Gutiérrez, García y Tapia, 2000: 158); análisis que convirtieron a la Coordinadora en una especie de fetiche purgado de contradicciones. En realidad, las cosas sucedieron al revés de como se las planteó. La Coordinadora moriría poco después de concentrar a 100 mil personas en la plaza principal el 10 de abril por la tarde, para anunciar la salida de la transnacional Aguas del Tunari del país. Aquí, parece ser nuevamente cierto eso de que "el estadio o madurez más

---

65 *Opinión*, 14 de noviembre de 1999.

66 Coordinadora de Defensa del Agua y la Vida (2000:180).

67 Una cronología de los conflictos del año 2000 puede encontrarse en la recopilación de Miguel Villaroel en Laserna (2001: 20-35) y en CLACSO (2000).

alto que puede alcanzar cualquier cosa es aquel en el que empieza a perecer" (Hegel, cita en Marcuse, 1971: 138); y, es a su vez, el momento en el que manifiesta su verdadera naturaleza[68].

La Coordinadora creció y se desarrolló en un ambiente de malestar social, signado por los conflictos anteriormente mencionados y el incremento del precio de los carburantes de fin de año[69], que fue respondido por un paro movilizado de 48 horas del transporte en el ámbito nacional[70], coordinado localmente con el Comité Cívico y la Central Obrera Departamental[71]. Meses atrás, los pasajes del transporte público habían subido debido a otro "gasolinazo". La nueva medida supuso un reajuste de los pasajes, en un contexto ya bastante precarizado por la recesión económica[72]. Justamente a principios de diciembre, el superintendente de Agua Potable, Luis Uzín, anunció el incremento de las tarifas de agua, en un margen categorial que llegaba hasta el 100%[73].

La Coordinadora, que empezó congregando a una veintena de asociaciones de riego y comités cívicos provinciales, el día de su inauguración, el 18 de diciembre aglutinaba alrededor de cuarenta y cinco instituciones, entre centrales y subcentrales campesinas, asociaciones de riego, cooperativas de pozos, sindicatos agrarios y comités cívicos provinciales[74]; luego de un paciente trabajo de explicación y propagandización del problema, iniciado por la Federación de Regantes y el Comité de Defensa del Agua y la Economía Familiar. La Coordinadora era aquí, fundamentalmente, la unión de sindicatos y organizaciones de riego rural, interesados en preservar su propiedad y formas de gestión sobre el servicio del agua, frente al capital transnacional y los cuadros burocráticos del Estado, que impulsaban la privatización de los recursos hídricos de Cochabamba en beneficio del imperialismo; era, si se quiere, una lucha de clases entre los pequeños propietarios y los grandes propietarios; lucha que, para ser exitosa –y así lo comprendieron sus dirigentes– requería de una alianza con los sectores empobrecidos de las ciudades, afectados por el incremento de las tari-

68 "Las crisis y los colapsos no son accidentes ni perturbaciones, sino que manifiestan la verdadera naturaleza de las cosas" (Marcuse ,1971: 148).
69 *Los Tiempos*, 15 de diciembre de 1999: C5.
70 *Los Tiempos*, 16 y 17 de diciembre de 1999.
71 *Los Tiempos*, 16 de diciembre de 1999.
72 *Los Tiempos*, 19 de diciembre de 1999.
73 *Los Tiempos*, 2 de diciembre de 1999.
74 Ver Coordinadora de Defensa del Agua y la Vida (2000: 197-199).

fas de agua potable y la obligatoria instalación de medidores en pozos privados, a cargo de Aguas del Tunari.

"La Central Obrera Departamental, la Federación de Trabajadores Fabriles, Asociación de Usuarios la Angostura, Federación de Maestros Urbanos, Comités Cívicos Provinciales, Federación de Regantes, Comité Cívico de Defensa Ambiental de Cochabamba, Asamblea de Derechos Humanos, Asociación de Perforadores de Pozos, Federación de Juntas Vecinales-Pueblo, Comité de Defensa del Agua y la Economía Familiar y Organizaciones Territoriales de Base y sindicatos agrarios amenazaron con una 'resistencia civil' a la Ley de Servicios de Agua Potable"[75].

Fue en el contexto de una serie de conflictos aislados, algunos más o menos duraderos, otros postergados, que el 21 de noviembre la Coordinadora debutó en las calles organizando una masiva movilización, junto a la Federación del Autotransporte, la Federación de Juntas Vecinales, la Federación de Maestros Urbanos[76] y otros sectores.

Fisuras en el seno de la Federación de Juntas Vecinales, la Federación del Autotransporte y rupturas con el Comité Cívico[77], ya a fines de diciembre, iban perfilando la dirección regional, para encarar las luchas contra la Ley 2.029 y el contrato de concesión con Aguas del Tunari. Los representantes de la Coordinadora exigieron la renuncia del presidente del Comité Cívico y nuevas elecciones en la institución. "El tarifazo de agua potable y alcantarillado está dividiendo a las instituciones cochabambinas. La mayoría está optando por el camino de las protestas bajo la batuta del Comité de Defensa del Agua y la Economía Familiar, mientras el Comité Cívico, FEJUVE y algunos parlamentarios han elegido otro sendero que, aparentemente, se dirige hacia las puertas del parlamento"[78]. En abril de 2000, el Comité Cívico sería prácticamente disuelto por las masas; mientras que el transporte pesado sería aliado de las movilizaciones, el transporte urbano saldría de las calles a pedradas; y un sector de las juntas vecinales y comités de vigilancia

---

75 *Los Tiempos*, 21 de diciembre de 1999: C1.

76 *Los Tiempos*, 22 de diciembre de 1999: C1, 2.

77 El ex-presidente del Comité Cívico, Mauricio Barrientos, militante de la NFR, también firmó el contrato de concesión con Aguas del Tunari. Después renunciaría para presentarse a las elecciones municipales. Tradicionalmente, el Comité Cívico ha sido portavoz de los intereses empresariales en la región. Durante el conflicto, las acciones del Comité se orientarían a desprestigiar a la Coordinadora e intentar reconducir la dirección del movimiento regional en términos *aceptables* al gobierno. El día de fundación de la Coordinadora, el Comité Cívico fue desconocido y la dirección de FEJUVE fue acusada de "divisionista" (Coordinadora de Defensa del Agua y la Vida, 2000: 180).

78 *Los Tiempos*, 27 de diciembre de 1998: A1.

pasarían a las filas de la movilización. Claro que esto no se definió en las mesas de negociación, sino en las calles.

La "constitución de la multitud" –si se puede llamar así lo que pasó en febrero y abril– no fue el "resultado de un largo y paciente trabajo de interunificación de confianzas, apoyos mutuos, liderazgos y solidaridades trabajadas a escala local" (García, 2001: 54); ni la habilidad de los dirigentes fabriles fue "haber propuesto formas de adhesión urbanas y una estructura de organización capaz de abarcar a ese conglomerado de pobladores y trabajadores que sólo poseen una identidad y filiación territorial", rompiendo "ese terrible desencuentro histórico que la COB no pudo superar... unificando a trabajadores del campo con trabajadores de la ciudad; transportistas con vendedoras de los mercados" (Gutiérrez, García y Tapia, 2000: 172). Al sostener tal cosa, se convirtió a los hombres concretos en macrosujetos capaces de realizar tareas que las clases sociales no pudieron, dejando sin resolver el problema de la formación de la Coordinadora.

En realidad no fue una cuestión de "interunificación de confianzas, apoyos, solidaridades, liderazgos", sino del momento preciso en que tales alianzas dirigenciales se dieron; no fue que el dirigente fabril Oscar Olivera planteó una estructura capaz de abarcar al conglomerado de trabajadores, sino que fue la misma movilización de masas la que creó un órgano de poder diferente al que los teóricos de la "forma multitud" se imaginan; no fue el "horizonte interpretativo" de "un mando obrero" el que propició una alianza de clases que la COB no pudo realizar, sino que fueron las experiencias de luchas precedentes, de transportistas y comerciantes, de campesinos regantes y trabajadores de la ciudad, sus fracasos sectoriales, su debilidad singularmente asumida, lo que los llevó a unirse y a *apropiarse* de la Coordinadora.

Esto no significa que las direcciones carecieran de papel alguno en el desarrollo del movimiento, sino que sus acciones potenciaron una tendencia que se venía desarrollando objetivamente, pero que tampoco necesariamente iba a culminar en un abril. Aquí, las direcciones efectivamente tuvieron un papel *activo*, pero no sólo porque *actuaron* en el marco de un determinado *estado de ánimo* de las masas y una determinada situación política, sino también porque *activaron* instintos, intereses, pasiones, sentimientos; procesos que ya existían y se desarrollaban independientemente de los *mandos*.

En este sentido, la cuestión tampoco es resuelta otorgando un peso sobredimensionado al uso de los medios de comunicación por parte de la Coordinadora, como si se tratara del uso mediático que hacen los nuevos movimientos sociales que resisten a la globalización[79]; se trata de ver en qué medida el uso de la prensa fue uno de tantos otros medios existentes para *activar*.

Había entonces, efectivamente, un proceso de alianza de direcciones campesinas, fabriles, cívicas provinciales, vecinales, profesionales, que se llama Coordinadora y que no suponía directamente la unión de las clases; a excepción de los campesinos regantes, que venían actuando desde noviembre como clase y habían vivido "Guerras por el agua" precedentes. A través de asambleas, reuniones, informes mediante la prensa, la radio; denuncias sobre el papel "traidor" del Comité Cívico y la alcaldía en la firma del contrato; denuncias sobre las intenciones de instalar medidores en los pozos privados y cobrar a sus propietarios 80 dólares; informes sobre un contrato fraudulento que suponía financiar la construcción del proyecto MISICUNI con el incremento de las tarifas de agua en Cochabamba; la quema de facturas que mostraban el incremento tarifario excesivo, facilitadas por cientos de ciudadanos; acciones tomadas en una *coyuntura específica* y en un *momento preciso*, hicieron que la Coordinadora adquiriera autoridad moral y se convirtiera en un instrumento de movilización y unificación, un canal de expresión de reivindicaciones no satisfechas, ante el vacío de dirección dejado por el Comité Cívico y la Central Obrera Departamental. En las calles será parida la *nueva Coordinadora*, no la que fue nominada por los acuerdos dirigenciales, sino la que renació como criatura de las masas, como órgano de poder[80].

---

79 A nuestro criterio, de manera forzada, Crespo (2000) sigue a Castells y Touraine, en su análisis sobre la Coordinadora y los nuevos movimientos sociales. Por ejemplo, Castells (1998) hacía referencia al uso de armas y atentados terroristas, por los "nuevos movimientos sociales contra la globalización", indicando que dichos actos, más que ser activados con el propósito de llevarse hasta las últimas consecuencias, fueron hechos para llamar la atención de los medios de comunicación. Un efecto "teatral" realizado por focos aislados, a mi juicio, incomparables con la contundencia de la rebelión de abril, que al final exigía *la cabeza de Bánzer*. Durante la "Guerra del Agua", el método fundamental no fue mediático, sino la acción directa *de masas*, que afectaba de manera radical al orden social en su conjunto; es decir, su *espectacularidad* fue un hecho derivado. En tal sentido, el uso de *nuevas tecnologías* fue secundario e inexistente en el área rural, donde el campesino apenas alcanza a tener una pequeña radio.

80 En realidad, la Coordinadora de febrero y abril no fue una "inédita forma organizativa" (Gutiérrez, García y Tapia, 2000). Órganos de poder y dualidad de poderes han habido desde que hay movimientos revolucionarios. En Bolivia se vivió tal cosa cuando Zarate Willca, ante la traición de las *elites* liberales, decidió refundar el imperio del Kollasuyo; la misma Central Obrera Boliviana nació en 1952 como órgano de poder paralelo al Estado; y la clase obrera fundó, en 1970, la Asamblea Popular, formada por diputados obreros. En el plano internacional, hubo órganos de poder en la revolución inglesa del siglo

Pero aclaremos una cosa más, la base material de la Coordinadora, la unificación que se realizó alrededor de intereses concretos, fue fundamentalmente una unidad de organizaciones campesinas de riego, sindicatos agrarios, cooperativas de pozos, comités de agua; con representantes profesionales, fabriles y regantes, articulados coyunturalmente por el problema del agua en Cochabamba, suscitado a raíz de la aprobación de la Ley 2.029 y el contrato con el consorcio Aguas del Tunari. Como veremos, la movilización social la transformará en otra cosa, algo cuya esencia se hallaba en la acción directa de masas, más que en las alianzas coyunturales de las direcciones; de ahí que cuando vino el reflujo de las aguas, después que Aguas del Tunari partió y se revisó la Ley 2.029, la Coordinadora se convirtió en una superestructura vacía colgada del aire, en una sigla. Fue equivocado decir: "la pérdida de centralidad organizativa por parte del mundo del trabajo sindicalmente organizado comienza a ser revertida por la emergencia de inéditas formas organizativas capaces de cobijar la moderna obrerización híbrida de la población urbana" (Gutiérrez, García y Tapia, 2000: 148); no al menos por la vía de la Coordinadora.

A diferencia de la Coordinadora, la fortaleza organizativa de la Central Obrera Boliviana anterior a 1986, en los momentos de reflujo, seguía asentándose en la base material del proletariado, el minero y el fabril en particular. Después de abril de 2000, cuando las masas abandonaron las calles, la Coordinadora volvió a ser menos de lo que era antes de que estas salieran a la movilización. Los campesinos retornaron a gestionar sus intereses inmediatos, a través de las organizaciones de riego, los sindicatos agrarios; y, en los barrios, se hizo de igual manera, a través de los comités y cooperativas de agua, sin

---

XVI, en la revolución francesa del siglo XVIII, en la Comuna de París de 1871 (ver Trotski, 1985: 178-179); y en las rebeliones y revoluciones obreras de inicios del siglo XX. "¿En qué consiste la dualidad de poderes? En que junto al Gobierno Provisional, gobierno de la *burguesía*, se ha formado *otro gobierno*, débil aún, embrionario, pero existente sin duda alguna y en vías de desarrollo: los soviets de diputados obreros y soldados ¿Cuál es la composición de clase de este gobierno? El proletariado y los campesinos... ¿Cuál es el carácter político de este gobierno? Es una dictadura revolucionaria, es decir, un poder que se apoya directamente en la conquista revolucionaria, en la iniciativa directa de las masas populares desde abajo, *y no en la ley* promulgada por el poder centralizado del Estado... *Este* poder es *del mismo tipo* de la Comuna de París de 1871. Los rasgos fundamentales de este tipo de poder son: 1) la fuente del poder no está en una ley, previamente discutida, y aprobada por el parlamento, sino en la iniciativa directa de las masas populares desde abajo y en cada lugar, en la 'conquista' directa del poder, para emplear un término en boga; 2) sustitución de la policía y del ejército, como instituciones apartadas del pueblo y contrapuestas a él, por el armamento directo de todo el pueblo; con este poder guardan el orden público los *propios* obreros y campesinos armados, el propio *pueblo* en armas; 3) los funcionarios y la burocracia son sustituidos también por el poder directo del pueblo" (Lenin, 1987: 38-39).

que tuvieran necesidad alguna de ser aglutinados alrededor de la Coordinadora.

Esto revela que la base de un órgano de poder es su estructura material de clase; a lo que podría añadirse una base territorial (García, 2001); y la condición es el estado de ánimo de las masas, el momento y la situación política por la cual atraviesan. Mientras que durante la "Guerra del Agua", en el campo la base material eran los campesinos regantes y en las ciudades las organizaciones barriales, comités y cooperativas de agua, la base material de la asamblea popular de 1970 era el proletariado minero. La sola existencia de tales estructuras no hacía tales órganos de poder; para ello debían mediar determinadas condiciones sociales y políticas que, para el caso de abril, las hemos descripto precedentemente.

De ahí que sea especulativo y artificial decir que una forma de superar el déficit organizativo de la Coordinadora, "quizás vaya por la consagración, institucionalización y ritualización simbólica de las asambleas locales y regionales existentes como asambleas instituidas de la Coordinadora, la regularización de una asamblea departamental con un mínimo de delegados seguros a los que pudieran incorporarse otros en cualquier momento y la implementación de mecanismos de elección y revocabilidad de dirigentes" (García, 2001: 153). La gente no se reúne por la ocurrencia del intelectual, sino por sus necesidades concretas; mientras que la Coordinadora de febrero y abril no fue un hecho *formal, administrativo*, si no *de facto*, surgido de la acción directa de masas. Veamos.

En una asamblea del lunes 10 de enero de 2000, convocada por la Coordinadora de Defensa del Agua y la Vida, se decidió iniciar un bloqueo de caminos en el departamento y en los principales puentes de la ciudad; bloqueo que se inició el 11 de manera contundente, en las carreteras que unen la ciudad con el resto del país, por los campesinos regantes. Durante los dos días siguientes se fue incorporando la ciudad.

"Ese día, el bloqueo de caminos en las áreas rurales fue total... En la ciudad, no todos acataron la medida ese día, pero al día siguiente y el jueves el autotransporte urbano fue paralizado en su totalidad... Las carreteras troncales entre Cochabamba-Oruro-La Paz y Santa Cruz estuvieron interrumpidas desde las primeras horas de ayer martes, y en la terminal de buses miles de pasajeros permanecieron inmovilizados... En los puntos de protesta se podía apreciar una efectiva presencia de campesinos, jóvenes y niños, quienes se dieron modos para colocar neumáticos, ramas de espinos y otros objetos contundentes sobre la carretera Cochabamba-La Paz. El anuncio de sacar efectivos militares y policiales a las vías troncales fue sólo una amenaza, porque en el recorrido que hizo Los Tiempos no ubicó a un sólo uniformado. Todos habían sido concentrados en la ciudad de Cochabamba. En los puntos de bloqueo de Colcapirhua estaba 'prohibido circular', ya sea con bicicleta o motos, pues los bloqueadores no permitieron, bajo ningún motivo y pretexto, el paso de vehículos. Lo mismo sucedió en Sacaba. Pero el día más conflictivo fue el jueves, día en el que 22 personas fueron detenidas, miles de manifestantes fueron gasificados y el edificio de la prefectura fue apedreado"[81].

La medida fue acompañada por un paro del Comité Cívico que, a esas alturas, era apenas capaz de dirigir efectivamente al transporte urbano. El martes la ciudad amaneció sin movimiento, pero tampoco bloqueada. Paulatinamente, se irían incorporando pequeños piquetes de vecinos que acudieron al llamado de la Coordinadora. En las zonas periurbanas algunas juntas vecinales iniciaron bloqueos; y más comités de defensa del agua potable.

Las demandas de la Coordinadora eran: "Derogar la Ley de Agua Potable 2.029... la nulidad del contrato de concesión con Aguas del Tunari, en contra de la Ley de Aguas... El bloqueo es también una protesta por el alza del costo de vida. No podemos permitir que siga subiendo la gasolina, el diesel, que suban los pasajes, que suba la energía eléctrica"[82]. Un gran cabildo del 14 de enero realizado en la plaza principal[83] ratificó estos puntos[84], a lo que se añadió pasar la administración del agua potable a un órgano autogestionario del pueblo.

81 *Los Tiempos*, 16 de enero de 2000.

82 Coordinadora Departamental de Defensa del Agua y la Vida (2000: 209).

83 Ver *Los Tiempos*, 16 de enero de 1999.

84 Por eso es falsear la realidad decir que los cochabambinos decían "no al contrato de concesión del agua cochabambina a la empresa Aguas del Tunari, no a una ley de agua potable que ignora los derechos, esfuerzos, usos y costumbres de la población" (Gutiérrez, García y Tapia, 2000: 140). No sólo que en el cabildo del 14 las demandas de los ciudadanos habían sido categóricas, NO al contrato, NO a la ley, sino que las mismas asambleas anteriores de la Coordinadora lo decían así. Este aspecto es fundamental, pues posteriormente los representantes de la Coordinadora, desacatando las resoluciones del cabildo, de manera contradictoria, unas veces enarbolarán la "revisión" del contrato con Aguas del Tunari; y otras, su anulación. Así, el comunicado Nº 15 de la Coordinadora dice: "Nosotros queremos decir claramente y lo hemos señalado así en una carta enviada al Presidente, de que el tema del agua debe ser necesariamente discutido empezando por la ley de agua potable y alcantarillado sanitario, luego *revisar el contrato* y finalmente *establecer un nuevo régimen tarifario* que permita la concreción del proyecto múltiple Misicuni y las posibilidades de la población, *no hay otra alternativa*" (Coordinadora de Defensa del Agua y la Vida, 2000: 234, cursivas nuestras). Al final se definirían por "revisar" la ley y anular el contrato.

"Las aproximadamente 10 mil personas que participaron de la marcha [...] también otorgaron toda la potestad a la Coordinadora como su legítima representante ante cualquier diálogo y negociación con los ministros del Estado"[85]. Nuevos sectores se fueron plegando a la movilización, para formar parte de la Coordinadora. Imposibilitados de volver a sus casas por el paro del transporte, una gran congregación de personas formó brigadas de vigilia en la plaza principal, antesala a la llegada de los ministros. En el transcurso del día se iniciaría un combate en las calles de la ciudad con las fuerzas represivas del Estado, que despejaron la plaza.

La Coordinadora empezó sus movilizaciones convocando alrededor de 10 mil personas en un cabildo; la voz de mando de una asamblea, que bajó a través de las organizaciones de riego, comités y cooperativas de agua, adquiría autoridad regional y con el tiempo empezaría a cumplir funciones de gobierno. En enero se manifestaron los primeros rasgos de que la Coordinadora tendía a convertirse en un órgano de poder de masas.

El proceso se inició en sentido descendente, es decir, como una serie de reuniones y asambleas de dirigentes, reuniones y asambleas entre las direcciones de la Coordinadora y las direcciones intermedias de Comités de Riego, Cooperativas, Comités de Agua, etc., hasta reuniones y asambleas con las bases; en las marchas, las asambleas y el cabildo, en los enfrentamientos con la policía, a la vez que las consignas se fueron convirtiendo en fuerza material, las masas empezaron a *apropiarse* de la Coordinadora; y, al hacerlo, comenzaron a transformarla, sobrepasando los estrechos límites de las organizaciones de riego, comités, cooperativas, etc. que no podían contener en sus estrechos marcos la afluencia de más sectores, por muy flexibles que estas organizaciones fueran.

Así, en esta fase del movimiento, empezó a negarse dialécticamente la Coordinadora (que seguía llamándose Coordinadora) y el proceso adquirió un sentido ascendente, se desarrollaba bajo iniciativa directa de las masas: "sinnúmero de bloqueos... una enorme cantidad de bloqueos pequeños, de vecinos, de trabajadores por cuenta propia, de gente pobre" (Gutiérrez, García y Tapia, 2000: 138) que, sin pertenecer a comité de agua alguno, pero que eran afectados por el "tarifazo", asumían el llamado a bloquear, respondían a una voz de mando, que surgió de la última asamblea de la Coordinadora. La obe-

85 *La Prensa*, 14 de enero de 2000.

diencia a dicha resolución evidenciaba que la Coordinadora se estaba transformando en un representante legítimo, que podía hacer efectivas las resoluciones tomadas en las asambleas de la Federación de Fabriles; comenzaba a transformarse en un órgano que legislaba los asuntos colectivos, a la vez que los ejecutaba a través de la movilización, funciones gubernamentales que se fueron consolidando en el transcurso de los siguientes dos meses.

Esa dialéctica del proceso permaneció latente luego de la firma de un convenio entre la Coordinadora y las autoridades del gobierno, "cuando cuatro ministros de Estado y representantes de diferentes organizaciones llegaron a un acuerdo"[86]. Allí se acordó que se formarían comisiones para discutir las leyes y el contrato de concesión[87]. Con relación a las demandas de los movilizados, nada se consiguió, más que la promesa de discutir las leyes y el contrato en comisiones. Luego de una conflictiva asamblea, donde los representantes de la Coordinadora informaron sobre los términos del acuerdo, impusieron el levantamiento de las medidas de presión. Más allá de las maniobras dirigenciales, lo importante de la movilización fue que la gente adquirió en las calles mayor conciencia de su fuerza y de su unidad, sintetizada en la *nueva Coordinadora*.

La previsible esterilidad de los comités de negociación condujo a la organización de una movilización de mayor envergadura, denominada "toma pacífica de Cochabamba", que incluía el desplazamiento de los campesinos de las provincias hacia la ciudad, al igual que la organización de marchas que partirían desde distintos puntos de la urbe hasta la plaza principal, donde todos deberían reunirse. Alrededor de quinientos efectivos, entre policías y militares, fueron traídos aquel día para reforzar los aparatos represivos de Cochabamba y controlar la "toma pacífica".

"Las principales carreteras que conducen hacia Cochabamba aparecieron ayer bien resguardadas. Los uniformados del ejército controlaban Colomi, la Angostura [Valle Alto] y Parotani [Valle Bajo]. Si no lo hacían, la ciudad habría sido tomada por campesinos... En el Oeste [la conexión con el Valle Central], los manifestantes sobrepasaban lentamente a los efectivos en el Viaducto. Cuando lo lograron ya

---

86 *Los Tiempos*, 16 de enero de 2000.

87 Es un simple juego de palabras ajeno a los hechos decir que la victoria de enero fue "lo nuestro sigue siendo nuestro, el contrato de concesión del agua, la ley de agua potable, la futura ley del agua, se discute a partir de seguir sumando fuerza" (Gutiérrez, García y Tapia, 2000: 140). La ley y el contrato seguían vigentes, por tanto, el agua *ya no era nuestra*.

tenían suficientes ganas como para anular las barricadas policiales en el puente de Quillacollo y en la plazuela Corazonistas. Por fin, llegaron a la Heroínas y Ayacucho, a tres cuadras de la plaza 14 de septiembre [la plaza principal] y allí se parapetaron. En el Este, otro grupo de aproximadamente 5 mil campesinos que habían llegado de Sacaba [Valle Alto], después de sortear un muro verde en la Muyurina, tomó la avenida Ramón Ribero, la Oquendo y llegó hasta la Heroínas y Antezana. Por el puente Muyurina en el sector Este, alrededor de 7 mil cocaleros ingresaron a la ciudad pacíficamente, pasando por el cerco policial. Sin embargo, en inmediaciones de la plaza policial los productores de coca fueron también reprimidos. En el Sur, 10 mil campesinos del valle alto eran controlados a la altura de la terminal de buses. La policía estaba cercada. Cientos de efectivos custodiaban las cuatro esquinas de la plaza central y otras decenas combatían en las calles aledañas"[88].

En la ciudad, miles de jóvenes, atrincherados en cientos de barricadas, distribuidas en distintas esquinas del centro de Cochabamba y las zonas periurbanas, combatían a "los dálmatas", policías traídos desde La Paz para reprimir la "toma", ante la falta de autoridad que los altos mandos tenían sobre una policía local disconforme y hambrienta. Un coronel y un capitán solicitarían al ministro de Gobierno que permitiera ingresar a la multitud a la plaza, pues supuestamente la marcha iba a ser pacífica.

"Tras la jornada violenta del viernes y ya en horas de la noche cuando se produjeron los más fuertes enfrentamientos, nuevamente la representación policial cochabambina pidió al Ministro cesar la dura represión argumentando que fue indiscriminada, pero estos fueron duramente recriminados por Guiteras y hasta amenazados con ser echados si no cumplían sus órdenes"[89].

Luego del conflicto, policías de bajas gradaciones como altos jefes, que no quisieron revelar sus nombres a la prensa, indicaron su malestar por los bajos salarios que recibían y la inexistencia de cascos de protección, máscaras antigases y escudos protectores en sus guarniciones para enfrentar las movilizaciones. Paradójicamente, el gobierno trasladó a "los dálmatas" desde La Paz y trajo pertrechos que en el lapso de dos días supusieron un gasto de 100 mil dólares. Un policía que pidió no ser identificado declaraba a la prensa: "Por qué

---

88 *Los Tiempos*, 5 de febrero de 2000.
89 *Los Tiempos*, 8 de febrero de 2000.

mejor no nos aumentan el sueldo, en vez de gastar tanto dinero en estas armas y proyectiles"[90]. Policías disconformes, que denunciaban no haber comido durante los días del conflicto, ni haberse bañado durante los días de la rebelión, durmiendo sin cambiarse, revelaban el malestar existente al interior de las fuerzas policiales, signos que adquirirían cuerpo en el amotinamiento policial de abril.

Sobre la base de estas referencias, *maticemos un poco* entonces. La rebelión social de febrero no fue "un cuerpo y unas prácticas de soberanía asentadas en premisas no estatales" o la momentánea "desestatización de la vida pública" (Gutiérrez, García y Tapia, 2000: 19); ni tampoco se puede negar que había "un mando que convoque" (Gutiérrez, García y Tapia, 2000: 146) a la rebelión; y es impreciso decir que por unas horas, el Estado se redujo "a su tropa encerrada en la Plaza". En realidad, el desequilibrio social en Cochabamba inició un proceso de ruptura en la superestructura estatal burguesa, ante la emergencia de una nueva forma de centralización que surgía de la movilización directa de las masas, "las clases adversas se apoyan ya en organizaciones estables sustancialmente incompatibles entre sí y que a cada paso se eliminan mutuamente" (Trotski, 1985: 178) en la dirección de la región, en este caso. La Coordinadora, convertida en un órgano de centralización que convocaba a la deliberación y toma de decisiones a través de los cabildos y las asambleas, y su respectiva ejecución a través de monumentales marchas, violentas confrontaciones con la policía y el ejército, empezó a adquirir los rasgos de una nueva forma estatal.

Es un error "federalista" creer que la centralización sólo viene desde arriba[91]; con la Coordinadora, las masas, a su modo, construyeron una forma diferente de centralización, al percibir que sólo su unidad, bajo un mando único, podía expulsar al consorcio Aguas del Tunari y anular la Ley 2.029. Es impreciso indicar que "la fuente de autoridad centralizada del Estado comenzó a desvanecerse para quedar depositada en múltiples nudos de autoorganización barrial y local" (Gutiérrez, García y Tapia, 2000). Mas bien la autoridad estatal empezó a desvanecerse para quedar depositada en una nueva forma de centralización "gubernamental" creada durante el conflicto, la Coordinadora; que, es cierto, no se asentaba sobre un orden burocrá-

90 *Opinión*, 8 de febrero de 2000.

91 "Para Engels, el centralismo no excluye en lo más mínimo esa amplia administración autónoma local, que, con la defensa voluntaria de la unidad del Estado por las 'comunas' y las regiones, elimina en absoluto todo burocratismo y todo 'mando' desde arriba" (Lenin, 1987: 332).

tico, sino sobre las asambleas, los cabildos, los "nudos de autoorganización barrial y local" y la iniciativa directa de las masas, que se desarrollaban durante la movilización social.

En un avanzado proceso de gestación, en febrero, y sobre todo en abril, se fueron perfilando los embriones de un nuevo Estado, con estructuras legislativas y a la vez ejecutivas, asentado sobre la democracia directa, con representantes que respondían a mandato imperativo; una forma que buscaba consolidar su fisonomía, disolviendo los aparatos represivos del Estado. En abril esta tendencia se fue perfilando en los constantes intentos por tomar la Séptima División del Ejército y la toma física de las oficinas de la policía; a lo que debe sumarse el malestar policial, mostrando que en el desarrollo del conflicto que se inició en febrero, incluso los brazos represivos del Estado burgués empezaban a rajarse.

¿De haber adquirido forma definitiva esta tendencia –"la sustitución de la policía y el ejército por el pueblo armado"– no habría sido acaso una nueva forma estatal, una nueva forma de centralización que se asentaría sobre la democracia y acción directas, y sobre la represión de la minoría por la mayoría de la sociedad?

El "autoritarismo" de las clases populares frente a las minorías privilegiadas de la sociedad cochabambina, fue una de las características de este proceso insurreccional: fueron las movilidades sacadas de las calles a pedradas; las tiendas, los bancos y los negocios de quienes no acataban el paro que fueron cerradas a pedradas por los marchistas; los edificios privados a medio construir invadidos por los manifestantes para la provisión de piedras destinadas a enfrentar a la policía; los empresarios que tenían que botar sus pollos podridos ya que no podían trasladarlos para venderlos; y la empresa privada en su conjunto, que no pudo realizar la venta de sus mercancías.

Puede decirse que era un estado de sitio impuesto por la movilización de masas, un acto de autoridad que emergía de la mayoría de la sociedad cochabambina y se ejercía sobre sus minorías privilegiadas, que observaban el conflicto por la televisión, atemorizadas desde los barrios residenciales de la zona Norte, y aquellas pocas minorías de la clase media, que se hallaban ajenas al conflicto y no respetaban las resoluciones de las asambleas y los cabildos. Los temores del pensamiento liberal, respecto al ejercicio de la dictadura, de la mayoría de la sociedad sobre la minoría, encuentran aquí una cabal expresión. Contradictorio que este haya sido el momento más democrático vivido por la sociedad cochabambina durante toda su historia.

El conflicto de febrero concluyó en el congelamiento de las tarifas de agua potable. Una bulliciosa multitud de cochabambinos ingresaría el 5 de febrero a la plaza principal para festejar la *victoria*, aunque el contrato con Aguas del Tunari y la Ley 2.029 permanecían vigentes. Anuncios posteriores de que el incremento de las tarifas continuaría condujeron a la preparación de la "Batalla final por el agua", un "Bloqueo general indefinido del departamento y la ciudad, a partir de las 6:00 del día 4 de abril de 2000": "Este bloqueo se realizará en las provincias con el bloqueo de caminos y en la ciudad con el bloqueo de calles, avenidas y puentes, en cada barrio y en cada casa... Se constituye el Comité de Bloqueos y movilizaciones tanto en el ámbito urbano, provincial, barrial y comunitario, de acuerdo a lo dispuesto en la Asamblea, con todas las características señaladas en la misma"[92].

Aunque el gobierno había realizado una intensa propaganda de desinformación, el martes la ciudad despertó paralizada. "Los pocos comercios y empresas que inicialmente abrieron sus puertas, cerraron hasta mediodía. Los caminos se llenaron de barricadas y los accesos a los barrios populares del sur eran bloqueados con ramas, palos, vidrios y piedras. No había importado la retórica ni la infamia gubernamental contra la Coordinadora" (Gutiérrez, García y Tapia, 2000: 153). En los barrios y las comunidades, los bloqueos se organizaron a través de turnos de vigilancia, la rotación de comunidades y familias para hacerse cargo del bloqueo y la alimentación de los bloqueadores.

"[C]ampesinos y bloqueadores se organizaron en grupos de 50 y 300 personas para hacerse cargo, cada ocho horas, de los bloqueos de las principales carreteras. Por el lado este de la ciudad, en el kilómetro 5, del camino antiguo a Santa Cruz, los vecinos del barrio San Miguel decidieron no dar paso ni a bicicletas ni a motos. De esta manera quedó interrumpido el tráfico normal hacia poblaciones del Valle Alto. Por el sector oeste, los pobladores de Colcapirhua, Vinto, Sipe Sipe y Parotani (Valle Bajo) también impidieron el paso de bicicletas y motos. Sobre la carretera Cochabamba-Parotani el bloqueo no fue total, pero entre Sacaba y Melga la situación se mantiene inalterable, al extremo de que los campesinos se organizaron con palos y dinamitas"[93].

Otro medio de prensa mostraba un panorama más completo sobre el bloqueo campesino en los valles, que se inició el martes 4 de abril: "El sector del Valle Alto se encuentra totalmente bloqueado en

---

92 Coordinadora Departamental de Defensa del Agua y la Vida (2000: 249).
93 *Los Tiempos*, 6 de abril de 2000.

diferentes puntos estratégicos, determinados por el Comité Impulsor del Proyecto Quewiñacocha [...] 'con el eslogan (vivir o morir), nuestro primer bloqueo está instalado en Rodeo, cantón del municipio de Vacas, donde cerca de 500 compañeros no dejan pasar ni una sola bicicleta proveniente del Cono Sur. De igual manera, la población araneña ha salido a bloquear la avenida principal que une esa provincia con Punata. Lo mismo ocurre con los productores agropecuarios de Paracaya, San Benito, Tolata, Cliza, Arbieto y Tarata, quienes salieron hasta la carretera Cochabamba-Paracaya para dejar intransitable esta importante arteria'. A la altura de Colomi, se halla instalada una barricada de bloqueo, protagonizado por más de 200 cocacultores del Trópico cochabambino y miembros de la Central campesina colomeña, que en forma indefinida interrumpen el tramo Cochabamba-Chimoré, desde el pasado martes 4. De igual forma, los campesinos de la provincia Tiraque, llevan adelante el bloqueo de las vías principales que conducen a Punata y a la población Aguirre, ubicada a 15 kilómetros de Colomi. Más adelante, en Melga, más de 500 trabajadores de la tierra, obedecen fielmente la instructiva de la Coordinadora, bloqueando el camino hasta el sector de Chinata. Como se había anunciado, un buen número de campesinos del Trópico, están paralizando el tráfico vehicular sobre el puente de Muyurina y el ingreso Sacaba-Cochabamba.

La Avenida Blanco Galindo, se encuentra totalmente interrumpida por los diferentes piquetes de bloqueos, protagonizados por los regantes de Sait´uqhocha y vecinos de los diferentes barrios que se encuentran a lo largo de este tramo. El primer bloqueo está ubicado en el Viaducto del Hipódromo, por las movilidades de la Federación Departamental de Transporte; el segundo, se encuentra en el reducto de Colcapirhua, donde más de 500 regantes llevan adelante la interrupción total de la Avenida; un tercer bloqueo está registrado sobre el río Huayculi, realizado por vecinos de Piñami y Cotapachi; más allá en el cruce de Vinto-Pairumani se encuentra otra de las barricadas del Valle Bajo, con más de 300 personas. El bloqueo más numeroso del departamento está ubicado en la población de Parotani, donde cerca de 1.500 campesinos de Capinota, Tapacarí, Bolívar, Arque y Ayopaya, salieron hasta la avenida Cochabamba-Confital, para interrumpir el paso de movilidades, cumpliendo estrictamente las determinaciones de la Coordinadora y la Federación de Campesinos"[94].

---

94 *Gente*, 6 de abril de 2000.

Luego de los bloqueos contundentes del 4 en las provincias y las zonas periurbanas de la ciudad, la Coordinadora convocó a profundizar las medidas de presión en el centro de Cochabamba, así como a realizar marchas que deberían partir, desde diferentes puntos de la ciudad, confluyendo en un gran cabildo en la plaza principal. El 5 se congregaron alrededor de 15 mil trabajadores, vecinos de las zonas periurbanas, comerciantes, campesinos y universitarios, quienes definieron la ocupación inmediata del Comité Cívico y las dependencias de Aguas del Tunari. El cabildo definió dar 24 horas a la transnacional para retirarse.

El movimiento, sin embargo, desarrollaba una contradicción interna. A diferencia de los campesinos, que podían sostener prolongadas movilizaciones puesto que ellos mismos obtenían sus medios de subsistencia, de la tierra mayormente, los comerciantes, artesanos y demás trabajadores por cuenta propia, que vivían de lo que vendían y producían al día, no tenían la posibilidad de resistir un largo conflicto, viéndose en la necesidad de abrir sus negocios y abandonar temporalmente la movilización. El 6 de abril "no más de 5.000 hombres y mujeres se reunieron en la plaza principal", con quienes se organizó un "cerco" a la prefectura para vigilar las negociaciones entre el gobierno y los representantes de la Coordinadora

Fue, efectivamente, el momento de mayor debilidad de la movilización en la ciudad, tendencia que se fortaleció al aproximarse la noche "cuando no más de 1.500 personas vigilan la entrada de la prefectura y la policía" (Gutiérrez, García y Tapia, 2000). Hubo, sin embargo, un hecho que modificó el desarrollo de los acontecimientos. Mientras se reunían en la prefectura los representantes de la Coordinadora y el gobierno, sorpresivamente ingresó la policía para detener a los dirigentes, acción que al ser difundida por la prensa, provocó la indignación generalizada y la reactivación de los bloqueos urbanos al día siguiente.

"Error", "incapacidad del gobierno", dijeron algunos. Pero la acción gubernamental en sí misma no se explicaba por "la improvisación y tozudez del gobierno", "la incapacidad de los servicios de inteligencia militar y policial [que] no entenderán el lenguaje de este debilitamiento de la movilización y, en su arrebato de insensata prepotencia... recomendarán a los ministros el apresamiento de los dirigentes de la Coordinadora" (Gutiérrez , García y Tapia, 2000: 156); explicaciones subjetivistas que, junto a aquellas que reprochaban al gobierno su "incapacidad de gestión" y "falta de decisión" para imponer el "principio de autoridad" durante el conflicto de abril, sustituyeron la explicación en términos de correlación de fuerzas por la falibilidad personal: la "incapacidad", la "tozudez", "incapacidad de intelección", etc.; sin evidenciar que estas eran sólo manifestaciones fenoménicas de un hecho más profundo: la crisis política e ideológica de la clase dominante, profundizada por la movilización, que se estaba expresando en las dificultades de los altos mandos para obtener obediencia de una policía, cuyos efectivos se amotinarán en sus oficinas de La Paz, desacatando las órdenes de desocupar la COB, en el marco del estado de sitio que se dictó el 7 de abril.

Las esposas de los uniformados habían ingresado en huelga de hambre a las oficinas de la COB, exigiendo incrementos salariales del 100% para sus esposos. "Se informó que un destacamento de policía, el Grupo Especial de Seguridad se amotinó contra la orden superior de intervenir el piquete de huelga de hambre de las mujeres de los uniformados"[95]. Más tarde, los policías se apertrecharon en las dependencias del Grupo Especial de Seguridad de La Paz, indicando que estaban dispuestos a responder con sus armas si los militares intentaban intervenirlos.

El conflicto profundizó las contradicciones y falta de cohesión al interior de los burócratas estatales, que se hallaban divididos en dos tendencias: una de ellas, que buscaba resolver el conflicto por la vía de la ocupación militar del Departamento de Cochabamba; y otra, que intentaba superarlo mediante la negociación; hechos que, ligados a la huelga policial, determinaron la imposibilidad de aplicar efectivamente el estado de sitio dictado la noche del 7 de abril. Hubo, por tanto, una relación dialéctica entre el potenciamiento de la movilización y las fisuras abiertas en el seno del Estado burgués, que se manifestaron en "errores" del gobierno, incluida su "incapacidad" para efectivizar órdenes, contradicciones entre ministros, órdenes y contraórdenes; que, a su vez, reactivaron la cohesión de la rebelión y, nuevamente, generaron mayor debilidad en el gobierno, un acelerado desarrollo en espiral que definiría en el lapso de pocos días la salida del consorcio Aguas del Tunari y la revisión de la Ley 2.029 en el Parlamento.

Por tanto, decir que si el gobierno hubiera esperado un día más, habría ganado (Gutiérrez, García y Tapia, 2000), es un despropósito. La movilización de los días precedentes había tenido efectos en el seno de la estructura gubernamental, que se expresaban en contradic-

---

95 *Los Tiempos*, 8 de abril de 2000.

ciones, órdenes y contraórdenes de ministros; y estaba siendo aprovechada por la policía, que buscaba obtener incrementos en sus salarios.

En el transcurso de la tarde del 6, las masas se hallaban, efectivamente, en "estado de militarización": "Cada barrio, cada comité de aguas comenzó a llegar a la plaza con sus autoridades y estandartes por delante de unas formaciones compactas de jóvenes hombres y mujeres blandiendo palos, botellas, molotovs, piedras y cuchillos. Cada barrio, sindicato agrario y comité de aguas había decidido ir a la plaza a hacer guerra y venía dispuesto para ello. A la una de la tarde 60.000 guerreros compuestos por pobladores empobrecidos de la ciudad y el campo marchaban por las calles céntricas de la ciudad del valle dispuestos a todo" (Gutiérrez, García y Tapia, 2000: 157).

Justamente por eso, la *multitud* no se movía por una idea abstracta y prístina de la justicia y la moral, un "fuerte sentido de responsabilidad y observancia de medios en función de fines colectivos" producto de los "nudos de filiación local" "que limita los actos de pillaje o destrucción" (Gutiérrez, García y Tapia, 2000: 158-159); la movilización de abril fue totalmente ajena al moralismo intelectual pequeñoburgués; fue por principio un hecho *ilegal, inmoral* desde la perspectiva de las clases poseedoras. La *multitud*, si requería destruir las calaminas y puertas de los edificios a medio construir, en el centro de la ciudad, para defenderse de las balas militares, armando con ellas barricadas o recogiendo piedras de las construcciones, lo hacía. Las masas, justamente por ese "estado de guerra", al cual los teóricos de la "forma multitud" se refieren sin entenderlo en realidad, destruyeron el sábado 8 la parte Sur de la unidad policial especializada GES y quemaron ocho motocicletas utilizando bombas molotov y dinamitas[96]; la *multitud*, cubriéndose de las balas con calaminas, arremetió reiteradas veces para tomar la Séptima División del Ejército y armarse[97]; y, finalmente, quemó la ex-Corporación de Desarrollo de Cochabamba.

La solidaridad que respaldaba estos actos y se manifestaba en grandes cantidades de alimentos que los vecinos y comerciantes trajeron al centro de la ciudad para campesinos y jóvenes "guerreros del agua", el "compañerismo" y la "solidaridad", la creación de "fines colectivos", se desarrollaron fundamentalmente en el "campo de batalla", en la lucha, más que en los "nudos de filiación local"; y si un obstáculo para alcanzar dichos fines hubiera sido "el derecho propieta-

96 *Opinión*, 13 de abril de 2000.
97 *Opinión*, 12 de abril de 2000; *Gente*, 11 de abril de 2000.

rio", "instituciones públicas" y "autoridades", la "multitud" los habría destruido; habría realizado tales "actos de pillaje o destrucción". Es más, así lo hizo varias veces. Si alguien tan sólo se ha molestado en ver la televisión durante aquellos días, evidenciará que la ciudad parecía haber sido bombardeada.

Ahora bien, lo que debe precisarse es que no se trataba de una turba sin Oriente ni Occidente; eran masas que, sin proponérselo, empezaron a crear un nuevo orden; un nuevo poder que surgía de la ejecución de decisiones a través de la movilización; un hecho que inevitablemente tenía una gran importancia *pedagógica*. En cuestión de días, el pueblo cochabambino aprehendió más sobre solidaridad que en años de asistir a la iglesia para escuchar los sermones del cura; en una semana, empezó a ensayar tácticas militares, para enfrentar al ejército; intentó ganarse a la policía[98]; reconoció quienes eran sus "amigos" y quienes sus "enemigos"; y, lo más importante, empezó a experimentar el control directo del poder, a tomar decisiones colectivamente. Eran las masas populares las que guardaban el *orden público* en la ciudad y la Coordinadora era su máxima representación y autoridad: "Era más o menos las 10 de la mañana cuando un piquete, ubicado en las inmediaciones de la Avenida San Martín, al filo de la ex-Estación de ferrocarriles, interceptó el vehículo de GENTE... 'Alto, alto' dijeron, mientras corrían agresivos hacia la movilidad. Un reportero sacó el as que tenía bajo la manga y les enseñó a los bloqueadores un permiso de circulación firmado por los capos de la Coordinadora. 'Ah, entonces está bien, que pase nomás' dijeron"[99].

La autoridad de la Coordinadora nacía de la acción directa de las masas, esa era la manera de "efectivizar" las decisiones asumidas en las asambleas y los cabildos; efectividad que podría entenderse en el mismo sentido de los liberales: "la capacidad para poner realmente en práctica las medidas políticas formuladas" (Linz, 1983); eso mismo reforzaba su legitimidad que, a su vez, fortalecía nuevamente la posibilidad de efectivizar otras decisiones tomadas. Se requería un mínimo de verificabilidad sobre el acato de las decisiones asumidas en las asambleas y cabildos, un principio de "obediencia" a las decisiones colectivamente asumidas; de ahí que el poder de un órgano se asiente sobre su capacidad de convocatoria. Cinco cabildos en el lapso de una semana, que fluctuaban entre 5 mil y 100 mil habitantes, que acudían

98 Ver *Opinión*, 10 de abril de 2000: 4A.
99 *Gente*, 5 de abril de 2000.

al llamado de la Coordinadora, evidenciaban el surgimiento de un nuevo "régimen político" legítimo y efectivo, en el cual las masas gobernaban de manera directa.

La Coordinadora empezó en el conflicto a adquirir los rasgos de una estructura de tipo estatal. Si se dice que las asambleas de la Coordinadora eran una especie de "parlamento popular", debe añadirse que lo eran durante la movilización de masas y en períodos cortos de tregua, porque en las calles estas comenzaron a inaugurar un órgano de tipo estatal, transformando *de facto* a esa reunión que era producto de los acuerdos dirigenciales que se realizaron allá a mediados de noviembre de 1999 y que también se llamaba Coordinadora, aunque era otra cosa. En la medida en que la Coordinadora era una institución "legítima", paralela y antagónica al Estado, se abrió un período de "doble poder" en la región, que sólo podía terminar con la disolución de uno de los poderes, por su carácter mutuamente excluyente. Es decir, las posibilidades de la institucionalización real de la Coordinadora como órgano de poder sólo podían culminar con la generalización de abril a otros departamentos y la revolución en un período relativamente corto; o estaba condenada a diluirse.

La caída

Luego del reflujo de las aguas, luego de que campesinos y vecinos de las zonas periurbanas abandonaron el estado de tensión, la Coordinadora perdió su propia base material: campesinos regantes y comités de agua volvieron a gestionar sectorialmente sus necesidades diarias. Era la limitación de la columna vertebral de la Coordinadora, articulada alrededor del problema del agua, base social cuyo contenido de clase se resumía en el gigantesco peso social que tenía la pequeña burguesía en el movimiento: pequeña burguesía agraria, pequeña burguesía comercial, que mayoritariamente se asienta en las zonas periurbanas de la ciudad, pequeña burguesía transportista y artesanal de los barrios periféricos, trabajadores de los talleres clandestinos de los barrios periféricos, que difícilmente encajan en la categoría de "proletarios" y que más bien son subproletarios, "formas en transición" (Borda, 2001) que aún no han adquirido una fisonomía obrera definida. Esa era la base social mayoritaria del movimiento en abril, sobre cuyos cimientos se encumbró una dirección que reproducirá con rasgos acentuados dicho carácter de clase.

En el nivel de las asambleas de la Coordinadora, de la vanguardia del movimiento, la discusión que se realizaba en la Federación de Fabriles era una lucha por perspectivas, estrategias. Durante la primera etapa de la Guerra del Agua, las asambleas de la Coordinadora y el cabildo de enero habían planteado objetivos que empujaban el movimiento más allá de los intereses de los pequeños propietarios, del agua; y, efectivamente, así sucedió en los días finales de la Guerra del Agua, donde la lucha empezó a plantearse en términos del poder político, derrocar a Bánzer, adquiriendo un carácter secundario el tema del agua; pero tal cosa había sucedido en la lucha.

Algo diferente acontece cuando se inicia una movilización, las masas siempre parten de sus problemas e intereses concretos, hecho que puede negarse dialécticamente en el movimiento, es decir, superarlo incluyéndolo; pero ese es otro momento, el problema está en cómo se hace para iniciar la movilización y se plantea una perspectiva que proyecte el movimiento más allá del orden imperante.

Como decíamos, las perspectivas lanzadas en enero, si bien incluían dichos intereses inmediatos, los objetivos que tales cabildos y asambleas plantearon (expulsión de Aguas del Tunari, anulación de la Ley 2.029 y el paso de la administración del agua a una organización autogestionaria del pueblo), establecían un horizonte de acción; que, empujado fundamentalmente por la fuerza material de los campesinos y la pequeña burguesía urbana, se dirigía al cuestionamiento del orden burgués y, por tanto, a un proceso de maduración que se orientaba a perforar el régimen de las superintendencias y privatizaciones propiciadas por el neoliberalismo en beneficio de los consorcios extranjeros; sacar las transnacionales del país; "expropiar a los expropiadores" (Marx, 1986a), impulso que al unirse con el bloqueo nacional de caminos en septiembre habría consolidado un movimiento a nivel nacional; hecho que sólo podía suceder partiendo de los intereses inmediatos de los sectores en lucha, proyectándolos hacia el cuestionamiento del orden establecido y no de consignas abstractas. Los representantes de la Coordinadora entendían el problema de manera diferente. Ellos buscaban una "reforma" a la Ley 2.029. Razonaban en términos del agua, de manera inmediatista, sin proyección histórica.

En la consiga tan difundida "¡el agua es de todos carajo!", se reflejaban dos tendencias contradictorias: una corriente que se veía expresada en ella, pues estaba formada por dueños de pozos, vertientes y fuentes de agua; y otra que entendía: "el agua es de todos, sin límites de propiedad". Puede afirmarse que las pugnas al interior de las asambleas de la Coordinadora, entre modificar la Ley 2.029 y anularla, sintetizaban la confrontación de ambas tendencias. En la dirigencia de la Coordinadora, se impuso proponer modificaciones, marginando a los radicales de las reuniones. Este hecho sellaría su tumba. Veamos.

La Coordinadora como tal sólo podía encarar una nueva movilización partiendo del problema del agua, por la naturaleza de su columna vertebral: regantes, comités y cooperativas de agua.

Tales sectores no empezaron la movilización por problemas que no les concernían directamente, sino por el agua. Para el festejo del 1° de mayo, la Coordinadora convocó a una marcha de poca concurrencia; tendencia que se acentuó en septiembre, apenas consolidando bloqueos rurales, pero casi ninguno en la ciudad. Era el ocaso de la Coordinadora.

Hay otro aspecto que debe explicarse. Aunque durante los últimos días del conflicto hubo un acelerado proceso de maduración de los combatientes, quienes empezaron a desarrollar formas militares de combate para resistir a las fuerzas represivas con especies de Estados Mayores, de mandos, en los cuales de manera natural se iban colocando los elementos más decididos del movimiento, este proceso de "selección" en lucha no llegó a la dirección de la Coordinadora, que *no se pulió en las calles*; es decir, los principales dirigentes no fueron removibles, sino que surgieron de los acuerdos dirigenciales entre colegios de profesionales, dirigentes regantes (formados en la escuela de las ONGs y los proyectos de riego), la burocracia sindical de la Central Obrera Departamental y la Federación de Fabriles.

Una dirección de tipo *pequeñoburgués*, que ya desde antes, en los talleres y reuniones, asesorada por profesionales de ONGs, abogados, ingenieros y matemáticos, había ido discutiendo las modificaciones a la Ley 2.029, al margen de las resoluciones del cabildo de enero y las banderas de la movilización de febrero; una dirección que, al momento de levantar el conflicto, proclamó la victoria sin plantear perspectivas al movimiento, para continuar la lucha contra la privatización del agua, que aún no había terminado.

No podían, pues desde meses atrás los dirigentes de la Coordinadora habían ingresado en una contradicción insoluble, en una antinomia. En las Comisiones de Negociación, habían propuesto modificaciones a la Ley 2.029, discusión que luego de la insurrección dio lugar a la Ley modificada 2.066, que salvaba los pozos y las fuentes de agua de los campesinos y eliminaba la exclusividad de los concesionarios en la prestación del servicio de agua potable y alcantarillado, dejando intacta la figura de las concesiones, para las grandes empresas, para el capital transnacional.

Una *intelligentzia* de tipo *pequeñoburgués*, adherida desde hace años en el cuerpo social campesino, organizada alrededor de ONGs que realizan proyectos de riego y se especializan en el tema del agua, se limitó a proteger, a través de las modificaciones propuestas en la nueva legislación, la *pequeña propiedad* campesina; sin proyectar la reforma más allá de los límites de la pequeña producción parcelaria y la gran propiedad sobre los medios de producción; es decir, más allá del régimen del capital. No estaba entre sus objetivos, obviamente.

El vacío ideológico dejado luego de abril, por una dirección sin estrategia política, sin vocación de poder, abrió el espacio para un trabajo sistemático por parte de los aparatos de la clase dominante. Campesinos regantes divididos por la acción de la prefectura que recurrió a un proceso de *cooptación,* a través de la inauguración de sistemas de riego financiados por el gobierno; la recuperación de las lealtades locales por parte de las alcaldías provinciales, rotas en abril porque los gobiernos municipales oficialistas se opusieron a las movilizaciones; la reunificación de las Juntas Vecinales bajo las banderas del NFRismo, a través de su método tradicional: la prebenda; el resurgimiento del Comité Cívico; el retorno del Transporte Pesado de Cochabamba al redil NFRista; y un sistemático y persistente trabajo de desprestigio a la Coordinadora, por las autoridades a través de la prensa; que, además de no contar con el respaldo material de las masas en movimiento, al mismo tiempo ratificaba las calumnias lanzándose a aventuras como la organización de una Asamblea Constituyente, sin eco alguno en la población; olvidándose que fue la movilización social que la encumbró y sin la cual nada era, movilización que partió de las necesidades inmediatas de los trabajadores, más que de consignas abstractas, rápidamente confundidas con el oportunismo de otros partidos, que por apetito electoral hicieron suyo dicho objetivo.

La Coordinadora, hoy prácticamente desaparecida del escenario político nacional, empezó a cavar su tumba el mismo día en que se levantó el conflicto; o, probablemente, estaba condenada a perecer, desde el momento en que se formó, por los rasgos políticos e ideológicos de la dirección que empezó las reuniones de dirigentes, allá por los días de noviembre de 1999. Para vencer a la muerte, probablemente tendrían que haberse vencido a sí mismos. Su condición ideológica de clase les impidió hacerlo. Dirigieron un proceso revolucionario, sin que en sus cabezas estuviera presente tal idea; instrumentos inconscientes de la historia que, a la manera de nuestro ya conocido aprendiz de brujo, conjuran a las fuerzas que después no pueden controlar, ni saben qué hacer con ellas.

Las características de la lucha campesina de abril en el Valle Central

Los trabajadores del campo y la ciudad no fueron a las calles y las carreteras con una idea racionalmente preconcebida sobre las implicaciones del contrato con el consorcio Aguas del Tunari y la Ley 2.029. "El pueblo sencillo y trabajador" no conocía de dichos documentos, sino a través de sus dirigentes, y a través de las facturas de agua potable incrementadas hasta en un cien por cien que recibieron en la ciudad; hecho que confirmó, a través de la *experiencia,* aquello que inicialmente apareció como denuncia de los representantes de la Coordinadora.

En el Valle Central, la evolución de los campesinos tuvo un rasgo similar, aunque el proceso de maduración fue anterior. Ellos vivieron en el pasado inmediato la *experiencia* de la perforación de pozos, llevada a cabo por SEMAPA y respaldada por la fuerza compulsiva del Estado. Las denuncias de los dirigentes, por tanto, *prendieron* con relativa facilidad. Fue a partir de la experiencia que se desarrolló el conocimiento; proceso inverso al seguido por los asesores profesionales y dirigentes regantes, que *conocían* porque estudiaron el contenido de la Ley 2.029 y el contrato de concesión. Este rasgo del desarrollo del conocimiento durante el conflicto era expresión de una clásica división en las sociedades de clases, que todavía se halla claramente demarcada en Bolivia: la separación entre el trabajo manual y el trabajo intelectual; separación que condicionó una determinada dialéctica, entre las diversas clases y capas sociales, durante el desarrollo del conflicto.

En los cabildos, los representantes de la Coordinadora hablaban en el marco de los intereses inmediatos de la multitud, que no quería que se le subiera la tarifa de agua, ni que le pusieran medidores en sus pozos, y quería preservar sus fuentes de agua. En este sentido, no puede afirmarse en términos absolutos que "el pueblo deliberaba y decidía"; así como tampoco que los representantes de la Coordinadora "manipulaban"; podían actuar dentro de un determinado campo de *maniobra*, que no ingresara en contradicción abierta con las masas, a riesgo de romper la interdependencia entre las direcciones y las bases.

Esta unidad de contrarios, durante el desarrollo del conflicto, experimentó un desarrollo en espiral, propiciando una relativa evolución en la conciencia de las masas; que podía permitir proyectar sus acciones hacia un plano consciente, estableciendo las premisas de un régimen social en el cual el hombre no fuera *reducido al estómago*; desarrollando sus potencialidades, más allá de las ataduras al mundo material, que lo convierten en un ser parcelado, en un pedazo de hombre.

La movilización de abril, en este sentido, tuvo un gran significado "pedagógico", fue una "escuela" que, sin embargo, no supuso que los actos de las clases oprimidas y explotadas superaran su carácter *instintivo*; aunque estaban empezando a hacerlo. Un ejemplo fueron las comerciantes del mercado, señoras humildes que viven de lo que venden al día y que generosamente repartían el plato de comida de sus hijos, para dárselo a los "guerreros del agua".

"La universalidad del hombre no radica sólo en su capacidad de pensar, sino también en su capacidad de distanciarse de la urgencia" (Marx, 1989: 30); es decir, se empezaron a proyectar los rasgos más progresivos y humanos de las personas ante el padecimiento colectivo de un mismo problema. Pero también estaba el hecho substancial de que los trabajadores del campo y la ciudad *empezaron* a ensayar mecanismos de deliberación colectiva y autogobierno, que se ejercían a través de las asambleas y los cabildos; y a plantearse el problema del poder político, en los últimos días de la movilización, cuando el agua se convirtió en un problema secundario y empezó a madurar la idea de derrocar a Bánzer, empuñando las armas; hechos notables que, sin embargo, no llegaron a modificar el carácter *inconsciente* en los actos de los "guerreros del agua". Creer que de la noche a la mañana, los explotados, después de vivir siglos marginados de las decisiones en los asuntos colectivos, preocupados fundamentalmente por garantizar la subsistencia, van a decidir *racionalmente* durante los primeros cabildos que ensayan, es no saber nada de nada. Antes habremos de superar la alienación que se asienta sobre una división del trabajo que nos convierte en personas retaceadas, mutiladas.

En el campo, se acentuó el carácter espontáneo del movimiento, aspecto que tuvo como complemento dialéctico el rasgo fundamentalmente caudillista de la dirigencia. Podemos afirmar que el carácter más o menos democrático de los órganos de poder, que se expresaba en una mayor o menor amplitud del ejercicio de la democracia directa, tenía una relación directamente proporcional con la mayor o menor ruptura del particularismo y las lealtades locales, que se construyeron en las zonas rurales de los Valles, donde el sentido de totalidad terminaba en el mercado y los límites de la comarca; y empezaba alrededor de la autoridad del cacique.

Allí, efectivamente, no existe el prejuicio capitalista de la igualdad, sino el juicio precapitalista de la desigualdad (Zavaleta, 1983); la construcción de un canal, un tajamar o la canalización de las aguas de una laguna (ver Salazar, 1999: 80; Gerbrandy y Hoogendam, 1998) son motivo de peleas intestinas entre campesinos, organizados alrededor de sus autoridades de riego, sindicatos agrarios y alcaldías municipales. Allende no existe el mito liberal del poder visible (Bobbio, 1998), sino la generalizada realidad del *poder invisible*: lealtades que se compran con bolsas de habas, gallinas o cualquier producto en medio de fiestas y grandes borracheras; sumisiones que se construyen con revestimientos de pozos y canales[100].

Están ausentes los lazos de adhesión democrática moderna, basada en el compromiso políticamente ético. La posibilidad de que las autoridades municipales exijan obediencia no se asienta sobre la creencia campesina de que estas tienen el derecho de hacerlo, pues han sido legalmente constituidas (Sartori, 1992); sino porque han tejido los lazos de obediencia a través de la prebenda y el *compadrerío*. No existe el credo democrático sobre el cual se asienta la *legitimidad* de una autoridad, por las ataduras materiales y culturales del precapitalismo, que condicionan estructuras mentales localistas, particularistas, ligadas a una relación afectiva con la tierra y el mundo que le circunda, cuya máxima amplitud llega hasta el mercado local. En la mentalidad del campesino, no existe ese "orden legítimo universal" que regularía el comportamiento de individualidades que buscan satisfacer sus intereses privados. Es más, no puede decirse que sea un individuo en el sentido moderno de la palabra.

Una de las premisas de la democracia moderna, "para asistir al parto de las leyes naturales eternas", fue la separación del productor directo de los medios de producción (Marx, 1986a: 950); la creación del trabajador libre fue el avance más importante que dio el capitalismo en el desarrollo de la individualidad del hombre (Marx, 1986b). El campesino regante del Valle Central de Cochabamba vive los dolores de este desgarramiento, sin que por ello se consume la ruptura, el

100 Entrevista a doña Francisca González de Alcocer (noviembre de 2001).

desprendimiento radical de la tierra; es más, su lucha es para que tal cosa no suceda. Además, está en la Bolivia del siglo XXI. No son las factorías de Manchester las que lo acogerán, sino el comercio de pequeña escala en Quillacollo. El débil aparato productivo del país no puede cobijarlo.

Al no ser un "orden legítimo" el que guía las acciones del campesino o la adhesión ética a los acuerdos que se toman, es una forma compulsiva la que asumen las decisiones colectivas:

> "a horas 15 y 10 se tomó juramento de rigor presenciado por el socio y representante de la H. Alcaldía de Sipe Sipe don Sabino Chacón; después del juramento el nuevo Directorio se pusieron a dirigir la reunión. Donde primero se controló la asistencia al Bloqueo caso semapa. Marcelino Romero y Calixto Marquina dijeron debe pagarse, y Francisco Marquina recalcó debe cumplirse la inasistencia; donde todos los socios por voto de mayoría resolvieron, los faltones, al dicho bloqueo pagarán la suma de 20 Bs"[101].

En el caso de los bloqueos de enero, febrero y abril de 2000, las comunidades del Valle Central definieron cobrar multas a quienes inasistieran a las medidas de presión; e, incluso, en algunas se definió cortarles el agua: "No le daban su agua. Le cortaban su agua"[102].

El control de asistencia a los bloqueos y actos de presión, realizado a través de listas por los delegados de agua, es una más de las formas compulsivas que asume el *derecho* en las organizaciones de riego del Valle Central; la forma en que los intereses y sentimientos individuales se hallan subordinados a los intereses colectivos de la comunidad, que se sintetizan en la defensa de los usos y costumbres, "una conformidad de todas las conciencias particulares hacia un tipo común" (Durkheim, 1993: 133). Así, en el pozo Crucero de la comunidad de San Jorge, en Vinto: "Los del pozo nos amenazaron con no darnos agua de riego. Si no asisten a la defensa de sus usos y costumbres, se castigará con agua. Sector por sector, llevábamos nuestra lista al de agua... ese es el faltón, que no ha venido, y se castigaba de esa manera"[103]; y en una cooperativa de agua de San Jorge: "se le cortaba el agua al que no venía"[104].

---

101 Libro de Actas de la Comunidad de Mallco Ch´api: 16-17; respetamos su ortografía.
102 Entrevista a Evaristo Almanza, juez de Aguas de la Cuenca del río Viloma, Viloma (15 de noviembre de 2001).
103 Entrevista a doña Francisca González de Alcócer (noviembre de 2001).
104 Entrevista a César Peláez, joven "Guerrero del agua" de la comunidad de San Jorge, Vinto (noviembre de 2001).

Ahora bien, *el derecho represivo* va a tener lugar allí donde el *crimen* ha dañado a la conciencia colectiva. "Eso es verdad, porque cuando estábamos en un cabildo... si le iban a agarrar al Alcalde de Vinto, le iban a asesinar por que ha ido contra lo que reclamaban. Se ha hecho humo"[105]. Al finalizar la "Guerra del Agua", los campesinos de Morochata, comunidad ubicada al Norte de Vinto, procedieron a la búsqueda del alcalde, el segundo hombre en el Departamento del partido gobernante Acción Democrática Nacionalista, que se opuso a las demandas de los campesinos.

Sin embargo, no es posible definir lo precedente en términos categóricos, como el carácter del derecho punitivo de una sociedad basada en la *solidaridad mecánica*. Si bien existen algunos rasgos, a las formas de conciencia social descriptas se fusiona la tradición sindical de los campesinos, visible en el conflicto. Durante el desarrollo de los bloqueos, se realizaron cinco cabildos bajo la pasarela de Vinto, en media carretera. Allí se escogían a los *policías sindicales*, autoridades que "controlaban a la gente, si se han desviado o se han ido... la gente reunida allí, ellos mismos nombraban"[106].

En el Valle Central, existían bloqueos salpicados en la entrada a Viloma, Mallcochapi, Pirwas y en los puentes del camino a La Paz, organizados por cada comunidad y de manera rotativa. En una Cooperativa de Agua formada por ciento sesenta usuarios de la comunidad de San Jorge, al interior de la jurisdicción de Vinto, por ejemplo, "la mitad atendía de día y la mitad de noche"[107]. De la misma forma, los usuarios del pozo Crucero ubicado en la entrada a Viloma, formado por ciento treinta usuarios, se organizaron en grupos rotativos que bloqueaban cada seis horas durante las veinticuatro horas del día. "En la entradita a Viloma es donde está el pozo. Ahí es donde nos hemos parapetado. Vinieron la gente de un lado, de otro lado"[108].

Los vecinos de la mancha urbana de Vinto preparaban la comida. "Hemos ido a pedir víveres a todos los comunarios de San Jorge y con eso hemos comido durante una semana... Los campesinos comían en fila"[109] y durante la noche dormían en las laderas del camino, sobre el pasto. Había, efectivamente, una suerte de división del trabajo fun-

105 Entrevista a Evaristo Almanza (noviembre de 2001).
106 Entrevista a Evaristo Almanza (noviembre de 2001).
107 Entrevista a César Peláez (noviembre de 2001).
108 Entrevista a doña Francisca González de Alcócer (noviembre de 2001).
109 Entrevista a Renán Jiménez, joven "Guerrero del agua" de la comunidad de San Jorge, Vinto (noviembre de 2001).

cional al conflicto, que partía de la organización comunitaria. Los dirigentes regantes y vocales de las organizaciones de riego, pasaban comunidad por comunidad, piquete por piquete, para informar y organizar el fortalecimiento de más bloqueos.

Sin embargo, sin que se perdiera la consistencia que partía de la organización a nivel comunal, en el movimiento se fueron *despintando* los límites que diferenciaban a una organización de otra, unas funciones de otras. Las masas "transmiten noticias, recogen rumores y se convierten en un ser colectivo dotado de innumerables ojos, oídos y tentáculos" (Trotski, 1985: 116). De ahí que sea impreciso hablar en general de una "forma sindicato de la movilización social" (García, 2001); o, en este caso, tentarnos con identificar una "forma regante" de la movilización social. Si bien el conflicto partió de dicha base material y organizativa en el campo, los contornos de dichas organizaciones, sus *formas*, se *desdibujaron*, perdiendo sus límites tradicionales, ante la incorporación de los sectores más diversos, ajenos a dichas *formas* organizativas.

Las organizaciones, para no quedar a la zaga del movimiento, convirtiéndose en un obstáculo, más que en un instrumento de movilización, se ven obligadas a flexibilizar su estructura organizativa; a transformarse en algo diferente a lo que son en períodos de relativa estabilidad, donde organizan la distribución y el abastecimiento del agua, no la lucha con el ejército, para dar un ejemplo. Ese es al fin de cuentas uno de los rasgos de los órganos de poder: grandes *bolsones* que en movimiento envuelven a los más variados sectores de los colores más diversos; algo que un comité de aguas o una organización de riego no hace en períodos normales, por el simple hecho de que la mayoría de la sociedad no se organiza en tales instituciones. De todas maneras, es importante precisar que en abril tales *bolsones* surgieron a partir de una base material: las organizaciones campesinas de riego y los comités y cooperativas de agua; organizaciones sin las cuales no había abril. La cuestión es que por sí mismas tampoco eran abril. Eran la base, no la condición del órgano de poder; eran la *columna vertebral*, no la totalidad del *organismo*.

La dialéctica de la organización en movimiento es diferente a la dialéctica de la organización en períodos de relativa estabilidad. "Nuestros hijos se molestaron cuando lanzaron los gases. Los rodearon a los doce soldaditos, quisieron quitarles sus armas"[110]. Durante la

110 Entrevista a Evaristo Almanza (noviembre de 2001).

movilización las organizaciones se enfrentan con problemas para los cuales no fueron hechas. Si las masas pudieron derrotar militarmente en ciertas oportunidades al ejército, no fue porque sus organizaciones estaban hechas para eso, sino por que aprendieron a hacerlo en las diversas escaramuzas en que se vieron envueltas. "En Viloma una multitud cercó a doce soldaditos que estaban a punto de llorar"[111]; "nosotros somos mandados por el gobierno, nosotros no somos culpables"[112] decían, cercados por la multitud enfurecida.

Esa era la percepción sobre la debilidad del contendiente. Y es que la multitud no se estaba enfrentando a un ejército fuertemente armado sino a jóvenes conscriptos mal alimentados, también hijos de campesinos, que en algunos casos se encontraban desarmados. "Cuando los gases vomitivos llegaron a los soldaditos, sólo hacían arcadas sin vomitar nada, porque no habían comido.... Al regimiento Camacho de Oruro lo han traído limpiando los caminos, los soldaditos con sus poleritas, sólo con palos para defenderse"[113]. Los momentos de debilidad de las fuerzas represivas potenciaban la cohesión de la movilización.

La fortaleza de la movilización campesina, si bien emergió de las organizaciones de riego, fue *sobredeterminada* por la lucha, que se construyó en la historia, a lo largo de sus enfrentamientos contra la perforación de pozos; se reforzó en el acto; fueron moléculas desparramadas en el ambiente, que durante el calor de la refriega entraron en punto de fusión; una fuerza centrípeta que en movimiento contrarrestaba las tendencias centrífugas del campesinado, cuando este se hallaba labrando la tierra, cercado por los límites de la comunidad. Actuaba como clase a nivel regional.

Pero afirmar tal cosa es referirse a lo que el campesino, aun en movimiento, no ha dejado de ser; y es aquí donde engarzamos con un punto que hemos dejado suelto más arriba. El carácter menos democrático de la movilización social campesina, que se expresaba en una menor deliberación directa de las bases en los asuntos comunes; en una menor amplitud de la democracia directa de los órganos de poder, su carácter cupular a nivel decisional.

Durante el desarrollo del conflicto de abril, la Federación de Regantes convocó reiteradas veces a cabildos, en los pueblos de El Paso, Vinto, Sipe Sipe, donde los campesinos acordaban las medidas a

111 Entrevista a Renán Jiménez (noviembre de 2001).
112 Entrevista a Evaristo Almanza (noviembre de 2001).
113 Entrevista a Renán Jiménez (noviembre de 2001).

seguir. Sin embargo, "sobre todo las decisiones de las modificaciones a la Ley... Sobre 'Aguas del Tunari', más han salido de los seminarios y talleres que han organizado la federación... yo creo que la forma de las movilizaciones, el logro de los objetivos siempre se lo ha tomado en seminarios y talleres a través de las organizaciones de Riego"[114].

Las decisiones no eran asumidas fundamentalmente en los cabildos sino en las reuniones, seminarios y talleres de dirigentes y *expertos* en los asuntos de riego. Esa era la *intelligentzia* del movimiento en el campo. Las decisiones asumidas no bajaban para ser puestas en consideración, sino fundamentalmente para ser aprobadas y asumidas a través de la organización de la movilización. "El dirigente nos ha dicho", "el dirigente nos ha informado", son afirmaciones que reflejan una estructura organizativa de tipo caudillista, donde las decisiones vienen de arriba hacia abajo; el escenario donde grupos de *especialistas* y *expertos* en el tema del agua plantean las modificaciones que creen convenientes a la Ley 2.029.

Ahora bien, esta forma de autoridad no se ejerce impunemente. Las decisiones tomadas en los seminarios y talleres, para ser asumidas como decisión de *todos*, tenían como límite y condición los intereses materiales creados alrededor de la pequeña producción parcelaria y los sistemas de riego del Valle Central; es más, dichas decisiones cupulares tomaron la forma de ser las *decisiones de todos*, justamente porque se plantearon la defensa de los usos y costumbres de los campesinos de los Valles de Cochabamba. Y es que se puede afirmar que quienes participaban de esa *intelligentzia pequeñoburguesa* hacían de intelectuales orgánicos del pequeño productor parcelario; intelectuales que en las Comisiones de Negociación defendían a capa y espada las fuentes de agua de los regantes y, en este sentido, la pequeña parcela del campesino. Puede decirse que estos profesionales, formados en la escuela de las ONGs, y los dirigentes regantes expresaban a cabalidad los intereses de los pequeños productores parcelarios; actuaban en el marco de la autonomía relativa que les ofrecía la pequeña producción parcelaria.

Y es eso, junto a los resultados objetivos del conflicto de abril (los 36 artículos modificados a la Ley 2.029 y la expulsión de Aguas del Tunari), lo que evidencia los obstáculos y posibilidades de la movilización campesina regante; los *límites* de la historia que ellos *pueden* construir por sí mismos; que, en último término, son las fronteras

---

114 Entrevista a Omar Fernández (20 de febrero de 2001).

impuestas por la dimensión de la comunidad y la parcela, de las fuentes de agua y los usos y costumbres; *el límite de la movilización campesina regante es la misma condición campesina.*

Antes de abril, las comunidades y organizaciones campesinas eran vulnerables a la intervención de concesionarios, si es que se encontraban en una zona concesible o susceptible de ser definida como tal; de tal forma que sus fuentes de agua no se hallaban garantizadas (Fundación Solón, 2000: 4). El impulso de la movilización campesina regante, orientado por los especialistas en cuestiones de agua, fundamentalmente, cambió la figura de las concesiones (que debían ser otorgadas por la Superintendencia de Saneamiento Básico y Alcantarillado) por las autorizaciones y los registros colectivos, que garantizaban seguridad jurídica a los titulares de los sistemas de agua, durante el período de la vida útil del servicio; la movilización eliminó la exclusividad de la gran empresa concesionaria, garantizando "la prestación de servicios de agua potable de juntas vecinales, comités de agua y pequeñas cooperativas en Zonas Concesibles" (Fundación Solón, 2000: 5) sin que por ello debieran transformarse en empresas privadas; y se estableció que para la aprobación de las tarifas de agua, la Superintendencia debía "informar y recibir la opinión técnicamente fundamentada de los Gobiernos Municipales y las instancias de la Participación Popular" (Fundación Solón, 2000: 12).

Con relación a las fuentes campesinas de agua, la nueva ley protegía los *usos y costumbres* de la acción de futuras empresas concesionarias; delimitaba las fronteras en las cuales el capital transnacional y la Superintendencia no entrarían: "Se aclara que la intervención por parte de la Superintendencia de Saneamiento Básico y el pago de la tasa de Regulación es sólo para titulares de concesión" (Fundación Solón, 2000: 12); es decir, había logrado que los lugares donde los campesinos tuvieran fuentes de agua no fueran zonas concesibles. Si se respetara tal cosa, podrían tolerar la existencia de *titulares de concesión*. Algunos de los intelectuales de tal conquista lo ratifican: "la situación es mucho más favorable para la población y de menos impunidad para la Superintendencia y las empresas concesionarias" (Fundación Solón, 2000: 11).

Los pequeños propietarios pueden convivir con los grandes propietarios, en la medida en que estos últimos sean *menos impunes*; así, "la situación es mucho más favorable".

"Lo que los hace representantes de la pequeña burguesía es que no van más allá, en cuanto a mentalidad, de donde van los pequeños burgueses en modo de vida; que, por tanto, se ven teóricamente impulsados a los mismos problemas y a las mismas soluciones a que impulsan a aquellos, prácticamente, el interés material y la situación social. Tal es, en general, la relación que existe entre los *representantes políticos y literarios* de una clase y la clase por ellos representada" (Marx, 1981; subrayado en el original).

Consideraciones finales

Al final del conflicto, cuando los campesinos de Morochata recorrieron los piquetes de bloqueo salpicados a lo largo del camino, pidiendo ayuda a los dirigentes regantes de otras comunidades para *ajusticiar* al alcalde de Vinto; una vez aprobadas las modificaciones a la Ley 2.029 en el Parlamento, los campesinos levantaron los bloqueos y retornaron a sus comunidades, dando la espalda al llamado de las alturas del Valle Central[115]. Un día antes, el 10 de abril, los campesinos de los Valles habían resistido levantar los bloqueos, mientras no se modificara la Ley 2.029: "La gente en el cabildo han dicho, primero ver los documentos firmados, o si no, no hay nada"[116]. Mientras que en el Valle Alto, la sola proposición de levantar un bloqueo en Colomi casi costó la vida de un dirigente: "Cuando les propuse levantar el bloqueo de caminos, mis compañeros me han silbado y estuvieron a punto de matarme en el mismo lugar. Después de mi intervención, las bases me han hecho corretear por Colomi, gracias al ejército estoy con vida"[117].

Durante la movilización, la cohesión de la protesta campesina tendía a limitar el margen de maniobra de los caudillos campesinos. Los bloqueos eran lugares de control e información que estrechaban el campo de acción de los dirigentes. La dirección del proceso fue diametralmente opuesta en estado de distensión. Si en septiembre de 2000, en el contexto de un bloqueo campesino nacional, los campesinos de las alturas y los vecinos estuvieron a punto de tomar la alcaldía, pues la autoridad había permitido el paso de militares ocultos en ambulancias e impedido que los heridos y muertos de la balacera militar que salió de dichas ambulancias fueran cobijados en el hospital, en noviembre de 2001, una huelga de hambre de concejales muni-

115 Entrevista a doña Francisca González de Alcocer (noviembre de 2001); entrevista a Evaristo Almanza (noviembre de 2001).
116 Entrevista a Evaristo Almanza (noviembre de 2001).
117 *Los Tiempos*, 11 de abril de 2000.

cipales y miembros del Comité Cívico Provincial en las oficinas ediles, que exigía la expulsión del mismo alcalde por actos de corrupción, estuvo a punto de ser desalojada a palos por una turba campesina, organizada y sobornada por personeros de la misma alcaldía.

Una sistemática fractura de los vínculos establecidos en la lucha se llevó a cabo después de abril y septiembre de 2000. Dirigentes corrompidos, lealtades prebendales reconstruidas; sumisiones y subordinaciones compradas por partidos políticos. A mediados de noviembre de 2001, la Coordinadora y la Federación de Regantes convocaron a una nueva movilización regional; esta vez, para apoyar el bloqueo campesino cocalero y exigir la disminución de las tarifas de luz y energía eléctrica, demasiado elevadas para los pozos de agua, las tiendas y casas rurales, a las que se les cobra igual cantidad de dinero por kilowatt que a empresas, casas de zonas residenciales y grandes tiendas de la ciudad. El día programado por la mañana no se realizó bloqueo alguno. Débiles intentos aislados aparecieron al mediodía.

Los dirigentes campesinos, que en medio de la lucha tenían un estrecho margen de maniobra, vieron sus manos, una vez más, desatadas durante un largo período de relativa estabilidad. En aquellas amplias extensiones de los valles, donde las comunidades se hallan separadas por kilómetros, y donde el único nexo entre ellas son las reuniones para el desarrollo del trabajo colectivo alrededor de los sistemas de riego, se volvieron a tejer los antiguos nexos y vínculos que condicionan la sumisión de los campesinos a las autoridades locales; hecho que no elimina las posibilidades de nuevas rupturas. Finalmente, *las luchas de clases son historias de subordinación e insubordinación permanentes*.

La experiencia regante en los valles muestra que sólo en momentos límite, es decir, cuando de manera flagrante se pone en riesgo la subsistencia de la condición campesina en su conjunto, la comunidad sale de su aletargamiento, vivido entre los límites de la comarca y el mercado, abriéndose la posibilidad de superar el particularismo y el localismo; característica del movimiento campesino boliviano, que hasta hoy no ha podido consolidar una dirección de carácter nacional como consecuencia de las disputas entre caudillos regionales. En momentos de tensión, cuando la comunidad se juega la subsistencia y además tiene noción de ello, desmarcarse puede costarle al dirigente ser despedazado por los comunarios.

Pero hay otra cosa que también enseña la experiencia de la "Guerra del Agua" en el Valle Central de Cochabamba. Cada vez de manera más acentuada, los problemas del campo se hallan condicionados al curso que estos siguen en la ciudad; es decir, que la solución a la contradicción campo-ciudad pasa nuevamente por una alianza entre los campesinos y los trabajadores urbanos. La unidad entre las provincias y la urbe cochabambina expulsó al consorcio Aguas del Tunari y preservó las fuentes de agua de los campesinos, los comités y las cooperativas de la ciudad; perforó el modelo neoliberal. Fue, sin embargo, en un cabildo de alrededor de 100 mil personas en la plaza principal de la ciudad de Cochabamba, donde se definió levantar las medidas de presión; autoridad política de la Coordinadora de Defensa del Agua y la Vida y sus asambleas, durante todo el conflicto, que en el plano superestructural manifiestan las condiciones materiales sobre las cuales se desarrolla la mecánica de clases en este país: la subordinación general de las más diversas formas sociales de producción por el capital; condición estructural que en el desarrollo histórico permite entender las posibilidades y limitaciones de las diversas clases sociales para proponer y ejecutar la transformación del régimen capitalista; para identificar una tendencia revolucionaria, darle forma programática y empujarla hasta el final. Los campesinos regantes y sus direcciones, desarmadas de una política revolucionaria, no pudieron hacerlo.

La Coordinadora de Defensa del Agua y la Vida de febrero y abril, un órgano de poder, es "la forma política, al fin descubierta, para llevar dentro de ella la emancipación del trabajo" (Marx, 1973), expulsando a las transnacionales, socializando la producción y liberando al campesino de las ataduras materiales y culturales que lo someten a desarrollar toda su vida un trabajo bestial, *para subsistir*. Pero un programa de socialización a través de esa "forma política", que contenga tales reivindicaciones campesinas, es una perspectiva que históricamente ha correspondido a una clase social de distinto tipo. Fueron los obreros quienes, a través de sus luchas, la forjaron.

Hay un momento preciso de quiebre en las barreras culturales locales que constituyen el particularismo campesino regante: el momento en que el alcalde o la empresa extranjera quieren hurgar sus fuentes de agua y su terreno; ese es el punto crítico que abre un abanico de posibilidades para proyectar la fuerza material del campesino fuera de los límites de la comarca y fuera de los límites del capital.

Bibliografía

Assies, Willem 2000 *David fights Goliath in Cochabamba: Water rights, neoliberalism and the renovation of social protest in Bolivia* (Zamora Michoacan: Colegio de Michoacan, Centro de Estudios Rurales).

Bartra, Armando 1979 *La explotación del trabajo campesino por el capital* (México: Editorial Macehual).

Bobbio, Norberto 1998 *El futuro de la democracia* (México: Fondo de Cultura Económica).

Boelens, Rutgerd y Davila, Gloria 1998 *Concepciones sobre justicia y equidad en el riego campesino* (Assen, Los Países Bajos: Van Gorcum).

Borda, Alexander 2001 *Factores productivos y formas que asume la lógica de reproducción de los talleres de confección en transición. El caso de Huayrak´asa* (Facultad de Economía, UMSS).

Bustamante, Rocío 1997 *De las permanencias y los cambios en las organizaciones de riego y el modelo boliviano de descentralización* (Wageningen: Agricultural University).

Castells, Manuel 1998 *La era de la información. Economía, sociedad y cultura. El poder de la identidad* (Madrid: Alianza Editorial), Vol. 2.

CLACSO 2000 *Observatorio Social de América Latina* (Buenos Aires: CLACSO), septiembre.

Crespo, Carlos 2000 *"El pueblo sencillo y trabajador": la coordinadora como nuevo movimiento social* (Cochabamba: CESU-UMSS).

Dinar, Ariel 2000 *The political economy of water pricing reforms* (World Bank).

Durán, Alfredo, Hoogendam, Paul y Salazar, Fernando 1998 "La problemática del agua subterránea en el Valle Central de Cochabamba" en *Procampo. Revista del desarrollo rural* (Bolivia: CID), N° 82, septiembre.

Durkheim, Emile 1993 *La división del trabajo social* (Buenos Aires: Planeta-Agostini), Vol. I.

Fernández, Omar 2000 *El Agua-Conflicto en el Valle Central. Pandoja y Llauquinquiri, comunidades en permanente conflicto* (Cochabamba: mimeo), febrero.

Foucault, Michel 1995 *La arqueología del saber* (México: Siglo XXI Editores), 16° edición.

Fundación Solón 2000 *Modificaciones a la Ley de Agua Potable y Alcantarillado Aprobado*. Carta informativa sobre temáticas rurales, Boletín N °5, abril.

García, Álvaro 2001 "Sindicato, multitud y comunidad. Movimientos sociales y formas de autonomía política en Bolivia" en *Tiempos de rebelión* (varios autores) (La Paz: Muela del Diablo Editores).

Gerbrandy, Herben y Hoogendam, Paul 1998 *Aguas y Acequias. Los derechos al agua y la gestión campesina de riego en los Andes bolivianos* (La Paz: Plural).

Gordillo, José M. 2000 *Campesinos revolucionarios en Bolivia. Identidad, territorio y sexualidad en el Valle Alto de Cochabamba 1952-1964* (La Paz: Plural Editores).

Gutiérrez, Raquel, García, Álvaro y Tapia, Luis 2000 "La forma multitud de la política de las necesidades vitales" en *El retorno de la Bolivia plebeya* (varios autores) (La Paz: Muela del Diablo Editores).

Honorable Congreso Nacional 1999 "Ley de Servicios de Agua Potable y Alcantarillado" en *Opinión* (Cochabamba), 22 de octubre.

Laserna, Roberto 2001 *Conflictos sociales y movimientos políticos en el año 2000* (Cochabamba: CERES).

Lenin Vladimir Ilyich 1987 "La dualidad de poderes" en *Obras escogidas II* (Moscú: Editorial Progreso).

Lenin Vladimir Ilyich 1987. "El Estado y la revolución" en *Obras escogidas II* (Moscú: Editorial Progreso).

Linz, Juan 1983 *El quiebre de las democracias* (Madrid: Taurus).

Lora, Guillermo 1998 *Obras Completas,* Tomo IV (La Paz: Masas).

Marcuse, Herbert 1971 *Razón y Revolución* (Madrid: Alianza Editorial).

Martínez, José 1996 *Municipios y Participación Popular: Un modelo de desarrollo en América Latina* (La Paz: Semilla).

Marx, Karl 1973 "La lucha de Clases en Francia" en *Obras Escogidas II* (Moscú: Editorial Progreso).

Marx, Karl 1981 "El 18 Brumario de Luis Bonaparte" en *Obras Escogidas III* (Moscú: Editorial Progreso).

Marx, Karl 1985 *El Capital,* Tomo I, Volumen I (México: Siglo XXI Editores), 15° edición.

Marx, Karl 1986a *El Capital,* Tomo I, Volumen III (México: Siglo XXI Editores), 12° edición.

Marx, Karl 1986b *Elementos fundamentales para la crítica de la economía política (Grundrisse) 1857-1858* (México: Siglo XXI Editores), 14° edición.

Marx, Karl 1989 *Manuscritos. Economía y filosofía* (Madrid: Alianza Editorial).

Milenio 2001 *Informe político del año 2000* (La Paz: Fundación Milenio).

Quijano, Aníbal 2000 "Los movimientos contemporáneos en América Latina" en *Observatorio Social de América Latina* (CLACSO), septiembre.

Rudé, Georg 1981 *Revuelta popular y conciencia de clase* (Barcelona: Editorial Crítica).

Salazar, Fernando 1997 *Autoridades locales en el sistema de riego Sayt´uqocha* (Wageningen: Agricultural University).

Salazar, Fernando 1999 "Gestión de agua en el municipio de Sipe Sipe" en *Aguas y Municipios* (La Paz: Plural).

Sartori, Giovanni 1992 *Partidos y sistema de partidos* (Madrid: Alianza Editorial).

Savedoff, William y Spiller, Pablo 1999 *Spilled Water. Institutional Commitment in the Provision of Water Services* (New York: Inter-American Development Bank).

Thompson, E. P. 1979 *Tradición, revuelta y conciencia de clase. Estudios sobre la crisis de la sociedad preindustrial* (Barcelona: Editorial Crítica).

Trotski, León 1985 *Historia de la Revolución Rusa* (I) (Madrid: Sarpe).

Vargas, Gonzalo 2000 "Condiciones del desarrollo agropecuario y la demanda de riego en el Valle Central" en *La gestión integral del agua en Cochabamba* (La Paz), Foro electrónico organizado por la Comisión para la Gestión Integral del Agua en Cochabamba, CGIAC, y el Consorcio para el Desarrollo Sostenible en la Ecorregión Andina, CONDESAN, febrero/abril.

Zavaleta Mercado, René 1983 "Las masas en noviembre" en Zavaleta Mercado, R. (comp.) *Bolivia, hoy* (México: Siglo XXI Editores).

Otras fuentes

Entrevistas citadas

Félix Aguirre, juez general de Aguas de la Cuenca del río Viloma, Viloma, (20 de febrero de 2001).

Omar Fernández, secretario general de la Federación Departamental de Regantes de Cochabamba, Cochabamba, (20 de febrero de 2001)

Doña Francisca González de Alcocer, usuaria del pozo Crucero y la cuenca La Llave, Vinto, (noviembre de 2001).

Félix Guzmán, juez comunal de Aguas de la Comunidad Pirhuas, Cochabamba, (20 de febrero de 2001).

Renán Jiménez, joven "Guerrero del agua" de la comunidad de San Jorge, Vinto, (noviembre de 2001).

César Peláez, joven "Guerrero del agua" de la comunidad de San Jorge, Vinto, (noviembre de 2001).

Guillermo Savedra, tesorero de la Federación Departamental de Regantes de Cochabamba, Cochabamba, (febrero de 2001).

Diarios y documentos consultados

Coordinadora de Defensa del Agua y la Vida 2000 *Cuando el pueblo perdió el miedo* (dossier) (Cochabamba).

Gente; La Prensa; Los Tiempos; Opinión.

Libro de Actas de la Comunidad de Mallco Chapi, 11 de abril de 1998.

Otras publicaciones de CLACSO

- FERNÁNDEZ RETAMAR
  Todo Calibán

- TOUSSAINT
  La bolsa o la vida
  Las finanzas contra los pueblos

- GOLBERT
  ¿Hay opciones en el campo de las políticas sociales?
  El caso del Gobierno Autónomo de la Ciudad de Buenos Aires

- GRIMSON
  La cultura en las crisis latinoamericanas

- BABINI Y FRAGA
  Bibliotecas Virtuales para las Ciencias Sociales

- CECEÑA
  Hegemonías y emancipaciones en el siglo XXI

- REVISTA Nº 13 OSAL
  Revista del Programa del Observatorio Social
  de América Latina de CLACSO

- SADER
  La Venganza de la Historia
  Hegemonía y contra-hegemonía
  en la construcción de un nuevo mundo posible

- GÓMEZ
  América Latina y el (des)orden global neoliberal
  Hegemonía, contrahegemonía, perspectivas

- Revista Nº 16 Chiapas
  Edición Argentina

- Torres Ribeiro
  El rostro urbano de América Latina

- Guerrero Cazar y Ospina Peralta
  El poder de la comunidad
  Ajuste estructural y movimiento indígena
  en los Andes ecuatorianos

- Riquelme
  Los sin tierra en Paraguay
  Conflictos agrarios y movimiento campesino

- Seoane
  Movimientos sociales y conflicto
  en América Latina

- De Barbieri
  Género en el trabajo parlamentario
  La legislatura mexicana a fines del siglo XX

- de la Garza Toledo y Salas
  Nafta y Mercosur
  Procesos de apertura económica y trabajo

- Boron
  Estado, capitalismo y democracia
  en América Latina

- Sader y Gentili
  La trama del neoliberalismo
  Mercado, crisis y exclusión social (reedición)

- Boron
  Filosofía política contemporánea
  Controversias sobre civilización, imperio y ciudadanía

- Alabarces
  Futbologías
  Fútbol, identidad y violencia en América Latina

- Ayerbe
  O Ocidente e o "Resto"
  A América Latina e o Caribe na cultura do Império

- Mollis
  Las universidades en América Latina:
  ¿reformadas o alteradas?
  La cosmética del poder financiero

- Gadotti, Gómez y Freire
  Lecciones de Paulo Freire
  Cruzando fronteras: experiencias que se completan

- Briceño-León
  Violencia, sociedad y justicia en América Latina

- Levy
  Crisis y conflicto en el capitalismo latinoamericano:
  lecturas políticas

- Schorr, Castellani, Duarte y Debrott Sánchez
  Más allá del pensamiento único
  Hacia una renovación de las ideas económicas
  en América Latina y el Caribe

- Singer
  Izquierda y derecha en el electorado brasileño:
  la identificación ideológica en las disputas presidenciales
  de 1989 y 1994

- LÓPEZ MAYA
  Protesta y cultura en Venezuela:
  los marcos de acción colectiva en 1999

- MATO
  Estudios y otras prácticas intelectuales latinoamericanas
  en cultura y poder

- BORON
  Imperio & Imperialismo
  Una lectura crítica de Michael Hardt y Antonio Negri

- BORON Y DE VITA
  Teoría y filosofía política
  La recuperación de los clásicos en el debate latinoamericano

- ALIMONDA
  Ecología política
  Naturaleza, sociedad y utopía

- GAMBINA
  La globalización económico-financiera
  Su impacto en América Latina

- CECEÑA Y SADER
  La guerra infinita
  Hegemonía y terror mundial

- IVO
  Metamorfoses da questão democrática
  Governabilidade e pobreza

- DE LA GARZA TOLEDO Y NEFFA
  El futuro del trabajo. El trabajo del futuro

- de la Garza Toledo
  Los sindicatos frente a los procesos
  de transición política

- Barrig
  El mundo al revés:
  imágenes de la mujer indígena

- Torres
  Paulo Freire y la agenda de la educación latinoamericana
  en el siglo XXI

- Lanzaro
  Tipos de presidencialismo y coaliciones políticas
  en América Latina

- Mato
  Estudios latinoamericanos sobre cultura
  y transformaciones sociales en tiempos de globalización 2

- Mato
  Estudios latinoamericanos sobre cultura
  y transformaciones sociales en tiempos de globalización

- de Sierra
  Los rostros del Mercosur
  El difícil camino de lo comercial a lo societal

- Seoane y Taddei
  Resistencias mundiales
  De Seattle a Porto Alegre

- Sader
  El ajuste estructural en América Latina
  Costos sociales y alternativas

- ZICCARDI
  Pobreza, desigualdad social y ciudadanía
  Los límites de las políticas sociales en América Latina

- MIDAGLIA
  Alternativas de protección a la infancia carenciada
  La peculiar convivencia de lo público y privado en el Uruguay

- GIARRACCA
  ¿Una nueva ruralidad en América Latina?

- BORON
  Teoría y filosofía política
  La tradición clásica y las nuevas fronteras

- BORON
  Tras el búho de Minerva
  Mercado contra democracia en el capitalismo de fin de siglo

- BALARDINI
  La participación social y política de los jóvenes
  en el horizonte del nuevo siglo

- BORON
  La filosofía política clásica
  De la antigüedad al renacimiento

- BORON
  La filosofía política moderna
  De Hobbes a Marx

- VÁRNAGY
  Fortuna y virtud en la república democrática
  Ensayos sobre Maquiavelo

- TORRES RIBEIRO
  Repensando la experiencia urbana en América Latina:
  cuestiones, conceptos y valores

- GENTILI Y FRIGOTTO
  La ciudadanía negada
  Políticas de exclusión en la educación y el trabajo

- DE LA GARZA
  Reestructuración productiva, mercado de trabajo
  y sindicatos en América Latina

- ALABARCES
  Peligro de gol
  Estudios sobre deporte y sociedad en América Latina

- LANDER
  La colonialidad del saber: eurocentrismo y ciencias sociales
  Perspectivas latinoamericanas

- BORON, GAMBINA Y MINSBURG
  Tiempos violentos
  Neoliberalismo, globalización y desigualdad en América Latina

- STRASSER
  Democracia & desigualdad
  Sobre la "democracia real" a fines del siglo XX

Este libro se terminó de imprimir en el
taller de Gráficas y Servicios SRL
Santa María del Buen Aire 347
en el mes de noviembre de 2004
Primera impresión, 1.500 ejemplares

Impreso en Argentina